# 여러분의 합격을 ~

# 해커스공무원의 ~별 혜택

## **FREE** 공무원 헌법 **동영상강의**

해커스공무원(gosi.Hackers.com) 접속 후 로그인 ▶ 상단의 [무료강좌] 클릭 ▶
좌측의 [교재 무료특강] 클릭

## 해커스공무원 온라인 단과강의 **20% 할인쿠폰**

### 429A344F4BF5DDB6

해커스공무원(gosi.Hackers.com) 접속 후 로그인 ▶ 상단의 [나의 강의실] 클릭 ▶
좌측의 [쿠폰등록] 클릭 ▶ 위 쿠폰번호 입력 후 이용

* 쿠폰 이용 기한: 2023년 12월 31일까지(등록 후 7일간 사용 가능) * 쿠폰 이용 관련 문의: 1588-4055

## 합격예측 모의고사 응시권 + 해설강의 수강권

### 2FD8AD423FD4A8BA

해커스공무원(gosi.Hackers.com) 접속 후 로그인 ▶ 상단의 [나의 강의실] 클릭 ▶
좌측의 [쿠폰등록] 클릭 ▶ 위 쿠폰번호 입력 후 이용

* 쿠폰 이용 기한: 2023년 12월 31일까지(등록 후 7일간 사용 가능) * 쿠폰 이용 관련 문의: 1588-4055

##  해커스공무원 평생 0원 패스 **5만원 할인쿠폰**

### 3424DC7C8752F9AP

해커스공무원(gosi.Hackers.com) 접속 후 로그인 ▶ 상단의 [나의 강의실] 클릭 ▶
좌측의 [쿠폰등록] 클릭 ▶ 위 쿠폰번호 입력 후 이용

* 쿠폰 이용 기한: 2023년 12월 31일까지(등록 후 7일간 사용 가능) * 쿠폰 이용 관련 문의: 1588-4055

# 단기 합격을 위한
# 해커스 커리큘럼

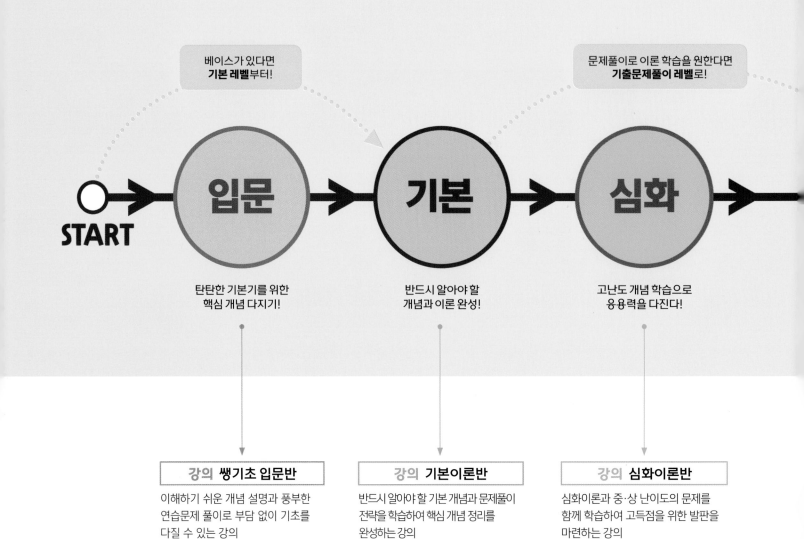

베이스가 있다면 **기본 레벨**부터!

문제풀이로 이론 학습을 원한다면 **기출문제풀이 레벨**로!

**입문**

**기본**

**심화**

**START**

탄탄한 기본기를 위한
핵심 개념 다지기!

반드시 알아야 할
개념과 이론 완성!

고난도 개념 학습으로
응용력을 다진다!

강의 **쌩기초 입문반**

이해하기 쉬운 개념 설명과 풍부한
연습문제 풀이로 부담 없이 기초를
다질 수 있는 강의

강의 **기본이론반**

반드시 알아야 할 기본 개념과 문제풀이
전략을 학습하여 핵심 개념 정리를
완성하는 강의

강의 **심화이론반**

심화이론과 중·상 난이도의 문제를
함께 학습하여 고득점을 위한 발판을
마련하는 강의

* 커리큘럼은 과목별·선생님별로 상이할 수 있으며, 자세한 내용은 해커스공무원 사이트에서 확인하세요.

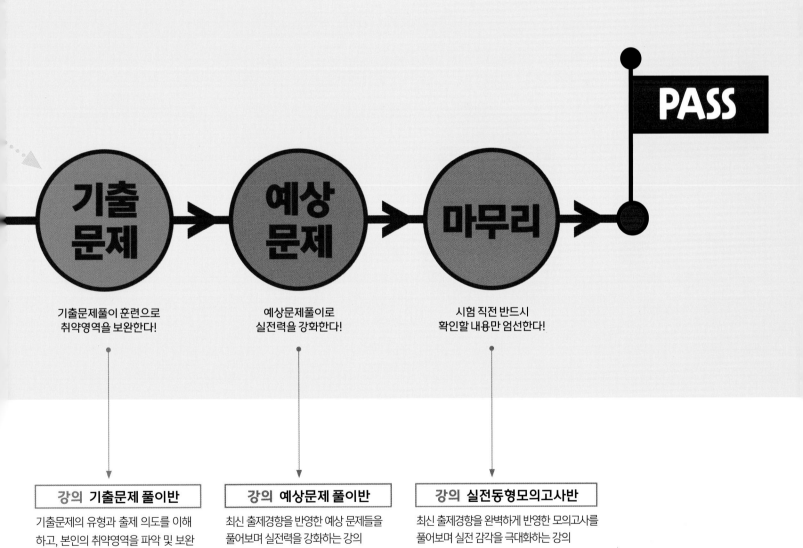

**기출문제**

기출문제풀이 훈련으로
취약영역을 보완한다!

**예상문제**

예상문제풀이로
실전력을 강화한다!

**마무리**

시험 직전 반드시
확인할 내용만 엄선한다!

**PASS**

**강의 기출문제 풀이반**

기출문제의 유형과 출제 의도를 이해
하고, 본인의 취약영역을 파악 및 보완
하는 강의

**강의 예상문제 풀이반**

최신 출제경향을 반영한 예상 문제들을
풀어보며 실전력을 강화하는 강의

**강의 실전동형모의고사반**

최신 출제경향을 완벽하게 반영한 모의고사를
풀어보며 실전 감각을 극대화하는 강의

**강의 봉투모의고사반**

시험 직전에 실제 시험과 동일한 형태의
모의고사를 풀어보며 실전력을 완성하는 강의

# 해커스공무원 **단기 합격생**이 말하는

# 공무원 합격의 비밀!

## 해커스공무원과 함께라면
## 다음 합격의 주인공은 바로 여러분입니다.

---

10개월 만에
전산직 1차 합격!

**최\*석 합격생**

### 언어논리는 결국 '감'과 '기호화'의 체화입니다.

언어논리 조은정 선생님의 강의를 통해 **제시문 구조, 선지 구조** 등 문제접근법에 대해서 배웠고, 그 방식을 토대로 **문제 푸는 방식을 체화**해가면서 감을 찾아갔습니다. 설명도 깔끔하게 해주셔서 **도식화도 익힐 수 있었습니다.**

---

단 3주 만에
PSAT 고득점 달성!

**김\*태 합격생**

### 총 준비기간 3주 만에 PSAT 합격했습니다!

자료해석 김용훈 선생님은 인강으로 뵈었는데도 정말 **친절하셔서 강의 보기 너무 편안**했습니다. **분수비교와 계산방법** 등 선생님께서 쉽게 이해를 도와주셔서 많은 도움이 되었습니다.

---

7개월 만에
외무영사직 1차 합격!

**문\*원 합격생**

### 상황판단은 무조건 '길규범' 입니다!

수험생이 접하기 어려운 과목임에도 불구하고 **길규범 선생님**께서는 정말 **여러가지의 문제풀이 방법**을 알려주십니다. 강의가 거듭될수록 문제푸는 스킬이 나무처럼 카테고리화 되어서 **문제에 쉽게 접근**할 수 있게 되었어요!

---

더 많은 합격수기가 궁금하다면? ▶

해커스공무원

# 황남기 헌법

## 진도별 모의고사 통치구조론편

해커스공무원

# 황남기

**┃ 약력**

현 ┃ 해커스공무원 행정법, 헌법 강의
　　해커스경찰 헌법 강의

전 ┃ 외교부 사무관
　　제27회 외무고시 수석합격
　　2012년 공무원 승진시험 출제위원
　　동국대 법대 겸임교수

**┃ 주요 저서**

해커스공무원 황남기 행정법총론 기본서, 해커스패스
해커스공무원 황남기 행정기본법 조문해설집, 해커스패스
해커스공무원 황남기 행정법총론 문제족보를 밝히다, 해커스패스
해커스공무원 황남기 행정법 모의고사 Season 1, 해커스패스
해커스공무원 황남기 행정법 모의고사 Season 2, 해커스패스
해커스군무원 황남기 행정법총론 핵심요약집, 해커스패스
해커스공무원 황남기 행정법 최신 판례집, 해커스패스
해커스공무원 황남기 헌법 최신 판례집, 해커스패스
해커스공무원 황남기 헌법족보, 해커스패스
황남기 행정법총론 기출문제집, 멘토링
황남기 행정법각론 진도별모의고사, 합격캠프
황남기 헌법 기본서, 찬글
황남기 헌법 객관식 기출총정리, 찬글

# 머리말

2022 해커스공무원 황남기
**헌법 진도별 모의고사**

본 교재는 헌법 과목의 문제를 진도별로 정리했으며, 기출문제 공부를 충실히 했는지를 점검할 수 있는 모의고사 교재입니다. 모의고사는 이론공부보다 시험장과 비슷한 상황에서 훈련하는 것이 주된 목적입니다. 따라서 다음 사항에 주의하여 본 교재를 활용하시기 바랍니다.

1. 모의고사는 20문제당 14분 정도의 시간을 기준으로 풀기 바랍니다.

2. 틀린 문제는 암기가 안 된 것인지, 실수인지, 이해를 못해서인지 분석하시기 바랍니다.

3. 틀린 문제에 해당하는 범위의 기출문제를 다시 보시기 바랍니다.

4. 많이 틀린 파트는 발췌 강의를 수강하시거나 기본서 공부를 다시 하시기 바랍니다.

5. 이후에 모의고사 선지를 암기하시기 바랍니다.

가능한 한 현장에서 진행하는 모의고사에 참여해 보는 것이 실전 훈련에 큰 도움이 될 것입니다. 더불어 공무원 시험 전문 해커스공무원(gosi.Hackers.com)에서 학원강의나 인터넷동영상강의를 함께 이용하여 꾸준히 수강한다면 학습 효과를 극대화할 수 있습니다.

본 교재 작업에는 합격생 다수가 참여하여 정리 작업을 해주었습니다. 또한 해커스 편집팀의 수고가 많이 담겨 좋은 교재로 나오게 되었습니다. 참여해 주신 분들에게 감사드립니다. 황남기 헌법 시리즈는 계속해서 출간될 예정이니 공부 후 실력 점검과 내용 보충에 활용하시기 바랍니다.

2022년 4월
저자 황남기

# 차례

## 문제

# 차례

## 정답 및 해설

해커스공무원
gosi.Hackers.com

# 진도별 모의고사

제한시간 : 14분 | 시작시각 ___시 ___분 ~ 종료시각 ___시 ___분 나의 점수 _____

**01** 민주적 정당성과 절차적 정당성에 대한 설명으로 옳지 않은 것은?

① 추상적 규범통제를 채택하지 않은 것과 법원의 재판을 헌법소원의 대상에서 제외하고 있는 「헌법재판소법」 제68조 제1항은 통치권 행사의 절차적 정당성 관점에서 문제가 있다는 주장이 제기된다.

② 절차적 정당성의 확보수단으로서 부서, 국무회의 심의, 대통령과 국회의원의 임기를 달리하는 것 등이 있다.

③ 대법원장은 '국회의 동의'와 '대통령의 임명', 대법관은 '대법원장의 제청', '국회의 동의'와 '대통령의 임명'을 통해 직접적으로 민주적 정당성을 부여받으며, 대법원장과 대법관이 아닌 법관의 경우 '대법관회의의 동의'를 얻어 '대법원장이 임명'하는 것도 직접적으로 민주적 정당성을 부여받는 것이다.

④ 법관 임기제는 사법의 독립성과 책임성의 조화를 위해 법관의 민주적 정당성을 소멸시키는 '일상적 수단'이다. 반면, 법치주의의 특별한 보장자로서 국회와 헌법재판소가 역할을 분담하는 탄핵제도는 고위공직자에게 부여된 민주적 정당성을 박탈함으로써 헌법을 수호하는 '비상적 수단'이다.

**02** 민주적 정당성과 절차적 정당성에 대한 설명으로 옳지 않은 것은? (판례에 따름)

① 탄핵심판절차를 통한 파면결정으로 피청구인은 공직에 취임할 때에 부여받은 '민주적 정당성'을 박탈하는 기능과 '민주적 정당성이 훼손된 상태를 회복'하는 기능을 수행한다.

② 법치주의의 특별한 보장자로서 국회와 헌법재판소가 역할을 분담하고 있는 탄핵제도는 '민주적 정당성이 부여되는 주기의 변형'의 결과를 감수하면서도 직무집행상 중대한 위헌·위법행위를 저지른 공직자에게 부여된 민주적 정당성을 박탈함으로써 헌법을 수호하는 '평상적 수단'의 성격을 가진다.

③ 세종특별자치시에 편입되는 선거구에서 이미 선출된 지방의회의원에게 세종특별자치시의회의원의 자격을 부여하더라도 민주적 정당성이 문제될 것은 없다.

④ 교육위원 중의 절반 이상을 교육경력자가 점하도록 함으로써 득표수가 많은 비경력자가 득표수가 적은 경력자에 밀려 당선될 수 없도록 한 것은 교육의 자주성과 전문성을 구현하기 위한 것으로서 민주적 정당성의 요청을 일부 후퇴시키더라도 헌법에 위반된다고 할 수 없다.

**03** 민주주의에 대한 설명으로 옳은 것은?

① 민주적 정당성의 확보방안으로 국무총리가 대통령 권한대행 1순위인 것, 국민에 의한 국가기관의 선거, 중요정책에 대한 국민투표, 표현의 자유, 청원권 행사 등의 방법이 있다.

② 절차적 정당성의 문제점으로 거론될 수 있는 것들로 대통령 선거의 상대다수대표제, 대통령의 단임제 등이 있다.

③ 대의제는 동일성의 원리의 요청에 부합하며, 국민의 의사와 국가의 의사가 항상 일치한다는 것을 전제로 하는 통치원리이다.

④ 대의제 민주주의하에서 국가기관 구성권과 정책결정은 분리되어야 한다.

**04** 대의제 민주주의와 직접민주주의에 대한 설명으로 옳은 것은?

① 대의제 민주주의는 소수보호에 불리한 반면 직접민주주의는 소수보호에 유리하다.

② 루소는 국가기관을 국민의 대표기관이 아니라 대리기관으로 본다.

③ 대의제 민주주의는 경험적인 국민의사는 언제나 추정적·잠재적 의사와 동일하다고 보고 국민의 의사는 대표될 수 없다고 보았다.

④ 대의제 민주주의하에서 국민의 의사를 선출된 국회의원이 그대로 대리해 줄 것을 요구하는 것은 선거권의 내용에 포함된다.

**05** 대의제 민주주의와 직접민주주의에 대한 설명으로 옳은 것은?

① 루소는 국가권력이 인민의 일반의사에 기초하고 있으며, 이는 대표이론에 근거를 제공한 것으로 본다.

② 국회의원선거에서 유권자의 의사에 의하여 설정된 국회의 정당 간 의석분포가 존속될 것이라는 내용의 '국회구성권'은 헌법상 인정되지 않는다.

③ 헌법 제41조 제1항의 "국회는 국민의 보통·평등·직접·비밀선거에 의하여 선출된 국회의원으로 구성한다."라는 규정은 단순히 국회의원을 국민의 직접선거에 의하여 선출한다는 의미를 넘어 국민의 직접선거에 의하여 무소속을 포함한 국회의 정당 간의 의석분포를 결정하는 권리까지 포함한다.

④ 국민에 의해서 선출된 국회의원은 전체 국민의 이익을 고려해야 하므로 명령적 위임에 따라야 한다.

**06** 대의제 민주주의와 직접민주주의에 대한 설명으로 옳지 않은 것은?

① 자유위임하에서 국회의원은 선거구민이나 정당의 지령에 법적으로 구속되지 않으며, 이러한 자유위임원칙에 대하여 헌법은 직접 명문규정을 두고 있다.

② 국회의원이 지역구에서 선출되더라도 지역구의 이익보다는 국가 전체의 이익을 우선하여야 한다는 원칙은 양원제가 아닌 단원제를 채택하고 있는 현행헌법하에서도 동일하게 적용되어야 한다.

③ 주민에게 지방의회 본회의·위원회 회의 중 발언권을 인정하는 조례안은 대표제원리에 위반된다.

④ 대의기관의 정책결정이 국민의 의사에 반하더라도 차기선거에서 책임을 물을 때까지는 국민을 기속하고 국민의 추정적 동의가 있는 것으로 간주된다.

**07** 대의제 민주주의에 대한 설명으로 옳은 것은?

① 헌법은 "의원은 국민의 대표자로서 소속 정당의 의사에 기속되지 아니하고 양심에 따라 투표한다."라고 규정하고 있다.

② 지역구국회의원뿐 아니라 비례대표국회의원도 정당과는 별도로 민주적 정당성을 가진다.

③ 국회의원은 지역구국회의원뿐 아니라 비례대표국회의원도 정당과는 별도로 독자적인 민주적 정당성을 가진다.

④ 국회의원은 헌법상으로는 국민 전체의 대표자이지 정당의 대표자는 아니므로 국회의원의 행위는 정당의 활동이 될 수 없다.

**08** 대의제 민주주의에 대한 설명으로 옳지 않은 것은?

① 현대의 민주주의가 순수한 대의제 민주주의에서 정당국가적 민주주의의 경향으로 변화하여 사실상 정당에 의하여 국회가 운영되고 있다고 하더라도 국회의원의 전체 국민대표성 자체를 부정할 수는 없다.

② 국회의원의 원내활동을 기본적으로 각자에게 맡기는 자유위임은 의회 내에서의 정치의사형성에 정당의 협력을 배척하는 것은 아니지만, 적어도 국회의원이 정당과 교섭단체의 지시에 기속되는 것을 배제하는 근거가 된다.

③ 교섭단체 대표의원의 요청에 따른 국회의장의 상임위원 개선행위는 그 요청이 위헌이나 위법이 아닌 한 해당 국회의원의 법률안의 심의·표결권의 침해로 볼 수 없다.

④ 국회의장이 교섭단체의 필요에 따라 국회의원을 다른 상임위원회로 강제 전임하는 조치는 헌법을 위반하여 해당 국회의원의 원소속 상임위원회에서의 법률안 심의·표결권을 침해하는 것이 아니다.

**09** 대의제 민주주의에 대한 설명으로 옳은 것은?

① 국회의원은 국민의 대표자로서 소속 정당의 의사에 기속되지 않고 양심에 따라 자유로이 투표할 수 있으므로 당론을 위반하는 정치활동에 대한 정당 내부의 사실상의 강제도 허용되지 않는다.

② 소속 국회의원이 당론과 다른 견해를 가졌을 경우 교섭단체인 정당이 소속 국회의원을 제명하는 것은 사실상 강제의 범위를 벗어난다고 볼 수 있으므로, 다른 상임위원회로 전임하는 조치는 헌법상 용인될 수 없는 사실상 강제에 해당한다.

③ 국회의장이 교섭단체 대표의원의 요청에 따라 그 소속 국회의원을 국회 보건복지위원회에서 강제 사임시킨 행위는 국회의 자율권에 속하는 행위라기보다는 권한쟁의심판의 대상이 되는 처분이다.

④ 국회의장이 교섭단체 대표의원의 요청에 따라 그 소속 국회의원을 국회 보건복지위원회에서 강제 사임시킨 행위는 국회의 자율권에 속하는 행위로서 사법심사의 대상에서 제외되어야 한다.

**10** 대의제 민주주의에 대한 설명으로 옳은 것은?

① 소속교섭단체의 결정에 반대하여 국회에서 투표한 행위를 이유로 소속 국회의원을 정당에서 제명 조치한 경우, 당해 국회의원이 이러한 제명에 의해 의원직을 상실하게 된다면 이는 대의제원리에 위배된다.

② 국회의원이 소속 정당으로부터 당적을 이탈하는 경우 의원직을 상실시키는 것은 대의제 민주주의 그리고 자유위임원칙 관점에서 정당화된다.

③ 국회의원의 국민대표성을 중시하는 입장에서 특정 정당에 소속된 국회의원이 정당기속 내지는 교섭단체의 결정에 위반하는 정치활동을 한 이유로 제재를 받는 경우, 국회의원 신분을 상실하게 하거나 소속 '정당으로부터의 제명'은 허용되지 않는다.

④ 국민이 선출한 대의기관은 국민과 명령위임 관계에 있게 된다.

**11** 대의제에 대한 설명으로 옳지 않은 것은?

① 대의제 민주주의와 정당국가적 민주주의의 이념이 충돌하는 경우 자유위임을 근본으로 하는 대의제 민주주의를 우선시켜야 한다.

② 비례대표국회의원 당선인이 선거범죄로 비례대표국회의원직을 상실하여 비례대표국회의원에 결원이 생긴 경우에 소속 정당의 비례대표국회의원 후보자명부상 차순위자의 의원직 승계를 인정하지 않는 「공직선거법」 조항은 과잉금지원칙에 위배되어 그 정당의 비례대표국회의원 후보자명부상의 차순위 후보자의 공무담임권을 침해한다.

③ 현행 비례대표국회의원 선거에서 선거권자들의 정치적 의사표명에 의하여 직접 결정되는 것은, 특정의 비례대표국회의원후보자를 비례대표국회의원으로 선출하는 것이 아니라, 비례대표국회의원 후보자명부를 제시한 정당별로 할당될 비례대표국회의원의 수를 배정하는 것이라고 할 수 있다.

④ 현대 대의제의 위기를 극복하는 방안의 하나로 국민의 직접입법제를 전면적으로 도입하는 것은 허용된다.

**12** 대의제와 정당국가적 민주주의에 대한 설명으로 옳지 않은 것은?

① 대의제 원리가 적용되는 민주주의에서 국민투표와 같은 직접민주주의적 요소는 헌법이 규정하는 경우에 한하여 예외적으로 적용되며, 따라서 대통령의 신임을 국민투표를 통하여 묻는 것은 헌법이 명시하지 않았기 때문에 허용되지 않는다.

② 헌법이 대의제 민주주의를 채택하고 있더라도 직접민주주의 요소를 도입할 수는 있는데, 이를 최초로 도입한 우리 헌법은 제5차 개정헌법이다.

③ 국회의원직을 얻는 방식과 무관하게 국회의원은 자유위임적 지위를 가지므로 지역구의원뿐 아니라 비례대표의원도 자유위임적 지위를 가진다.

④ 당적이탈·변경시 비례대표의원의 의원직을 상실케 하는 「공직선거법」 제192조 제4항의 시행 전 전국구의원이 탈당했다면 의원직을 상실하지 않는다.

**13** 대의제와 정당국가적 민주주의에 대한 설명으로 옳은 것은?

① 비례대표국회의원은 자유위임이므로 당적이탈·변경시 비례대표의원의 의원직을 상실케 하는 입법은 대의제 민주주의 위반이므로 허용되지 아니한다.

② 통합진보당 해산결정에서 헌법재판소는 「공직선거법」 제192조 제4항이 국회의원의 국민대표성과 정당기속성 사이의 긴장관계를 적절하게 조화시켜 규율하고 있다고 보았다.

③ 당적이탈·변경시 비례대표의원의 의원직을 상실케 하는 「공직선거법」 제192조 제4항은 자유위임의 원칙을 구현한 것이다.

④ 주민소환제는 임기 중 대표자를 파면하는 제도이므로 자유위임을 원칙으로 하는 대의제 민주주의에 위배되어 도입할 수 없다.

**14** 다음 헌법조항과 대의제 민주주의에 대한 설명으로 옳지 않은 것을 모두 조합한 것은?

> 제24조 모든 국민은 법률이 정하는 바에 의하여 선거권을 가진다.
>
> 제41조 ① 국회는 국민의 보통·평등·직접·비밀선거에 의하여 선출된 국회의원으로 구성한다.
> ③ 국회의원의 선거구와 비례대표제 기타 선거에 관한 사항은 법률로 정한다.
>
> 제45조 국회의원은 국회에서 직무상 행한 발언과 표결에 관하여 국회 외에서 책임을 지지 아니한다.
>
> 제46조 ② 국회의원은 국가이익을 우선하여 양심에 따라 직무를 행한다.

> ㉠ 헌법 제24조 선거권의 내용에 국회의원을 보통·평등·직접·비밀선거에 의하여 국민의 대표자인 국회의원을 선출하는 권리에 그치고, 개별 유권자 혹은 집단으로서의 국민의 의사를 선출된 국회의원이 그대로 대리하여 줄 것을 요구할 수 있는 권리까지 포함한다.
> ㉡ 헌법 제45조의 국회의원 면책특권에 따라 대의기관의 국가의사결정이 여론에 나타나는 국민의 의사에 반하더라도 국민은 대의기관에 대해 법적 책임은 추궁할 수 없는데, 이는 대의제 민주주의에 기반을 둔 것이다.
> ㉢ 헌법 제41조 제3항의 비례대표제는 대의제 민주주의에서 도출되는 대표제이다.
> ㉣ 국회의 정당 간의 의석분포를 결정할 국민의 권리는 헌법 제41조 제1항에서 도출된다.
> ㉤ 정당이 탄핵소추의결에 참여하지 않은 소속 국회의원을 출당시키겠다고 공언한 것은 헌법 제46조 제2항에 위반된다.

① ㉠, ㉢, ㉣, ㉤  
② ㉠, ㉤  
③ ㉢, ㉣, ㉤  
④ ㉡, ㉣

**15** 권력분립에 대한 설명으로 옳지 않은 것은?

① 권력분립의 원칙은 인적 측면에서도 입법과 행정의 분리를 요청하므로, 행정공무원의 경우는 지방의회의원의 입후보 제한이나 겸직금지가 필요하다.

② 행정청이 행정처분 단계에서 당해 처분의 근거가 되는 법률이 위헌이라고 판단하여 그 적용을 거부하는 것은 권력분립의 원칙상 허용될 수 없지만, 행정처분에 대한 소송절차에서는 행정청은 당해 처분의 근거가 되는 법률의 위헌 여부에 대한 심판의 제청을 신청할 수 있다.

③ 지방공사의 직원은 지방자치단체의 영향력하에 있지도 않고, 지방공사의 업무에 관해 부당한 영향력을 행사할 우려도 없으므로, 지방공사의 임원이 아닌 직원에 대해서까지 겸직을 금지하는 것은 입법목적을 달성함에 있어 적절한 수단이 아니므로 지방의회의원이 지방공사 직원의 직을 겸할 수 없도록 규정하고 있는 「지방자치법」은 과잉금지원칙에 위배된다.

④ 「도로교통법」상의 통고처분제도는 비록 법률상으로는 임의의 승복을 그 발효요건으로 하고 있어 권력분립원칙이나 적법절차원칙에 위배된다고 할 수 없다.

**16** 권력분립에 대한 설명으로 옳은 것은?

① 역대 헌법은 권력분립제도 및 견제와 균형제도를 규정하여 1948년 헌법에서는 대통령이 국무총리를 국회의 동의를 얻어 임명하도록 하였고, 1954년 헌법에서는 최초로 민의원의 국무원불신임권이 인정되었다.

② 권력분립적 관점에서 입법 여부는 입법자의 재량이므로 헌법에서 입법의무가 있는 예외적인 경우에 한해 입법권의 불행사를 통제할 수 있다.

③ 권력분립의 원리에 충실하려면 입법부작위에 관한 헌법재판소의 관할권이 폭넓게 인정되어야 한다.

④ 우리 헌법은 권력분립주의에 입각하여 국회로 하여금 국민의 권리와 의무에 관한 모든 사항을 법률의 형식으로 규정하도록 하고 있다.

**17** 고전적 권력분립에 대한 설명으로 옳은 것은?

① 고전적 권력분립원칙은 민주주의나 국민주권 실현을 목적으로 하였다.

② 고전적 권력분립원칙은 국가권력행사의 효율성을 추구하는 적극적 원리로서 출발하였다.

③ 로크는 권력 간의 분리를 강조하면서도 입법권 우위를 주장하였고, 몽테스키외는 입법권과 집행권 간의 균형과 견제를 강조하였다.

④ 몽테스키외는 사법권의 적극적 독립을 강조함으로써 사법권에 의한 국가권력에 대한 적극적 통제기능을 강조하였다.

**18** 권력분립에 대한 설명으로 옳지 않은 것은?

① 수사처의 설치로 말미암아 수사처와 기존의 다른 수사기관의 관계가 문제된다 하더라도 동일하게 행정부 소속인 수사처와 다른 수사기관 사이의 권한 배분의 문제는 헌법상 권력분립원칙의 문제라고 볼 수 있다.

② 공수처법이 수사처의 소속을 명시적으로 규정하지 않은 공수처법 제2조 및 공수처법 제3조 제1항은 권력분립원칙에 반하여 청구인들의 평등권, 신체의 자유 등을 침해하지 않는다.

③ 권력분립원칙은 국가권력의 집중과 남용의 위험을 방지하여 국민의 자유와 권리를 보호하고자 하는 데에 근본적인 목적이 있는바, 이를 위해서는 단순히 국가권력을 분할하는 것만으로는 충분하지 않고 분할된 권력 상호간의 견제와 균형을 통한 권력 간 통제가 이루어져야 한다.

④ 헌법상 권력분립원칙이란 국가권력의 기계적 분립과 엄격한 절연을 의미하는 것이 아니라, 권력 상호간의 견제와 균형을 통한 국가권력의 통제를 의미한다.

**19** 권력분립에 대한 설명으로 옳은 것은?

① 법률로써 '행정각부'에 속하지 않는 독립된 형태의 행정기관을 설치하는 것이 헌법상 금지된다고 할 수 없다.

② 특정한 국가기관을 구성함에 있어 입법부, 행정부, 사법부가 그 권한을 나누어 가지거나 기능적인 분담을 하는 것은 권력분립의 원칙에 반한다.

③ 오늘날 의회의 입법독점주의에서 입법중심주의로 전환하여 일정한 범위 안에서 행정입법을 허용하게 된 동기는 사회적 변화에 대응한 입법수요의 급증과 종래의 형식적 권력분립주의로는 현대사회에 대응할 수 없다는 '기관중심의 권력분립론'에 있다.

④ 연방국가제도, 지방자치제도는 기관중심의 권력통제제도인 것에 반해, 의회해산제도, 내각불신임제도는 기능중심의 권력분립제도로 볼 수 있다.

**20** 권력분립에 대한 설명으로 옳지 않은 것은?

① 로크(J. Locke)나 몽테스키외(Montesquieu) 등이 주장한 고전적 권력분립론은 국가권력의 수직적 분립을 중요시했다면, 현대적 권력분립론은 수평적 권력분립을 강조하고 있다.

② 사회국가원리와 정당의 등장은 고전적 권력분립을 재검토해 기능적 권력분립으로 전환시키는 역할을 했다.

③ 보안관찰처분대상자에게 출소 후 신고의무를 법 집행기관의 구체적 처분이 아닌 법률로 직접 부과하고 있는 「보안관찰법」 제6조 제1항 전문 후단은 권력분립의 원칙에 위반된다고 할 수 없다.

④ 공판기일에 공소사실과 검사의 의견만을 듣고 결심하여 형을 선고하도록 규정한 반국가행위자의 처벌에 관한 특별조치법 조항은 입법에 의해서 사법의 본질적인 중요부분을 대체시켜 버리는 것이어서 헌법상 권력분립원칙에 반한다.

제한시간 : 14분  |  시작시각 ___시 ___분 ~ 종료시각 ___시 ___분 　　　　나의 점수 _____

**01** 권력분립에 대한 설명으로 옳지 않은 것은?

① 법원이 엄격한 증거조사와 사실심리를 거쳐 무죄 등의 판결을 선고하는 경우에도, 검사의 10년 이상 구형이 있기만 하면 중대한 피고사건으로 간주되어 구속이 계속되는 것은 권력분립의 원칙에 위배되는 것이다.

② 정치적 중립성을 엄격하게 지켜야 할 대법원장을 정치적 사건을 담당하게 될 특별검사 임명에 관여시키는 내용을 담고 있는 국회의 입법은 헌법상 권력분립원칙에 위반된다.

③ 지방공사 직원은 지방공사 경영에 있어서 심의·의결권을 행사하거나 집행책임을 지는 지위에 있으므로 지방공사 직원이 지방의회에 진출할 수 있도록 하는 것은 권력분립 내지는 정치적 중립성 원칙에 위배된다.

④ 농업협동조합장의 지방의회의원 입후보 제한이나 겸직금지는 최소한 기본권 제한이라고 할 수 없다.

**02** 다음 우리 헌법조항(밑줄 친 부분이 있는 경우 그 부분) 중 대통령제 요소가 채택된 것으로 볼 수 있는 것은 몇 개인가?

㉠ 제65조 ① 대통령·국무총리·국무위원·행정각부의 장·헌법재판소 재판관·법관·중앙선거관리위원회 위원·감사원장·감사위원 기타 법률이 정한 공무원이 그 직무집행에 있어서 헌법이나 법률을 위배한 때에는 국회는 탄핵의 소추를 의결할 수 있다.

㉡ 제63조 ① 국회는 국무총리 또는 국무위원의 해임을 대통령에게 건의할 수 있다.

㉢ 제62조 ② 국회나 그 위원회의 요구가 있을 때에는 국무총리·국무위원 또는 정부위원은 출석·답변하여야 하며, 국무총리 또는 국무위원이 출석요구를 받은 때에는 국무위원 또는 정부위원으로 하여금 출석·답변하게 할 수 있다.

㉣ 제52조 국회의원과 정부는 법률안을 제출할 수 있다.

㉤ 제53조 ① 국회에서 의결된 법률안은 정부에 이송되어 15일 이내에 대통령이 공포한다. ② 법률안에 이의가 있을 때에는 대통령은 <u>제1항의 기간 내에 이의서를 붙여 국회로 환부하고,</u> 그 재의를 요구할 수 있다. 국회의 폐회 중에도 또한 같다.

㉥ 제67조 ① 대통령은 국민의 보통·평등·직접·비밀선거에 의하여 선출한다.

㉦ 제67조 ② 대통령 선거에 있어서 최고득표자가 2인 이상인 때에는 국회의 재적의원 과반수가 출석한 공개회의에서 다수표를 얻은 자를 당선자로 한다.

㉧ 제66조 ① 대통령은 국가의 원수이며, 외국에 대하여 국가를 대표한다.

㉨ 제66조 ④ 행정권은 대통령을 수반으로 하는 정부에 속한다.

㉩ 제76조 ③ 대통령은 긴급재정경제처분 또는 긴급명령을 한 때에는 지체 없이 국회에 보고하여 그 승인을 얻어야 한다.

㉪ 제82조 대통령의 국법상 행위는 문서로써 하며, 이 문서에는 국무총리와 관계 국무위원이 <u>부서한다.</u> 군사에 관한 것도 또한 같다.

㉫ 제86조 ① 국무총리는 <u>국회의 동의를 얻어</u> 대통령이 임명한다. ② 국무총리는 대통령을 보좌하며, 행정에 관하여 대통령의 명을 받아 <u>행정각부를 통할한다.</u>

㉬ 제79조 ① 대통령은 법률이 정하는 바에 의하여 사면·감형 또는 복권을 명할 수 있다.

㉭ 제88조 ① 국무회의는 정부의 권한에 속하는 중요한 정책을 심의한다.

① 1개　　　　　　　② 2개

③ 3개　　　　　　　④ 4개

**03** 정부형태에 대한 설명으로 옳은 것은?

① 미국 대통령과 우리나라에서는 대통령은 법관 임명권을 가진다는 점에서 공통점을 가진다.

② 내각불신임제가 의원내각제의 특징이라면, 탄핵제도는 대통령제의 특징이다.

③ 우리 헌법이 채택하는 대통령제하에서도 정부와 국회 다수정당의 이해관계가 일치한다고 할 수도 없으므로 권한쟁의심판에서 소수정당에게 이른바 '제3자 소송 담당'을 허용해야 할 헌법적 요청이 인정된다고 할 수 없다.

④ 우리 헌법에서는 행정부 내 필수적 최고심의기구로 국무회의를 두고 있는 반면, 대통령제에서는 의결기관으로 각료회의를 두고 있다.

**04** 정부형태에 대한 설명으로 옳지 않은 것은?

① 우리나라 정부형태를 대통령제에서 의원내각제로 변경하려면 헌법개정이 필요하다.

② 대통령제하에서 민주적 정당성은 이원화되나, 의원내각제에서는 민주적 정당성은 일원화된다.

③ 의원내각제에서 의회는 내각에 대해 정치적 책임을 물을 수 있으나, 대통령제에서는 의회는 내각에 대해 정치적 책임을 물을 수 없다.

④ 의원내각제하에서 국회의원은 법적으로 고정된 임기를 보장받으나, 대통령제에서 의원은 법적으로 임기를 보장받지 못한다.

**05** 정부형태에 대한 설명으로 옳지 않은 것은?

① 미국과 우리나라의 대통령은 모두 법률안 거부권을 가지고 있다는 점에서 공통점을 가지나, 미국 정부는 우리 정부와 다르게 법률안 제출권을 가지지 못한다.

② 탄핵제도는 의원내각제에서 대통령제보다 그 제도적 의의가 더 크다.

③ 프랑스에서는 의원내각제 합리화의 방안으로 이원정부제를 운영하고 있는데, 대통령제의 요소로서 국민의 보통선거에 의한 대통령 직선제를 도입하고 있으나 의회의 정부불신임권은 인정된다.

④ 대통령제하에서 의회와 내각은 엄격한 분리를 특징으로 하나, 의원내각제에서는 입법부와 집행부 간 공화와 협조를 특징으로 한다.

**06** 정부형태에 대한 설명으로 옳지 않은 것은?

① 회의제 정부형태는 의회에 권력을 집중시켜 주므로 일당독재가 가능하여 전체주의 국가의 정부형태이므로 민주주의 국가에서는 채택될 수 없다.

② 대통령제의 내각은 의회에 독립성을 특징으로 하고, 의원내각제의 내각은 의존성을 특징으로 한다.

③ 국회의원과 행정각부의 장관 간의 겸직은 미국대통령제에서는 통상 인정되지 않으나, 의원내각제에서 내각의 수반인 수상이나 각료와 국회의원 간 겸직은 허용되나 국회의원이어야 한다는 것은 아니다.

④ 의원내각제에서 집행부 구조는 이원화되나, 대통령제에서 집행부 구조는 일원화된다.

**07** 정부형태에 대한 설명으로 옳지 않은 것은?

① 이원정부제에서 정부의 권력이 분산되었기 때문에 대통령의 권력 행사에 대한 통제가 용이하다고 할 수 있다.

② 의회 다수파에 대한 견제가 용이한 정부형태는 대통령제이다.

③ 우리나라에서 의원내각제를 채택한 헌법은 제3차 개정헌법이 최초였고, 대통령제를 최초로 채택한 헌법은 제헌헌법이었다.

④ 대통령제는 미국헌법에 의해 창안된 정부형태라면, 의원내각제는 영국 역사의 산물이다.

**08** 정부형태에 대한 설명으로 옳지 않은 것은?

① 영국의 의원내각제는 처음에는 내각우위의 내각책임제에서 출발하여 내각에 대한 의회우위의 의원내각제로 발전해 왔다.

② 이원정부제하에서 대통령은 국민에 의해 선출되며 의회를 해산할 수 있으나 의회는 대통령에 대해서 불신임할 수 없다.

③ 이원정부제하에서 동거정부는 성립할 가능성이 높은데 야당이 다수당이고 의회의 내각에 대한 불신임이 있기 때문에 발생한다.

④ 독일의 의원내각제에서는 후임자를 선출한 경우에 한하여 현직 수상을 물러나게 하는 '건설적 불신임제도'를 채택하여 의회의 내각불신임권이 제한되고, 수상이 갖는 의회해산권의 행사도 제한을 받는다.

**09** 의회주의에 대한 설명으로 옳지 않은 것은?

① 현대에 와서 국민의 동질성이 약화됨에 따라 의회의 국민대표성이 약화되어 의회주의의 위기가 발생하였다.

② 의회주의의 원리로서 국민 대표의 원리, 공개토론의 원리, 다수파의 교체를 요구하는 정권교체의 원리, 효율적인 의사절차를 들 수 있다.

③ 국회의 의사가 다수결에 의하여 결정되었음에도 다수결의 결과에 반대하는 소수의 국회의원에게 권한쟁의심판을 청구할 수 있게 하는 것은 다수결의 원리와 의회주의의 본질에 어긋난다고 할 수 있으므로 소수의 국회의원이 국회의 권한 침해를 주장하는 권한쟁의심판을 청구할 수 없다.

④ 의회주의는 신속한 의안 처리와는 거리가 멀어 비효율성이 발생하자, 그에 대한 대책으로 위원회 제도가 도입되었다.

**10** 국회구성에 대한 설명으로 옳은 것은?

① 제3차 개정헌법(1960년)은 국회는 양원제로 하고, 헌법재판기관으로 헌법재판소를 두었다.

② 양원제하에서는 정부에 대한 의회의 지위가 상대적으로 강화된다.

③ 행정국가적 경향과 정당국가적 경향은 양원제를 도입할 필요성을 강화시켰다.

④ 루소는 "제2원과 제1원이 의사를 달리하면 그 존재는 유해할 것이고, 양자의 의사가 동일하면 제2원은 무용지물이다."라며 양원제를 비판하고 단원제를 주장하였다.

**11** 의장과 부의장에 대한 설명으로 옳은 것은?

① 국회의장 보궐선거에 의하여 당선된 의장은 선출된 날부터 2년이 되는 날 본회의를 주재할 수 없다.

② 국회의장의 수는 헌법규정사항이므로 법률로 변경할 수 없으나, 부의장의 수는 법률로 변경할 수 있다.

③ 의장과 부의장은 국회에서 재적의원 과반수 출석과 출석의원 다수득표자를 당선자로 한다.

④ 국회의장은 국무위원의 직을 겸할 수 없으나, 국회부의장은 국무위원의 직을 겸할 수 있다.

**12** 의장과 부의장에 대한 설명으로 옳은 것은?

① 다른 직을 겸한 의원이 의장 또는 부의장으로 당선된 때에는 당선된 날에 그 직에서 해직된 것으로 본다.

② 의원이 의장으로 당선된 때에는 당선된 날부터 의장으로 재직하는 동안은 당적을 가질 수 없다. 다만, 국회의원 총선거에서 정당추천후보자로 추천을 받으려는 경우에는 의원 임기만료일 90일 전부터 당적을 가질 수 있다.

③ 비례대표국회의원이 국회의장으로 당선되어 「국회법」 규정에 의하여 당적을 이탈한 경우에는 국회의원직을 상실한다.

④ 국회의장은 당선된 날부터 당적을 가질 수 없으므로, 국회의원 임기만료에 의한 선거에서 당적을 가지고 입후보할 수 없다.

**13** 의장과 부의장에 대한 설명으로 옳은 것은?

① 당적을 이탈한 의장이 그 임기를 만료한 때에는 당적을 이탈할 당시의 소속 정당으로 바로 복귀한다.

② 의장은 국회의 동의를 얻어 그 직을 사임할 수 있으나, 부의장은 국회의 동의 없이도 그 직을 사임할 수 있다.

③ 의원은 둘 이상의 상임위원회 위원이 될 수 있으나, 국회의장은 국회운영위원회의 상임위원만 될 수 있다.

④ 의장과 부의장은 상임위원이 될 수 없다.

**14** 의장과 부의장에 대한 설명으로 옳은 것은?

① 국회의원이 국회의장 또는 부의장으로 당선된 때에는 당선된 다음 날부터 국회의장 또는 부의장으로 재직하는 동안은 당적을 가질 수 없다.

② 국회의장은 위원회의 위원이 될 수 없고, 위원회에 출석하여 발언할 수 없고 표결할 수도 없다.

③ 국회의장은 본회의에서 표결할 수 없다.

④ 사무총장은 의장이 각 교섭단체 대표의원과의 협의를 거쳐 본회의의 승인을 받아 임면한다.

**15** 의장과 부의장에 대한 설명으로 옳은 것은?

① 의장은 토론에 참가하더라도 의장석에서 계속 토론·진행하여야 한다.

② 국회의원이 사직하고자 하는 경우, 회기 중에는 국회의 의결이 있어야 하고, 폐회 중에는 국회의장의 허가가 있어야 한다.

③ 국회의장과 위원장은 국회 안에서 경호권을 행한다.

④ 국회의 경호업무는 의장의 지휘를 받아 수행하되, 경찰공무원은 회의장 건물 안에서 경호한다.

**16** 국회의장에 대한 설명으로 옳지 않은 것은?

① 의장은 국회의 경호를 위하여 필요할 때에는 국회운영위원회의 동의를 받아 일정한 기간을 정하여 정부에 국가경찰공무원의 파견을 요구할 수 있다.

② 국회의원 총선거 후 처음 선출된 의장과 부의장의 임기만료일까지 부득이한 사유로 의장이나 부의장을 선출하지 못한 경우와 폐회 중에 의장·부의장이 모두 궐위된 경우에는, 사무총장이 임시회 집회 공고에 관하여 의장의 직무를 대행한다.

③ 국회의장이 행한 처분에 대하여는 국회의장을 피고로 하여 행정소송을 제기하여야 한다.

④ 국회의장 권한대행은 의장으로서 의사진행의 원활을 기하기 위하여 의사진행발언 및 산회 선포 등의 권한을 가진다.

**17** 국회의장에 대한 설명으로 옳은 것은?

① 국회의장이 사고가 있을 때에는 소속 의원 수가 많은 교섭단체 소속 부의장이 의장의 직무를 대리한다.

② 국회의장의 직무는 국회부의장, 임시의장, 상임위원장, 최다선 의원 중 연장자가 대리 또는 대행할 수 있다.

③ 의장과 부의장이 모두 사고가 있을 때에는 임시의장을 선출하여 의장의 직무를 대행하게 한다.

④ 의장이 심신상실 등 부득이한 사유로 의사표시를 할 수 없게 되어 직무대리자를 지정할 수 없을 때에는 최다선 의원이 직무를 대행한다.

**18** 국회의장에 대한 설명으로 옳은 것은?

① 의장이 사고가 있을 때에는 의장이 지정하는 부의장이 그 직무를 대리하고, 의장이 심신상실 등 부득이한 사유로 의사표시를 할 수 없게 되어 직무대리자를 지정할 수 없을 때에는 연장자인 부의장의 순으로 의장의 직무를 대행한다.

② 의장과 부의장이 모두 사고가 있을 때에는 지체 없이 보궐선거를 실시한다.

③ 의장과 부의장이 모두 사고가 있을 때에는 임시의장을 선출하여 의장의 직무를 대행하게 한다.

④ 국회의원 총선거 후 처음으로 의장과 부의장을 선거할 때 출석의원 중 연장자가 의장의 직무를 대행한다.

**19** 국회 위원회에 대한 설명으로 옳지 않은 것은?

① 각 교섭단체 대표의원은 국회운영위원회 위원과 정보위원회의 위원이 된다.

② 소관 위원회는 다른 위원회와 협의하여 연석회의(連席會議)를 열고 의견을 교환할 수 있으나 표결은 할 수 없다.

③ 의원내각제 국가에서 위원회는 약한 위원회제이고, 대통령제 국가에서 강한 위원회제이다.

④ 위원회는 다른 위원회와 협의하여 연석회의를 열고 의견을 교환할 수 있으며 연석회의에서 토론 및 표결을 할 수 있다.

**20** 국회 위원회에 대한 설명으로 옳지 않은 것은?

① 위원이 질병 등 부득이한 사유로 의장의 허가를 받은 경우를 제외하고는 위원을 개선할 때 임시회의 경우에는 회기 중에 개선될 수 없다.

② 상임위원은 교섭단체 소속 의원 수의 비율에 따라 각 교섭단체 대표의원의 요청으로 국회의장이 선임하거나 개선한다.

③ 교섭단체 구성원인 국회의원의 상임위원 선임은 교섭단체 대표의 요청으로 의장이 선임한다. 교섭단체 소속이 아닌 국회의원은 의장이 교섭단체 대표의원과 협의하여 상임위원을 선임한다.

④ 상임위원회 위원을 선임한 후 교섭단체 소속 의원 수가 변동되었을 때에는 국회의장은 상임위원회의 교섭단체별 할당 수를 변경하여 위원을 개선할 수 있다.

제한시간 : 14분 | 시작시각 ___시 ___분 ~ 종료시각 ___시 ___분    나의 점수 _____

**01** 국회 위원회에 대한 설명으로 옳은 것은?

① 상임위원회 위원장은 각 위원회에서 호선한다.

② 상임위원회 위원장이 궐위된 때에는 소속 국회의원 수가 많은 교섭단체 소속 간사의 순으로 위원장의 직무를 대리한다.

③ 상임위원회의 위원장은 당해 상임위원 중에서 국회의장 선거의 예에 준하여 상임위원회에서 선거한다.

④ 의장은 안건이 어느 상임위원회의 소관에 속하는지 명백하지 아니할 때에는 각 교섭단체 대표의원과 협의하여 상임위원회에 회부하되, 협의가 이루어지지 아니할 때에는 의장이 소관 상임위원회를 결정한다.

**02** 국회 위원회에 대한 설명으로 옳은 것은?

① 상임위원회는 국회운영위원회를 비롯하여 17개의 위원회가 있으며, 국회의장은 어느 상임위원회에도 속하지 아니하는 사항은 국회운영위원회와 협의하여 소관 상임위원회를 정한다.

② 의장은 안건이 어느 상임위원회의 소관에 속하는지 명백하지 아니할 때에는 국회 법제사법위원회와 협의하여 상임위원회에 회부하되, 협의가 이루어지지 아니할 때에는 의장이 소관 상임위원회를 결정한다.

③ 의장은 안건이 어느 상임위원회의 소관에 속하는지 명백하지 아니할 때에는 의장이 상임위원회를 결정한다.

④ 국회의장은 어느 상임위원회에도 속하지 아니하는 사항은 각 교섭단체 대표의원과 협의하여 소관 상임위원회를 정한다.

**03** 국회 위원회의 소관 사항에 대한 설명으로 옳지 않은 것은?

① 국회상임위원회 중 정무위원회는 국민권익위원회 소관에 속하는 사항을 관장한다.

② 「국회법」과 국회규칙에 관한 사항은 운영위원회 소관 사항이고, 국회규칙안 체계·형식과 자구 심사는 법제사법위원회 소관 사항이다.

③ 대통령비서실과 국가안보실, 대통령경호처 소관에 속하는 사항은 상임위원회 중 국회운영위원회 소관 사항이다.

④ 국가인권위원회 소관에 속하는 사항은 법제사법위원회 소관 사항이다.

**04** 국회 위원회의 소관 사항에 대한 설명으로 옳은 것은?

① 정보위원회 위원의 임기도 다른 상임위원회 위원의 임기와 동일하게는 2년이다.

② 군사법원의 재판에 속하는 사항은 법제사법위원회 소관 사항이다.

③ 중앙선거관리위원회 사무에 관한 사항은 행정안전위원회 소관 사항이 아니라, 정무위원회 소관 사항이다.

④ 국가정보원 소관에 속하는 사항은 국방위원회 소관 사항이다.

**05** 법제사법위원회에 대한 설명으로 옳지 않은 것은?

① 제정법률안과 전부개정법률안에 대한 법제사법위원회의 체계·자구 심사에 관한 축조심사는 위원회의 의결로 생략할 수 있다.

② 상임위원회에서 법률안의 심사를 마치거나 입안할 때에는 법제사법위원회에 회부하여야 하고, 법제사법위원회는 체계 및 자구 등의 형식에 한해 심사하고 내용에 대하여 심사할 수 없다.

③ 위원회에서 법률안의 심사를 마치거나 입안을 하였을 때에는 법제사법위원회에 회부하여 체계와 내용에 대한 심사를 거쳐야 한다.

④ 탄핵소추가 발의되었을 때에는 국회의장은 발의된 후 처음 개의하는 본회의에 보고하고, 본회의는 의결로 법제사법위원회에 회부하여 조사하게 할 수 있다.

**06** 국회 위원회에 대한 설명으로 옳지 않은 것은?

① 위원회(소위원회는 제외한다)는 매월 2회 이상 개회한다.

② 정보위원회는 그 소관 사항을 분담·심사하기 위하여 상설소위원회를 둘 수 없다.

③ 정보위원회의 위원은 의장이 각 교섭단체 대표의원으로부터 해당 교섭단체 소속 의원 중에서 후보를 추천받아 부의장 및 각 교섭단체 대표의원과 협의하여 선임하거나 개선하며, 각 교섭단체 대표의원은 정보위원회의 위원이 된다.

④ 정보위원회에 국가정보원 소관 예산안과 결산에 대한 실질적인 최종 심사권을 부여하고 있다.

**07** 국회 위원회에 대한 설명으로 옳은 것은?

① 의장은 특히 필요하다고 인정하는 안건에 대해서는 국회운영위원회와 협의하여 이를 특별위원회에 회부한다.

② 「국회법」에서 명시적으로 규정하고 있는 특별위원회에는 예산결산특별위원회, 윤리특별위원회, 인사청문특별위원회가 있다.

③ 예산결산특별위원회와 윤리특별위원회는 활동기한을 정해서 그 기한의 종료시까지만 존속한다.

④ 국회특별위원회는 본회의 의결로 설치된 위원회에 한정된다.

**08** 국회 위원회에 대한 설명으로 옳은 것은?

① 현행 「국회법」상 예산결산특별위원회와 윤리특별위원회는 활동기간을 정하여 구성되지 아니하므로 상설로 운영된다.

② 예산결산특별위원회의 위원 수는 50명으로 하며, 예산결산특별위원회의 위원의 임기는 1년이나 보임 또는 개선된 위원의 임기는 전임자의 잔임기간으로 한다.

③ 「국회법」은 예산결산특별위원회의 위원 수를 국회규칙으로 정하도록 하고 있으며, 국회의장은 교섭단체 소속 의원 수의 비율과 상임위원회 위원 수의 비율에 따라 각 교섭단체 대표의원의 요청으로 예산결산특별위원회 위원을 선임한다.

④ 예산결산특별위원회의 위원은 각 교섭단체 대표의원의 요청에 따라 예산결산위원회 위원장이 선임한다.

**09** 국회 위원회에 대한 설명으로 옳은 것은?

① 예산결산특별위원회의 위원장은 위원회에서 호선하고, 위원의 선임은 교섭단체 소속 의원 수의 비율과 상임위원회의 위원 수의 비율에 의하여 각 교섭단체 대표의원의 요청으로 국회부의장이 행한다.

② 예산결산특별위원회의 위원장은 예산결산특별위원회의 위원 중에서 국회의장 선거의 예에 준하여 본회의에서 선거한다.

③ 의원의 자격심사·징계에 관한 사항을 심사하기 위하여 본회의 의결로 윤리특별위원회를 구성한다.

④ 윤리특별위원회는 위원장 1명을 포함한 15명의 위원으로 구성되고, 위원회 임기는 1년이며, 예산결산특별위원회와는 달리 상설 특별위원회의 성격을 가진다.

**10** 국회 위원회에 대한 설명으로 옳지 않은 것은?

① 윤리특별위원회는 자격심사·징계안이 발의된 때 구성되며, 인사청문특별위원회는 임명동의안이 국회에 제출된 때 구성되며 임명동의안 등이 본회의에서 의결될 때 또는 인사청문경과가 본회의에 보고될 때까지 존속한다.

② 헌법에 따라 그 임명에 국회의 동의가 필요한 대법원장·헌법재판소장·국무총리·감사원장 및 대법관에 대한 임명동의안, 헌법에 따라 국회에서 선출하는 헌법재판소 재판관 및 중앙선거관리위원회 위원에 대한 선출안 등을 심사하기 위하여 인사청문특별위원회를 둔다.

③ 인사청문특별위원회는 임명동의안 등(「국회법」 제65조의2 제2항의 규정에 의하여 다른 법률에서 국회의 인사청문을 거치도록 한 공직후보자에 대한 인사청문요청안을 제외한다)이 국회에 제출된 때에 구성된 것으로 본다.

④ 상임위원회는 위원회 또는 상설소위원회를 정기적으로 개회하여 그 소관 중앙행정기관이 제출한 부령에 대하여 법률에의 위반 여부 등을 검토하여 당해 부령이 법률의 취지 또는 내용에 합치되지 아니하다고 판단되는 경우 소관 중앙행정기관의 장에게 그 내용을 통보할 수 있다.

**11** 국회 위원회에 대한 설명으로 옳은 것은?

① 소위원회는 폐회 중에는 활동할 수 없으며, 법률안을 심사하는 소위원회는 매월 2회 이상 개회한다.

② 윤리심사자문위원회 위원장은 자문위원 중에서, 의장이 지명한다.

③ 소위원회의 회의는 비공개한다. 다만, 소위원회의 의결로 공개할 수 있다.

④ 소위원회의 위원장은 위원회에서 소위원회의 위원 중에서 선출하고, 이를 본회의에 보고한다.

**12** 국회 위원회에 대한 설명으로 옳지 않은 것은?

① 윤리심사자문위원회는 국회의원으로 구성되는 상임위원회으로서 의장 또는 윤리특별위원회의 자문에 응하기 위해 설치된 위원회이다.

② 전원위원회란 국회의원 전원으로 구성되는 위원회인바, 국회의장은 각 교섭단체 대표위원의 동의를 얻어 전원위원회를 개회하지 아니할 수 있다.

③ 전원위원회는 재적위원 5분의 1 이상의 출석으로 개회하고, 재적위원 4분의 1 이상의 출석과 출석위원 과반수의 찬성으로 의결한다.

④ 전원위원회는 국회재적위원 4분의 1 이상의 요구로 개회될 수 있다.

**13** 국회 위원회에 대한 설명으로 옳은 것은?

① 국회는 위원회의 심사를 거치거나 위원회가 제안한 의안 중 정부조직에 관한 법률안, 조세 또는 국민에게 부담을 주는 법률안 등 주요 의안의 본회의 상정 전에는 전원위원회를 개회할 수 있으나, 본회의 상정 후에는 개회할 수 없다.

② 전원위원회에 위원장 1명을 두되, 의장이 지명하는 부의장으로 한다.

③ 전원위원회에 위원장 1명을 두되, 전원위원회에서 선출한다.

④ 전원위원회는 위원회 안에 대해 수정안을 제출할 수 있고, 폐기할 수도 있다.

**14** 국회조직에 대한 설명으로 옳은 것은?

① 국회에 20명 이상 소속 의원이 있는 정당은 하나의 교섭단체가 되지만, 다른 교섭단체에 속하지 아니하는 20명 이상의 의원으로는 따로 교섭단체를 구성할 수 없다.

② 20명 미만인 두 개의 정당이 하나의 교섭단체를 구성할 수 있으므로 하나의 교섭단체 구성원은 동일정당 소속 의원이어야 한다.

③ 교섭단체 대표의원은 그 단체의 소속 의원이 연서·날인한 명부를 국회의장에게 제출하여야 하며, 그 소속 의원에 이동(異動)이 있거나 소속 정당의 변경이 있을 때에는 그 사실을 지체 없이 국회의장에게 보고하여야 하되, 특별한 사유가 있으면 해당 의원이 관계 서류를 첨부하여 이를 보고할 수 있다.

④ 어느 교섭단체에 속하지 아니하는 의원이 당적을 취득한 경우에는 그 사실을 의장에게 보고해야 하나, 소속 정당을 변경했을 때는 그러하지 아니한다.

**15** 국회 위원회에 대한 설명으로 옳은 것은?

① 위원회는 본회의 의결이 있거나 의장이 필요하다고 인정하여 각 교섭단체 대표의원과 협의한 경우를 제외하고는 본회의 중에는 개회할 수 없다. 다만, 국회운영위원회는 그러하지 아니하다.

② 의장은 의안이 발의 또는 제출된 때에는 이를 의원에게 배부하고 본회의에 보고하며, 소관 상임위원회에 회부하여 그 심사가 끝난 후 본회의에 부의한다. 안건이 어느 상임위원회의 소관에 속하는지 명백하지 아니할 때에는 국회운영위원회가 재적위원 과반수의 출석과 출석위원 과반수의 찬성으로 결정한다.

③ 위원회는 재적위원 5분의 1 이상의 요구가 있을 때, 재적위원 4분의 1 이상의 출석으로 개회한다.

④ 위원은 발언을 함에 있어 위원회에서 동일의제에 대하여 시간에 제한을 받지 않으나 횟수는 1회에 한정된다.

**16** 국회 운영에 대한 설명으로 옳은 것은?

① 위원은 위원회에서 동일의제에 대하여 횟수 및 시간 등에 제한 없이 발언할 수 있다.

② 위원회에서 위원장은 발언을 원하는 위원이 2명 이상인 경우 운영위원회와 협의하여 10분의 범위 안에서 각 위원의 첫 번째 발언시간을 균등하게 정하여야 한다.

③ 교섭단체에 속하는 의원의 경우와는 달리, 교섭단체에 속하지 아니하는 의원의 발언시간 및 발언자 수는 의장이 각 교섭단체 대표의원과의 협의를 거치지 아니하고 직권으로 정할 수 있다.

④ 국회의 운영에 관하여 회기제를 채택하고 있으므로 국회의 상설화는 허용되지 않는다.

**17** 국회 운영에 대한 설명으로 옳지 않은 것은?

① 국회의 회기는 의결로 정하되 의결로 연장할 수 있으며, 국회는 집회 후 즉시 회기를 정하여야 한다.

② 국회의 정기회의 회기는 100일을, 임시회의 회기는 30일을 초과할 수 없고, 정기회·임시회를 합하여 연 150일을 초과하여 개최할 수 없다.

③ 국회의 임시회는 대통령 또는 국회재적의원 4분의 1 이상의 요구에 의하여 집회된다.

④ 정기집회의 기일은 헌법에 규정되어 있지 않으므로 정기집회를 8월 1일에 집회하려면 「국회법」 개정으로도 할 수 있다.

**18** 국회 운영에 대한 설명으로 옳은 것은?

① 국회의 정기회와 국회의 임시회는 대통령 또는 국회재적의원 4분의 1 이상의 요구에 의하여 집회된다.

② 임시회의 회기는 30일을 초과하지 못한다. 다만, 임시회의 의결이 있는 경우에는 연장할 수 있으며, 국회의장은 집회기일 5일 전에 이를 공고하여야 한다.

③ 국회의원 총선거 후 첫 임시회는 의원의 임기 개시 후 7일에 집회하며, 처음 선출된 의장의 임기가 폐회 중에 만료되는 경우에는 늦어도 임기만료일 5일 전까지 집회한다. 다만, 그 날이 공휴일인 때에는 그 다음 날에 집회한다.

④ 총선거 후 최초 임시회는 의원의 임기 개시일에 집회한다.

**19** 국회 운영에 대한 설명으로 옳지 않은 것은?

① 임시회의 집회 요구가 있을 때에는 의장은 집회기일 3일 전에 공고한다. 이 경우 둘 이상의 집회 요구가 있을 때에는 집회일이 빠른 것을 공고하되, 집회일이 같은 때에는 그 요구서가 먼저 제출된 것을 공고한다.

② 내우외환, 천재지변 또는 중대한 재정·경제상의 위기가 발생한 경우 의장은 집회기일 1일 전에 공고할 수 있다.

③ 국회는 의결로 기간을 정하여 휴회할 수 있으나, 휴회 중이라도 대통령의 요구가 있을 때, 의장이 긴급한 필요가 있다고 인정할 때 또는 재적의원 4분의 1 이상의 요구가 있을 때에는 회의를 재개한다.

④ 의원 10명 이상의 연서에 의한 동의로 본회의의 의결이 있거나 의장이 각 교섭단체 대표의원과 협의하여 필요하다고 인정할 때에는 의장은 회기 전체 의사일정의 일부를 변경하거나 당일 의사일정의 안건 추가 및 순서 변경을 할 수 있다.

**20** 국회 운영에 대한 설명으로 옳지 않은 것은?

① 상임위원회는 국회의 내부기관인 동시에 본회의의 심의 전에 회부된 안건을 심사하거나 그 소관에 속하는 의안을 입안하는 국회의 합의제 기관으로, 회부된 안건을 심사하고 그 결과를 본회의에 보고하여 본회의의 판단자료를 제공한다. 이처럼 우리나라 국회의 법률안 심의는 본회의 중심주의를 채택하고 있다.

② 위원회에서의 번안동의(飜案動議)는 위원의 동의(動議)로 그 안을 갖춘 서면으로 제출하되, 재적위원 과반수의 출석과 출석위원 3분의 2 이상의 찬성으로 의결하지만, 본회의에서 의제가 된 후에는 번안할 수 없다.

③ 의사공개원칙은 방청의 자유, 보도의 자유, 의사록의 공표·배포의 자유를 내용으로 한다.

④ 국회의 회의는 공개한다. 다만, 출석의원 과반수의 찬성이 있거나 의장이 국가의 안전보장을 위하여 필요하다고 인정할 때에는 공개하지 아니할 수 있다.

제한시간 : 14분  |  시작시각 ____시 ____분 ~ 종료시각 ____시 ____분

나의 점수 _____

**01** 의사공개원칙에 대한 설명으로 옳지 않은 것은?

① 의사공개원칙은 방청 및 보도의 자유와 회의록의 공표를 그 내용으로 한다. 의사공개원칙의 헌법적 의미를 고려할 때, 헌법 제50조 제1항 본문은 단순한 행정적 회의를 제외하고 국회의 헌법적 기능과 관련된 모든 회의는 원칙적으로 국민에게 공개되어야 한다.

② 의사공개원칙은 절대적인 것은 아니고 출석의원 과반수의 찬성이 있거나 의장이 국가의 안전보장을 위하여 필요하다고 인정할 때에는 공개하지 아니할 수 있다.

③ 「국회법」은 "소위원회의 회의는 공개한다. 다만, 소위원회의 의결로 공개하지 아니할 수 있다."라고 규정하여 소위원회 회의 역시 공개가 원칙임을 명시하고 있다.

④ 헌법 제50조 제1항은 본문에서 국회의 회의를 공개한다는 원칙을 규정하면서, 단서에서 '출석의원 과반수의 찬성이 있거나 의장이 국가의 안전보장을 위하여 필요하다고 인정할 때'에는 이를 공개하지 아니할 수 있다는 예외를 두고 있는데, 헌법 제50조 제1항 단서가 정하고 있는 회의의 비공개를 위한 절차나 사유는 그 문언이 매우 구체적이므로, 예외적인 비공개사유는 문언에 따라 엄격하게 해석되어야 하는 것은 아니다.

**02** 의사공개원칙에 대한 설명으로 옳지 않은 것은?

① 헌법 제50조 제1항으로부터 일체의 공개를 불허하는 절대적인 비공개가 허용된다고 볼 수는 없다.

② 정보위원회의 회의 일체를 비공개하도록 정하고 있다. 위원회의 의결로 공개할 수 있는 것도 공청회와 인사청문회뿐이어서 이를 제외하고는 출석한 정보위원 과반수의 찬성이 있거나, 정보위원장이 국가의 안전보장과 무관하다고 인정한 경우에도 회의를 공개할 수 없도록 한 「국회법」은 헌법 제50조 제1항에 위배되는 것이다.

③ 국회회의를 비공개로 하려면 회의 때마다 '출석의원 과반수의 찬성' 또는 '위원장의 국가안전보장을 위해 필요하다는 결정'이 있어야 하는 것은 아니고, 입법과정에서 회의 비공개가 재적의원 과반수의 출석과 출석의원 과반수의 찬성으로 의결되었다면 헌법 제50조 제1항 단서의 '출석의원 과반수의 찬성'이라는 요건이 충족되었다고 볼 수 있다.

④ 단순한 행정적 회의를 제외하고 국회의 헌법적 기능과 관련된 모든 회의는 본회의든 위원회 회의든 원칙적으로 국민에게 공개되어야 한다.

**03** 의사공개원칙에 대한 설명으로 옳은 것은?

① 의사공개원칙은 절대적이므로 모든 회의는 본회의든 위원회 회의든 원칙적으로 국민에게 공개되어야 한다.

② 국회의 회의는 알 권리를 위하여 언제나 국민에게 공개되어야 한다.

③ 국회의 회의는 출석의원 과반수의 찬성이 있는 경우 외에는 항상 공개한다.

④ 본회의 또는 위원회의 의결로 공개하지 아니하기로 한 경우를 제외하고는 의장 또는 위원장은 회의장 안(본회의장은 방청석에 한한다)에서의 녹음·녹화·촬영 및 중계방송을 국회규칙이 정하는 바에 따라 허용할 수 있다.

**04** 의사공개원칙에 대한 설명으로 옳은 것은?

① 헌법이 요구하는 의사공개의 원칙은 본회의에 적용되는 것이며, 위원회와 소위원회에는 원칙적으로 적용되지 않는다.

② 헌법규정상 출석의원 과반수의 찬성으로 회의를 비공개하는 경우 그 비공개사유에는 아무런 제한이 없다.

③ 국회의 회의는 공개한다. 다만, 재적의원 과반수의 찬성이 있거나 의장이 국가의 안전보장을 위하여 필요하다고 인정할 때에는 공개하지 아니할 수 있다.

④ 의장이 국가의 안전보장 또는 공공의 질서유지를 위하여 필요하다고 인정할 때에는 회의를 공개하지 아니할 수 있다.

**05** 의사공개원칙에 대한 설명으로 옳지 않은 것은?

① 위원회에서는 의원이 아닌 자는 위원장의 허가를 받아 방청할 수 있다.

② 위원회에서 의원 아닌 사람의 방청허가에 관한 「국회법」 규정은 위원회의 공개원칙을 전제로 한 것이지, 비공개를 원칙으로 하여 위원장의 자의에 따라 공개 여부를 결정케 한 것이 아닌바, 회의의 질서유지를 위하여 필요한 경우에 한하여 방청을 불허할 수 있는 것으로 제한적으로 풀이하여야 한다.

③ "위원회에서는 의원이 아닌 자는 위원장의 허가를 받아 방청할 수 있다."라는 「국회법」 제55조 제1항은 위원회의 비공개원칙을 전제로 한 것이다.

④ 위원회에서 위원장의 방청허가 여부는 재량행위이다.

**06** 의사공개원칙에 대한 설명으로 옳은 것은?

① 국민이 국회회의를 방청하는 것은 알 권리에서 보장되는 내용이나 방청허용 여부는 국회자율권에 속하므로, 명백히 자의적인지 여부를 기준으로 심사해야 한다.

② 국정감사활동이 이루어지고 있는 상임위원회에 대해서 시민단체의 방청을 제한하는 것은 의사공개원칙을 위반한 위헌적인 공권력 행사이다.

③ 국회의원은 위원회 회의를 방청하려면 위원장의 허가를 받아야 한다.

④ 헌법 제50조 제1항의 취지를 고려하면, 국민은 헌법상 보장된 알 권리의 한 내용으로서 국회에 대하여 입법과정의 공개를 요구할 권리를 가지나, 국회의 의사에 대하여는 직접적인 이해관계 유무와 상관없이 일반적 정보공개청구권을 가지는 것은 아니다.

**07** 의사공개원칙에 대한 설명으로 옳지 않은 것은?

① 국회 의사공개원칙은 의사진행의 내용과 의원의 활동을 국민에게 공개함으로써 주권자인 국민의 정치적 의사형성과 참여, 의정활동에 대한 감시와 비판이 가능하게 하고, 의사결정의 공정성을 담보하고 정치적 야합과 부패에 대한 방부제 역할을 하기 위한 헌법원칙에 해당하지만, 이로부터 국민의 기본권이 도출되지는 않으므로, 국민이 국회의 의사공개원칙 위반을 이유로 헌법소원을 제기하는 것은 허용되지 않는다.

② 소위원회의 회의는 국민에게 공개하는 것이 원칙이나, 의결로 공개하지 아니할 수 있다.

③ 국회 소위원회 회의의 비공개 요건을 규정한 「국회법」 제57조 제5항 단서는 헌법 제50조 제1항 단서가 국회 의사공개원칙에 대한 예외로서의 비공개 요건을 규정한 내용을 소위원회 회의에 관하여 그대로 이어받아 규정한 것에 불과하므로, 헌법 제50조 제1항에 위반하여 국회 회의에 대한 국민의 알 권리를 침해하는 것이라거나 과잉금지의 원칙을 위배하는 위헌적인 규정이라 할 수 없다.

④ 「국회법」 제57조 제5항 본문에서 "소위원회의 회의는 공개한다."라고 규정한 것은 헌법 제50조 제1항 본문에서 천명한 국회 의사공개의 원칙을 확인한 것에 불과하다.

**08** 회기계속원칙에 대한 설명으로 옳지 않은 것은?

① 우리 헌법은 회기계속의 원칙을 정하고 있기 때문에 국회에 제출된 의안은 회기 중 의결되지 못한 이유로 폐기되지 아니한다. 다만, 국회의원의 임기가 만료된 때에는 그러하지 아니하다.

② 우리 헌법은 "전 회기 의사가 다음 회기 의사를 구속하지 못한다."라는 논리에 근거하고 있다.

③ 국회의원이 국회에 법률안을 제출한 이후 국회의원의 임기가 만료된 경우에는 제출된 당해 법률안은 자동적으로 폐기된다.

④ 국회의원의 임기가 만료되어 새로운 국회가 구성되는 경우에는 예외적으로 회기불계속의 원칙을 적용한다.

**09** 국회의사원칙에 대한 설명으로 옳은 것은?

① 2021년 2월의 임시회에서 의결하지 못한 법률안은 2021년 8월의 임시회에서 다시 의결하지 못한다.

② 국회는 한 번 부결된 안건은 같은 회기 중에 다시 발의 또는 제출하지 못한다. 그러나 동일 의안이더라도 새로이 발생한 사유로 재차 심의할 수 있다.

③ 일사부재의의 원칙은 의회에서 일단 부결된 의안은 동일 입법기 중에 다시 발의하거나 심의하지 못한다는 원칙을 말한다.

④ 일사부재의의 원칙은 의회에서 일단 부결된 의안은 동일 회기 중에 다시 발의하거나 심의하지 못한다는 원칙을 말하는데, 우리 헌법은 직접 이 원칙을 수용하고 있다.

**10** 국회의사원칙에 대한 설명으로 옳지 않은 것은?

① 법안에 대한 투표가 종료된 결과 재적의원 과반수의 출석이라는 의결정족수에 미달된 경우에는 법안에 대한 국회의 의결이 유효하게 성립되었다고 할 수 없으므로, 국회의장이 법안에 대한 재표결을 실시하여 그 결과에 따라 법안의 가결을 선포한 것은 일사부재의의 원칙에 위배되지 않는다.

② 한 번 철회된 안건의 재의를 요청하는 것은 일사부재의의 원칙에 반하지 않는다.

③ 가부동수가 된 안건을 같은 회기 중 다시 발의하는 것은 일사부재의 원칙에 위배된다.

④ 일사부재의의 원칙은 국회가 폐회하고서 다시 개회된 경우에는 적용되지 않는다.

**11** 국회의사원칙에 대한 설명으로 옳지 않은 것은?

① 법률안에 대한 본회의의 표결이 종료되어 재적의원 과반수의 출석에 미달되었음이 확인된 경우에는, 출석의원 과반수의 찬성에 미달한 경우와 마찬가지로 국회의 의사는 부결로 확정되었다고 보아야 한다.

② 국회의원 재적과반수가 출석하지 않은 경우 표결이 성립되지 않았다는 것이 헌법재판소 판례이다.

③ 총리에 대하여 해임건의안이 발의되었으나 부결된 경우 동일 회기 내에 다른 사유가 발생하여 다시 해임건의안을 발의하더라도 일사부재의 원칙에 위반되지 아니한다.

④ 국회의원이 대정부질문과정에서 국무총리에게 '빠가야로', '갠세이 놓지 마라' 등 발언으로 물의를 야기해 국회 본회의에서 제명안이 발의되었는데 부결된 경우 동일 사안을 이유로 출석정지안을 제출하는 것은 일사부재의 원칙에 위배된다고 할 수 없다.

**12** 국회 정족수에 대한 설명으로 옳은 것은?

① 의사정족수는 의사의 진행을 위하여 항상 충족되어야 하는 것은 아니며, 개회 및 폐회시에만 충족되면 된다.

② 본회의는 재적의원 1/5 이상의 출석으로 개의하므로, 회의 중 의원들의 퇴장으로 정족수에 달하지 못할 때에는 반드시 산회해야 한다.

③ 국회 본회의의 의사정족수에 관하여 헌법은 재적의원 5분의 1 이상의 출석으로 개의한다고 규정하고 있다.

④ 일반의결정족수는 헌법이 직접 규정하고 있다.

**13** 국회 본회의 표결에 대한 설명으로 옳지 않은 것은?

① 표결을 할 때에는 회의장에 있지 아니한 의원은 표결에 참가할 수 없다. 그러나 기명·무기명투표에 의하여 표결할 때에는 투표함이 폐쇄될 때까지 표결에 참가할 수 있다.

② 의원은 표결에 있어서 표시한 의사를 변경할 수 없다.

③ 본회의와 달리 위원회에서 표결은 거수로 할 수 있다.

④ 국회표결방법은 전자투표에 의한 기록표결을 원칙으로 하여, 투표기기의 고장 등 특별한 사정이 있을 때에는 무기명표결로 가부를 결정할 수 있다.

**14** 표결에 대한 설명으로 옳지 않은 것은?

① 중요한 안건으로서 재적의원 5분의 1 이상의 요구가 있는 때에는 기명·호명 또는 무기명투표로 표결하지만, 대통령으로부터 환부된 법률안은 기명투표로 표결한다.

② 국회에서 실시하는 각종 선거는 특별한 규정이 없는 한 무기명투표로 한다.

③ 대통령으로부터 환부된 법률안 재의결은 무기명으로 표결하나, 헌법개정안은 기명으로 표결한다.

④ 의장의 제의 또는 의원의 동의로 본회의의 의결이 있거나 재적의원 5분의 1 이상의 요구가 있으면 기명·호명·무기명투표로 표결한다.

**15** 정족수에 대한 설명으로 옳지 않은 것을 모두 조합한 것은?

> ㉠ 정족수의 기준이 되는 재적의원수는 법정의 의원정수를 가리킨다.
> ㉡ 국회의원이 법률안을 제출하는 경우에는 발의자를 포함하여 국회의원 10인 이상의 찬성으로 발의할 수 있다.
> ㉢ 본회의는 그 의결로 국무총리·국무위원 또는 정부위원의 출석을 요구할 수 있다. 이 경우 그 발의는 의원 20인 이상이 이유를 명시한 서면으로 하여야 한다.
> ㉣ 의원이 징계대상자에 대한 징계를 요구하고자 할 때에는 의원 30인 이상의 찬성으로 그 사유를 기재한 요구서를 의장에게 제출하여야 한다.

① ㉠, ㉡　　　　　② ㉠, ㉣

③ ㉡, ㉣　　　　　④ ㉢, ㉣

**16** 정족수에 대한 설명으로 옳은 것은?

① 의원은 10인 이상의 찬성으로 회기 중 현안이 되고 있는 중요한 사항을 대상으로 정부에 대하여 질문을 할 것을 의장에게 요구할 수 있다.

② 국회의원의 자격심사의 청구 정족수와 예산안에 대한 수정동의 정족수는 같다.

③ 의원이 다른 의원의 자격에 대하여 이의가 있을 때에는 20인 이상의 연서로 자격심사를 의장에게 청구할 수 있다.

④ 국회 위원회의 의사정족수와 본회의의 의사정족수는 같다.

**17** 정족수에 대한 설명으로 옳은 것은 몇 개인가?

> ㉠ 위원회는 재적위원 4분의 1 이상의 출석으로 개회하고, 재적위원 과반수의 출석과 출석위원 과반수의 찬성으로 의결한다.
> ㉡ 중요한 안건으로서 의장의 제의 또는 의원의 동의로 본회의의 의결이 있거나 재적의원 5분의 1 이상의 요구가 있을 때에는 기명·호명 또는 무기명투표로 표결한다.
> ㉢ 국정조사 요구와 국회의원의 제명처분의 의결을 위한 정족수는 동일하다.
> ㉣ 국회의 정기회는 법률이 정하는 바에 의하여 매년 1회 집회되며, 국회의 임시회는 대통령 또는 국회재적의원 4분의 1 이상의 요구에 의하여 집회된다.

① 없음　　　　　② 1개

③ 2개　　　　　④ 3개

**18** 정족수에 대한 설명으로 옳은 것은?

① 위원회는 재적위원 4분의 1 이상의 요구로 안건조정위원회를 구성한다.

② 본회의는 재적의원 5분의 1 이상의 출석으로 개의하여 의안을 심의할 수 있고, 헌법 또는 법률이 특별히 의결의 요건을 달리 규정한 경우를 제외하고는 재적의원 과반수의 출석과 출석의원 과반수의 찬성으로 의결한다.

③ 일반정족수는 다수결의 원리를 실현하는 국회의 의결방식 중 하나로서 국회의 의사결정시 합의에 도달하기 위한 헌법상 절대적 원칙이라고 할 수 있다.

④ 국회 본회의에서 260명의 국회의원이 출석하여 「형법」 중 개정법률안에 대해 표결한 결과 찬성 130명, 반대 130명의 결과가 나온 경우, 이 법률안은 가결된 것으로 보아야 한다.

**19** 정족수에 대한 설명으로 옳은 것은?

① 국회의장 선출 정족수와 계엄해제 요구 정족수는 같다.

② 국회의 표결결과가 가부동수일 경우 국회의장의 결정권은 인정되지 않는바, 재표결에 부친다.

③ 국회 본회의에서 260명의 국회의원이 출석하여 법률안에 대해 표결한 결과 찬성 130명, 반대 130명으로 의결이 이루어져 가부동수인 경우, 국회의장이 결정권을 가진다.

④ 회기 중 국회의원의 체포동의는 재적의원 과반수의 찬성을 얻어야 한다.

**20** 정족수에 대한 설명으로 옳은 것은?

① 국무위원 해임건의의결과 헌법재판소 재판관에 대한 탄핵소추의결을 위한 정족수는 동일하다.

② 해임건의는 국회재적의원 3분의 1 이상의 발의에 의하여 출석의원 과반수의 찬성이 있어야 한다.

③ 헌법재판소 재판관에 대한 탄핵소추의결은 국회재적의원 3분의 1 이상의 찬성이 필요하다.

④ 국회가 출석과반수의 찬성으로 계엄의 해제를 요구한 때에는 대통령은 이를 해제하여야 한다.

제한시간 : 14분  |  시작시각 ___시 ___분 ~ 종료시각 ___시 ___분                                나의 점수 _____

**01** 정족수에 대한 설명으로 옳지 않은 것을 모두 조합한 것은?

> ⊙ 국회의장 선출에 필요한 득표수와 국회의원 제명처분 의결에 필요한 정족수는 동일하다.
> ⓒ 의장과 부의장은 국회에서 무기명투표로 선거하고, 재적의원 과반수 출석에 출석의원 과반수 득표로 당선된다.
> ⓒ 헌법개정은 국회재적의원 과반수 또는 대통령의 발의로 제안된다.
> ⓔ 법률안의 재의결, 탄핵소추의결, 국무총리 및 국무위원 해임건의는 그 의결에 특별정족수를 필요로 한다.

① ⊙, ⓒ                    ② ⊙, ⓒ

③ ⓒ, ⓔ                    ④ ⓒ, ⓔ

**02** 정족수에 대한 설명으로 옳은 것은?

① 탄핵소추는 국회재적의원 3분의 1 이상의 발의가 있어야 하며, 그 의결은 국회의원 출석과반수의 찬성이 있어야 한다. 다만, 대통령에 대한 탄핵소추는 국회재적의원 과반수의 발의와 국회재적의원 3분의 2 이상의 찬성이 있어야 한다.

② 대통령이 거부권을 행사한 법률안에 대한 재의결과 회기 중의 국회의원체포동의의 의결에 필요한 정족수는 동일하다.

③ 본회의에 있어서의 번안동의는 의안을 발의한 의원이 그 의안을 발의할 때의 발의의원 및 찬성의원 3분의 2 이상의 동의로, 정부 또는 위원회가 제출한 의안은 소관 위원회의 의결로, 각각 그 안을 갖춘 서면으로 제출하되 재적의원 과반수의 출석과 출석의원 3분의 2 이상의 찬성으로 의결한다. 그러나 의안이 정부에 이송된 후에는 번안할 수 없다.

④ 법제사법위원회가 이유 없이 법정기간 내 의안심사를 마치지 아니한 경우 법률안의 소관 상임위원회 위원장이 간사와 협의하여 이의가 없으면 의장에게 본회의 부의를 요구해야 하고, 이의가 있는 경우 본회의 부의 요구 여부를 해당 위원회 재적위원 3분의 2 이상의 찬성으로 의결한다.

2022 해커스공무원 함남기 헌법 진도별 모의고사

**03** 정족수에 대한 설명으로 옳은 것은?

① 어떤 의안을 신속처리안건으로 지정하려면 재적의원 3분의 2 이상 또는 안건의 소관 위원회 재적위원 3분의 2 이상의 찬성으로 의결한다.

② 위원회에 회부된 안건(체계·자구 심사를 위하여 법제사법위원회에 회부된 안건을 포함한다)을 제2항에 따른 신속처리대상안건으로 지정하고자 하는 경우 의원은 재적의원 과반수가 서명한 신속처리대상안건 지정요구 동의를 의장에게, 안건의 소관 위원회 소속 위원은 소관 위원회 재적위원 과반수가 서명한 신속처리안건 지정동의를 소관 위원회 위원장에게 제출하여야 한다.

③ 무제한토론의 종결동의는 동의가 제출된 때부터 24시간이 경과한 후에 무기명투표로 표결하되 재적의원 과반수의 찬성으로 의결한다.

④ 의원을 징계하려면 국회재적의원 3분의 2 이상의 찬성이 있어야 한다.

**04** 국회의원의 재적의원은 300명이다. 이를 전제로 한 설명으로 옳지 않은 것은?

① 재적의원 300명 중에 200명의 국회의원이 본회의에 출석한 경우 최소 101명의 찬성이 있어야 법률개정안을 가결할 수 있다.

② 국회의원 100명이 헌법개정안을 반대하면 헌법개정안은 가결될 수 있다.

③ 국회의원 200명이 본회의에 출석한 경우 대통령에 대한 탄핵소추안을 가결하려면 최소정족수는 151명의 국회의원 찬성이다.

④ 국회의원 180명이 본회의에 출석한 경우 대통령이 재의 요구한 법률안을 가결하려면 최소정족수는 120명이다.

⑤ 국회 본회의에서 260명의 국회의원이 출석하여 개정 법률안에 대해 표결한 결과 찬성 130명, 반대 130명의 결과가 나온 경우, 이 법률안은 부결된 것으로 보아야 한다.

**05** 국회의 법률제정절차에 관한 설명 중 옳은 것은? (다툼이 있는 경우 판례에 의함)

① 국회 본회의에서 A법률안을 표결에 부친 결과 재적 300명, 출석 280명, 찬성 140명, 반대 130명, 무효 10명으로 나타난 경우, 이 법률안은 가결된다.

② 국회에서 의결되어 정부에 이송된 B법률안 중 제3조에 대해 위헌 논란이 있어 대통령이 국회에 재의를 요구하는 경우, 제3조를 수정하여 재의를 요구할 수 있다.

③ 제21대 국회(2020~2024)의 제388회 국회(임시회: 2021.6.4.~2021.7.3.)에서 의결되어 2021.6.27. 정부에 이송된 C법률안에 대해 대통령은 국회가 폐회 중인 2021.7.4. 국회에 재의를 요구할 수 있다.

④ 제20대 국회(2016~2020)의 마지막 회기에서 처리되지 못한 D법률안은 제21대 국회의 첫 회기에서 자동으로 상정되어 심의된다.

⑤ 정부에 이송된 E법률안에 대해 대통령이 재의를 요구하는 경우, 국회가 재적의원 3분의 2 이상의 찬성으로 전과 같은 의결을 하면 대통령은 더 이상 재의를 요구할 수 없고 지체 없이 공포하여야 하며, 대통령이 공포함으로써 E법률안은 법률로서 확정된다.

**06** 처분적 법률에 대한 설명으로 옳지 않은 것은?

① 처분적 법률은 형식적 평등이 지배하던 18세기, 19세기의 시민적 법치국가에서보다, 실질적 평등이 지배하는 20세기 후반부터의 사회적 법치국가시대에서 상대적으로 널리 허용될 수 있다.

② 처분적 법률은 행정집행이나 사법재판을 매개로 하여 국민의 권리를 제한하거나 의무를 발생하게 하는 법률이다.

③ 헌법은 처분적 법률로서의 개인대상법률 또는 개별사건법률의 정의를 따로 두고 있지 않음은 물론, 이러한 처분적 법률의 제정을 금하는 명문의 규정도 두고 있지 않다.

④ 처분적 법률은 그 자체로 바로 헌법에 위반되는 것이 아니며, 특정 개인 또는 사건만을 대상으로 함으로써 발생하는 차별적 규율이 합리적인 이유로 정당화되는 경우 허용된다.

**07** 처분적 법률에 대한 설명으로 옳은 것은?

① 문화재은닉을 처벌하도록 하는 「문화재보호법」은 특정인이나 특정사건을 규율하는 내용을 담고 있지 아니하며, 전 국민을 수범자로 하는 일반적 법률이라 할 것이므로 처분적 법률이 아니다.

② 처분적 법률은 일반성과 추상성을 특징으로 하는 법률이 아니므로 위헌법률심판의 대상이 될 수 없다.

③ 처분적 법률의 경우라도 그에 대한 권리구제와 관련하여 일반적 법률과 마찬가지로 재판청구권의 내용·수단·절차 등이 동일하게 보장된다.

④ 처분적 법률은 직접성 요건을 갖추기 어려워 헌법소원의 대상이 되기 어렵다.

**08** 법률안 제출에 대한 설명으로 옳지 않은 것은?

① 헌법상 국회의원이 의안을 발의하기 위해서는 의원 10명 이상의 찬성을 얻어야 한다.

② 의원이 법률안을 발의하는 때에는 발의의원과 찬성의원을 구분하되, 당해 법률안에 대하여 그 제명의 부제로 발의의원의 성명을 기재한다.

③ 일정 수 이상의 국회의원의 찬성 요건 없이 국회의 위원회도 소관 사항에 관하여 위원장을 제출자로 하여 법률안을 제출할 수 있다.

④ 위원회에서 제출한 의안은 그 위원회에 회부하지 아니한다. 다만, 의장은 국회운영위원회의 의결에 따라 그 의안을 다른 위원회에 회부할 수 있다.

**09** 법률안 제출에 대한 설명으로 옳지 않은 것은?

① 우리 헌법상 정부도 법률안을 제출할 수 있으며, 정부의 법률안은 국무회의의 심의를 거쳐야 한다.

② 정부의 법률안 제출권한은 의원내각제 요소인데도 불구하고 우리나라 제헌헌법부터 일관되게 헌법에 규정되었다.

③ 국회의원과 정부는 법률안을 제출할 수 있으며, 정부의 법률안 제출권은 미국식 대통령제 정부형태의 요소이다.

④ 정부가 법률안을 제출하는 경우 국무회의의 심의를 거쳐 대통령이 서명하고, 국무총리와 관계 국무위원이 부서하여 제출한다. 정부는 부득이한 경우를 제외하고는 매년 1월 31일까지 당해 연도에 제출할 법률안에 관한 계획을 국회에 통지하여야 한다.

**10** 법률안 제출에 대한 설명으로 옳은 것은?

① 대법원장은 법원의 조직, 인사, 운영, 재판절차, 등기, 가족관계등록, 그 밖의 법원 업무와 관련된 법률의 제정 또는 개정이 필요하다고 인정하는 경우에는 국회에 법률안을 제출할 수 있다.

② 정부가 법률안을 제출하였다 하더라도 그것이 법률로 성립되기 위해서는 국회의 많은 절차를 거쳐야 하고, 법률안을 받아들일지 여부는 전적으로 헌법상 입법권을 독점하고 있는 의회의 권한이지만 정부가 법안을 제출하는 행위는 입법을 위한 하나의 사전 준비행위에 불과하므로 권한쟁의심판의 독자적 대상이 된다고 할 수 없다.

③ 법률안 제출은 국가기관 상호간의 행위이며, 이로써 국민에 대하여 직접적인 법률효과를 발생시키는 것이므로, 정부가 법률안을 제출하지 아니하는 것은 헌법소원의 대상이 되는 공권력의 불행사에 해당한다.

④ 일반적인 법률안과 다르게 예산이 수반되는 법률안 제출은 국회의원 20명 이상의 찬성을 요하고, 수정안 제출도 50명 이상의 찬성을 요한다.

**11** 국회의 입법절차에 대한 설명으로 옳지 않은 것은?

① 국회의장은 법률안이 제출되면 이를 의원에게 배부하고 본회의에 보고하며 소관 상임위원회에 회부한다.

② 국회의장은 법률안이 제출된 때에는 본회의에 보고하며, 소관 상임위원회에 회부하여 심사하게 하는데, 이때 소관 상임위원회가 아닌 다른 위원회에 회부하여 심사하게 할 수 있다.

③ 위원회는 긴급하고 불가피한 사유로 위원회의 의결이 있는 경우를 제외하고는 의안이 그 위원회에 회부된 날부터 일부개정법률안은 15일, 제정법률안·전부개정법률안 및 폐지법률안은 20일, 체계·자구 심사를 위하여 법제사법위원회에 회부된 법률안은 5일의 기간이 경과하지 않으면 의안을 상정할 수 없다.

④ 제정법률안과 전부개정법률안에 대해서는 공청회 또는 청문회를 개최하여야 하는데, 이는 위원회 의결로 생략할 수 없다.

**12** 국회의 입법절차에 대한 설명으로 옳은 것은?

① 위원회는 중요한 안건 또는 전문지식을 요하는 안건을 심사하기 위하여 그 의결 또는 재적위원 4분의 1 이상의 요구로 공청회를 열고 이해관계자 또는 학식·경험이 있는 자 등으로부터 의견을 들을 수 있다.

② 위원회는 중요한 안건의 심사와 국정감사 및 국정조사에 필요한 경우 증인·감정인·참고인으로부터 증언·진술의 청취와 증거의 채택을 위하여 그 의결로 공청회를 열 수 있다.

③ 제정법률안이 위원회에 회부된 날부터 15일을 경과하지 아니하면 이를 의사일정으로 상정할 수 없다.

④ 제정법률안, 전부개정법률안 및 폐지법률안은 위원회에 회부된 날부터 20일이 지난 후에도 상정되지 않으면 그 기간이 지난 후 30일이 지난 날 이후 처음으로 개회하는 위원회에 상정된 것으로 본다.

**13** 국회의 입법절차에 대한 설명으로 옳은 것은?

① 법률안이 위원회에서 의제가 된 이후, 정부제출 법률안은 위원회의 동의를 얻어야만 철회할 수 있으나, 의원 발의 법률안은 그와 같은 동의 없이도 철회할 수 있다.

② 위원회는 안건을 심사함에 있어서 먼저 그 취지의 설명과 전문위원의 검토보고를 듣고, 대체토론과 축조심사 및 찬반토론을 거쳐 표결한다.

③ 제정법률안 및 전부개정법률안을 심사하는 경우에 위원회는 이에 대하여 위원회의 의결로 공청회 또는 청문회를 생략할 수는 없지만 축조심사를 생략할 수 있다.

④ 일부개정법률안에 대한 축조심사는 소위원회와 상임위원회는 의결로 생략할 수 있다.

**14** 국회의 입법절차에 대한 설명으로 옳지 않은 것은?

① 상임위원회는 소관 법률안의 심사를 분담하는 둘 이상의 소위원회를 둘 수 있다.

② 위원회는 안건 전체에 대한 문제점과 당부(當否)에 관한 일반적 토론절차인 대체토론이 끝난 후에만 안건을 소위원회에 회부할 수 있다.

③ 위원회의 위원장은 간사와 협의하여 회부된 법률안(체계·자구 심사를 위해 법제사법위원회에 회부된 법률안은 제외한다)에 대하여 원칙적으로 입법예고하여야 한다.

④ 입법예고기간은 40일 이상으로 한다. 다만, 특별한 사정이 있는 경우에는 단축할 수 있다.

**15** 국회의 입법절차에 대한 설명으로 옳은 것은?

① 위원회에서 본회의에 부의할 필요가 없다고 결정된 의안은 본회의에 부의하지 아니하나, 위원회의 결정이 본회의에 보고된 날부터 폐회 또는 휴회 중의 기간을 제외한 7일 이내에 의원 30명 이상의 요구가 있을 때에는 그 의안을 본회의에 부의하여야 한다.

② 위원회에서 본회의에 부의할 필요가 없다고 결정된 의안은 본회의에 부의하려면 폐회 또는 휴회의 기간을 제외한 3일 이내에 요구가 있어야 한다.

③ 위원회에서 심사를 마치고 진행된 표결에서 본회의에 부의할 필요가 없다고 결정한 의안은 그대로 폐기된다.

④ 위원회에서의 질의는 일괄질의의 방식으로 한다. 다만, 위원회의 의결이 있는 경우 일문일답(一問一答)의 방식으로 할 수 있다.

**16** 국회의 입법절차에 대한 설명으로 옳은 것은?

① 위원회에서 법률안의 심사를 마치거나 입안을 하였을 때에는 법제사법위원회에 회부하여 체계와 자구에 대한 심사를 거쳐야 한다. 이 경우 법제사법위원회 위원장은 간사와 협의하여 심사에서 제안자의 취지 설명과 토론을 생략할 수 있다.

② 법률안 체계·자구 심사에 대하여 법제사법위원회가 이유 없이 회부된 날부터 90일 이내에 심사를 마치지 아니한 때에는 심사대상 법률안의 소관 위원회 위원장은 간사와 협의하여 이의가 없는 경우에는 의장에게 해당 법률안의 본회의 부의를 서면으로 요구한다.

③ 법제사법위원회의 법률안의 체계·자구 심사를 거친 후 소관 상임위원회에 회부되어 법률안의 내용에 대한 심사가 진행된다.

④ 헌법재판소의 종국결정이 법률의 제정 또는 개정과 관련이 있으면 의장은 결정서 등본을 해당 법률의 소관 위원회와 관련위원회에 송부하고 위원장은 소위원회에 회부하여 법률의 제정 또는 개정을 심사하도록 해야 한다.

**17** 국회의 입법절차에 대한 설명으로 옳지 않은 것은?

① 천재지변, 전시·사변 또는 이에 준하는 국가비상사태의 경우에는 국회의장은 각 교섭단체 대표의원과 협의하여 위원회의 안건에 대하여 심사기간을 지정할 수 있다.

② 의장은 교섭단체 대표의원과 협의하여 심사기간을 지정할 수 있고, 법제사법위원회가 이유 없이 그 기간 내에 심사를 마치지 아니한 때에는 본회의에 부의할 수 있다.

③ 「국회법」상 직권상정권한은 국회의 수장이 국회의 비상적인 헌법적 장애상태를 회복하기 위하여 가지는 권한으로 국회의장의 의사정리권에 속하고, 비상적·예외적 의사절차에 해당한다.

④ 「국회법」 제85조 제1항 각 호의 심사기간 지정사유는 국회의장의 직권상정권한을 제한하는 역할을 할 뿐 국회의원의 국회 본회의에서의 법안에 대한 심의·표결권을 제한하는 내용을 담고 있지는 않다.

**18** 국회의 입법절차에 대한 설명으로 옳은 것은?

① 「국회법」 제85조 제1항에 국회재적의원 과반수가 의안에 대하여 심사기간 지정을 요청하는 경우 국회의장이 그 의안에 대하여 의무적으로 심사기간을 지정하도록 규정하지 아니한 것은 법률의 내용이 불완전·불충분한 '부진정입법부작위'에 해당한다.

② 국회재적의원 과반수가 의안에 대한 심사기간 지정을 요청하는 경우 국회의장이 의무적으로 심사기간을 지정하도록 규정하지 아니한 입법부작위로 국회의원의 법률안 심의·표결권이 침해될 가능성이 있다.

③ 「국회법」상 법률안에 대한 심사기간 지정 여부에 관하여는 국회의장의 의무가 아니라 재량이다.

④ 헌법의 명문규정 및 해석상 국회재적의원 과반수의 요구가 있는 경우 국회의장이 심사기간을 지정하고 본회의에 부의해야 한다는 헌법상 의무가 도출된다.

**19** 국회의 입법절차에 대한 설명으로 옳은 것은?

① 헌법의 명문규정 및 해석상 국회재적의원 과반수의 요구가 있는 경우 국회의장이 심사기간을 지정하고 본회의에 부의해야 한다는 헌법상 의무가 도출된다.

② 국회의원 재적과반수가 의안 신속한 처리를 위해 심사기간 지정을 국회의장에게 요구한 경우 국회의장은 위원회에 일정한 기간 내 심사를 끝내도록 심사기간을 지정해야 한다.

③ 의원이 재적의원 과반수가 서명한 신속처리대상안건 지정요구 동의를 의장에게 제출한 경우 의장은 지체 없이 신속처리안건 지정동의를 무기명투표로 표결하되 재적의원 5분의 3 이상의 찬성으로 의결한다.

④ 신속처리안건에 대한 지정동의가 소관 위원회 위원장에게 제출된 경우 안건의 소관 위원회 위원장은 지체 없이 신속처리안건 지정동의를 기명투표로 표결한다.

**20** 국회의 입법절차에 대한 설명으로 옳은 것은?

① 소관 위원회는 원칙적으로 신속처리대상안건에 대한 심사를 그 지정일부터 90일 이내에 마쳐야 한다.

② 법제사법위원회가 신속처리대상안건에 대하여 그 지정일부터 60일 이내에 심사를 마치지 아니하였을 때에는 그 기간이 끝난 다음 날에 법제사법위원회에서 심사를 마치고 바로 본회의에 부의된 것으로 본다.

③ 신속처리대상안건은 본회의에 부의된 것으로 보는 날부터 90일 이내에 본회의에 상정되어야 하고, 상정되지 않은 경우 그 기간이 경과한 후 처음으로 개의되는 본회의에 상정된다.

④ 신속처리대상안건을 심사하는 안건조정위원회는 그 안건이 관련 규정에 따라 법제사법위원회에 회부되거나 바로 본회의에 부의된 것으로 보는 경우에는 안건조정위원회의 활동기한이 남았더라도 그 활동을 종료한다.

제한시간 : 14분 ┃ 시작시각 ＿＿시 ＿＿분 ~ 종료시각 ＿＿시 ＿＿분 나의 점수 ＿＿＿＿＿

**01** 국회의 입법절차에 대한 설명으로 옳지 않은 것은?

① 국회의장이 특별한 사유로 각 교섭단체 대표의원과의 협의를 거쳐 정한 경우를 제외하고, 본회의는 위원회가 법률안에 대한 심사를 마치고 국회의장에게 그 보고서를 제출한 후 1일을 경과하지 아니한 때에는 이를 의사일정으로 상정할 수 없다.

② 의사일정에 올린 안건에 대하여 토론하고자 하는 국회의원은 미리 반대 또는 찬성의 뜻을 국회의장에게 통지할 수 있다.

③ 의원이 본회의에 부의된 안건에 대하여 무제한토론을 하려는 경우 국회재적의원 3분의 1 이상이 서명한 요구서를 의장에게 제출하여야 하며, 이 경우 의장은 해당 안건에 대하여 무제한토론을 실시하여야 한다.

④ 무제한토론을 실시하는 중에 해당 회기가 종료되는 때에는 무제한토론은 종결 선포된 것으로 본다. 이 경우 해당 안건은 바로 다음 회기에서 지체 없이 표결하여야 한다.

**02** 국회의 무제한토론에 대한 설명으로 옳은 것은?

① 본회의에 부의된 안건에 대하여 시간의 제한을 받지 아니하는 토론을 하려는 경우, 의원은 재적의원 3분의 1 이상이 서명한 요구서를 의장에게 제출하여 무제한토론을 실시할 수 있고, 무제한토론의 종결동의는 동의가 제출된 때부터 24시간이 경과한 후에 재적의원 과반수 찬성으로 의결한다.

② 무제한토론의 종결이 선포되었거나 선포된 것으로 보는 안건에 대해서 다시 무제한토론을 요구할 수 있다.

③ 국회 본회의에서의 무제한토론 종료를 위한 의결에는 재적의원 3분의 2 이상의 찬성을 요한다.

④ 본회의에서 무제한토론에는 시간상 제한은 없으나 의원 1명당 1회로 제한된다.

**03** 국회의 무제한토론에 대한 설명으로 옳지 않은 것은?

① 국회의장은 각 교섭단체 대표의원과 합의하여 해당 안건에 대하여 무제한토론의 실시를 결정할 수 있다.

② '회기결정의 건'에 대하여 무제한토론이 실시되면 무제한토론이 '회기결정의 건'의 처리 자체를 봉쇄하는 결과가 초래되므로, '회기결정의 건'은 「국회법」 제106조의2에 따른 무제한토론의 대상이 되지 않는다.

③ 무제한토론을 실시하는 중에 해당 회기가 끝나는 경우에는 무제한토론의 종결이 선포된 것으로 본다.

④ 예산안 등과 제85조의3 제4항에 따라 지정된 세입예산안 부수 법률안에 대해서는 무제한토론은 매년 12월 1일까지 적용하고, 실시 중인 무제한토론, 계속 중인 본회의, 제출된 무제한토론의 종결동의에 대한 심의절차 등은 12월 1일 밤 12시에 종료한다.

**04** 수정안의 표결 순서에 대한 설명으로 옳은 것은?

① 같은 의제에 대하여 여러 건의 수정안이 제출되었을 때에는 위원회의 수정안을 의원의 수정안보다 먼저 표결하며, 수정안이 전부 부결되었을 때에는 원안을 표결한다.

② 위원회는 소관 사항 외의 안건에 대하여는 수정안을 제출할 수 없고, 위원회에서 심사보고한 수정안은 찬성 없이 의제가 된다.

③ 수정안은 30명 이상의 찬성을 요하므로 위원회에서 심사보고한 수정안은 30명 이상의 찬성을 요한다.

④ 원안을 먼저 표결하고, 원안이 부결되었을 때에는 수정안을 표결한다.

**05** 법률안 거부권에 대한 설명으로 옳지 않은 것은?

① 대통령의 법률안 거부권은 헌법재판소의 위헌법률심판권과 마찬가지로 법률의 내용적 위헌성을 전제로 한다.

② 정부로 이송되어 15일 이내에 대통령이 법률안에 대해 재의를 요구할 때에는 국회는 재의에 붙이고 재적의원 과반수의 출석과 출석의원 3분의 2 이상의 찬성으로 전과 같은 의결을 하여 정부에 이송하면 대통령은 5일 이내에 공포하여야 하고, 이 기간 내에 대통령이 공포하지 않을 때에는 국회의장이 공포한다.

③ 대통령이 법률안에 대해 재의를 요구하기 위해서는 이의서를 붙여 국회로 환부하여야 하며, 국회는 대통령으로부터 환부된 법률안을 무기명투표로 표결한다.

④ 법률안에 이의가 있을 때에는 대통령은 법률안이 정부로 이송된 후 15일 이내에 이의서를 붙여 국회로 환부하고 그 재의를 요구할 수 있다.

⑤ 대통령이 이송된 날부터 15일 이내에 공포도 환부거부도 하지 않으면 바로 법률안은 확정된다.

**06** 국회의 입법절차에 대한 설명으로 옳지 않은 것은?

① 법률안에 이의가 있을 때 대통령은 이의서를 붙여 국회에 환부하여 재의를 요구할 수 있으나 국무회의 심의를 거친 경우에도 이의서를 생략할 수 없다.

② 국회에서 의결되어 정부에 이송된 법률안에 대해 대통령이 이의가 있을 때에는 이의서를 붙여 국회에 환부할 수 있지만, 그 법률안을 수정하여 재의를 요구할 수는 없다.

③ 법률안에 이의가 있을 때 대통령은 이의서를 붙여 국회에 환부하고 재의를 요구할 수 있다. 국회의 폐회 중에는 그러하지 않는다.

④ 법률안 거부와 관련된 보류거부는 회기불계속의 원칙과 조화를 잘 이루는 제도이다.

**07** 국회의 입법절차에 대한 설명으로 옳은 것은?

① 재의요구가 있으면 국회는 재의에 붙이고 재적의원 과반수 출석과 출석의원 3분의 2 이상의 찬성으로 수정의결을 하면 그 법률안은 법률로서 확정되지 않는다.

② 대통령은 국회에서 의결한 법률안에 이의가 있을 때에는 15일 내에 이의서를 붙여 국회로 환부하고 재의를 요구할 수 있으나, 국회가 폐회 중인 때는 먼저 임시국회의 소집을 요구하여야 한다.

③ 법률안에 이의가 있을 때에는 대통령은 15일 이내에 이의서를 붙여 국회로 환부하고, 그 재의를 요구할 수 있다. 국회가 폐회 중이면 국회에 환부하는 기간인 15일은 차기 국회 개회일까지 정지된다.

④ 국회에서 의결된 법률안이 정부에 이송되었을 때, 대통령은 15일 이내에 이의서를 첨부하여 국회로 환부하고 재의를 요구할 수 있다. 다만, 국회가 폐회 중일 경우 보류거부할 수 있다.

**08** 다음 사례에 대한 설명으로 옳은 것은?

> A법률안이 2019년 4월 20일에 가결되었고, 2019년 4월 29일 정부에 이송되었다. 국회의 임시회는 같은 해 4월 30일 폐회되었다. 대통령은 5월 3일 국무회의를 열어 A법률안에 대한 심의를 하였다.

① 대통령은 A법률안이 가결된 날인 2019년 4월 20일 기준으로 하여 15일 이내에 공포 또는 재의를 요구해야 한다.

② 대통령은 5월 3일 국무회의 심의를 거쳐 법률안에 이의가 있으면 폐회 중에 거부권을 행사할 수 없으므로 국회의 임시회가 개회되면 국회에 환부거부해야 한다.

③ 국무회의 심의결과 A법률안에 대해 문제가 없다는 국무회의 구성원 전부의 의견이 있더라도 대통령은 A법률안에 대한 거부권을 행사할 수 있다.

④ 대통령이 A법률안을 환부거부하려고 하는데 국무총리와 관계 국무위원이 부서를 거부한다면, 대통령은 부서 없이 환부거부할 수 있다.

**09** 국회의 입법절차에 대한 설명으로 옳은 것은?

① 국회의 탄핵소추의결, 해임건의, 대통령이 재의요구한 법률안을 재의에 부칠 것인지는 국회의 재량이다.

② 법률안에 대한 재의요구가 있을 경우 국회가 요구한 사항을 반영한 법률안을 만들어 재적과반수 출석과 출석의원 3분의 2 이상 찬성으로 의결하면 그 법률안은 법률로 확정된다.

③ 국회에서 확정된 법률이 정부에 이송된 후 5일 이내에 대통령이 공포하지 아니할 때에는 국무총리가 이를 공포한다.

④ 국회가 법률안을 재의결하여 정부에 이송한 경우 이송된 날부터 5일 이내에는 대통령이, 5일 경과하면 국회의장이 공포할 권한이 있다는 점에서는 학설대립이 없다.

**10** 입법절차에 대한 설명으로 옳은 것은?

① 대통령과 달리 국회의장이 공포의무를 위반한 경우 탄핵소추가 되지 않는다.

② 법률안의 공포는 대통령의 권한에 속하므로, 모든 법률안은 반드시 대통령이 공포하여야 법률로서 확정될 수 있다.

③ 국회의장의 공포는 관보에 게재함으로써 한다.

④ 법령 등의 공포일 또는 공고일은 해당 법령 등을 게재한 관보 또는 신문이 발행된 날인데, 관보가 늦게 인쇄된 경우 관보일자가 공포한 날이다.

**11** 입법절차에 대한 설명으로 옳은 것은?

① 국회에서 의결되어 정부에 이송된 법률안에 대해 대통령이 15일 이내에 공포나 재의의 요구를 하지 않은 때에 그 법률안은 법률로서 확정되고, 이 경우에 공포 없이도 그 효력이 발생한다.

② 대통령이 정부에 이송되어 온 법률안을 15일 이내에 공포도 하지 아니하고 재의의 요구도 하지 않음으로써 확정된 법률이나 국회의 재의결로 확정된 법률이 정부에 이송된 후 5일 이내에 공포되지 아니하면, 법률은 공포일 다음 날부터 곧바로 효력을 발생한다.

③ 대통령이 정부에 이송되어 온 법률안을 15일 이내에 공포도 하지 아니하고 재의의 요구도 하지 않으면 폐기된다.

④ 입법절차의 준수 여부에 대해서는 헌법재판소의 권한쟁의심판에 의하여 심사할 수 있다.

**12** 입법절차의 하자에 대한 설명으로 옳은 것을 모두 조합한 것은?

> ㉠ 입법절차의 하자는 직접적으로 국민의 기본권뿐만 아니라 법률의 심의·표결에 참여하지 못한 국회의원의 법률안 심의·표결 등의 권한을 침해한다.
> ㉡ 국회의원은 국회의장의 가결선포행위에 대하여 심의·표결권 침해를 이유로 권한쟁의심판을 청구할 수 있을 뿐, 질의권·토론권 및 표결권의 침해를 이유로 헌법소원심판을 청구할 수 없다.
> ㉢ 야당국회의원들에게 회의개회일시를 통보하지 아니한 채 법률안 가결선포행위를 한 것은 국회의원의 법률안 심의·표결권에 대한 침해이다.
> ㉣ 야당의원들에게 개의일시를 통지하지 않고 법안을 가결한 국회의장의 행위는 국회의 의사자율권에 속하는 사안이므로 헌법재판소가 심사할 수 없는 국회 내부의 자율에 관한 문제이다.

① ㉠, ㉡                ② ㉠, ㉣

③ ㉡, ㉢                ④ ㉢, ㉣

**13** 입법절차의 하자에 대한 설명으로 옳은 것을 모두 조합한 것은?

> ㉠ 국회 상임위원회 위원장이 조약비준동의안을 심의함에 있어서 야당 소속 상임위원회 위원들의 출입을 봉쇄한 상태에서 상임위원회 전체회의를 개의하여 안건을 상정하고 소위원회로 안건심사를 회부한 행위는 야당 소속 상임위원회 위원들의 조약비준동의안에 대한 심의권을 침해한 것으로 무효이다.
>
> ㉡ 국회의장이 적법한 반대토론 신청이 있었음에도 토론절차를 생략하기 위한 의결을 거치지도 않았다고 국회의원의 법률안 심의·표결권에 대한 침해라고 할 수 없다.
>
> ㉢ 국회에서 의결된 법률안의 조문이나 자구·숫자, 법률안의 체계나 형식 등의 정비가 필요한 경우 국회의장은 의결된 내용이나 취지를 변경하지 않는 범위 내에서 이를 정리할 수 있다.
>
> ㉣ 어떠한 의안으로 인하여 원안이 본래의 취지를 잃고 전혀 다른 의미로 변경되는 정도에까지 이르지 않는다면 이를 「국회법」상의 수정안에 해당하는 것으로 보아 의안을 처리할 수 있다는 해석이 가능하므로, 헌법상 보장된 국회의 자율권을 근거로 개별적인 수정안에 대한 평가와 그 처리에 대한 국회의장의 판단은 명백히 법에 위반되지 않는 한 존중되어야 한다.

① ㉠, ㉡  
② ㉠, ㉣  
③ ㉡, ㉢  
④ ㉢, ㉣

**14** 입법절차의 하자에 대한 설명으로 옳지 않은 것은?

① 「국회법」 제95조에 규정된 수정안을 넓게 해석하여 방위사업청 신설을 내용으로 하는 의안은 원안의 목적 또는 성격을 변경하지 않아 원안과 동일성이 인정되므로 수정안을 가결하였다면 원안도 가결되었다고 봄이 타당하다.

② 국회의장이 본회의의 위임 없이 법률안을 정리한 경우, 그러한 정리가 본회의에서 의결된 법률안의 실질적 내용에 변경을 초래하지 아니하였더라도, 본회의의 명시적인 위임이 없는 것이므로 헌법이나 「국회법」상의 입법절차에 위반된다.

③ 국회의장이 교섭단체 대표의원과 직접 협의하지 않고 의사일정의 순서를 변경한 것은 국회의원의 법률안 표결권 침해라고 할 수 없다.

④ 국회의장이 법률안을 직권상정하기 전에 법률안을 교섭단체 대표의원에게 송부했다면 「국회법」상의 협의 절차를 거친 것으로 볼 수 있으므로 법률안 가결선포행위는 법률안 심의·표결권 침해라고 할 수 없다.

**15** 입법절차의 하자에 대한 설명으로 옳지 않은 것은?

① 의사진행 방해로 의안상정·제안설명 등 의사진행이 정상적으로 이루어지지 못하고 질의신청을 하는 의원도 없는 상황에서 국회의장이 '질의신청 유무'에 대한 언급 없이 단지 "토론신청이 없으므로 바로 표결하겠다."라고 한 행위가, 위원회 심의를 거치지 않은 안건에 대하여 질의, 토론을 거치도록 정한 「국회법」 제93조에 위반하여 국회의원들의 심의·표결권을 침해할 정도에 이르렀다고는 보기 어렵다.

② 국회의 입법과 관련하여 일부 국회의원들의 권한이 침해되었다 하더라도 그것이 다수결의 원칙과 회의공개의 원칙 같은 입법절차에 관한 헌법의 규정을 명백히 위반한 흠에 해당하는 것이 아니라면 그 법률안의 가결선포행위를 곧바로 무효로 볼 것은 아니다.

③ 법률안 가결선포는 국회 본회의에서 이루어지는 법률안 의결절차의 종결행위로서 이를 권한쟁의의 심판대상으로 삼아 이에 이르기까지 일련의 심의·표결 절차상의 하자들을 다툴 수 있는 이상, 하나의 법률안 의결과정에서 국회의장이 행한 중간처분에 불과한 반대토론 불허행위를 별도의 판단대상으로 삼을 필요가 없다.

④ 국회의장이 적법한 반대토론 신청이 있었음에도 반대토론을 허가하지 않고 토론절차를 생략하기 위한 의결을 거치지도 않은 채 법률안들에 대한 표결절차를 진행한 것은 국회의원의 법률안 심의·표결권을 침해한 것이며, 국회의원의 법률안 심의·표결권 침해가 확인된 이상 그 법률안의 가결선포행위는 무효이다.

**16** 입법절차의 하자에 대한 설명으로 옳지 않은 것은?

① 입법절차상 하자가 있는 법률안 가결선포에 대해서는 국회의장을 피청구인으로 하여 권한쟁의심판을 청구해야 한다.

② 국회부의장이 법률안들에 대한 표결절차 등을 진행하였다 하더라도 국회부의장은 국회의장의 위임에 따라 그 직무를 대리하여 법률안 가결선포행위를 할 수 있을 뿐, 법률안 가결선포행위에 따른 법적 책임을 지는 주체가 될 수 없다.

③ 국회의 의결을 요하는 안건에 대하여 국회의장이 본회의 의결에 앞서 소관 위원회에 안건을 회부하는 것은 국회의 심의권을 위원회에 위양하는 것이므로, 국회 상임위원회 위원장이 위원회를 대표해서 의안을 심사하는 권한은 국회의장으로부터 위임된 것이다.

④ 정부가 법률안을 제출하였다 하더라도 그것이 법률로 성립되기 위해서는 국회의 많은 절차를 거쳐야 하고, 법률안을 받아들일지 여부는 전적으로 헌법상 입법권을 독점하고 있는 의회의 권한이지만 정부가 법안을 제출하는 행위는 입법을 위한 하나의 사전 준비행위에 불과하므로 권한쟁의심판의 독자적 대상이 된다고 할 수 없다.

**17** 국회의원의 법률안 심의권과 표결권에 대한 설명으로 옳은 것은?

① 국회의원의 법률안 심의·표결권은 비록 헌법에는 이에 관한 명문의 규정이 없지만 의회민주주의의 원리, 입법권을 국회에 귀속시키고 있는 헌법 제40조로부터 당연히 도출되는 헌법상의 권한이다.

② 국회의원의 법률안에 대한 심의·표결권의 침해 여부가 다투어진 권한쟁의심판의 경우, 국회의원의 객관적 권한을 보호함으로써 헌법적 가치질서를 수호·유지하기 위한 쟁송으로서 공익적 성격이 강하다 할 것이므로, 소의 취하에 관한 「민사소송법」 규정은 준용되지 않는다.

③ 국회의 입법권에는 헌법 제52조의 법률안 제출권과 국회의원의 법률안 심의권과 표결권이 당연히 포함되어 있다고 할 수 있고, 법률안 심의·표결권은 국회의원 개개인에게 모두 보장되는 것은 아니다.

④ 국회의원의 법률안 심의권은 국회의원의 개별적인 의사에 따라 이를 포기할 수 있다.

**18** 국회의장이 사법개혁특별위원회 위원 甲을 다른 국회의원 乙로 개선하고 사법개혁특별위원회 위원장이 '고위공직자범죄수사처 설치 및 운영에 관한 법률안', '형사소송법 일부개정법률안'을 신속처리안건으로 지정하였다. 이에 대해 사법개혁특별위원회 위원 丙이 권한쟁의심판을 청구하였다. 이에 대한 설명으로 옳은 것은?

[관련 조문]
「국회법」 제49조(위원장의 직무) ① 위원장은 위원회를 대표하고 의사를 정리하며, 질서를 유지하고 사무를 감독한다.
② 위원장은 위원회의 의사일정과 개회일시를 간사와 협의하여 정한다.

제79조(의안의 발의 또는 제출) ② 의안을 발의하는 의원은 그 안을 갖추고 이유를 붙여 찬성자와 연서하여 이를 의장에게 제출하여야 한다.

제90조(의안·동의의 철회) ① 의원은 그가 발의한 의안 또는 동의(動議)를 철회할 수 있다. 다만, 2명 이상의 의원이 공동으로 발의한 의안 또는 동의에 대해서는 발의의원 2분의 1 이상이 철회의사를 표시하는 경우에 철회할 수 있다.

① 사법개혁특별위원회 위원 甲을 다른 국회의원 乙로 개선한 국회의장의 행위로 국회의원 丙의 권한이 침해받았거나 침해받을 현저한 위험성이 있다고 보기 어렵다.

② 사개특위의 신속처리안건 지정동의안에 대한 표결 전에 그 대상이 되는 법안의 배포나 별도의 질의·토론 절차를 거치지 않았다면 신속처리안건 지정동의안에 대한 표결은 절차상 위법하다.

③ 피청구인 사법개혁특별위원회 위원장이 회의에서 이 사건 법률안들에 대한 신속처리안건 지정동의안의 가결을 선포한 행위는 사개특위 위원인 청구인들의 법률안 심의·표결권을 침해한다.

④ 팩스로 제출이 시도되었던 법률안의 접수가 완료되지 않아 동일한 법률안을 제출하기 전에 철회 절차가 필요하다. 철회 없이 동일 법률안을 국회 입안지원시스템을 통해 제출하였다면 절차상 위법하다.

**19** 정치개혁특별위원회 안건조정위원회 위원장은 2019.8.28. 공직선거법 개정안에 대한 조정안을 가결하였다. 정치개혁특별위원장이 2019.8.29. 위원회 심사 법률안으로 상정하여 가결을 선포하였다. 이에 정치개혁특별위원회 안건조정위원회 甲의원이 권한쟁의심판을 청구하였다. 이에 대한 설명으로 옳은 것은?

> [참고조항]
> 「국회법」제57조의2(안건조정위원회) ② 조정위원회의 활동기한은 그 구성일부터 90일로 한다. 다만, 위원장은 조정위원회를 구성할 때 간사와 합의하여 90일을 넘지 아니하는 범위에서 활동기한을 따로 정할 수 있다.

① 신속처리안건을 심사하는 안건조정위원회는 활동기한이 남았더라도 그 의안이 법제사법위원회에 회부되거나 바로 본회의에 부의된 것으로 보는 경우에는 그 활동을 종료한다.

② 정치개혁특별위원회 위원장의 법률안 상정과 가결을 선포한 행위가 정개특위 위원인 청구인의 법률안 심의·표결권을 침해했다고 할 수 있다.

③ 「국회법」제57조의2에 근거한 안건조정위원회 위원장은 「국회법」상 소위원회의 위원장으로서 헌법 제111조 제1항 제4호 및 「헌법재판소법」제62조 제1항 제1호의 '국가기관'에 해당한다고 볼 수 있으므로, 청구인들의 피청구인 조정위원장의 가결선포행위에 대한 청구는 권한쟁의심판의 당사자가 될 수 있다.

④ 「국회법」제57조의2 제2항의 90일은 안건조정위원회의 활동기한을 의미하므로 「국회법」상 90일 또는 신속처리대상안건의 심사기간과 같은 안건조정위원회의 활동기한이 도래하지 않았음에도 안건조정위원장이 이 사건 조정안의 가결을 선포한 것은 「국회법」에 위반한 것이다.

**20** 국회의장 비례대표국회의원 선거에서 연동대표제를 내용으로 하는 공직선거법 수정안을 가결선포하자 미래통합당과 그 소속 국회의원들이 권한쟁의심판을 청구하였다. 이에 대한 설명으로 옳지 않은 것은?

① 정당은 헌법 제111조 제1항 제4호 및 「헌법재판소법」제62조 제1항 제1호의 '국가기관'에 해당한다고 볼 수 없으므로, 권한쟁의심판의 당사자능력이 인정되지 아니한다.

② 헌법은 국회의원들이 교섭단체를 구성하여 활동하는 것까지 예정하고 있지 아니하여 교섭단체가 갖는 권한은 원활한 국회 의사진행을 위하여 「국회법」에서 인정하고 있는 권한일 뿐이다.

③ 교섭단체의 권한 침해는 교섭단체에 속한 국회의원 개개인의 심의·표결권 등 권한 침해로 이어질 가능성이 높은바, 교섭단체와 국회의장 등 사이에 분쟁이 발생하더라도 국회의원과 국회의장 등 사이의 권한쟁의심판으로 해결할 수 있다. 따라서 위와 같은 분쟁을 해결할 적당한 기관이나 방법이 없다고 할 수 없다. 따라서 교섭단체는 그 권한 침해를 이유로 권한쟁의심판을 청구할 수 없다.

④ 국회의원선거와 관련하여 준연동형 비례대표제를 도입하는 「공직선거법」개정행위로 인하여 청구인 국회의원들의 법률안 심의·표결권이 침해될 가능성은 있다고 할 것이다.

# 진도별 모의고사

조세법률주의 ~ 예산

정답 및 해설 p.226

제한시간 : 14분 ┃ 시작시각 ___시 ___분 ~ 종료시각 ___시 ___분        나의 점수 _____

**01** 원안인 공직선거법은 국회의원 정수 300명의 구성을 지역구 225명, 비례대표 75명으로 정하여 비례대표국회의원의 의석수를 증가시키면서 연동비례대표제를 도입하는 안이었다. 연동대표제를 2020년 국회의원 총선거에 한해 적용하는 부칙을 추가하면서 지역구 253명, 비례대표 47명으로 하는 공직선거법이 새롭게 제안되었고 국회의장은 새로운 안을 수정안으로 인정하고 수정안 가결을 선포하였다. 이에 대한 권한쟁의심판이 청구되었다. 이에 대한 설명으로 옳지 않은 것은?

> 「국회법」제77조(의사일정의 변경) 의원 20명 이상의 연서에 의한 동의(動議)로 본회의 의결이 있거나 의장이 각 교섭단체 대표의원과 협의하여 필요하다고 인정할 때에는 의장은 회기 전체 의사일정의 일부를 변경하거나 당일 의사일정의 안건 추가 및 순서 변경을 할 수 있다. 이 경우 의원의 동의에는 이유서를 첨부하여야 하며, 그 동의에 대해서는 토론을 하지 아니하고 표결한다.
>
> 제95조(수정동의) ④ 의안에 대한 대안은 위원회에서 그 원안을 심사하는 동안에 제출하여야 하며, 의장은 그 대안을 그 위원회에 회부한다.
> ⑤ 제1항에 따른 수정동의는 원안 또는 위원회에서 심사보고(제51조에 따라 위원회에서 제안하는 경우를 포함한다)한 안의 취지 및 내용과 직접 관련이 있어야 한다. 다만, 의장이 각 교섭단체 대표의원과 합의를 하는 경우에는 그러하지 아니하다.

① 「국회법」제93조는 '위원회의 심의를 거치지 아니한 안건에 대해서는 제안자가 그 취지를 설명하도록' 규정하고 있으나, 그러한 취지설명의 방식에는 제한이 없으므로 제안자가 발언석에서 구두설명을 하지 않더라도 서면이나 컴퓨터 단말기에 의한 설명 등으로 이를 대체할 수 있다 할 것이다.

② 이 사건 수정안은 이 사건 원안의 취지 및 내용과 직접 관련성이 인정된다. 따라서 이 사건 수정안 가결선포행위는 「국회법」제95조 제5항 본문에 위배되지 않는다.

③ 국회의장이 가결선포 후 의사일정을 변경했다면 의사일정 변경을 위한 교섭단체의 대표의원과 협의를 거치지 아니하였다면 「국회법」제77조에 위배된다고 할 수 없다.

④ 「국회법」제95조 제6항의 수정안의 요건으로서 '원안의 취지 및 내용과의 직접 관련성'은 원안과 수정안의 근본 목적이 동일하고 수정안의 내용인 개정법률 조항이 원안이 법률개정을 통해 실현하고자 하는 근본 목적을 이루기 위한 적절한 수단이 되는 관계에 있어야 하고 원안과 수정안의 각 개정법률 조항이 동일한 주제를 다루어야 한다는 3가지의 직접 관련성을 모두 갖추어야 할 것이고, 만일 그중 단 하나의 직접 관련성이라도 흠결할 경우에는 수정동의를 통해 발의할 수 있는 적법한 수정안이 될 수 없다.

**02** 조세법률주의에 대한 설명으로 옳지 않은 것은?

① 과세요건법정주의와 조세평등원칙은 조세법률주의의 핵심적인 원칙이다.

② 조세는 국민의 재산권을 침해하는 것이 되므로 납세의무를 성립시키는 납세의무자, 과세물건, 과세표준, 과세기간, 세율 등의 모든 과세요건과 조세의 부과·징수절차는 모두 국민의 대표기관인 국회가 제정한 법률로 이를 규정하여야 한다.

③ 과세요건을 법률로 규정하였다고 하더라도 그 규정내용이 지나치게 추상적이고 불명확하면 과세관청의 자의적인 해석과 집행을 초래할 염려가 있으므로 그 규정내용이 명확하고 일의적이어야 한다.

④ 조세법규의 해석에 있어 유추해석이나 확장해석은 허용되지 아니하고 엄격히 해석하여야 하는 것은 조세법률주의에 비추어 당연한 것이지만 조세법규에 있어서도 법규 상호간의 해석을 통하여 그 의미를 명백히 할 필요가 있다.

**03** 조세에 대한 설명으로 옳지 않은 것은?

① 조세평등주의의 근본취지는 넓게는 국민들 사이에 전체적인 공과금 부담의 형평성을 기하는 데까지 확장된다 할 것이다.

② 헌법재판소는 사회보험료인 구 국민건강보험법상의 보험료는 특정의 반대급부 없이 금전납부의무를 부담하는 세금과는 달리, 반대급부인 보험급여를 전제로 하고 있고, 부과주체가 국가 또는 지방자치단체가 아니며, 그 징수절차가 조세와 다르므로 조세법률주의가 적용되지 않는다고 판시하였다.

③ 지방세의 세목, 과세대상, 과세표준, 세율, 그 밖에 부과·징수에 필요한 사항은 조례에 위임할 수 있다.

④ 텔레비전 수신료는 아무런 반대급부 없이 국민으로부터 강제적·의무적으로 징수되고 있는 실질적인 조세로서 조세법률주의에 따라 법률의 형식으로 규정되어야 한다.

**04** 조세에 대한 설명으로 옳지 않은 것은?

① 부가가치세를 사실상 누가 부담하며 어떻게 전가할 것인가 하는 문제는 사적 자치가 허용되는 영역이라 하더라도, 국가와 납세의무자의 권리·의무관계를 규율하는 조세법에 따라 결정되어야 한다.

② 소급과세금지의 원칙은 그 조세법령의 효력발생 이전에 완성된 과세요건사실에 대하여 당해 법령을 적용할 수 없음을 말한다.

③ 법적 형식과 경제적 실질이 다른 경우 경제적 실질을 기준으로 과세한다.

④ 조세부과에 있어서 과세요건에 대한 입증책임은 원칙적으로 괴세관청에 있다.

**05** 조세에 대한 설명으로 옳지 않은 것은?

① 납세의무의 중요한 사항 내지 본질적 내용에 관련된 것이라 하더라도 행정입법에의 위임의 필요성이 인정되고 행정입법에서 규정될 대강의 내용에 대한 예측가능성이 인정된다면, 이를 행정입법으로 규율할 수 있다.

② 조세법률주의를 견지하면서도 조세평등주의와의 조화를 위하여 경제현실에 응하여 공정한 과세를 할 수 있게 하고 탈법적인 조세회피행위에 대처하기 위해서는, 납세의무의 중요한 사항 내지 본질적인 내용에 관련된 것이라 하더라도 그중 경제현실의 변화나 전문적 기술의 발달 등에 즉응하여야 하는 세부적인 사항에 관하여는 국회 제정의 형식적 법률보다 더 탄력성이 있는 행정입법에 이를 위임할 필요가 있다.

③ 조세법규 등 국민의 기본권을 직접적으로 제한하거나 침해할 소지가 있는 법규에서는 구체성·명확성의 요구가 강화되어 그 위임의 요건과 범위가 일반적인 급부행정법규의 경우보다 더 엄격하게 제한적으로 규정되어야 한다.

④ 「지방세법」이 지방세의 부과와 징수에 관하여 필요한 사항을 조례로 정할 수 있도록 하여 조세와 관련하여 가장 주요한 사항 중의 하나인 세율까지도 동법이 정한 범위 내에서 지방자치단체가 확정할 수 있도록 한 것은 조세법률주의에 위반된다.

**06** 조세에 대한 설명으로 옳지 않은 것은?

① 정당한 이유 없이 조세감면의 우대조치를 하는 것은 특정한 납세자군이 조세의 부담을 다른 납세자군으로 떠넘기는 것과 같으므로 조세감면의 근거 역시 법률로 정하여야 한다.

② 조세감면의 혜택부여에 있어 입법자는 광범위한 입법형성의 자유를 가지나 특정 납세자에 대하여만 감면조치를 하는 것이 현저하게 비합리적이고 불공정한 조치라고 인정될 때에는 조세평등주의에 반하여 위헌이 된다.

③ 조세 또한 국가재원의 확보라는 고전적 의미 이외에도 다양한 정책적인 목적 아래 부과되고 있기 때문에 조세법의 영역에서는 입법자에게 광범위한 형성권이 부여된다 할 것이다.

④ 특정인이나 특정계층에 대하여 조세감면조치를 취하는 것은 국민의 재산권에 대한 제한이 아니기 때문에 법률로 규정하지 않더라도 언제나 가능하다.

**07** 조세에 대한 설명으로 옳지 않은 것을 모두 조합한 것은?

ㄱ 조세감면의 우대조치는 국민에게 유리한 것이므로, 면제혜택을 받는 자의 요건을 완화하여 넓은 범위에서 허용하는 것이 바람직하다.

ㄴ 조세가 소득 재분배, 자원의 적정배분, 경기조정 등 기능을 가지고 있으며 국민의 조세부담을 정하는 과정에서 국정 전반에 걸친 종합적 정책판단을 하여야 하지만, 조세법규라고 하여 위헌 여부 판단을 위한 비례심사의 강도가 다소 완화될 필요는 없다.

ㄷ 합법성의 원칙을 희생해서라도 납세자의 신뢰를 보호함이 정의에 부합하는 것으로 인정되는 특별한 사정이 있을 경우에 한하여 조세관행존중원칙이 적용된다는 것이 대법원의 판례이다.

ㄹ 이혼을 사유로 한 재산분할에 대하여 증여로 의제하여 그 재산에 증여세를 부과하는 것은 실질적 조세법률주의에 위배된다.

① ㄱ, ㄴ　　　　　　② ㄱ, ㄷ

③ ㄴ, ㄷ　　　　　　④ ㄷ, ㄹ

**08** 조세에 대한 설명으로 옳지 않은 것을 모두 조합한 것은?

ㄱ 구 지방세법 제112조와 관련하여 '대통령령으로 정하는 고급주택 또는 고급오락장'을 취득하거나 이를 구분하여 그 일부를 취득하는 경우 및 취득한 토지나 건축물이 5년 이내에 그러한 고급주택 또는 고급오락장이 된 때에 통상의 취득세율의 7.5배(100분의 750)로 중과세할 것을 대통령령에 위임한 것은 합헌이다.

ㄴ 「지방세법」상의 재산세 표준세율을 정하는 과세대상 중 '고급오락장용 건축물'의 범위를 대통령령에서 어느 정도 대강 예측할 수 있으므로 조세법률주의에 어긋난다고 볼 수 없다.

ㄷ 유흥주점영업장용 등 고급오락장용 건축물에 대한 재산세의 표준세율을 그 건축물 가액의 1,000분의 50으로 규정하고 있는 「지방세법」은 중과세대상이 되는 건축물을 예측할 수 없어 조세법률주의에 위반된다.

ㄹ 입법자가 골프장을 스키장 및 승마장보다 사치성 재산이라고 보아 중과세하고 있는 것은 정책형성권의 한계를 일탈한 자의적인 조치라고 보기는 어려우므로 조세평등주의에 위배된다고 할 수 없다.

① ㄱ, ㄴ　　　　　　② ㄱ, ㄷ

③ ㄴ, ㄷ　　　　　　④ ㄷ, ㄹ

**09** 조세에 대한 설명으로 옳지 않은 것을 모두 조합한 것은?

> ㉠ 과밀억제권역 안에서 대통령령이 정하는 본점 또는 주사무소의 사업용 부동산을 취득할 경우에 취득세를 중과세하도록 한 「지방세법」 제112조 제3항의 해당 규정이 조세법률주의 또는 포괄위임입법금지원칙에 위배되지 않는다.
>
> ㉡ 조세법률주의가 지배하는 조세법의 영역에서는 경과 규정의 미비라는 명백한 입법의 공백을 방지하고 형평성의 왜곡을 시정하는 것은 원칙적으로 입법자의 권한이고 책임이 아니라 법문의 한계 안에서 법률을 해석·적용하는 법원이나 과세관청의 몫이다.
>
> ㉢ 조세에 관하여 입법의 공백이 있는 경우 이로 인하여 당사자가 공평에 반하는 이익을 얻을 가능성이 있고, 실효되긴 하였으나 그동안 시행되어 온 법률조항이 있는 경우, 이를 근거로 과세를 하는 것은 법치주의에서 중대한 흠이 되는 입법의 공백을 방지하기 위한 적절한 해석으로서 조세법률주의에 반하지 않는다.
>
> ㉣ 새로운 입법으로 과거에 소급하여 과세하거나 또는 이미 납세의무가 존재하는 경우에도 소급하여 중과세하는 것은 소급입법 과세금지원칙에 위반된다.

① ㉠, ㉡

② ㉠, ㉢

③ ㉡, ㉢

④ ㉢, ㉣

**10** 조세에 대한 설명으로 옳지 않은 것은?

① 토지초과이득세법상의 토지초과이득세는 양도소득세와 같은 수득세의 일종으로서 그 과세대상 또한 양도소득세 과세대상의 일부와 완전히 중복되고 양세의 목적 또한 유사하여 어느 의미에서는 토초세가 양도소득세의 예납적 성격을 가지고 있는데도 토지초과이득세법이 토초세액 전액을 양도소득세에서 공제하지 않도록 규정한 것은 조세법률주의상의 실질과세의 원칙에 반한다.

② 미신고 또는 누락된 상속세에 대하여 상속세 부과요건이 성립된 시점인 상속이 개시된 때가 아니라 상속세 부과 당시의 가액을 과세대상인 상속재산의 가액으로 하는 것은 일정한 제재의 의미도 가미되어 있으므로 조세법률주의에 위반되지 않는다.

③ 상속세의 납부의무자가 시행령에 의해서만 비로소 자신이 납부해야 할 상속세액의 산출근거가 되는 상속재산의 평가방법을 알 수 있다면 이는 과세요건법정주의에 위배된다.

④ 특정 지역의 부동산가격상승률이 전국소비자물가상승률보다 높을 때 전국부동산가격상승률 등을 감안하여 당해 지역의 부동산가격이 급등할 우려가 있다면 대통령령이 정하는 부동산에 해당하는 경우 기준시가가 아니라 실지거래가액에 따라 과세하는 것은 조세법률주의에 반하지 않는다.

**11** 조세에 대한 설명으로 옳지 않은 것은?

① 구 상속세법 제29조의2 제5항과 관련하여 수증자가 증여받은 재산을 증여자에게 반환하는 경우(통상 '증여의 합의해제'), 증여받은 때부터 1년이 도과한 경우에는 그 반환에 대하여 증여세를 부과하도록 하는 것은 위헌이다.

② 양도소득세 과세대상으로서 '양도'의 개념을 정하고 있는 「소득세법」 조항은 과세요건명확주의 원칙에 반한다고 할 수 없다.

③ 적법하게 상속을 포기한 자는 「국세기본법」상 피상속인의 국세 등 납세의무를 승계하는 자로 규정하고 있는 '상속인'에는 포함되지 않는다고 보는 것이 조세법률주의에 부합한다.

④ 투기목적이 없는 1세대 1주택 양도의 범위를 법률로써 모두 규율하는 것이 불가능하다면 양도소득세가 면제되는 구체적 범위를 대통령령으로 정하도록 하는 것은 조세법률주의에 위배되지 않는다.

**12** 조세에 대한 설명으로 옳지 않은 것은?

① 구 지방세법 제22조와 관련하여 비상장법인의 과점주주 중 주식을 가장 많이 소유하는 자와 생계를 함께하는 자에게 서로 도와서 일상생활비를 공동으로 부담한다는 이유로 법인의 체납세액 전부에 대하여 제2차 납세의무를 부담시키는 것은 위헌이다.

② 구 소득세법 제61조와 관련하여 부부자산소득합산과세를 통해서 혼인한 부부에게 가하는 조세부담의 증가라는 불이익이 자산소득합산과세를 통하여 달성하는 사회적 공익보다 크다고 할 수 없으므로, 혼인한 부부를 혼인하지 않은 부부나 독신자에 비하여 차별취급하는 것은 헌법에 반하지 않는다.

③ 사업양수인의 제2차 납세의무 부과는 허용되나 사업양수인이 양수재산을 초과한 부분에 대해 제2차 납세의무를 지도록 한 것은 헌법에 위반된다.

④ 조세부담에 있어서 응능과세원칙과 응익과세원칙이 있는데, 현대 과세의 원칙은 응능과세의 원칙이다.

**13** 조세에 대한 설명으로 옳지 않은 것은?

① 조세평등주의의 한 내용인 수직적 조세정의는 상이한 경제적 능력을 가진 사람은 상이한 액수의 조세를 부담하여야 한다는 것으로 최저생계를 위하여 필요한 경비는 과세대상에서 제외할 것을 요구한다.

② 수직적 조세정의에 따라 소득세에는 누진세율이 적용되어야 하므로, 금융소득을 다른 소득과 분리하여 누진세율이 아닌 단일세율로 과세하는 것은 조세평등주의에 위반되지 않는다.

③ 조세평등주의가 요구하는 담세능력에 따른 과세의 원칙(또는 응능부담의 원칙)은 소득이 다른 사람들 간의 공평한 조세부담의 배분을 요청하므로, 소득계층에 관계없이 동일한 세율을 적용하는 것은 특별한 사정이 없는 한 담세능력의 원칙에 어긋나는 것이다.

④ 헌법재판소는 유사석유제품 제조자와 석유제품 제조자 모두에게 교통·에너지·환경세를 부과하면서 동일하게 제조량을 과세표준으로 삼은 것은 조세평등주의에 위반되지 않는다고 판시하였다.

**14** 조세에 대한 설명으로 옳지 않은 것은?

① 농지대토의 양도소득세 감면요건으로 직접 경작을 요구하는 구 조세특례제한법 제70조 제1항 중 '직접 경작' 부분이 국방의 의무 이행에 대한 예외규정을 두지 않았다면 조세평등주의에 위배된다.

② 비업무용 토지를 취득하는 법인을 자연인보다 불이익하게 차별취급하는 것은 조세평등주의에 위반된다고 할 수 없다.

③ 조약에 의하여 관세협정을 정하는 것은 조세법률주의에 위배된다고 할 수 없다.

④ 세금의 사용에 대해 이의를 제기하거나 잘못된 사용의 중지를 요구하는 내용의 기본권은 인정되지 않는다.

**15** 조세와 부담금에 대한 설명으로 옳지 않은 것은?

① 부담금은 조세가 아니나 법률에 근거를 두어야 한다.

② 부담금은 조세와는 구별되는 조세 외적인 부담이나, 부담금을 부과할 때 평등원칙이나 비례성 원칙과 같은 기본권 제한입법의 한계는 적용되지 않는다.

③ 재정충당목적의 특별부담금은 반대급부가 없는 강제적인 징수라는 면에서 조세와 공통점을 가진다.

④ 헌법재판소는 특별부담금과 조세를 구별한다.

**16** 조세와 부담금에 대한 설명으로 옳지 않은 것은?

① 부담금 납부의무자는 재정조달 대상인 공적 과제에 대하여 일반국민에 비해 '특별히 밀접한 관련성'을 가져야 하며, 부담금이 장기적으로 유지되는 경우에 있어서는 그 징수의 타당성이나 적정성이 입법자에 의해 지속적으로 심사될 것이 요구된다. 다만, 부담금이 재정조달목적뿐만 아니라 정책실현목적도 함께 가지는 경우에는 위 요건들 중 일부가 강화된다.

② 국가가 조세저항을 회피하기 위한 수단으로 부담금의 형식을 남용해서는 안 되므로, 부담금을 국가의 일반적 재정수입에 포함시켜 일반적 국가과제를 수행하는 데 사용하는 것은 허용될 수 없다.

③ 특별부담금 수입은 그 특정과제의 수행을 위하여 별도로 지출·관리되어야 하며 국가의 일반적 재정수입에 포함시켜 일반적 국가과제를 수행하는 데 사용하여서는 아니 된다.

④ 국가 등의 일반적 재정수입에 포함시켜 일반적 과제를 수행하는 데 사용할 목적이라면 반드시 조세의 형식으로 해야지 부담금으로 해서는 아니 된다.

**17** 부담금에 대한 설명으로 옳지 않은 것은?

① 교통안전기금의 재원의 하나인 분담금은 조세와는 성격이 다르지만, 공익사업의 재정충당을 위하여 부과된다는 점에서 조세유사적 성격을 가진다.

② 먹는 샘물 수입판매업자에게 수질개선부담금을 부과하는 것은 수돗물 우선정책에 반하는 수입 먹는 샘물의 보급 및 소비를 억제하도록 간접적으로 유도하기 위한 합리적인 이유가 있으므로 평등원칙에 위배되지 않는다.

③ 특별부담금은 일부 국민에게만 부과되나, 그 수입은 반드시 부담금의무자의 집단적 이익을 위하여 사용되어야 한다.

④ 재정조달목적 부담금의 경우에는 공적 과제가 부담금 수입의 지출 단계에서 비로소 실현되나, 정책실현목적 부담금의 경우에는 공적 과제의 전부 혹은 일부가 부담금의 부과 단계에서 이미 실현된다.

**18** 예산에 대한 설명으로 옳지 않은 것은?

① 예산도 일종의 법규범이고 법률과 마찬가지로 국회의 의결을 거쳐 제정되나, 법률과 달리 국가기관만을 구속할 뿐 일반국민을 구속하지 않는다.

② 예산이 정부의 재정행위를 통하여 국민의 기본권에 영향을 미친다고 하더라도 그것은 관련 법령에 근거한 정부의 구체적인 집행행위로 나타나는 것이지 예산 그 자체나 예산안의 의결행위와는 직접 관련성이 없으며, 예산은 법규범이 아니므로, 국회가 의결한 예산 또는 국회의 예산안 의결은 헌법소원의 대상이 되지 않는다.

③ 만일 예산법률주의를 채택하고자 할 경우에는 법률 개정이 아니라 헌법을 개정해야 한다.

④ 우리나라 법률의 효력은 별도의 규정이 없는 한 영구적이므로 헌법이 특히 일년세주의를 명문으로 규정하고 있지 않는 이상 헌법 제59조의 조세법률주의는 영구세주의를 규정한 것이나 예산은 일년주의를 채택하고 있다.

**19** 예산에 대한 설명으로 옳은 것은?

① 정부와 국회는 예산안을 제출할 수 있다.

② 예산안에 이의가 있을 때에는 대통령은 이의서를 붙여 국회로 환부하고, 그 재의를 요구할 수 있다. 국회의 폐회 중에도 또한 같다.

③ 예산으로 법률을 변경할 수 없으나 법률로도 예산을 변경할 수 없어 상호불변관계가 성립한다.

④ 세입예산에 계상되어 있지 않더라도 법률에 근거가 있다면 조세를 부과할 수 있고, 세출예산에 계상되어 있다면 법률의 근거가 없어도 지출할 수 있다.

**20** 예산에 대한 설명으로 옳지 않은 것은?

① 예산과 법률 간 불일치가 발생하는 경우 예비비, 추가경정예산 등으로 사후에 불일치를 해소할 수 있다.

② 예산과 법률의 불일치는 대통령제 국가보다 의원내각제 국가에서 발생할 가능성이 높다.

③ 회계연도를 넘어 계속하여 지출할 필요가 있을 때에는 정부는 계속비로서 국회의 의결을 얻어야 하는데, 반드시 지출연한을 정해야 한다.

④ 예비비는 총액으로 국회의 의결을 얻어야 하며, 예비비의 지출은 차기국회의 승인을 얻어야 한다.

제한시간 : 14분 | 시작시각 ___시 ___분 ~ 종료시각 ___시 ___분          나의 점수 _____

**01** 예산에 대한 설명으로 옳은 것은?

① 한 회계연도를 넘어 계속하여 지출할 필요가 있을 때에는 정부는 연한을 정하여 예비비로서 국회의 의결을 얻어야 한다.

② 한 회계연도를 넘어 계속하여 지출할 필요가 있을 때에는 정부는 연한을 정하여 준예산으로서 국회의 의결을 얻어야 한다.

③ 국가가 지출할 수 있는 연한은 그 회계연도부터 5년 이내로 한다. 다만, 사업규모 및 국가재원 여건상 필요한 경우에는 연장할 수 있다.

④ 예비비는 항목별로 국회의 의결을 얻어야 하며, 예비비의 지출은 사전에 국회의 동의를 얻어야 한다.

**02** 예산에 대한 설명으로 옳지 않은 것은?

① 예비비는 항목별로 국회의 의결을 얻어야 하며, 예비비의 지출은 사전에 국회의 동의를 얻어야 한다.

② 정부는 예측할 수 없는 예산 외 지출 또는 예산초과지출에 충당하기 위하여 일반회계 예산총액의 100분의 1 이내의 금액을 예비비로 계상할 수 있는데, 공무원의 보수 인상을 위한 인건비 충당을 위하여는 예비비 사용목적을 지정할 수 없다.

③ 일반회계로부터 전입받은 특별회계는 필요한 경우에는 일반회계 예비비를 전입받아 그 특별회계의 세출로 사용할 수 있다.

④ 정부는 예산총칙 등에 따라 미리 사용목적을 지정해 놓은 예비비를 제외하고 일반회계 예산총액의 100분의 1 이내의 금액을 예비비로 세입세출예산에 계상할 수 있다.

**03** 예산에 대한 설명으로 옳은 것은?

① 정부는 예측할 수 없는 예산 외의 지출 또는 예산초과지출에 충당하기 위하여 일반회계 예산총액의 100분의 1 이내의 금액을 예비비로 세입세출예산에 계상할 수 있는데, 이 경우 예비비의 지출은 차기국회의 승인을 얻을 필요가 없다.

② 예비비 지출 후 국회의 승인을 얻지 못하면 예산지출은 무효가 된다.

③ 예측하기 어려운 예산 외의 지출이나 예산초과지출에 충당하기 위하여 예비비로 계상할 수 있는데, 예비비의 금액은 특별한 제한은 없다.

④ 정부는 법령에 따라 국가가 지급하여야 하는 지출이 발생하거나 증가하여 이미 확정된 예산에 변경을 가할 필요가 있는 경우에는 추가경정예산안을 편성할 수 있으며, 국회에서 추가경정예산안이 확정되기 전에 이를 미리 배정하거나 집행할 수 없다.

**04** 예산에 대한 설명으로 옳은 것은?

① 정부는 예산에 변경을 가할 필요가 있을 때에는 수정예산안을 편성하여 국회에 제출할 수 있다.

② 정부는 대내·외 여건에 중대한 변화가 발생할 우려가 있는 긴급한 경우에도 국회에서 추가경정예산안이 확정되기 전에 이를 배정하거나 집행할 수 있다.

③ 정부는 법령에 따라 국가가 지급하여야 하는 지출이 발생하거나 증가하는 경우 추가경정예산안을 편성할 수 있다.

④ 매 회계연도의 세출예산은 다음 연도에 이월하여 사용할 수 없으므로 계속비의 연도별 연부액 중 해당 연도에 지출하지 못한 금액은 이월하여 사용할 수 없다.

**05** 예산에 대한 설명으로 옳은 것은?

① 정부는 예산안을 국회에 제출한 후 부득이한 사유로 인하여 그 내용의 일부를 수정하고자 하는 때에는 국무회의의 심의를 거쳐 대통령의 승인을 얻은 수정예산안을 국회에 제출할 수 있다.

② 새로운 회계연도가 개시될 때까지 예산안이 의결되지 못한 때에도 정부는 국회에서 예산안이 의결될 때까지 가예산을 집행할 수 있다.

③ 새로운 회계연도가 개시될 때까지 예산안이 의결되지 못한 경우, 정부는 국회에서 예산안이 의결될 때까지 법률상 지출의무를 위한 경비를 아직 의결되지 못한 예산안에 따라 집행할 수 있다.

④ 새로운 회계연도가 개시될 때까지 예산안이 의결되지 못한 때에는 정부는 국회에서 예산안이 의결될 때까지 잠정적으로 모든 경비를 전년도 예산에 준하여 집행할 수 있다.

**06** 예산에 대한 설명으로 옳은 것은?

① 새로운 회계연도가 개시될 때까지 예산안이 의결되지 못한 때에는 정부는 국회에서 예산안이 의결될 때까지 헌법에 의하여 설치된 기관 또는 시설의 유지·운영의 목적을 위한 경비는 전년도 예산에 준하여 집행할 수 있으나, 법률에 의하여 설치된 기관 또는 시설의 유지·운영의 목적을 위한 경비는 전년도 예산에 준하여 집행할 수 없다.

② 정부는 회계연도마다 예산안을 편성하여 회계연도 개시 90일 전까지 국회에 제출하고, 국회는 회계연도 개시 30일 전까지 이를 의결하여야 한다.

③ 국회의원과 정부가 국회에 예산안을 제출할 수 있으며, 정부가 제출하는 예산안은 국무회의의 심의사항이다.

④ 의장은 국회 소관 예산요구서를 작성하여 국회운영위원회의 심사를 거쳐 국회에 제출한다.

**07** 예산에 대한 설명으로 옳지 않은 것은?

① 헌법은 정부는 회계연도마다 예산안을 편성하여 회계연도 개시 90일 전까지 국회에 제출하고 국회는 회계연도 개시 30일 전까지 이를 의결하여야 한다고 규정하고 있으나, 「국가재정법」은 이를 강화하여 정부는 예산안을 회계연도 개시 120일 전까지 국회에 제출하도록 규정하고 있다.

② 정부는 독립기관의 예산을 편성함에 있어 당해 독립기관의 장의 의견을 최대한 존중하여야 하며, 국가재정 상황 등에 따라 조정이 필요한 때에는 당해 독립기관의 장과 미리 협의하여야 한다.

③ 국회, 대법원, 헌법재판소, 감사원, 중앙선거관리위원회, 국가정보원의 세출예산요구액을 감액할 때는 국무회의에서 당해 기관의 장의 의견을 구해야 한다.

④ 예산결산특별위원회가 소관 상임위원회에서 삭감한 세출예산 각항의 금액을 증가하게 하거나 새 비목을 설치할 경우에는 소관 상임위원회의 동의를 얻어야 한다.

**08** 예산에 대한 설명으로 옳은 것은?

① 「국가재정법」에서는 정부가 예산안을 편성하여 회계연도 개시 120일 전까지 국회에 제출하도록 규정하고 있지만, 헌법은 회계연도 개시 90일 전까지 국회에 제출하고, 국회는 회계연도 개시 전까지 이를 의결하도록 규정하고 있다.

② 예산결산특별위원회는 소관 상임위원회의 예비심사내용을 존중하여야 하며, 소관 상임위원회에서 삭감한 세출예산 각항의 금액을 증가하게 하거나 새 비목을 설치할 경우에는 소관 상임위원회의 동의를 얻어야 한다. 다만, 새 비목의 설치에 대한 동의요청이 소관 상임위원회에 회부되어 그 회부된 때부터 72시간 이내에 동의 여부가 예산결산특별위원회에 통지되지 아니한 경우에는 소관 상임위원회에서 동의가 있는 것으로 본다.

③ 위원회는 예산안, 기금운용계획안, 임대형 민자사업 한도액안과 세입예산안 부수 법률안의 심사를 매년 10월 30일까지 마쳐야 한다.

④ 위원회는 예산안·기금·운용계획안·세입예산안 부수 법률안으로 지정된 법률안을 매년 11월 30일까지 심사를 마쳐야 하고, 심사를 마치지 아니한 경우 해당 의안은 폐기된다.

**09** 예산에 대한 설명으로 옳지 않은 것은?

① 예산안에 대한 국회의 수정동의는 그 안을 갖추고 이유를 붙여 50명 이상의 찬성 국회의원과 연서하여 미리 국회의장에게 제출하여야 한다.

② 국회는 정부가 제출한 기금운용계획안의 주요항목 지출금액을 증액하거나 새로운 과목을 설치하고자 하는 때에는 미리 정부의 동의를 얻어야 한다.

③ 국회는 정부의 동의 없이 정부가 제출한 지출예산 각항의 금액을 증가하거나 새 비목을 설치할 수 없다.

④ 국회는 정부가 제출한 지출예산 각항의 금액을 증가하거나 새 비목을 임의로 설치할 수 있다.

**11** 예산 외에 국가의 부담이 될 계약에 대한 설명으로 옳지 않은 것을 모두 조합한 것은?

> ㉠ 국채를 모집하거나 예산 외에 국가의 부담이 될 계약을 체결하려 할 때에는 정부는 미리 국회의 의결을 얻어야 한다.
>
> ㉡ 정부가 국채를 모집하거나 예산 외에 국가의 부담이 될 계약을 체결한 때에는 지체 없이 국회에 보고하고 그 승인을 얻어야 한다.
>
> ㉢ 정부가 국채를 모집하거나 예산 외에 국가의 부담이 될 계약을 체결한 때에는 국회에 보고하고 사후에 차기국회의 승인을 얻어야 한다.
>
> ㉣ 예산 외에 국가의 부담이 될 계약체결에 대한 동의권은 국회에 속한다. 예산 외에 국가의 부담이 될 계약체결의 주체인 정부가 그 계약체결에 국회의 동의절차를 거치지 아니하는 경우 그에 대한 국회의 동의권이 침해되는 것이므로, 이를 다투는 권한쟁의심판의 당사자는 국회가 되어야 할 것이다.

① ㉠, ㉡  　　　　② ㉠, ㉣

③ ㉡, ㉢  　　　　④ ㉢, ㉣

**10** 예산에 대한 설명으로 옳지 않은 것은?

① 국회는 국민의 대표기관으로서 국민의 부담을 줄이기 위해서 예산안을 삭감할 수 있으나, 조약이나 법률로 규정된 세출에 대하여 삭감할 수 없다.

② 법률의 공포와 예산 공고는 관보에 게재함으로써 하는데, 공포 또는 공고는 법률과 예산의 효력발생요건이다.

③ 세입예산은 우리나라와 같이 영구세주의를 취하는 국가에서는 일년세주의를 취하는 국가에서보다 그 법적 구속력이 약하다.

④ 각 중앙관서의 장은 세출예산이 정한 목적 외에 경비를 사용할 수 없다.

**12** 예산에 대한 설명으로 옳지 않은 것은?

① 행정각부의 장관이 국가 예산을 재원으로 사회복지사업을 시행함에 있어 예산확보방법과 그 집행대상 등에 관하여 정책결정을 내리고 이를 미리 일선 공무원들에게 지침 등의 형태로 고지하는 일련의 행위는 장래의 예산확보 및 집행에 대비한 일종의 준비행위로서 「헌법재판소법」 제68조 제1항의 헌법소원의 대상이 될 수 없지만, 위와 같은 정책결정을 구체화한 지침의 내용이 국민의 기본권에 직접적으로 영향을 끼치고, 앞으로 법령의 뒷받침에 의하여 그대로 실시될 것이 틀림없을 것으로 예상될 수 있을 때에는 예외적으로 대상이 될 수도 있다.

② 정부가 국회의 동의 없이 예산 외에 국가의 부담이 될 계약을 체결한 경우에 국회의원 자신의 심의·표결권이 침해될 가능성은 없다. 따라서 국회의 '예산 외에 국가의 부담이 될 계약'의 체결에 있어 동의권의 침해를 주장하는 권한쟁의심판을 청구할 수 없다.

③ 예산 외에 국가의 부담이 되는 계약의 체결에 관한 국회의원의 심의·표결권한이 국회 외부의 기관에 의하여 침해될 수 없다.

④ 국가정보원에 대한 예산안과 결산은 정보위원회에서 심사한 후 별도의 예산결산특별위원회의 심사를 거쳐야 한다.

**13** 인사청문 대상자에 대한 설명으로 옳지 않은 것은?

① 헌법에 의하여 그 임명에 국회의 동의를 요하는 직위를 선출하는 경우에는 국회 인사청문특별위원회의 인사청문을 실시하여야 하고, 법률에서 국회의 인사청문을 거치도록 규정한 경우에는 소관 상임위원회의 인사청문을 실시하여야 한다.

② 모든 헌법재판소 재판관과 중앙선거관리위원회 위원은 인사청문을 거쳐야 한다.

③ 국무총리는 국회의 동의를 얻어 대통령이 임명하며, 인사청문특별위원회에서 인사청문회를 실시한다.

④ 대법원장은 인사청문특별위원회의 인사청문을 거쳐야 하고, 대법관은 소관 상임위원회인 법제사법위원회의 인사청문을 거친다.

**14** 인사청문 대상자에 대한 설명으로 옳지 않은 것은 몇 개인가?

> ㉠ 헌법재판소장은 국회의 동의를 얻어 재판관 중에서 대통령이 임명하며, 인사청문특별위원회에서 인사청문회를 실시한다.
> ㉡ 헌법재판관 후보자 중 헌법재판소장을 겸하는 경우 법제사법위원회에서 인사청문회를 연다.
> ㉢ 국회에서 선출하는 중앙선거관리위원회 위원에 대한 선출안에 대하여는 인사청문특별위원회에서 인사청문회를 실시한다.
> ㉣ 헌법에 규정되지 않은 공직후보자도 인사청문의 대상이 될 수 있다.
> ㉤ 감사원장은 국회의 동의를 얻어 대통령이 임명하며, 법제사법위원회에서 인사청문회를 한다.

① 없음      ② 1개

③ 2개      ④ 3개

**15** 인사청문에 대한 설명으로 옳은 것은?

① 대통령이 임명하는 국민권익위원회 위원장 후보자, 한국은행 총재 후보자 등에 대한 인사청문 요청이 있는 경우 각 소관 상임위원회의 인사청문을 거쳐야 한다.

② 대법원장, 대법관, 헌법재판소장, 헌법재판관은 국회 인사청문특별위원회에 의한 인사청문을 실시하여야 한다.

③ 대통령당선인이 「대통령직 인수에 관한 법률」에 따라 지명하는 국무위원 후보자에 대한 인사청문 요청이 있는 경우 국회 인사청문특별위원회에서 인사청문회를 연다.

④ 국가인권위원회 위원장은 소관 상임위원회인 국회운영위원회에서 인사청문회를 한다.

**16** 인사청문에 대한 설명으로 옳은 것은?

① 인사청문특별위원회는 13인의 국회의원으로 구성되며, 어느 교섭단체에도 속하지 않는 국회의원은 교섭단체 대표들이 협의하여 위원을 선임한다.

② 국회는 임명동의안 등이 제출된 날부터 20일 이내에 그 심사 또는 인사청문을 마쳐야 한다.

③ 인사청문특별위원회를 구성할 때에는 그 활동기한을 정하여야 하며, 본회의의 의결로 그 기간을 연장할 수 있다.

④ 원칙적으로 국회는 임명동의안 등이 제출된 날부터 15일 이내에 그 심사 또는 인사청문을 마쳐야 한다. 의장은 임명동의안 등이 제출된 때에는 즉시 본회의에 보고하고 위원회에 회부하여야 하며, 위원회는 임명동의안 등에 대한 인사청문회를 마친 날부터 3일 이내에 심사경과보고서 또는 인사청문경과보고서를 의장에게 제출하여야 한다.

**17** 인사청문에 대한 설명으로 옳지 않은 것은?

① 인사청문회를 마친 해당 위원회는 인사청문경과를 본회의에 보고한다. 다만, 폐회, 휴회 등의 사유로 본회의에 보고할 수 없는 경우에 의장에게 보고한다.

② 국회가 국가인권위원회 위원장 후보자의 인사청문경과보고서를 송부하지 아니하여 대통령이 인사청문경과보고서를 송부하여 줄 것을 국회에 요청하였음에도 불구하고 국회가 송부하지 아니한 경우에는 대통령은 국가인권위원회 위원장을 임명할 수 있다.

③ 부득이한 사유로 정해진 기간 이내에 인사청문회를 마치지 못하여 국회가 인사청문경과보고서를 송부하지 못한 경우에 대통령·대통령당선인 또는 대법원장은 「인사청문회법」 제6조 제2항에 따른 인사청문 처리기간의 다음 날부터 10일 이내의 범위에서 기간을 정하여 인사청문경과보고서를 송부하여 줄 것을 국회에 요청할 수 있다.

④ 국회에 회부된 날부터 20일이 지나도록 인사청문을 마치지 아니한 경우, 대통령은 10일 이내 범위에서 송부를 요청할 수 있고, 국회가 송부하지 아니한 경우 대법원장을 임명할 수 있다.

**18** 인사청문에 대한 설명으로 옳은 것은?

① 인사청문회는 공개한다. 군사·외교 등 국가기밀에 관한 사항으로서 국가의 안전보장을 위하여 필요한 경우 등에는 위원회의 의결로 공개하지 아니할 수 있다.

② 인사청문회는 비공개하는 것이 원칙이나 위원회의 의결로 공개할 수 있다.

③ 인사청문은 일괄질의 방식으로 한다. 다만, 위원회의 의결이 있으면 일문일답 방식으로 할 수 있다.

④ 공직후보자는 형사상 자신에게 불리한 내용일 경우 답변 또는 자료제출을 거부할 수 없다.

**19** 국회의 국가기관구성권에 대한 설명으로 옳지 않은 것은?

① 국회가 선출하여 임명된 헌법재판관 중 공석이 발생하였다 하더라도 국회가 공석인 헌법재판관의 후임자를 선출하여야 할 구체적 작위의무를 부담한다고 볼 수는 없다.

② 국회 인사청문위원회가 국가정보원장에 대하여 부적격판정을 하였더라도 대통령이 이를 수용해야 할 법적 의무는 없다.

③ 국회 인사청문회의 결정이나 국회의 해임건의는 법적 구속력이 없는 정치적 요청이기 때문에 대통령이 이를 수용하지 않는다고 해서 헌법이나 법률에 위반된다고 할 수 없다.

④ 감사원장은 국회의 동의를 받아 대통령이 임명하나, 감사위원은 국회의 동의 없이 감사원장의 제청으로 대통령이 임명한다.

**20** 국회의 국가기관구성권에 대한 설명으로 옳지 않은 것은?

① 국회는 헌법재판소 재판관 3인 및 중앙선거관리위원회 위원 3인에 대한 선출권을 보유한다.

② 국무위원에 대한 해임건의는 국회재적의원 3분의 1 이상의 발의에 의하여 국회재적의원 과반수의 찬성이 있어야 한다.

③ 대통령이 국무총리·대법원장·헌법재판소장·감사원장·국가정보원장·검찰총장 후보자에 대한 인사청문을 요청한 경우 인사청문특별위원회에서 인사청문을 실시한다.

④ 모든 헌법재판소 재판관이 국회 인사청문특별위원회의 인사청문을 거쳐야만 하는 것은 아니다.

**01** 탄핵제도에 대한 설명으로 옳지 않은 것은?

① 탄핵제도라 함은 일반사법절차에 따라 소추하거나 징계절차로써 징계하기가 곤란한 일반직 행정공무원이 직무상 비위를 범한 경우에 파면하는 제도를 말한다.

② 탄핵제도는 의원내각제에는 있어 대통령제의 특징으로 보기 힘드나, 대통령제에서 탄핵제도의 제도적 의의는 의원내각제보다 크다고는 할 수 있다.

③ 탄핵제도는 제헌헌법에서 처음 채택된 이래 현재까지 유지되고 있다.

④ 파면결정을 통해 손상된 헌법질서를 회복하고, 민주적 정당성을 임기 중 박탈함으로써 헌법을 수호·유지하는 기능은 대통령에 대한 탄핵심판절차뿐만 아니라 법관에 대한 탄핵심판절차의 경우에도 동일하게 작용한다.

**02** 탄핵제도에 대한 설명으로 옳은 것은?

① 탄핵소추절차는 국가기관 사이의 권력분립원칙에 따른 견제의 성격을 가진다. 반면, 탄핵심판절차는 '사법절차'에 의하여 '법치주의'에 따라 파면하는 결정을 선고하는 '정치적 심판절차'이다.

② 법관 임기제는 사법의 독립성과 책임성의 조화를 위해 법관의 민주적 정당성을 소멸시키는 '비상적 수단'이다. 반면, 법치주의의 특별한 보장자로서 국회와 헌법재판소가 역할을 분담하는 탄핵제도는 고위공직자에게 부여된 민주적 정당성을 박탈함으로써 헌법을 수호하는 '일상적 수단'이다.

③ 국회의 탄핵소추의결만으로 해당 공직자가 그 권한을 행사하지 못하도록 한 것은 제헌헌법부터이다.

④ 1948년 헌법은 탄핵사건을 심판하기 위하여 탄핵재판소를 설치하도록 규정했는데, 대통령과 부통령을 심판하는 경우 외에는 부통령이 재판장의 직무를 행한다고 정하고 있다.

**03** 탄핵제도에 대한 설명으로 옳은 것은?

① 탄핵제도는 1948년 제헌헌법에서 처음 규정하였고, 대통령에 대한 탄핵소추 요건이 강화된 것은 제6차 개정헌법에서부터이다.

② 1948년 제헌헌법에서는 탄핵재판소는 대법원장이 재판장의 직무를 행하고 대법관 5인과 국회의원 5인이 심판관이 된다.

③ 1960년 제3차 개정헌법은 헌법위원회에서 탄핵을 심판하도록 규정했는데, 헌법위원회의 위원장을 대통령이 임명하도록 했다.

④ 1962년 제5차 개정헌법은 헌법재판소에서 탄핵재판을 담당하도록 했는데, 탄핵판결은 심판관 9인 중 6인 이상의 찬성이 있어야 한다고 규정했다.

**04** 탄핵소추대상자에 대한 설명으로 옳은 것은?

① 국회의원과 헌법재판소 재판관은 탄핵소추의 대상자가 아니다.

② 헌법재판소 재판은 재판관 7인 이상의 출석으로 사건을 심리할 수 있으므로, 국회는 헌법재판소 재판관 3인을 동시에 탄핵소추를 의결할 수 없다.

③ 감사위원, 검찰총장, 경찰청장을 탄핵소추의 대상에서 제외하는 법률을 제정하더라도 헌법에 위반된다.

④ 검사와 각군 참모총장은 헌법규정에 탄핵대상자로 명시되어 있다.

**05** 탄핵소추사유에 대한 설명으로 옳은 것은?

① 헌법 제65조는 대통령이 '그 직무집행에 있어서 헌법이나 법률을 위배한 때'를 탄핵사유로 규정하고 있다. 여기에서 '직무'란 법제상 소관 직무에 속하는 고유 업무와 사회통념상 이와 관련된 업무를 말하고, 법령에 근거한 행위뿐만 아니라 대통령의 지위에서 국정수행과 관련하여 행하는 모든 행위를 포괄하는 개념이다. 또 '헌법'에는 명문의 헌법규정뿐만 아니라 헌법재판소의 결정에 따라 형성되어 확립된 불문헌법도 포함되고, '법률'에는 형식적 의미의 법률과 이와 동등한 효력을 가지는 국제조약 및 일반적으로 승인된 국제법규 등이 포함된다.

② 탄핵소추는 위헌·위법성을 요건으로 할 뿐 직무관련성을 필수적 요건으로 하는 것은 아니다.

③ 탄핵소추사유는 직무집행과 관련된 것이어야 하는데, 직무집행이란 법령에 근거한 행위에 한정된다고 보아야 하지 법령에 근거하지 아니한 모든 행위를 포괄한다고는 할 수 없다.

④ 헌법은 탄핵소추사유를 '헌법이나 법률을 위배한 경우'라고 명시하여 탄핵절차를 정치적 절차로 규정하고 있다.

**06** 탄핵소추대상자에 대한 설명으로 옳지 않은 것은?

① 탄핵소추의 대상을 규정하고 있는 헌법 제65조 제1항의 '기타 법률이 정한 공무원'에는 원자력안전위원회 위원장, 방송통신위원회 위원장이 포함된다.

② 국회의 탄핵소추의 대상이 되는 고위직공무원의 범위에 대한 헌법규정은 예시규정이며, 검사는 헌법에 명시되어 있지 않지만 탄핵소추의 대상이 된다.

③ 헌법 제65조는 탄핵소추대상자로서 중앙선거관리위원회 위원은 규정하고 각급선거관리위원회의 위원은 규정하지 않고 있으나, 각급선거관리위원회의 위원도 탄핵소추의 대상이 된다.

④ 헌법 제65조의 탄핵심판대상자는 예시적이고, 탄핵심판대상사는 단핵법에 의해서 구체화되고 있다.

**07** 탄핵소추사유에 대한 설명으로 옳지 않은 것은?

① 피청구인을 파면하는 결정을 선고하도록 규정한 「헌법재판소법」 제53조 제1항에서 '탄핵심판 청구가 이유 있는 경우'의 이유란 대통령의 파면을 정당화할 수 있을 정도로 중대한 헌법이나 법률 위배가 있는 때를 말한다.

② 대통령을 탄핵하기 위해서는 대통령의 법 위배 행위가 헌법질서에 미치는 부정적 영향과 해악이 중대하여 대통령을 파면함으로써 얻는 헌법 수호의 이익이 대통령 파면에 따르는 국가적 손실을 압도할 정도로 커야 한다. 즉, '탄핵심판 청구가 이유 있는 경우'란 대통령의 파면을 정당화할 수 있을 정도로 중대한 헌법이나 법률 위배가 있는 때를 말한다.

③ '그 직무집행에 있어서 헌법이나 법률을 위배한 때'를 탄핵사유로 규정하고 있는 헌법 제65조 제1항의 '헌법'에는 명문의 헌법규정뿐만 아니라 헌법재판소의 결정에 따라 형성되어 확립된 불문헌법도 포함되고, '법률'에는 형식적 의미의 법률과 이와 동등한 효력을 가지는 국제조약 및 일반적으로 승인된 국제법규 등이 포함된다.

④ 헌법 제65조는 대통령이 '그 직무집행에 있어서 헌법이나 법률을 위배한 때'를 탄핵사유로 규정하고 있는데, 그중 '헌법'은 명문의 헌법규정을, '법률'은 형식적 의미의 법률을 지칭한다고 해석하는 것이 명확성 원칙에 부합한다.

**08** 탄핵소추사유에 대한 설명으로 옳은 것은?

① 헌법 제65조 제1항이 정하고 있는 탄핵소추사유는 '공무원이 그 직무집행에 있어서 헌법이나 법률을 위배한' 사실이지만, 여기서 '법률'은 원칙적으로 형사법에 한정된다.

② 헌법에 탄핵소추사유와 해임건의의 사유는 규정되어 있지 않다.

③ 대통령의 성실한 직책수행의무는 헌법적 의무에 해당하기는 하지만 규범적으로 그 이행이 관철될 수 있는 성격의 의무는 아니므로 원칙적으로 사법적 판단의 대상이 될 수 없다.

④ 부당한 정책결정행위, 정치적 무능력에 의해 야기되는 행위 등과 불성실한 직책수행, 경솔한 국정운영으로 인한 정국혼란 및 경제파탄은 탄핵소추사유가 될 수 있다.

**09** 탄핵소추에 대한 설명으로 옳은 것은?

① 국회의 탄핵소추의결 부작위는 헌법소원의 대상이 되지 않는다.

② 국회는 헌법수호의무가 있기 때문에 탄핵대상자가 그 직무에 관하여 헌법이나 법률을 위반한 경우에는 탄핵소추를 의결할 헌법상의 의무가 있다.

③ 현행헌법에 의하면 탄핵소추의 발의는 국회가 담당하지만, 소추의 의결과 심판은 헌법재판소가 담당한다.

④ 대통령, 국무총리, 법관 또는 감사위원이 그 직무집행에 있어서 헌법이나 법률을 위배한 경우에 국회의 탄핵소추는 국회재적의원 3분의 1 이상의 발의가 있어야 하며, 그 의결은 국회재적의원 과반수의 찬성이 있어야 한다.

**10** 탄핵제도에 대한 설명으로 옳지 않은 것은?

① 탄핵소추의 발의가 있고 법제사법위원회에 회부하기로 의결하지 아니한 때에는 본회의에 보고된 때부터 24시간 이후 72시간 이내에 탄핵소추의 여부를 무기명투표로 표결한다. 이 기간 내에 표결하지 아니한 때에는 그 탄핵소추안은 폐기된 것으로 본다.

② 국회가 탄핵소추를 의결하려는 때에는 법제사법위원회로 하여금 조사, 보고하게 할 수 있으며 법제사법위원회는 48시간 이후 72시간 이내 탄핵소추 여부를 기명으로 표결하여야 하며, 이 기간 중 피소추자는 사직할 수 없다.

③ 국회의 의사자율권 등에 비추어 볼 때 국회가 탄핵소추사유에 대하여 별도의 조사를 하지 않은 채 탄핵소추안을 의결하였다고 하여 그 의결이 헌법이나 법률을 위반한 것이라고 볼 수 없다.

④ 탄핵소추를 의결하기 전에 조사 여부는 국회의 재량이므로 국회가 탄핵소추사유에 대하여 별도의 조사를 하지 않아도 헌법이나 법률에 위반되지 않고, 탄핵소추의결도 개별 사유별로 하지 않고 전체를 하나의 안건으로 표결할 수 있다.

**11** 탄핵제도에 대한 설명으로 옳지 않은 것은?

① 국회가 탄핵소추사유에 대하여 별도의 조사를 하지 않았다거나 국정조사결과나 특별검사의 수사결과를 기다리지 않고 탄핵소추안을 의결하였다고 하여 그 의결이 헌법이나 법률을 위반한 것은 아니다.

② 국가기관이 국민에 대하여 공권력을 행사할 때 준수하여야 하는 법원칙으로 형성된 적법절차의 원칙을 국가기관에 대하여 헌법을 수호하고자 하는 탄핵소추절차에 직접 적용할 수 없다.

③ 탄핵심판절차는 개인을 대상으로 한 것이 아니라 국가기관을 대상으로 한 것이므로 적법절차원리가 적용되지 않는다는 것이 헌법재판소의 견해이다.

④ 헌법은 탄핵소추의 의결을 받은 자는 탄핵심판이 있을 때까지 그 권한행사가 정지된다고 규정하고 있다.

**12** 탄핵제도에 대한 설명으로 옳은 것은?

① 탄핵소추의결을 받은 자는 국회가 탄핵소추안을 의결한 때 권한행사를 할 수 없게 된다.

② 탄핵소추의결에 의한 해당 공직자의 권한행사 정지는 그에 대한 헌법재판소의 결정으로 이루어진다.

③ 대통령에 대해 탄핵소추가 발의되면 권한행사가 정지되므로 국무총리가 대통령의 권한을 대행한다.

④ 소추의결서가 송달된 때에는 피소추자의 권한행사는 정지되며, 임명권자는 피소추자의 사직원을 접수하거나 해임할 수 없다.

**13** 탄핵제도에 대한 설명으로 옳지 않은 것은?

① 소추의결서가 송달되면 임명권자는 피소추자의 사직 원을 접수하거나 해임할 수 없으나, 파면할 수는 있다.

② 탄핵심판에서 피청구인이 결정 선고 전에 해당 공직에 서 파면되었을 때에는 헌법재판소는 심판청구를 각하 하여야 한다.

③ 탄핵심판절차는 국회 법제사법위원회 위원장인 소추 위원이 소추의결서 정본을 헌법재판소에 제출하여 탄 핵심판이 청구됨으로써 개시된다.

④ 탄핵심판에서는 국회 법제사법위원회의 위원장이 소 추위원이 된다.

**14** 탄핵제도에 대한 설명으로 옳지 않은 것은?

① 탄핵소추 위원은 헌법재판소에 소추의결서의 정본을 제출하여 탄핵심판을 청구하며, 심판의 변론에서 피청 구인을 신문할 수 있다.

② 헌법재판소는 원칙적으로 국회의 소추의결서에 기재 된 소추사유에 의하여 구속을 받으므로, 소추의결서에 기재되지 아니한 소추사유를 판단의 대상으로 삼을 수 없다.

③ 탄핵소추의결서에서 그 위반을 주장하는 '법규정의 판 단'에 관하여 헌법재판소는 원칙적으로 구속을 받지 않으므로, 청구인이 그 위반을 주장하는 법규정 외에 다른 관련 법규정에 근거하여 탄핵의 원인이 된 사실 관계를 판단할 수 있다.

④ 헌법재판소는 탄핵소추의결서에 기재되지 아니한 소 추사유노 판단의 대상으로 삼을 수 있다.

**15** 탄핵제도에 대한 설명으로 옳지 않은 것을 모두 조합한 것은?

⊙ 피청구인이 결정 선고 전에 해당 공직에서 파면되었 을 때 심판청구를 기각하여야 한다는 「헌법재판소법」 제53조 제2항은 헌법재판소의 탄핵심판 계속 중 피청 구인이 임기만료로 퇴직한 경우 적용되므로 헌법재판 소는 기각하여야 한다.

⊙ 피청구인에 대한 탄핵심판 청구와 동일한 사유로 형 사소송이 진행되고 있는 경우에는 재판부는 심판절차 를 정지해야 한다.

⊙ 당사자가 변론기일에 출석하지 아니한 때에는 헌법재 판소는 다시 기일을 반드시 정하여야 한다.

⊙ 「헌법재판소법」 제40조 제1항은 원칙적으로 헌법재 판의 성질에 반하지 아니하는 한도에서 민사소송에 관한 법령을 준용하되, 탄핵심판의 경우에는 형사소 송에 관한 법령을 우선하도록 정하고 있다.

① ㉠, ㉡  　　　　　　　② ㉠, ㉢

③ ㉡, ㉣  　　　　　　　④ ㉢, ㉣

**16** 탄핵제도에 대한 설명으로 옳은 것은?

① 재판부는 재판, 소추, 범죄수사가 진행 중인 사건의 기 록에 대하여 송부를 요구할 수 있다.

② 헌법재판소의 탄핵심판은 서면심리를 원칙으로, 탄핵 심판의 변론은 공개하지 아니한다.

③ 탄핵결정은 국민이 직접 선출에 관여한 대통령을 비롯 한 중요 공직자를 파면하는 제도이므로 신중을 기하기 위하여 관여재판관 3분의 2 이상의 찬성이 있어야 한다.

④ 「헌법재판소법」은 제53조 제1항에서 "탄핵심판 청구 가 이유 있는 때에는 헌법재판소는 피청구인을 당해 공직에서 파면하는 결정을 선고한다."라고 규정하고 있는데, 위 규정은 헌법 제65조 제1항의 탄핵사유가 인정되는 모든 경우에 자동적으로 파면결정을 하도록 규정하고 있는 것으로 문리적으로 해석할 수도 있다.

**17** 탄핵제도에 대한 설명으로 옳은 것은?

① 탄핵결정에 따라 파면결정된 자는 5년간 공직취임이 제한되는데, 이 효력은 헌법상 탄핵제도의 본질에서 당연히 도출된다.

② 피청구인이 2021.2.28. 임기만료로 퇴직하면 그 직에서 파면할 수 없으므로, 피청구인의 행위가 중대한 헌법 위반에 해당함을 확인하는 것에 그칠 수밖에 없다.

③ 「헌법재판소법」은 탄핵심판 청구에 이유가 있는 경우 해당 공직자를 파면하는 결정을 한다고 하여 탄핵소추 사유와 파면사유를 차별하여 규율하지 않고 있다.

④ 「헌법재판소법」은 중대한 법위반의 경우 피청구인을 파면하는 결정을 선고한다고 규정하고 있다.

**18** 탄핵심판에 대한 설명으로 옳지 않은 것은?

① 대통령이 탄핵되려면 다른 탄핵대상자보다 더 중대한 법위반이 있어야 한다.

② 대통령의 파면을 요청할 정도로 '헌법수호의 관점에서 중대한 법위반'이란, 자유민주적 기본질서를 위협하는 행위로서 법치국가원리와 민주국가원리를 구성하는 기본원칙에 대한 적극적인 위반행위를 뜻하는 것이고, '국민의 신임을 배반한 행위'란 '헌법수호의 관점에서 중대한 법위반'에 해당하지 않는 그 외의 행위유형까지도 모두 포괄하는 것으로서, 자유민주적 기본질서를 위협하는 행위 외에도, 예컨대, 뇌물수수, 부정부패, 국가의 이익을 명백히 해하는 행위가 그의 전형적인 예라 할 것이다.

③ 헌법재판소의 탄핵심판 계속 중 피청구인이 임기만료로 퇴직한 경우, 파면을 할 수 없어 목적 달성이 불가능하면 심판의 이익은 소멸했는바, 탄핵심판 청구는 부적법하다.

④ 사법부 내부로부터 발생한 재판의 독립 침해 문제가 탄핵소추의결에까지 이른 최초의 법관 탄핵 사건으로서, 헌법재판소가 우리 헌법질서 내에서 재판 독립의 의의나 법관의 헌법적 책임 등을 규명하게 된다면 앞으로 발생할 수 있는 법관의 재판상 독립 침해 문제를 사전에 경고하여 이를 미리 예방할 수 있을 것이다. 이와 같은 점에서 이 사건은 헌법적 해명의 필요성이 인정되므로, 심판의 이익을 인정할 수 있다.

**19** 탄핵심판에 대한 설명으로 옳은 것은?

① 「헌법재판소법」은 탄핵심판의 결정에 기속력을 부여하고 있다.

② 탄핵심판은 고위공직자가 권한을 남용하여 헌법이나 법률을 위반하는 경우 그 권한을 박탈함으로써 헌법질서를 지키는 헌법재판이고, 탄핵결정은 대상자를 공직으로부터 파면함에 그치고 형사상 책임을 면제하지 아니한다는 점에서 탄핵심판절차는 형사절차나 일반 징계절차와는 성격을 달리한다.

③ 탄핵결정으로 파면된 사람에 대하여 5년간의 공직취임 제한을 규정한 「헌법재판소법」 제54조 제2항에서 정한 '탄핵결정에 의하여 파면된 사람' 이외에 '임기만료로 퇴직한 사람에게 탄핵사유가 있었던 것으로 확인되는 경우'에까지 공직취임 제한 조항을 적용하도록 유추해석할 수 있다.

④ '탄핵으로 파면된 후 5년이 지나지 아니한 사람'을 법관으로 임용할 수 없는 것은 헌법에 규정된 결격사유이다.

**20** 탄핵심판에 대한 설명으로 옳은 것은?

① 탄핵소추의 경우 질의와 토론 절차 없이 표결했다면 절차상 하자는 인정된다.

② 국회의장이 표결한 후 투표용지를 국회직원을 통해 투표함에 넣는 것은 대리투표에 해당한다.

③ 기자회견과정에서 특정 정당을 지지한 대통령의 발언은 공무원의 정치적 중립의무를 규정한 「공직선거법」 제9조에 위반되나, 공무원의 선거운동을 금지한 「공직선거법」 제60조에도 위반된다고 할 수 없다.

④ 대통령의 기자회견시 특정 정당에 대한 지지발언은 「공직선거법」상 공무원의 선거운동금지 규정 위반이나, 공무원의 정치적 중립의무 위반은 아니다.

제한시간 : 14분  |  시작시각 ___시 ___분 ~ 종료시각 ___시 ___분                                        나의 점수 _____

## 01 다음 중 옳지 않은 것으로 조합된 것은?

> ㉠ 중앙선거관리위원회 결정에 유감을 표시하고, 현행 선거법을 관권시대의 유물로 폄하한 청와대 홍보수석의 발언은 대통령의 행위로 볼 수 있으므로 대통령의 헌법을 수호할 의무를 위반한 것으로 볼 수 있다.
>
> ㉡ 대통령에 대한 탄핵심판 청구는 대통령 본인의 직무집행과 관련한 중대한 헌법이나 법률 위배를 이유로 하는 경우에만 적법요건을 갖춘 것이다.
>
> ㉢ 대통령 홍보비서관의 발언을 대통령 직무상 행위로 보아 탄핵소추하는 것은 허용되지 않는다.
>
> ㉣ 대통령이 자신에 대한 재신임을 국민투표의 형태로 묻고자 제안한 것은 헌법을 실현하고 수호해야 할 대통령의 의무를 위반한 것이다.

① ㉠, ㉡                          ② ㉠, ㉢

③ ㉡, ㉢                          ④ ㉢, ㉣

## 02 탄핵심판에 대한 설명으로 옳지 않은 것은?

① 탄핵심판에서 소수의견을 가진 재판관은 의견을 밝힐 수 없다는 것이 노무현 대통령 탄핵사건에서 헌법재판소의 입장이었으나, 그 이후 「헌법재판소법」 개정으로 탄핵심판에 관여한 재판관도 의견을 표시하도록 되었다.

② 헌법은 물론 형사법이 아닌 법률의 규정이 형사법과 같은 구체성과 명확성을 가지지 않은 경우가 많으므로 탄핵소추사유를 「형사소송법」상 공소사실과 같이 특정하도록 요구할 수는 없다.

③ 소추의결서에는 탄핵소추사유의 대상 사실을 다른 사실과 명백하게 구분할 수 있을 정도의 구체적 사정이 기재되면 족한 것이지, 피청구인이 방어권을 행사할 수 있을 정도로 사실관계가 구체적으로 기재될 필요는 없다.

④ 국회의 의사절차에 헌법이나 법률을 명백히 위반한 흠이 있는 경우가 아니면 국회 의사절차의 자율권은 권력분립의 원칙상 존중되어야 하고, 「국회법」 제130조 제1항은 탄핵소추의 발의가 있을 때 그 사유 등에 대한 조사 여부를 국회의 재량으로 규정하고 있으므로, 국회가 탄핵소추사유에 대하여 별도의 조사를 하지 않았다거나 국정조사결과나 특별검사의 수사결과를 기다리지 않고 탄핵소추안을 의결하였다고 하여 그 의결이 헌법이나 법률을 위반한 것이라고 볼 수 없다.

## 03 탄핵심판에 대한 설명으로 옳지 않은 것은?

① 국회의 의사절차에 헌법이나 법률을 명백히 위반한 흠이 있는 경우가 아니면 국회 의사절차의 자율권은 권력분립의 원칙상 존중되어야 하고, 「국회법」 제130조 제1항은 탄핵소추의 발의가 있을 때 그 사유 등에 대한 조사 여부를 국회의 재량으로 규정하고 있으므로, 국회가 탄핵소추사유에 대하여 별도의 조사를 하지 않았다거나 국정조사결과나 특별검사의 수사결과를 기다리지 않고 탄핵소추안을 의결하였다고 하여 그 의결이 헌법이나 법률을 위반한 것이라고 볼 수 없다.

② 「국회법」에 탄핵소추안에 대하여 표결 전에 반드시 토론을 거쳐야 한다는 명문규정이 있다.

③ 탄핵소추안을 각 소추사유별로 나누어 발의할 것인지 아니면 여러 소추사유를 포함하여 하나의 안으로 발의할 것인지는 소추안을 발의하는 의원들의 자유로운 의사에 달린 것이므로, 대통령이 헌법이나 법률을 위배한 사실이 여러 가지일 때 그중 한 가지 사실만으로도 충분히 파면결정을 받을 수 있다고 판단되면 그 한 가지 사유만으로 탄핵소추안을 발의할 수 있다.

④ 탄핵소추안을 각 소추사유별로 나누어 발의할 것인지, 아니면 여러 소추사유를 포함하여 하나의 안으로 발의할 것인지는 소추안을 발의하는 의원들의 자유로운 의사에 달린 것이다.

## 04 탄핵심판에 대한 설명으로 옳지 않은 것은?

① 세월호 참사에 대한 대통령의 대응조치에 미흡하고 부적절한 면이 있었기에 대통령은 생명권 보호의무를 위반하였다.

② 탄핵소추안을 각 소추사유별로 나누어 발의할 것인지 아니면 여러 소추사유를 포함하여 하나의 안으로 발의할 것인지는 소추안을 발의하는 의원들의 자유로운 의사에 달린 것이므로, 대통령이 헌법이나 법률을 위배한 사실이 여러 가지일 때 그중 한 가지 사실만으로도 충분히 파면결정을 받을 수 있다고 판단되면 그 한 가지 사유만으로 탄핵소추안을 발의할 수 있다.

③ 헌법재판은 9인의 재판관으로 구성된 재판부에 의하여 이루어지는 것이 원칙이나, 헌법재판관 1인이 결원되어 8인의 재판관으로 재판부가 구성되더라도 탄핵심판을 심리·결정하는 데 헌법과 법률상 아무런 문제가 없다.

④ 여러 개의 탄핵사유가 포함된 하나의 탄핵소추안을 발의하고 안건 수정 없이 그대로 본회의에 상정된 경우에, 국회의장은 '표결할 안건의 제목을 선포'할 권한만 있는 것이지, 직권으로 탄핵소추안에 포함된 개개 소추사유를 분리하여 여러 개의 탄핵소추안으로 만든 다음 이를 각각 표결에 부칠 수는 없다.

## 05 탄핵심판에 대한 설명으로 옳지 않은 것은?

① 미국에서 탄핵소추권은 연방하원이 행사하고, 탄핵심판권은 연방상원이 행사한다.

② 국민 개개인에게 탄핵심판청구권은 인정되므로 국민에게 공무원 탄핵청구권을 부여하지 아니한 입법부작위는 헌법소원심판의 대상이 된다.

③ 대통령이 특정인의 국정개입을 허용하고 그 특정인의 이익을 위해 대통령으로서의 지위와 권한을 남용한 행위는 공무원의 공익실현의무 위반이다.

④ 피청구인이 문화체육관광부 소속 공무원에 대해 문책성 인사를 하도록 지시한 행위를 법에 위반했다고 단정할 수는 없다.

**06** 국정감사·조사권에 대한 설명으로 옳은 것은?

① 국회는 재적의원 4분의 1 이상의 요구가 있는 때에는 특별위원회 또는 상임위원회로 하여금 국정전반에 관하여 조사를 하게 한다.

② 국회는 국정전반에 관하여 소관 상임위원회별로 매년 정기회 집회일 이전 국정감사 시작일부터 30일 이내의 기간을 정하여 감사를 실시한다. 이때 감사는 상임위원장이 각 교섭단체 대표의원과 협의하여 작성한 감사계획서에 따라 한다.

③ 국회는 국정전반에 관하여 소관 상임위원회별로 매년 정기회 집회일 이전에 감사 시작일부터 30일 이내의 기간을 정하여 감사를 실시하므로, 정기회 기간 중에는 국정조사만 인정된다.

④ 국정감사는 30일 이내의 기간을 정하여 시행하나, 국정조사의 기간은 본회의 의결로 활동기간을 정한다.

**07** 국정감사·조사권에 대한 설명으로 옳은 것은?

① 우리나라에서는 제헌헌법 및 1962년 헌법에서 영국·프랑스·미국·일본 등과 상이하게 일반적인 국정감사권을 제도화하였다. 이러한 국정감사제도는 1972년 유신헌법에서는 삭제되었다가, 제9차 개정헌법에 의하여 부활되었다.

② 국정감사제도는 제헌헌법에 규정되었다가 1972년 헌법(제7차 개정헌법)에서 폐지되었으나, 1980년 헌법(제8차 개정헌법)에서 다시 도입되었다.

③ 국정조사는 다른 나라에서 유례를 찾기 어려운 우리나라에서 특유하게 발달한 제도이나, 국정감사와는 달리 그 기능에서 예산안 심사와 연계하여 국회의 기능을 실효성 있게 하고 권력을 효율적으로 통제할 수 있다는 점에 그 제도적 의의가 있다.

④ 국정조사권은 영국의 의회에 그 기원을 두고 있지만, 대통령제 국가인 미국의 연방헌법에서 최초로 국정조사권에 관한 규정을 두었다.

**08** 국정감사·조사권에 대한 설명으로 옳은 것은?

① 지방자치단체 중 특별시·광역시·도는 국정감사의 대상기관이다. 감사범위는 국가위임사무와 관할구역의 자치사무로 한다.

② 지방자치단체 중 특별시·광역시·도의 감사범위는 국가위임사무에 한한다.

③ 국정감사의 대상기관으로 지방자치단체는 본회의 의결이 있는 경우에 한해 포함된다.

④ 국정감사·조사권은 행정부와 아울러 사법부에 대해서도 행사할 수 있다.

**09** 국정감사·조사권에 대한 설명으로 옳은 것은?

① 구·시·군에 대한 국정감사는 국가위임사무와 국가가 보조금 등 예산을 지원하는 사업에 한한다.

② 국회 본회의가 특히 필요하다고 의결한 경우라도 「감사원법」에 따른 감사원의 감사대상기관에 대하여 국정감사를 실시할 수는 없다.

③ 감사는 상임위원장이 국회운영위원회와 협의하여 작성한 감사계획서에 따라 한다.

④ 본회의는 의결로 조사위원회의 활동기간을 연장할 수 있고, 이를 단축할 수는 없다.

**10** 국정감사·조사권에 대한 설명으로 옳지 않은 것은?

① 본회의는 의결로 조사위원회의 활동기간을 연장할 수 있다.

② 국정조사위원회는 조사를 하기 전에 전문위원이나 그 밖의 국회사무처 소속 직원 또는 조사대상기관의 소속이 아닌 전문가 등으로 하여금 예비조사를 하게 할 수 있다.

③ 감사계획서의 감사대상기관이나 감사일정 등을 변경하는 경우에는 그 내용을 감사실시일 7일 전까지 감사대상기관에 통지하여야 한다.

④ 위원회가 청문회, 국정감사 또는 국정조사와 관련된 서류제출 요구를 하는 경우에는 그 의결 또는 재적위원 4분의 1 이상의 요구로 할 수 있다.

**11** 국정감사·조사권에 대한 설명으로 옳지 않은 것은?

① 국정조사위원회는 의결로써 국회의 폐회 중에도 활동할 수 있고 조사와 관련한 보고 또는 서류의 제출을 요구하거나 조사를 위한 증인의 출석을 요구하는 경우에는 의장을 경유하지 않아도 된다.

② 국회의 증언 및 서류제출 요구시 공무원은 직무상 비밀이라는 이유로 증언을 거부하거나 서류제출을 거부할 수 없음이 원칙이고, 이는 공무원이었던 자도 마찬가지이다.

③ 공무원의 서류제출이나 진술이 군사·외교·대북 관계의 국가기밀에 관한 사항으로서 그 발표로 말미암아 국가안위에 중대한 영향을 미칠 수 있음이 명백하다는 주무부장관의 소명을 국회가 수락하지 아니할 경우 증언 또는 서류 등의 제출이 국가의 중대한 이익을 해친다는 취지의 대통령의 성명(聲明)을 요구할 수 있다.

④ 위원회는 그 의결로 감사 또는 조사와 관련된 보고 또는 서류 등의 제출을 관계인 또는 그 밖의 기관에 요구하고, 증인·감정인·참고인의 출석을 요구하고 검증을 할 수 있다. 다만, 위원회가 감사 또는 조사와 관련된 서류 등의 제출을 요구하는 경우에는 재적위원 3분의 1 이상의 요구로 할 수 있다.

**12** 국정감사·조사권에 대한 설명으로 옳지 않은 것은?

① 현행법은 국정감사 또는 국정조사를 행하는 위원회가 증인 출석을 요구함에도 불구하고 해당 증인이 정당한 이유 없이 출석하지 아니하면 형사처벌을 받는다고 규정하고 있다.

② 정당한 이유 없이 출석하지 아니한 증인에 대하여 본회의 또는 위원회는 죄를 범했다고 인정할 때는 고발하여야 한다. 다만, 청문회의 경우 재적위원 3분의 1 이상의 연서에 의하여 그 위원의 이름으로 고발할 수 있다.

③ 「국회에서의 증언·감정 등에 관한 법률」 제15조 제1항 단서의 고발은 특별위원회가 존속하는 동안에 해야 하고 특별위원회가 존속하지 않은 상태에서 고발한 것은 적법한 고발이 아니므로 이러한 부적법한 고발에 따른 검사의 공소도 부적법하므로 공소기각함이 타당하다.

④ 국회에서 안건심의 또는 국정감사나 국정조사와 관련하여 증인·참고인으로서의 출석이나 요구를 받은 때에는 다른 법률의 규정이 있는 경우를 제외하고는 누구든지 이에 응하여야 한다.

**13** 국정감사·조사권에 대한 설명으로 옳은 것은?

① 국회로부터 증언을 요구받은 증인이 불출석한 경우에는 증인에 대하여 동행명령장을 발부할 수 있으나 강제구인할 수는 없다.

② 증인이 출석요구나 동행명령을 거부한 경우 강제구인할 수 있다.

③ 국회는 특정 국정사안에 대하여 조사하기 위하여 필요한 서류의 제출, 증인 출석, 증언·의견진술 요구 및 압수·수색을 할 수 있다.

④ 증인, 참고인, 감정인은 출석요구와 동행명령의 대상이 된다.

**14** 국정감사·조사권에 대한 설명으로 옳지 않은 것은?

① 증인은 자기가 형사소추 또는 공소제기를 당한 경우 출석을 거부할 수 있다.

② 의장 또는 위원장은 증인·감정인에게 증언·감정을 요구할 때에는 선서하게 하여야 한다.

③ 16세 미만의 사람이나 선서의 취지를 이해하지 못하는 사람에게는 선서를 하게 하지 아니한다.

④ 조사위원회는 조사의 목적, 조사할 사안의 범위와 조사방법, 조사에 필요한 기간 및 소요경비 등을 기재한 조사계획서를 본회의에 제출하여 승인을 받아 조사를 한다.

**15** 국정감사·조사권에 대한 설명으로 옳지 않은 것은?

① 조사위원회는 조사의 목적, 조사할 사안의 범위와 조사방법, 조사에 필요한 기간 및 소요경비 등을 기재한 조사계획서를 운영위원회에 제출하여 승인을 받아 조사를 한다.

② 본회의는 조사계획서를 검토한 다음 의결로써 이를 승인하거나 반려한다. 조사위원회는 본회의에서 조사계획서가 반려된 경우에는 이를 그대로 본회의에 다시 제출할 수 없다.

③ 국회는 재적의원 4분의 1 이상의 요구가 있는 때에는 특별위원회 또는 상임위원회로 하여금 국정의 특정사안에 관하여 조사를 하게 하는바, 이 경우 국정조사를 위한 특별위원회는 교섭단체 의원 수의 비율에 따라 구성하여야 하나, 조사에 참여하기를 거부하는 교섭단체의 의원은 제외할 수 있다.

④ 국정조사를 위해 구성되는 특별위원회는 교섭단체 의원 수의 비율에 따라 구성하여야 한다.

**16** 국정감사·조사권에 대한 설명으로 옳은 것은?

① 본회의 또는 위원회는 의원이 직접 이해관계가 있거나, 공정을 기할 수 없는 현저한 사유가 있는 경우에는 그 의결로 당해 의원의 감사 또는 조사를 중지시키고 다른 의원으로 하여금 감사 또는 조사하게 하여야 한다. 이 조치에 대하여 해당 의원의 이의가 있는 때에는 위원회가 의결한다.

② 국정조사를 위해 구성된 특별위원회 위원장은 호선하고 본회의에 보고한다.

③ 조사위원회의 위원장이 사고가 있거나 그 직무를 수행하기를 거부 또는 기피하여 조사위원회가 활동하기 어려운 때에는 위원장이 소속한 교섭단체 소속의 간사가 위원장의 직무를 대행한다.

④ 다른 교섭단체 소속 의원들이 소위원회 구성을 거부한다면 소위원회나 반은 같은 교섭단체 소속 의원만으로 구성할 수 있다.

**17** 국정감사·조사권에 대한 설명으로 옳지 않은 것은?

① 국정감사 또는 조사를 행하는 위원회는 위원회의 의결로 필요한 경우 2명 이상의 위원으로 별도의 소위원회나 반을 구성하여 감사 또는 조사를 하게 할 수 있다.

② 지방자치단체에 대한 감사는 둘 이상의 위원회가 합동으로 반을 구성하여 할 수 있다.

③ 국정감사 또는 국정조사를 마친 때에는 위원회는 지체 없이 그 감사 또는 조사 보고서를 작성하여 국회의장과 대통령에게 제출하여야 한다.

④ 국회는 감사 또는 조사 결과 위법하거나 부당한 사항이 있을 때에는 그 정도에 따라 정부 또는 해당 기관에 변상, 징계조치, 제도개선, 예산조정 등 시정을 요구하고, 정부 또는 해당 기관에서 처리함이 타당하다고 인정되는 사항은 정부 또는 해당 기관에 이송한다.

**18** 국정감사·조사권에 대한 설명으로 옳은 것은?

① 국회의 국정감사·조사 후 국회로부터 시정요구를 받은 정부 또는 해당 기관은 이를 지체 없이 처리하고 그 결과를 대통령에게 보고하여야 한다.

② 감사 또는 조사의 결과 정부 또는 해당 기관의 시정을 필요로 하는 사유가 있다면 국회 스스로 정부의 행정처분을 명하거나 처분을 취소할 수 있다.

③ 감사 또는 조사는 개인의 사생활을 침해하거나 계속 중인 재판 또는 수사 중인 사건에 대해 탄핵소추의 목적으로 행사되어서는 아니 된다.

④ 국회의 국정조사는 입법·행정·재정에 관한 사항뿐 아니라 사법에 관한 사항에 대해서는 할 수 있다.

**19** 국정감사·조사권에 대한 설명으로 옳지 않은 것은?

① 재판의 신속한 처리와 법관의 배치 등 사법행정사무는 국정감사·조사의 대상이 되나, 소송절차의 당·부당은 대상이 되지 않는다.

② 감사 또는 조사는 개인의 사생활을 침해할 목적으로 행해져서는 아니 되나, 사생활이 국가작용과 관련된 것이라면 국정조사를 할 수 있다.

③ 국회규칙, 대법원규칙, 국회의원 징계는 국정조사와 감사의 대상이 된다.

④ '계속 중인 재판'에 대해서는 국정조사나 감사가 허용되지 않으나, 종국판결이 내려진 사건에 대해서도 담당 법관을 상대로 하는 국정조사는 허용된다.

**20** 국정감사·조사권에 대한 설명으로 옳지 않은 것은?

① 지방자치단체의 고유사무는 국정감사 및 조사대상에서 제외되고, 감사원의 준사법적인 판단행위인 변상책임판정이나 징계요구도 제외된다.

② 감사원의 예산 및 인사는 국정감사의 대상이 되나, 변상책임의 판정이나 징계의 요구는 대상이 되지 아니한다.

③ 현행헌법에서는 이러한 국정감사·조사권의 명문화뿐만 아니라 구 헌법에 규정되었던 "다만, 재판과 진행 중인 범죄수사·소추에 간섭할 수 없다."라는 단서조항을 그대로 유지하고 있다.

④ 「형법」상 위증죄보다 국회에서의 위증을 무거운 법정형으로 정한 「국회에서의 증언·감정 등에 관한 법률」 조항은 형벌체계상의 정당성과 균형성을 상실한 것이 아니다.

**11회**

# 진도별 모의고사

국회의 대정부 출석요구 ~ 면책특권

정답 및 해설 p.250

제한시간 : 14분 | 시작시각 ___시 ___분 ~ 종료시각 ___시 ___분

나의 점수 _____

**01** 국회의 대정부 출석요구에 대한 설명으로 옳은 것은?

① 본회의는 그 의결로 국무총리, 국무위원, 정부위원, 대법원장, 헌법재판소장, 중앙선거관리위원회 위원장, 감사원장 등의 출석을 요구할 수 있으며, 그 발의는 의원 20명 이상이 이유를 명시한 서면으로 하여야 한다.

② 국회의 요구가 있을 때 국무총리, 국무위원은 국무위원 또는 정부위원으로 하여금 출석·답변하게 할 수 있고, 정부위원은 다른 정부위원으로 하여금 출석·답변하게 할 수 있다.

③ 국무총리·국무위원 또는 정부위원은 본회의나 위원회에서 발언하려고 할 때에는 미리 의장 또는 위원장의 허가를 받아야 한다.

④ 국회의 본회의는 그 의결로 대통령, 국무총리, 국무위원 또는 정부위원의 출석을 요구할 수 있다.

**02** 국회의 대정부 출석요구에 대한 설명으로 옳지 않은 것은?

① 국회나 그 위원회의 요구가 있을 때에는 대통령은 출석·답변하여야 하며, 대통령이 출석요구를 받은 때에는 국무총리 또는 국무위원으로 하여금 출석·답변하게 할 수 있다.

② 국회의 본회의 또는 위원회는 특정한 사안에 대하여 질문하기 위하여 대법원장이나 헌법재판소장의 출석을 요구할 수 있다.

③ 본회의나 위원회는 특정한 사안에 대하여 질문하기 위하여 대법원장, 헌법재판소장, 중앙선거관리위원회 위원장, 감사원장 또는 그 대리인의 출석을 요구할 수 있다.

④ 국회 본회의는 의결로 국무총리의 출석을 요구할 수 있으며, 이 경우 그 발의는 국회의원 20명 이상이 이유를 구체적으로 밝힌 서면으로 하여야 한다.

**03** 국회의 대정부 출석요구와 대정부질문에 대한 설명으로 옳은 것은?

① 본회의는 그 의결로 국무총리, 국무위원, 정부위원, 대법원장, 헌법재판소장, 중앙선거관리위원회 위원장, 감사원장 등의 출석을 요구할 수 있으며, 그 발의는 의원 20명 이상이 이유를 명시한 서면으로 하여야 한다.

② 본회의는 국무총리, 국무위원에 대한 출석을 요구할 수 있으나 위원회는 요구할 수 없다.

③ 정부에 대한 질문은 48시간 전까지 질문요지서가 정부에 도달되도록 송부해야 한다.

④ 의원이 정부에 서면으로 질문하고자 할 때 질문서를 의장에게 제출해야 하고, 정부는 질문서를 받은 날부터 15일 이내에 서면으로 답변해야 한다.

**04** 해임건의에 대한 설명으로 옳지 않은 것은?

① 헌법은 대통령에게 국회 해산권을 부여하고 있지 않기 때문에 해임건의권에 법적 구속력을 인정할 경우 권력분립질서와 조화되기 어렵다.

② 해임건의는 영국의 의원내각제에서 출발한 불신임제도를 그 연원으로 하나, 탄핵심판제도는 미국 대통령제에서 출발했다.

③ 국회의 해임건의는 국무총리 또는 국무위원에 대하여 개별적 또는 일괄적으로 할 수 있다.

④ 내각에 대한 불신임제도는 의원내각제와 이원정부제에 있는 제도이나, 미국 대통령제에는 없는 제도이다.

**05** 해임건의에 대한 설명으로 옳지 않은 것은?

① 국무총리의 정책상 과오나 사생활에 문제가 있다고 하더라도 국회는 탄핵소추를 할 수는 없어도 해임건의를 할 수 있다.

② 국무위원이 직무집행에 있어서 헌법이나 법률에 위반한 경우 국회는 탄핵소추뿐 아니라 해임건의를 할 수 있다.

③ 감사위원이 불성실한 업무수행이나 도덕상 과오가 있다 하더라도 탄핵소추될 수 없으나, 해임건의는 될 수 있다.

④ 탄핵소추는 제헌헌법부터 규정되어 왔으나, 불신임제도는 1952년 헌법부터 규정되었다.

**06** 해임건의에 대한 설명으로 옳은 것은?

① 제7차 개정헌법(1972년)과 제8차 개정헌법(1980년)은 현행헌법에서와 다르게 국무총리 또는 국무위원에 대한 해임의결권을 규정하였다.

② 현행헌법은 해임건의권의 남용을 막기 위해 해임건의권의 행사에 시간적 제한을 두고 있다.

③ 해임건의의 사유에 관해서는 명문의 규정이 없으나, 탄핵소추의 사유보다 좁게 해석되어야 한다.

④ 탄핵소추의결된 자와 해임건의가 된 자는 권한행사가 정지된다.

**07** 해임건의에 대한 설명으로 옳지 않은 것은?

① 국무총리와 국무위원을 해임건의하려면 국회의원 재적의원 3분의 1 이상의 발의에 의하여 출석과반수 의원의 찬성이 있어야 한다.

② 국무총리 또는 국무위원의 해임건의안이 발의된 때에는 본회의에 보고된 때부터 24시간 이후 72시간 이내에 무기명투표로 표결하며, 이 기간 내에 표결하지 아니한 때에는 그 해임건의안은 폐기된 것으로 본다.

③ 탄핵소추의결이나 해임건의 모두 국회의 재량행위이다.

④ 탄핵결정으로 파면된 자와 달리 해임건의로 해임된 자는 5년간 공직취임이 금지되지 않는다.

**08** 국회규칙 제정권에 대한 설명으로 옳은 것은?

① 국회는 법률에 저촉되지 아니하는 범위 안에서 의사와 내부규율에 관한 규칙을 제정할 수 있다.

② 국회는 법률의 위임범위 내에서 의사와 내부규율에 관한 규칙을 제정할 수 있다.

③ 국회는 법령에 저촉되지 아니하는 범위 내에서 의사와 내부규율에 관한 규칙을 제정할 수 있다.

④ 국회규칙은 국회 내부구성원을 구속하나, 대외적 효력을 가지지 않는 행정규칙의 일종이다.

2022 해커스공무원 황남기 헌법 진도별 모의고사

**09** 국회의 자율권에 대한 설명으로 옳은 것은?

① 국회규칙은 법률이나 대통령령의 위임을 받은 시행규칙으로 법규명령의 성질을 가질 수 있다.

② 국회규칙은 국회의원의 임기만료로 효력이 상실된다.

③ 국회규칙은 명령·규칙심사 또는 헌법소원의 대상이 될 수 있다.

④ 국회의 의사절차나 입법절차에 헌법이나 법률의 규정을 명백히 위반한 흠이 있는 경우에는 헌법재판소가 심사할 수 없는 국회 내부의 자율에 관한 문제라고 할 수는 있다.

**10** 의원의 신분 자율권에 대한 설명으로 옳지 않은 것은?

① 헌법은 국회의원의 제명사유를 헌법과 법률을 위반한 경우로 한정하고 있고, 제명된 국회의원은 그로 인하여 결원된 의원의 보궐선거에 입후보할 수 없다.

② 국회의원 무자격결정은 국회의원 재적 3분의 2 이상의 찬성이 있어야 하는데 이에 대해서는 헌법규정은 없으나, 국회의원 제명에 대한 정족수는 헌법에 규정되어 있다.

③ 제명이 의결되지 아니한 때는 동일 회기 내에서는 본회의는 다른 징계의 종류를 발의·의결할 수 있다.

④ 국회 폐회 중 행위와 국회 밖에서의 행위는 국회의원 징계사유에 해당할 수 있다.

**11** 의원의 신분 자율권에 대한 설명으로 옳은 것은?

① 의원이 징계대상자에 대한 징계를 요구하고자 할 때에는 의원 10명 이상의 찬성으로 그 사유를 기재한 요구서를 의장에게 제출하여야 한다.

② 징계대상자로부터 모욕을 당한 국회의원은 징계를 요구하려면 찬성의원을 필요로 한다.

③ 국회는 국회의원이 본회의 또는 위원회의 회의장에서 「국회법」또는 국회규칙을 위반하여 회의장 질서를 어지럽히는 행위를 하거나 이에 대한 국회의장 또는 위원장의 조치에 따르지 아니하였을 경우에는 윤리특별위원회의 심사를 거치지 아니하고 징계할 수 있다.

④ 국회의원이 본회의장 의장석 또는 위원회 위원장석을 점거하고 점거해제를 위한 의장 또는 위원장의 조치에 불응한 때 윤리특별위원회의 심사를 거치지 않고 국회는 그 의결로써 그 의원을 징계할 수 있다.

**12** 의원의 신분 자율권에 대한 설명으로 옳은 것은?

① 국회의원이 회의장의 질서문란행위를 하거나 이에 대한 의장 또는 위원장의 조치에 불응할 때 국회는 법제사법위원회의 심사를 거쳐 그 의결로써 징계할 수 있다.

② 국회의원은 청렴의 의무가 있으며, 그 지위를 남용하여 기업체 등과의 계약에 의하여 재산상의 권리·이익을 취득하여서는 아니 되는바, 국회의원이 이에 위반하는 경우 국회는 국회운영위원회의 심사를 거쳐서 징계할 수 있다.

③ 징계요구권자가 징계를 요구하기 위해서는 그 사유가 발생한 날, 그 대상자가 있는 것을 알게 된 날부터 10일 이내에 해야 한다.

④ 의장은 국회의원에 대한 징계요구서를 받은 날부터 7일 이내에 윤리특별위원회에 징계를 회부하여야 한다.

⑤ 징계요구권자가 징계를 요구하기 위해서는 그 사유가 발생한 날, 그 징계대상자가 있는 것을 알게 된 날부터 7일 이내 징계를 요구해야 한다.

**13** 의원의 신분 자율권에 대한 설명으로 옳은 것은?

① 국회의원의 징계에 관한 회의는 공개하지 않는다.

② 징계로 국회에서 제명된 자는 국회의원직을 상실할 뿐만 아니라 4년간 보궐선거에 입후보할 수 없다.

③ 헌법상 지방의회의원 징계에 관한 제소금지 조항은 없으나, 대법원은 지방의회의 의원징계의결에 대해서 행정소송으로 다툴 수 없다는 입장이다.

④ 국회의원은 자기의 징계안에 관한 본회의 또는 위원회에 출석하여 변명할 수 있으나, 다른 의원으로 하여금 변명하게 할 수는 없다.

⑤ 징계의 종류로는 무자격결정, 제명, 경고, 사과, 출석정지가 있다.

**14** 여당과 야당은 연동비례대표제 도입을 합의하고 공직선거법 개정안을 처리하고자 했는데 이를 반대하는 A당 의원들이 다른 당 의원들의 회의장 출입을 방해하였다. 또한 B당 의원을 회의에 참석할 수 없도록 하기 위해 의원실에 감금하기도 하였다. 이에 대한 설명으로 옳은 것은? (다음 법조항을 참조할 것)

---

「국회법」 제155조(징계) 국회는 의원이 다음 각 호의 어느 하나에 해당하는 행위를 하였을 때에는 윤리특별위원회의 심사를 거쳐 그 의결로써 징계할 수 있다. 다만, 의원이 제10호에 해당하는 행위를 하였을 때에는 윤리특별위원회의 심사를 거치지 아니하고 그 의결로써 징계할 수 있다.

10. 제148조의2를 위반하여 의장석 또는 위원장석을 점거하고 점거 해제를 위한 제145조에 따른 의장 또는 위원장의 조치에 따르지 아니하였을 때

11. 제148조의3을 위반하여 의원의 본회의장 또는 위원회 회의장 출입을 방해하였을 때

제165조(국회 회의 방해 금지) 누구든지 국회의 회의(본회의, 위원회 또는 소위원회의 각종 회의를 말하며, 국정감사 및 국정조사를 포함한다. 이하 이 장에서 같다)를 방해할 목적으로 회의장이나 그 부근에서 폭력행위 등을 하여서는 아니 된다.

제166조(국회 회의 방해죄) ① 제165조를 위반하여 국회의 회의를 방해할 목적으로 회의장이나 그 부근에서 폭행, 체포·감금, 협박, 주거침입·퇴거불응, 재물손괴의 폭력행위를 하거나 이러한 행위로 의원의 회의장 출입 또는 공무집행을 방해한 사람은 5년 이하의 징역 또는 1천만 원 이하의 벌금에 처한다.

---

① A당 의원에 대해서는 윤리특별위원회 심사를 거치지 않고 국회는 의결로써 징계할 수 있다.

② A당 의원들은 면책특권이 인정되기는 힘드나 회기 중에는 불체포특권을 누릴 수 있다.

③ A당 의원들에 대해 직무집행에 있어 법률을 위반했다는 이유로 국회는 탄핵소추의결할 수 있다.

④ A당 의원은 「국회법」 제166조(국회 회의 방해죄)로 임기 중 형사상 소추되지 않으나 임기 후에는 소추될 수 있다.

**15** 불체포특권에 대한 설명으로 옳은 것은?

① 불체포특권은 범죄성립의 요건은 충족하나 그에 관한 형벌권 발생이 저지되는 인적 처벌조각사유이다.

② 불체포특권은 국회의원이 임의로 포기할 수 있으므로 포기한 경우 국회의 동의 없이 체포될 수 있다.

③ 국회의원은 현행범이 아닌 한 회기 중 국회의 동의 없이 체포·구금되지 아니한다는 특권이 헌법에 명기되어 있고, 「지방자치법」도 동일한 권리를 지방의회의원에게 부여하고 있다.

④ 대통령선거의 후보자는 후보자의 등록이 끝난 때부터 개표종료시까지 사형·무기 또는 장기 7년 이상의 징역이나 금고에 해당하는 죄를 범한 경우를 제외하고는 현행범인이 아니면 체포 또는 구속되지 아니하며, 병역소집의 유예를 받는다.

**16** 불체포특권에 대한 설명으로 옳지 않은 것은?

① 국회의원은 현행범인인 경우에도 회기 중 국회의 동의 없이 체포 또는 구금되지 아니한다.

② 국회 안에 현행범인이 있을 때에는 경위 또는 경찰공무원은 이를 체포한 후 의장의 지시를 받아야 한다. 다만, 의원은 회의장 안에 있어서는 의장의 명령 없이 이를 체포할 수 없다.

③ 국회의원은 현행범인이라 하더라도 국회의 회의장 안에서는 의장의 명령 없이 체포할 수 없다.

④ 국회의원은 현행범인이 아니더라도 폐회 중에는 국회의 동의 없이 체포·구금된다.

**17** 불체포특권에 대한 설명으로 옳은 것은?

① 계엄 시행 중에도 국회의원은 현행범인인 경우를 제외하고는 체포 또는 구금되지 아니한다.

② 국회의원을 체포 또는 구금하기 위하여 국회의 동의를 얻으려고 할 때에는 관할 법원의 판사는 영장을 발부하기 전에 체포동의 요구서를 바로 국회에 제출하여야 한다.

③ 의원을 체포 또는 구금하기 위하여 법원은 체포동의 요구서를 정부에 제출하여야 하고, 정부도 이를 수리한 후 24시간 이내에 그 사본을 첨부하여 국회에 체포동의를 요청해야 한다.

④ 국회의장은 정부로부터 체포동의를 요청받은 후 처음 개의하는 본회의에 이를 보고하고, 본회의에 보고된 때부터 24시간 이후 72시간 이내에 표결하여야 하는데, 체포동의안이 72시간 이내에 표결되지 아니한 경우에는 체포동의안은 폐기된 것으로 본다.

**18** 불체포특권에 대한 설명으로 옳지 않은 것은?

① 국회의원이 회기 전에 체포 또는 구금된 때에는 국회의 요구가 있으면 회기 중 석방되나, 현행범인인 경우에는 그러하지 아니하다.

② 의원이 체포 또는 구금된 의원의 석방요구를 발의할 때에는 재적의원 4분의 1 이상의 연서로 그 이유를 첨부한 요구서를 의장에게 제출하여야 한다.

③ 현행범으로 구금된 국회의원에 대하여 일반의결정족수의 의결로써 국회의 석방요구가 있으면 회기 중 석방된다.

④ 헌법 제44조에 의하여 구속된 국회의원에 대한 석방요구가 있으면 당연히 구속영장의 집행이 정지된다.

**19** 면책특권에 대한 설명으로 옳지 않은 것은?

① 국회의원에 대한 면책특권은 제헌헌법에서 처음으로 규정하고 있다.

② 국회의원은 면책특권의 주체가 되나, 국회의원으로 하여금 범죄를 범하도록 한 교사·방조자는 면책특권의 주체가 될 수 없다.

③ 국회의원이 국무위원의 직을 겸한 경우 국무위원으로서 국회에서 한 발언은 면책되지 않는다.

④ 국회의원선거에서 후보자는 불체포특권과 면책특권을 누릴 수 있다.

**20** 불체포특권과 면책특권에 대한 설명으로 옳은 것은?

① 국회의원은 현행범인 경우를 제외하고 회기 중 국회의 동의 없이 소추 또는 처벌되지 아니한다.

② 국회의원이 불구속으로 기소되어 징역형이 확정된 경우에 국회의 회기 중에는 그 형을 집행할 수 있다.

③ 국회의원에게는 헌법 제44조에 따른 불체포특권이 있으므로, 현행범이 아닌 국회의원을 구속하여 수사하려면 회기 종료를 기다릴 수밖에 없다.

④ 국회의원은 국회에서 직무상 행한 발언과 표결에 관하여 국회의 동의 없이 국회 외에서 책임을 지지 아니한다.

제한시간 : 14분 | 시작시각 ___시 ___분 ~ 종료시각 ___시 ___분 　　　　　　나의 점수 _____

---

**01** 국회의원의 면책특권에 대한 설명으로 옳은 것은?

① 국회의원과 지방의회의원 모두 직무상 행한 발언과 표결에 대해 책임을 지지 아니한다.

② 국회의원 당선인으로 확정되었다면 임기가 개시되지 않은 기간에 한 발언도 면책특권이 인정된다.

③ 우리나라에서는 국회에서 증인이나 보좌관은 면책특권의 주체가 될 수 없고, 면책특권의 효시인 영국이나 미국에서도 마찬가지이다.

④ 국회의원이 본회의나 위원회에서 발언할 내용을 직전에 원내기자실에서 국회출입기자들에게 배포하는 행위는 면책특권에 포함되는데, 이 면책의 시기는 임기 종료 후에도 적용되어 영구적으로 법적 책임을 지지 않는다.

**02** 국회의원의 면책특권에 대한 설명으로 옳지 않은 것은?

① 국회라 함은 국회의사당이라는 건물을 의미하는 것은 아니므로 국회의 본회의나 위원회가 개최되고 있는 행정 관청에서 한 발언도 국회에서 한 발언으로서 면책특권이 적용될 수 있다.

② 정기국회에서 한 발언을 그 다음 날 당사에서 국회의원이 기자들에게 원고를 배포한 경우 이는 면책되지 않는다.

③ 국회의원이 전교조에 가입한 교사들의 명단을 자신의 홈페이지에 올린 경우 민사책임은 면책된다.

④ "국회의원 A는 정기국회 대정부질문자로 지정되어 유럽연합(EU)과의 자유무역협정(FTA) 체결을 총지휘한 甲의 명예를 훼손하는 내용이 담긴 원고를 작성하였다. 비공개회의로 진행될 본회의에서 발언하기 30분 전에 보도에 도움을 주기 위해 국회의사당 근처 식당에서 기자들을 상대로 원고 복사본을 배포하였다." 이 사건에서 국회의원은 면책특권이 적용되지 않는다.

**03** 국회의원의 면책특권에 대한 설명으로 옳지 않은 것은?

① 면책특권의 대상이 되는 행위는 국회의 직무수행에 필수적인 국회의원의 국회 내에서의 직무상 발언과 표결이라는 의사표현행위에 국한된다.

② 국회의원이 대정부질문이나 질의를 준비하기 위해 자료제출을 요구하는 행위는 국회의원의 면책특권의 대상이 될 수 있다.

③ 국회의원이 국무위원 임명과 관련한 인사청문회에서 후보자 乙에게 "3년 전에 성희롱행위 때문에 검찰에서 조사받은 적이 있고 또한 두 달 전에 사적인 모임에서 여성을 비하하는 언행을 하였다는 신문보도가 있었는데 그 보도내용이 사실입니까?"라고 발언하였다. 이 사건에서 국회의원은 면책특권이 적용된다.

④ 국회의원이 국회 예산결산위원회 회의장에서 법무부장관을 상대로 대정부질의를 하던 중 대통령 측근에 대한 대선자금 제공 의혹과 관련하여 이에 대한 수사를 촉구하는 과정에서 한 발언은 국회의원의 면책특권의 대상이 된다.

**04** 국회의원의 면책특권에 대한 설명으로 옳은 것은?

① 국회의원인 피고인이, 구 국가안전기획부 내 정보수집팀이 대기업 고위관계자와 중앙일간지 사주 간의 사적 대화를 불법 녹음한 자료를 입수한 후 그 대화 내용과, 전직 검찰간부인 피해자가 위 대기업으로부터 이른바 떡값 명목의 금품을 수수하였다는 내용이 게재된 보도자료를 작성하여 국회 법제사법위원회 개의 당일 국회의원회관에서 기자들에게 배포한 사안에서, 위 행위는 국회의원 면책특권의 대상이 되는 직무부수행위에 해당한다.

② 국회의원이 면책특권을 가진다는 것은 국회의원의 직무상 행한 발언이나 표결에 대해서는 국가기관에 대해서 면책된다는 의미일 뿐 사인에 대한 민사상 책임까지 면책된다는 것을 의미하지는 않는다.

③ 국회의원은 국회에서 직무상 행한 발언과 표결에 관하여 국회 내에서 책임을 지지 않는다.

④ 면책특권은 국회 외에서 형사·민사책임을 면제받는 것을 의미하고 국회 내에서 또는 소속 정당에서의 징계책임도 면제되므로, 국회의원의 직무상 발언을 문제삼아 소속 정당은 징계할 수 없다.

**05** 국회의원의 면책특권에 대한 설명으로 옳은 것은?

① 국회의원은 국회에서 직무상 행한 발언과 표결에 관하여 그 임기 중에 한정하여 국회 밖에서도 민·형사상 책임이 면제된다.

② 국회의원의 면책특권이 적용되는 행위에 대하여 공소가 제기된 경우, 형사처벌할 수 없는 행위에 대하여 공소가 제기된 것이므로 무죄를 선고하여야 한다.

③ 일단 국회 내에서 직무상 한 발언과 표결에 대하여는 이를 다시 원외에서 발표하거나 출판하는 경우에도 면책되지 않는다.

④ 공개회의 회의록을 공개하는 경우 회의록을 공개한 국회의원은 면책특권의 효력으로 면책된다.

**06** 국회의원의 면책특권에 대한 설명으로 옳지 않은 것은?

① 국회의원이 자신의 발언 내용이 허위라는 점을 인식하지 못하여 발언 내용에 다소 근거가 부족하거나 진위 여부를 확인하기 위한 조사를 제대로 하지 않았다면, 발언이 직무수행의 일환으로 이루어졌더라도 면책특권의 대상이 되지 않는다.

② 면책특권은 직무와 관련된 범죄에 인정되나, 불소추특권은 내란죄와 외환죄를 제외한 사건에 적용되고, 불체포특권은 직무와 무관한 범죄에도 적용된다.

③ 불체포특권은 회기 중에만 인정되지만 면책특권의 효과는 영구적이고 대통령의 불소추특권은 임기 중에 한해 인정된다.

④ 국회의원의 면책특권은 국회의 의결로도 제한할 수 없는 절대적 특권이라는 점에서 불체포특권과는 구별된다.

**07** 국회의원 보좌관 甲은 전직대통령 비자금 관련 정보를 취득하였고, 국회의원 乙에게 정보를 제공하였다. 甲은 乙의 지시를 받아 乙의 홈페이지 게시판에 이러한 첩보수준의 글을 올렸고, 乙은 대정부질문과정에서 법무부장관에게 전직대통령에 대한 수사를 촉구하는 발언을 하였다. 이에 대한 설명으로 옳지 않은 것은?

① 홈페이지 게시판에 글을 올린 행위는 국회에서 한 발언이 아니므로 면책특권이 인정되기 힘들다.

② 국회의원 乙이 전직대통령 비자금 첩보가 허위라는 것을 인식하고 이를 사실인 양 대정부질문을 하였다고 하더라도 직무상 발언에 해당하여 면책특권이 적용될 수 있다.

③ 국회의원 乙이 첩보수준의 비자금정보에 대한 진위를 확인하는 조사를 거치지 않고 대정부질문과정에서 전직대통령의 수사를 촉구하였다고 하더라도 면책특권이 적용될 수 있다.

④ 보좌관 甲이 국회 원내기자실에서 기자를 만나 전직대통령 비자금정보를 제공하면서 보도를 종용하였다면 면책되지 않는다.

**08** 국회의원 甲이 장관 乙에게 국회 내에서 대정부질문을 하는 과정에서 기업비리에 관한 의혹을 제기하면서, 항간의 소문을 근거로 해당 기업총수를 비방하였다. 이에 관한 설명 중 옳은 것은? (다툼이 있는 경우 판례에 의함)

① 甲이 자신이 제기한 의혹의 진위 여부를 확인하기 위한 조사를 제대로 하지 않았다고 한다면, 비록 甲의 발언이 직무수행의 일환으로 이루어졌고 해당 발언 내용이 허위라는 것을 인식하지 못하였다면, 甲의 발언은 헌법상 국회의원의 면책특권의 대상이 될 수 있다.

② 甲의 발언이 헌법상 국회의원의 면책특권에 해당된다는 전제하에 甲의 발언에 대해 공소가 제기되었다면, 법원은 그 직무상 행위가 범죄를 구성하는지 여부를 심리하여야 한다.

③ 면책특권의 대상이 되는 행위는 국회의 직무수행에 필수적인 국회의원의 국회 내에서의 직무상 발언과 표결이라는 의사표현행위 자체에만 국한될 뿐 이에 통상적으로 부수하여 행하여지는 행위까지 포함되지 않으므로 甲이 乙에게 대정부질문이나 질의를 준비하기 위해 자료제출을 요구하는 행위는 헌법상 국회의원의 면책특권의 대상이 될 수 없다.

④ 甲의 발언이 헌법상 국회의원의 면책특권에 해당되는 행위로 인정되었을 때, 만약 甲이 나중에 위 발언에 대한 도의적 책임을 지고 국회의원직에서 사퇴하였다면 甲은 위 발언에 대해 헌법상 국회의원의 면책특권을 누릴 수 없다.

**09** 국회의원의 권한과 의무에 관한 설명 중 옳지 않은 것은?

① 국회의원은 헌법 제41조 제1항에 따라 국민의 선거에 의하여 선출된 헌법상의 국가기관으로서 헌법과 법률에 의하여 법률안 제출권, 법률안 심의·표결권 등 여러 가지 독자적인 권한을 부여받고 있다.

② 국회의원의 법률안 심의·표결권은 비록 헌법에는 이에 관한 명문의 규정이 없지만, 의회민주주의의 원리 및 여러 헌법규정에 근거하여 당연히 도출되는 헌법상의 권한이다.

③ 국회의원은 법률안뿐 아니라 예산안, 조약비준안, 중요정책에 대한 동의권 행사, 국회의 의결권 행사 등에 대한 심의권과 표결권을 가진다.

④ 국회의원의 법률안 심의권은 국회의원의 개별적인 의사에 따라 이를 포기할 수 있다.

**10** 국회의원의 권한과 의무에 관한 설명 중 옳지 않은 것은?

① 국회의원의 법률안 심의·표결권은 성질상 일신전속적인 것으로 당사자가 사망한 경우 승계되거나 상속될 수 있는 것이 아니다.

② 국회의 동의권이 침해되었다고 하여 동시에 국회의원의 심의·표결권이 침해된다고 할 수 없고, 또 국회의원의 심의·표결권은 국회의 대내적인 관계에서 행사되고 침해될 수 있을 뿐 다른 국가기관과의 대외적인 관계에서는 침해될 수 없다.

③ 대통령이 국회의 동의 절차를 거치지 아니한 채 입법사항에 관한 조약을 체결·비준한 경우, 국회의 조약에 대한 체결·비준 동의권이 침해되었을 뿐 아니라 국회의원 개인의 심의·표결권이 침해되었으므로 국회의원은 대통령을 피청구인으로 하여 권한쟁의심판을 청구할 수 있다.

④ 법규정립행위는 그것이 국회입법이든 행정입법이든 막론하고 일종의 법률행위이므로, 그 행위의 속성상 행위 자체는 한 번에 끝나는 것이고, 그러한 입법행위의 결과인 권리침해상태가 계속될 수 있을 뿐이다.

**11** 국회의원의 의무에 관한 설명 중 옳지 않은 것은?

① 국회의원은 자신의 사적인 이해관계와 국민에 대한 공적인 이해관계가 충돌할 경우 당연히 후자를 우선하여야 할 이해충돌회피의무 내지 직무전념의무를 지게 되는바, 이를 국회의원 개개인의 양심에만 맡겨둘 것이 아니라 국가가 제도적으로 보장할 필요성 또한 인정된다.

② 국회의원은 그 지위를 남용하여 국가·공공단체 또는 기업체와의 계약이나 그 처분에 의하여 재산상의 권리·이익 또는 직위를 취득하거나 타인을 위하여 그 취득을 알선할 수 없다.

③ 헌법은 국회의원의 청렴의 의무, 헌법준수의무, 지위 남용의 금지의무를 규정하고 있고, 「국회법」에 품위유지의 의무와 영리업무종사금지의무가 규정되어 있다.

④ 헌법은 국회의원의 선서(헌법을 준수하고 국민의 자유와 복리의 증진 및 조국의 평화적 통일을 위하여 노력하며, 국가이익을 우선으로 하여 국회의원의 직무를 양심에 따라 성실히 수행할 것을 국민 앞에 엄숙히 선서합니다)를 규정하고 있지 않으나, 「국회법」이 이를 규정하고 있다.

**12** 국회의원의 겸직금지의무에 관한 설명 중 옳지 않은 것은?

① 국회의원은 국무총리 및 국무위원 이외의 다른 직의 겸직이 금지되지만, 공익목적의 명예직이나 「정당법」에 따른 정당의 직 등은 허용된다.

② 정당의 당원이 될 수 있는 교원의 직을 가진 자가 국회의원에 당선된 경우에는 임기개시일 전까지 그 직을 사직하여야 한다.

③ 국회의원은 「공공기관의 운영에 관한 법률」 제4조에 규정된 공공기관의 임직원의 직을 사직하여야 한다.

④ 국회의원은 공익목적의 명예직을 겸할 수 있으나, 국회의원이 신고한 직이 공익목적의 명예직에 해당하는지 여부는 의장이 윤리심사자문위원회의 의견을 들을 수 있으나, 이때 윤리심사자문위원회의 의견은 국회의장을 법적으로 구속한다.

**13** 국회의원의 영리행위금지의무에 관한 설명 중 옳은 것은?

① 국회의원은 영리를 목적으로 변호사 업무를 할 수 없다.

② 의원은 직무와 관련된 영리업무에 종사할 수 없으나, 직무와 무관한 영리업무에는 종사할 수 있다.

③ 국회의원은 본인 소유의 토지·건물 등의 재산을 활용한 임대업 등 영리업무로서 의원의 직무수행에 지장이 없는 경우라도 영리목적으로 해당 행위를 할 수 없다.

④ 국회의원이 의장으로부터 종사하고 있는 영리업무가 「국회법」상 종사가 허용되는 영리업무에 해당하지 아니한다는 통보를 받은 때에는, 통보를 받은 날부터 6개월 이내에 그 영리업무를 폐업해야 한다.

**14** 대통령의 헌법상 지위에 관한 설명 중 옳지 않은 것은?

① 대통령은 외교사절을 신임·접수 또는 파견하고, 이를 위해서는 국회의 동의가 필요하다.

② 행정기관 소속 5급 이상 공무원은 소속 장관의 제청으로 인사혁신처장과 협의를 거친 후에 국무총리를 거쳐 대통령이 임용하되, 국세청장은 국회의 인사청문을 거쳐 대통령이 임명한다.

③ 영전의 수여는 기본적으로 대통령의 재량에 달려 있는 사항이므로 헌법은 국민에게 영전을 수여할 것을 요구할 권리를 부여하고 있지 않다.

④ 영전의 수여는 대통령의 권한이나 국무회의의 심의를 거쳐야 한다.

**15** 대통령의 헌법상 지위에 관한 설명 중 옳은 것은?

① 전임자의 임기가 만료된 후에 실시하는 선거와 궐위로 인한 선거에 의한 대통령의 임기는 전임자의 잔임기간이다.

② 대통령 선거 결과 대통령당선인이 확정된 후 대통령 취임시까지 대통령당선인의 법적 지위에 관한 헌법과 법률상의 규정이 없다.

③ 대통령당선인을 보좌하여 대통령직의 인수와 관련된 업무를 담당하기 위하여 대통령직인수위원회를 설치하고, 이 위원회는 대통령의 임기 개시일까지만 존속할 수 있다.

④ 대통령당선인이 대통령으로 당선된 후 취임 전에 직무수행으로 한 위헌·위법행위는 대통령 취임 후 그에 대한 탄핵의 사유가 되지 않는다.

**16** 대통령당선인에 관한 설명 중 옳지 않은 것은?

① 전임자의 임기가 만료된 후에 실시하는 선거와 궐위로 인한 선거에 의한 대통령의 임기는 전임대통령의 임기 만료일의 다음 날 0시부터 개시된다.

② 대통령직인수위원회 위원장은 명예직으로 한다.

③ 대통령직인수위원회는 위원장 1명, 부위원장 1명 및 24명 이내의 위원으로 구성하고 대통령당선인이 임명한다.

④ 징계로 해임처분을 받은 때부터 4년이 지난 자는 대통령직인수위원회 부위원장이 될 수 있다.

**17** 대통령에 관한 설명 중 옳은 것은?

① 대통령의 궐위는 대통령으로 취임한 후 사망 또는 사임하여 대통령직이 비어 있는 경우, 국회의 탄핵소추의결로 헌법재판소의 탄핵결정이 있을 때까지 권한행사가 정지된 경우 그리고 대통령 취임 후 피선자격의 상실 및 판결 기타 사유로 자격을 상실한 때를 포괄한다.

② 대통령이 헌법재판소의 탄핵결정으로 파면된 경우는 궐위에 해당한다.

③ 탄핵소추의결된 때 국무총리의 권한대행이 개시된다.

④ 헌법은 대통령이 사고로 인하여 직무를 수행할 수 없을 때 대통령 권한대행 개시 및 기간에 관한 결정권을 헌법재판소에 부여하고 있다.

**18** 대통령에 관한 설명 중 옳지 않은 것은?

① 헌법에 대통령이 궐위시 국무총리가 권한대행 1순위로 규정되어 있다.

② 대통령이 궐위되거나 사고로 인하여 직무를 수행할 수 없을 때에는 법률이 정한 국무위원의 순서로 그 권한을 대행한다.

③ 대통령이 궐위되거나 사고로 인하여 직무를 수행할 수 없을 때 국무총리는 대통령 권한대행자가 되는데, 이때 권한대행은 법정대리이다.

④ 대통령이 탄핵결정으로 파면된 경우 60일 이내 보궐선거를 실시해야 하는데, 대통령 권한대행자가 선거일을 공고한다.

**19** 대통령에 관한 설명 중 옳은 것은?

① 「정부조직법」상 대통령 권한대행의 직무범위는 국가의 현상유지에 필요한 잠정적 조치에 한한다고 규정되어 있다.

② 대통령의 사고·궐위시 권한대행자는 기존의 정책과 다른 새로운 정책을 추진하거나 적극적인 인사권을 행사할 수 있다는 것이 다수설이다.

③ 대통령은 내란·외환의 죄로 재직 중 소추될 수 있으나 나머지 범죄로는 재직 중 형사상 소추되지 아니한다.

④ 대통령이 탄핵결정된 후 탄핵사유가 되었던 범죄사실에 대해 형사절차기 개시되어 소추될 수 없다.

**20** 대통령에 관한 설명 중 옳은 것은?

① 대통령은 재직 중 탄핵소추를 받지 아니하나, 행정상·민사상 소제기는 가능하다.

② 대통령은 내란 또는 외환의 죄를 범한 경우를 제외하고는 재직 중에 법적 책임을 지지 아니하나, 퇴직 후에는 형사소추 등의 책임 추궁이 가능하다.

③ 헌법이나 법률에 대통령의 재직 중 공소시효의 진행이 정지된다고 명백히 규정되어 있지는 않다고 하더라도, 대통령의 재직 중에는 공소시효의 진행이 당연히 정지되는 것으로 보아야 한다.

④ 공소시효의 정지는 피의자의 법적 이익을 침해하는 것이므로 반드시 법률에 그 사유가 명문으로 규정된 경우에 한하여 인정할 수 있다고 함이 법치주의의 당연한 귀결인바, 헌법 제84조가 공소시효의 정지에 관한 명문규정이라고 볼 수 없으므로 대통령 재직 중 그의 범행에 대한 공소시효는 정지되지 아니한다고 봄이 상당하다.

제한시간 : 14분  |  시작시각 ___시 ___분 ~ 종료시각 ___시 ___분

나의 점수 _____

**01** 대통령의 의무에 대한 설명으로 옳지 않은 것은?

① 헌법 제69조는 단순히 대통령의 취임선서의무만을 규정한 것이 아니라, 헌법 제66조 제2항 및 제3항에 규정된 대통령의 헌법적 책무를 구체화하고 강조하는 실체적 내용을 지닌 규정이다.

② 비상계엄하에서 대통령은 국방부장관의 직을 겸할 수 없다.

③ 대통령은 행정부의 수반으로서 국가가 국민의 생명과 신체의 안전보호의무를 충실하게 이행할 수 있도록 권한을 행사하고 직책을 수행하여야 하는 의무를 부담하지만, 국민의 생명이 위협받는 재난상황이 발생하였다고 하여 대통령이 직접 구조활동에 참여하여야 하는 등 구체적이고 특정한 행위의무까지 바로 발생한다고 보기는 어렵다.

④ 대통령은 국민의 선거에 의하여 취임하는 공무원이므로 선거운동을 허용할 수밖에 없다. 따라서 「공직선거법」 제9조 제1항이 규정하는 '공무원 기타 정치적 중립을 지켜야 하는 자'에 대통령이 포함되지 아니하는 것으로 해석해야 한다.

**02** 대통령의 의무에 대한 설명으로 옳은 것은?

① 대통령은 소속 정당을 위하여 정당활동을 할 수 있는 사인으로서의 지위와 국민 모두에 대한 봉사자로서 공익실현의 의무가 있는 헌법기관으로서의 지위를 동시에 갖는데, 최소한 전자의 지위와 관련하여는 기본권주체성을 갖는다.

② 대통령취임선서에서 규정한 성실한 직무수행의무는 헌법적 의무에 해당하지 않으므로, 이는 사법적 판단의 대상이 될 수는 없다.

③ 국가나 국가기관은 공권력 행사의 주체이자 기본권의 '수범자'로서 국민의 기본권을 보호하거나 실현해야 할 책임과 의무를 지니고 있으므로, 국가기관인 대통령은 자신의 표현의 자유가 침해되었음을 이유로 헌법소원을 제기할 수 있는 청구인적격이 없다.

④ 대통령의 헌법을 수호할 의무는 헌법에 명시적으로 규정되어 있지 않으나, 대통령의 지위를 고려하면 헌법준수의무는 헌법상 의무에 해당한다.

**03** 전직대통령의 예우에 대한 설명으로 옳은 것은?

① 헌법은 국가원수이자 행정권의 수반인 대통령의 특수한 지위를 고려하여 대통령선거, 대통령의 유고시 권한대행·후임자선거, 퇴임 후의 예우 등에 관한 규정을 두고 있다.

② 전직대통령이 재직 중 탄핵결정을 받아 퇴임한 경우에는 '필요한 기간의 경호 및 경비'와 '본인 및 그 가족에 대한 치료'에 따른 예우를 제외하고는 「전직대통령 예우에 관한 법률」에 따른 전직대통령으로서의 예우를 하지 아니한다.

③ 전직대통령이 재직 중 탄핵결정을 받아 퇴임한 경우와 금고 이상의 형이 확정된 경우 및 사퇴한 경우에는 필요한 기간의 경호 및 경비를 제외하고는 「전직대통령 예우에 관한 법률」에 따른 전직대통령으로서의 예우를 하지 아니한다.

④ 전직대통령에게는 연금 지급액을 재직 당시의 대통령 보수연액의 100분의 95에 상당하는 금액으로 한다.

**04** 대통령의 비상적 권한에 대한 설명으로 옳지 않은 것은?

① 긴급재정경제명령은 정상적인 재정운용·경제운용이 불가능한 재정·경제상의 위기가 현실적 또는 잠재적으로 발생하여 긴급한 조치가 필요한 경우를 전제로 한다. 따라서 현행헌법은 사전예방적 국가긴급권도 규정하고 있다.

② 긴급명령, 긴급재정경제명령, 계엄은 본질적으로 국가의 중대한 위기상황에서 긴급하게 행해지는 것이므로, 사전에 국회의 승인을 요하지는 않으나 국무회의의 심의를 거쳐야 한다.

③ 일반사면은 국회의 사전 동의가 필요하고, 긴급재정경제처분은 국회의 사후 승인이 필요하며, 계엄은 국회의 해제요구로 통제되고, 일반사면, 긴급재정경제처분, 계엄 모두 부서와 국무회의 심의가 필요하다.

④ 대통령은 국가의 안위에 관계되는 중대한 교전상태에 있어서 국가를 보위하기 위하여 긴급한 조치가 필요하고 국회의 집회가 불가능한 때에 한하여 법률의 효력을 가지는 명령을 발할 수 있다.

**05** 대통령의 비상적 권한에 대한 설명으로 옳은 것은?

① 대통령은 전시·사변 또는 이에 준하는 국가비상사태에 있어서 병력으로써 군사상의 필요에 응하거나 공공의 안녕질서를 유지할 필요가 있을 때에는 법률이 정하는 바에 의하여 법률의 효력을 가지는 긴급명령을 발할 수 있다.

② 대통령은 국회의 집회가 불가능하고, 국가의 안위에 관계되는 중대한 교전상태가 발생했을 때 계엄을 선포할 수 있다.

③ 대통령은 국가의 안위에 관계되는 중대한 교전상태에 있어서 공공복리 또는 국가를 보위하기 위하여 긴급한 조치가 필요하고 국회의 집회가 불가능한 때에 한하여 법률의 효력을 가지는 명령을 발할 수 있다.

④ 헌법은 긴급명령 등에 대한 국회승인 정족수를 규정하고 있지 않다.

**06** 대통령의 비상적 권한에 대한 설명으로 옳은 것은?

① 대통령은 국가의 안위에 관계되는 중대한 교전상태에 있어서 국가를 보위하기 위하여 긴급한 조치가 필요한 경우 대통령령의 효력을 가지는 긴급명령을 발할 수 있다.

② 긴급명령은 법률로 정해야 할 사항을 명령으로써 규정하는 것이기는 하나, 비상상황이 제거되더라도 국회가 긴급명령을 대체하는 입법을 할 수 있는 것은 아니다.

③ 긴급명령이 승인을 얻지 못할 때 그 처분 또는 명령은 소급하여 효력을 상실한다. 이 경우 명령에 의하여 개정, 폐지되었던 법률은 소급하여 효력을 회복한다.

④ 국회가 긴급명령을 불승인한 경우 대통령은 거부권을 행사할 수 없다.

**07** 대통령의 비상적 권한에 대한 설명으로 옳지 않은 것은?

① 긴급명령이 헌법에 위반되는 여부가 재판의 전제가 된 경우에는 법원은 헌법재판소에 제청하여 그 심판에 의하여 재판한다.

② 긴급명령과 긴급재정경제명령은 위헌법률심판,「헌법재판소법」제68조 제1항의 헌법소원과 제2항의 헌법소원의 대상이 될 수 있다.

③ 긴급명령이 헌법이나 법률에 위반되는 여부가 재판의 전제가 되는 경우 대법원이 최종적으로 심사할 권한을 가진다.

④ 긴급재정경제명령은 '내우·외환·천재·지변' 그리고 '중대한 재정·경제상의 위기' 모두가 충족되어야 발할 수 있는 비상적 권한이 아니라, 둘 중 하나의 요건이 충족되면 발할 수 있다.

**08** 대통령의 비상적 권한에 대한 설명으로 옳은 것은?

① 긴급명령을 선포한 때에는 대통령은 지체 없이 국회에 통고하여야 한다. 국회가 재적의원 과반수의 찬성으로 긴급명령의 해제를 요구한 때에는 대통령은 이를 해제하여야 한다.

② 대통령은 내우·외환·천재·지변 또는 중대한 재정·경제상의 위기에 있어서 국가의 안전보장 또는 공공복리를 위하여 긴급한 조치가 필요하고 국회의 집회가 불가능할 때에 한하여 긴급재정경제명령을 발할 수 있다.

③ 대통령은 내우·외환·천재·지변 또는 중대한 재정·경제상의 위기에 있어서 국가의 안전보장 또는 공공복리를 유지하기 위하여 긴급한 조치가 필요하고 국회의 집회를 기다릴 여유가 없을 때에 한하여 최소한으로 필요한 재정·경제상의 처분을 하거나 이에 관하여 법률의 효력을 가지는 명령을 발할 수 있다.

④ 긴급재정경제명령은 중대한 재정·경제상의 위기가 현실적으로 발생한 경우에 한하여 발할 수 있으므로, 이러한 위기가 발생할 우려가 있다는 이유로 사전적·예방적으로 발할 수는 없다.

**09** 대통령의 비상적 권한에 대한 설명으로 옳지 않은 것은?

① 대통령의 긴급재정경제처분은 국회의 승인을 요하고 각급 법원에 의한 심사대상이 된다.

② 긴급명령은 모든 법률적 사항을 다룰 수 있으나, 긴급재정경제명령은 경제와 관련된 사항만 다룰 수 있다.

③ 헌법재판소는 긴급재정경제명령이 헌법 제76조에 규정된 발동요건을 충족하는 것이라면, 그 긴급재정경제명령으로 인하여 기본권이 제한되는 경우에도 목적의 정당성, 수단의 적정성, 피해의 최소성, 법익의 균형성이라는 비례원칙이 준수된 것으로 판시하였다.

④ 대통령의 긴급재정경제명령은 계엄과 달리 고도의 정치적 결단에 의하여 발동되는 행위라고 볼 수 없어 이른바 통치행위에 속하지 않으므로, 그것이 국민의 기본권 침해와 직접 관련되는 경우에는 당연히 헌법재판소의 심판대상이 된다.

**10** 대통령의 비상적 권한에 대한 설명으로 옳지 않은 것은?

① 헌법재판소는 긴급재정경제명령의 상황적 요건이 충족되었는지 사법적 판단을 할 수 있다.

② 긴급재정경제명령은 중대한 재정·경제상 위기가 현실적으로 발생한 경우에 한하여 발할 수 있는데, 이에 대한 1차적 판단은 대통령의 재량에 속하므로 이러한 재정·경제 위기상황은 대통령의 주관적 확신만으로 족하다.

③ 국가긴급권은 잠정적인 권한이므로 긴급재정경제명령이 2년간 지속되었다는 사정만으로는 헌법에 위반된다고 할 수 없다.

④ 대통령의 긴급재정경제명령이 유효하게 성립하였다 하더라도 그 발동의 원인이 된 내우·외환·천재·지변 또는 중대한 재정·경제상의 위기가 사라졌다고 하여 곧바로 그 효력이 상실되는 것이라고는 할 수 없다.

**11** 대통령의 비상적 권한에 대한 설명으로 옳지 않은 것은?

① 국가긴급권은 비상적인 위기상황을 극복하고 헌법질서를 수호하기 위해 헌법질서에 대한 예외를 허용하는 것이기 때문에 그 본질상 일시적·잠정적으로만 행사되어야 한다는 한계가 적용될 수 없다.

② 유신헌법(1972년 헌법)은 긴급조치가 사법적 심사의 대상이 되지 않는다는 명문규정을 두고 있었다.

③ 대법원은, 유신헌법에 근거한 긴급조치는 사전적으로는 물론 사후적으로도 국회의 동의 내지 승인 등을 얻도록 하는 조치가 취하여진 바가 없어 국회의 입법권 행사라는 실질을 전혀 가지지 못한 것이기 때문에 헌법재판소의 위헌심판대상이 되는 '법률'에 해당한다고 할 수 없고, 따라서 그 위헌 여부에 대한 심사권은 최종적으로 대법원에 속한다고 판시하였다.

④ 재심소송에서 적용될 절차에 관한 법령은 재심판결 당시의 법령이므로, 긴급조치가 사법적 심사의 대상이 되는지 여부는 헌법재판소와 동일하게 유신헌법이 아니라 현행헌법을 기준으로 심사하여야 한다.

**12** 대통령의 비상적 권한에 대한 설명으로 옳은 것은?

① 현행헌법 제76조는 대통령의 긴급명령·긴급재정경제명령 등 국가긴급권의 행사에 대하여 사법심사배제 규정을 두고 있다.

② 긴급조치에 따른 유죄판결이 재심에서 번복되어 무죄가 선고되었다 하더라도 긴급조치의 위헌 여부는 재판의 전제성이 인정된다.

③ 긴급조치 위헌 여부의 심사기준은 원칙적으로 긴급조치 당시에 규범적 효력을 가지는 헌법을 기준으로 하여야 한다.

④ 유신헌법에 근거한 긴급조치는 국회의 입법권 행사라는 실질을 전혀 가지지 못한 것으로서, 헌법재판소의 위헌심판대상이 되는 법률에 해당한다고 할 수 없고, 긴급조치의 위헌 여부에 대한 심사권은 대법원에 속한다.

**13** 대통령의 비상적 권한에 대한 설명으로 옳은 것은?

① 일정한 규범이 위헌법률심판 또는 「헌법재판소법」 제68조 제2항에 의한 헌법소원심판의 대상이 되는 '법률'인지 여부는 그 제정 형식이나 명칭을 기준으로 판단하여야 한다.

② 대통령은 전시·사변 또는 이에 준하는 국가 비상사태에 있어서 공공의 안녕질서를 유지하기 위해 경찰력의 동원이 필요한 경우에 계엄을 선포할 수 있다.

③ 비상계엄이 선포된 때에는 군사상 필요 또는 공공의 복리를 위하여 사실상 군에 의한 통치를 일시적으로 가능하게 함으로써 헌법의 일부 규정에 대하여 특별한 조치를 할 수 있다.

④ 국회가 재적의원 과반수의 찬성으로 계엄의 해제를 요구한 때에는 대통령은 반드시 이를 해제하여야 하나, 계엄을 해제하기 위해서는 국무회의의 심의를 별도로 거쳐야 한다.

**14** 대통령의 계엄권에 대한 설명으로 옳지 않은 것은?

① 대통령이 계엄을 선포할 때에는 국무회의의 심의를 거쳐야 하나, 계엄을 변경하고자 할 때에도 또한 같다.

② 대통령이 계엄을 선포하였을 때에는 지체 없이 국회에 통고하여야 하는데, 이때 국회가 폐회 중인 경우에는 대통령이 국회에 집회를 요구해야 된다.

③ 대통령은 전시·사변 또는 이에 준하는 국가비상사태에 있어서 병력으로써 군사상의 필요에 응하거나 공공의 안녕질서를 유지할 필요가 있을 때에는 법률이 정하는 바에 의하여 계엄을 선포할 수 있고, 이때 대통령은 지체 없이 국회에 보고하여 그 승인을 얻어야 한다.

④ 비상계엄하에서는 영장에 대한 특별한 조치를 취할 수 있으므로, 비상계엄하에서는 영장 없이 장기간 구금하는 것은 허용되지 않는다.

2022 해커스공무원 함남기 헌법 진도별 모의고사

13회

**15** 대통령의 계엄권에 대한 설명으로 옳은 것은?

① 「계엄법」 제9조에서는 비상계엄지역하에서 제한할 수 있는 기본권 유형을 나열하고 있는데, 헌법에 규정하지 아니한 결사의 자유에 대한 특별한 조치를 할 수 있다고 추가하고 있다.

② 비상계엄이 선포된 때에는 법률이 정하는 바에 의하여 영장제도, 거주·이전·언론·출판·집회·결사의 자유, 국회나 법원의 권한에 관하여 특별한 조치를 할 수 있다.

③ 계엄사령관은 계엄의 시행에 관하여 국방부장관의 지휘·감독을 받지만, 전국계엄의 경우에 한해서는 대통령이 직접 계엄사령관을 지휘·감독한다.

④ 계엄사령관은 현역 장성급(將星級) 장교 중에서 국방부장관이 추천한 사람을 국무회의의 심의를 거쳐 대통령이 임명한다.

**16** 대통령의 계엄권에 대한 설명으로 옳은 것은?

① 국회가 재적의원 과반수의 출석과 출석의원 과반수의 찬성으로 계엄의 해제를 요구한 때에는 대통령은 이를 해제하여야 한다.

② 비상계엄이 해제되었다 하더라도 계엄 실시 중의 계엄포고령 위반 소위에 대한 형이 범죄 후 법령의 개폐로 폐지된 것에 해당한다고 볼 수는 없으므로 본건 포고령위반죄의 공소가 공소권의 남용으로서 부적법한 것이라고 볼 근거도 없다.

③ 국방부장관과 법무부장관은 대통령에게 계엄해제를 요구하면 대통령은 이를 해제하여야 한다.

④ 대통령의 계엄선포행위는 고도의 정치적·군사적 성격을 띠는 행위라고 할 것이어서, 국회가 그 선포의 당·부당을 판단할 권한은 없다.

**17** 대통령의 계엄권에 대한 설명으로 옳지 않은 것은?

① 비상계엄지역에 법원이 없거나 해당 관할 법원과의 교통이 차단된 경우에는 모든 형사사건에 대한 재판은 군사법원이 한다.

② 계엄해제 이후 대통령이 필요하다고 인정할 때 군사법원의 재판권을 연기할 수 있도록 한 「계엄법」은 재판을 받을 권리의 침해가 아니라는 것이 대법원 판례이다.

③ 비상계엄이 해제되면 군사법원의 계속적인 재판사건의 관할은 일반법원에 속하게 되나, 대통령이 필요하다고 인정할 때 군사법원의 재판권을 3개월의 범위에서 연기할 수 있다.

④ 계엄선포의 요건 구비 여부나 선포의 당·부당을 판단할 권한이 사법부에는 없다고 할 것이나, 비상계엄의 선포나 확대가 국헌문란의 목적을 달성하기 위하여 행하여진 경우에는 법원은 그 자체가 범죄행위에 해당하는지의 여부에 관하여 심사할 수 있다.

**18** 대통령의 계엄권에 대한 설명으로 옳은 것은?

① 계엄선포행위는 통치행위로서 사법심사가 불가능하기 때문에 계엄선포 이후 내려진 계엄당국의 개별적 포고령이나 구체적 집행행위 역시 사법심사의 대상이 될 수 없다.

② 헌법 제77조 제1항이 규정한 계엄의 발동요건은 비상계엄은 물론 경비계엄에도 적용된다.

③ 비상계엄은 대통령이 전시·사변 또는 이에 준하는 국가비상사태시 사회질서가 교란되어 일반 행정기관만으로는 치안을 확보할 수 없는 경우에 공공의 안녕질서를 유지하기 위하여 선포한다.

④ 경비계엄의 선포와 동시에 계엄사령관은 계엄지역의 모든 행정사무와 사법사무를 관장한다.

**19** 대통령의 계엄권에 대한 설명으로 옳은 것은?

① 대통령은 전시·사변 또는 이에 준하는 국가비상사태에 병력으로써 군사상의 필요에 응하거나 공공의 안녕질서를 유지할 필요가 있을 때 국회의 집회가 불가능한 때에 한하여 계엄을 선포할 수 있다.

② 대통령이 비상계엄을 선포하고 국회에 통고한 경우 국회는 그에 대해 승인할 권한이 있으며, 국회의 승인을 얻지 못하면 그때부터 비상계엄선포는 효력을 상실한다.

③ 긴급명령이 선포된 때에는 법률이 정하는 바에 의하여 영장제도, 언론·출판·집회·결사의 자유, 정부나 법원의 권한에 관하여 특별한 조치를 할 수 있다.

④ 국가비상사태의 선포를 규정한 국가보위에 관한 특별조치법이 헌법 제76조와 제77조에 한정적으로 열거된 국가긴급권의 실체적 발동요건 중 어느 하나에도 해당하지 않은 것으로 초헌법적 국가긴급권을 창설하고, 또한 국가비상사태의 해제에 대한 국회에 의한 민주적 통제절차를 규정하지 아니한 것은 헌법에 위반된다.

**20** 법률안 거부권에 대한 설명으로 옳지 않은 것은?

① 국회에서의 경솔한 입법에 대한 통제수단의 기능을 하는 것으로 이해되는 대통령의 법률안 거부권은 단원제를 채택한 제헌헌법뿐만 아니라 양원제를 채택한 1952년 헌법에서는 폐지되었다.

② 대통령의 법률안 거부권은 실질적인 심사권뿐 아니고 형식적 심사권도 포함한다.

③ 헌법에는 대통령의 거부권 행사사유에 대한 규정이 없으나, 거부권 행사는 무제한적인 것은 아니다.

④ 대통령은 국회가 재의결하기 전에 거부권 행사를 철회할 수 있다.

제한시간 : 14분 | 시작시각 ___시 ___분 ~ 종료시각 ___시 ___분　　　　　　나의 점수 _____

**01** 법률안 거부권에 대한 설명으로 옳은 것은?

① 대통령은 국회에서 의결한 법률안에 이의가 있을 때에는 15일 내에 이의서를 붙여 국회로 환부하고 재의를 요구할 수 있으나, 국회가 폐회 중인 때는 먼저 임시국회의 소집을 요구하여야 한다.

② 국회에서 의결된 법률안이 정부에 이송되었을 때, 대통령은 15일 이내에 이의서를 첨부하여 국회로 환부하고 재의를 요구할 수 있다. 다만, 국회가 폐회 중일 경우에는 환부하지 않은 상태로 거부권을 행사할 수 있다.

③ 대통령의 거부권 행사는 법률안의 위헌을 전제로 한다.

④ 대통령은 절차상 하자를 이유로 거부권을 행사할 수 있다.

**02** 행정입법권에 대한 설명으로 옳은 것은?

① 행정규칙이 아닌 시행령은 법률에 의한 위임이 없더라도 법률이 규정한 개인의 권리·의무에 관한 내용을 보충하거나 법률에 규정되지 아니한 새로운 추가적 내용을 규정할 수 있다.

② 삼권분립의 원칙, 법치행정의 원칙을 당연한 전제로 하고 있는 우리 헌법하에서 행정권의 행정입법 등 법집행의무는 헌법적 의무라고 보아야 할 것인데, 이는 행정입법의 제정이 법률의 집행에 필수불가결한 경우로서 행정입법을 제정하지 아니하는 것이 곧 행정권에 의한 입법권 침해의 결과를 초래하는 경우를 말하는 것이다.

③ 대통령은 헌법에서 구체적으로 범위를 정하여 위임받은 사항과 헌법을 집행하기 위하여 필요한 사항에 관하여 대통령령을 발할 수 있다.

④ 집행명령으로 국민의 권리와 의무사항을 규율할 수 없으므로, 집행명령은 명령·규칙심사와 헌법소원심판의 대상이 될 수 없다.

**03** 행정입법권에 대한 설명으로 옳은 것은?

① 집행명령은 그 모법에 종속하며 그 범위 안에서 모법을 현실적으로 집행하는 데 필요한 세칙을 규정할 수 있으므로 위임명령과 같이 새로운 권리·의무에 관한 사항도 규정할 수 있다.

② 집행명령은 공포를 효력발생요건으로 한다.

③ 대통령은 법률에서 구체적으로 범위를 정하여 위임받은 사항에 대해서는 대통령령을 발할 수 있으나, 법률을 집행하기 위하여 필요한 사항에 관하여는 대통령령을 발할 수 없다.

④ 위임입법의 한계의 법리는 헌법의 근본원리인 권력분립주의와 의회주의 내지 법치주의에 바탕을 두는 것이기 때문에 행정부에서 제정된 대통령령에서 규정한 내용이 정당한지 여부와는 직접적으로 관계가 있다.

**04** 행정입법권에 대한 설명으로 옳지 않은 것은?

① 헌법에 국회규칙, 대법원규칙, 헌법재판소규칙, 중앙선거관리위원회규칙은 규정되어 있으나 감사원규칙은 헌법에 규정되어 있지 않으나 헌법재판소 논리에 따르면 감사원규칙은 법규명령이 될 수 있다.

② 대통령령에서 규정한 내용이 헌법에 위반될 경우 그 대통령령의 규정이 위헌일 것은 물론이지만, 반대로 하위법규인 대통령령의 내용이 합헌적이라고 하여 수권법률의 합헌성까지를 의미하는 것은 아니다.

③ 조세법률주의의 원칙상 조세의 부과요건, 부과·징수의 절차는 국민의 대표기관인 국회가 제정한 법률로 정해야 하므로 이에 관련된 사항은 행정입법에 위임하는 것이 허용될 수 없다.

④ 국민의 헌법상 기본권 및 기본의무와 관련한 중요한 사항이나 본질적인 내용에 대한 정책형성기능은 원칙적으로 주권자인 국민에 의하여 선출된 대표자들로 구성되는 입법부가 담당하여 법률의 형식으로써 이를 수행하여야 하고, 입법화된 정책을 집행하거나 적용함을 임무로 하는 행정부나 사법부에 그 기능이 넘겨져서는 안 된다.

**05** 행정입법권에 대한 설명으로 옳지 않은 것은?

① 하위 행정입법의 제정 없이 상위법령의 규정만으로도 집행이 이루어질 수 있는 경우라면 하위 행정입법을 하여야 할 헌법적 작위의무는 인정되지 않는다.

② 구법에 위임의 근거가 있다가 법개정으로 근거가 없게 되는 경우에 소급하여 효력을 상실한다.

③ 국가전문자격시험을 운영함에 있어 시험과목 및 시험실시에 관한 구체적인 사항을 어떻게 정할 것인가는 법률에서 반드시 직접 정하여야 하는 사항이라고 보기 어렵고, 전문자격시험에서 요구되는 기량을 갖추었는지 여부를 어떠한 방법으로 평가할 것인지 정하는 것뿐만 아니라 평가 그 자체도 전문적·기술적인 영역에 해당하므로, 시험과목 및 시험실시 등에 관한 사항을 대통령령에 위임할 필요성이 인정된다.

④ 납세의무의 본질적인 내용에 관한 사항이라면 그중 경제현실의 변화나 전문적 기술의 발달 등에 즉응하여야 하는 세부적인 사항에 관하여 대통령령 등 하위법규에 이를 위임할 수 있다.

**06** 행정입법권에 대한 설명으로 옳지 않은 것은?

① 지방계약법상 수의계약의 체결에 있어서 수의계약상대자의 선정과 관련한 사항을 규율함에 있어서는 국회의 법률로써 이를 직접 규율하여야 할 필요성 또는 그 규율밀도의 요구 정도가 상대적으로 약하다.

② 구법에 위임의 근거가 없더라도 사후에 법개정으로 위임의 근거가 부여되면 그때부터 유효한 법규명령이 된다.

③ 상위법령이 개정된 경우 그 집행명령은 실효된다.

④ 법률에서 위임받은 사항을 전혀 규정하지 아니하고 그대로 재위임하는 것은 허용되지 않으며, 위임받은 사항에 관하여 대강을 정하면서 특정사항을 범위를 정하여 하위법령에 다시 위임하는 경우에만 재위임이 허용된다.

**07** 행정입법권에 대한 설명으로 옳지 않은 것은?

① 부령의 제정·개정절차가 대통령령에 비하여 보다 용이한 점을 고려할 때 재위임에 의한 부령의 경우에도 위임에 의한 대통령령에 가해지는 헌법상의 제한이 당연히 적용되어야 할 것이다.

② 부령의 제정·개정절차가 대통령령에 비하여 보다 용이한 점을 고려할 때, 대통령령이 법률에서 위임받은 사항을 전혀 규정하지 아니하고 그대로 부령에 재위임하는 것은 허용되지 않는다.

③ 법규명령은 행정규칙과 같은 엄격한 제정 및 개정절차를 필요로 하지 아니하므로, 기본권을 제한하는 내용의 입법을 위임할 때에는 행정규칙에 위임하는 것이 원칙이고, 고시와 같은 형식으로 입법위임을 할 때에는 법령이 전문적·기술적 사항이나 경미한 사항으로서 업무의 성질상 위임이 불가피한 사항에 한정된다.

④ 조세감면 또는 중과세의 대상이 되는 업종의 분류에 관하여 판단자료와 전문성의 한계가 있는 대통령이나 행정각부의 장에게 위임하기보다는 통계청장이 고시하는 한국표준산업분류에 위임할 필요성이 인정된다.

**08** 행정입법권에 대한 설명으로 옳은 것은?

① 헌법이 정한 위임입법의 형식은 한정적 열거 의미를 가지므로 법률에서 입법사항을 고시와 같은 행정규칙의 형식으로 위임하는 것은 국회입법원칙과 상치된다.

② 대통령령, 총리령과 부령 등 우리 헌법이 한정적으로 열거한 입법형식 외에 헌법상 원칙에 대한 예외를 인정하여 고시와 같은 행정규칙에 입법사항을 위임할 수는 없다.

③ 위임규정이 하위법령에 위임하고 있는 내용과는 무관하게 법률 자체에서 해당 부분을 완결적으로 정하고 있는 경우, 포괄위임금지원칙 위반 여부와는 별도로 명확성의 원칙이 문제될 수 없다.

④ 식품의약품안전처장이 공중위생상 필요한 경우 고시하는 축산물 가공방법의 기준을 준수하도록 규정한 「축산물 위생관리법」은 포괄위임금지원칙에 위반된다고 할 수 없다.

**09** 행정입법권에 대한 설명으로 옳은 것은?

① 법령의 직접적인 위임에 따라 수임행정기관이 그 법령을 시행하는 데 필요한 구체적 사항을 정한 것이면, 그 제정형식은 비록 법규명령이 아닌 고시, 훈령, 예규 등과 같은 행정규칙이더라도, 그것이 상위법령의 위임한계를 벗어나지 아니하는 한, 상위법령과 결합하여 대외적인 구속력을 갖는 법규명령으로서 기능하게 된다고 보아야 한다.

② 헌법재판소 판례에 의하면 입법자가 규율형식을 선택하여 법령에서 행정규칙에 위임할 수 있고, 이 경우 행정규칙은 법령과는 독립적으로 대외적 효력을 가지는 명령이 된다.

③ 다른 법령에 근거한 '지정 또는 고시·공고'를 범죄구성요건의 일부로 차용하고 있는 법률조항은 위임입법의 일종이다.

④ 대통령령은 법률에서 구체적으로 범위를 정하여 위임받은 사항에 관하여 제정될 수 있는데, 이는 법률에 이미 대통령령으로 규정될 내용 및 범위의 기본사항이 구체적으로 규정되어 있어서 누구라도 대통령령에 규정될 내용의 상세한 사항을 예측할 수 있어야 함을 의미한다.

**10** 행정입법권에 대한 설명으로 옳은 것은?

① 위임입법에 있어 위임의 구체적인 범위를 명확히 규정하지 않더라도 당해 법률의 전반적인 체계나 관련 규정에 비추어 내재적인 위임의 범위나 한계를 객관적으로 분명히 확정할 수 있다면, 이는 포괄적인 백지위임이라 할 수 없다.

② 포괄위임입법금지원칙에 대한 판단기준인 예측가능성 유무는 당해 특정조항을 기준으로 판단하여야 하고, 당해 조항이 아닌 다른 조항까지 함께 고려하여 판단하게 되면 예측가능성의 인정 범위가 지나치게 넓어지므로 허용될 수 없다.

③ 위임의 구체성, 명확성 내지 예측가능성의 유무는 당해 특정조항에서 예측할 수 있느냐를 판단해야 하고, 특정조항에서 예측이 안 된다면 포괄위임에 해당한다.

④ 우리 헌법의 지도이념인 법의 지배 내지 법치주의의 원리는 국가권력행사의 예측가능성 보장을 위하여 그 주체와 방법 및 그 범위를 법률로 규정할 것을 요구하며 예외적으로 위임입법을 허용하는 경우에 있어서도 법률에 의한 수권에 의거한 명령의 내용이 어떠한 것이 될 수 있을 것인가를 국민에게 예측 가능한 것임을 요구하는 것으로서 그것은 법규명령에 의하여 비로소 예견 가능하여야 하는 것을 의미하는 것이다.

**11** 행정입법권에 대한 설명으로 옳지 않은 것은?

① 헌법 제75조에 근거한 포괄위임금지원칙은 법률에서 위임하는 하위규범의 형식이 대통령령이 아니라 대법원규칙인 경우에도 준수되어야 한다.

② 포괄위임금지원칙은 법률에 이미 대통령령 등 하위법규에 규정될 내용 및 범위의 기본사항이 구체적으로 규정되어 있어서 누구라도 당해 법률로부터 하위법규에 규정될 내용의 대강을 예측할 수 있어야 함을 의미하는데, 위임입법이 대법원규칙인 경우에는 수권법률에서 이 원칙을 준수하여야 하는 것은 아니다.

③ 포괄위임금지의 원칙 내지 위임입법의 한계에 관한 원칙이 적용되기 위해서는 법률이 일정한 사항을 하위법규인 대통령령 등에 위임하였을 것이 논리적 전제로서 요구된다.

④ 단순한 수권조항일 뿐 입법위임이 없는 경우 포괄위임금지원칙은 적용되지 않는다.

**12** 행정입법에 대한 설명으로 옳지 않은 것은?

① 포괄위임입법금지원칙 위반 여부의 심사에 있어서 위임의 명확성의 정도를 어느 정도로 요구할 것인가 하는 문제는 규율하여야 하는 사실관계의 특성에 따라 위임입법의 명확성의 정도를 달리할 수 있다.

② 법률에서 명시적으로 규정된 제재보다 더 가벼운 것을 하위규칙에서 규정한 경우라 하더라도 만일 그것이 기본권 제한적 효과를 지니게 된다면, 이는 행정법적 법률유보원칙의 위배 여부에도 불구하고 헌법 제37조 제2항에 따라 엄격한 법률적 근거를 지녀야 한다.

③ 재산권에 대한 제약의 의미를 가지는 조세법규의 경우에는, 국민의 기본권을 가장 강하게 제약하는 처벌법규와는 달리, 그 위임의 요건과 범위가 일반적인 급부행정의 경우보다 더 엄격하게 규정될 것을 요구할 필요는 없으며 규율대상이 지극히 다양하거나 수시로 변화하는 성질을 가지므로 위임의 구체성·명확성의 요건이 완화되어야 한다.

④ 심판대상인 법률조항에 의해 형사처벌되는 구성요건 조항에서 인용하고 있는 법률조항이 위임입법일 경우, 심판대상조항이 간접적인 위임입법에 해당하나 포괄위임금지원칙이 적용된다.

**13** 행정입법에 대한 설명으로 옳은 것은?

① 범죄와 형벌에 관한 사항에 관해서는 위임입법의 근거와 한계에 관한 헌법 제75조가 적용될 수 없다.

② 개발부담금은 납부의무자에게 금전 급부의무를 부담시키는 것을 위임할 때 조세입법의 경우에 준하여 요건과 범위가 엄격하게 제한적으로 규정되어야 한다.

③ 국민연금보험법은 국민연금보험료를 납부하지 아니하는 경우 국세체납처분의 예에 따라 강제로 징수하도록 규정하고 있으므로, 국민연금보험료 산정기준을 하위 법령에 위임함에 있어서는 조세법규와 같은 정도의 위임의 명확성·구체성을 갖추는 것이 필요하다.

④ 포괄위임입법금지의 원칙은 법규적 효력을 가지는 행정입법뿐만 아니라, 지방자치단체의 조례나 공법인의 정관에 대해서도 적용된다.

**14** 포괄위임금지원칙에 대한 설명으로 옳지 않은 것은?

① 법률이 정관에 자치법적 사항을 위임한 경우에도 정관의 제정주체가 사실상 행정부에 해당한다면 포괄위임입법금지원칙이 적용되어야 한다.

② 포괄위임입법의 금지는 행정부에 의한 법규사항의 제정이 입법부의 권한을 침해하고 국민의 자유와 권리를 침해하는 것을 방지하는 데 목적을 두고 있기 때문에, 법률이 공법적 단체의 정관에 자치법적 사항을 위임한 경우에는 포괄적인 위임도 가능하다.

③ 행정사 자격시험 실시 여부를 특별시장·광역시장 및 도지사의 재량사항으로 정한 「행정사법 시행령」은 「행정사법」에서 '행정사의 자격시험의 과목·방법 기타 시험에 관하여 필요한 사항'을 대통령령으로 정하도록 위임하고 있을 뿐 아니라 수시로 변화하는 행정사의 수급상황에 따라 탄력적으로 대응할 전문적·기술적 필요성이 인정되므로 위임입법의 한계를 벗어난 것이 아니다.

④ 의료기기 판매업자의 「의료기기법」 위반행위 등에 대하여 보건복지가족부령이 정하는 기간 이내의 범위에서 업무정지를 명할 수 있도록 규정한 「의료기기법」 조항은 포괄위임금지원칙에 위배된다.

**15** 포괄위임금지원칙에 대한 설명으로 옳지 않은 것은?

① 구 공무원 및 사립학교 교직원 의료보험법 제34조 제1항은 의료보험요양기관 지정취소에 대하여, 보험자가 보건복지부령이 정하는 바에 따라 요양기관 지정을 취소할 수 있다고 규정하고 있는 것은, 위임입법의 한계를 일탈한 것으로서 헌법 제75조 및 제5조 등에 위반된다고 할 수 없다.

② 의료업무에 관한 광고의 범위 기타 의료광고에 필요한 사항은 보건복지부령으로 정한다는 규정 위반시 300만 원 이하의 벌금에 처하도록 한 구 의료법 규정은 포괄적 위임입법금지원칙에 위반된다.

③ 약국을 관리하는 약사 또는 한약사는 보건복지부령으로 정하는 약국관리에 필요한 사항을 준수하도록 한 「약사법」은 포괄적 위임에 위배된다.

④ 공공의 안녕질서 또는 미풍양속을 해하는 것으로 인정되는 통신의 대상 등을 대통령령으로 정하도록 한 구 전기통신사업법 제53조 제2항은 포괄적 위임입법금지의 원칙에 위배된다.

**16** 포괄위임금지원칙에 대한 설명으로 옳지 않은 것은?

① 부정당업자에 대한 입찰참가자격 제한기간을 대통령령이 정한 기간으로 규정한 것은 포괄적 위임에 위반된다.

② 문화예술진흥기금의 모금액, 모금방법, 모금대행기관 등을 대통령령으로 정하도록 한 「문화예술진흥법」 제19조는 포괄적 위임금지원칙에 위반된다.

③ 법률 자체에서 공익법인 이사의 취임승인 취소사유의 대강을 정한 후 나머지 세부적인 취소사유나 절차에 대한 아무런 기준을 제시하지 않고 대통령령에 취소사유를 규정하도록 백지위임한 것은 포괄위임금지의 원칙을 위반한 것이다.

④ 누구든지 술에 취한 상태에서 자동차 등을 운전하여서는 아니 된다고 규정한 구 도로교통법 제41조 제1항과 이 규정에 의하여 운전이 금지되는 술에 취한 상태의 기준을 대통령령으로 정하도록 한 제4항은 포괄적 위임금지원칙에 반한다.

**17** 포괄위임금지원칙에 대한 설명으로 옳지 않은 것은?

① 퇴역연금 지급정지가 되는 기관을 부령에 위임한 구 군인연금법 제21조는 포괄적 위임금지원칙에 위반된다.

② 구 고용보험법 제35조 제1항은 지원금의 부당수령자에 대한 제재의 목적으로 '이미 지원된 것의 반환'과는 별도로 '지원을 제한'하도록 하고 있는데, 이러한 지원 제한에 대하여 제한의 범위나 기간 등에 관하여 기본적 사항도 법률에 규정하지 아니한 채 대통령령에 포괄적으로 위임하고 있으므로 포괄위임금지원칙에 위반된다.

③ 제1종 특수면허 없이 자동차를 운전한 경우 무면허운전죄로 처벌하면서 제1종 특수면허로 운전할 수 있는 차의 종류를 부령에 위임한 「도로교통법」은 포괄적 위임금지원칙에 위반된다.

④ 제한상영가 등급분류의 구체적 기준을 영상물등급위원회의 규정에 위임한 구 영화진흥법은 포괄적 위임금지원칙에 위배된다.

**18** 포괄위임금지원칙에 대한 설명으로 옳지 않은 것은?

① 법정이율을 대통령령에 위임한 구 소송촉진법은 포괄적 위임금지원칙에 위반된다.

② 구 의료보험법 제29조(요양급여) 제3항이 위임내용을 요양급여의 방법·절차·범위·상한기준 등 요양급여의 기준을 보건복지부령에 위임한 것은 포괄위임금지원칙에 위배된다.

③ 건축법상 허가를 요하는 건축물의 용도변경행위를 대통령령에 위임한 구 건축법 제14조는 포괄위임금지원칙에 위배된다.

④ '식품접객영업자 등 대통령령으로 정하는 영업자'는 '영업의 위생관리와 질서유지, 국민의 보건위생 증진을 위하여 총리령으로 정하는 사항'을 지켜야 한다고 규정한 구 식품위생법 조항은, 수범자와 준수사항을 모두 하위법령에 위임하면서도 위임될 내용에 대해 구체화하고 있지 아니하여 그 내용들을 전혀 예측할 수 없게 하고 있으므로 포괄위임금지원칙에 위반된다.

**19** 포괄위임금지원칙에 대한 설명으로 옳지 않은 것은?

① 교통안전분담금 분담방법, 분담비율을 대통령령에 위임한 것은 포괄적 위임금지원칙에 위반된다.

② 취득세의 과세표준이 되는 가액, 가격 또는 연부금액의 범위와 취득시기에 관하여 대통령령으로 정하도록 한 구 지방세법 제10조 제7항은 포괄위임금지원칙에 위배된다.

③ 의료기기 수입업자의 의료기관 개설자에 대한 리베이트 제공을 금지하면서 리베이트를 허용하는 예외를 보건복지부령에 위임하는 「의료법」은 포괄위임금지원칙에 위반된다고 할 수 없다.

④ 보수를 제외한 직장가입자의 소득이 대통령령으로 정하는 금액을 초과하는 경우 보수월액에 대한 보험료 외에 소득월액에 대한 보험료를 추가로 납부하도록 한 구 국민건강보험법은 포괄위임금지원칙에 위반되지 아니한다.

**20** 포괄위임금지원칙에 대한 설명으로 옳지 않은 것은?

① 살처분한 가축소유자에게 대통령령이 정하는 바에 따라 보상금을 지급하도록 한 「가축전염병 예방법」은 포괄적 위임금지원칙에 위반된다.

② 자동차운전전문학원을 졸업하고 운전면허를 받은 사람 중 교통사고를 일으킨 비율이 대통령령이 정하는 비율을 초과하는 때에는 학원의 등록을 취소하거나 1년 이내의 운영정지를 명할 수 있도록 한 「도로교통법」은 포괄위임금지원칙에 위배된다.

③ 사법부 스스로 판사의 근무성적평정에 관한 사항을 정하도록 대법원규칙에 위임할 필요성이 인정되고, 근무성적평정에 관한 사항이 직무능력, 자질 등과 같은 평가사항 등에 관한 사항임을 충분히 예측할 수 있으므로 판사의 근무성적평정에 관한 사항을 대법원규칙으로 정하도록 위임한 구 법원조직법 조항은 포괄위임금지원칙에 위배되지 않는다.

④ 한약사의 임의조제가 허용되는 한약처방의 범위를 보건복지부장관이 정하도록 위임한 구 약사법 제21조 제7항은 포괄위임금지원칙 및 죄형법정주의의 명확성 원칙에 반한다고 볼 수 없다.

제한시간 : 14분  |  시작시각 ___시 ___분 ~ 종료시각 ___시 ___분                                    나의 점수 _____

**01** 포괄위임금지원칙에 대한 설명으로 옳지 않은 것은?

① "군인의 복무에 관하여는 이 법에 규정한 것을 제외하고는 따로 대통령령이 정하는 바에 의한다."라고 규정한 「군인사법」 조항은 대통령의 군통수권을 실질적으로 존중하고 군인의 복무에 관한 사항을 유연하게 규율하기 위한 것으로서 위임입법의 한계를 벗어난 것으로 볼 수 없다.

② 범죄구성요건을 정하고 있는 구 풍속영업의 규제에 관한 법률 제3조 제5호는 풍속영업자는 대통령령으로 정하는 풍속영업의 경우 대상자의 연령을 확인하여 대통령령이 정하는 청소년이 출입을 하지 못하게 하여야 한다고 규정하고 있는바, 위 법조항이 위임입법의 한계를 벗어난 것이라고 할 수 없고, 나아가 죄형법정주의의 명확성·예측성의 원칙에도 위반되지 아니한다.

③ 자산의 양도차익을 계산함에 있어서 그 취득시기 및 양도시기에 관하여 대통령령으로 정하도록 규정한 구 소득세법 제98조는 조세법률주의 및 포괄위임입법금지원칙에 위배된다.

④ 상시 4명 이하의 근로자를 사용하는 사업 또는 사업장에 대하여 대통령령으로 정하는 바에 따라 「근로기준법」의 일부 규정을 적용할 수 있도록 위임한 「근로기준법」 조항은, 종전에는 「근로기준법」을 전혀 적용하지 않던 4인 이하 사업장에 대하여 「근로기준법」을 일부나마 적용하는 것으로 범위를 점차 확대해 나간 동법 시행령의 연혁 등을 종합적으로 고려하여 볼 때, 사용자의 부담이 그다지 문제되지 않으면서 동시에 근로자의 보호필요성의 측면에서 우선적으로 적용될 수 있는 「근로기준법」의 범위를 선별하여 적용할 것을 대통령령에 위임한 것으로 볼 수 있고, 그러한 「근로기준법」 조항들이 4인 이하 사업장에 적용되리라 예측할 수 있다.

**02** 포괄위임금지원칙에 대한 설명으로 옳지 않은 것은?

① 운전면허를 받은 사람이 자동차 등을 이용하여 살인 또는 강간 등 행정안전부령이 정하는 범죄행위를 한 때 운전면허를 취소하도록 하는 구 도로교통법 조항은 필요적 운전면허취소 대상범죄를 자동차 등을 이용하여 살인·강간 및 이에 준하는 범죄로 정하고 있으나, 위 조항에 의하더라도 하위법령에 규정될 자동차 등을 이용한 범죄행위의 유형을 충분히 예측할 수 없으므로 포괄위임금지원칙에 위배된다.

② 목적물의 성질이나 계약체결의 형태에 비추어 철회를 인정하는 것이 적당하지 아니한 경우로서 대통령령으로 정하는 것에 대하여는 할부계약에 관한 청약의 철회를 인정하지 않는 구 할부거래에 관한 법률 조항은, 하위법령에 규율될 내용의 대강을 예측할 수 있으므로 포괄위임입법금지원칙에 위배된다고 할 수 없다.

③ 방송통신위원회가 지원금 상한액에 대한 기준 및 한도를 정하여 고시하도록 하고, 이동통신사업자가 방송통신위원회가 정하여 고시한 상한액을 초과한 지원금을 지급할 수 없도록 하며, 대리점 및 판매점은 이동통신사업자가 위 상한액의 범위 내에서 정하여 공시한 지원금의 100분의 15의 범위 내에서만 이용자에게 지원금을 추가로 지급할 수 있도록 정하고 있는 지원금 상한 조항이 포괄위임금지원칙에 위배된다고 할 수 없다.

④ 국토해양부장관(현 국토교통부장관)이 정하는 경쟁입찰방법으로 건설업자를 시공자로 선정하도록 한 구 도시 및 주거환경정비법은 포괄적 위임금지원칙에 위배되지 아니한다.

**03** 포괄위임금지원칙에 대한 설명으로 옳은 것은?

① 입찰담합 및 공급제한행위에 대한 과징금 상한 및 부과기준을 대통령령이 정하는 매출액 위법분의 100분의 10 이내로 정한 「공정거래법」은 법률유보원칙과 포괄위임금지원칙에 반한다.

② 구 안마사에 관한 규칙 제3조가 비맹제외기준을 설정한 것은 구 의료법 제61조 제4항에 예상할 수 없는 내용이므로 포괄위임금지원칙에 위배된다.

③ 구 공직선거법이 관련 조항에서 허용하는 수당·실비 기타 이익을 제공하는 행위 이외의 금품제공행위를 처벌하면서, 선거사무관계자에게 지급이 허용되는 수당과 실비의 종류와 금액을 중앙선거관리위원회가 정하도록 규정하는 것은 그 내용이 예측가능하여 포괄위임금지원칙에 위배되지 아니한다.

④ 선거사무장 등 선거사무관계자에게 선거운동과 관련하여 법률 소정의 실비와 수당을 제외한 일체의 금품제공행위를 처벌하는 심판대상조항은 죄형법정주의의 포괄적 위임금지원칙에 위배된다.

⑤ 선거운동과 관련하여 실비와 수당을 제외한 일체의 금품제공행위를 금지하면서 제공이 허용되는 수당과 여비의 종류와 금액을 중앙선거관리위원회가 정하도록 구 공직선거법 제135조 제2항이 규정하고 있는데, 이는 중앙선거관리위원회의 행정규칙으로 정한다는 의미로 해석할 수 있다.

**04** 행정입법에 대한 통제에 대한 설명으로 옳은 것은?

① 현대의 국회 입법의 확대로 행정입법기능이 확대·강화되고 있어 위임입법에 대한 통제의 필요성은 또한 강하게 요구되는 것이다.

② 중앙행정기관의 장은 대통령령·총리령·부령 등을 제정할 때는 국회 소관 상임위원회에 제출하여야 하나, 개정·폐지할 때는 제출하지 않아도 된다.

③ 중앙행정기관의 장은 법률에서 위임한 사항이나 법률을 집행하기 위해 필요한 사항을 규정한 대통령령·총리령·부령은 국회 소관 상임위원회에 제출해야 하나, 훈령·예규·고시는 행정규칙이므로 제출해야 하는 것은 아니다.

④ 국회 상임위원회는 소관 중앙행정기관의 장이 제출한 대통령령·총리령·부령 등 행정입법이 법률의 취지 또는 내용에 합치되지 아니한다고 판단되는 경우 소관 중앙행정기관의 장에게 수정·변경을 요구할 수 있다.

**05** 행정입법에 대한 통제에 대한 설명으로 옳지 않은 것은?

① 대통령령, 총리령 및 부령은 특별한 규정이 없으면 공포한 날부터 20일이 경과함으로써 효력을 발생한다.

② 행정입법의 지체가 위법으로 되어 그에 대한 법적 통제가 가능하기 위하여는 우선 행정청에게 시행명령을 제정·개정할 법적 의무가 있어야 하고, 상당한 기간이 지났음에도 불구하고 명령제정·개정권이 행사되지 않아야 한다.

③ 대통령이 대통령령을 발하기 위해서는 국무회의의 심의를 거쳐서 국무총리와 관계 국무위원이 부서한 문서로써 한다.

④ 대통령령과 부령에 대해서는 국무회의의 심의를 거쳐야 한다.

**06** 다음 사항 중 반드시 위임을 요한 것은 몇 개인가?

┌─────────────────────────────────────────┐
│ ㉠ 위임명령                              │
│ ㉡ 집행명령                              │
│ ㉢ 총리령과 부령                         │
│ ㉣ 대법원규칙, 헌법재판소규칙, 국회규칙, 중앙선거관 │
│    리위원회규칙                          │
│ ㉤ 자치사무와 단체위임사무를 규율하는 조례      │
│ ㉥ 기관위임사무를 규율하는 조례              │
│ ㉦ 권리 제한과 의무를 부과하는 조례           │
│ ㉧ 알 권리 실현을 위해 정보를 공개하는 조례     │
└─────────────────────────────────────────┘

① 1개      ② 3개

③ 5개      ④ 7개

**07** 다음 사항 중 법령에서 위임을 함에 있어 반드시 구체적 위임을 요한 것은 몇 개인가?

> ㉠ 조례에 위임할 때
> ㉡ 기관위임사무를 조례에 위임하는 경우
> ㉢ 형벌을 조례에 위임하는 경우
> ㉣ 자치법적 사항을 공사나 국가유공자단체의 정관에 위임하는 경우
> ㉤ 자치법적 사항을 행정기관의 정관에 위임하는 경우
> ㉥ 대법원규칙에 위임하는 경우
> ㉦ 대통령령에 위임하는 경우
> ㉧ 총리령이나 부령에 위임하는 경우
> ㉨ 고시에 권리·의무사항을 위임하는 경우

① 6개        ② 7개
③ 8개        ④ 모두

**08** 대통령의 사면권에 관한 권한에 대한 설명으로 옳지 않은 것은?

① 사면은 형의 선고의 효력 또는 공소권을 상실시키거나, 형의 집행을 면제시키는 법원의 고유한 권한이다.

② 일반사면은 형의 선고를 받은 자와 선고를 받기 전인 자 모두를 대상자로 할 수 있다.

③ 일반사면은 죄의 종류를 정해서 실시한다.

④ 특별사면은 형을 선고받은 자로 한다.

**09** 대통령의 사면권에 관한 권한에 대한 설명으로 옳은 것은?

① 복권은 형의 집행이 끝나지 아니한 자 또는 집행이 면제되지 아니한 자에 대하여서도 가능하다.

② 원칙적으로 일반사면은 형 선고의 효력이 상실되고, 형을 선고받지 아니한 자에 대하여는 공소권이 상실되며, 특별사면은 형의 집행이 면제된다.

③ 특별사면시 형의 언도를 받지 않은 자에 대하여는 공소권이 상실된다.

④ 특별사면은 형 집행을 면하게 할 수 있을 뿐, 형 선고의 효력을 상실하게 할 수는 없다.

**10** 대통령의 사면권에 관한 권한에 대한 설명으로 옳지 않은 것은?

① 형의 집행유예를 선고받은 자에 대하여는 형 선고의 효력을 상실하게 하는 특별사면 또는 형을 변경하는 감형을 하거나 그 유예기간을 단축할 수 없다.

② 일반사면뿐만 아니라 특별사면의 경우에도 국무회의의 심의를 거쳐야 한다.

③ 일반사면은 국무회의의 심의를 거치고 국회의 동의를 얻어야 할 뿐만 아니라 대통령령의 형식으로만 가능하다.

④ 일반사면에 대해서만 국회의 동의가 필요하고, 특별사면이나 복권, 감형에 대하여는 국회의 동의가 필요하지 않다.

**11** 대통령의 사면권에 관한 권한에 대한 설명으로 옳지 않은 것은?

① 사면은 죄를 범한 자에 대한 것이므로 행정법규 위반에 대한 범칙 또는 과벌의 면제와 징계법규에 따른 징계 또는 징벌의 면제에 관하여는 사면에 관한 규정을 준용하지 않는다.

② 군사법원의 형의 선고를 받은 자는 사면대상자가 될 수 있다.

③ 법무부장관이 대통령에게 특별사면을 상신할 때에는, 위원장 1명을 포함한 9명의 위원으로 구성된 사면심사위원회의 심사를 거쳐야 한다.

④ 법무부장관은 검찰총장으로부터 특별사면의 상신신청을 받은 후 반드시 사면심사위원회의 심사를 거쳐 대통령에게 특별사면을 상신한다.

**12** 대통령의 사면권에 관한 권한에 대한 설명으로 옳은 것은?

① 법무부장관은 검찰총장으로부터 특별사면의 상신신청을 받은 후 스스로 그 상신의 적정성을 심사하여 적정하다고 판단되면 대통령에게 특별사면을 상신한다.

② 특별사면뿐 아니라 일반사면도 법무부 사면심사위원회의 심사를 거쳐 법무부장관이 대통령에게 사면을 상신하여야 한다.

③ 특별사면은 검찰총장의 상신으로 대통령이 행한다.

④ 특별사면 상신의 적정성을 심사하기 위하여 법무부장관 소속으로 사면심사위원회를 둔다.

**13** 대통령의 사면권에 관한 권한에 대한 설명으로 옳은 것은?

① 사면심사위원회는 위원장인 법무부장관을 포함한 9명의 위원으로 구성되며, 위원은 법무부장관이 임명하거나 위촉하되, 공무원이 아닌 위원 3명 이상을 위촉하여야 한다.

② 특별사면, 특정한 자에 대한 감형 및 복권 상신의 적정성을 심사하기 위하여 대통령 소속으로 사면심사위원회를 둔다.

③ 사면심사위원회는 위원장 1명을 포함한 9명의 위원으로 구성하며, 위원장은 법무부장관이 되고, 위원은 대통령이 임명하거나 위촉하되, 공무원이 아닌 위원을 4명 이상 위촉하여야 한다.

④ 복권대상자가 수개의 형으로 각각 자격제한을 받고 있는 경우 모든 수형범죄사실이 복권의 심사대상으로 되어 일괄 심사한 후 심사결과에 따라 복권이 가능하다.

**14** 대통령의 사면권에 관한 권한에 대한 설명으로 옳지 않은 것은?

① 사면은 구체적 타당성을 낳는 장치로 정의로운 법질서를 확보하기 위해서 가능한 한 적극적으로 행사되어야 한다.

② 대통령의 사면권 행사는 법률로 제한받을 수 있다.

③ 사면 중 일반사면에 대한 국회 동의시 국회는 죄의 종류를 추가할 수 없다.

④ 복권의 효과는 장래에 향하여 발생할 뿐 형의 선고시로 소급하지 않는다.

2022 해커스공무원 합격기 현법 진도별 모의고사

**15** 대통령의 사면권에 관한 권한에 대한 설명으로 옳은 것은?

① 징역형의 집행유예에 대한 효력을 상실케 하는 특별사면이 있는 경우 그 벌금형의 선고 효력까지 상실된다.

② 징계에 관한 일반사면이 있더라도 징계처분의 취소를 구할 소의 이익은 인정될 수 있다.

③ 전두환, 노태우 전 대통령에 대한 특별사면 위헌확인 사건에서 헌법재판소는 일반국민이 특별사면으로 인하여 자신의 법적 이익 또는 권리를 직접적으로 침해당했기 때문에 헌법소원심판청구의 적법성을 인정했다.

④ 징계를 받은 공무원에 대하여 일반사면령이 공포된 경우에는 사면에 의하여 징계의 효력이 상실될 뿐만 아니라, 징계처분의 기성의 효과에도 영향을 미치므로 위 사면사실로써 징계처분을 취소·변경할 수 있다.

**16** 대통령의 사면권에 대한 설명으로 옳지 않은 것은?

① 헌법 제79조는 대통령의 사면권의 구체적 내용과 방법 등을 법률에 위임함으로써 사면의 종류, 대상, 범위 등에 관하여 입법자에게 광범위한 입법재량을 부여하고 있다. 따라서 특별사면의 대상을 '형'으로 규정할 것인지, '사람'으로 규정할 것인지는 입법재량사항에 속한다.

② 특별사면으로 유죄판결 선고의 효력이 상실된 경우 법원의 유죄확정판결에 대한 재심청구의 대상이 될 수 있다.

③ 기소유예처분의 대상인 피의사실에 일반사면이 있는 경우 그 처분의 취소를 구하는 피의자의 헌법소원 청구는 권리보호의 이익이 인정된다.

④ 특별사면을 위해 국무회의 심의에 상신된 사면대상자의 자료는 비공개정보에 해당한다.

**17** 대통령과 정부에 관한 다음 법률 중 합헌인 것은 몇 개인가?

> ㉠ 5급 이하의 일반직공무원의 임명권을 행정각부의 장에게 부여하는 법률
> ㉡ 대통령 선거에서 최고득표자가 2인 이상인 경우 국회의 공개회의에서 재적의원 과반수의 표를 얻은 자를 당선자로 하는 법률
> ㉢ 대통령 직속기관인 행정기관(국가정보원)을 설치하는 법률
> ㉣ 현역군인이 국무총리나 국무위원이 될 수 있도록 하는 법률
> ㉤ 경비계엄이 선포된 경우 구속영장의 발부절차를 간소화하는 특별한 조치
> ㉥ 국무회의를 폐지하는 법률
> ㉦ 국가원로자문회의를 폐지하는 법률
> ㉧ 국무회의를 대통령, 국무총리, 국무위원을 포함해 15인으로 구성하도록 하는 법률
> ㉨ 국무회의의 의장을 국무총리로 하는 법률
> ㉩ 대통령이 궐위된 경우 국무총리, 법무부장관, 기획재정부장관, 통일부장관의 순으로 그 권한을 대행하도록 하는 법률
> ㉪ 국가안전보장회의를 폐지하는 법률
> ㉫ 사면권 행사를 제한하는 법률
> ㉬ 국무회의를 자문기관으로 변경하는 법률
> ㉭ 대통령이 궐위된 때 또는 대통령당선자가 사망하거나 판결 기타의 사유로 그 자격을 상실한 때에는 70일 이내에 후임자를 선거하도록 하는 법률
> ⓐ 대통령은 내란 또는 외환의 죄를 범한 경우는 재직 중 형사상의 소추를 받지 않도록 한 법률
> ⓑ 국무위원이 아닌 자 중에서 행정안전부장관을 임명하도록 한 법률
> ⓒ 대통령이 선 총리 임명하고 후 국회 동의를 받도록 한 법률

① 3개      ② 5개

③ 7개      ④ 9개

**18** 공수처법의 수사처에 대한 설명으로 옳지 않은 것은?

① 수사처장은 소관 사무와 관련된 안건이 상정될 경우 국무회의에 출석하여 발언할 수 있고, 그 소관 사무에 관하여 독자적으로 의안을 제출할 권한이 있는 것이 아니라 법무부장관에게 의안의 제출을 건의할 수 있다.

② 수사처가 직제상 대통령 또는 국무총리 직속기관 내지 국무총리의 통할을 받는 행정각부에 속하지 않는다고 하더라도 대통령을 수반으로 하는 행정부에 소속된 행정기관으로 보는 것이 타당하다.

③ 헌법은 행정부에 관한 장에서 행정각부와 감사원, 국가안전보장회의 등을 규정하고 있으나, 그것이 행정부의 조직은 감사원, 국가안전보장회의 등과 같이 헌법상 예외적으로 열거되어 있는 경우를 제외하고는 반드시 국무총리의 통할을 받는 '행정각부'의 형태로 설치되거나 '행정각부'에 속하여야 한다.

④ 공수처법과 수사처는 「정부조직법」 제2조 제2항에 중앙행정기관으로 열거되어 있지 않으나, 「정부조직법」에서 정하지 않은 수사처를 중앙행정기관으로 설치하는 것이 헌법상 금지된다고 보기는 어렵다.

**19** 공수처법의 수사처에 대한 설명으로 옳지 않은 것은?

① 수사처장은 검찰총장과 마찬가지로 그 임명에 국회의 동의를 얻어야 하는 것은 아니지만, 국회의 인사청문회를 거쳐 임명된다.

② 수사처장은 국회의 탄핵소추와 해임건의 대상이 된다.

③ 국회는 수사처장에 대하여 국회 출석 및 답변을 요구할 수 있고, 수사처장은 수사나 재판에 영향을 미치지 않는 한 국회에 출석하여 보고하거나 답변하여야 한다.

④ 수사처장으로 하여금 소관 사무와 관련된 안건이 상정될 경우 국무회의에 출석하여 발언할 수 있다.

**20** 국무총리에 대한 설명으로 옳지 않은 것은?

① 대통령이 국무총리를 임명함에 있어서 국회의 동의는 사전 동의이지 사후 승인이 아니다.

② 대통령이 국무총리를 임명함에 있어서 국회의 동의를 받게 하고 있는 것은 사후 승인의 성격을 갖는 것으로서 대통령의 국무총리 임명행위는 정지조건부로 행해진다고 볼 수 있다.

③ 국회의 동의절차를 밟기 전에 대통령이 단독으로 임명하는 총리서리제는 제헌헌법부터 명문으로 규정된 바는 없었으나, 관행적으로 인정된 적은 있었다.

④ 제헌헌법은 국무총리 임명에 국회의 사전 동의가 아니라 사후 승인을 규정하였다.

제한시간 : 14분 | 시작시각 ___시 ___분 ~ 종료시각 ___시 ___분                                       나의 점수 _____

**01** 국무총리에 대한 설명으로 옳은 것은?

① 대통령의 궐위시 국무총리가 대통령의 권한을 대행하고, 국무총리도 궐위된 경우에는 법률이 정한 국무위원의 순서로 대통령 권한을 대행하지만, 국무총리가 사고로 직무를 수행할 수 없는 경우에는 대통령의 지명을 받은 국무위원이 우선적으로 국무총리의 직무를 대행한다.

② 국무총리가 사고로 직무를 수행할 수 없는 경우에는 「정부조직법」에 규정된 순서에 따른 국무위원이 그 직무를 대행한다.

③ 우리 헌법이 대통령중심제의 정부형태를 취하면서도 국무총리제도를 두게 된 주된 이유는 행정각부를 통할하면서 대통령의 권력을 견제하기 위함이다.

④ 국무위원 임명뿐 아니라 행정각부의 장의 임명에도 국무총리 제청이 필요하다.

**02** 국무총리와 국무위원에 대한 설명으로 옳은 것은?

① 국무위원은 행정각부의 장 중에서 국무총리의 제청으로 대통령이 임명한다.

② 국무위원과 행정각부의 장 임명에는 국무총리의 제청이 있어야 하나, 임명제청에 반하는 대통령의 국무위원 임명은 헌법에 위반된다.

③ 국무총리는 대통령의 명을 받아 상급행정관청으로서 행정각부를 통할할 권한을 가지지만, 행정각부와 동등한 지위를 가지는 독임제 행정관청으로서 그 소관 사무를 처리하지는 않는다.

④ 국무총리가 특별히 위임하는 사무를 수행하기 위하여 부총리 2명을 둔다.

**03** 국무총리와 국무위원에 대한 설명으로 옳은 것은?

① 각 중앙행정기관의 행정의 지휘·감독, 정책 조정 및 사회위험·갈등의 관리, 정부업무평가 및 규제개혁에 관하여 국무총리를 보좌하기 위하여 총리비서실을 둔다.

② 행정각부의 장은 국무위원 중에서 임명해야 하므로, 행정각부의 장에 대한 임명에는 국무위원의 경우와 달리 국무총리의 제청이 별도로 요구되지 않는다.

③ 국무총리는 대통령의 모든 국법상 행위에 부서한다.

④ 대통령의 국법상 행위는 문서로써 하여야 하며, 이 문서에는 국무총리와 관계 국무위원이 부서한다. 다만, 군사에 관한 것은 그러하지 아니하다.

**04** 국무총리와 국무위원에 대한 설명으로 옳은 것은?

① 우리 헌법에서 국무총리는 국무위원 및 행정각부의 장 임명제청권, 부서권 등 실질적인 행정부의 통할권을 가지나 대통령의 보좌기관이므로 대통령과의 관계에서 독자적인 권한을 가지지 못한다.

② 대통령의 국법상 행위는 문서로써 하며, 이 문서에 대통령은 국무총리와 관계 국무위원과 함께 부서한다.

③ 국무총리와 국무위원은 부서를 거부할 수 없다.

④ 대통령의 국법상 행위에 대해 국무총리 또는 국무위원은 단독으로 부서할 권한을 가진다.

**05** 국무총리와 국무위원에 대한 설명으로 옳은 것은?

① 대통령의 부서 없는 국법상 행위의 효력과 관련하여 부서를 적법요건으로 보는 입장에서는 대통령의 부서 없는 국법상 행위는 무효가 된다고 본다.

② 대통령의 부서 없는 국법상 행위의 효력과 관련하여 부서를 유효요건으로 보는 입장에서는 대통령의 부서 없는 국법상 행위는 유효가 된다고 본다.

③ 국무총리는 대통령을 보좌하며, 행정에 관하여 독자적으로 행정기관을 통할한다.

④ 국무총리는 중앙행정기관의 장의 명령이나 처분이 위법 또는 부당하다고 인정될 경우에는 직권으로 이를 중지 또는 취소할 수 없다.

**06** 국무총리와 국무위원에 대한 설명으로 옳은 것은?

① 행정권은 국무총리를 수반으로 하는 정부에 속한다.

② 행정권은 헌법상 대통령에게 귀속되고, 국무총리는 단지 대통령의 첫째가는 보좌기관으로서 행정에 관하여 독자적인 권한을 가지지 못하고 대통령의 명을 받아 행정각부를 통할하는 기관으로서의 지위만을 가지며, 행정권 행사에 대한 최후의 결정권자는 대통령이라고 해석하는 것이 타당하다.

③ 국무총리는 행정부의 업무에 있어 대통령의 관할 사항과는 다른 독자적인 관할 사항을 가지며, 대통령의 명을 받아 행정각부를 통할한다.

④ 국무총리의 통할을 받는 행정각부에는 모든 행정기관이 포함된다.

**07** 행정기관 설치에 대한 설명으로 옳은 것은?

① 헌법 제86조 제2항 및 제94조에서 말하는 국무총리의 통할을 받는 행정각부는 모든 행정기관을 의미한다기보다는 입법권자가 헌법 제96조의 위임을 받은 「정부조직법」 제26조에 의하여 설치하는 행정각부만을 의미한다고 할 것이다.

② 법률상 그 기관의 장이 국무위원이 아니라든가 또는 국무위원이지만 그 소관 사무에 관하여 부령을 발할 권한이 없다 하더라도, 그 기관이 성질상 정부의 구성단위인 중앙행정기관인 경우에는 우리 헌법이 규정하는 실정법적 의미의 행정각부에 해당된다.

③ 국무총리 소속으로 인사혁신처를 두고, 인사혁신처에는 장관 1명과 차관 1명을 두되, 장관은 국무위원으로 보한다.

④ 입법권자는 헌법 제96조에 의하여 법률로써 행정을 담당하는 행정기관을 설치함에 있어, 국무총리가 대통령의 명을 받아 통할하는 기관 외에는 대통령이 직접 통할하는 기관을 설치할 수 없다.

**08** 국정감사·조사권에 대한 설명으로 옳은 것은?

① 행정각부의 장은 소관 사무에 관하여 법률이나 대통령령의 위임으로 부령을 발할 수 있으나, 직권으로 부령을 발할 수는 없다.

② 국무총리는 법률이나 대통령령의 위임이 있는 경우 위임명령을, 위임 없이 직권으로 직권명령을 발할 수 있다.

③ 헌법은 총리령의 유형으로 위임명령과 집행명령을 규정하고 있다.

④ 국무총리 또는 국무위원은 소관 사무에 관하여 총리령 또는 부령을 발할 수 있다.

**09** 총리령과 부령에 대한 설명으로 옳지 않은 것은?

① 헌법 제75조는 "대통령은 법률에서 구체적으로 범위를 정하여 위임받은 사항에 관하여 대통령령을 발할 수 있다."라고 규정하여 위임입법의 근거 및 그 범위와 한계를 제시하고 있는바, 이는 총리령 또는 부령에 위임하는 경우에도 동일하게 적용된다.

② 법률에서 대통령령을 거치지 않고 바로 부령에 위임할 수 있다.

③ 법제처장은 소관 사무에 관하여 법률이나 대통령령의 위임 또는 직권으로 부령을 발할 수 있다.

④ 대통령령은 총리령과 부령보다 효력상 우위에 있다고 할 수 있는바, 행정입법에는 서열이 있다.

**10** 국무총리에 대한 설명으로 옳은 것은?

① 헌법 제95조는 부령에의 위임근거를 마련하면서 헌법 제75조와 같이 '구체적으로 범위를 정하여'라고 규정하여 포괄위임을 금지하고 있다.

② 헌법 제95조는 부령에의 위임근거를 마련하면서 헌법 제75조와 같이 '구체적으로 범위를 정하여'라는 문구를 사용하고 있지 않기 때문에, 포괄위임금지원칙은 부령에 위임하는 경우에는 적용되지 않는다.

③ 명령을 발하는 행정관청이 폐지된 경우, 그 관청이 발한 집행명령의 효력이 상실된다.

④ 국무총리가 헌법에 위반된 직무상 행위를 한 경우 탄핵소추와 해임건의를 당할 수 있다.

**11** 국무총리에 대한 설명으로 옳은 것은?

① 국무총리를 대통령이 임명했으므로 국무총리는 대통령에 대해서는 책임을 지나 국회에 대해서는 정치적 책임을 지지 않는다.

② 국회의 국무총리 해임건의는 대통령에게 법적 구속력을 가지며, 대통령이 국무총리를 해임할 경우 국무위원 전체를 해임해야 한다.

③ 국회에서 국무총리의 해임건의안이 발의되었을 때에는 국회의장은 그 해임건의안이 발의된 후 처음 개의하는 본회의에 그 사실을 보고하고, 본회의에 보고된 때부터 24시간 이후 48시간 이내에 기명투표로 표결한다.

④ 국무총리는 국회의 동의를 얻어 대통령이 임명하나, 국무총리 해임에는 국회의 동의가 필요하지 않다.

**12** 국정감사·조사권에 대한 설명으로 옳은 것은?

① 대통령은 국무회의의 심의를 거쳐 국무위원을 임명한다.

② 현역을 면한 후가 아니면 국무위원이 될 수 없으므로 현역은 국방부장관이 될 수는 없다.

③ 군인이었던 자는 국무총리·국무위원 및 대통령으로 임명될 수 없다고 헌법은 규정하고 있다.

④ 행정각부의 장은 국정에 관하여 대통령을 보좌하며, 국무회의의 구성원으로서 국정을 심의한다.

**13** 국무위원에 대한 설명으로 옳은 것은?

① 현행헌법은 행정각부의 장이 아닌 국무위원은 인정될 수 없다.

② 헌법상 행정각부의 장은 반드시 국무위원이어야 한다.

③ 국무위원은 국정에 관하여 국무총리를 보좌하며, 국무회의의 구성원으로서 국정을 심의한다.

④ 국무위원은 대통령과 상하관계에 있으므로 대통령으로부터 지휘·감독을 받는다.

**14** 국무위원에 대한 설명으로 옳은 것은?

① 행정각부의 장과 달리 국무위원은 소관 사무에 한계가 있다.

② 국무위원은 임명권자가 해임할 수 있으며, 국무위원에 대한 해임건의권의 행사는 국회에 전속된다.

③ 국무위원은 군인의 경우 현역을 면한 후가 아니면 임명될 수 없으며, 국회의 해임의결에 의해 해임된다.

④ 현행헌법상 설치가능한 행정각부의 최대 수는 30개이다.

**15** 국무회의에 대한 설명으로 옳은 것은?

① 국무회의는 행정부의 권한에 속하는 중요한 정책을 심의하는 최고정책 심의기관으로서 헌법상 필수기관이다.

② 국무회의는 정부의 권한에 속하는 중요한 정책을 의결한다.

③ 국무회의는 정부의 권한에 속하는 중요한 정책을 집행하는 기관이다.

④ 국무회의는 대외적으로 자신의 명의로 국가의사를 표시하는 합의제 행정청이다.

**16** 국무회의에 대한 설명으로 옳지 않은 것은?

① 대통령은 이라크에 군대를 파병하려면 국무총리와 관계 국무위원의 부서와 국무회의의 심의를 반드시 거쳐야 한다.

② 국무회의의 의결은 국가기관의 내부적인 의사결정행위로서 국민에 대하여 직접적인 법률효과를 발생시키므로 헌법소원심판의 대상이 되는 공권력의 행사에 해당한다.

③ 국무회의는 제헌헌법부터 제4차 개정헌법까지 의결기관이었고 제3공화국부터 국무회의는 심의기관이었는데, 제2공화국 헌법에서는 대통령은 국무원의 구성원이 아니었다.

④ 국무회의를 폐지하려면 헌법을 개정해야 한다.

**17** 국무회의에 대한 설명으로 옳은 것은?

① 헌법에 규정되어 있는 국무회의 심의사항에 대하여 심의를 거치지 아니한 대통령의 의사결정은 절차상 하자가 있으므로 위법이 된다.

② 국무회의의 의결은 대통령을 법적으로 구속하므로 대통령의 의사에 그 밖의 모든 국무위원이 반대하면 대통령은 이에 따라야 한다.

③ 국무회의는 대통령과 15인 이상 30인 이하의 국무위원으로 구성한다.

④ 국무총리는 대통령을 보좌하는 최상위의 지위에서 국무회의의 의장으로서 이를 주재한다.

**18** 정부에 대한 설명으로 옳지 않은 것은?

① 국무위원은 국무회의의 구성원으로서, 국무회의 의안 제출권, 대통령의 국법상 행위에 대한 부서권, 국회 출석·발언권 등을 가진다.

② 감사원장과 국가정보원장은 국무위원도 아니고 국무회의 구성원도 아니다.

③ 식품의약품안전처장은 필요한 경우 국무회의에 출석하여 발언할 수 있으며, 의안을 제출할 수 있다.

④ 서울특별시장은 국무회의 구성원은 아니나 국무회의에 배석한다.

**19** 국무회의에 대한 설명으로 옳은 것은?

① 국무위원은 정무직으로 하며 의장에게 의안을 제출할 수 있으나, 국무회의의 소집을 요구할 수는 없다.

② 국무회의 의장이 사고로 인하여 직무를 행할 수 없을 때에는 부의장이 그 직무를 대행하고, 의장과 부의장이 모두 사고가 있을 때에는 의장의 지명이 있는 경우에는 그 지명을 받은 국무위원이, 지명이 없는 경우에는 「정부조직법」 제26조 제1항에 규정된 순서에 따라 국무위원이 그 직무를 대행한다.

③ 위헌정당해산 제소안을 국무회의 심의에 부의할 것인지는 정부의 재량이므로 피청구인 소속 국회의원 등이 연루된 내란관련 사건이 발생한 상황에서 제출된 피청구인 해산심판청구에 대한 의안이 긴급한 의안에 해당한다고 판단하여 국무회의 심의를 생략했다고 하여 정부의 판단에 재량의 일탈이나 남용의 위법이 있다고 단정하기 어렵다.

④ 국무회의 의결정족수는 헌법에 규정되어 있지 않다.

**20** 국무회의에 대한 설명으로 옳지 않은 것은?

① 국무회의는 구성원 3분의 2 이상의 출석으로 개의하고, 출석구성원 과반수의 찬성으로 의결한다.

② 국무위원이 국무회의에 출석하지 못할 때에는 각부의 차관이 대리하여 출석하고, 대리로 출석한 차관은 관계 의안에 관하여 발언할 수 있으나 표결에 참가할 수 없다.

③ 대통령의 모든 국법상 행위는 부서를 요하나, 모든 국법상 행위에 국무회의 심의가 필요한 것은 아니다.

④ 국회의 임시회 집회의 요구, 헌법개정안·국민투표안·조약안·법률안 및 대통령령안은 국무회의의 심의를 거쳐야 한다.

제한시간 : 14분 **|** 시작시각 ___시 ___분 ~ 종료시각 ___시 ___분                      **나의 점수** _____

**01** 국무회의에 대한 설명으로 옳은 것은?

① 국무회의의 심의사항에 관하여 헌법 제89조는 정부의 권한에 속하는 중요정책으로서 소위 한정적 열거주의를 취하고 있다.

② 예산안·결산·국유재산처분의 기본계획·국가의 부담이 될 계약 기타 재정에 관한 중요사항은 국무회의 심의사항이다.

③ 국군을 외국에 파견하려면, 대통령은 국무회의의 심의를 거칠 수 있다.

④ 정부에 제출 또는 회부된 정부의 정책에 관계되는 청원의 심사는 국무회의 심의를 거칠 수 있다.

**02** 자문기관에 대한 설명으로 옳은 것은?

① 국정의 중요한 사항에 관한 대통령의 자문에 응하기 위하여 국가원로로 구성되는 국가원로자문위원회를 둔다.

② 국가원로자문회의의 의장은 전직대통령이 된다.

③ 국가원로자문회의의 의장은 직전대통령이 된다. 다만, 직전대통령이 없을 때에는 국무총리가 대행한다.

④ 국가원로자문회의는 제8차 개정헌법에서 처음 규정되었으나, 국가원로자문회의법은 폐지되었다.

**03** 자문기관에 대한 설명으로 옳은 것은?

① 국가안전보장회의는 필수적 기관이나, 국가안전보장에 관련되는 대외정책, 군사정책, 국내정책의 수립과 관련하여, 국가안전보장회의의 자문을 거치지 않아도 헌법에 위반된다고 할 수 없다.

② 국가안전보장에 관련되는 대외정책·군사정책과 국내정책의 수립에 관하여 국무회의의 심의에 앞서 대통령의 자문에 응하기 위하여 국가안전보장회의를 둘 수 있으며, 국가안전보장회의는 국무총리가 주재한다.

③ 국가안전보장회의는 외교정책이나 군사정책의 수립에 관한 대통령의 자문에 응하기 위해 설치하는 필요적 기관이므로, 국가안전보장회의의 의결은 대외적으로 효력이 있는 공권력 행사이다.

④ 현행헌법상 대통령에 대한 자문기관은 임의기관이다.

**04** 감사원에 대한 설명으로 옳은 것은?

① 1948년 제헌헌법에서는 국가의 수입지출의 결산을 검사하는 기관으로 심계원을 두었다.

② 「감사원법」을 개정하여 감사원을 국회의 소속하에 둘 수 있다.

③ 현행헌법은 국가의 세입·세출의 결산, 국가 및 법률이 정한 단체의 회계검사와 행정기관 및 공무원의 직무에 관한 감찰을 하기 위하여 대통령으로부터 독립한 감사원을 두고 있다.

④ 감사원은 기능적인 측면은 물론이고 그 조직적인 면에서도 독립기관이라 할 수 있다.

**05** 감사원에 대한 설명으로 옳은 것은?

① 감사원은 대통령에 소속하는 기관인데, 이때 대통령은 행정부의 수반이다.

② 감사원은 국가의 세입·세출의 결산, 국가 및 법률이 정한 단체의 회계검사와 행정기관 및 공무원의 직무에 관한 감찰을 하기 위하여 대통령 소속하에 설치되는 헌법기관으로서, 그 직무의 성격상 고도의 독립성이 보장되어야 하는 독임제 관청이다.

③ 감사원은 국무총리에 대한 종속적 기관이 아니기 때문에 그 직무수행에 있어서는 오직 대통령만이 구체적인 지시를 할 수 있다.

④ 감사원은 원장을 포함한 5인 이상 11인 이하의 감사위원으로 구성한다.

**06** 감사원에 대한 설명으로 옳은 것은?

① 감사위원회의는 감사원장을 포함한 감사위원 전원으로 구성하며, 감사위원회의는 재적 감사위원 과반수의 찬성으로 의결한다.

② 감사원은 감사원장과 7인의 감사위원으로 구성하며, 법률개정으로 감사위원의 수는 4인으로 축소하거나 12인으로 증원할 수 있다.

③ 감사원의 조직, 직무범위 등은 헌법을 개정하지 않고는 변경할 수 없다.

④ 감사위원은 변호사 자격을 가져야 한다.

**07** 감사원에 대한 설명으로 옳은 것은?

① 감사위원이 장기 심신쇠약으로 직무를 수행할 수 없게 된 때 감사위원회의의 의결을 거쳐 감사원장이 퇴직을 명한다.

② 감사원장은 국회의 동의를 얻어 감사위원 중에서 대통령이 임명하고, 감사원장의 임기는 4년으로 하며, 1차에 한하여 중임할 수 있다.

③ 감사원장은 국회의 동의를 얻어 대통령이 임명하며, 감사원장의 사고시에는 감사위원 중에서 연장자 순으로 그 권한을 대행한다.

④ 대통령은 국회의 동의 절차 없이 감사원장의 제청으로 감사위원을 임명한다.

**08** 감사원에 대한 설명으로 옳지 않은 것은?

① 「감사원법」이 감사위원의 정치운동을 금지하는 취지는 감사원의 독립성을 보장하기 위한 것이다.

② 감사위원이 탄핵소추의 의결을 받았거나 형사재판에 계속되었을 때에는 그 탄핵의 결정 또는 재판이 확정될 때까지 그 권한행사가 정지된다.

③ 감사위원은 탄핵 또는 금고 이상의 형의 선고에 의하지 아니하고는 파면되지 아니하며, 징계처분에 의하지 아니하고는 정직·감봉 기타 불리한 처분을 받지 아니한다.

④ 국가의 세입·세출의 결산, 국가 및 법률이 정한 단체의 회계검사의 권한을 국회로 이전하려면 헌법을 개정해야 한다.

**09** 감사원에 대한 설명으로 옳지 않은 것은?

① 감사원은 국회·법원·헌법재판소에 소속된 공무원을 대상으로는 직무감찰을 할 수 없으나, 중앙선거관리위원회 소속 공무원을 대상으로는 직무감찰을 할 수 있다.

② 국회, 법원, 헌법재판소 및 중앙선거관리위원회에 소속한 공무원은 감사원의 직무감찰에서 제외된다.

③ 감사원의 직무감찰기능에는 공무원의 비위감찰뿐만 아니라 법령·제도 또는 행정관리의 모순이나 문제점 개선 등에 관한 것도 포함된다.

④ 감사원은 소장급 이하의 장교가 지휘하는 전투를 주된 임무로 하는 부대의 사무와 그에 소속한 공무원의 직무에 대하여 감찰할 수 없다.

**10** 감사원에 대한 설명으로 옳은 것은?

① 감사원은 행정 및 입법기관의 사무와 그에 소속한 공무원의 직무 감찰권한을 갖는다.

② 감사원은 국가, 지방자치단체 등의 회계를 상시 검사·감독하여 그 적정을 기하는 기능을 가진다.

③ 감사원은 감사결과 범죄 혐의가 있다고 인정되는 공무원에 대해서 체포·구속·압수·수색할 수 있다.

④ 감사원의 징계 요구는 징계 요구 대상 공무원의 권리·의무에 직접적인 변동을 초래하므로 감사원의 징계 요구와 재심의결정이 항고소송의 대상이 되는 행정처분이다.

**11** 감사원에 대한 설명으로 옳지 않은 것은?

① 한국은행의 회계와 국가 또는 지방자치단체가 자본금의 2분의 1 이상을 출자한 법인의 회계는 감사원이 검사한다.

② 감사원은 필요하다고 인정하거나 기획재정부장관의 요구가 있는 경우에는 국가 또는 지방자치단체가 자본금의 일부를 출자한 자의 회계와 국가가 채무를 보증한 자의 회계에 대하여 검사한다.

③ 감사원의 변상판정처분에 대하여서는 행정소송을 제기할 수 없고, 재결에 해당하는 재심의 판정에 대하여서만 감사원을 당사자로 하여 행정소송을 제기할 수 있다.

④ 감사원의 변상책임의 판정에 대해서 본인, 소속 장관 등이 감사원에 재심의를 청구할 수 있는데, 재심의 요구로 변상판정의 집행은 정지되지 않는다.

**12** 감사원에 대한 설명으로 옳지 않은 것은?

① 18세 이상의 국민은 공공기관의 사무처리가 법령위반 또는 부패행위로 인하여 공익을 현저히 해하는 경우 대통령령으로 정하는 일정한 수 이상의 국민의 연서로 감사원에 감사를 청구할 수 있으나, 사적인 권리관계 또는 개인의 사생활에 관한 사항은 감사청구의 대상에서 제외된다.

② 18세 이상의 국민은 국회·법원·헌법재판소·선거관리위원회의 사무처리가 법령위반 또는 부패행위로 인하여 공익을 현저히 해하는 경우 대통령령으로 정하는 일정한 수 이상의 국민의 연서로 감사원에 감사를 청구할 수 있다.

③ 국회는 의결로 감사원에 대하여 「감사원법」에 따른 감사원의 직무범위에 속하는 사항 중 사안을 특정하여 감사를 요구할 수 있다. 이 경우 감사원은 감사요구를 받은 날부터 3개월 이내에 감사결과를 국회에 보고하여야 한다.

④ 부패방지법상의 국민감사청구제도는 일정한 요건을 갖춘 국민들이 감사청구를 한 경우에 감사원장으로 하여금 감사청구된 사항에 대하여 감사실시 여부를 결정하고 그 결과를 감사청구인에게 통보하도록 의무를 지운 것이므로, 이러한 국민감사청구에 대한 기각결정은 공권력주체의 고권적 처분이라는 점에서 헌법소원의 대상이 될 수 있는 공권력 행사에 해당된다.

**13** 감사원에 대한 설명으로 옳지 않은 것은?

① 감사원장의 국민감사청구기각결정에 대하여 곧바로 헌법소원심판을 청구한 것은, 위 결정의 취소를 구하는 행정소송을 제기하지 아니한 이상 보충성 요건을 결여하여 부적법하다.

② 헌법이 감사원을 독립된 외부감사기관으로 정하고 있는 취지, 국가기능의 총체적 극대화를 위하여 중앙정부와 지방자치단체는 서로 행정기능과 행정책임을 분담하면서 중앙행정의 효율성과 지방행정의 자주성을 조화시켜 국민과 주민의 복리증진이라는 공동목표를 추구하는 협력관계에 있다는 점에 비추어 보면, 감사원은 지방자치단체의 자치사무에 대해 합법성 감사뿐만 아니라 합목적성 감사도 실시할 수 있다.

③ 감사원의 지방자치단체에 대한 감사는 권한쟁의심판의 대상이 되는 처분에 해당한다.

④ 「감사원법」을 살펴보면, 지방자치단체의 사무의 성격이나 종류에 따른 감사기준의 구별을 찾아볼 수 없다.

**14** 감사원에 대한 설명으로 옳지 않은 것은?

① 중앙정부와 지방자치단체는 서로 행정기능과 행정책임을 분담하면서 중앙행정의 효율성과 지방행정의 자주성을 조화시켜 국민과 주민의 복리증진이라는 공동목표를 추구하는 협력관계에 있으므로, 지방자치단체의 자치사무에 대한 감사원의 감사를 합법성 감사에 한정하지 않아도 그 목적의 정당성과 합리성을 인정할 수 있다.

② 지방자치단체의 자치사무는 지방자치단체의 고유사무이므로 감사원의 사전적·포괄적 감사권은 인정되지 않고 사후적 감사만 허용된다.

③ 감사원장이 '공공기관 선진화 계획'에 따라 공공기관의 운영 실태를 점검한 후 공공기관을 구체적으로 거명하지 않은 채 감사책임자에게 그 문제점을 설명하고 자율시정하도록 개선방향을 제시한 행위는, 행정지도로서의 한계를 넘어 규제적·구속적 성격을 가진다고 할 수 없으므로 헌법소원심판의 대상이 되는 공권력의 행사에 해당하지 않는다.

④ 국가가 사인(청구인)에 대하여 이미 여러 차례 감사를 실시하였으나 아무런 문제점을 발견하지 못하였음에도 다시 정기점검이란 명목으로 종합적인 감사를 단행한 이 사건 감사가 청구인들에게 수인한도를 넘는 과중한 부담을 부과함으로써 헌법상 보장된 청구인들의 영업의 자유를 형해화한 것으로 볼 수 없다.

**15** 선거관리위원회에 대한 설명으로 옳은 것은?

① 중앙선거관리위원회는 제5차 개정헌법에서 처음 규정되었고, 각급선거관리위원회가 가장 처음 규정된 것은 제8차 개정헌법이었다.

② 선거관리위원회는 선거와 국민투표의 공정한 관리와 정당에 관한 사무를 처리하는 헌법상 필수적 합의제 독립기관(관청)을 말한다. 선거관리위원회의 업무는 그 성질상 행정작용에 해당하지만, 그 조직과 기능면에서는 독립된 기관으로서의 지위를 갖는다.

③ 선거와 국민투표의 공정한 관리 및 정당에 관한 사무를 처리하기 위하여 대통령 소속하에 선거관리위원회를 둔다.

④ 위원 4분의 1 이상의 요구가 있을 때에는 위원장은 회의를 소집하여야 하며, 위원장이 회의소집을 거부할 때에는 회의소집을 요구한 4분의 1 이상의 위원이 직접 회의를 소집할 수 있다.

**16** 선거관리위원회에 대한 설명으로 옳은 것은?

① 각급선거관리위원회 위원 정수는 9인이다.

② 중앙선거관리위원회 위원의 임기는 6년으로 하며, 법률이 정하는 바에 의하여 연임할 수 있다.

③ 중앙선거관리위원회 외에 각급 구·시·군선거관리위원회도 헌법에 의하여 설치된 기관으로서 헌법과 법률에 의하여 독자적인 권한을 부여받은 기관에 해당하고, 따라서 피청구인 강남구선거관리위원회도 당사자 능력이 인정된다.

④ 선거관리위원회의 헌법상의 직무는 선거와 국민투표의 공정한 관리이며, 법률에 의하여 추가된 직무는 정당에 관한 사무의 처리이다.

**17** 선거관리위원회에 대한 설명으로 옳지 않은 것은?

① 헌법규정상 선거관리위원회는 선거, 국민투표, 정당, 정치자금에 관한 사무를 처리할 권한이 있다.

② 각급선거관리위원회는 선거인명부 작성 등 선거사무와 국민투표사무에 관하여 행정기관에 지시할 권한이 있고, 각급선거관리위원회의 선거인명부의 작성 등 선거사무와 국민투표사무에 관하여 관계 행정기관에 필요한 지시를 받은 당해 행정기관은 이에 응하여야 한다.

③ 각급선거관리위원회가 선거사무를 위하여 인원·장비의 지원 등이 필요한 경우, 지시 또는 협조요구를 받은 행정기관이나 협조요구를 받은 공공단체 및 개표사무 종사원을 위촉받은 「은행법」 제2조의 은행은 우선적으로 그에 응하여야 한다.

④ 행정기관이 선거·국민투표 및 정당관계법령을 제정·개정 또는 폐지하고자 할 때에는 미리 당해 법령안을 중앙선거관리위원회에 송부하여 그 의견을 구하여야 한다.

**18** 선거관리위원회에 대한 설명으로 옳은 것은?

① 중앙선거관리위원회의 위원장은 중앙선거관리위원회 위원 중에서 대통령이 지명하여 임명한다.

② 위원장이 사고가 있을 때에는 위원 중에서 임시위원장을 호선하여 위원장의 직무를 대행하게 한다.

③ 감사원장이 사고가 있을 때에는 최장기간 재직한 감사위원이, 중앙선거관리위원장이 사고가 있을 때에는 최장기간 재직한 선거관리위원이 그 직무를 대행한다.

④ 국회는 불성실한 업무수행을 이유로 탄핵소추할 수 없고, 선거관리위원회 위원의 해임을 건의할 수 없다.

**19** 선거관리위원회에 대한 설명으로 옳은 것은?

① 중앙선거관리위원회 위원은 국회의 탄핵소추 대상이 되나, 구·시·군선거관리위원회 위원은 국회의 탄핵소추 대상이 되지 아니한다.

② 헌법상 중앙선거관리위원회 위원은 정당에 가입하거나 정치에 관여할 수 없고, 다른 공직을 겸직할 수 없다.

③ 법관과 법원공무원 및 교육공무원 이외의 공무원은 각급선거관리위원회의 위원이 될 수 없다.

④ 국회에 교섭단체를 구성한 정당은 시·도선거관리위원회의 위원을 추천할 수 없다.

**20** 선거관리위원회에 대한 설명으로 옳은 것은?

① 공직선거에 관한 사무처리예규는 개표관리 및 투표용지의 유·무효를 가리는 업무에 종사하는 각급선거관리위원회 직원 등에 대한 업무처리지침 내지 사무처리준칙에 불과할 뿐 국민이나 법원을 구속하는 효력이 없는 행정규칙이므로 헌법소원의 대상이 되지 않는다.

② 선거운동은 각급선거관리위원회의 관리하에 법률이 정하는 범위 안에서 하되, 균등한 기회가 보장되어야 하며, 선거에 관한 경비는 정당에 부담시킬 수 있으나 후보자에게는 부담시킬 수 없다.

③ 선거에 관한 경비는 정당 또는 후보자가 부담하는 것이 원칙이므로 법률에 정하는 경우를 제외하고는 국가에 부담시킬 수 없다.

④ 「정치자금법」 제27조(보조금의 배분)의 규정에 따라 보조금의 배분대상이 되는 정당이 당내경선사무 중 경선운동, 투표 및 개표에 관한 사무의 관리를 당해 선거의 관할 선거구선거관리위원회에 위탁하는 경우 모든 수탁관리비용은 당해 정당이 부담한다.

# 18회 진도별 모의고사

선거관리위원회 ~ 헌법기관

정답 및 해설 p.291

제한시간 : 14분 | 시작시각 ___시 ___분 ~ 종료시각 ___시 ___분　　　　　　나의 점수 _____

**01** 선거관리위원회에 대한 설명으로 옳지 않은 것은?

① 중앙선거관리위원회 위원은 현행범인이 아니면 체포·구속·소추되지 아니한다.

② 「공직선거관리규칙」은 중앙선거관리위원회가 헌법 제114조 제6항 소정의 규칙제정권에 의하여 「공직선거법」에서 위임된 사항과 대통령·국회의원·지방의회의원 및 지방자치단체의 장의 선거의 관리에 필요한 세부사항을 규정함을 목적으로 하여 제정된 법규명령이다.

③ 지방선거관리사무는 지방자치단체의 자치사무이므로 피청구인 국회가 그것이 자치사무라는 전제하에 2005. 8.4. 「공직선거법」 제122조의2를 개정하여 지방선거관리비용을 해당 지방자치단체에게 부담시킨 것은 헌법과 법률에 의하여 부여받은 지방자치단체의 지방재정권을 침해한 것은 아니다.

④ 강남구선거관리위원회의 청구인 서울특별시 강남구에 대한 지방자치단체 선거관리경비 산출 통보행위는 서울특별시 강남구는 2006년 예산편성 권한을 행사하는 데 법적 구속을 받게 되는 것은 아니므로 권한쟁의심판의 대상이 되는 처분이 아니다.

**02** 국가기관의 정족수에 관한 설명으로 옳은 것은?

① 국가인권위원회는 출석위원 과반수의 찬성으로 의결한다.

② 중앙선거관리위원회는 위원과반수의 출석으로 개의하고 출석위원 과반수의 찬성으로 의결하며, 가부동수인 때에는 부결된다.

③ 헌법재판소 재판관회의는 재판관 전원의 3분의 2를 초과하는 인원의 출석과 출석인원 과반수의 찬성으로 의결한다.

④ 대법관회의는 대법관 전원의 과반수 출석에 출석 과반수의 찬성으로 의결하며, 의장은 가부동수(可否同數)일 때에는 결정권을 가진다.

**03** 헌법기관 구성원 수에 관한 설명으로 옳은 것은 몇 개인가?

> ㉠ 국회의원의 정수는 헌법에 규정되어 있다.
> ㉡ 행정각부의 정수는 헌법에 규정되어 있다.
> ㉢ 헌법재판소 재판관의 수는 헌법에 9인으로 규정되어 있다.
> ㉣ 중앙선거관리위원회 위원은 헌법에 9인으로 규정되어 있다.
> ㉤ 국무회의의 구성원 수는 헌법에서 최소 15인 최대 30인으로 규정되어 있다.
> ㉥ 감사위원의 수는 헌법에 감사원장을 포함하여 7인으로 규정되어 있다.
> ㉦ 대법관은 헌법에 14인으로 규정되어 있다.
> ㉧ 「정부조직법」상 국무위원 수는 18인이다.
> ㉨ 국회의장 1인과 부의장 2인으로 헌법에 규정되어 있다.
> ㉩ 국회의원의 수는 법률로 정하되, 300인 이상으로 한다.

① 1개　　　　　　② 2개

③ 3개　　　　　　④ 4개

**04** 권한대행, 직무대행에 관한 설명으로 옳은 것은 몇 개인가?

> ㉠ 헌법재판소장이 궐위되거나 사고로 말미암아 직무를 수행할 수 없을 때에는 다른 재판관이 연장자 순으로 대행한다.
>
> ㉡ 감사원장이 사고로 인하여 직무를 수행할 수 없을 때에는 다른 감사위원이 감사원규칙이 정하는 순서에 따라 그 권한을 대행한다.
>
> ㉢ 대법원장이 궐위되거나 사고로 인하여 직무를 수행할 수 없는 때에는 대법원규칙이 정하는 바에 따라 그 권한을 대행한다.
>
> ㉣ 대법원장의 궐위시 대법관 중 최연장자가 그 권한을 대행한다.
>
> ㉤ 중앙선거관리위원회 위원장이 사고가 있을 때에는 최장기간 재직한 선거관리위원회 위원이 직무를 대행한다.
>
> ㉥ 대법원장이 궐위되거나 부득이한 사유로 직무를 수행할 수 없을 때에는 수석대법관, 선임대법관이 그 권한을 대행한다.
>
> ㉦ 감사원장이 사고가 있을 때에는 연장자인 감사위원이, 중앙선거관리위원장이 사고가 있을 때에는 최장기간 재직한 선거관리위원이 그 직무를 대행한다.

① 0개      ② 1개

③ 2개      ④ 3개

**05** 헌법기관에 관한 설명 중 헌법조항과 일치하는 것은 몇 개인가?

> ㉠ 법관은 탄핵 또는 금고 이상의 형의 선고에 의하지 않고는 파면되지 아니하며, 징계처분에 의하지 아니하고는 정직·감봉 기타 불리한 처분을 받지 아니한다.
>
> ㉡ 감사위원은 탄핵결정 또는 금고 이상의 형의 선고에 의하지 않고는 파면되지 아니한다.
>
> ㉢ 헌법재판소 재판관은 탄핵 또는 금고 이상의 형의 선고에 의하지 않고는 파면되지 아니하며, 징계처분에 의하지 아니하고는 정직·감봉 기타 불리한 처분을 받지 아니한다.
>
> ㉣ 법관은 정당에 가입하거나 정치에 관여할 수 없다.
>
> ㉤ 중앙선거관리위원회 위원은 중대한 심신상의 장해로 직무를 수행할 수 없을 때에는 법률이 정하는 바에 의하여 퇴직하게 할 수 있다.
>
> ㉥ 헌법재판소 재판관은 헌법과 법률에 의하여 그 양심에 따라 독립하여 심판한다.
>
> ㉦ 중앙선거관리위원회 위원의 임기는 6년으로 하며, 법률이 정하는 바에 의하여 연임할 수 있다.

① 1개      ② 2개

③ 3개      ④ 4개

**06** 헌법기관 관련 임기, 중임과 연임에 관한 설명 중 옳지 않은 것은 몇 개인가?

> ㉠ 대통령은 연임할 수 없다.
>
> ㉡ 대법원장은 중임할 수 없다.
>
> ㉢ 중앙선거관리위원회 위원의 임기는 6년이며, 헌법에 의해 연임은 제한된다.
>
> ㉣ 대법관은 연임할 수 있다.
>
> ㉤ 헌법재판소 재판관은 법률이 정하는 바에 의하여 연임할 수 있다.
>
> ㉥ 감사원장의 임기는 4년으로 하며 1차에 한하여 중임할 수 있고, 감사위원의 임기는 4년으로 하며 법률이 정하는 바에 따라 연임할 수 있다.
>
> ㉦ 국무총리는 중임할 수 없다.
>
> ㉧ 헌법재판소장의 임기는 6년으로 하며 중임할 수 없다.

① 1개      ② 3개

③ 5개      ④ 7개

**07** 다음 중 중임할 수 없는 것을 모두 묶은 것으로 옳은 것은?

> ㉠ 대통령
> ㉡ 총리
> ㉢ 대법원장
> ㉣ 검찰총장
> ㉤ 재판관
> ㉥ 국가인권위원회 위원

① ㉠, ㉢, ㉣　　　　② ㉡, ㉤, ㉥

③ ㉠, ㉢, ㉣, ㉤　　④ ㉠, ㉢, ㉤, ㉥

**09** 다음 헌법기관 중 정년이 70세인 것은 몇 개인가?

> ㉠ 대통령
> ㉡ 국무총리
> ㉢ 대법원장
> ㉣ 대법관
> ㉤ 헌법재판소장
> ㉥ 헌법재판소 재판관
> ㉦ 감사원장
> ㉧ 감사위원

① 4개　　　　② 5개

③ 6개　　　　④ 7개

**08** 국가기관의 임기가 잘못 기재된 것은 다음 중 몇 개인가?

> ㉠ 대통령 5년
> ㉡ 국회의원 4년
> ㉢ 감사원장 4년
> ㉣ 감사위원 4년
> ㉤ 대법원장 6년
> ㉥ 대법관 6년
> ㉦ 법관 6년
> ㉧ 중앙선거관리위원회 위원 6년
> ㉨ 헌법재판관 6년
> ㉩ 국회의장 4년

① 1개　　　　② 2개

③ 3개　　　　④ 없음

**10** 다음 중 국회에서 선출 또는 추천이 인정되고 있지 않은 기관은 몇 개인가?

> ㉠ 대법관
> ㉡ 헌법재판소 재판관
> ㉢ 중앙선거관리위원회 위원
> ㉣ 감사위원
> ㉤ 국가인권위원회 위원
> ㉥ 국민권익위원회 위원

① 1개　　　　② 2개

③ 5개　　　　④ 6개

2022 해커스공무원 합격기 헌법 진도별 모의고사

**11** 국가기관 구성에 관한 국회의 동의가 필요한 것은 몇 개인가?

> ㉠ 국무총리
> ㉡ 대법원장
> ㉢ 헌법재판소장
> ㉣ 중앙선거관리위원장
> ㉤ 감사원장
> ㉥ 국가인권위원회 위원장
> ㉦ 대법관
> ㉧ 헌법재판소 재판관
> ㉨ 중앙선거관리위원회 위원
> ㉩ 감사위원
> ㉪ 국무위원

① 3개      ② 4개

③ 5개      ④ 6개

**12** 임명에 제청이 필요한 기관은 몇 개인가?

> ㉠ 국무위원
> ㉡ 행정각부의 장
> ㉢ 국무총리
> ㉣ 대법원장
> ㉤ 대법관
> ㉥ 감사원장
> ㉦ 감사위원
> ㉧ 헌법재판소 재판관
> ㉨ 법관

① 2개      ② 4개

③ 6개      ④ 8개

**13** 헌법기관 구성에 대한 설명 중 옳은 것을 모두 조합한 것은?

> ㉠ 대통령의 감사위원 임명에는 국회의 법적 관여가 인정되지 않는다.
> ㉡ 대법원장은 국회의 동의를 얻어 대법관 중에서 대통령이 임명한다.
> ㉢ 헌법재판소의 장은 국회의 동의를 얻어 재판관 중에서 대통령이 임명한다.
> ㉣ 중앙선거관리위원회는 대통령이 임명하는 9인의 위원으로 구성되며, 위원 중 3인은 국회에서 선출하는 자를, 3인은 대법원장이 추천하는 자를 임명한다.
> ㉤ 대법원장은 국가인권위원회 위원 3명을, 국민권익위원회 비상임위원 3명을, 공정거래위원회 위원 3명을 추천할 권한이 있다.

① ㉠, ㉢      ② ㉠, ㉢, ㉤

③ ㉡, ㉣, ㉤      ④ ㉢, ㉤

**14** 국가기관의 규칙제정권에 대한 설명으로 옳은 것은?

① 국회는 법령에 저촉되지 아니하는 범위 안에서 의사와 내부규율에 관한 규칙을 제정할 수 있다.

② 대법원은 법률에서 위임받은 범위 안에서 소송에 관한 절차, 법원의 내부규율과 사무처리에 관한 규칙을 제정할 수 있다.

③ 헌법재판소는 법률에 저촉되지 아니하는 범위 안에서 심판에 관한 절차, 내부규율과 사무처리에 관한 규칙을 제정할 수 있다.

④ 중앙선거관리위원회는 법률에 저촉되지 아니하는 범위 안에서 선거관리·국민투표관리 또는 정당사무에 관한 규칙을 제정할 수 있으며, 법령의 범위 안에서 내부규율에 관한 규칙을 제정할 수 있다.

**15** 다음 설명 중 공공복리와 공공필요가 헌법조항과 일치하는 것은 몇 개인가?

> ㉠ 재산권의 행사는 공공복리에 적합하도록 하여야 한다.
>
> ㉡ 공공필요에 의한 재산권의 수용·사용 또는 제한 및 그에 대한 보상은 법률로써 하되, 정당한 보상을 지급하여야 한다.
>
> ㉢ 출석의원 과반수의 찬성이 있거나 의장이 공공복리를 위하여 필요하다고 인정할 때에는 공개하지 아니할 수 있다.
>
> ㉣ 대통령은 내우·외환·천재·지변 또는 중대한 재정·경제상의 위기에 있어서 국가의 안전보장 또는 공공복리를 유지하기 위하여 긴급한 조치가 필요하고 국회의 집회를 기다릴 여유가 없을 때에 한하여 최소한으로 필요한 재정·경제상의 처분을 하거나 이에 관하여 법률의 효력을 가지는 명령을 발할 수 있다.
>
> ㉤ 재판의 심리와 판결은 공개한다. 다만, 심리는 국가의 안전보장 또는 안녕질서를 방해하거나 공공복리를 해할 염려가 있을 때에는 법원의 결정으로 공개하지 아니할 수 있다.
>
> ㉥ 국민의 모든 자유와 권리는 국가안전보장·질서유지 또는 공공필요를 위하여 필요한 경우에 한하여 법률로써 제한할 수 있으며, 제한하는 경우에도 자유와 권리의 본질적인 내용을 침해할 수 없다.

① 1개 　　　　　② 2개

③ 3개 　　　　　④ 4개

**16** 헌법조문에 관한 내용으로 옳은 것은?

① 헌법은 국회의원의 임기, 계엄의 종류 및 국무회의의 심의사항 등에 관하여 법률로 정하도록 규정하고 있다.

② 국회의 요구가 있을 때 국무총리, 국무위원, 정부위원은 출석하여 답변해야 한다.

③ 대통령이 출석요구를 받은 때에는 국무위원 또는 정부위원으로 하여금 출석·답변하게 할 수 있다.

④ 의무교육의 무상 여부는 법률로 정한다.

**17** 헌법조문에 관한 내용으로 옳은 것은 몇 개인가?

> ㉠ 대통령이 궐위되거나 사고로 인하여 직무를 수행할 수 없을 때에는 법률이 정한 국무위원의 순서로 그 권한을 대행한다.
>
> ㉡ 대통령은 필요하다고 인정할 때에는 외교·국방·통일 기타 국가안위에 관한 중요정책과 신임을 국민투표에 붙일 수 있다.
>
> ㉢ 대통령은 조약을 체결·비준하고, 외교사절을 신임·접수 또는 파견하며, 선전포고와 강화를 한다.
>
> ㉣ 국군의 조직과 편성은 대통령령으로 정한다.
>
> ㉤ 대통령은 헌법에서 구체적으로 범위를 정하여 위임받은 사항과 헌법을 집행하기 위하여 필요한 사항에 관하여 대통령령을 발할 수 있다.
>
> ㉥ 대통령은 사면을 명하려면 국회의 동의를 얻어야 한다.
>
> ㉦ 국회에 제출된 법률안 기타의 의안은 회기 중에 의결되지 못한 이유로 폐기되지 아니한다. 다만, 국회의원의 임기가 만료된 때에도 또한 같다.
>
> ㉧ 대통령의 국법상 행위는 문서로써 하여야 하며, 이 문서에는 국무총리와 관계 국무위원이 부서한다. 다만, 군사에 관한 것도 또한 같다.
>
> ㉨ 법률안에 이의가 있을 때에는 대통령은 법률안이 이송된 날로부터 기간 내에 이의서를 붙여 국회로 환부하고, 그 재의를 요구할 수 있다. 국회의 폐회 중에도 또한 같다.
>
> ㉩ 국회는 정부의 동의 없이 정부가 제출한 지출예산 각항의 금액을 증가하거나 새 비목을 설치할 수 없다. 정부가 제출한 지출예산 각항의 금액을 감액하는 경우도 또한 같다.

① 1개 　　　　　② 2개

③ 3개 　　　　　④ 4개

**18** 헌법조문에 관한 내용으로 옳은 것은 몇 개인가?

> ㉠ 국무총리는 국회의 동의를 얻어 대통령이 임명한다.
> ㉡ 국무총리는 대통령을 보좌하며, 행정에 관하여 독자적으로 행정기관을 통할한다.
> ㉢ 국무위원은 국무총리의 건의로 대통령이 임명한다.
> ㉣ 국무위원은 국정에 관하여 국무총리를 보좌하며, 국무회의의 구성원으로서 국정을 심의한다.
> ㉤ 국무총리는 국무위원의 해임을 대통령에게 요구할 수 있다.
> ㉥ 국무총리는 국무회의의 부의장이 되며, 행정에 관하여 대통령의 명을 받아 행정각부를 통할한다.
> ㉦ 행정권은 국무총리를 수반으로 하는 정부에 속한다.
> ㉧ 국무회의는 정부의 권한에 속하는 중요한 정책을 집행한다.
> ㉨ 국무회의는 대통령·국무총리를 포함하여 국무위원 15인 이상 30인 이하로 구성한다.
> ㉩ 국무위원은 행정각부의 장 중에서 국무총리의 제청으로 대통령이 임명한다.
> ㉪ 국무총리 또는 행정각부의 장은 소관 사무에 관하여 법률이나 대통령령의 위임 또는 법률을 집행하기 위하여 필요한 사항에 대하여 총리령 또는 부령을 발할 수 있다.
> ㉫ 감사원은 세입·세출의 결산을 매년 검사하여 대통령과 차기국회에 그 결과를 보고하여야 한다.

① 1개  ② 2개
③ 3개  ④ 4개

**19** 헌법기관 구성원 수에 관한 설명으로 옳지 않은 것은 몇 개인가?

> ㉠ 국회의원의 정수는 헌법에 규정되어 있지 않고, 헌법은 하한수를 규정하고 있다.
> ㉡ 행정각부의 수는 「정부조직법」에서 알 수 있다.
> ㉢ 헌법재판소 재판관의 수는 헌법에 9인으로 규정되어 있다.
> ㉣ 중앙선거관리위원회 위원은 헌법에 9인으로 규정되어 있다.
> ㉤ 국무회의의 구성원 수는 헌법에서 최소 15인 최대 30인으로 규정되어 있다.
> ㉥ 감사위원의 수는 헌법에 감사장을 포함하여 7인으로 규정되어 있다.
> ㉦ 대법관은 헌법에 규정은 없고, 「법원조직법」에 대법원장 포함 14인으로 규정되어 있다.
> ㉧ 「정부조직법」상 국무위원 수는 18인이다.
> ㉨ 국회의장 1인과 부의장 2인으로 헌법에 규정되어 있다.
> ㉩ 국회의원의 수는 법률로 정하되, 300인 이상으로 한다.

① 1개  ② 2개
③ 3개  ④ 4개

**20** 선거관리위원회에 대한 설명으로 옳지 않은 것은?

① 각급선거관리위원회는 위원과반수의 출석으로 개의하고 출석위원 과반수의 찬성으로 의결하며, 가부동수인 경우 안건은 부결된다.

② 각급선거관리위원회의 의결을 거쳐 행하는 사항에 대하여는 원칙적으로 행정절차에 관한 규정이 적용되지 않는바, 이는 권력분립의 원리와 선거관리위원회 의결절차의 합리성을 고려한 것이다.

③ 선거관리위원회의 종류에는 중앙선거관리위원회, 특별시·광역시·도선거관리위원회, 구·시·군선거관리위원회 및 읍·면·동선거관리위원회가 있다.

④ 구·시·군선거관리위원회 위원의 임기는 3년으로 하되, 한 차례만 연임할 수 있다.

제한시간 : 14분 ┃ 시작시각 ___시 ___분 ~ 종료시각 ___시 ___분                    나의 점수 _____

**01** 사법권에 대한 설명으로 옳은 것은?

① 헌법재판권은 헌법재판소에 전속하므로 법원은 헌법재판권을 가지지 못한다.

② 우리나라 사법권은 법원에 전속한다는 관점에서 일원적 구조로 되어 있다.

③ 사법의 본질은 법 또는 권리에 관한 다툼이 있거나 법이 침해된 경우에 독립적인 법원이 원칙적으로 직접 조사한 증거를 통한 객관적 사실인정을 바탕으로 법을 해석·적용하여 유권적인 판단을 내리는 작용이다.

④ 행정작용에 의해 사실상 이익이 침해된 자는 법원에 제소할 수 있다.

**02** 사법권에 대한 설명으로 옳지 않은 것은?

① 사법작용은 적극적이고 능동적인 국가작용이라는 면에서 소극적이고 수동적 국가작용인 행정작용과 구별된다.

② 법원은 사법권을 가지므로 국가작용이 법을 위반했는지에 대한 합법성 통제권을 가지나, 국가작용이 법위반이 아니라면 국가작용이 합목적성을 갖느냐에 대해서는 통제권을 가지지 못한다.

③ 특별한 사정이 없는 한 우리나라의 영토 내에서 행하여진 외국의 사법(私法)적인 행위에 대하여는 해당 국가를 피고로 하여 우리나라의 법원이 재판권을 행사할 수 있다.

④ 제2차 세계대전 직후 남한 내 일본화폐 등을 금융기관에 예입하도록 한 미군정 법령은 국가의 주권적 행위이므로 국제관습법상 재판권이 미칠 수 없다.

**03** 사법권에 대한 설명으로 옳지 않은 것은?

① 외교사절의 재판면제특권은 헌법에 직접 규정되어 있지 않다.

② 법원은 기존의 법을 적용하여 분쟁을 해결하는 기능을 하므로, 정치적인 행위인 통치행위의 주체가 될 수 없다.

③ 고도의 정치적 결단에 의하여 행해지는 국가작용은 국민에 의하여 선출되고 국민에 대하여 책임을 지는 민주적 기관에 의하는 것이 원칙이므로, 헌법재판소는 그러한 국가작용이 국민의 기본권을 침해하였는가 여부에 관한 판단을 유보하지 않으면 안 된다고 판시하였다.

④ 대법원은 통치행위의 개념을 인정한다고 하더라도 과도한 사법심사의 자제가 기본권을 보장하고 법치주의 이념을 구현하여야 할 법원의 책무를 태만히 하거나 포기하는 것이 되지 않도록 그 인정을 지극히 신중하게 하여야 하며, 그 판단은 오로지 사법부만으로 의하여 이루어져야 한다고 보았다.

**04** 통치행위에 대한 설명으로 옳은 것은?

① 한미연합 군사훈련을 하기로 한 결정은 대통령의 국군통수권 행사 및 한반도를 둘러싼 국제정치관계 등 관련 제반 상황을 종합적으로 고려한 고도의 정치적 결단의 결과로서 통치행위에 해당하여 사법심사의 대상이 되지 않는다.

② 국회의원선거구 획정의 위헌 여부는 국민의 기본권과 직접적인 관련이 없기 때문에 헌법재판소의 심판대상이 아니다.

③ 군사반란 및 내란행위에 의하여 정권을 장악한 후 국민투표로 헌법 개정을 하였더라도 그 군사반란 및 내란행위는 법원이 사법적으로 심사할 수 있다.

④ 대통령이 긴급재정경제명령으로 금융실명제를 도입하는 것은 경제제도에 관한 긴급한 조치에 불과하여 기본권에 직접 영향을 주지 않으므로 헌법소원의 대상이 될 수 없다.

**05** 사법권 독립에 대한 설명으로 옳지 않은 것은?

① 연혁적으로 사법권의 독립은 입법부로부터의 독립에서 출발하였으나, 현대에 와서는 행정부로부터의 독립도 필요하다.

② 형사재판에 있어서 사법권의 독립은 심판기관인 법원과 소추기관인 검찰청의 분리를 요구함과 동시에 법관이 실제 재판에 있어서 소송당사자인 검사와 피고인으로부터 부당한 간섭을 받지 않은 채 독립하여야 할 것을 요구한다.

③ 대통령의 대법원장과 대법관 임명은 사법권의 독립에 반하여 헌법에 위반된다고 할 수 없다.

④ 법원은 「법원조직법」이나 「형사소송법」 등을 국회에 제출할 권한도 없고, 예산을 국회에 제출할 권한도 없다.

**06** 사법권 독립에 대한 설명으로 옳은 것은?

① 정부는 대법원의 세출예산요구액을 감액하고자 할 때에는 국무회의에서 대법원장의 의견을 들어야 하며, 정부가 대법원의 세출예산요구액을 감액한 때에는 그 규모 및 이유, 감액에 대한 대법원장의 의견을 국회에 제출하여야 한다.

② 사법권을 집행부로부터 독립하게 하기 위해서 법원의 독자적인 예산편성권을 인정하고 있으므로 정부는 대법원의 세출예산요구액을 감액할 수 없다.

③ 법원 예산편성권은 법원이 가지고 있으며, 법원의 예산을 편성함에 있어서는 사법부의 독립성과 자율성을 존중하여야 한다.

④ 「법원조직법」 제82조 제2항은 "법원의 예산을 편성할 때에는 사법부의 독립성과 자율성을 존중하여야 한다."라고 규정하고 있으므로, 현행 법률도로 법원의 독자적인 예산편성권이 인정되고 있다.

**07** 법관에 대한 설명으로 옳지 않은 것은?

① 사법권의 독립은 신분보장인 인적 독립(헌법 제105조, 제106조 등)은 법관의 재판상 독립인 물적 독립(헌법 제103조)을 목적으로 하는 것이다.

② 연혁적으로 보면 법관에 대한 신분보장규정이 공무원에 대한 신분보장규정보다 먼저 있었다.

③ 법관은 공무원이고 공무원에 대한 신분보장규정은 법관에게도 그대로 적용될 이치이고, 법관의 신분은 일반공무원에 비하여 가중보장되어야 한다.

④ 대법원장과 대법관의 임기를 10년으로 변경하려면 「법원조직법」 개정으로 변경할 수 있다.

**08** 법관에 대한 설명으로 옳은 것은?

① 헌법은 대법관의 정년을 70세, 판사의 정년을 65세로 규정하고 있다.

② 구 법원조직법이 법관의 정년을 직위에 따라 대법원장 70세, 대법관 65세, 그 이외의 법관 63세로 정한 것은 법관 업무의 성격과 특수성, 평균수명, 조직체 내의 질서 등을 고려하여 정한 것으로 그 차별에 합리적인 이유가 있다.

③ 법관의 정년에 대한 위헌 여부는 법관의 신분보장 정신에 따라 엄격한 심사를 해야 한다.

④ 법관정년제 자체의 위헌성 판단은 헌법규정에 대한 위헌주장으로 헌법재판소의 위헌판단의 대상이 되지 아니하며, 법관의 정년연령을 규정한 법률의 구체적인 내용도 헌법재판소의 위헌판단의 대상이 될 수 없다.

**10** 법관에 대한 설명으로 옳은 것은?

① 법관이 불성실하거나 사생활에 문제가 있더라도 국회는 탄핵소추할 수 없으나 해임건의할 수 있다.

② 탄핵에 의하여 파면된 법관은 결정 선고가 있는 날부터 5년이 지나지 아니하면 법관에 임용될 수 없다.

③ 법관에게 정직·감봉 기타 불리한 처분을 하려면 탄핵결정에 의해야 한다.

④ 대법원장은 사건 당사자에게 수차례 막말을 하여 법관의 품위를 손상하거나 법원의 위신을 떨어뜨린 법관을 법관징계위원회의 해임결정을 거쳐 해임할 수 있다.

**09** 법관에 대한 설명으로 옳은 것은?

① 우리나라 제헌헌법은 "법관은 탄핵, 형벌 또는 징계처분에 의하지 아니하고는 파면, 정직 또는 감봉되지 아니한다."라고 규정하여 징계처분에 의한 법관의 파면이 가능하도록 명시하였다.

② 법관은 징역 이상의 형의 선고에 의하지 아니하고는 파면되지 아니한다.

③ 법관은 탄핵, 금고 이상의 형의 선고 또는 징계처분에 의하지 아니하고는 파면되지 아니한다.

④ 법관은 탄핵 또는 금고 이상의 형의 선고에 의하지 아니하고는 파면되지 아니하며, 징계처분에 의하지 아니하고는 해임·정직·감봉 기타 불리한 처분을 받지 아니한다.

**11** 법관에 대한 설명으로 옳지 않은 것은?

① 판사의 연임에 대한 동의는 대법관회의의 의결을 거친다.

② 현행헌법상 대법관은 연임할 수 없으므로, 임기가 만료되는 대법관이 연임하는 것은 헌법 위반이다.

③ 법관이 중대한 신체상 또는 정신상의 장해로 직무를 수행할 수 없을 때에는, 대법관인 경우에는 대법원장의 제청으로 대통령이 퇴직을 명할 수 있고, 판사인 경우에는 인사위원회의 심의를 거쳐 대법원장이 퇴직을 명할 수 있다.

④ 법관이 중대한 신체상 또는 정신상의 장해로 직무를 수행할 수 없을 때에는, 판사인 경우에는 인사위원회의 심의를 거쳐 대법원장이 퇴직을 명할 수 있다.

**12** 법관에 대한 설명으로 옳은 것은?

① 법관에 대한 징계처분으로는 정직, 감봉, 견책만이 가능하고, 법관은 탄핵 또는 금고 이상의 형의 선고에 의하지 아니하고는 파면되지 아니하므로, 법관의 임기는 고도로 보장되며, 법관은 임기 중에는 탄핵 또는 금고 이상의 형의 선고에 의하지 아니하고는 그 직을 상실할 가능성이 없다.

② 법관징계위원회의 징계 등 처분에 대하여 불복하려는 경우에는 징계 등 처분이 있음을 안 날부터 14일 이내에 전심절차를 거치지 아니하고 대법원에 징계 등 처분의 취소를 청구하여야 한다.

③ 법관이 중대한 심신상의 장해로 직무를 수행할 수 없을 때에는 파면된다.

④ 판사가 중대한 신체상 또는 정신상의 장해로 직무를 수행할 수 없을 때에는, 대법원장의 제청으로 대통령이 퇴직을 명할 수 있다.

**13** 법관에 대한 설명으로 옳지 않은 것은?

① 헌법재판소는 판사임용요건으로서 10년 이상의 법조경력을 요구하는 개정 법원조직법 제42조 제2항에 관한 경과조치 규정인 부칙 제2조가 법개정 당시 이미 사법연수원에 입소한 사람들에게 적용되는 것은 신뢰보호의 원칙에 반하여 공무담임권을 침해한다고 보아 한정위헌결정을 하였다.

② 근무성적이 현저히 불량하여 판사로서 정상적인 직무를 수행할 수 없는 경우에 연임발령을 하지 않도록 규정한 구 법원조직법은 사법의 독립을 침해한다고 볼 수 없다.

③ '법관이 그 품위를 손상하거나 법원의 위신을 실추시킨 경우'를 법관에 대한 징계사유로 규정하고 있는 구 법관징계법 제2조 제2호는 명확성 원칙에 위배된다.

④ 구 법관 및 법원공무원 명예퇴직수당 등 지급규칙 제3조 제5항 본문에서 법관의 명예퇴직 수당액에 대하여 정년 잔여기간만을 기준으로 하지 아니하고 임기 잔여기간을 함께 반영하여 산정하도록 한 것이 평등원칙에 위배된다고 할 수 없다.

**14** 국무위원에 대한 설명으로 옳지 않은 것은?

① 헌법 제103조(법관은 헌법과 법률에 의하여 그 양심에 따라 독립하여 심판한다)는 법원의 인적 독립이 아니라 재판상 독립인 물적 독립을 보장하는 조항이다.

② 법관은 형사재판, 민사재판, 행정재판 등 모든 재판에 있어 형식적 의미의 법률뿐만 아니라 관습법 및 조리와 같은 불문법에 따라 심판하여야 한다.

③ 법관이 형사재판의 양형에 있어 법률에 기속되는 것은, 법률에 따라 심판한다고 하는 헌법규정에 따른 것으로 헌법이 요구하는 법치국가원리의 당연한 귀결이며, 법관의 양형판단재량권 특히 집행유예 여부에 관한 재량권은 어떠한 경우에도 제한될 수 없다고 볼 성질의 것은 아니다.

④ 법관에게는 그 양심에 따라 독립하여 재판할 수 있는 권한이 헌법상 보장되므로, 해당 사건에서는 상급법원의 재판에 기속되나 동종사건이나 유사사건에서 대법원 판례에 저촉되는 재판을 하였더라도 징계사유에 해당하지 않는다.

**15** 법관의 독립에 대한 설명으로 옳은 것은?

① 법원의 독립을 위하여 법원에 청원할 수 없다.

② 법원의 재판에 대한 판례평석은 법원의 독립에 반하므로 허용되지 않는다.

③ 사회세력으로부터의 법관의 독립을 보장하기 위하여 제척·기피·회피제도를 두고 있다.

④ 합의재판의 경우 법관은 재판장의 사실인정이나 법적 판단에 구속당하지 않는다.

**16** 법관의 독립에 대한 설명으로 옳은 것은?

① 헌법재판소의 법령에 대한 위헌결정과 마찬가지로 대법원 판결은 일반적 대세적 효력을 가진다.

② 「법원조직법」 제8조(상급법원 재판에서의 판단은 해당 사건에 관하여 하급심을 기속한다)는 헌법상 법관의 재판상 독립에 위배된다.

③ 「법원조직법」 제8조는 "상급법원의 재판에 있어서의 판단은 당해 사건에 관하여 하급심을 기속한다."라고 규정하지만 이는 심급제도의 합리적 유지를 위하여 당해 사건에 한하여 구속력을 인정한 것이고, 그 후의 동종의 사건에 대한 선례로서의 구속력에 관한 것은 아니다.

④ 법관에게는 그 양심에 따라 독립하여 재판할 수 있는 권한이 헌법상 보장되므로, 상급법원의 재판에 어떠한 경우에도 기속되지 않으며, 판례변경을 촉구하는 의미에서 대법원 판례에 저촉되는 재판을 하였더라도 징계사유에 해당하지 않는다.

**17** 양형위원회에 대한 설명으로 옳은 것은?

① 위원회는 위원장 1명을 포함한 13명의 위원으로 구성하되, 위원장이 아닌 위원 중 1명은 상임위원으로 한다.

② 양형위원회 위원장은 판사, 검사, 변호사 중에서 대법원장이 임명하거나 위촉한다.

③ 형을 정함에 있어 국민의 건전한 상식을 반영하고 국민이 신뢰할 수 있는 공정하고 객관적인 양형을 실현하기 위하여 각급법원에 양형위원회를 둔다.

④ 법원이 양형기준을 벗어난 판결을 하는 경우에는 판결서에 양형의 이유를 적어야 하며, 이는 약식절차 또는 즉결심판절차에 있어서도 마찬가지이다.

**18** 법원에 대한 설명으로 옳은 것은?

㉠ 대법원 양형위원회의 양형기준은 법관이 합리적인 양형을 정하는 객관적 기준으로서 법적 구속력을 가진다.

㉡ 양형기준은 법적 구속력을 가지고 있지만, 그동안 甲이 양형기준에서 정한 범위를 벗어난 판결을 하는 경우라도 판결서에 합리적이고 설득력 있는 방식으로 양형이유를 기재하였다면 문책대상은 아니다.

㉢ 궐석한 피고인은 변호인 또는 보조인도 공판절차에 출석시킬 수 없고, 법원은 최초의 공판기일에 공소사실의 요지와 검사의 의견만을 듣고 증거조사도 없이 결심하여 피고인에 대한 형을 선고하도록 규정한 반국가행위자 처벌에 관한 특별조치법 제7조 제6항, 제7항 본문은 사법권을 침해한다.

㉣ 사법보좌관에 의한 소송비용액 확정결정절차를 규정한 「법원조직법」은 사법보좌관의 처분에 대한 이의 등 불복절차는 실질적으로 재판청구인으로 하여금 사실상 또 하나의 심급을 거치게 하는 문제를 야기하므로, 이러한 이의절차를 두었다 하여 '법관에 의한 재판'에 합치된다고 보기도 어렵다.

㉤ 대한변호사협회징계위원회에서 징계를 받은 변호사는 법무부변호사징계위원회에서의 이의절차를 밟은 후 곧바로 대법원에 즉시항고하도록 한 법률조항은 법무부변호사징계위원회를 사실확정에 관한 한 사실상 최종심으로 기능하게 하므로 헌법에 위반된다.

① ㉠, ㉡   　　② ㉢, ㉣

③ ㉢, ㉤   　　④ ㉣, ㉤

**19** 법원에 대한 설명으로 옳지 않은 것은?

① 행정심판의 판단에 대하여는 법원에 의한 사실적 측면과 법률적 측면의 심사가 모두 가능하여야만 사법권이 법원에 속한다고 할 수 있다.

② 특허심판위원회의 결정에 대해 대법원에 상고만을 인정한 특허쟁송절차는 사법권을 침해한다.

③ 법원의 조직 및 법관의 자격을 법률로 정하는 것은 입법부가 사법부를 임의로 통제할 수 있게 하는 것을 의미하므로 사법부의 독립을 침해하는 것이다.

④ 검사의 10년 이상 구형시 법원의 무죄판결에도 불구하고 구속영장의 효력을 지속하도록 한 「형사소송법」은 사법권의 독립원칙에 위배된다.

**20** 법원에 대한 설명으로 옳지 않은 것은?

① 회사정리절차의 개시와 진행 여부에 관한 법관의 판단을 금융기관 내지 성업공사 등 이해당사자의 의사에 실질적으로 종속시키는 법조항은 사법권을 형해화하는 것이고 사법권의 독립을 위협할 소지가 있다.

② 형법조항이 집행유예의 요건을 '3년 이하의 징역 또는 금고의 형을 선고할 경우'로 한정하고 있는 것은 법관의 양형판단권을 근본적으로 제한하거나 사법권의 본질을 침해하지 아니한다.

③ 입법자가 뇌물죄에 대하여 가중처벌을 규정하고 그 법정형을 살인죄보다 무겁게 하여, 작량감경을 하여도 집행유예를 선고할 수 없도록 규정하였다면 이는 법관의 양형결정권을 침해하는 것이다.

④ 벌금형을 세금체납액 상당액으로 정액화시키는 법률은 법관의 양형결정권 침해에 해당하지 않는다.

제한시간 : 14분  |  시작시각 ___시 ___분 ~ 종료시각 ___시 ___분

나의 점수 _____

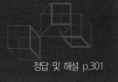
**01** 법원에 대한 설명으로 옳은 것은?

① 약식절차에서 피고인이 정식재판을 청구한 경우 약식명령의 형보다 중한 형을 선고할 수 없도록 한 것은, 피고인이 정식재판을 청구하는 경우 법관에게 부여된 형종에 대한 선택권이 검사의 일방적인 약식명령청구에 의하여 심각하게 제한되므로 법관의 양형결정권을 침해한다.

② 범행의 시기는 불문하고 선고유예기간 중 자격정지 이상의 형에 처한 판결이 확정되면 선고유예가 실효되는 것으로 규정하고 있는 「형법」 제61조 제1항은 법관의 양형결정권을 침해한다.

③ 부보(附保)금융기관 파산시 법원으로 하여금 예금보험공사나 그 임직원을 의무적으로 파산관재인으로 선임하도록 하고, 예금보험공사가 파산관재인으로 선임된 경우 구 파산법상의 파산관재인에 대한 법원의 해임권과 허가권 등 법원의 감독을 배제하는 법조항은 법원의 사법권 내지 사법권 독립을 침해하는 것이다.

④ 대법원장이 대법관 후보자의 임명을 제청할 때에는 대법관후보추천위원회에서 추천한 후보자를 존중한다.

**02** 법원에 대한 설명으로 옳은 것은?

① 대법원장의 판사보직권의 행사에 대해 소청심사와 행정소송을 거치지 아니하고 헌법소원심판을 청구할 수 없다는 것이 헌법재판소의 판례이다.

② 대법관은 대법원장의 제청으로 국회의 동의를 받아 대통령이 임명하고, 판사는 대법원장이 의결기관인 법관인사위원회의 심의를 거쳐 임명한다.

③ 대법관후보추천위원회는 선임대법관·법원행정처장·대한변호사협회장 등으로 구성되는데, 사법부의 독립을 위하여 행정부 소속 공무원은 대법관후보추천위원회의 위원이 될 수 없다.

④ 대법관은 대법원장의 제청으로 국회의 동의를 받아 대통령이 임명하는데, 대법원장은 대법관후보추천위원회가 추천하는 대법관 후보자 중에서 제청하여야 한다.

**03** 법원에 대한 설명으로 옳지 않은 것은?

① 대법원장은 다른 국가기관으로부터 법관의 파견근무 요청을 받은 경우에 업무의 성질상 법관을 파견하는 것이 타당하다고 인정되고 해당 법관이 파견근무에 동의하는 경우에는 그 기간을 정하여 이를 허가할 수 있다.

② 대법원장은 다른 국가기관으로부터 법관의 파견근무 요청을 받은 경우에 업무의 성질상 법관을 파견하는 것이 타당하다고 인정되면 해당 법관이 파견근무에 동의하지 않는 경우에도 이를 허가할 수 있다.

③ 법관으로서 퇴직 후 2년이 지나지 아니한 사람은 대통령비서실의 직위에 임용될 수 없다.

④ 법관은 보수가 있는 국가기관 외의 법인·단체의 고문, 임원 직위에 취임하려면 대법원장의 허가를 얻어야 하고, 보수가 없는 경우에도 허가를 요한다.

**04** 법원에 대한 설명으로 옳지 않은 것은?

① 대법원장은 법관을 사건의 심판 외의 직(재판연구관을 포함한다)에 보하거나 그 직을 겸임하게 할 수 있다.

② 사법보좌관은 법관의 감독을 받아 업무를 수행하며, 사법보좌관의 처분에 대해서는 대법원규칙으로 정하는 바에 따라 법관에게 이의신청을 할 수 있다.

③ 사법보좌관은 법관의 감독을 받아 업무를 수행하며, 사법보좌관의 처분에 대해서는 법관에게 이의신청을 할 수 없다.

④ 변론을 열어 판결하는 사건에 관하여는 단독으로 재판할 수 없는 판사는 합의부의 재판장이 될 수 없다.

**05** 법원에 대한 설명으로 옳지 않은 것은?

① 탄핵으로 파면된 후 5년이 지나지 않은 사람은 법관으로 임용할 수 없다.

② 금고 이상의 형을 선고받은 사람은 법관으로 임용할 수 없다.

③ 대법원장의 자격요건은 대법관이 될 수 있는 자격요건보다 가중되어 있지 않다.

④ 헌법재판소는 법관의 자격을 가진 9명의 재판관으로 구성하고, 대법원은 대법원장과 14명의 대법관으로 구성한다.

**06** 2011.7.18. 판사임용에 일정 법조경력을 요구하도록 법원조직법이 개정되었다. 이에 대한 설명으로 옳은 것은?

① 사법연수생들이 판사즉시임용제도에 관하여 가지고 있었던 신뢰는 국가의 입법행위를 통하여 제공된 것이 아니라 반사적으로 부여된 기회에 청구인들 스스로 형성한 것으로 보아야 한다.

② 2013.1.1.부터 판사임용자격에 일정기간 법조경력을 요구하는 「법원조직법」을 2011.7.18. 개정 당시 사법연수생에게 적용하는 「법원조직법」 부칙 제1조 단서는 심판대상조항으로 말미암아 청구인들이 입는 불이익은 그다지 크지 않은 반면, 법조경력을 갖춘 판사들이 재판업무를 담당하여 국민의 기본권 보호를 강화하고 사법에 대한 국민의 신뢰를 높이는 것은 매우 중대한 공익이므로, 신뢰보호원칙에 위배되지 않는다.

③ 「법원조직법」 개정 전에 사법연수원에 입소했다는 사실만으로 사법연수생에게 영구히 판사임용에 10년 이상 법조경력을 요구하는 개정법을 적용할 수 없다고 볼 수는 없다.

④ 2013.1.1.부터 판사임용자격에 일정기간 법조경력을 요구하는 「법원조직법」 부칙은 사법시험 합격 후 바로 사법연수원에 입소하지 못하고 병역의무의 이행으로 사법연수원의 입소 및 수료가 늦어져 이 사건 심판대상조항을 적용받는 것이 병역의무의 이행으로 인한 불이익한 처우에 해당한다.

**07** 법원에 대한 설명으로 옳은 것은?

① 고등법원과 대법원은 헌법상 법원이 아니다.

② 대법원, 고등법원, 특허법원, 지방법원, 가정법원, 행정법원, 군사법원, 회생법원은 「법원조직법」에 규정된 법원의 종류에 해당한다.

③ 법원의 설치·폐지 및 관할구역과 등기소의 설치·폐지 및 관할구역은 대법원규칙으로 정한다.

④ 대법원장은 법원 업무와 관련된 법률의 제정 또는 개정이 필요한 경우에는 국회에 서면으로 의견을 제출할 수 있다.

**08** 법원에 대한 설명으로 옳은 것은?

① 대법원장은 전원합의체에서 의장이 된다.

② 사법행정에 관한 중요사항은 대법관회의의 의결을 거쳐야 하나, 대법원장이 대법관회의의 의장이 되고, 표결에서 가부동수일 때에는 결정권을 가진다.

③ 대법관으로 구성되는 대법관회의는 대법관 전원의 3분의 2 이상의 출석과 출석인원 과반수의 찬성으로 의결하며, 판사의 임명에 대한 동의, 대법원규칙의 개정에 관한 사항, 고등법원의 판결에 대한 상고사건 등의 처리 권한을 가진다.

④ 대법원의 심판은 대법관 전원으로 구성되고 대법원장이 재판장이 되는 합의체에서 행한다.

**09** 법원에 대한 설명으로 옳은 것은?

① 대법원 재판서에 법정의견과 다른 의견을 가진 대법관은 의견을 표시할 수 있다.

② 대법관 3명 이상으로 구성된 부에서 법률이 헌법에 위반하는 것으로 인정하여 헌법재판소에 위헌제청할 수 있다.

③ 대법관 3명 이상으로 구성된 부에서 행정처분이 헌법에 위반하는지에 관하여 의견이 일치하지 않는 경우 대법관 3명 이상으로 구성된 부에서 재판할 수 있다.

④ 대법관 4명으로 구성된 부(部)에서, 명령 또는 규칙이 헌법에 위반되지 아니한다는 결정을 하는 것은 「법원조직법」에 위배된다.

**10** 법원에 대한 설명으로 옳은 것은?

① 명령이나 규칙이 헌법이나 법률에 위반된다고 대법관 3명 이상으로 구성된 부에서 재판할 수 있다.

② "대법원과 각급 법원의 조직은 법률로 정한다."라고 규정한 헌법 제102조 제3항에 따라 법률로 정해지는 '대법원과 각급 법원의 조직'에는 그 관할에 관한 사항도 포함되므로 대법원이 어떤 사건을 제1심으로서 또는 상고심으로서 관할할 것인지는 법률로 정할 수 있는 것으로 보아야 한다.

③ 대법원은 상고심, 재항고심의 관할만 가지므로 하급심법원의 판결이나 결정에 대한 불복이 있는 경우에 대하여만 종심으로 재판한다.

④ 해양사고사건에 대하여 중앙해양안전심판원의 재결에 대한 소송은 대법원이 단심으로 관할한다.

**11** 법원에 대한 설명으로 옳은 것은?

① 행정소송은 3심제이나, 특허소송은 2심제로 재판한다.

② 즉결심판에 대하여 피고인은 고지를 받은 날부터 10일 이내에 정식재판을 청구할 수 있다.

③ 고등법원·특허법원 및 행정법원의 심판권은 반드시 판사 3명으로 구성된 합의부에서 행사한다.

④ 시·군법원은 100만 원 이하의 벌금 또는 구류나 과료에 처할 범죄사건을 관할한다.

**12** 법원에 대한 설명으로 옳은 것을 모두 조합한 것은?

> ㉠ 일체의 법률적 쟁송을 심리·재판하는 작용인 사법작용은 헌법 그 자체에 의한 유보가 없는 한 오로지 대법원을 최고법원으로 하는 법원만이 담당할 수 있다.
> ㉡ 행정심판이 재판의 종심절차이면 헌법에 위배된다고 할 수 없다.
> ㉢ 이의신청 및 심사청구를 거치지 아니하면 지방세 부과처분에 대하여 행정소송을 제기할 수 없도록 한 구 지방세법 제78조 제2항은 헌법 제107조 제3항에 위반된다.
> ㉣ 현행헌법은 행정심판에 관하여 규정을 두고 있지 않으나, 재판의 전심절차로서 행정심판을 할 수 있으며, 행정심판의 절차에는 사법절차가 준용되어야 한다.
> ㉤ 구 산업재해보상보험법이 보험급여결정에 대한 행정소송을 제기하기 위하여 심사청구·재심사청구의 행정심판을 거치도록 한 것은 헌법 제107조 제3항에 위반된다고 할 수 없다.

① ㉠, ㉡, ㉢　　　　② ㉡, ㉢, ㉣

③ ㉠, ㉢, ㉤　　　　④ ㉡, ㉢, ㉤

**13** 법원에 대한 설명으로 옳지 않은 것은?

① 헌법은 '제5장 법원'에서 일반법원과 군사법원에 관하여 규정하고 있으며, 제5장의 표제어가 뜻하는 법원에는 군사법원이 포함되고 군사법원의 상고심은 대법원이다.

② 군사법원은 현행헌법이 명문으로 인정하고 있지 않지만, 법률에 의해 인정되는 특별법원이다.

③ 군사법원을 예외법원으로 보는 견해가 다수설인데, 예외법원설에 의하면 군사법원을 설치함에 있어서 조직, 권한이나 재판관의 자격을 일반법원과 다르게 정할 수 있다.

④ 군사법원의 조직·권한 및 재판관의 자격을 일반법원과 달리 정할 수 있다고 하여도 그것은 사법권의 독립 등 헌법의 근본원리에 위반되거나 기본권의 본질적 내용을 침해하여서는 아니 되는 헌법적 한계가 있다.

⑤ 특수법원과 달리 특별법원은 법률의 근거만으로는 설치할 수 없다.

**14** 군사법원에 대한 설명으로 옳은 것은?

① 보통군사법원에서는 군판사가 아닌 사람도 재판관이 될 수 있으나, 고등군사법원에서는 군판사가 아닌 사람은 재판관이 될 수 없다.

② 군법무관회의는 재적 구성원 3분의 2 이상의 출석과 출석 구성원 과반수의 찬성으로 의결한다.

③ 대법원은 대법관회의의 의결을 거쳐 군사법원의 내부 규율과 사무처리에 관한 군사법원규칙을 정한다.

④ 군사법원은 평시에도 초병에 대한 폭행, 협박죄를 범한 내국인에 대하여 관할권을 가지나, 외국인에 대하여는 관할권을 갖지 아니한다.

**15** 명령·규칙심사권에 대한 설명으로 옳지 않은 것은?

① 대법원을 비롯한 각급 법원은 명령이나 규칙이 헌법에 위반되는 여부에 대해 심사할 권한이 있다.

② 군사법원을 포함하여 각급 법원은 명령·규칙의 위법·위헌심사권을 행사할 수 있다.

③ 명령·규칙이 별도의 집행행위를 기다리지 않고 직접 기본권을 침해하는 경우 헌법 제107조 제2항의 명령·규칙심사를 한다.

④ 명령·규칙 또는 처분이 헌법이나 법률에 위반되는 여부가 재판의 전제가 된 경우, 법률심인 대법원뿐 아니라 하급심 법원도 그 명령·규칙 또는 처분의 위헌·위법 여부를 판단할 권한이 있다.

**16** 명령·규칙심사권에 대한 설명으로 옳은 것은?

① 대통령령이 헌법에 위반되는지 여부가 재판의 전제가 된 경우에는 법원은 헌법재판소에 제청하여 그 심판에 의하여 재판한다.

② 긴급명령이 헌법이나 법률에 위반되는 여부가 재판의 전제가 된 경우에는 대법원은 이를 최종적으로 심사할 권한을 가진다.

③ 법령보충적 행정규칙은 형식상 행정규칙이나 명령·규칙심사의 대상이 된다.

④ 헌법 제107조 제2항은 명령·규칙 등이 헌법이나 법률에 위반되는 여부가 재판의 전제가 된 경우 대법원이 이를 최종적으로 심사권을 가진다고 규정하고 있는데, 여기서 '규칙'은 행정규칙을 당연히 포함하는 개념이다.

**17** 대법원규칙제정권에 대한 설명으로 옳은 것은?

① 대법원은 법률에 저촉되지 아니하는 범위 안에서 소송에 관한 절차, 법원의 내부규율과 사무처리에 관한 규칙을 제정할 수 있다고 규정하고 있는 헌법 제108조에 규정된 규칙제정권의 대상은 예시적 열거라는 것이 일반적 견해이다.

② 대법원은 법률의 근거가 있는 경우에만 소송에 관한 절차, 법원의 내부규율과 사무처리에 관한 규칙을 제정할 수 있다.

③ 대법원은 헌법 제108조에 근거하여 사법권의 독립이나 사법권의 자율성을 위하여 규칙제정권을 가지기 때문에, 대법원규칙은 「헌법재판소법」 제68조 제1항에 의한 헌법소원심판의 대상이 될 수 없다.

④ 헌법 제108조 "대법원은 법률에서 저촉되지 아니하는 범위 안에서 소송에 관한 절차, 법원의 내부규율과 사무처리에 관한 규칙을 제정할 수 있다."에 열거하고 있는 사항은 법률에 의한 수권이 없으면 대법원규칙으로 정할 수 없다.

**18** 사법의 절차와 운영에 대한 설명으로 옳지 않은 것은?

① 대법원을 최고법원으로 하지만 3심제는 헌법상 제도가 아니다.

② 심급제도가 몇 개의 심급으로 형성되어야 하는가에 관하여 헌법이 전혀 규정하는 바가 없으므로, 이는 입법자의 광범위한 형성권에 맡겨져 있는 것이다.

③ 대법원의 최고법원성을 존중하면서 민사, 가사, 행정 등 소송사건에 있어서 상고심재판을 받을 수 있는 객관적 기준을 정함에 있어 개별적 사건에서의 권리구제보다 법령해석의 통일을 더 우위에 두는 것은 그 합리성이 있다고 할 수 없으므로 헌법에 위반된다.

④ 헌법 제101조 제2항에서 법원은 최고법원인 대법원과 각급 법원으로 구성한다고 규정한 것이 각급 법원의 심리를 거치고 난 뒤에는 어느 사건이건 모두 대법원에 상고할 수 있다는 취지의 규정으로는 이해되지 않는다.

**19** 심리 비공개사유에 대한 설명으로 옳은 것은?

① 재판의 심리와 판결은 공개한다. 다만, 심리는 국가의 안전보장 또는 안녕질서를 방해하거나 선량한 풍속을 해할 염려가 있을 때에는 법원의 판결로 공개하지 아니할 수 있다.

② 재판의 심리와 판결은 공개한다. 다만, 심리는 국가의 안전보장, 안녕질서 또는 공공복리를 해할 염려가 있을 때에는 법원의 결정으로 공개하지 아니할 수 있다.

③ 국가의 안전보장 또는 안녕질서를 방해하거나 선량한 풍속을 해할 염려가 있는 판결도 반드시 공개해야 한다.

④ 재판의 심리와 판결은 공개한다. 다만, 국가의 안전보장 또는 안녕질서를 방해하거나 선량한 풍속을 해할 염려가 있을 때에는 법원의 결정으로 심리와 판결을 공개하지 아니할 수 있다.

**20** 법정질서유지권에 대한 설명으로 옳지 않은 것은?

① 법정질서유지권은 소송사건의 내용과 직접 관계가 없으나, 성격상 재판장의 소송지휘권의 내용이라 볼 수 없다.

② 법관은 법정질서유지를 위하여 법정에서의 폭언, 소란 등의 행위로 법원의 심리를 방해하는 경우 20일 이내 감치에 처하거나 100만 원 이하의 과태료를 부과할 수 있고 양자를 병과도 할 수 있다.

③ 법정질서위반자는 법원의 감치처분에 대하여 불복할 수 없다.

④ 감치결정과 과태료 부과는 「형법」상의 형벌이 아니므로 「형법」과 「형사소송법」이 적용되지 않으므로 검사의 기소를 요하지 않는다.

제한시간 : 14분 | 시작시각 ___시 ___분 ~ 종료시각 ___시 ___분　　　나의 점수 _____

**01 헌법재판제도의 연혁과 의의에 대한 설명으로 옳은 것은?**

① 미국은 제정헌법인 1787년 헌법에 위헌법률심판을 규정하였고, 이를 미연방대법원이 판례를 통해 인정하고 있다.

② 미국은 헌법상 헌법재판권과 일반사법권이 이원적 구조로 되어 있고, 우리나라는 헌법재판권과 일반사법권이 일원적 구조로 되어 있다.

③ 영국의 법의 지배는 실정법 우위 전통으로 말미암아 형식적 법치주의로 흘렀다는 한계가 있다.

④ 위헌법률심판은 의회에 대한 불신을 배경으로 하며, 의회주권이 강한 국가에서 위헌법률심판이 적극적으로 수용될 수 없다.

**02 헌법재판제도의 연혁과 의의에 대한 설명으로 옳지 않은 것은?**

① 1960년 제3차 개정헌법에서는 구체적 규범통제, 권한쟁의심판, 탄핵심판, 정당해산심판, 헌법소원심판에 대한 관할권을 가진 헌법재판소가 도입되었으나 실제로 설치되지는 못하였다.

② 제3차 개정헌법은 위헌법률심판의 요건으로서 재판의 전제성을 규정하지 않아 「헌법재판소법」에서 추상적 규범통제를 채택할 수 있었다.

③ 제3차 개정헌법은 권한쟁의심판을 최초로 도입하면서 국가기관만 당사자로 규정하였다.

④ 1960년 개정헌법에서 헌법재판소는 대통령, 대법원장과 대법관의 선거에 관한 소송을 관장하도록 하였다.

**03 헌법재판소의 구성과 지위에 대한 설명으로 옳은 것은?**

① 국회에서 선출한 재판관이 국회의 폐회 또는 휴회 중에 그 임기가 만료되거나 정년이 도래한 경우 또는 결원된 경우에는 국회는 다음 집회가 개시된 후 30일 이내에 후임자를 선출하여야 한다.

② 국회에서 선출한 재판관이 국회의 폐회 또는 휴회 중에 그 임기가 만료되거나 정년이 도래한 경우 또는 결원된 경우에는 국회는 재판관을 선출할 의무를 지나 이는 「헌법재판소법」상 의무이지 헌법상 의무라 할 수 없다.

③ 대통령은 임기 중 재판관이 결원된 경우에 임기만료일 또는 정년도래일까지 후임자를 임명하여야 한다.

④ 헌법재판소장은 「헌법재판소법」 개정안을 국회에 제출할 수 있고, 헌법재판소 예산안을 국회에 제출할 수 있다.

**04 헌법재판의 심판절차와 운영에 대한 설명으로 옳지 않은 것은?**

① 헌법소원에서 청구인은 그가 변호사의 자격이 있는 경우를 제외하고는 변호사를 대리인으로 선임하지 아니하면 심판청구를 하거나 심판수행을 하지 못한다.

② 헌법재판소 전원재판부는 7명 이상의 출석으로 사건을 심리하며, 당사자는 동일한 사건에 대하여 2명의 재판관까지 기피할 수 있다.

③ 헌법재판소는 당사자의 신청이 없더라도 직권으로 증거를 수집하여 재판의 기초로 삼을 수 있다.

④ 재판부는 결정으로 다른 국가기관 또는 공공단체의 기관에 심판에 필요한 사실을 조회하거나, 기록의 송부나 자료의 제출을 요구할 수 있다. 다만, 재판·소추 또는 범죄수사가 진행 중인 사건의 기록에 대하여는 송부를 요구할 수 없다.

2022 해커스공무원 홍남기 헌법 진도별 모의고사

**05** 헌법재판의 심판절차와 운영에 대한 설명으로 옳은 것은?

① 헌법소원심판 도중에 대리인이 사임한 경우 기왕의 대리인의 소송행위는 무효가 되므로 헌법재판소는 헌법소원심판청구를 각하해야 한다.

② 각종 심판절차에서 당사자인 사인(私人)은 변호사를 대리인으로 선임할 수 있다.

③ 변호사가 선임되어 있는 경우에는 당사자 본인이 스스로의 주장과 자료를 헌법재판소에 제출하여 재판청구권을 행사하는 것은 허용되지 아니한다.

④ 변호사강제주의는 당사자가 사인인 경우 적용되는데, 헌법소원과 탄핵심판에 적용된다.

**06** 헌법재판의 심판절차와 운영에 대한 설명으로 옳지 않은 것은?

① 변호사를 선임하지 아니한 채 제기된 헌법소원을 재판관 3명으로 구성된 지정재판부에서 각하하도록 한 변호사강제주의는 재판청구권을 침해한다고 할 수 없다.

② 변호사의 자격이 없는 사인의 헌법소원심판청구나 주장 등 심판수행은 변호사인 대리인이 추인한 경우 적법한 헌법소원심판청구와 심판수행으로서 효력이 있다.

③ 각종 심판절차에서 당사자인 국가기관 또는 지방자치단체는 변호사 또는 변호사의 자격이 있는 소속 직원을 대리인으로 선임하여 심판을 수행하게 하여야 한다.

④ 탄핵심판은 재판관의 궐위로 인해 재판관 7명 이상이 출석하였더라도 심리할 수 있다.

**07** 헌법재판의 심판절차와 운영에 대한 설명으로 옳지 않은 것은?

① 헌법재판소 재판관은 탄핵대상이 되나, 국회는 재판관 3명을 동시에 탄핵소추의결할 수 없다.

② 종전에 헌법재판소가 판시한 헌법 또는 법률의 해석 적용에 관한 의견을 변경하는 경우에는 재판관 6명 이상의 찬성이 있어야 한다.

③ 권한쟁의심판 인용결정은 재판관 재적과반수의 찬성으로 한다.

④ 헌법재판소 전원재판부는 재판관 7명 이상의 출석으로 사건을 심리하며, 탄핵의 심판, 정당해산의 심판, 권한쟁의의 심판은 구두변론에 의한다.

**08** 헌법재판의 심판절차와 운영에 대한 설명으로 옳은 것은?

① 탄핵의 심판, 정당해산의 심판 및 권한쟁의의 심판은 구두변론에 의하고, 위헌법률의 심판과 헌법소원에 관한 심판은 서면심리에 의한다.

② 심판의 변론과 서면심리, 결정의 선고는 공개한다.

③ 심판의 변론과 종국결정의 선고는 심판정에서 해야 한다. 다만, 종국결정의 선고와 달리 변론은 헌법재판소장이 필요하다고 인정하는 경우 심판정 외에서 행해질 수 있다.

④ 보정명령기간 및 기피신청에 대한 결정기간은 「헌법재판소법」 제38조의 규정에 의한 헌법재판소의 심판기간(180일)에 산입한다.

**09** 헌법재판의 심판절차와 운영에 대한 설명으로 옳지 않은 것은?

① 헌법재판소는 심판사건을 접수한 날부터 180일 이내에 종국결정의 선고를 하여야 한다.

② 헌법소원심판에서 청구가 부적법하여 각하결정이 된 후 각하결정에서 판시한 요건의 흠결을 보완하여 다시 청구하는 것은 허용된다.

③ 재판장은 심판청구가 부적법하나 보정(補正)할 수 있다고 인정되는 경우에는 상당한 기간을 정하여 보정을 요구할 수 있다.

④ 법령의 위헌확인을 청구하는 헌법소원심판의 가처분에 관하여는 헌법재판의 성질에 반하지 아니하는 한도 내에서 「민사소송법」의 가처분규정과 「행정소송법」의 집행정지규정이 준용된다.

**10** 헌법재판의 다른 법령준용에 대한 설명으로 옳지 않은 것은?

① 「헌법재판소법」 제68조 제2항에 의한 헌법소원에서 당해 소원의 심판이 있을 때까지 그 소원의 전제가 된 민사소송절차의 일시정지를 구하는 가처분신청은 이유 없다.

② 「행정소송법」 제20조 제2항 단서(정당한 사유가 있는 경우 그러하지 아니하다)가 헌법소원심판에 준용됨에 따라 정당한 사유가 있는 경우에는 제소기간의 도과에도 불구하고 헌법소원심판청구는 적법할 수 있다.

③ 승소자의 당사자비용을 패소한 자에게 부담시키는 「민사소송법」과 「행정소송법」의 소송비용에 관한 규정들을 준용하는 것은 헌법재판의 성질에 반한다고 할 수 없다.

④ "재정신청이 있을 때에는 전조의 재정결정이 있을 때까지 공소시효의 진행을 정지한다."라고 규정하여 재정신청으로 공소시효가 정지됨을 명문으로 규정한 형사소송법 제262조의2는 불기소처분에 대한 헌법소원 청구시 적용되지 않는다.

**11** 헌법재판제도에 대한 설명으로 옳지 않은 것은?

① 정당해산심판의 청구서에는 해산을 요구하는 정당의 표시를, 권한쟁의심판의 청구서에는 피청구인의 표시를 해야 한다.

② 헌법소원의 심판청구서에는 침해된 권리와 청구 이유를 기재하여야 한다.

③ 위헌법률심판제청서와 헌법소원심판청구서에 피청구인을 기재해야 한다.

④ 모든 심판에서 심판에 관여한 모든 재판관은 결정서에 의견을 표시하여야 한다.

⑤ 헌법재판소는 결정일부터 14일 이내에 결정서 정본을 제청한 법원에 송달한다.

**12** 가처분에 대한 설명으로 옳지 않은 것을 모두 조합한 것은?

> ㉠ 「헌법재판소법」 제68조 제1항에 의한 헌법소원심판의 가처분에서는 현상유지로 인한 회복하기 어려운 손해 예방의 필요성, 효력정지의 긴급성 요건이 충족되어야 하며, 가처분을 인용한 뒤 본안심판이 기각되었을 때 발생하게 될 불이익과 가처분을 기각한 뒤 본안심판이 인용되었을 때 발생하게 될 불이익을 비교형량하여 인용 여부를 결정한다.
>
> ㉡ 처분심판에서 6명의 재판관이 출석하여 4명의 재판관이 인용의견을 냈다면 가처분심판 인용결정이 내려진다.
>
> ㉢ 「군사법원법」에 따라 재판을 받는 미결수용자의 면회횟수를 주 2회로 정한 군행형법 시행령 조항의 효력을 정지시키는 가처분을 신청한 사건에서, 헌법재판소는 국방에 관한 국가기밀이 누설될 우려가 있고 미결수용자의 접견을 교도관이 참여하여 감시할 수도 없다는 이유로 가처분신청을 기각하였다.
>
> ㉣ 입국불허결정을 받은 외국인이 인천공항출입국관리사무소장을 상대로 난민인정심사불회부결정취소의 소를 제기한 후 그 소송수행을 위하여 변호인접견신청을 하였으나 거부되자, 변호인접견 거부의 효력정지를 구하는 가처분신청을 한 사건에서, 헌법재판소는 변호인접견을 허가하여야 한다는 가처분 인용결정을 하였다.
>
> ㉤ 헌법재판소는 사법시험 제1차 시험을 4회 응시한 자는 마지막 응시 이후 4년간 제1차 시험에 다시 응시할 수 없도록 한 사법시험령 제4조 제3항에 대해 효력을 정지하는 가처분결정을 한 바 있다.

① ㉠, ㉡　　　　　　② ㉠, ㉢

③ ㉡, ㉢　　　　　　④ ㉣, ㉤

**13** 헌법재판소 결정에 대한 재심에 대한 설명으로 옳지 않은 것은?

① 정당해산심판절차에서는 재심을 허용하지 아니함으로써 얻을 수 있는 법적 안정성의 이익보다 재심을 허용함으로써 얻을 수 있는 구체적 타당성의 이익이 더 크므로 재심을 허용하여야 한다.

② 법령에 대한 「헌법재판소법」 제68조 제1항의 헌법소원심판의 경우 헌법재판소의 결정에는 재심에 의한 불복방법이 그 성질상 허용된다고 할 수 없다.

③ 「헌법재판소법」 제68조 제1항의 헌법소원심판에서 판단유탈은 재심사유에 해당한다는 것이 헌법재판소의 판례이다.

④ 「헌법재판소법」 제68조 제2항의 위헌법률심판을 구하는 헌법소원에 대해서는 「헌법재판소법」 제68조 제1항의 권리구제형 헌법소원심판의 경우와는 달리 재심이 허용될 수 있다.

**14** 위헌법률심판에 대한 설명으로 옳지 않은 것은?

① 현행 「헌법재판소법」에서 추상적 규범통제를 허용하지 않고 있으나, 「헌법재판소법」 개정으로 국회 재적 3분의 1 이상의 찬성으로 헌법재판소에 법률에 대한 규범통제를 청구할 수 있도록 할 수는 있다.

② 법률의 위헌 여부가 재판의 전제가 된 경우 법원은 헌법재판소에 제청하여 그 심판에 의하여 재판을 하는데, 여기서 말하는 재판에는 본안에 관한 재판 외에 소송절차에 관한 재판도 포함된다.

③ 민사소송법 제368조의2에 의한 인지첨부 보정명령이 '재판'에 해당한다.

④ 지방법원판사의 영장발부 여부에 관한 재판도 포함된다고 해석되므로 지방법원판사가 구속영장발부 단계에서 한 위헌 여부 심판제청은 적법하다.

**15** 위헌법률심판에 대한 설명으로 옳은 것은?

① 위헌법률심판의 적법요건으로서의 재판의 전제성에서 '재판'이라 함은 판결·결정·명령 등 그 형식 여하와 본안에 관한 재판이거나 소송절차에 관한 재판이거나를 불문하지만, 중간재판은 이에 포함되지 않는다.

② 재판의 전제성이 인정되기 위한 요건으로서 '법률의 위헌 여부에 따라 법원이 다른 내용의 재판을 하게 되는 경우'는 제청법원에 계속 중인 당해 사건의 재판의 주문에 영향을 주는 경우에 한정된다.

③ 재판의 전제성과 관련하여, 법원이 '다른 내용의' 재판을 하게 되는 경우라 함은 당해 사건 재판의 결론이나 주문에 영향을 주는 것뿐만이 아니라, 재판의 주문 자체에는 영향을 주지 않는다고 하더라도 재판의 내용과 효력에 관한 법률적 의미가 달라지는 경우도 포함한다.

④ 해당 법률규정의 위헌 여부에 따라 비록 판결주문의 형식적 내용이 달라지는 것이 아니라 그 판결의 실질적 효력에 차이가 있게 되는 경우, 위헌법률심판제청의 적법요건으로서 재판의 전제성이 인정되지 않는다.

**16** 위헌법률심판에 대한 설명으로 옳지 않은 것은?

① 법원이 당해 사건에 적용되는 법률에 대하여 헌법재판소에 위헌법률심판을 제청한 경우 헌법재판소는 해당 법률이 재판의 전제성이 있는지 여부에 관하여 당해 법원과 달리 판단할 수 없다.

② 법원으로부터 법률의 위헌 여부 심판의 제청을 받은 헌법재판소로서는 법률이 재판의 전제가 되는 요건을 갖추고 있는지의 여부를 심판함에 있어서 제청법원의 견해를 존중하는 것이 원칙이나, 재판의 전제와 관련된 사항에 대하여는 헌법재판소가 직권으로 조사할 수 있다.

③ 법률이 당해 사건에 적용되는지 여부가 불명(不明)인 경우에 재판의 전제성이 인정될 수 있다.

④ 재판의 전제성은 법원에 의한 법률의 위헌심판제청 당시에도 있어야 하고 헌법재판소의 위헌법률심판의 시점에도 충족되어야 한다.

**17** 위헌법률심판에 대한 설명으로 옳은 것은?

① 헌법재판소는 「헌법재판소법」 제68조 제1항에 의한 헌법소원심판청구에서와는 달리 위헌법률심판청구에 있어서는 헌법적 해명의 필요성 여부와 상관없이 위헌제청 이후 사정변경으로 재판의 전제성을 인정할 수 없게 된 경우 부적법각하결정을 하고 있다.

② 재판의 전제성은 법원에 의한 법률의 위헌심판제청 당시에만 구비되어 있으면 되고, 헌법재판소의 위헌법률심판의 시점까지 계속 충족되어야 하는 것은 아니다.

③ 재판의 전제성이 인정되려면 제청신청인의 권리에 어떠한 영향이 있어야 한다.

④ 제청 또는 심판청구된 법률조항이 법원의 당해 사건의 재판에 직접 적용되지 않는 경우, 그 위헌 여부에 따라 당해 사건의 재판에 직접 적용되는 법률조항의 위헌 여부가 결정된다면 간접 적용되는 법률규정에 대하여는 재판의 전제성을 인정할 수 있다.

**18** 위헌법률심판에 대한 설명으로 옳은 것은?

① 「헌법재판소법」 제68조 제2항에 의한 헌법소원심판에서 청구인들이 심판을 요청한 법률조항은 재판의 전제성이 없는 경우, 다른 법률조항이 재판의 전제성을 충족하더라도 헌법재판소는 이를 각하한다.

② 모법의 법률조항이 위헌으로 인정되는 경우 이에 근거한 시행령 규정 역시 적용할 수 없게 되기 때문에 그 한도 내에서 모법 규정은 당해 시행령 규정이 적용되는 사건에서 재판의 전제성이 있다.

③ 당해 소송의 원고를 평등원칙에 반하여 특정한 급부의 수혜대상으로부터 제외시키고 있는 법률규정의 경우, 그 법률규정이 위헌이나 헌법불합치로 선언된다고 하더라도 법원은 헌법재판소의 결정을 근거로 다른 내용의 판결을 할 수 없으므로 재판의 전제성이 부인된다.

④ 법률조항의 수혜범위에서 제외된 자가 부진정입법부작위를 다투는 경우, 그 조항에 대한 위헌결정만으로는 당해 사건의 결과에 영향이 없는 경우 재판의 전제성은 인정되지 않는다.

**19** 위헌법률심판에 대한 설명으로 옳지 않은 것은?

① 공소장에 적시되지 아니한 법률조항은 법원이 공소장 변경 없이 실제 적용하였다면 재판의 전제성이 인정된다.

② 형벌조항이 위헌제청 이후 면책사유가 추가되어 개정되었으나 개정법 시행 전의 행위에 대하여는 종전 규정에 따른다는 경과규정이 있는 경우 개정 전 법률조항은 재판의 전제성이 인정된다.

③ 「공직선거법」 개정 후에도 사과문 게재 명령의 불이행에 대하여 형사처벌을 한다는 점에는 변함이 없다면 법원이 개정되기 전 조항에 대해 위헌제청하였더라도 개정된 현행법 처벌조항의 위헌 여부는 심판대상이 되지 아니한다.

④ 병역의 종류를 규정한 「병역법」 조항이 대체복무제를 포함하고 있지 않다는 이유로 위헌으로 결정된다면, 양심적 병역거부자가 현역입영 또는 소집 통지서를 받은 후 3일 내에 입영하지 아니하거나 소집에 불응하더라도 대체복무의 기회를 부여받지 않는 한 당해 사건인 형사재판을 담당하는 법원이 무죄를 선고할 가능성이 있으므로, 위 「병역법」 조항은 재판의 전제성이 인정된다.

**20** 위헌법률심판에 대한 설명으로 옳지 않은 것은?

① 당해 사건 재판에서 승소판결을 받았다고 하더라도 그 판결이 확정되지 아니한 이상 상소절차에서 그 주문이 달라질 수 있다면, 당해 사건에 적용되는 법률조항은 재판의 전제성이 인정된다.

② 일정한 성범죄로 유죄판결이 확정된 자 등은 신상정보 등록대상자가 된다고 규정한 「성폭력범죄의 처벌 등에 관한 특례법」 제42조 제1항은 당해 형사사건에서 재판의 전제가 된다.

③ 형벌에 관한 법률이 그에 대한 위헌법률심판제청 후 개정되어 신법이 구법보다 피고인에게 유리하게 변경되었다면, 구법에 대한 위헌법률심판제청은 재판의 전제성이 상실된다.

④ 유죄확정판결에 의하여 몰수된 재산의 반환을 구하는 민사재판에서 유죄확정판결의 근거가 된 형벌조항의 위헌성을 다툴 수 없어, 그 형벌조항은 재판의 전제성이 인정되지 않는다.

제한시간 : 14분  |  시작시각 ___시 ___분 ~ 종료시각 ___시 ___분                    나의 점수 _____

**01** 위헌법률심판에 대한 설명으로 옳지 않은 것은?

① 다른 사건에서 헌법불합치결정에 따라 국회가 법을 개정하여 당해 사건에 개정된 법률이 적용되는 경우 헌법불합치결정이 된 종전의 법률조항은 당해 사건에서 재판의 전제성이 인정되지 않는다.

② 헌법불합치결정에서 정한 잠정적용기간 동안 헌법불합치결정을 받은 법률조항에 따라 퇴직연금환수처분이 이루어졌고 환수처분의 후행처분으로 압류처분이 내려진 경우, 압류처분의 무효확인을 구하는 당해 소송에서 헌법불합치결정에 따라 개정된 법률조항은 당해 소송의 재판의 전제가 인정되지 않는다.

③ 헌법재판소가 국가유공자 가족에 대한 가산점 10%를 부여하는 「국가유공자 등 예우 및 지원에 관한 법률」에 대해 헌법불합치결정을 하면서 2007.6.30.을 시한으로 입법자가 개정할 때까지 계속 적용을 명한 경우 2007.7.1. 전에 실시한 공립 중등학교 교사 임용후보자 선정 경쟁시험에서, 헌법불합치결정된 개정 전 규정에 따른 가산점 제도를 적용하여 한 불합격처분은 위법하다.

④ 공소장에 적시된 법률조항이라 하더라도 구체적 소송사건에서 법원이 적용하지 아니한 법률조항은 재판의 전제성이 인정되지 않는다.

**02** 위헌법률심판에 대한 설명으로 옳지 않은 것은?

① 법원이 심판대상조항을 적용함이 없이 다른 법리를 통하여 재판을 한 경우 심판대상조항의 위헌 여부는 당해 사건의 재판에 적용되거나 관련되는 것이 아니어서 재판의 전제성이 인정되지 않는다.

② 당해 소송에서 보전을 구하는 손해가 심판대상 법률조항의 위헌에 기인한 것이 아니라 그 조항에 근거한 구체적인 처분내용의 위법·부당으로 인한 것인 경우에도 재판의 전제성이 있다.

③ 행정처분의 근거법률이 헌법에 위반된다는 사정은 헌법재판소의 위헌결정이 있기 전에는 객관적으로 명백한 것이라고 할 수 없으므로 특별한 사정이 없는 한 그러한 하자는 행정처분의 취소사유에 해당할 뿐 당연무효사유는 아니어서, 제소기간이 경과한 뒤에는 행정처분의 근거법률이 위헌임을 이유로 무효확인소송 등을 제기하더라도 행정처분의 효력에는 영향이 없음이 원칙이다. 따라서 행정처분의 근거가 된 법률조항은 당해 행정처분의 무효확인을 구하는 당해 사건에서 재판의 전제가 되지 않는다.

④ 과태료를 자진납부함으로써 해당 질서위반행위에 대한 과태료 부과 및 징수절차가 종료하였고 행정소송 그 밖에 권리구제절차를 통하여 과태료 부과처분을 다툴 수 없게 되었다면, 과태료 부과처분의 근거법률인 심판대상조항이 위헌이라 하더라도 다른 특별한 사정이 없는 한 과태료 부과처분의 효력에 영향이 없어 재판의 전제성이 인정되지 아니한다.

**03** 위헌법률심판의 재판의 전제성에 대한 설명으로 옳지 않은 것을 모두 조합한 것은?

> ㉠ 「헌법재판소법」 제68조 제2항에 의한 헌법소원심판 청구인이 당해 사건인 형사사건에서 무죄의 확정판결을 받은 때에도 헌법재판소는 그 처벌조항의 위헌 여부에 대해 본안판단을 한다.
> ㉡ 소송 계속 중에 적용 법률에 대하여 위헌법률심판제청신청을 하여 헌법소원심판까지 이르게 된 경우 헌법재판소의 위헌결정이 있게 되면 당해 소송사건이 이미 확정된 때라도 당사자는 재심을 청구할 수 있으므로 재판의 전제성은 인정된다.
> ㉢ 제1심인 당해 사건에서 헌법소원심판을 청구하였는데, 당해 사건의 항소심에서 항소를 취하하는 경우 당해 사건이 종결되어 심판대상조항이 당해 사건에 적용될 여지가 없으므로 재판의 전제성이 인정되지 않는다.
> ㉣ 제1심인 당해 사건에서 헌법소원심판을 청구하였는데, 당해 사건의 항소심에서 소를 취하하는 경우 당해 사건이 종결되어 심판대상조항이 당해 사건에 적용될 여지가 없으므로 재판의 전제성이 인정되지 않는다.

① ㉠, ㉢　　　　② ㉡, ㉢
③ ㉢, ㉣　　　　④ ㉡, ㉣

**04** 위헌법률심판의 재판의 전제성에 대한 설명으로 옳지 않은 것을 모두 조합한 것은?

> ㉠ 법률조항이 당해 사건인 '재심청구 자체의 적법 여부에 대한 재판'에 적용되는 법률조항이 아니라 '본안 사건에 대한 재판'에 적용될 법률조항이라면 재심개시 여부 재판에서 재판의 전제성이 인정된다고 할 수 없다.
> ㉡ 당해 사건이 재심사건인 경우, 심판대상조항이 재심청구 자체의 적법 여부에 대한 재판에 적용되는 법률조항이 아니라 본안 사건에 대한 재판에 적용될 법률조항이라면, 재심청구가 적법하고 재심의 사유가 인정되는 경우에 한하여 재판의 전제성이 인정될 수 있다.
> ㉢ 법원이 재판의 전제성이 없다고 판단하여 소송당사자의 위헌법률심판제청신청을 각하한 경우 소송당사자가 「헌법재판소법」 제68조 제2항의 헌법소원심판을 청구하였다면 헌법재판소는 재판의 전제성을 인정할 수 있다.
> ㉣ 형사처벌의 근거로 된 법률의 위헌 여부는 확정된 유죄판결에 대한 재심사유의 존부와 재심청구의 당부에 대하여 직접적인 영향을 미치는 것이므로, 그 재심재판의 전제로 된다고 보아야 하므로 재심청구의 대상이 된 원판결에 적용된 구 변호사법은 '재심의 청구에 대한 심판'에서 재판의 전제성이 인정된다.
> ㉤ 확정된 유죄판결에서 처벌의 근거가 된 법률조항은 원칙적으로 '재심의 청구에 대한 심판', 즉 재심의 개시 여부를 결정하는 재판에서는 재판의 전제성이 인정되지만, 재심개시결정 이후의 '본안 사건에 대한 심판'에 있어서는 재판의 전제성이 인정되지 않는다.

① ㉠, ㉢　　　　② ㉢, ㉣
③ ㉡, ㉣　　　　④ ㉣, ㉤

**05** 재판의 전제성에 대한 설명으로 옳지 않은 것은?

① 법원에서 당해 소송사건에 적용되는 재판규범 중 위헌법률심판제청신청대상이 아닌 관련 법률에 규정한 소송요건(취소소송의 제소기간)을 구비하지 못하였기 때문에 부적법하다는 이유로 소각하 판결을 선고하고 그 판결이 확정된 경우에는 당해 소송사건에 관한 재판의 전제성이 흠결되어 부적법하다.

② 당해 소송사건에 적용되는 재판규범 중 위헌제청신청대상이 아닌 관련 법률에서 규정한 소송요건을 구비하지 못하여 부적법 각하될 수밖에 없는 때에는 소각하 판결이 확정되지 않았다고 하더라도 「헌법재판소법」 제68조 제2항에 의한 헌법소원심판청구는 재판의 전제성 요건이 흠결되어 부적법하다.

③ 제2차 세계대전 직후 남한 내 일본화폐 등을 금융기관에 예입하도록 한 미군정법령 제57조가 위헌임을 전제로 한 미합중국에 대한 손해배상 등 청구소송에서, 미군정법령 제57조의 재판의 전제성이 인정된다고 할 수 없다.

④ 당해 소송이 제1심과 항소심에서 심판대상법률이 아닌 다른 법률에서 규정한 소송요건이 결여되었다는 이유로 각하되었지만, 상고심에서 그 각하판결이 유지될지 불분명한 경우에도 재판의 전제성이 인정될 수 없다.

**06** 긴급조치 관련 헌법재판소 판례에 대한 설명으로 일치하지 않는 것은?

> 甲은 긴급조치 제1호 위반으로 유죄판결을 받았고 재심을 청구하였다. 재판 도중 법원에 위헌제청하였으나 법원이 재판의 전제성을 부정하여 각하결정하자 「헌법재판소법」 제68조 제2항의 헌법소원을 청구하였다. 헌법소원 도중 대법원은 甲에 대해 무죄판결을 확정하였다.
> 乙은 긴급조치 제9호 위반으로 유죄판결을 받았고 재심을 청구하였는데 긴급조치 제9호에 대해서는 재판의 전제성이 인정되지 않는다는 이유로 각하되자 「헌법재판소법」 제68조 제2항의 헌법소원심판을 청구하였다. 당해 사건 법원은 긴급조치 제9호가 위헌임이 명백하다는 乙의 주장을 재심사유로 인정하지 않고 재심청구를 기각하는 결정을 하였는데, 이에 대하여 청구인이 즉시항고하여 현재 대법원에서 심리 중이다.

① 甲은 헌법소원심판 도중 대법원이 무죄확정 판결을 했을지라도 긴급조치 제1호의 위헌 여부는 헌법적으로 해명할 필요가 있다는 점을 고려하면 재판의 전제성은 인정된다.

② 긴급조치 제9호(유언비어를 날조, 유포하거나 사실을 왜곡하여 전파하는 행위 등 금지)는 본안 사건에서 적용되는 규범이지 '재심의 청구에 대한 심판'에 적용되는 규범이 아니므로 재심의 개시 여부를 결정하는 재판에서는 재판의 전제성이 인정되지 않는다.

③ 헌법개정을 주장하는 등의 일체의 행위를 금지하는 긴급조치 제1호는 목적의 정당성을 인정할 수 없고, 기본권 제한에 있어서 준수되어야 할 방법의 적절성도 갖추지 못하였다.

④ 긴급조치의 위헌 여부에 대한 구체적 규범통제의 심사기준은 원칙적으로 헌법재판을 할 당시에 규범적 효력을 가지는 현행헌법이다.

**07** 위헌법률심판제청에 대한 설명으로 옳지 않은 것은?

① 각급 법원뿐 아니라 대법원, 군사법원은 위헌법률심판 제청권을 가진다.

② 수소법원뿐만 아니라 집행법원도 위헌법률심판제청권이 있으며, 헌법에 근거를 둔 특별법원인 군사법원과, 헌법 제107조 제3항 및 행정심판법 등에 근거를 두고 설치되어 행정심판을 담당하는 각종 행정심판기관도 제청권한을 갖는다.

③ 행정청이 행정처분 단계에서 당해 처분의 근거가 되는 법률이 위헌이라고 판단하여 그 적용을 거부하는 것은 권력분립의 원칙상 허용될 수 없으나, 행정처분에 대한 소송절차에서는 행정청은 당해 처분의 근거가 되는 법률의 위헌 여부에 대한 심판의 제청을 신청할 수 있다.

④ 민사소송에서 사건의 당사자가 아닌 보조참가인도 피참가인의 소송행위와 저촉되지 아니하는 한 일체의 소송행위를 할 수 있으므로 위헌법률심판제청신청을 할 수 있는 '당사자'에 해당한다.

**08** 위헌법률심판제청에 대한 설명으로 옳지 않은 것은?

① 법원은 문제되는 법률조항이 합리적으로 의심의 여지가 없을 만큼 명백한 경우에만 위헌심판제청을 할 수 있는 것이 아니라, 위헌에 대한 합리적 의심이 있다면 제청해야 한다.

② 법원의 재판계속 중 당해 사건에 적용될 법률 또는 법률조항이 헌법에 위반된다고 주장하는 당사자가 당해 사건의 담당 법원에 위헌제청신청을 하였다가 그 신청이 배척된 경우 그 당사자는 항고나 재항고를 할 수 없다.

③ 당사자의 위헌제청신청에 대한 법원의 결정에 대하여 당사자는 항고할 수 없으나, 신청인은 법원의 제청신청 기각결정에 대해 헌법소원을 청구할 수 있다.

④ 법원의 위헌법률심판제청서는 대법원을 경유하여야 하며, 이때 대법원은 하급법원의 제청에 대하여 심사권을 가지지 못한다.

**09** 위헌법률심판제청에 대한 설명으로 옳지 않은 것은?

① 법원이 헌법재판소에 위헌법률심판제청을 한 경우에는, 법원의 직권에 의한 것이든 당사자의 신청에 의한 결정에 의한 것이든, 당해 소송사건의 재판은 헌법재판소의 위헌 여부의 결정이 있을 때까지 정지되는 것이 원칙이다.

② 법원은 위헌제청한 당해 소송사건의 재판은 정지하나, 당해 소송사건이 아닌 사건에서 재판을 정지해야 하는 것은 아니다.

③ 甲이 제기한 영업허가취소처분 취소청구의 소 계속 중 법원의 위헌법률심판제청이 이루어지게 되면 위 영업허가취소처분의 효력은 헌법재판소의 위헌 여부에 대한 판단이 이루어질 때까지 자동적으로 정지된다.

④ 위헌결정이 된 법률조항에 대해 법원은 다시 위헌제청할 수 없다.

**10** 위헌법률심판제청에 대한 설명으로 옳은 것은?

① 하급심 법원이 위헌법률심판을 할 때에는 반드시 대법원을 경유하여야 하며, 대법원은 반드시 위헌 여부에 관한 판단을 헌법재판소에 제시하여야 한다.

② 위헌법률심판제청권은 대법원에 있으므로 각급 법원은 대법원을 경유하여 위헌법률심판을 제청할 수 있다.

③ 하급법원이 위헌법률심판을 제청한 경우 대법원을 경유하는데, 대법원은 위헌제청을 반드시 헌법재판소에 송부해야 하는 것은 아니다.

④ 위헌법률심판을 제청한 법원은 위헌제청을 철회할 수 있다.

**11** 위헌법률심판제청에 대한 설명으로 옳은 것은?

① 법원이 법률의 위헌 여부 심판을 헌법재판소에 제청할 때에는 제청서에 제청법원의 표시, 사건 및 당사자의 표시 및 피청구인을 적어야 한다.

② 위헌법률심판제청서에는 당해 사건이 형사사건인 경우 피고인의 구속 여부는 기재하여야 하나, 구속기간은 기재할 필요가 없다.

③ 헌법재판소는 위헌법률심판의 제청이 있은 때에는 법무부장관 및 당해 소송사건의 당사자에게 그 제청서의 등본을 송달한다.

④ 제청법원은 위헌법률심판을 제청한 후에도 심판에 필요한 의견서나 자료 등을 헌법재판소에 제출할 수 있으나, 당해 사건의 참가인은 헌법재판소에 법률이나 법률조항의 위헌 여부에 관한 의견서를 제출할 수 없다.

**12** 위헌법률심판제청에 대한 설명으로 옳은 것은?

① 법원이 위헌법률심판을 헌법재판소에 제청할 때 당해 소송사건의 재판은 헌법재판소의 위헌결정이 있을 때까지 정지된다. 다만, 법원이 긴급하다고 인정하는 경우 종국재판을 포함한 소송절차를 진행할 수 있다.

② 「헌법재판소법」에 일사부재리 원칙 규정은 없으나, 판례를 통해 일사부재리 원칙이 인정되고 있다.

③ 이미 위헌결정된 법률에 대하여 법원의 위헌법률심판제청이 있는 경우, 헌법재판소는 이를 심판대상으로 할 수 없다.

④ 합헌결정된 법률에 대해 또다시 위헌법률심판제청이 있는 경우 이미 내려진 결정에 대해 계속 논의하는 것은 법적 안정성을 해치므로 각하한다.

⑤ 이미 헌법재판소가 합헌결정을 한 법률조항에 대해 다시 헌법소원심판을 청구하는 것은 헌법재판소 결정의 기속력에 반하므로 각하한다.

**13** 위헌법률심판에 대한 설명으로 옳지 않은 것은?

① 「헌법재판소법」제68조 제2항에 의한 헌법소원에 있어서 당사자와 심판대상이 동일하다면 당해 사건이 다른 경우에도 동일한 사건이므로 일사부재리의 원칙이 적용된다.

② 법률이나 법률의 효력을 가지는 조약, 긴급명령, 긴급조치에 대한 위헌 여부 심사권한은 헌법재판소에 전속한다.

③ 헌법 제107조 제1항의 '법률'인지 여부는 그 제정 형식이나 명칭이 아니라 규범의 효력을 기준으로 판단하여야 하고, '법률'에는 국회의 의결을 거친 이른바 형식적 의미의 법률은 물론이고 그 밖에 조약 등 '형식적 의미의 법률과 동일한 효력'을 갖는 규범들도 모두 포함된다.

④ 폐지된 법률이라도 그 법률에 의하여 법익침해상태가 계속되는 경우에는 위헌법률심판의 대상이 된다.

**14** 위헌법률심판에 대한 설명으로 옳은 것은?

① 외국과의 협정이 외국군대의 지위에 관한 내용과 국가에 재정적 부담을 지우는 내용 및 입법사항을 포함함으로써 국회의 동의를 요하는 조약으로 취급된다면 위헌법률심판의 대상이 된다.

② 국제통화기금협정상 각 회원국의 재판권으로부터 국제통화기금 임직원의 공적인 행위를 면제하도록 하는 조항은 성질상 국내에 바로 적용될 수 있는 법규범이 아니어서 위헌법률심판의 대상이 되지 않는다.

③ 헌법재판소는 관습법도 위헌법률심판의 대상이 된다고 보고 있으며, 대법원도 관습법이 헌법재판소의 위헌법률심판대상이 된다고 인정하고 있다.

④ 위헌법률심판대상 법률이 제청 당시에 공포되었으나 시행되지 않았고, 위헌법률심판 계속 중에 해당 법률이 폐지된 경우에는 그 폐지된 법률도 원칙적으로 위헌법률심판의 대상이 될 수 있다.

**15** 헌법재판소의 주문형태에 대한 설명으로 옳지 않은 것은?

① 헌법재판소는 발족 이래 오늘에 이르기까지 예외 없이 주문합의제를 취해 왔다.

② 헌법재판소는 위헌법률심판에서 결정유형으로 각하결정, 기각결정, 합헌결정, 변형결정, 위헌결정을 사용하고 있다.

③ 헌법재판관 중 5인은 단순위헌결정의견, 1인은 헌법불합치결정의견, 3인은 합헌결정의견일 때, 헌법재판소의 결정형식은 헌법불합치결정이다.

④ 재판관 8인이 종국심리에 관여했고 재판관 4인이 각하의견, 재판관 4인이 위헌의견인 경우, 심판청구를 각하한다.

**16** 헌법재판소의 주문형태에 대한 설명으로 옳지 않은 것은?

① 특정 법률조항에 대한 헌법재판관의 의견이 단순위헌의견 1인, 일부위헌의견 1인, 적용중지 헌법불합치의견 2인, 잠정적용 헌법불합치의견 5인인 때에 결정주문은 적용중지 헌법불합치결정이다.

② 기각의견이 1인, 헌법불합치의견이 5인, 각하의견이 3인으로 재판관의 의견이 나뉜 경우, 헌법소원심판청구를 기각한다.

③ 위헌법률심판에서 재판관 5인이 단순위헌의견, 2인이 헌법불합치의견, 그리고 2인이 합헌의견을 낸 경우에는 헌법불합치결정의 주문을 채택한다.

④ 5명의 재판관이 위헌의견이고 4명의 재판관이 헌법불합치의견이면 헌법불합치결정을 한다.

**17** 헌법불합치결정에 대한 설명으로 옳지 않은 것은?

① 위헌결정을 통하여 법률조항을 법질서에서 제거하는 것이 법적 공백이나 혼란을 초래할 우려가 있는 경우에는 위헌조항의 잠정적 적용을 명하는 헌법불합치결정을 할 수 있다.

② 평등권을 침해하는 법률의 경우에는 자유권 침해의 경우와는 달리 입법자의 형성권이 존재하지 않는 것이 원칙이므로 헌법불합치결정을 할 필요가 없다.

③ 순경 공채시험, 소방사 등 채용시험, 그리고 소방간부 선발시험의 응시연령의 상한을 '30세 이하'로 규정하여 공무담임권을 제한하는 것은 침해의 최소성 원칙에 위배되지만, 국민의 생명과 재산을 보호하기 위하여 필요한 최소한도의 제한은 허용되어야 한다. 그 한계는 경찰 및 소방업무의 특성 및 인사제도 그리고 인력수급 등의 상황을 고려하여 입법기관이 결정할 사항이므로 헌법불합치결정을 하는 것이 타당하다.

④ 법률이 자유권 침해인 경우 입법자의 형성권은 존재하지 않음이 원칙이므로 헌법불합치결정을 할 대표적인 사유라고 할 수 없다.

**18** 위헌결정의 효력에 대한 설명으로 옳은 것은?

① 형벌법규 이외의 일반법규에 관하여 위헌결정에 불소급의 원칙을 채택한 「헌법재판소법」 제47조 제2항 본문의 규정 자체는 합헌이므로 예외적으로도 소급효는 부인된다.

② 행정처분의 근거가 된 법률이 위헌으로 결정되어도, 이미 취소소송의 제기기간을 경과하여 확정력이 발생한 행정처분의 경우에는 위헌결정의 소급효가 미치지 않는다.

③ 행정처분의 근거가 되는 법률이 위헌결정되면 행정처분은 법률의 근거가 없이 행해진 것이기 때문에 당연무효가 된다.

④ 다른 사건에서 해당 세법에 대해 헌법재판소가 위헌결정하자 위헌결정 전 세법에 근거하여 과세처분이 있었던 사건에서 제소기간 경과 후 항고소송을 제기한 경우 헌법재판소의 결정으로 구제될 수 있다.

**19** 위헌결정의 효력에 대한 설명으로 옳은 것은?

① 세무서장의 압류만 있는 상태이고 그 처분의 만족을 위한 환가 및 청산이라는 행정처분은 아직 집행되지 않고 있는 경우라면 헌법재판소가 압류처분의 근거법 률조항에 대해 위헌결정한다면 압류처분은 무효가 될 수 있다.

② 과세처분이 적법하다는 대법원의 확정판결 이후 다른 사건에서 법원의 제청에 따라 헌법재판소가 근거법률 을 위헌결정한 경우 확정판결을 집행하기 위해서라도 체납절차를 진행할 수 없고 만약 체납처분을 했다면 무효가 된다.

③ 세법조항이 단순위헌으로 결정되면, 그 세법조항은 위 헌결정이 있는 날로부터 효력을 상실하기 때문에, 위 헌결정의 소급효가 인정되지 않아 당해 사건의 당사자 는 구제를 받지 못한다.

④ 불처벌의 특례를 규정한 형벌규정에 대해 위헌결정이 내려지면, 종래 그 특례의 적용을 받았던 사람에 대해 형사처벌을 할 수 있다.

**20** 형벌에 관한 법률에 대한 위헌결정의 효력에 대한 설명으 로 옳지 않은 것은?

① 「법원조직법」이나 「형사소송법」 등 형사절차법 규정에 대한 위헌선언의 경우에 「헌법재판소법」 제47조 제3 항의 소급효가 인정되지 않는다.

② 형벌에 관한 법령이 헌법재판소의 위헌결정으로 소급 하여 효력을 상실하였거나 법원에서 위헌·무효로 선 언된 경우, 당해 법령을 적용해 공소가 제기된 사건에 대하여 법원은 무죄를 선고하여야 한다.

③ 형벌에 관한 법률조항에 대한 위헌결정은 소급효를 가 지지만 해당 법률 또는 법률조항에 대하여 종전에 합 헌결정이 있는 경우에는 그 결정이 있는 날부터 효력 을 상실한다.

④ 위헌으로 결정된 법률 또는 법률의 조항에 근거한 유 죄의 확정판결에 대하여는 재심을 청구할 수 있지만, 위 유죄의 확정판결이란 헌법재판소의 위헌결정으로 인하여 「헌법재판소법」 제47조 제3항의 규정에 의하 여 소급하여 효력을 상실하는 법률 또는 법률의 조항 을 적용한 유죄의 확정판결을 의미한다.

제한시간 : 14분 | 시작시각 ____시 ____분 ~ 종료시각 ____시 ____분                    나의 점수 _____

**01** 헌법재판소 결정의 기속력에 대한 설명으로 옳은 것은?

① 헌법소원의 인용결정은 청구인과 피청구인을 기속한다.

② 헌법소원의 인용결정은 그 사건에 관하여 당사자인 피청구인와 관계 행정청을 기속한다.

③ 단순위헌결정은 물론, 한정합헌, 한정위헌결정과 헌법불합치결정도 포함되고 이들은 모두 당연히 기속력을 가진다.

④ 헌법소원심판의 기각결정은 국가기관 등을 기속한다.

**02** 헌법재판소 결정의 기속력에 대한 설명으로 옳은 것은?

① 「헌법재판소법」 제47조 제1항은 한정위헌결정이나 헌법불합치결정과 같은 변형결정의 기속력에 대해 규정을 하고 있지 않다.

② 「헌법재판소법」에 의하면, 모든 헌법재판소의 결정은 법원과 그 밖의 국가기관 및 지방자치단체를 기속한다.

③ 재직 중의 사유로 금고 이상의 형이 선고된 경우 군인의 퇴직금을 감액하는 군인연금법에 대해 헌법재판소가 헌법불합치결정을 하였음에도 군인이 '직무와 관련 없는 과실로 인한 경우' 및 '소속 상관의 정당한 직무상의 명령에 따르다가 과실로 인한 경우'를 제외하고 복무 중의 사유로 금고 이상의 형을 받은 경우, 퇴직급여 등을 감액하도록 개정된 군인연금법 조항이 헌법불합치결정의 기속력에 반한다.

④ 한정위헌결정된 법률조항은 그 문언이 전혀 달라지지 아니한 채 계속 존속하고 있으므로 한정위헌결정은 법률 또는 법률조항의 의미 내용과 그 적용범위를 정하는 헌법재판소의 법률해석방법에 불과할 뿐이라는 것이 헌법재판소 판례이다.

**03** 헌법재판소 결정의 기속력에 대한 설명으로 옳지 않은 것은?

① 헌법재판소가 사용자단체의 정치자금 기부를 허용하면서 노동단체의 정치자금 기부를 금지하는 정치자금법을 평등권 등을 침해했다고 하여 위헌결정하였는데, 국회는 노동단체를 포함한 모든 단체나 법인의 정치자금 제공을 금지하도록 정치자금법을 개정하였는데, 이는 기속력에 반하는 반복입법이라고 할 수 없다.

② 법률조항에 대해 단순위헌결정이 내려지더라도, 입법자가 동일한 사정하에서 동일한 이유에 근거한 동일한 내용의 법률을 다시 제정하는 것은 위헌결정의 기속력에 반하지 않는다.

③ 변형결정의 기속력을 명백히 하기 위해서 어떠한 부분이 위헌인지를 결정의 이유에 설시하는 것으로 충분하지 않고 결정의 주문에까지 등장시켜야 한다.

④ 결정이유에까지 기속력을 인정한다고 하더라도, 결정주문을 뒷받침하는 결정이유에 대하여 적어도 위헌결정의 정족수인 재판관 6인 이상의 찬성이 있어야 할 것이다.

**04** 헌법불합치결정의 효력에 대한 설명으로 옳지 않은 것은?

① 구 실화책임에 관한 법률이 헌법불합치결정을 받아 개정된 경우, 헌법불합치결정일 이전에 발생한 실화라 하더라도 위 결정 당시에 구 법률의 위헌 여부가 쟁점이 되어 법원에 계속 중인 사건에 대하여는 개정법률이 유추적용되는 것으로 보아야 한다.

② 헌법재판소는 변형결정의 하나인 헌법불합치결정의 경우에 대해서 소급효를 인정하고 있다.

③ 헌법불합치결정은 기속력은 인정되므로 헌법불합치결정으로 개정된 법률의 소급적용은 허용될 수 없다는 것이 대법원의 판례이다.

④ 헌법재판소가 헌법불합치결정을 하여 입법자에게 그 법률조항을 합헌적으로 개정 또는 폐지하는 임무를 입법자의 형성 재량에 맡긴 이상, 그 개선입법의 소급적용 여부와 소급적용의 범위는 원칙적으로 입법자의 재량에 달린 것이다.

**05** 헌법불합치결정의 효력에 대한 설명으로 옳지 않은 것은?

① 헌법재판소는 위헌결정을 통하여 위헌법률을 법질서에서 제거하는 것이 오히려 법적 공백이나 혼란을 초래할 우려가 있는 경우, 헌법불합치결정을 하면서 위헌법률을 일정기간 동안 계속 적용을 명하는 경우가 있는데, 법원은 이러한 예외적인 경우에 위헌법률을 계속 적용하여 재판할 수 있다.

② 당해 법률에 헌법불합치결정이 선고된 경우 잠정적용을 허용하는가 여부에 따라서 헌법불합치결정은 원칙과 예외로 구분되는데, 잠정적용을 허용하는 것이 원칙이다.

③ 헌법재판소가 재건축사업에서 현금청산분 가구 수만큼 일반분양한 경우 가구 수가 증가되지 않은 경우에 개발사업자에게 부담금을 부과한다면 위헌이라는 취지에 따라 헌법불합치결정을 한 경우, 추가적 개선입법이 없더라도 가구 수가 증가되지 않은 부분에 대해서는 부담금을 부과해서는 안 되므로 이 부분에 대해 행정청이 부담금을 부과했다면 헌법불합치결정의 기속력에 반해서 이는 무효가 된다.

④ 법률상 정해진 처분요건에 따라 부담금을 부과·징수하는 침익적 처분을 하는 경우에는, 어떠한 추가적 개선입법이 없더라도 행정청이 사법적 판단에 따라 위헌이라고 판명된 내용과 동일한 취지로 부담금 부과처분을 하여서는 안 된다.

**06** A법률은 소득세 세율을 60%로 규정하고 있다. 동작세무서장은 2022년 甲의 2021년 소득에 6천만 원의 과세처분을 하였다. 甲이 기한 내 세금을 납부하지 않자 동작세무서장은 甲 소유 주택을 압류하였고 甲은 동 과세처분의 취소를 구하는 소를 제기하였다. 법원의 위헌제청이 있자 헌법재판소는 소득세 세율을 60%로 규정한 A법률 제10조를 위헌결정하였다. 이에 대한 설명으로 옳지 않은 것은?

① 헌법재판소가 위헌결정한 후 동작세무서장이 압류했던 甲 소유 주택을 공매처분했다면 공매처분은 무효가 된다.

② 과세처분과 압류처분이 제소기간이 도과되어 불가쟁력이 발생한 이후 헌법재판소가 A법률 제10조를 위헌결정하였다면 위헌결정 이후에 공매처분을 진행할 수 있다.

③ 甲이 A법률 제10조에 근거한 2018년 소득세 부과처분에 대해서 제소기간 도과 후 무효확인소송을 제기했다면 법원은 기각판결을 한다.

④ 甲이 A법률 제10조에 근거한 2018년 소득세 부과처분에 따라 6천만 원을 납부하였다면 헌법재판소의 위헌결정이 있더라도 민사소송을 통해 6천만 원을 부당이득으로 반환받을 수 없다.

⑤ 甲이 A법률 제10조에 근거한 2018년 소득세 부과처분에 따라 6천만 원을 납부하였다면 헌법재판소의 위헌결정이 있더라도 과세처분이 위헌인 법률에 기인했다는 이유로 손해배상이 인정되는 것은 아니다.

**07** A법률 제10조는 소득세 세율을 60%로 규정하고 있다. 동작세무서장은 2022년 甲의 2021년 소득에 6천만 원의 과세처분을 하였다. 甲이 기한 내 세금을 납부하지 않자 동작세무서장은 甲 소유 주택을 압류하였고 甲은 동 과세처분의 취소를 구하는 소를 제기하였다. 甲은 법원이 위헌제청신청을 기각하자 헌법재판소법 제68조 제2항의 헌법소원을 청구하였다. 이에 대한 설명으로 옳지 않은 것은?

① 법원은 재판을 진행하여 A법률 제10조에 근거한 소득세 부과처분이 적법하다는 판결을 할 수 있다.

② 법원의 기각판결이 확정된 후 헌법재판소는 A법률 제10조의 헌법 위반 여부의 재판의 전제성을 인정할 수 있다.

③ 헌법재판소가 A법률 제10조를 위헌결정하였다면 패소판결을 받은 甲은 법원에 재심을 청구할 수 있다.

④ 헌법재판소가 A법률 제10조를 합헌결정하였더라도 甲은 법원에 재심을 청구할 수 있다.

**08** 헌법소원에 대한 설명으로 옳은 것은?

① 어떤 법률이 헌법에 위반되는지 여부를 심판해줄 것을 헌법재판소에 일반국민이 직접 청구하는 것은 허용되지 않는다.

② 법령이 「헌법재판소법」 제68조 제1항에 따른 헌법소원의 대상이 되려면 구체적인 집행행위 없이 직접 기본권을 침해해야 하는바, 여기의 집행행위에는 입법 및 사법행위는 포함되지 않는다.

③ 헌법소원심판청구의 청구인이 그 심판청구사건의 종국결정에 앞서 중간결정을 하여 줄 것을 헌법소원심판의 형식으로 구하는 것은 공권력의 행사 또는 불행사로 인하여 헌법상 보장된 기본권을 침해받은 경우에 해당하지 아니하여 부적법하다.

④ 「소방기본법」과 부령인 시행규칙 규정에 의하여 확정된 내용을 확인하는 화재조사관 자격시험에 응시할 수 있는 자를 소방공무원으로 한정한 「화재조사관 자격시험에 관한 규정」(국민안전처훈령 제1호로 개정된 것)은 헌법소원의 대상이 되는 공권력의 행사에 해당한다.

**09** 헌법소원에 대한 설명으로 옳은 것은?

① 법률안이 거부권 행사에 의하여 최종적으로 폐기되었다면 모르되, 그렇지 아니하고 공포되었다면 법률안은 그 동일성을 유지하여 법률로 확정되는 것이라고 보아야 하므로 청구 당시의 공포 여부를 문제삼아 헌법소원의 대상성을 부인할 수는 없다.

② 법률에 대한 헌법소원을 청구하려면 다른 법률의 구제절차를 거쳐서 청구해야 한다.

③ 법령에 대한 헌법소원심판에서 「민사소송법」 제83조 제1항과 같은 공동심판참가신청은 허용되지 않는다.

④ 중앙선거관리위원회가 2020.2.6. "선거권이 없는 학생을 대상으로 하더라도 선거가 임박한 시기에 교원이 교육청의 계획하에 모의투표를 실시하는 것은 행위양태에 따라 선거에 영향을 미치게 하기 위한 행위에 이르러 「공직선거법」에 위반될 수 있다."라고 결정한 것 및 중앙선거관리위원회 위원장이 서울특별시 교육감의 관련 질의에 대하여 2020.3.9. 위 결정과 유사한 취지로 한 회신은 헌법소원의 대상이 되는 '공권력의 행사'에 해당한다.

**10** 헌법소원에 대한 설명으로 옳지 않은 것은?

① '금융위원회가 2017.12.28. 시중 은행들을 상대로 가상통화 거래를 위한 가상계좌의 신규 제공을 중단하도록 한 조치' 및 '금융위원회가 2018.1.23. 가상통화 거래 실명제를 2018.1.30.부터 시행하도록 한 조치'는 비권력적·유도적 권고·조언·가이드라인 등 단순한 행정지도로서의 한계를 넘어 규제적·구속적 성격을 상당히 강하게 갖는 것으로서, 헌법소원의 대상이 되는 공권력의 행사라고 봄이 상당하다.

② 시설 이용자를 대상으로 코로나 음성결과 확인서를 제출하도록 하는 등의 방법으로 코로나19 검사결과를 확인하고, 안면인식 열화상 카메라로 체온을 측정하는 행위는 헌법소원의 심판대상이 될 수 있는 공권력의 행사에 해당하지 않는다.

③ 피청구인 중앙선거관리위원회가 2020.1.13. '비례○○당'의 명칭은 「정당법」 제41조 제3항에 위반되어 정당의 명칭으로 사용할 수 없다고 결정·공표한 행위는 헌법소원의 대상이 되는 '공권력의 행사'에 해당하지 않는다.

④ 서울교통공사의 무기계약직 근로자를 정규직 전환하는 구 '서울교통공사 정관'은 헌법소원의 대상이 되는 공권력 행사에 해당하지 않는다.

**11** 헌법소원심판에 대한 설명으로 옳은 것은?

① '대한민국과 일본국 간의 재산 및 청구권에 관한 문제의 해결과 경제협력에 관한 협정'에 따라 대한민국이 일본으로부터 받은 돈을 강제동원 피해자의 유족에게 지급하는 내용의 법률을 제정할 헌법상 입법의무가 인정된다.

② 특별시, 광역시, 특별자치시, 도, 특별자치도의 장인 피청구인들이 한약업사시험을 시행하여야 할 헌법상 작위의무가 규정되어 있다고 볼 수 없으므로, 이 사건 행정부작위는 헌법소원의 대상이 될 수 없다.

③ 교육부장관은 교육과정에 '대한민국이 유엔에서 승인한 한국의 유일한 합법정부'라는 내용을 명시하여야 할 헌법상 작위의무가 인정된다.

④ 입법자가 어떤 사항에 관하여 입법을 하였으나 문언상 명백하지 아니하지만 반대해석을 통해 규정의 입법취지를 알고 있다면 이는 진정입법부작위이다.

**12** 입법부작위에 대한 설명으로 옳지 않은 것은?

① 입법자가 어떤 사항에 관하여 입법을 하였으나 그 입법내용, 범위, 절차 등이 당해 사항을 불완전, 불충분, 불공정하게 규율함으로써 입법행위의 결함이 있는 경우를 부진정입법부작위라고 한다.

② 헌법에서 기본권 보장을 위하여 법률에 명시적으로 입법위임을 하였음에도 불구하고 입법자가 이를 이행하지 않고 있는 경우에 한해 헌법소원심판의 대상이 될 수 있다.

③ 입법자가 헌법상 입법의무가 있는 사항에 관하여 전혀 입법을 하지 아니한 경우에 한해 헌법소원청구를 할 수 있다.

④ 법률에서 위임이 있었다면 행정권의 행정입법 등 법집행의무는 헌법적 의무라고 보아야 할 것이므로 행정입법부작위도 공권력의 불행사로서 헌법소원의 대상이 될 수 있다.

**13** 부작위에 대한 설명으로 옳지 않은 것은?

① 부진정입법부작위의 경우 결함이 있는 당해 입법규정 그 자체를 대상으로 적극적으로 헌법소원심판을 청구할 수 있다.

② 불완전입법에 대하여 재판상 다툴 경우에는 그 입법규정 자체를 대상으로 하여 그것이 헌법 위반이라는 적극적인 헌법소원을 제기하여야 한다. 이때는 「헌법재판소법」제69조 제1항의 청구기간의 적용을 받지 않는다.

③ 부진정입법부작위를 다투는 형태의 헌법소원심판청구의 경우에는 해당 법률 또는 법령 조항 자체를 심판의 대상으로 삼는 것이므로 원칙적으로 법령소원에 있어서 요구되는 기본권 침해의 직접성 요건을 요구한다.

④ 행정권력의 부작위에 대한 헌법소원은 공권력의 주체에게 헌법에서 유래하는 작위의무가 특별히 구체적으로 규정되어 이에 의거하여 기본권의 주체가 행정행위 내지 공권력의 행사를 청구할 수 있음에도 공권력의 주체가 그 의무를 해태하는 경우에 한하여 허용된다.

**14** 입법부작위에 대한 설명으로 옳지 않은 것은?

① 헌법재판소는 구 선거구구역표에 대하여 헌법불합치결정을 하면서 대한민국 국회에게 1년 2개월 동안 개선입법을 할 수 있는 기간을 부여하였는데, 그럼에도 불구하고 대한민국 국회는 입법개선시한을 도과하여 선거구 공백 상태를 초래하여 국회의원의 선거구에 관한 법률을 제정하지 아니한 입법부작위와 관련하여, 국회가 헌법에서 위임한 선거구에 관한 입법의무를 상당한 기간을 넘어 정당한 사유 없이 지체하였다.

② 국회의원 선거구에 관한 법률을 제정하지 아니한 입법부작위의 위헌확인을 구하는 심판청구에 대하여 심판청구 이후 국회가 국회의원 선거구를 획정함으로써 청구인들의 주관적 목적이 달성되었다 할지라도 헌법적 해명의 필요성이 있어 권리보호이익이 존재한다.

③ 하위 행정입법의 제정 없이 상위법령의 규정만으로 상위법령의 집행이 이루어질 수 있는 경우 하위 행정입법을 해야 할 헌법상의 작위의무가 인정될 수 없다.

④ 지방자치단체장을 위한 별도의 퇴직급여제도를 마련하지 않은 것은 진정입법부작위에 해당하지만, 헌법해석상 입법적 의무가 도출되지 않아 헌법소원의 대상이 될 수 없다.

**15** 헌법소원에 대한 설명으로 옳지 않은 것은?

① 헌법재판소는, 행정처분의 취소를 구하는 행정소송을 제기하였으나 그 기각의 판결이 확정된 경우 당해 행정처분 자체의 위헌성을 주장하면서 그 취소를 구하는 헌법소원심판청구는 당해 법원의 재판이 예외적으로 헌법소원심판의 대상이 되어 그 재판 자체가 취소되는 경우를 제외하고는 허용되지 아니한다고 판시하였다.

② 국제그룹해체관련 재무부장관의 제일은행장에 대한 지시는 권력적 사실행위로서 헌법소원심판의 대상이 될 수 있다.

③ 교육인적자원부장관의 대학총장들에 대한 학칙시정요구는 대학총장의 임의적인 협력을 통하여 사실상의 효과를 발생시키는 행정지도의 일종이지만, 그에 따르지 않을 경우 일정한 불이익조치를 예정하고 있어 사실상 상대방에게 그에 따를 의무를 부과하는 것과 다를 바 없으므로 단순한 행정지도로서의 한계를 넘어 규제적·구속적 성격을 상당히 강하게 갖는 것으로서 헌법소원의 대상이 되는 공권력의 행사라고 볼 수 있다.

④ 2012년도 대학교육역량강화사업 기본계획 중 총장직선제 개선을 국공립대 선진화 지표로 규정한 부분, 2013년도 대학교육역량강화사업 기본계획 중 총장직선제 개선 규정을 유지하지 않는 경우 지원금 전액을 삭감 또는 환수하도록 규정한 부분이 헌법소원의 대상이 되는 공권력 행사에 해당한다고 할 수 있다.

**16** 헌법소원에 대한 설명으로 옳지 않은 것을 모두 조합한 것은?

> ㉠ 대한변호사협회가 변호사 등록사무의 수행과 관련하여 정립한 규범은 대외적 구속력이 없는 단순한 내부적 기준으로서 헌법소원의 대상이 되지 않는다.
> ㉡ 한국산업인력공단의 '2019년도 제56회 변리사 국가자격시험 시행계획 공고(공고 제2018-151호)' 가운데 '2019년 제2차 시험과목 중 「특허법」과 「상표법」 과목에 실무형 문제를 각 1개씩 출제' 부분은 헌법소원의 대상이 되는 공권력의 행사에 해당한다.
> ㉢ '고입검정고시'에 합격했던 자는 해당 검정고시에 다시 응시할 수 없도록 응시자격을 제한한 전라남도 교육청 공고는 헌법소원의 대상이 된다.
> ㉣ 구 G20 정상회의 경호안전을 위한 특별법에 의한 경호안전구역의 공고는 그 자체에 의하여 바로 기본권이 침해될 가능성이 생긴다.
> ㉤ 중앙선거관리위원회가 홈페이지 사이트에 제19대 국회의원 선거 투표일을 공고한 것은 선출직 공직자의 지위 발생이라는 청구인들의 권리·의무에 영향을 미치거나 청구인의 법적 지위의 변동과 관련된 것이어서 「헌법재판소법」 제68조 제1항 소정의 공권력 행사에 해당한다.

① ㉠, ㉡, ㉣
② ㉠, ㉣, ㉤
③ ㉡, ㉢, ㉣
④ ㉢, ㉣, ㉤

**17** 헌법소원에 대한 설명으로 옳지 않은 것은?

① 「방송법」에 따르면 한국방송공사는 국가기간방송으로 방송의 공정성과 공익성을 실현하고, 그 자본금 전액을 정부가 출자하고 재원도 주로 국민이 납부하는 텔레비전 방송수신료로 충당되고 있다는 사정에 비추어 볼 때, 한국방송공사의 채용 공고는 공권력 행사에 준하는 것으로 보아 이 사건을 각하할 것이 아니라 본안에 들어가 위헌 여부를 판단하는 것이 옳다.

② 개발제한구역의 해제 또는 조정의 내용을 담고 있는 건설교통부장관의 '개발제한구역 제도개선방안'은 헌법소원의 대상이 되는 공권력의 행사에 해당되지 않는다.

③ 교육부장관이 발표한 '1996학년도 대학입시기본계획' 중 '전국의 대학에 대하여 대학별고사에서 국·영·수 위주의 필답고사실시에 신중을 기하여 줄 것을 권고'한 행위는 헌법소원의 대상이 될 수 없다.

④ 서울대학교의 '94학년도 대학입학고사 주요요강'은 현시점에서는 법적 효력이 없는 행정계획안이어서 이를 제정한 것은 사실상의 준비행위에 불과하고 이를 발표한 행위는 앞으로 그와 같이 시행될 것이니 미리 그에 대비하라는 일종의 사전안내에 불과하지만, 이러한 사실상의 준비행위나 사전안내라도 그 내용이 국민의 기본권에 직접 영향을 끼치는 내용이고 앞으로 법령의 뒷받침에 의하여 그대로 실시될 것이 틀림없을 것으로 예상될 수 있는 것일 때에는 헌법소원의 대상은 될 수 있다.

**18** 헌법소원에 대한 설명으로 옳지 않은 것은?

① 진정사건의 내사종결처리는 구속력이 없는 진정사건에 대한 수사기관의 내부적 사건처리방식에 지나지 아니하는 것이고 진정인의 권리행사에 아무런 영향을 미치는 것이 아니므로 헌법소원심판의 대상이 될 수 없다.

② 고소를 제기하였으나 검사가 이를 다시 진정사건으로 접수하여 종결처분을 한 경우에는, 진정사건 그 자체를 종결처분한 것이 헌법적으로 정당한지 여부를 다투는 것과는 달리 고소사건을 진정사건으로 접수함으로써 정당한 고소사건에 대해서 그 수사를 회피할 목적으로 진정종결처분을 남용한 것은 아닌지 여부가 문제될 수 있기 때문에, 내사종결처분은 헌법소원의 대상이 된다.

③ 수사기관에 의한 비공개 지명수배 조치는 헌법소원 대상이 되는 공권력 행사에 해당한다.

④ 2016년도 정부 예산안 편성행위 중 4·16세월호참사 특별조사위원회에 대해 2016.7.1. 이후 예산을 편성하지 아니한 부작위는 헌법소원의 대상이 되는 '공권력의 행사'에 해당하지 아니한다.

**19** 헌법소원에 대한 설명으로 옳지 않은 것은?

① 대통령의 법률안 제출행위는 국가기관 간의 내부적 행위이므로, 국민에 대하여 직접적 법률효과를 발생시키는 행위라고 할 수 없다.

② 국회의원 총선거를 앞두고 국회의장이 선거구획정위원회 위원을 선임·위촉하지 않은 부작위나 선거구획정위원회가 선거구획정안을 제출하지 않은 부작위는 헌법소원의 대상이 된다.

③ 한국증권거래소의 상장폐지결정은 헌법소원의 대상이 되는 공권력의 행사에 해당한다고 볼 수 없다.

④ 법학전문대학원은 교육기관으로서의 성격과 함께 법조인 양성이라는 국가의 책무를 일부 위임받은 직업교육기관으로서의 성격을 가지고 있으나, 학교법인 이화학당을 공권력의 주체로 볼 수 없고, 사립대학인 학교법인 이화학당의 법학전문대학원 모집요강은 헌법소원심판의 대상이 되는 공권력의 행사라고 볼 수 없다.

**20** 헌법소원에 대한 설명으로 옳지 않은 것은?

① 교육부장관의 이화학당 법학전문대학원 모집요강 시정명령부작위는 헌법소원의 대상이 되는 공권력 불행사에 해당하지 아니한다.

② 서울특별시 선거관리위원회 위원장이 발송한 '선거법 위반행위에 대한 중지촉구' 공문은 그 형식에 있어서 '안내' 또는 '협조요청'이라는 표현을 사용하고 있고 그 내용도 청구인이 계획하는 행위가 선거법에 위반된다는 행정청의 의견을 표명하면서 청구인이 선거법에 위반되는 행위를 하는 경우 피청구인이 취할 수 있는 조치를 통고하고 있을 뿐이므로, 헌법소원의 심판대상이 될 수 있는 공권력의 행사에 해당하지 아니한다.

③ 학교당국이 미납공납금을 완납하지 아니할 경우에 졸업증의 교부와 증명서를 발급하지 않겠다고 통고한 것은 미납공납금 완납을 사실상 강제하는 행위로서 「헌법재판소법」 제68조 제1항에서 헌법소원심판의 청구대상으로서의 공권력 행사에 해당한다.

④ ○○교도소장이 2014.7.30. 외부인으로부터 연예인 사진을 교부받을 수 있는지에 관한 청구인의 문의에 대하여 청구인이 '마약류수용자'로 분류되어 있고 연예인 사진은 처우상 필요한 것으로 인정하기 어려워 불허될 수 있다는 취지로 청구인에게 고지한 행위는 공권력의 행사에 해당하지 않는다.

# 진도별 모의고사

헌법소원

정답 및 해설 p.328

제한시간 : 14분 | 시작시각 ____시 ____분 ~ 종료시각 ____시 ____분

나의 점수 _____

**01** 헌법소원에 대한 설명으로 옳지 않은 것은?

① 피청구인 ○○교도소장이 2014.7.14. 미결수용자인 청구인이 자비로 구매한 흰색 러닝셔츠 1장을 허가 없이 다른 색으로 물들여 소지하고 있던 것을 「형의 집행 및 수용자의 처우에 관한 법률」 제92조 소정의 금지물품에 해당한다고 보아 같은 법 제93조 제5항에 따라 폐기한 행위는 공권력의 행사에 해당하지 않는다.

② 형사재판이 확정된 후 제1심 공판정심리의 녹음물을 폐기한 행위는 헌법소원심판의 대상이 되는 공권력의 행사로 볼 수 없다.

③ 교도소장이 수용자에 대하여 지속적이고 조직적으로 실시한 생활지도 명목의 이발 지도행위는, 우월한 지위에 있는 교도소장이 일방적으로 수용자에게 두발 등을 단정하게 유지하도록 강제하는 것이므로 헌법소원심판의 대상인 공권력의 행사에 해당한다.

④ 노동부장관이 노동부 산하 7개 공공기관의 단체협약 내용을 분석하여 불합리한 요소를 개선하라고 요구한 행위는 헌법소원의 대상이 되는 공권력의 행사에 해당하지 않는다.

**02** 헌법소원에 대한 설명으로 옳지 않은 것은?

① 주거래은행의 의사가 기본이 되고 정부의 의사가 이에 부합되어 기업의 정리가 관철된 경우, 대한선주를 한진그룹이 인수하는 과정에서 재무부장관의 지원행위는 공권력의 행사에 해당하지 아니한다.

② 국립대학교 총장의 운동장 사용신청에 대한 거부는 헌법소원의 대상이 되는 공권력 행사에 해당하지 않는다.

③ 강북구청장이 한 '4·19혁명 국민문화제 2015 전국 대학생 토론대회' 공모 공고 중 토론대회 참가대상을 대학교 재학생·휴학생으로 한정한 부분은 '공권력의 행사'에 해당하지 않는다.

④ 국무총리의 새만금간척사업에 대한 정부조치계획·지시사항시달, 농림부장관의 그 후속 세부실천계획 및 새만금간척사업 공사재개행위가 헌법소원의 대상이 되는 공권력 행사에 해당한다.

**03** 헌법소원에 대한 설명으로 옳지 않은 것은?

① 헌법소원사건의 결정서 정본을 국선대리인에게만 송달하고 청구인에게 송달하지 않은 부작위의 위헌확인을 구하는 헌법소원심판청구는 공권력 불행사가 존재하지 않는 경우에 해당하여 부적법하다.

② 법원이 「국민의 형사재판 참여에 관한 규칙」에 따른 피고인 의사의 확인을 위한 안내서를 송달하지 않은 부작위에 대한 심판청구는 법원의 재판을 대상으로 한 심판청구에 해당하여 부적법하다.

③ 검찰청으로부터 갑작스럽게 출석요구를 받고 충분한 시간을 확보하지 못한 채 피의자신문을 받아 피의자로서의 방어권을 제대로 행사하지 못한 경우, 형사입건 사실을 그 피의자에게 사전에 통지하지 않은 수사기관의 부작위는 헌법소원의 대상이 된다.

④ 환경부장관이 자동차 제작자에게 대기오염을 야기하는 자동차 부품교체명령을 해야 할 헌법상 작위의무는 인정되지 않으므로 명령을 하지 아니한 환경부장관의 부작위는 헌법소원심판의 대상이 되지 않는다.

**04** 헌법소원에 대한 설명으로 옳지 않은 것은?

① 재정신청사건의 공소유지 담당 변호사가 무죄판결에 대하여 항소를 제기하지 않은 것은 헌법소원의 대상이 되는 공권력의 불행사에 해당하지 않는다.

② '미성년자보호협약'에 우리 정부가 가입해야 될 법률상 의무는 인정되지 않으므로 가입하지 않은 부작위는 헌법소원의 대상이 되는 공권력 불행사에 해당하지 않는다.

③ 국가보훈처장이 서훈추천 신청자에 대한 서훈추천을 하여 주어야 할 헌법적 작위의무가 있다고 할 수는 없으므로, 서훈추천을 거부한 것에 대하여 행정권력의 부작위에 대한 헌법소원으로서 다툴 수 없다.

④ 교육인적자원부장관이 기숙형태의 학원 운영에 관하여 규율하는 행정입법을 제정하지 아니한 부작위는 헌법소원의 대상이 되는 공권력 불행사에 해당한다.

**05** 헌법소원에 대한 설명으로 옳지 않은 것은?

① 법원의 재판을 헌법소원의 대상에서 제외할 것인지 여부는 입법자에게 위임된 것이므로 법원의 재판을 헌법소원심판의 대상에서 제외하는 것도, 이를 대상을 허용하는 것도 원칙적으로 헌법에 위반되지 않는다.

② 헌법재판소의 긴급조치에 대한 위헌결정이 있었음에도 대통령의 긴급조치 발령행위 등에 대하여 국가배상책임을 인정하지 않은 대법원 판결은 기속력에 반하는 재판이므로 헌법소원심판의 대상이 될 수 있다.

③ 재판장의 소송지휘권 행사에 관한 사항은 종국판결이 선고된 이후에는 종국판결에 흡수·포함되어 그 불복방법은 그 판결에 대한 상소에 의해서만 가능하므로, 재판장의 소송지휘권의 부당한 행사를 대상으로 하는 헌법소원심판청구는 결국 법원의 재판을 그 대상으로 하여 청구한 경우에 해당하여 부적법하다.

④ 법원의 소액사건 담당 판사가 판결 선고 당시 판결이유의 요지를 구술로 설명하지 아니한 부작위는, 판결의 선고행위를 구성하는 행위로서 결국 법원의 재판에 해당하는 것이어서 이를 대상으로 하는 헌법소원심판청구는 부적법하다.

**06** 헌법소원에 대한 설명으로 옳은 것은?

① 법원의 재판에는 재판절차에 관한 법원의 판단이 포함되나, 재판의 지연은 법원의 재판절차에 관한 것으로 볼 수 없으므로 헌법소원의 대상이 된다.

② 대통령이 국회 본회의에서 행한 시정연설에서 정책과 결부하지 않고 단순히 대통령의 신임 여부만을 묻는 국민투표를 실시하고자 한다고 밝힌 것은 대통령의 권한으로 국민투표를 실시하겠다는 명백한 의사결정을 대외적으로 표시한 것으로 헌법소원의 대상이 되는 공권력의 행사에 해당한다.

③ 폐쇄된 서남대의 의과대학생 177명을 전북대 의과대학에 특별편입학 모집하는 것을 내용으로 하는 전북대 총장의 2018.1.2.자 '2018학년도 서남대학교 특별편입학 모집요강' 중 '의예과·의학과'에 관한 부분으로 전북대 학생들의 기본권 침해가능성은 인정된다.

④ 전북대 총장이 서남대학교 의예과·의학과 재적생에 대한 특별편입학 모집(이하 '이 사건 특별편입학 모집'이라 한다)에 따른 후속조치로 학생·학부모와의 협의, 강의실 개선, 임상실습 관련 시설 개선, 분반 등의 학사관리 개선, 기숙사 및 장학금 확대의 조치를 취하지 않은 부작위에 대한 헌법소원청구는 부적법하다.

**07** 헌법소원에 대한 설명으로 옳지 않은 것은?

① 부산 및 진해지역에 세워진 항만의 명칭을 '부산신항'으로 결정한 것은 진해시 주민들의 지방자치권을 침해할 가능성이 없으므로 헌법소원청구는 허용될 수 없다. 항만의 명칭은 단순히 항만 해상구역의 명칭에 불과할 뿐으로 항만 인근 주민들의 권리관계나 법적 지위에 어떠한 영향을 주는 것이 아니다.

② 강원도지사가 혁신도시 입지로 원주시를 선정한 것에 대하여 춘천시 시민들이 청구한 헌법소원심판청구가 기본권 침해가능성이 없다.

③ 선출직 공무원인 지방자치단체장이 공무담임권의 침해를 주장하는 경우, 기본권 주체성이 인정되지 않는다.

④ 국회의원의 질의권, 토론권, 표결권은 기본권이 아니므로 국회의원은 질의권, 토론권, 표결권 침해를 이유로 헌법소원을 청구할 수 없다.

**08** 헌법소원에 대한 설명으로 옳은 것은?

① 헌법재판소는 청구인의 권리귀속에 대한 소명만으로써 자기관련성을 구비한 여부를 판단할 수 있다고 할 것이다.

② 「헌법재판소법」 제68조 제1항에 의한 헌법소원심판에서 공권력 작용에 대해 간접적·사실적 또는 경제적인 이해관계가 있는 제3자는 자기관련성이 인정된다.

③ 2012년도 대학교육역량강화사업 기본계획의 수범자는 국공립대학이나, 당해 계획은 근본적으로 대학에 소속된 교수나 교수회를 비롯한 각 대학 구성원들이 자유롭게 총장후보자 선출방식을 정하고 그에 따라 총장을 선출할 수 있는 권리를 제한하고 있으므로, 당해 기본계획에 대한 헌법소원을 청구하는 데에 있어 대학에 소속된 교수나 교수회의 자기관련성을 인정할 수 있다.

④ 「헌법재판소법」 제68조 제1항에 의한 헌법소원심판이 청구된 경우 헌법재판소는 심판청구서에 기재된 청구취지에 기속되어 심판대상을 확정해야 한다.

**09** 헌법소원에 대한 설명으로 옳지 않은 것은?

① 법인이나 단체는 그 자신의 기본권을 직접 침해당한 경우에만 헌법소원심판을 청구할 수 있으며, 법인이나 단체의 구성원을 위하여 또는 구성원을 대신하여 청구할 수 없다.

② 사단법인 한국기자협회는 「부정청탁 및 금품등 수수의 금지에 관한 법률」에 의하여 기본권을 직접 침해당할 가능성이 상당하기 때문에 그 구성원인 기자를 대신하여 헌법소원을 청구할 수 있다고 보아야 한다.

③ 세무사 자격 보유 변호사로 하여금 세무조정업무를 할 수 없도록 규정한 「법인세법」에 대하여 법무법인인 청구인의 기본권 침해의 자기관련성을 인정할 수 없다.

④ 일반적으로 침해적 법령에 있어서는 법령의 수규자가 당사자로서 기본권 침해를 주장하게 되지만, 예술·체육 분야 특기자들에게 병역 혜택을 주는 수혜적 법령의 경우에는, 수혜범위에서 제외된 자가 자신이 평등원칙에 반하여 수혜대상에서 제외되었다는 주장을 하는 경우 등에는 그 법령의 직접적인 적용을 받는 자가 아니라고 할지라도 자기관련성을 인정할 수 있다.

**10** 헌법소원에 대한 설명으로 옳지 않은 것은?

① 일반적으로 수혜적 법령의 경우에는 수혜범위에서 제외된 자가 자신이 평등원칙에 반하여 수혜대상에서 제외되었다는 주장을 하거나, 비교집단에게 혜택을 부여하는 법령이 위헌이라고 선고되어 그러한 혜택이 제거된다면 비교집단과의 관계에서 자신의 법적 지위가 상대적으로 향상된다고 볼 여지가 있는 때에는 자기관련성을 인정할 수 있다.

② 평등권의 침해를 주장하는 헌법소원사건에서는 청구인들이 그 법규정의 직접적인 적용을 받는 자가 아니라면 그들의 자기관련성을 인정할 수 없다.

③ 일정한 경력을 갖춘 세무직 공무원 등에 대하여 세무사 자격시험 중 일부를 면제하는 「세무사법」에 대해 일반응시자는 자기관련성이 인정된다.

④ 연합뉴스를 기간 뉴스통신사로 한 뉴스통신법에 대해 그 혜택의 범위에서 제외된 청구인 회사의 경우 자기관련성이 인정된다.

**11** 헌법소원에 대한 설명으로 옳지 않은 것은?

① 「방송법」이 방송광고의 사전심의 주체로 방송위원회만을, 이러한 절차를 거친 방송광고물에 대한 방송의 주체로 방송사업자만을 정하여 이 사건 청구인과 같은 광고주를 그 법규의 수범자 범위에서 제외하고 있으나 방송광고의 사전심의에 대한 광고주는 자기관련성을 가진다.

② 학교급식의 운영방식을 원칙적으로 학교장의 직영방식으로 한 「학교급식법」에 대하여 사단법인 한국급식협회는 자기관련성이 인정된다.

③ 사고차량이 종합보험 등에 가입되어 있음을 이유로 불기소처분을 하도록 한 교통사고처리특례법에 대해 교통사고 피해자는 자기성·현재성·직접성의 요건을 갖추었다고 할 것이다.

④ 서울특별시 및 경기도의 초등교사 임용시험에서 지역가산점을 부여하는 공권력 행사에 대하여 간접적·사실적 및 경제적 이해관계를 갖는 데 불과한 부산교육대학교는 자기관련성이 인정되지 않는다.

⑤ 무면허 의료행위를 금지하고 처벌하는 「의료법」 조항의 직접적인 수범자는 무면허 의료행위자이므로 제3자에 불과한 의료소비자는 자기관련성이 인정되지 아니한다.

**12** 헌법소원에 대한 설명으로 옳지 않은 것은?

① 이라크전쟁에 국군을 파견하기로 한 국무회의 결정에 대하여 이라크 파병당사자가 아닌 일반국민은 자기관련성이 인정되지 않는다.

② 간행물을 판매하는 자로 하여금 실제로 판매한 간행물 가격의 10%까지 소비자에게 이익을 제공할 수 있도록 한 규정에 대하여 출판업자는 자기관련성이 인정되지 않는다.

③ 대학교의 신입생자격제한은 재학생들의 기본권에는 영향을 미치므로 재학생들은 자격제한을 시정하지 아니한 교육부장관의 부작위에 대해 기본권 침해의 자기관련성이 인정된다.

④ 가맹점사업자에게 가맹점운영권을 부여하는 사업자인 가맹본부가 가맹희망자에게 제공하기 위한 정보공개서에 차액가맹금과 관련된 정보 등을 기재하도록 한 「가맹사업거래의 공정화에 관한 법률 시행령」에 대해 가맹본부 또는 가맹사업자에게 물품을 납품하는 업체가 제기한 심판청구가 자기관련성 요건을 갖추었다고 할 수 없다.

**13** 헌법소원에 대한 설명으로 옳지 않은 것은?

① 법학전문대학원의 총 입학정원이 한정되어 있는 상태에서 여성만이 진학할 수 있는 법학전문대학원의 설치를 인가한 것은 남성들이 진학할 수 있는 법학전문대학원의 정원에 영향을 미치므로, 법학전문대학원 입학을 준비 중인 남성들은, 교육부장관이 여성만이 진학할 수 있는 대학에 법학전문대학원 설치를 인가한 처분의 직접적인 상대방이 아니더라도 기본권 침해의 자기관련성이 인정된다.

② 구 담배사업법에 따른 담배의 제조 및 판매는 비흡연자들이 간접흡연을 하게 되는 데 있어 간접적이고 2차적인 원인이 된 것에 불과하여, 담배의 제조 및 판매에 관하여 규율하는 담배사업법에 대해 간접흡연의 피해를 주장하는 임신 중인 자의 기본권 침해의 자기관련성을 인정할 수 없다.

③ 이른바 제주4·3특별법에 근거한 희생자 결정은 제주 4·3사건 진압작전에 참가하였던 군인이나 그 유족들의 명예를 훼손하지 않으므로, 명예권 침해를 주장하는 이들의 헌법소원심판청구는 자기관련성이 인정된다.

④ '2018학년도 대학수학능력시험 시행기본계획' 중 대학수학능력시험의 문항 수 기준 70%를 한국교육방송공사 교재와 연계하여 출제한다는 부분은 성년의 자녀를 둔 부모의 자녀교육권을 제한한다고 볼 수 없으므로, 성년의 자녀를 둔 청구인에 대해서는 기본권 침해가능성이 인정되지 않는다.

**14** 헌법소원에 대한 설명으로 옳지 않은 것은?

① 선거권 연령을 20세로 한 공직선거법 규정에 대하여 18세인 자가 국회의원선거 2개월 전에 헌법소원심판을 청구한 경우 기본권 침해의 현재성이 인정된다.

② 중앙인사위원회, 소청심사위원회 등 각종 위원회 위원 자격에서 판사·검사·변호사와 달리 군법무관을 원천적으로 배제하고 있는 구 국가공무원법 등의 관련 규정에 대한 헌법소원의 청구인인 군법무관들은, 장차 언젠가는 특정 법률의 규정으로 인하여 권리침해를 받을 우려가 있다 하더라도, 단순히 장래 잠재적으로 나타날 수도 있는 것에 불과하여 권리침해의 현재성을 구비하였다고 할 수 없으므로 구 국가공무원법 등의 관련 규정에 대한 기본권 침해의 현재성이 인정되지 않는다.

③ 증권거래법위반죄에 대한 형사소송 중 같은 법에 의한 벌금 이상의 실형을 증권회사 임원의 결격사유로 정한 규정에 대하여 다투는 경우 기본권 제한의 가능성이 구체적으로 현출된 단계에 있는 이 사건과 같은 경우에는 신속한 기본권 구제를 위하여 현재 기본권이 침해되고 있는 경우와 마찬가지로 헌법소원이 허용된다.

④ 개인택시면허의 양도 및 상속을 금지하는 「여객자동차운수사업법」 규정에 대하여 장래 개인택시면허를 취득하려는 자가 헌법소원심판을 청구한 경우 기본권 침해의 현재성이 인정되지 않는다.

**15** 헌법소원에 대한 설명으로 옳지 않은 것은?

① 기본권 침해의 직접성이란 집행행위에 의하지 아니하고 법률 그 자체에 의하여 자유의 제한, 의무의 부과, 권리 또는 법적 지위의 박탈이 생긴 경우를 말하므로, 법규범이 정하고 있는 법률효과가 구체적으로 발생함에 있어 사인의 행위를 요건으로 하고 있다고 한다면 직접성이 인정되지 아니한다.

② 입법권자의 공권력의 행사의 한 형태인 법률에 대하여 곧바로 헌법소원심판을 청구하려면 우선 청구인 스스로가 당해 규정에 관련되어야 하고 당해 규정에 의해 현재 기본권의 침해를 받아야 하며 그 침해도 법률에 따른 집행행위를 통하여서가 아니라 직접 당해 법률에 의하여 기본권 침해를 받아야 할 것을 요건으로 한다.

③ 헌법소원심판청구의 적법요건으로 기본권 침해의 직접성을 요구하는 것은 재판청구권을 침해하는 것은 아니다.

④ 헌법소원심판청구에 있어서 직접성 요건의 불비는 사후에 치유될 수 없다.

**16** 헌법소원에 대한 설명으로 옳지 않은 것은?

① 법령에 근거한 구체적인 집행행위가 재량행위인 경우 기본권 침해는 집행기관의 의사에 따른 집행행위, 즉 재량권의 행사에 의하여 비로소 현실화되므로 이러한 경우에는 법령에 의한 기본권 침해의 직접성이 인정되지 않는다.

② 법률규정이 그 규정의 구체화를 위하여 하위규범을 시행할 것을 예정하고 있는 경우에는 원칙적으로 당해 법률규정의 직접성은 부인된다.

③ 국민에게 일정한 행위의무 또는 행위금지의무를 부과하는 법규정을 정한 후 이를 위반할 경우 제재수단으로서 형벌 또는 행정벌 등을 부과할 것을 정한 경우에, 그 형벌이나 행정벌의 부과를 직접성에서 말하는 집행행위라고는 할 수 없다.

④ 형벌조항을 위반하여 기소되었다면, 그 집행행위인 형벌부과를 대상으로 한 구제절차가 없거나 있다고 하더라도 권리구제의 기대가능성이 없는 경우에 해당하므로, 형벌조항에 대하여 예외적으로 직접성을 인정할 수 있다.

**17** 헌법소원에 대한 설명으로 옳지 않은 것은?

① 의료인에게 하나의 의료기관만을 개설할 수 있도록 한 의료법 규정에 대하여 의사 및 한의사의 복수면허를 가진 의료인이 헌법소원심판을 청구한 경우 기본권 침해의 직접성이 인정된다.

② 권리보호이익은 소송제도에 필연적으로 내재하는 요청으로 헌법소원제도의 목적상 필수적인 요건이라고 할 것이어서, 헌법소원심판청구의 적법요건 중의 하나로 권리보호이익을 요구하는 것이 청구인의 재판을 받을 권리를 침해한다고 볼 수는 없다.

③ 헌법재판소가 이미 위헌적인 법률조항에 대하여 헌법불합치결정을 하면서 입법자의 법률 개정 시한을 정하고 그때까지는 잠정적용을 명한 경우, 별건의 헌법소원심판청구에서 동일한 법률조항의 위헌확인을 구하는 것은 권리보호이익이 없다.

④ 위헌결정이 선고된 법률에 대한 헌법소원심판청구는 이미 효력을 상실한 법률조항에 대한 것이므로 더 이상 헌법소원심판의 대상이 될 수 없어 부적법하나, 위헌결정이 선고되기 이전에 심판청구된 법률조항의 경우에는 「헌법재판소법」 제68조 제1항의 헌법소원심판의 대상이 된다.

**18** 헌법소원에 대한 설명으로 옳지 않은 것은?

① 경찰서장의 물포발사행위는 이미 종료된 행위이므로, 헌법소원심판의 권리보호이익이 인정된다고 할 수 없다.

② 밀양경찰서장이 철거대집행이 실시되는 동안 청구인들을 철거대상시설인 움막들 밖으로 강제 이동시킨 행위 및 그 움막들로 접근을 막은 행위는 구체적으로 반복될 위험성이 있다고 보기 어렵고, 헌법재판소가 헌법적으로 해명할 필요가 있다고 볼 수 없어 이 사건 심판청구는 예외적으로 심판의 이익도 인정되지 않는다.

③ 부산광역시 기장군의회 운영행정위원장이 2015.10.26. 및 2015.10.28. 청구인들에게 한 부산광역시 기장군의회 운영행정위원회 제209회 제1차, 제3차 임시회의 방청불허행위에 대한 심판청구는 권리보호이익은 소멸하였으나, 심판청구의 이익을 인정할 수 있다.

④ 영등포교도소의 변호인접견실에 변호인석과 재소자석을 차단하는 칸막이를 그 후 법무부의 지시에 따라 철거된 이상 심판대상행위의 위헌 여부를 가릴 실익이 없어졌다 할 것이다.

**19** 헌법소원에 대한 설명으로 옳은 것은?

① 헌법은 다른 법률에 구제절차가 있는 경우에는 그 절차를 모두 거친 후에 청구할 수 있다고 규정하여 보충성을 요건으로 하고 있다.

② 「헌법재판소법」 제68조 제2항의 헌법소원은 보충성을 요건으로 하고 있다.

③ 「헌법재판소법」 제68조 제1항 단서에서 말하는 다른 권리구제절차는 공권력의 행사 또는 불행사를 직접 대상으로 하여 그 효력을 다툴 수 있는 권리구제절차를 의미하는 것이지 사후적·보충적 구제수단인 손해배상청구나 손실보상청구는 이에 해당하지 않는다.

④ 전심절차를 거치지 않고 헌법소원심판청구를 하여 전심절차불비의 위법이 있는 경우에 헌법재판 계류 중에 전심절차를 완료하였다고 하더라도 그 흠결이 치유될 수 없다.

2022 해커스공무원 함남기 헌법 진도별 모의고사

**20** 헌법소원에 대한 설명으로 옳은 것은?

① 법원행정처장의 정보비공개결정에 대하여 행정법원에 소를 제기하지 않고 바로 헌법소원심판을 청구하였으므로, 법원행정처장의 정보비공개결정에 대한 헌법소원심판청구는 보충성 원칙을 흠결하여 부적법하다.

② 교도소장의 이송처분에 대하여 행정심판 내지 행정소송으로 다투지 아니한 채 제기한 헌법소원심판청구는 적법하다.

③ 대한변호사협회 징계위원회의 징계결정은 항고소송의 대상이 되는 처분이 아니므로 바로 헌법소원심판을 청구할 수 있다.

④ 전심절차로 권리가 구제될 가능성이 없거나 권리구제절차가 허용되는지 여부가 객관적으로 불확실하여 전심절차의 이행가능성이 없는 경우에는 보충성 원칙이 적용된다.

제한시간 : 14분 | 시작시각 ___시 ___분 ~ 종료시각 ___시 ___분                 나의 점수 _____

**01** 검사의 불기소처분에 대한 설명으로 옳지 않은 것은?

① 검사로부터 기소유예처분을 받은 피의자는 「검찰청법」 소정의 항고를 거쳐 그 검사 소속의 지방검찰청 소재지를 관할하는 고등법원에 그 당부에 관한 재정을 신청할 수 있으므로 그와 같은 구제절차를 모두 거치지 않은 채 기소유예처분의 취소를 구하는 헌법소원심판청구는 부적법하다.

② 검사의 불기소처분의 대상이 된 범죄가 「형사소송법」상 재정신청의 대상인 경우, 고소인은 다른 법률에 규정된 구제절차를 모두 거친 후가 아니면 헌법소원심판을 청구할 수 없고, 재정신청에 대하여 고등법원의 결정을 받은 경우 법원의 재판은 헌법소원심판의 대상이 될 수 없으므로, 결국 헌법소원심판청구가 허용되지 않는다.

③ 피해자의 고소가 아닌 수사기관의 인지 등에 의하여 수사가 개시된 피의사건에서 검사의 불기소처분이 이루어진 경우, 고소하지 아니한 피해자가 그 불기소처분의 취소를 구하는 헌법소원심판을 곧바로 청구할 수 있다.

④ 검사의 불기소처분 이후 공소시효가 완성된 경우, 이에 대한 형사피해자의 헌법소원심판청구는 권리보호이익이 인정될 수 없으나, 피의자가 헌법소원을 청구한 경우 공소시효가 완성된 경우라면 권리보호의 이익은 인정될 수 있다.

**02** 헌법소원심판 청구기간에 대한 설명으로 옳지 않은 것은?

① 청구기간의 기산점인 '사유가 있음을 안 날'이라 함은 법령의 제정 등 공권력의 행사에 의한 기본권 침해의 사실관계를 안 날을 뜻하는 것이 아니라, 법률적으로 평가하여 그 위헌성 때문에 헌법소원의 대상이 됨을 안 날을 뜻한다.

② 법률에 대한 헌법소원심판청구가 적법하기 위하여는 청구인에게 당해 법률에 해당하는 사유가 발생함으로써 그 법률이 청구인의 기본권을 명백히 구체적으로 현실 침해하였거나 침해가 확실히 예상되는 경우에 한정된다.

③ 아직 기본권의 침해는 없으나 장래에 확실히 기본권 침해가 예측되는 경우에는 미리 헌법소원심판청구가 가능하고, 이때 별도로 청구기간 도과에 관한 문제는 발생하지 않는다.

④ 법령조항이 일부 개정되었다 하더라도 자구만 수정되었을 뿐 실질적 내용에 변화가 없다면 청구기간의 기산점은 이전 법령을 기준으로 한다.

**03** 헌법소원의 청구기간에 대한 설명으로 옳지 않은 것은?

① 헌법소원심판을 청구하려는 자가 변호사를 대리인으로 선임할 자력이 없는 경우에는 헌법재판소에 국선대리인을 선임하여 줄 것을 신청할 수 있다. 이 경우 「헌법재판소법」 제69조에 따른 청구기간은 국선대리인이 심판청구서를 제출한 날이 아니라, 국선대리인의 선임신청이 있는 날을 기준으로 정한다.

② 헌법소원심판의 청구가 청구기간 내에 청구되지 않았다면 그 청구기간 내에 국선변호인 선임신청이 있었다 하더라도 청구기간을 도과한 것이다.

③ 심판청구를 교환적으로 변경하였다면 변경에 의한 신청구는 원칙적으로 그 청구변경서를 제출한 때에 제기한 것이라 볼 것이고, 이 시점을 기준으로 하여 청구기간의 준수 여부를 가려야 한다.

④ 법령조항이 그 자구만 수정되었을 뿐 이전 조항과 비교하여 실질적인 내용에 변화가 없어 청구인이 기본권을 침해당하고 있다고 주장하는 내용에 전혀 영향을 주지 않는다면, 법령조항이 일부 개정되었다고 하더라도 청구기간의 기산은 이전의 법령을 기준으로 한다.

⑤ 헌법소원심판을 청구할 수 있는 기간을 제한하는 「헌법재판소법」 조항의 위헌확인을 구하는 사건에서 바로 그 조항에 근거하여 청구기간이 지났음을 이유로 각하 결정을 할 수도 있다.

**04** 헌법소원심판에 대한 설명으로 옳지 않은 것은?

① 헌법소원심판을 청구하려는 자가 변호사를 대리인으로 선임할 자력이 없는 경우에는 헌법재판소에 국선대리인을 선임해 줄 것을 신청할 수 있고, 헌법재판소가 공익상 필요가 있다고 인정할 때에는 자력이 충분한 청구인에게도 국선대리인을 선임해 줄 수 있다.

② 헌법소원심판을 청구하고자 하는 자가 변호사를 대리인으로 선임할 자력이 없는 경우에는 헌법재판소가 국선대리인을 직권으로 선임하여야 한다.

③ 국선대리인은 선정된 날부터 60일 이내에 헌법소원심판청구서를 헌법재판소에 제출하여야 한다.

④ 헌법재판소의 심판비용은 국가부담으로 하므로 청구인은 인지를 첨부하지 않는다.

**05** 지정재판부의 사전심사에 대한 설명으로 옳은 것은?

① 헌법재판소장은 헌법재판소에 재판관 3명으로 구성되는 지정재판부를 두어 헌법소원심판의 사전심사를 담당하게 하여야 한다.

② 「헌법재판소법」 제68조 제1항에 의한 헌법소원에서는 지정재판부가 사전심사를 하나, 「헌법재판소법」 제68조 제2항에 의한 헌법소원에서는 지정재판부가 사전심사를 하지 아니한다.

③ 탄핵심판절차에서 재판관 3명으로 구성되는 지정재판부를 두어 사전심사를 담당하게 하는 것은 허용되지 않는다.

④ 지정재판부는 지정재판부 재판관 과반수의 찬성으로 헌법소원의 심판청구를 각하한다.

**06** 헌법소원에 대한 설명으로 옳은 것은?

① 헌법재판소는 공권력의 행사 또는 불행사가 위헌인 법률 또는 법률의 조항에 기인한 것이라고 인정될 경우에도 인용결정에서 해당 법률 또는 법률의 조항에 대해 위헌임을 선고할 수 없다.

② 헌법소원제도에는 객관적인 헌법질서를 수호·유지하는 기능도 있으므로 헌법소원심판청구가 취하되었다고 하더라도 헌법적 해명이 긴요한 때에는 종국결정을 선고할 수 있다.

③ 「헌법재판소법」 제68조 제2항 소정의 헌법소원은 그 본질이 헌법소원이라기보다는 위헌법률심판이므로 「헌법재판소법」 제68조 제1항 소정의 헌법소원에서 요구되는 보충성의 원칙은 적용되지 아니한다.

④ 「헌법재판소법」 제68조 제2항의 헌법소원심판의 요건으로는 재판의 전제성, 권리보호이익뿐 아니라 직접성·현재성·자기관련성 등을 요건으로 한다.

**07** 헌법재판소법 제68조 제2항의 헌법소원에 대한 설명으로 옳은 것은?

① 「헌법재판소법」 제68조 제2항은 당해 법원에 의해 위헌법률심판제청신청이 기각된 법률조항에 대해서 헌법소원심판을 청구할 수 있다고 규정하므로, 당해 법원이 재판의 전제성을 부정하여 각하한 조항에 대해서는 위 헌법소원심판청구가 허용되지 않는다.

② 「헌법재판소법」 제41조 제1항의 위헌법률심판제청신청과 제68조 제2항의 헌법소원의 대상은 '법률'이지 '법률의 해석'이 아니므로 법률조항 자체의 위헌판단을 구하는 것이 아니라 '법률조항을 …으로(이라고) 해석하는 한 위헌'이라고 청구하는 소위 한정위헌청구는 원칙적으로 부적법하다.

③ 재판소원을 금지하는 「헌법재판소법」 제68조 제1항의 취지에 비추어, 당해 사건 재판의 기초가 되는 사실관계의 인정이나 평가 또는 개별적·구체적 사건에서 단순히 법률조항의 포섭이나 적용의 문제를 다투거나, 의미 있는 헌법문제에 대한 주장 없이 단지 재판결과를 다투는 헌법소원심판청구는 허용되지 않는다.

④ 인천시의회는 기본권 주체가 아니므로 「헌법재판소법」 제68조 제2항의 헌법소원심판을 청구할 수 없다.

**08** 헌법재판소법 제68조 제2항의 헌법소원에 대한 설명으로 옳지 않은 것은?

① 헌법재판소는 행정소송의 피고나 그 보조참가인인 행정청이 「헌법재판소법」 제68조 제2항의 헌법소원심판을 청구할 수 있는지 여부에 관하여 행정처분의 주체인 행정청은 헌법소원을 제기할 수 있다고 판시하였다.

② 「헌법재판소법」 제68조 제1항 소정의 권리구제형 헌법소원과 같은 조 제2항 소정의 위헌심사형 헌법소원은 별개의 사건부호가 부여되는 등 법적 성격을 달리하므로 하나의 심판청구에 양자를 병합하여 제기하는 것은 허용되지 아니한다.

③ 부진정입법부작위의 경우 제정된 법률조항에 대해서는 「헌법재판소법」 제68조 제2항의 헌법소원을 청구할 수 있다.

④ 수사기관에서 수사 중인 사건에 대하여 징계절차를 진행하지 아니함을 징계 혐의자인 지방공무원에게 통보하지 않아도 징계시효가 연장되는 것이 위헌이라는 주장은, 「지방공무원법」에서 징계시효 연장을 규정하면서 징계절차를 진행하지 아니함을 통보하지 아니한 경우에는 징계시효가 연장되지 않는다는 예외규정을 두지 아니한 부진정입법부작위의 위헌성을 다투는 것이므로 「헌법재판소법」 제68조 제2항의 헌법소원심판을 청구하는 것이 허용된다.

**09** 헌법재판소법 제68조 제2항의 헌법소원에 대한 설명으로 옳은 것은?

① 일부위헌결정은 위와 같이 '민주화운동과 관련하여 입은 피해' 중 일부인 '불법행위로 인한 정신적 손해' 부분을 위헌으로 선언한 헌법재판소의 일부위헌결정은 법원에 대한 기속력이 인정되지 않으므로 헌법소원의 전제가 된 해당 소송사건에서 이미 확정된 판결에 대해서 일부위헌결정이 선고된 사정은 「헌법재판소법」 제75조 제7항에서 정한 재심사유가 된다고 할 수 없다는 것이 대법원 판례이다.

② 1945. 8. 9. 이후 성립된 거래를 전부무효로 한 재조선미국육군사령부군정청 법령 제2호 제4조 본문과 1945. 8. 9. 이후 일본 국민이 소유하거나 관리하는 재산을 1945. 9. 25.자로 전부 미군정청이 취득하도록 정한 재조선미국육군사령부군정청 법령은 법률로서의 효력을 가진다고 볼 수 있다.

③ 「헌법재판소법」 제68조 제2항에 의한 이른바 위헌심사형 헌법소원으로 입법부작위를 다툴 수 있다는 것이 판례이다.

④ 법률의 위헌 여부 심판의 제청신청이 기각된 때에는 당사자는 당해 사건의 소송절차에서 동일한 사유를 이유로 다시 위헌 여부 심판의 제청을 신청할 수 없는데, 이때 당해 사건의 소송절차란 동일한 심급만을 의미하는 것이고, 당해 사건의 상소심 소송절차를 포함하는 것은 아니다.

**10** 다음 헌법재판소법 중 헌법재판소법 제68조 제2항의 헌법소원에 적용되는 것은 몇 개인가?

> ㉠ 헌법재판소장은 헌법재판소에 재판관 3명으로 구성되는 지정재판부를 두어 헌법소원심판의 사전심사를 담당하게 할 수 있다.
>
> ㉡ 헌법소원심판을 청구하려는 자가 변호사를 대리인으로 선임할 자력(資力)이 없는 경우에는 헌법재판소에 국선대리인을 선임하여 줄 것을 신청할 수 있다. 이 경우 제69조에 따른 청구기간은 국선대리인의 선임신청이 있는 날을 기준으로 정한다.
>
> ㉢ 헌법소원의 심판은 그 사유가 있음을 안 날부터 90일 이내에, 그 사유가 있는 날부터 1년 이내에 청구하여야 한다. 다만, 다른 법률에 따른 구제절차를 거친 헌법소원의 심판은 그 최종결정을 통지받은 날부터 30일 이내에 청구하여야 한다.
>
> ㉣ 다른 법률에 구제절차가 있는 경우에는 그 절차를 모두 거친 후에 청구할 수 있다.
>
> ㉤ 각종 심판절차에서 당사자인 사인(私人)은 변호사를 대리인으로 선임하지 아니하면 심판청구를 하거나 심판수행을 하지 못한다. 다만, 그가 변호사의 자격이 있는 경우에는 그러하지 아니하다.

① 1개      ② 2개

③ 3개      ④ 4개

**11** 권한쟁의심판에 관한 설명 중 옳은 것은?

① 국회의원의 당사자능력에 대해 헌법재판소는 초기판례부터 권한쟁의심판의 당사자적격을 인정하고 있었다.

② 해양수산부장관은 권한쟁의심판의 당사자가 될 수 있다.

③ 권한쟁의가 「지방교육자치에 관한 법률」 제2조에 따른 교육·학예에 관한 지방자치단체의 사무에 관한 것인 경우에는 지방자치단체장이 당사자가 된다.

④ 「헌법재판소법」 제62조 제1항 제1호가 국가기관 상호간의 권한쟁의심판을 '국회, 정부, 법원 및 중앙선거관리위원회 상호간의 권한쟁의심판'이라고 규정하고 있으므로, 이들 기관 외에는 권한쟁의심판의 당사자가 될 수 없다.

**12** 권한쟁의심판에 관한 설명 중 옳지 않은 것은?

① 「헌법재판소법」 제62조 제1항 제1호가 규정하는 '국회, 정부, 법원 및 중앙선거관리위원회'는 권한쟁의심판 당사자인 국가기관을 예시한 것과 다르게 동법 제62조 제1항 제3호의 지방자치단체 상호간의 권한쟁의심판 종류는 예시적인 것으로 해석할 법적 근거는 없다.

② 각급 구·시·군선거관리위원회도 헌법에 의하여 설치된 기관으로서 헌법과 법률에 의하여 독자적인 권한을 부여받은 기관에 해당하고, 따라서 권한쟁의심판청구의 당사자능력이 인정된다.

③ 국회 상임위원회 위원장은 권한쟁의심판의 당사자능력이 인정된다.

④ 국민은 국민주권주의에 의해 헌법에 의하여 설치되고 헌법과 법률에 의하여 독자적인 권한을 부여받은 기관으로 해석할 수 있으므로 권한쟁의심판의 당사자가 되는 국가기관에 해당할 수 있다.

**13** 권한쟁의심판에 관한 설명 중 옳지 않은 것은?

① 국회의장에게는 국회 외교통상통일위원회 전체회의가 원만히 이루어지도록 질서유지조치를 취할 구체적 작위의무가 있다.

② 교육감과 해당 지방자치단체 상호간의 권한쟁의심판은 '서로 상이한 권리주체 간'의 권한쟁의심판청구로 볼 수 없다.

③ 지방의회의원도 지방의회나 위원회의 의결절차가 위법하게 자신의 심의·표결권을 침해하는 경우에는 지방의회나 위원회 또는 그 의장을 상대로 권한쟁의심판을 청구할 수 없다.

④ 국회의원은 국회를 피청구인으로 하여 법률의 제·개정행위를 다툴 수 있다.

**14** 권한쟁의심판에 관한 설명 중 옳지 않은 것은?

① 탄핵심판, 정당해산심판의 경우에는 청구기간의 제한이 없으나, 권한쟁의심판, 헌법소원심판의 경우에는 청구기간의 제한이 있다.

② 장래처분에는 청구기간이 적용되지 않는다.

③ 헌법과 「헌법재판소법」상 국가기관 상호간의 권한쟁의는 헌법재판소가 관할하고 헌법재판소의 관장사항으로 되는 것은 「행정소송법」에 따르면 기관소송의 대상에서 제외된다.

④ 기관소송의 관장대상인 것은 권한쟁의심판의 대상이 될 수 없도록 「행정소송법」이 규정하고 있는바, 권한쟁의심판에 있어서 법원을 통한 일차적 권리구제를 거치도록 요구하는 보충성 요건이 필요하다.

**15** 권한쟁의심판에 관한 설명 중 옳은 것은?

① 권한쟁의심판청구는 피청구인의 처분 또는 부작위가 헌법에 의하여 부여받은 청구인의 권한을 침해하였거나 침해할 현저한 위험이 있는 때에 한하여 이를 할 수 있다.

② 일반법원의 기관소송 관할권과 중복을 피하기 위하여 권한쟁의심판에서는 헌법상의 권한분쟁만을 대상으로 하고, 법률상의 권한분쟁은 그 대상이 되지 않는다.

③ 국가기관의 모든 행위가 권한쟁의심판에서 의미하는 권한의 행사가 될 수는 없으며, 국가기관의 행위라 할지라도 헌법과 법률에 의해 그 국가기관에게 부여된 독자적인 권능을 행사하는 경우가 아닌 때에는 비록 국가기관의 행위가 제한을 받더라도 권한쟁의심판에서 말하는 권한이 침해될 가능성은 없는 것이다.

④ 국가사무로서의 성격을 가지고 있는 기관위임사무의 집행권한의 존부 및 범위에 관하여 지방자치단체가 청구한 권한쟁의심판청구는 적법하다.

**16** 권한쟁의심판에 관한 설명 중 옳은 것은?

① 지방자치단체의 장은 원칙적으로 권한쟁의 당사자는 아니고, 국가가 위임한 기관위임사무를 처리할 때에도 국가기관으로서 권한쟁의심판의 당사자가 될 수 없다.

② 권한쟁의심판에서 청구인은 스스로 의사에 기하여 자유롭게 심판청구를 취하할 수 있으나 권한쟁의심판대상이 헌법질서 수호·유지를 위하여 헌법적으로 해명할 필요가 있는 사건일 경우 소취하는 허용되지 않고 헌법재판소는 본안심판을 하여야 한다.

③ 헌법소원심판은 인용결정이 있는 경우에만 기속력이 발생하지만, 권한쟁의심판의 경우 기각결정도 기속력이 인정된다.

④ 헌법재판소가 부작위에 대한 심판청구를 인용하는 결정을 한 때에는 피청구인의 부작위가 위헌임을 확인하는 데 그치고, 피청구인에게 구체적 처분을 해야 할 의무는 발생하지 않는다.

**17** 권한쟁의심판에 관한 설명 중 옳은 것은?

① 헌법재판소가 국가기관 또는 지방자치단체의 처분을 취소하는 결정을 하더라도 그 처분의 상대방에 대하여 이미 생긴 효력에는 영향을 미치지 아니한다.

② 일신전속적인 것이라고 볼 수 없으므로 이에 관련된 권한쟁의심판절차는 수계될 수 있다. 따라서 국회의원이 입법권의 주체인 국회의 구성원으로서, 또한 법률안 심의·표결권의 주체인 국회의원 자격으로서 권한쟁의심판을 청구하였다가 그 심판 계속 중 국회의원직을 상실하였다고 할지라도 당연히 그 심판절차가 종료되는 것은 아니다.

③ 헌법재판소가 국회의장의 법률안 가결선포행위가 국회의원의 심의·표결권을 침해하였다고 확인한 경우 권한쟁의심판의 기속력에 따라 국회의장은 다시 법률안을 표결에 부칠 의무를 진다.

④ 국회의원의 심의·표결권은 국회의원들 상호간 또는 국회의원과 국회의장 사이와 같이 국회 내부적으로 직접적인 법적 연관성을 발생시킬 수 있을 뿐만 아니라 대통령 등 국회 이외의 국가기관 사이에서도 권한침해의 직접적인 법적 효과를 발생시킨다.

**18** 권한쟁의심판에 관한 설명 중 옳지 않은 것은?

① 공유수면매립지에 대한 지방자치단체의 관할구역 경계는 명시적인 법령상의 규정이 있으면 이에 따르고, 법령상의 규정이 존재하지 않는다면 불문법에 따라야 하나 공유수면매립지의 경계에 관한 불문법마저 존재하지 않는 경우에는 헌법재판소가 형평의 원칙에 따라 합리적이고 공평하게 그 경계를 획정할 수밖에 없다.

② 매립지의 귀속 주체 내지 행정 관할 등을 획정함에 있어서도 사업목적의 효과적 달성이 우선적으로 고려되어야 하므로 매립 전 공유수면을 청구인이 관할하였다 하여 매립지에 대한 관할 권한을 인정하여야 한다고 볼 수는 없다.

③ 헌법재판소는 매립지의 관할구역 경계선은 매립 전 공유수면의 해상경계선으로 보고 있다.

④ 국가기본도상의 해상경계선은 공유수면에 대한 불문법상 행정구역에 경계로 인정할 수 없다.

**19** 권한쟁의심판에 관한 설명 중 옳은 것은?

① 불문법상 해상경계가 존재하지 않아 헌법재판소가 형평의 원칙에 따라 해상경계선을 획정할 수밖에 없는 경우, 등거리 중간선 원칙에 따라 해상경계선을 획정해야 하므로 계쟁 지역이 특정 지방자치단체 소속 주민들에게 필요불가결한 생활터전인지 여부를 고려해서 등거리 중간선 원칙의 예외를 인정할 수 없다.

② 사립대학의 신설이나 학생정원 증원은 국가사무이므로, 교육과학기술부장관의 '수도권 사립대학 정원규제'는 경기도의 권한을 침해하거나 침해할 현저한 위험이 없다. 따라서 교육과학기술부장관을 상대로 제기한 경기도의 권한쟁의심판청구는 부적법하다.

③ 지방자치단체가 이미 이루어진 자율형 사립고등학교 지정·고시 처분을 취소하고, 이에 대하여 국가기관이 재량권의 일탈·남용을 이유로 시정명령을 하는 경우에 발생하는 권한분쟁은, 일반적으로 반복될 수 있는 사안으로서 헌법적 해명이 필요한 경우이다.

④ 군 공항 이전사업에 의해 예비이전후보지가 관할 내에 선정된 지방자치단체의 의사를 고려하지 않고 사업이 진행된다면 그 지방자치단체의 자치권한을 침해할 현저한 위험이 인정된다.

**20** 천수만 내 해역에 대하여 행한 태안군수의 어업면허처분에 대한 홍성군의 권한쟁의심판청구에 대한 설명으로 옳지 않은 것을 모두 조합한 것은?

⊙ 지방자치단체의 경계를 확정하기 위해서는 주민들의 생활권역에 대한 종합적 고려가 있어야 한다. 따라서 해상경계를 확정할 때에는 분쟁 대상 해역의 해저 지형이나 해류 등의 자연조건이 주민들의 생활에 어떤 영향을 미치는지 확인할 필요가 있으므로 등거리 중간선 원칙이라는 척도로 공유수면의 해상경계선을 획정하는 것은 문제가 있다.

⊙ 공유수면의 행정구역 경계에 관한 명시적인 법령상의 규정이 존재한 바 없으므로, 공유수면에 대한 행정구역 경계가 불문법상으로 존재한다면 그에 따라야 한다.

⊙ 이 사건에서 피청구인은 태안군수가 아니라 태안군이고 심판대상은 태안군수의 어업면허처분이며, 어업면허처분은 청구인 홍성군의 권한침해이므로 무효가 되었다.

⊙ 「행정소송법」 제45조는 법률이 정한 경우에 법률에 정한 자가 기관소송을 제기할 수 있도록 규정하고 있는바, 만약 홍성군의 권한쟁의심판청구가 기관소송을 거치지 않고 제기되었다면 권한쟁의심판의 보충성에 위배되어 부적법하다.

① ㄱ

② ㄱ, ㄹ

③ ㄱ, ㄷ

④ ㄴ, ㄷ, ㄹ

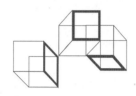

gosi.Hackers.com
해커스공무원 학원·인강

해커스공무원
gosi.Hackers.com

2022 해커스공무원 황남기 헌법 진도별 모의고사

# 중간
# 테스트

제한시간 : 14분  |  시작시각 ____시 ____분 ~ 종료시각 ____시 ____분                나의 점수 _____

**01** 국회 위원회에 대한 설명으로 옳은 것은?

① 위원회제도는 본회의 심의의 약화를 초래해 의회주의 위기 원인으로 지목되고 있다.

② 국회의 위원회제도는 본회의에서 복잡하고 기술적인 사항을 심의하기에 적합하지 않아 의사진행의 전문성과 효율성을 높이기 위한 제도이다.

③ 각 교섭단체 대표의원은 법제사법위원회의 위원이 된다.

④ 국무총리·국무위원·국무총리실장·처의 장·행정각부의 차관 기타 국가공무원의 직을 겸한 의원은 상임위원을 사임하여야 한다.

**02** 국회 위원회에 대한 설명으로 옳은 것은?

① 상임위원회 위원장은 본회의에서 선거하되 재적의원 과반수의 출석과 출석의원 다수의 득표로 당선된다.

② 상임위원회의 위원을 개선할 때 임시회의 경우에는 회기 중에 개선될 수 없고, 정기회의 경우에는 선임 또는 개선 후 50일 이내에는 개선될 수 없다. 다만, 위원이 질병 등 부득이한 사유로 의장의 허가를 받은 경우에는 그러하지 아니하다.

③ 국회 상임위원회의 위원 정수는 국회규칙으로 정하고 있다. 정보위원회의 위원 정수는 「국회법」의 위임을 받아 국회규칙에서 12명으로 규정하고 있다.

④ 국회의장은 어느 상임위원회에도 속하지 아니하는 사항은 각 교섭단체 대표의원과 협의하여 소관 상임위원회를 정한다.

**03** 국회 위원회에 대한 설명으로 옳은 것은?

① 「국회법」과 국회규칙에 관한 사항은 국회 법제사법위원회의 소관 사항이다.

② 정보위원회 위원은 국회부의장이 각 교섭단체 대표의원으로부터 당해 교섭단체 소속 의원 중에서 후보를 추천받아 각 교섭단체 대표의원과 협의하여 선임 또는 개선한다.

③ 공정거래위원회 소관에 속하는 사항과 금융위원회 소관에 속하는 사항, 국민권익위원회에 관한 사항은 정무위원회 소관 사항이다.

④ 정무위원회는 대통령비서실과 국무총리비서실의 소관 사항을 관장한다.

**04** 국회 위원회에 대한 설명으로 옳은 것은?

① 국가인권위원회 소관에 속하는 사항은 법제사법위원회 소관 사항이다.

② 예산결산특별위원회는 「국회법」이 명시한 특별위원회인 반면에, 인사청문특별위원회는 본회의의 의결로 청문사안이 있을 때 일시적으로 설치하는 비상설위원회이다.

③ 의원의 자격심사·징계에 관한 사항을 심사하기 위하여 법제사법위원회를 구성한다.

④ 상임위원회의 위원장은 본회의에서 선거하나, 예산결산특별위원회를 제외한 모든 특별위원회의 위원장은 위원회에서 호선한다.

**05** 국회조직에 대한 설명으로 옳은 것은?

① 「국회법」은 상임위원회의 상임위원을 개선함에 있어 '임시회'의 경우에는 회기 중에 개선할 수 없도록 하고 있는데, 여기에서의 '회기'는 '개선의 대상이 되는 해당 위원이 선임 또는 개선된 임시회의 회기'를 의미하는 것으로 해석된다.

② 국회의장은 필요하다고 인정하는 경우 독자적으로 전원위원회를 개회하지 않을 수 없으나, 법제사법위원회의 동의를 얻어 개회하지 아니할 수 있다.

③ 의장은 안건이 어느 상임위원회의 소관에 속하는지 명백하지 아니할 때에는 법제사법위원회와 협의하여 상임위원회에 회부하되, 협의가 이루어지지 아니할 때에는 의장이 국회운영위원회와 협의하여 소관 상임위원회를 결정한다.

④ 교섭단체는 정당 소속 의원들의 원내 행동통일을 통하여 정당의 정책을 의안심의에 최대한 반영하는 기능을 갖는 단체로서 「국회법」상 동일한 정치적 신념을 가진 정당 소속 의원들로 구성할 수 있으므로 무소속 의원 20명으로 하나의 교섭단체를 구성할 수는 없다.

**06** 국회조직에 대한 설명으로 옳은 것은?

① 교섭단체 소속 국회의원 당적 변경이 있는 경우 교섭단체 대표의원이 그 소속 의원에 이동(異動)이 있거나 소속 정당의 변경이 있을 때에는 그 사실을 지체 없이 의장에게 보고하여야 하고, 어느 교섭단체에도 속하지 아니하는 의원이 당적을 취득하거나 소속 정당을 변경한 때에는 그 사실을 즉시 의장에게 보고하여야 한다.

② 국회운영위원회는 본회의 의결이 있거나 의장이 필요하다고 인정하여 각 교섭단체 대표의원과 협의한 경우를 제외하고는 본회의 중에는 개회할 수 없다.

③ 국회 위원회는 재적위원 과반수 출석으로 개회하고, 재적위원 과반수 출석과 출석위원 과반수 찬성으로 의결한다.

④ 교섭단체 소속 국회의원만 국회 정보위원회 위원이 될 수 있도록 한 「국회법」 조항에 대한 무소속 국회의원의 헌법소원심판청구는 적법하다.

**07** 국회의 운영에 대한 설명으로 옳지 않은 것은?

① 우리나라 국회의 법률안 심의는 본회의 중심주의가 아닌 소관 상임위원회 중심으로 이루어지므로, 소관 상임위원회에서 심사·의결된 내용을 본회의에서는 심의가 인정이 안 되는 이른바 '위원회 중심주의'를 채택하고 있는 것이다.

② 정기회를 상반기와 하반기로 나누어 1년에 두 번 집회하려면 헌법을 개정해야 한다.

③ 국회의 위상을 강화하고 행정권에 대한 통제기능을 강화하기 위하여 정기회를 상반기와 하반기로 나누어 집회하도록 하는 법률은 헌법에 위반된다.

④ 둘 이상의 임시회 집회 요구가 있을 때에는 집회일이 빠른 것을 공고하되, 집회일이 같은 때에는 그 요구서가 먼저 제출된 것을 공고한다.

**08** 국회의 운영에 대한 설명으로 옳은 것은?

① 국회 회의는 공개하는 것을 원칙으로 하나, 재적과반수의 찬성이 있으면 회의를 비공개로 할 수 있다.

② 국회는 휴회 중이라도 대통령의 요구가 있을 때, 의장이 긴급한 필요가 있다고 인정할 때 또는 재적의원 4분의 1 이상의 요구가 있을 때에는 국회의 회의를 재개한다.

③ 헌법에 위원회 회의 공개에 대하여 규정하고 있고, 「국회법」은 위원회와 소위원회 회의의 공개를 규정하고 있다.

④ 국회의원의 임기가 만료된 때에도 회기계속의 원칙이 적용된다.

**09** 국회의 의사원칙에 대한 설명으로 옳은 것은?

① 국회에 제출된 법률안 기타의 의안이 회기 중에 의결되지 못했다면 폐기된다.

② 우리 헌법은 국회에 제출된 의안이 회기 중에 의결되지 못한 경우에는 폐기된다는 회기불계속의 원칙을 취하고 있다.

③ 국무총리에 대한 해임건의 발의정족수와 탄핵소추 발의정족수는 같다.

④ 의원은 무제한토론을 실시하는 안건에 대하여 재적의원 4분의 1 이상의 서명으로 무제한토론의 종결동의를 의장에게 제출할 수 있다.

**10** 의사공개원칙에 대한 설명으로 옳은 것은?

① 국회 본회의는 공개하나, 의장의 제의 또는 의원 10명 이상의 연서에 의한 동의(動議)로 본회의 의결이 있는 경우 공개하지 아니할 수 있으며, 그 제의나 동의에 대하여 토론을 거쳐 표결한다.

② "위원회에서 의원이 아닌 자는 위원장의 허가를 받아 방청할 수 있다."라는 「국회법」 제55조 제1항은 위원회의 비공개원칙을 전제로 한 것이므로, 위원회의 위원장은 그 재량으로 방청불허결정을 할 수 있다.

③ 국가안전보장을 이유로 공개하지 아니한 회의의 내용이라 하더라도, 의장의 결정으로 그 사유가 소멸되었다고 판단되는 경우에는 이를 공표할 수 있다.

④ 헌법은 출석의원 과반수의 찬성으로 국회의 회의를 공개하지 않은 경우, 이에 대해서는 사후 공개를 정당화하는 사유를 명시적으로 규정하고 있다 할 수 있다.

**11** 국회의 운영에 대한 설명으로 옳지 않은 것은?

① 「국회법」은 소위원회의 회의 비공개사유 및 절차 등 요건을 헌법이 규정한 회의 비공개요건에 비하여 더 완화시키고 있다.

② 국회의장 선출정족수와 계엄해제 요구정족수는 같다.

③ 안건조정위원회는 회부된 안건에 대한 조정안을 재적조정위원 3분의 2 이상의 찬성으로 의결한다.

④ 상임위원회나 특별위원회가 그 소관에 속하는 법률안을 제출하는 경우에는 10명 이상의 찬성이라는 수적 제한을 받지 않는다.

**12** 국회입법에 대한 설명으로 옳은 것은?

① 법률안의 발의 또는 제출은 국회의원, 위원회, 정부가 할 수 있는데, 위원회의 경우 법률안의 제출자는 각 위원회 소속의 발의의원이 된다.

② 본회의 의결로 설치된 특별위원회는 원칙적으로 법률안을 제출할 수 없으나, 예외적으로 본회의가 법률안 제출을 위해 설치한 특별위원회는 해당 법률안을 제출할 수는 있다.

③ 본회의에서 의결된 날부터 15일 이내에 법률안에 대해 대통령은 재의요구권을 행사할 수 있다.

④ 국회를 통과한 법률안이 정부에 이송된 후 15일 이내에 대통령이 공포하지 않을 때에는 그때부터 5일이 지나면 그 법률안은 법률로서 확정된다.

**13** 국회입법에 대한 설명으로 옳은 것은?

① 대통령이 정부에 이송된 날부터 15일 이내에 공포나 재의요구를 하지 아니한 때 그 법률안은 폐기된다.

② 국회에서 의결되어 정부에 이송된 법률안에 대해 대통령이 이의가 있을 때에는 이의서를 붙여 국회에 환부하고 그 재의를 요구할 수 있다. 대통령은 법률안을 수정하여 재의를 요구할 수는 없으나, 법률안의 일부에 대하여 재의를 요구할 수 있다.

③ 회기계속원칙하에서 대통령은 법률안에 이의가 있으면 회기 중에도 폐회 중에도 환부거부할 수 있다.

④ 대통령이 거부한 법률안에 대하여 국회가 재의결하여 확정된 법률이 정부에 이송된 후라면 국회의장이 당연히 공포권을 갖는다.

**14** 행정입법에 대한 국회의 통제절차에 대한 설명으로 옳은 것은?

① 중앙행정기관의 장은 법률에서 위임한 사항이나 법률을 집행하기 위하여 필요한 사항을 규정한 대통령령·총리령·부령·훈령·예규·고시 등이 제정·개정 또는 폐지된 때에는 7일 이내에 이를 국회 소관 상임위원회에 제출하여야 한다.

② 중앙행정기관의 장은 법률에서 위임한 사항이나 법률을 집행하기 위하여 필요한 사항을 규정한 대통령령·총리령·부령·훈령·예규·고시의 경우에는 입법예고를 할 때(입법예고를 생략하는 경우에는 법제처장에게 심사를 요청할 때를 말한다)에도 그 입법예고안을 10일 이내에 제출하여야 한다.

③ 상임위원회는 검토 결과 대통령령·총리령 및 부령이 법률의 취지 또는 내용에 합치되지 아니한다고 판단되는 경우에는 검토의 경과와 처리 의견 등을 기재한 검토결과보고서를 의장에게 제출하여야 하고, 의장은 제출된 검토결과보고서를 본회의에 보고하고, 국회는 본회의 의결로 이를 처리하고 정부에 송부한다.

④ 상임위원회는 검토 결과 부령이 법률의 취지 또는 내용에 합치되지 아니한다고 판단되는 경우에는 소관 중앙행정기관의 장에게 그 내용을 통보할 수 있다.

**15** 국회의 재정권에 대한 설명으로 옳은 것은?

① 과세요건법정주의에 따라 조세 관련 납세의무자, 과세물건, 과세표준, 과세기간, 세율 등의 과세요건은 법률로 정해야 하나, 과세부과·징수절차는 법률로 규정해야 하는 것은 아니다.

② TV수신료는 조세에 해당하므로 TV수신료 금액결정을 법률로 정하지 않고 한국방송공사에 위임하였다면 조세법률주의에 위반된다.

③ 소급과세금지의 원칙은 그 조세법령의 효력발생 이전에 시작했으나 완성되지 않은 과세요건사실에 대하여 당해 법령을 적용할 수 없음을 말한다.

④ 종교법인의 특별부과세 면제요건으로서 면제신청을 요하는 조세감면법은 조세법률주의에 위배된다고 할 수 없다.

**16** 국회의 재정권에 대한 설명으로 옳지 않은 것은?

① 구 조세특례제한법 제37조 제7항 후단은 원래 당연히 납부하였어야 할 특별부가세를 기업의 재무구조개선이라는 경제정책적 목적으로부터 면제받은 기업이 그러한 제도적 취지에 부합하지 아니할 때에는 면제된 특별부가세를 일정 비율로 추징하는 것과 관련된 규정이고, 따라서 이러한 우대조치를 어떻게 설정할 것인지에 대해서는 새로운 조세제도를 설정하는 조세법규와는 달리 조세법률주의가 다소 완화되어 적용된다고 할 수 있다.

② 종합부동산세와 재산세, 양도소득세는 그 과세의 목적 또는 과세물건을 달리하는 것이므로, 이중과세의 문제는 발생하지 아니한다.

③ 대주주가 상장주식을 양도한 경우에 양도소득세를 부과하는 구 소득세법은 조세법률주의에 위배된다고 할 수 없다.

④ 법인의 양도소득에 대한 법인세 및 특별부가세 부과는 이중과세에 해당하고, 이중과세라면 헌법에 위반된다.

**17** 예산에 대한 설명으로 옳은 것은?

① 대통령이 예산안을 공고한 날부터 20일이 경과하여 예산안은 효력을 발생한다.

② 국회는 정부의 동의 없이 정부가 제출한 지출예산 각 항의 금액을 증가하거나 감액할 수 없다.

③ 위원회는 세목 또는 세율과 관계있는 법률의 제정 또는 개정을 전제로 하여 미리 제출된 세입예산안은 이를 심사할 수 없다.

④ 기획재정부 소관인 재정 관련 법률안과 상당한 규모의 예산상 또는 기금상의 조치를 수반하는 법률안을 심사하는 소관 위원회는 미리 운영위원회와의 협의를 거쳐야 한다.

**18** 인사청문에 대한 설명으로 옳은 것은?

① 헌법은 국무총리, 국무위원 임명을 위한 절차로서 인사청문회에 대한 규정을 두고 있지 않다.

② 헌법재판소 재판관은 국회 인사청문특별위원회의 인사청문을 거쳐야만 한다.

③ 법무부장관 후보자에 대한 인사청문은 국회운영위원회가 하며, 인사청문회의 기간은 3일 이내로 한다.

④ 인사청문특별위원회의 위원정수는 13인으로 하며, 위원선임은 교섭단체에 속하는 의원은 각 교섭단체 대표의원의 요청으로 국회의장이 하고, 어느 교섭단체에도 속하지 아니하는 의원의 위원선임은 위원장이 이를 행한다.

**19** 탄핵제도에 대한 설명으로 옳은 것은?

① 탄핵심판은 고위직공무원에 대한 형사법적 제재가 아니라, 징계적 제재이다.

② 본회의에서 「국회법」이 정한 기간 내 표결하지 아니한 때에는 그 탄핵소추안은 의결되지 않았다는 이유로 폐기되지 않는다.

③ 탄핵심판이 있을 때까지 탄핵소추의 의결을 받은 자의 권한행사가 정지되는지 여부에 대하여 헌법상 명문으로 규정하고 있지 않다.

④ 피청구인이 결정 선고 전에 해당 공직에서 파면되었을 때 헌법재판소는 탄핵결정해야 한다.

**20** 탄핵제도에 대한 설명으로 옳은 것은?

① 국회에서 탄핵소추의결이 있는 때에는 소추위원은 지체 없이 소추의결서 정본을 국회의장에게 송달하여야 한다.

② 국회가 탄핵소추사유에 대하여 별도의 조사를 하지 않았거나 국정조사의 결과나 특별검사의 수사결과를 기다리지 않고 탄핵소추안을 의결하였다면 헌법과 법률에 위반했다고 할 수 있다.

③ 국회의원이 대통령에 대해 탄핵소추를 발의하려면 소추사유별로 나누어 발의하여야 한다.

④ 헌법재판소가 탄핵결정을 선고할 때 피청구인이 '해당 공직'에 있음을 전제로 하고 있고 탄핵심판의 공직의 범위는 전직이 아닌 '현직'을 의미한다.

제한시간 : 14분  |  시작시각 ___시 ___분 ~ 종료시각 ___시 ___분                    나의 점수 _____

**01** 국정감사·조사권에 대한 설명으로 옳은 것은?

① 국정감사는 정기회 기간에 하는 것이 원칙이나, 다만 본회의 의결로 정기회 기간 전에도 할 수 있다.

② 국정감사 및 조사는 공개한다. 다만, 위원회의 의결로 달리 정할 수 있다.

③ 국정감사 및 국정조사는 국가안보에 관한 사항을 제외하고 언제나 공개로 한다.

④ 국정감사는 비공개로 하며, 국정조사는 공개로 한다.

**02** 국정감사·조사권에 대한 설명으로 옳지 않은 것은?

① 국정조사는 국회의 당연한 권한으로 헌법에 규정되어 있는지와 무관하게 인정되나, 국정감사는 법규정에 의해서 인정된다.

② 국정감사는 포괄적 국정통제제도이나, 국정조사는 제한적 국정통제제도이다.

③ 1948년 제헌헌법에는 국정감사만 있을 뿐 국정조사는 없었고, 1980년 개정헌법부터 국정조사제도를 두었다.

④ 우리 헌법사에서 국정조사제도는 1948년 헌법부터 존재하였으며, 1972년 헌법과 1980년 헌법에서는 폐지되었다가, 1987년 헌법에서 다시 부활하였다.

**03** 대정부질문과 질의에 대한 설명으로 옳지 않은 것은?

① 의원의 대정부질문은 일문일답 방식으로 하되, 의원 1인당 질문시간은 20분을 초과할 수 없고, 답변시간은 포함되지 않는다.

② 의원은 정부에 서면으로도 질문할 수 있으며, 이 경우 서면질문을 하기 위한 의원 수의 요건은 없다.

③ 긴급현안질문이란 국회 회기 중 현안이 되고 있는 중요한 사항을 대상으로 정부에 대하여 질문하는 것으로서, 의원은 긴급현안질문 발의를 할 수 있으며 이 경우 발의를 하기 위한 의원 수의 요건은 없다.

④ 의제가 된 안건에 대해 발의의원이나 정부에 대해 물어보는 것은 질의이다.

**04** 탄핵심판에 관한 설명 중 옳은 것(○)과 옳지 않은 것(×)을 올바르게 조합한 것은? (다툼이 있는 경우 판례에 의함)

> ㉠ 탄핵심판은 고위공직자가 권한을 남용하여 헌법이나 법률을 위반하는 경우 그 권한을 박탈함으로써 헌법질서를 지키는 헌법재판이고, 탄핵결정은 대상자를 공직으로부터 파면함에 그치고 형사상 책임을 면제하지 아니한다는 점에서 탄핵심판절차는 형사절차나 일반 징계절차와는 성격을 달리한다.
>
> ㉡ 「국회법」에 탄핵소추안에 대하여 표결 전에 반드시 토론을 거쳐야 한다는 명문규정이 있다.
>
> ㉢ 탄핵심판절차에서는 법적인 관점에서 탄핵사유의 존부만을 판단하는 것이므로, 직책수행의 성실성 여부는 그 자체로서 소추사유가 될 수 없어 탄핵심판절차의 판단대상이 되지 아니한다.
>
> ㉣ 탄핵소추의결서에서 그 위반을 주장하는 '법규정의 판단'에 관하여 헌법재판소는 원칙적으로 구속을 받지 않으므로, 청구인이 그 위반을 주장하는 법규정 외에 다른 관련 법규정에 근거하여 탄핵의 원인이 된 사실관계를 판단할 수 있다.
>
> ㉤ 헌법재판소는 탄핵소추의결서에 기재되지 아니한 소추사유도 판단의 대상으로 삼을 수 있다.

① ㉠ (○), ㉡ (○), ㉢ (×), ㉣ (○), ㉤ (○)

② ㉠ (○), ㉡ (×), ㉢ (○), ㉣ (○), ㉤ (×)

③ ㉠ (○), ㉡ (×), ㉢ (×), ㉣ (×), ㉤ (×)

④ ㉠ (×), ㉡ (○), ㉢ (×), ㉣ (○), ㉤ (○)

**05** 국회의원 신분 자율권에 대한 설명으로 옳지 않은 것은?

① 국회의장이 징계사유가 있는 국회의원의 징계를 윤리특별위원회에 회부함에 있어서는 의원 20명 이상의 찬성을 요하지 않는다.

② 헌법은 국회의원에 대한 국회의 제명을 포함한 징계와 자격심사 결정에 대해 법원과 헌법재판소에 제소할 수 없다고 규정하고 있다.

③ 현행헌법은 국회의 의원자격심사나 의원제명처분에 대해서는 법원에 제소할 수 없다고 규정하고 있다.

④ 국회의원에 대하여 국회의 징계가 이루어진 경우 중 특히 당사자인 국회의원 신분에 변동이 생기는 경우, 당사자인 국회의원은 징계의 효력을 다투는 행정소송을 제기할 수 없으나, 지방의회의 지방의원 징계에 대해서 법원에 제소할 수 있다.

**06** 국회의원 특권에 대한 설명으로 옳지 않은 것은?

① 역사적으로 불체포특권이 면책특권보다 먼저 인정되었다.

② 국회의원이 현행범인인 경우라도 회의장 안에서 국회의장의 명령 없이 체포될 수 있다.

③ 국회의원이 회기 전에 구속된 경우 국회의 회기가 개시된다고 하더라도 자동적으로 석방되는 것은 아니다.

④ 국회의 석방요구에 따라 석방된 국회의원은 회기가 종료되어 국회가 폐회되면 다시 구금될 수 있다.

**07** 국회의원 특권에 대한 설명으로 옳지 않은 것은?

① 국회의원이 현행범인이 아니라면 회기 전에 체포 또는 구금된 경우에 국회의 회기가 개시되면 회기 중에 석방된다.

② 불체포특권의 체포·구금에는 「경찰관 직무집행법」에 의한 감호조치·격리조치가 포함되므로 국회의원은 회기 중 국회의 동의 없이 감호조치와 격리조치될 수 없다.

③ 국회의원의 면책특권은 범죄의 성립요건을 충족하나 그에 대한 형벌권 발생이 저지되어 소추되지 아니하는 경우로 인적 처벌조각사유에 해당한다.

④ 면책특권의 대상이 되는 행위는 국회의 직무수행에 필수적인 국회의원의 국회 내에서의 직무상 발언과 표결이라는 의사표현행위 자체에만 국한되지 않고 이에 통상적으로 부수하여 행하여지는 행위까지 포함되므로, 국회의원이 국회의 위원회나 국정감사장에서 국무위원·정부위원 등에 대하여 하는 질문이나 질의는 국회의 입법활동에 필요한 정보를 수집하고 국정통제기능을 수행하기 위한 것이므로 면책특권의 대상이 되는 발언에 해당함은 당연하다.

**08** 국회의원 특권에 대한 설명으로 옳은 것은?

① 국회의원의 발언이 면책특권의 대상이 되는 행위라면, 이러한 내용을 자신의 지역구에 가서 지역당원들을 대상으로 실시한 의정보고서에서 발표한 행위는 면책된다.

② 국회의원이 본회의나 위원회에서 발언할 내용을 직전에 원내기자실에서 국회출입기자들에게 배포하는 행위는 면책특권에 포함되는데, 이 면책의 시기는 임기 종료 후에도 적용되어 상당한 기간 책임을 지지 않는다.

③ 면책특권과 불소추특권은 법적 책임을 면제해주나, 불체포특권은 법적 책임의 면제에 해당하지 아니한다.

④ 불체포특권이 적용되는 사건은 형사상 소추가 허용되나, 면책특권과 불소추특권이 인정되면 소추가 불가하다.

**09** 국회의원 甲은 장관의 지위를 이용하여 기획재정부장관 乙이 A은행에 부실기업인 B회사에 부당대출을 하도록 압력을 행사하였다는 보도자료를 원내기자실에서 30분 전 기자들에게 배포하고 본회의에서 발언하였다. 이에 대한 설명으로 옳지 않은 것은?

① 원내기자실에서 사전에 원고를 배포한 행위는 직무상 부수행위로서 면책특권이 인정된다고 할 수 있다.

② 국회의원 甲에 대해 공소가 제기되면 법원은 '공소제기의 절차가 법률의 규정에 위반하여 무효인 때'에 해당되므로 공소를 기각하여야 한다.

③ 甲이 이 사건 발언을 책으로 출간하였거나, 당사에서 당직자들에게 이러한 발언을 한 경우 면책특권이 적용되지 않는다.

④ 甲의 발언이 허위라는 것이 밝혀졌다면 형사책임은 인정되지 않으나, 민사상 손해배상책임이 인정된다.

**10** 대통령에 관한 설명 중 옳은 것은?

① 대통령이 탄핵결정된 경우 대통령권한대행자는 늦어도 선거일 전 60일까지 선거일을 공고하여야 한다.

② 역대 헌법상 제1순위 대통령권한대행자는 제헌헌법에서 현행헌법까지 국무총리였다.

③ 1954년 개정헌법은 대통령 궐위시 부통령이 대통령이 되고 잔임기간 중 재임한다.

④ 제2공화국 헌법에서 대통령 권한대행 순서는 국무총리, 참의원의장, 민의원의장이었다.

**11** 대통령 관련 헌법조항의 유무에 대한 설명으로 옳은 것의 개수는?

⊙ 헌법은 국가원수이자 행정권의 수반인 대통령의 특수한 지위를 고려하여 대통령선거, 대통령의 유고시 권한대행·후임자선거, 퇴임 후의 예우 등에 관한 규정을 두고 있다.

ⓒ 헌법을 준수하고 수호해야 할 대통령의 의무를 헌법이 명문으로 규정하지 않은 이유는 이것이 이미 법치국가원리에서 파생되는 지극히 당연한 것이기 때문이다.

ⓒ 헌법에 규정되어 있는 대통령 선서문에는 헌법준수의무, 조국의 평화적 통일, 직책을 성실히 수행할 의무가 규정되어 있다.

② 헌법상 대통령의 임기개시 시점이 언제인지에 관하여 명문규정을 두고 있지 않다.

ⓜ 헌법은 대통령이 사고로 인하여 직무를 수행할 수 없을 때 대통령 권한대행 개시 및 기간에 관한 결정권을 헌법재판소에 부여하고 있다.

ⓗ 대통령의 면책특권과 불체포특권이 규정되어 있다.

① 1개   ② 2개

③ 3개   ④ 4개

**12** 대통령에 대한 설명 중 옳지 않은 것은 몇 개인가?

> ㉠ 대통령취임선서에서 규정한 성실한 직무수행의무는 헌법적 의무에 해당하지 않으므로, 이는 사법적 판단의 대상이 될 수는 없다.
>
> ㉡ 대통령은 국가의 원수 및 행정부 수반으로서의 지위에서 직무를 수행하는 때에는 원칙적으로 정당정치적 의견표명을 삼가야 하며, 나아가 대통령이 정당인이나 정치인으로서가 아니라 국가기관인 대통령의 신분에서 선거관련 발언을 하는 경우에는 선거에서의 정치적 중립의무의 구속을 받는다.
>
> ㉢ 대통령이 재신임 국민투표를 강행하지 않았고 재신임 국민투표를 국민들에게 제안한 정도에 그쳤다면 헌법에 위반된다고 할 수 없다.
>
> ㉣ 대통령의 헌법을 수호할 의무는 헌법에 명시적으로 규정되어 있지 않으나 대통령의 지위를 고려하면 헌법준수의무는 헌법상 의무에 해당한다.
>
> ㉤ 대통령이 현행법을 '관권선거시대의 유물'로 폄하하고 법률의 합헌성과 정당성에 대하여 대통령의 지위에서 공개적으로 의문을 제기하는 것은 헌법과 법률을 준수해야 할 의무와 부합하지 않는다.
>
> ㉥ 전직대통령이 재직 중 탄핵결정을 받아 퇴임한 경우와 금고 이상의 형이 확정된 경우 및 사퇴한 경우에는 필요한 기간의 경호 및 경비를 제외하고는 「전직대통령 예우에 관한 법률」에 따른 전직대통령으로서의 예우를 하지 아니한다.

① 1개　　　　　② 2개

③ 3개　　　　　④ 4개

**13** 대통령의 비상적 권한에 대한 설명으로 옳은 것은?

① 대통령은 내우·외환·천재·지변 또는 중대한 재정·경제상의 위기가 현실적으로 발생하였거나 발생할 우려가 있어서 국가의 안전보장 또는 공공의 안녕질서를 유지하기 위하여 긴급한 조치가 필요하고 국회의 집회를 기다릴 여유가 없을 때에 한하여 법률의 효력을 가지는 명령을 발할 수 있다.

② 긴급명령은 국회의 개·폐회를 가리지 않고 발할 수 있는 비상적 권한이나, 긴급재정경제명령은 폐회 중에 한하여만 인정될 수 있는 비상적 권한이다.

③ 긴급명령과 긴급재정명령은 법률의 효력을 가지므로 국회의 승인을 요하나, 긴급재정경제처분은 헌법의 효력을 가지므로 국회의 승인을 요하지 않는다.

④ 긴급재정경제명령이 법률적 효력을 가지는 데 비하여, 긴급재정경제처분은 헌법적 효력을 가지는 것으로서, 대통령은 후자를 발함에 있어 오남용이 되지 않도록 특별히 신중하여야 한다.

**14** 대통령의 계엄권에 대한 설명으로 옳지 않은 것은?

① 비상계엄하에서 국방부장관이 계엄사령관 직을 겸한다.

② 비상계엄지역에서 계엄사령관은 법률에서 정하는 바에 따라 동원(動員) 또는 징발을 할 수 있으며, 필요한 경우에는 군수(軍需)로 제공할 물품의 조사·등록과 반출금지를 명할 수 있다.

③ 계엄을 선포한 때에는 대통령은 지체 없이 국회에 통고하여야 하며, 국회가 재적의원 과반수의 찬성으로 계엄의 해제를 요구한 때에는 대통령은 이를 해제하여야 한다.

④ 국회가 재적의원 과반수의 찬성으로 계엄의 해제를 요구한 때에는 대통령은 반드시 이를 해제하여야 한다.

**15** 행정입법권에 대한 설명으로 옳은 것은?

① 형벌조항의 일부를 헌법상 열거된 법규명령에 위임하지 않고 여성가족부장관이 고시하는 행정규칙으로 정할 수 있도록 위임한 「청소년 보호법」은 헌법에서 정한 위임입법의 형식은 갖추지 못하여 헌법에 위반된다.

② 기초연금을 65세 이상인 사람으로서 소득인정액이 보건복지부장관이 고시하는 금액 이하인 사람에게 지급하도록 한 「기초연금법」은 법규사항을 법규명령이 아닌 고시에 위임한 것으로 위임의 한계를 벗어나 헌법에 위반된다.

③ 법령의 규정이 특정 행정기관에게 법령내용의 구체적 사항을 정할 수 있는 권한을 부여하면서 권한행사의 절차나 방법을 특정하지 아니한 경우 부령 또는 행정규칙으로 정하면 된다.

④ 행정규칙이나 규정 '내용'이 위임범위를 벗어난 경우에는 대외적 구속력을 인정할 수 없으나, 상위법령의 위임규정에서 특정하여 정한 권한행사의 '절차'나 '방식'에 위배되는 경우에도 법규명령으로서 대외적 구속력을 인정할 수 있다.

**16** 행정입법권에 대한 설명으로 옳지 않은 것은?

① 이해관계인에 대한 매각기일 및 매각결정기일의 통지는 집행기록에 표시된 이해관계인의 주소에 대법원규칙이 정하는 방법으로 발송할 수 있다고 규정한 「민사집행법」 제104조 제3항은 포괄위임금지원칙에 위반된다.

② 청소년유해물건 중 청소년의 심신을 심각하게 손상시킬 우려가 있는 성 관련 물건을 대통령령으로 정하는 기준에 따라 청소년보호위원회가 결정하고 여성가족부장관이 고시하도록 한 「청소년 보호법」 제2조 제4호 나목이 포괄위임금지원칙에 위반된다고 할 수 없다.

③ 의무교육으로서 3년의 중등교육의 순차적인 실시에 관하여만 대통령령이 정하도록 한 것은 포괄적 위임에 해당한다고 할 수 없다.

④ 고등학교의 입학방법과 절차 등을 대통령령으로 정하도록 위임한 「초·중등교육법」의 조항은 일반국민으로 하여금 고등학교 배정방법 등에 대해 대강을 예측할 수 있으므로 포괄위임입법금지원칙에 위배된다고 할 수 없다.

**17** 법률유보원칙과 포괄적 위임금지원칙에 대한 설명으로 옳지 않은 것은?

① '무시험 추첨배정에 의한 고등학교 입학전형제도'를 포괄적으로 교육감에게 위임하고 있는 「초·중등교육법」 제47조 제2항은 의회유보의 원칙에 위반되지 않는다.

② 등록면제 또는 수신료가 감면되는 수상기의 범위에 관하여 대통령령에 위임한 「방송법」 제64조 단서는 포괄적 위임금지원칙에 위반된다고 할 수 없다.

③ 교육과학기술부장관으로 하여금 법학전문대학원의 총 입학정원을 국민에 대한 법률서비스의 원활한 제공 및 법조인의 수급상황 등 제반사정을 고려하여 정하도록 한 것은 의회유보원칙에 위배되지 않는다.

④ 병역과 관련하여 이중국적자의 국적선택의 자유를 제한할 수 있는 사유를 대통령령에 위임한 「국적법」 제12조 제1항 단서는 포괄적 위임금지원칙에 반한다.

**18** 대통령의 사면권에 관한 권한에 대한 설명으로 옳은 것은?

① 대통령이 일반사면을 하는 경우 대통령령으로 하되 국무회의의 심의를 거쳐 국회의 동의를 받아야 하나, 특별사면을 하는 경우에는 국무회의 심의는 거치지만 국회의 동의는 필요하지 않다.

② 대통령은 법률이 정하는 바에 의하여 사면·감형 또는 복권을 명할 수 있고, 사면·감형 또는 복권을 명하려면 국회의 동의를 얻어야 한다.

③ 대통령의 일반사면은 죄를 범한 자에 대하여 국회의 동의를 얻어 법률의 형식으로 한다.

④ 특별사면은 일반 추상적인 법규범인 대통령령으로 한다.

**19** 대통령의 사면권에 관한 권한에 대한 설명으로 옳은 것은?

① 형의 선고에 따른 기성의 효과는 사면으로 변경되므로 사면은 소급효를 가진다.

② 복권의 효과는 형의 선고시로 소급한다.

③ 징역형의 집행유예와 벌금형이 병과된 자에 대하여 대통령이 특별사면을 하는 경우 선고된 형의 전부를 사면할 것인지 또는 일부만을 사면할 것인지를 결정하는 것은 대통령의 전권사항에 속하는 것이다.

④ 대통령이 특별사면을 할 때, 중한 형에 대하여 사면을 하면서 그보다 가벼운 형에 대하여 사면을 하지 않는다면 형평의 원칙에 반한다.

**20** 정부에 대한 설명으로 옳은 것은?

① 헌법 제86조 제2항 및 제94조에서 말하는 국무총리의 통할을 받는 행정각부는 입법권자가 헌법 제96조의 위임을 받은 「정부조직법」 제26조에 의하여 설치하는 행정각부만을 의미하는 것은 아니다.

② 「정부조직법」상 정부의 구성단위로서 그 권한에 속하는 사항을 집행하는 모든 중앙행정기관이 곧 헌법 제86조 제2항 소정의 행정각부라고 할 것이다.

③ 국무총리제도가 채택된 이래 줄곧 대통령과 국무총리가 서울이라는 하나의 도시에 소재하고 있었다는 사실을 통해 국무총리의 소재지는 헌법적으로 중요한 기본적 사항으로 보기 어렵고 이러한 규범이 존재한다는 국민적 의식이 형성되었다고 보기 힘들다.

④ 국무총리는 헌법상 대통령의 보좌기관으로서 행정각부를 통할한다는 점 등을 고려할 때, 국무총리의 소재지는 헌법적으로 중요한 기본적 사항이라 보아야 하고, 국무총리가 서울에 소재해야 한다는 규범에 대한 국민적 의식이 형성되었다고 할 수 있으므로 이러한 관습헌법의 존재를 인정할 수 있다.

**01** 정부에 대한 설명으로 옳은 것은?

① 국무회의는 구성원 과반수의 출석으로 개의하고, 출석 구성원 과반수의 찬성으로 의결하되, 구성원이 동영상 및 음성이 송수신되는 장치가 갖추어진 서로 다른 장소에 출석하여 진행하는 원격영상회의 방식으로 할 수 있다.

② 대통령이 영전수여를 위해서는 국무회의의 심의를 거쳐야 한다.

③ 대통령의 대법관 임명은 국무회의의 심의사항으로 헌법상 명시되어 있다.

④ 국회가 탄핵소추의결하면 국무회의 심의를 거쳐 헌법재판소에 탄핵심판이 제기된다.

⑤ 총리령과 부령은 국무회의의 심의를 거쳐야 하고, 국무총리와 관계 국무위원이 부서한다.

**02** 자문기관에 대한 설명으로 옳은 것은?

① 대통령은 이라크 파병을 하려면 국무회의 심의를 거쳐야 하며, 국가안전보장회의 자문을 거치지 아니해도 되나, 거치는 경우 국가안전보장회의 자문을 먼저 거쳐 국무회의 심의를 받는다.

② 국무회의와 국민경제자문회의는 헌법상 그 설치를 명문으로 규정하고 있는 필수적 헌법기관이다.

③ 국가원로자문회의는 헌법상의 기관이나 임의적인 자문기관에 불과하고, 국가과학기술자문회의는 과학기술의 혁신과 정보 및 인력의 개발을 통한 국민경제발전을 위한 대통령자문기구로서의 역할을 담당하는 헌법상 필수기관이다.

④ 국가과학기술자문회의는 헌법상의 임의적 자문기관이며, 1991년 국가과학기술자문회의법이 제정되었다.

**03** 감사원에 대한 설명으로 옳은 것은?

① 감사원은 국가의 세입·세출의 결산, 국가 및 법률이 정한 단체의 회계검사와 행정기관 및 공무원의 직무에 관한 감찰을 하기 위한 행정기관이다.

② 감사원은 세입·세출의 결산을 매년 검사하여 대통령에게 보고하고 대통령은 차년도 국회에 그 결과를 보고하여야 한다.

③ 감사원은 세입·세출의 결산을 매년 검사하여 대통령과 차기국회에 그 결과를 보고하여야 한다.

④ 감사원은 국회·법원 및 헌법재판소에 소속된 공무원의 직무에 대해서 감찰할 수 있다.

**04** 감사원에 대한 설명으로 옳지 않은 것은?

① 감사원은 감사의 결과 위법·부당하다고 인정되는 사실이 있을 때, 소속 장관 등에게 시정할 것을 요구할 수는 있다.

② 감사원 감사를 받는 사람이 불합리한 규제의 개선 등 공공의 이익을 위하여 업무를 적극적으로 처리한 결과에 대하여 그의 행위에 중대한 과실이 있더라도 「감사원법」에 따른 징계 요구 또는 문책 요구 등 책임을 묻지 아니한다.

③ 국회, 법원, 헌법재판소의 회계도 감사원은 검사한다.

④ 법률이 정하는 경우 국가기관이 아닌 경우에도 감사원의 회계검사 대상이 될 수 있다.

**05** 법원에 대한 설명으로 옳은 것은?

① 헌법은 사법권의 독립을 보장하기 위하여 대법원장의 중임제한, 대법관 수, 대법관의 정년 및 법관의 임기를 직접 규정하고 있다.

② 법관에 대한 대법원장의 징계처분 취소청구소송을 대법원의 단심재판에 의하도록 하는 것은, 독립적으로 사법권을 행사하는 법관이라는 지위의 특수성과 법관에 대한 징계절차의 특수성을 감안하여 재판의 신속을 도모하기 위한 것이므로 헌법에 합치된다.

③ 법관 정년을 역대 헌법에 명시적으로 규정한 적은 없었다.

④ 법관의 정년을 설정함에 있어서는 헌법상 설정된 법관의 성격과 그 업무의 특수성에 합치되어야 하나, 관료제도를 근간으로 하는 계층구조적인 일반 행정공무원과 달리 보아야 할 이유는 없다.

**06** 법관에 대한 설명으로 옳은 것은?

① 대법관이 중대한 신체상 또는 정신상의 장해로 직무를 수행할 수 없을 때에는, 인사위원회의 심의를 거쳐 대법원장이 퇴직을 명할 수 있다.

② 중대한 심신상의 장해로 직무를 수행할 수 없을 때 또는 근무성적이 현저히 불량할 때 대법원장의 제청으로 대통령이 대법관의 퇴직을 명할 수 있다.

③ 법관은 징계처분에 의하지 않고는 정직·감봉 기타 불리한 처분을 받지 아니하며, 법관징계위원회의 징계처분에 대하여 불복하는 경우에는 행정법원에 그 징계처분의 취소를 청구할 수 있다.

④ 1980년 '해직공무원의 보상 등에 관한 특별조치법' 제2조 제2항 제1호의 '차관급 상당 이상의 보수를 받은 자'에 법관을 포함시키는 것은 평등원칙에 위반된다.

**07** 법관에 대한 설명으로 옳은 것은?

① 대법관이 중대한 심신상의 장해로 직무를 수행할 수 없을 때에는 대법원장의 허가를 얻어 퇴직할 수 있다.

② 상고심으로부터 사건을 환송받은 법원은 그 사건을 재판함에 있어서 상고법원이 파기이유로 한 사실상 및 법률상의 판단에 대하여 기속되지 아니한다.

③ 상급법원의 재판에 있어서의 판단은 하급심을 기속하는 것이므로 하급심은 사실판단이나 법률판단에 있어서 상급심의 선례를 존중할 법적 의무가 있다.

④ 법원이 양형기준을 벗어난 판결을 하는 경우에는 판결서에 양형의 이유를 기재하여야 하나, 약식절차 또는 즉결심판절차에 의하여 심판하는 경우에는 그러하지 아니하다.

**08** 법원에 대한 설명으로 옳은 것은?

① 금고 이상의 형의 선고를 받아 집행을 종료한 후 또는 집행이 면제된 후로부터 5년을 경과하지 아니한 자에 대해서는 집행유예를 하지 못하도록 규정하고 있는 「형법」 제62조 제1항 단서는 정당한 재판을 받을 권리 및 법관의 양심에 따른 재판권을 침해한다.

② 경합범 관계의 수죄가 분리기소되면 일정한 경우 집행유예를 선고할 수 없는 것은 법관의 양심에 따른 재판권을 침해하는 것이다.

③ 비안마사들의 안마시술소 개설행위금지 규정을 위반한 자를 처벌하는 구 의료법 조항이 벌금형과 징역형을 모두 규정하고 있으나, 그 하한에는 제한을 두지 않고 그 상한만 5년 이하의 징역형 또는 2천만 원 이하의 벌금형으로 제한하면서 죄질에 따라 벌금형이나 선고유예까지 선고할 수 있도록 하는 것은 법관의 양형재량권을 침해하고 비례의 원칙에 위배된다.

④ 행정심판청구를 인용하는 재결이 행정청을 기속하도록 규정함으로써 지방자치단체의 장이 이에 불복하여 행정소송을 제기할 수 없도록 한 「행정심판법」은 사법권의 권한과 심사범위를 규정한 헌법 제101조 제1항에 위배되지 아니한다.

**09** 법원에 대한 설명으로 옳은 것은?

① 강도상해죄를 범한 자에 대하여는 법률상의 감경사유가 없는 한 집행유예의 선고가 불가능하도록 한 것은 사법권의 독립 및 법관의 양형판단재량권을 침해 내지 박탈하는 것으로서 헌법에 위반된다고는 볼 수 없다.

② 양형위원회는 위원장 1명을 포함한 13명의 위원으로 구성하며, 위원장과 위원의 임기는 2년으로 하고, 연임할 수 없다.

③ 약식절차에서 피고인이 정식재판을 청구한 경우 약식명령의 형보다 중한 형을 선고할 수 없도록 한 「형사소송법」 조항은 피고인이 정식재판을 청구하는 경우 법관에게 부여된 형종에 대한 선택권이 검사의 일방적인 약식명령 청구에 의하여 심각하게 제한되므로 법관의 양형결정권을 침해한다.

④ 법관이 객관적·합리적 이유에서가 아니라 대법원장에게 잘못 보여 그 의사에 반하여 불리한 인사처분을 받은 경우에 대법원에 그 처분의 취소를 청구하는 것은 권리구제의 실효성을 기대하기 어려운 경우에 해당하므로 곧바로 헌법재판소에 헌법소원을 청구할 수 있다.

**10** 법원에 대한 설명으로 옳지 않은 것은?

① 약식절차에서 피고인이 정식재판을 청구한 경우 약식명령보다 더 중한 형을 선고할 수 없도록 한 「형사소송법」 조항은 법관의 양형결정권을 침해하지 않는다.

② 「법원조직법」은 법관의 의사에 반해 전보발령할 수 없다는 규정은 두고 있지 않으나, 법관의 동의 없이 다른 국가기관으로 파견할 수 없도록 규정하고 있다.

③ 「법원조직법」상 법관으로서 퇴직 후 2년 6개월이 된 사람은 대통령비서실의 직위에 임용될 자격이 없다.

④ 헌법 제107조 제2항의 명령·규칙심사에서 추상적 규범통제는 현행헌법하에서 허용되지 않으므로 이를 도입하려면 헌법을 개정해야 한다.

**11** 법원에 대한 설명으로 옳은 것은?

① 법관은 다른 권력으로부터 독립하여야 하므로 일체의 겸직이 허용되지 않는다.

② 법원조직에 관하여 헌법 제102조 제3항이 "대법원과 각급 법원의 조직은 법률로 정한다."라고 규정하고 그에 따라 「법원조직법」이 제정되어 있으며, 군사법원도 「법원조직법」상 법원에 해당한다.

③ 명령·규칙 또는 처분이 헌법이나 법률에 위반되는 여부가 재판의 전제가 된 경우 법률심인 대법원만이 이를 심사하여 위헌·위법이라고 판단할 수 있고, 하급심 법원은 그 명령·규칙 또는 처분의 위헌·위법 여부를 판단할 권한이 없다.

④ 헌법재판소는, 헌법 제107조 제2항에 따른 대법원의 명령·규칙에 대한 최종심사권은 구체적인 소송사건에서 명령·규칙의 위헌 여부가 재판의 전제가 되었을 경우 대법원이 최종적으로 심사할 수 있다는 것을 의미하고, 명령·규칙 그 자체에 의하여 직접 기본권이 침해된 경우에는 「헌법재판소법」 제68조 제1항에 의한 헌법소원심판을 청구하는 것이 허용된다고 판시하였다.

**12** 명령·규칙심사권에 대한 설명으로 옳은 것은?

① 명령 또는 규칙이 법률에 위반한 경우에는 대법관 전원의 3분의 2 이상의 합의체에서 심판하도록 규정한 「법원조직법」 제7조 제1항 제2호에서 말하는 명령 또는 규칙이라 함은 국가와 국민에 대하여 일반적 구속력을 가지는 이른바 법규로서의 성질을 가지는 명령 또는 규칙을 의미하므로, 행정기관 내부의 행정사무처리기준을 정한 것에 불과한 훈령도 여기서 말하는 명령 또는 규칙이라 볼 수 없다.

② 헌법재판소 판례에 의하면, 헌법 제107조 제2항이 규정한 명령·규칙에 대한 대법원의 최종심사권이란 구체적인 소송사건에서 명령·규칙의 위헌 여부가 재판의 전제가 되었을 경우 법률의 경우와는 달리 헌법재판소에 제청할 것 없이 대법원이 최종적으로 심사할 수 있다는 의미이므로, 명령·규칙 그 자체에 의하여 직접 기본권이 침해되었음을 이유로 하여 헌법소원심판을 청구하는 것은 위 헌법규정에 위반된다.

③ 헌법 제107조 제2항이 규정한 명령·규칙에 대한 대법원의 최종심사권이란 구체적인 소송사건에서 명령·규칙의 위헌 여부가 재판의 전제가 되었을 경우 법률의 경우와는 달리 헌법재판소에 제청할 것 없이 대법원이 최종적으로 심사할 수 있다는 의미이므로, 법률의 하위법규인 명령·규칙의 위헌 여부 심사에 대한 헌법재판소의 관할을 배제한 것이라고는 볼 수 있다.

④ 법규명령이나 법규명령의 효력을 가진 규칙이 직접, 법적으로 기본권을 침해한 경우 대법원은 헌법 또는 법률에 위반 여부를 최종적으로 심사할 권한을 가진다.

**13** 법원에 대한 설명으로 옳은 것은?

① 대법원이 명령·규칙이 헌법에 위반된다고 판결한 경우, 명령·규칙은 개별적 효력이 상실된다.

② 사법부의 독립성 및 전문성 요청을 감안하여 헌법은 대법원이 법률에 저촉되지 아니하는 범위 안에서 법관의 임기와 정년, 소송에 관한 절차, 법원의 내부규율과 사무처리에 관한 규칙을 제정하도록 명문으로 규정하고 있다.

③ 헌법은 대법원이 법률에 저촉되지 아니하는 범위 안에서 법관의 임기와 정년, 소송에 관한 절차, 법원의 내부규율과 사무처리에 관한 규칙을 제정할 수 있도록 명문으로 규정하고 있다.

④ 헌법은 사법권의 독립을 보장하기 위하여 대법원장의 중임제한, 대법관의 수, 대법관의 정년 및 법관의 임기를 직접 규정하고 있다.

**14** 헌법재판제도의 연혁과 의의에 대한 설명으로 옳지 않은 것은?

① 제7차 개정헌법과 제8차 개정헌법하에서 헌법위원회는 단 한차례의 헌법재판권도 행사한 바 없어 헌법재판제도는 유명무실하였다.

② 사법소극주의가 항상 보수적인 것도 아니고, 사법적극주의가 항상 진보적인 것도 아니다.

③ 이라크 파병결정에서 헌법재판소는 사법소극주의 입장을 가졌다고 평가될 수 있다.

④ 전문적 분야와 관련된 헌법문제에 있어 그다지 전문적 지식을 소유하지 못한 사법부가 입법이나 행정처분을 심사하고 판단한다는 것은 적절하지 못하다는 주장은 사법적 적극주의의 논거로 제기된다.

**15** 헌법재판제도에 대한 설명으로 옳은 것은?

① 헌법재판소는 긴급재정경제명령에 대한 헌법소원심판에서 고도의 정치적 행위는 사법부가 개입할 문제가 아니라는 사법적극주의 입장을 유지하였으나, 신행정수도법 판례에서는 사법소극주의 입장을 유지하였다.

② 헌법재판소장이 한 처분에 대한 행정소송의 피고는 헌법재판소 사무처장으로 한다.

③ 탄핵심판, 권한쟁의심판, 헌법소원심판은 반드시 구두변론을 거쳐야 한다.

④ 심판에 관여한 재판관은 결정서에 의견을 표시하여야 하나, 탄핵심판과 정당해산심판의 경우 예외가 허용된다.

**16** 헌법재판제도에 대한 설명으로 옳지 않은 것은?

① 헌법재판소의 심판절차에 관하여는 「헌법재판소법」에 특별한 규정이 있는 경우를 제외하고는 헌법재판의 성질에 반하지 아니하는 한도에서 행정소송에 관한 법령을 준용한다. 이 경우 탄핵심판의 경우에는 형사소송에 관한 법령을 준용하고, 권한쟁의심판 및 헌법소원심판의 경우에는 「민사소송법」을 함께 준용한다.

② 본안심판이 부적법하거나 이유 없음이 명백한 경우에는 가처분을 인용할 수 없다.

③ 헌법재판소는 본안심판청구가 부적법하거나 이유 없음이 명백한 경우에는 가처분할 수 없다.

④ 현재 시행되고 있는 법령의 효력을 정지시키는 가처분은 그 효력의 정지로 인하여 파급적으로 발생되는 효과가 클 수 있으므로, 일반적인 보전의 필요성이 인정된다고 하더라도 공공복리에 중대한 영향을 미칠 우려가 있을 때에는 인용되어서는 안 된다고 보아야 한다.

**17** 헌법재판의 가처분에 대한 설명으로 옳지 않은 것은?

① 법령의 효력을 정지시키는 가처분은 비록 일반적인 보전의 필요성이 인정된다고 하더라도 공공복리에 중대한 영향을 미칠 우려가 있는 때에는 인용되어서는 아니 된다.

② 탄핵소추의결을 받은 자의 직무집행을 정지하기 위한 가처분은 인정될 여지가 없다.

③ 탄핵심판이 청구된 자에 대해서 헌법재판소는 권한행사를 가처분결정으로 정지할 수 있다.

④ 헌법재판소는 「헌법재판소법」 제68조 제2항에 의한 헌법소원심판과 관련하여 그 소원의 전제가 된 민사소송절차의 일시정지 가처분신청을 기각한 바 있다.

**18** 헌법재판의 재판의 전제성에 대한 설명으로 옳은 것은?

① 아직 법원에 의하여 그 해석이 확립된 바 없어 제청대상 법률조항이 당해 사건 재판에 적용 여부가 불확실하다면 법원이 적용가능성을 전제로 위헌제청을 하였더라도 재판의 전제성이 부정된다.

② 재판의 전제성은 법률의 위헌 여부 심판제청시만 갖추어져 있으면 충분하고, 심판시까지 갖추어져 있을 필요는 없다.

③ 범죄 후 형벌법규가 개정되어 행위가 범죄를 구성하지 아니하거나 형이 구법보다 경하게 된 때에는 구법상 법률규정은 위헌법률심판의 대상이 되지 아니한다.

④ 헌법불합치결정에서 정한 잠정적용기간 동안 헌법불합치결정을 받은 법률조항에 따라 퇴직연금 환수처분이 이루어졌고, 이러한 환수처분의 후행처분으로 압류처분이 내려진 경우, 압류처분의 무효확인을 구하는 당해 소송에서 헌법불합치결정에 따라 개정된 법률조항은 재판의 전제성이 인정된다.

**19** 헌법재판의 재판의 전제성에 대한 설명으로 옳은 것은?

① 구 성폭력범죄의 처벌 등에 관한 특례법상 성폭력범죄자의 신상정보 등록의 근거규정에 의하면 일정한 성폭력범죄로 유죄판결이 확정된 자는 신상정보 등록대상자가 되는바, 유죄판결이 확정되기 전 단계인 당해 형사사건에서는 위 신상정보 등록 근거규정의 재판의 전제성은 인정되지 않는다.

② 공소가 제기되지 아니한 사실에 적용되는 법률조항의 위헌 여부는 다른 특별한 사정이 없는 한 당해 형사사건에서 재판의 전제가 될 수 있다.

③ 「헌법재판소법」 제68조 제2항에 의한 위헌심사형 헌법소원에서 헌법재판소의 종국결정 이전에 당해 사건 재판이 확정되어 종료되었다면 재판의 전제성은 부정된다.

④ 「질서위반행위규제법」상 과태료 부과 사전통지를 받고 자진납부한 후 이미 납부한 과태료의 부당이득반환을 구하는 소를 제기한 경우 과태료 부과 근거법률이 위헌인지 여부는 당해 사건 재판의 전제가 된다.

**20** 당사자가 법원에 위헌제청을 신청하고 법원이 제청신청을 기각한 경우, 당사자는 헌법재판소법 제68조 제2항의 헌법소원심판을 청구할 수 있고 이때 법원은 재판을 진행할 수 있다. 법원이 재판을 진행하여 청구인에게 유리한 판결을 하였다. 그 후 헌법재판소의 재판의 전제성에 대한 판단으로 옳지 않은 것은?

① 형사사건에서 무죄의 확정판결을 받은 때에는 처벌조항의 위헌확인을 구하는 헌법소원이 인용되더라도 재심을 청구할 수 없고, 청구인에 대한 무죄판결은 종국적으로 다툴 수 없게 되므로 재판의 전제성이 인정되지 않는다.

② 당해 사건인 과태료 재판에서 불처벌 결정을 받아 확정된 경우, 과태료 부과의 근거조항은 재판의 전제성이 인정되지 않는다.

③ 청구인이 당해 사건인 형사재판에서 무죄의 확정판결을 받은 경우 처벌조항에 대한 헌법소원심판청구의 재판의 전제성은 원칙적으로 인정되지 않으나, 객관적인 헌법질서의 수호·유지 및 관련 당사자의 권리구제를 위한 심판의 필요성이 인정되는 경우에는 예외적으로 재판의 전제성이 인정될 수 있다.

④ 당해 사건의 재판에서 승소판결을 받았으나 그 판결이 확정되지 아니한 경우, 재판의 전제성이 인정될 수 없다.

제한시간 : 14분  |  시작시각 ___시 ___분 ~ 종료시각 ___시 ___분                          나의 점수 _____

**01** 헌법재판제도에 대한 설명으로 옳은 것은?

① 당해 사건에서 헌법소원심판의 심판대상조항이 아닌 법률에 규정된 소송요건의 불비를 이유로 소 각하 판결이 선고되고 그 판결이 확정된 경우에 원칙적으로 재판의 전제성이 인정된다.

② 법원이 재판의 전제성이 없다는 이유로 위헌법률심판제청의 신청을 각하한 경우, 신청인이 「헌법재판소법」 제68조 제2항에 의한 헌법소원을 청구하면 헌법재판소는 재판의 전제성 유무에 대한 법원의 판단을 번복할 수 없다.

③ 헌법재판소는 위헌법률심판절차에 있어서 규범의 위헌성을 제청법원이나 제청신청인이 주장하는 법적 관점에서만이 아니라, 심판대상규범의 모든 법적 효과를 고려하여 모든 헌법적인 관점에서 심사한다.

④ 한국인 BC급 전범들의 대일청구권이 '대한민국과 일본국 간의 재산 및 청구권에 관한 문제의 해결과 경제협력에 관한 협정' 제2조 제1항에 의하여 소멸하였는지 여부에 관한 한·일 양국 간 해석상 분쟁을 이 사건 협정 제3조가 정한 절차에 의하여 해결할 피청구인의 작위의무가 인정된다.

**02** 형벌에 관한 법률에 대한 위헌결정의 효력에 대한 설명으로 옳지 않은 것은?

① 위헌으로 선언된 형벌에 관한 법률 또는 법률의 조항에 근거한 유죄의 확정판결은 그 자체로 무효가 되고, 유죄확정판결의 집행이 정지되거나 진행 중인 형의 집행이 금지되는 것이 아니라 재심을 청구할 수 있다.

② 합헌결정이 있는 날의 다음 날 이후에 유죄판결이 선고되어 확정되었다면, 범죄행위가 그 이전에 행하여졌다면 그 판결은 위헌결정으로 인하여 소급하여 효력을 상실한 법률 또는 법률의 조항을 적용한 것으로서 '위헌으로 결정된 법률 또는 법률의 조항에 근거한 유죄의 확정판결'에 해당하지 않아 이에 대하여 재심을 청구할 수 없다.

③ 헌법재판소가 형벌에 관한 법률조항에 대하여 헌법불합치결정을 하면서 해당 조항을 개정시한까지 잠정적용하도록 결정한 경우, 개정시한까지 개선입법이 이루어지지 않은 해당 조항은 소급하여 그 효력을 상실하게 된다.

④ 보호감호조항에 대한 위헌결정은 「헌법재판소법」 제47조 제3항의 소급효가 인정된다.

2022 해커스공무원 함남기 헌법 진도별 모의고사

**03** 헌법재판소 결정의 효력에 대한 설명으로 옳지 않은 것은?

① 헌법재판소가 헌법불합치결정의 주문에서 밝힌 개정 시한까지 개선입법이 이루어지지 않는 경우, 헌법불합치결정된 형벌조항은 소급하여 그 효력을 상실하고 법원은 무죄를 선고하여야 한다.

② 법률상 정해진 처분요건에 따라 부담금을 부과·징수하는 침익적 처분을 하는 경우에는, 어떠한 추가적 개선입법이 없더라도 행정청이 사법적 판단에 따라 위헌이라고 판명된 내용과 동일한 취지로 부담금 부과처분을 하여서는 안 된다.

③ 헌법재판소가 수익적 처분의 근거법령이 특정한 유형의 사람에 대한 지급 등 수익처분의 근거를 마련하고 있지 않다는 점이 위헌이라는 이유로 헌법불합치결정을 한 경우, 행정청은 그와 관련한 개선입법이 있기 전에는 해당 유형의 사람에게 구체적인 수익적 처분을 할 수 없다.

④ 헌법재판소가 헌법불합치결정을 하면서 학교용지부담금조항의 잠정적용을 명한 이상, 행정청으로서는 일단 그 조항을 적용하여 학교용지부담금을 부과할 수밖에 없고, 그러한 처분이 위법하다고 볼 수는 없다.

**04** 헌법재판소 위헌결정의 효력 등에 관한 설명 중 옳은 것을 모두 고른 것은? (다툼이 있는 경우 판례에 의함)

⊙ 형사재판 유죄확정판결이 있은 후 당해 처벌 근거조항에 대해 위헌결정이 내려진 경우, 유죄판결을 받은 자는 재심청구를 통하여 유죄의 확정판결을 다툴 수 있다.

ⓛ 헌법재판소가 「공직선거법」의 국회의원 지역선거구구역표에 대하여 계속적용 헌법불합치결정을 하면서 입법개선시한을 부여한 경우, 그 시한까지 국회가 아무런 조치를 취하지 않으면 헌법불합치 선언된 위 선거구구역표의 효력은 상실되고, 입법자가 국회의원선거에 관한 사항을 법률로 규정함에 있어서 폭넓은 입법형성의 자유를 가진다고 하여도 선거구에 관한 입법을 할 것인지 여부에 대해서는 입법자에게 어떤 형성의 자유가 존재한다고 할 수 없다.

ⓒ 설령 헌법재판소 위헌결정의 결정이유에까지 기속력을 인정한다고 하더라도, 결정이유의 기속력을 인정하기 위해서는 결정주문을 뒷받침하는 결정이유에 대하여 적어도 위헌결정의 정족수인 재판관 6인 이상의 찬성이 있어야 할 것이고, 이에 미달할 경우에는 결정이유에 대하여 기속력을 인정할 여지가 없다.

ⓔ 「헌법재판소법」은 법률의 위헌결정, 권한쟁의심판의 결정, 헌법소원의 인용결정에 대한 기속력을 명문으로 규정하고 있다.

① ⊙

② ⊙, ⓔ

③ ⓛ, ⓒ

④ ⊙, ⓛ, ⓒ, ⓔ

**05** 헌법소원 대상에 대한 설명으로 옳지 않은 것은?

① 법률의 개폐는 입법기관의 소관 사항이나 법률의 개정을 요구하는 심판청구는 헌법소원의 대상이 될 수 없다.

② 구 태평양전쟁 전후 국외 강제동원희생자 등 지원에 관한 법률 제2조 제1호 나목에 대한 심판청구는 평등원칙의 관점에서 입법자가 동 법률의 위로금 적용대상에 '국내' 강제동원자도 '국외' 강제동원자와 같이 포함시켰어야 한다는 주장에 터 잡은 것이므로, 이는 위로금 지급대상인 일제하 강제동원자의 범위를 불완전하게 규율하고 있는 부진정입법부작위를 다투는 헌법소원으로 보아야 한다.

③ 선거범죄로 인하여 100만 원 이상의 벌금형이 선고되면 임원의 결격사유가 됨에도, 선거범죄와 다른 죄가 병합되어 경합범으로 재판하게 되는 경우 선거범죄를 분리 심리하여 따로 선고하는 규정을 두지 않은 것을 다투는 것은 부진정입법부작위에 대한 「헌법재판소법」 제68조 제1항에 의한 헌법소원심판에 해당한다.

④ 「주민등록법」에서 주민등록번호의 부여에 관한 규정을 두고 있으나 주민등록번호의 잘못된 이용에 대비한 '주민등록번호변경'에 대하여 아무런 규정을 두고 있지 않은 것이 헌법에 위반된다는 이유로 그 위헌확인을 구하는 「헌법재판소법」 제68조 제1항의 헌법소원심판청구는 진정입법부작위를 다투는 청구이다.

**06** 헌법소원 대상에 대한 설명으로 옳지 않은 것은?

① 병역의 종류를 규정한 「병역법」 제5조 제1항이 양심적 병역거부자에 대한 대체복무제를 규정하고 있지 않음을 이유로 그 위헌확인을 구하는 헌법소원심판청구가 진정입법부작위를 다투는 청구이다.

② 청구인들이 독서실의 실내소음 규제기준을 따로 규정하지 않았다며 「소음·진동관리법」의 위헌성을 부진정입법부작위의 형태로 다투고 있지만, 이는 입법자가 사업장의 실내소음에 관하여 어떠한 입법적 규율을 하였는데 그 내용이 불완전·불충분한 경우라기보다는, 애당초 모든 사업장의 실내소음을 규제하는 기준에 관한 입법적 규율 자체를 전혀 하지 않은 경우이므로 그 실질이 진정입법부작위를 다투는 것이라 할 것이다.

③ 헌법을 초등학교 교과과목에 편입하기 위한 입법의무는 헌법에서 도출되는 의무는 아니다.

④ 「초·중등교육법」 제23조 제3항의 위임에 따른 동법 시행령 제43조가 의무교육인 초·중등학교의 교육과목을 규정함에 있어 헌법과목을 의무교육과정의 필수과목으로 지정하도록 하지 아니한 입법부작위에 대한 헌법소원심판청구는 부적법하다.

**07** 헌법소원심판에 대한 설명으로 옳은 것은?

① 특수형태근로종사자인 캐디에 대하여 「근로기준법」이 전면적으로 적용되어야 한다는 주장은, 캐디와 같이 「근로기준법」상 근로자에 해당하지 않지만 이와 유사한 지위에 있는 사람을 「근로기준법」의 적용대상에 포함시키지 않은 부진정입법부작위의 위헌성을 다투는 것이므로 「헌법재판소법」 제68조 제2항의 헌법소원심판을 청구하는 것이 허용된다.

② 방송통신심의위원회의 시정요구는 단순한 행정지도로서 항고소송의 대상이 되는 공권력의 행사라고 볼 수 없으므로, 시정요구에 대하여 행정소송을 제기하지 않고 헌법소원심판을 청구하더라도 적법하다.

③ 수용자의 교도소 내 과밀수용행위는 권력적 사실행위로서 헌법소원심판의 대상이 되는 공권력 행사에 해당한다.

④ 구 방송법 제100조 제1항 단서에 따라 방송통신심의위원회가 한 '의견제시'는 비권력적 사실행위로서 헌법소원의 대상이 되는 공권력의 행사에 해당되지 아니하나, 의견제시를 규정한 위 법률조항은 그 자체에 의하여 방송사업자에게 의무를 부과하거나 권리 또는 법적 지위를 박탈하므로 기본권 침해의 직접성이 인정된다.

**08** 헌법소원심판에 대한 설명으로 옳지 않은 것은?

① 예술·체육 분야 특기자들에게 병역혜택을 부여하는 조항에 대하여 행정지원업무를 행하는 공익근무요원으로 소집되어 병역의무를 수행 중인 자가 단순히 위 병역혜택의 부당성만을 주장하며 평등권 침해를 이유로 헌법소원심판을 청구한 경우 자기관련성이 인정되지 않는다.

② 유치장 수용자에 대한 신체수색은 유치장의 관리주체인 경찰이 우월적 지위에서 피의자 등에게 일방적으로 강제하는 성격을 가진다고 보기 어려우므로 「헌법재판소법」 제68조 제1항의 공권력의 행사에 포함되지 아니한다.

③ 각급 학교 학생에게 예비군 교육훈련의 일부를 보류하는 내용의 국방부장관의 지침에 대하여 학생이 아닌 일반회사원은 헌법소원심판을 청구할 자기관련성이 인정되지 않는다.

④ 신행정수도의 건설을 위한 특별조치법의 공포·시행에 의하여 수도이전은 법률적으로 확정되므로 대한민국 국민은 국민투표권이라는 기본권을 침해받을 개연성이 있으므로 자기관련성을 갖는다.

**09** 헌법소원심판에 대한 설명으로 옳지 않은 것은?

① 자율형 사립고등학교 법인 이사장을 상대로 이루어진 교육감의 입학전형요강 승인처분에 대하여 해당 학교의 입시를 준비 중인 자는 기본권 침해의 자기관련성이 인정되지 않는다.

② 이동통신단말장치 구매 지원금 상한제에 관한 조항은 이동통신사업자, 대리점 및 판매점뿐만 아니라 이들을 통하여 이동통신단말장치를 구입하고자 하는 이용자들도 실질적 규율대상으로 삼고 있다고 할 수 있으므로, 이용자들도 자기관련성이 인정된다.

③ 요양급여비용의 액수를 인하하는 조치를 내용으로 하는 조항의 직접적인 수범자는 요양기관이나, 요양기관의 피고용자인 의사도 유사한 정도의 직업적 불이익을 받게 된다고 볼 수 있으므로 자기관련성이 인정된다.

④ 정보통신서비스 제공자에 대한 임시조치를 규정한 「정보통신망 이용촉진 및 정보보호 등에 관한 법률」 제44조의2 제2항 중 '임시조치'에 관한 부분 및 제4항에 대한 정보게재자의 자기관련성이 인정된다.

**10** 헌법소원심판에 대한 설명으로 옳은 것은?

① 식품접객업소에서 배달 등의 경우에 합성수지 재질의 도시락 용기의 사용을 금지하는 조항의 직접적인 수범자는 식품접객업주나, 위 조항으로 인해 합성수지 도시락 용기의 생산업자들도 직업수행의 자유를 제한받으므로 자기관련성이 인정된다.

② 법률이 직접 국민에게 행위의무 또는 금지의무를 부과한 후 그 위반행위에 대한 제재로서 형벌, 행정벌 등을 부과할 것을 정한 경우, 청구인이 제재를 받은 일이 없다면 직접성을 결여하였다고 할 수는 있다.

③ 형벌조항을 위반하여 기소되었더라도 그 집행행위인 형벌부과를 대상으로 한 구제절차가 없거나 있다고 하더라도 권리구제의 기대가능성이 없는 경우에 해당하지 않으므로 형벌조항에 대하여 예외적으로 직접성을 인정할 수 없다.

④ 교원의 노동조합은 고용노동부장관의 시정요구에 따라 30일 이내에 스스로 위법사유를 시정하지 않으면 법외노조통보를 받게 되는데, 위 시정요구에 대하여는 별도의 불복절차가 존재하는지가 불분명하므로 위 시정요구에 대하여 곧바로 헌법소원심판을 청구하더라도 보충성 요건은 충족한 것으로 보아야 한다.

**11** 헌법소원심판에 대한 설명으로 옳지 않은 것은?

① 벌칙·과태료 조항의 전제가 되는 구성요건조항이 별도로 규정되어 있는 경우에, 벌칙·과태료 조항에 대하여는 청구인들이 그 법정형이 체계정당성에 어긋난다거나 과다하다는 등 그 자체가 위헌임을 주장하지 않는 한 직접성을 인정할 수 없다.

② 「공공기관의 정보공개에 관한 법률」에 별도의 불복절차가 마련되어 있으므로, 피청구인의 정보비공개결정에 대하여 청구인이 위 불복절차를 거치지 아니하고 곧바로 이 사건 헌법소원심판을 청구한 것은 보충성 요건을 결여한 것이다.

③ 대법원이 지목변경신청반려행위는 항고소송의 대상이 되지 않는다는 종전의 판례를 변경하여 지목변경신청반려행위가 처분행위에 해당한다고 보게 되었으므로, 지목변경신청반려행위에 대하여 행정소송을 거치지 않고 제기된 헌법소원심판청구는 보충성의 요건을 흠결하여 각하되어야 한다.

④ 법령의 시행일 이후 일정한 유예기간을 둔 경우 유예기간과 관계없이 이미 그 법령 시행일에 기본권의 침해를 받은 것이므로 이에 대한 헌법소원심판 청구기간의 기산점은 법령의 시행일이다.

**12** 헌법소원심판에 대한 설명으로 옳지 않은 것은?

① 수사기관의 보도자료 배포행위가 피의사실공표죄에 해당하는 범죄라면, 권리구제절차를 거치지 아니한 채 제기한 헌법소원심판청구는 부적법하다.

② 개정된 법령이 종전에 허용하던 영업을 금지하는 규정을 신설하면서 부칙에 유예기간을 둔 경우 그 법령 시행일이 아니라 부칙에 의한 유예기간 이후에 비로소 기본권의 침해를 받은 것으로 보아야 한다.

③ 이른바 진정입법부작위에 대한 헌법소원심판은 그 공권력의 불행사가 계속되는 한 청구기간의 제약이 없이 적법하게 청구할 수 있다.

④ 지정재판부는 사전심사결과 헌법소원을 각하한 때에는 그 결정일부터 30일 이내에 청구인 또는 그 대리인 및 피청구인에게 그 사실을 통지하여야 한다.

**13** 권한쟁의심판에 관한 설명 중 옳지 않은 것은?

① 지방자치단체의 구역은 주민·자치권과 함께 자치단체의 구성요소이며, 자치권이 미치는 관할구역의 범위에는 육지는 물론 바다도 포함되므로, 공유수면에 대해서도 지방자치단체의 자치권한이 존재한다고 보아야 한다.

② 지방자치단체 사이의 불문법상 해상경계가 성립하기 위해서는 관계 지방자치단체·주민들 사이에 해상경계에 관한 일정한 관행이 존재하고, 그 해상경계에 관한 관행이 장기간 반복되어야 하며, 그 해상경계에 관한 관행을 법규범이라고 인식하는 관계 지방자치단체·주민들의 법적 확신이 있어야 한다.

③ 지방자치단체의 관할구역은 주민·자치권과 함께 지방자치단체의 구성요소이고, 자치권을 행사할 수 있는 장소적 범위를 말하며, 다른 지방자치단체와의 관할 범위를 명확하게 구분해 준다.

④ 국가기본도에 표시된 해상경계선은 그 자체로 불문법상 해상경계선으로 인정되는 것이므로 관할 행정청이 국가기본도에 표시된 해상경계선을 기준으로 하여 과거부터 현재에 이르기까지 반복적으로 처분을 내리고, 지방자치단체가 허가, 면허 및 단속 등의 업무를 지속적으로 수행하여 왔다면 국가기본도상의 해상경계선은 여전히 지방자치단체 관할 경계에 관하여 불문법으로서 그 기준이 될 수 있다.

**14** 헌법소원심판에 대한 설명으로 옳은 것은?

① 헌법소원심판의 청구 후 30일이 지날 때까지 지정재판부의 각하결정이 없는 때에는 심판에 회부하는 결정이 있는 것으로 본다.

② 지정재판부에서는 가처분신청에 대한 결정을 할 수 없다.

③ 지정재판부의 사전심사에서 본안에 대한 판단도 할 수 있다.

④ 지정재판부는 3명 모두가 찬성한 경우 인용결정할 수 있다.

**15** 헌법재판소법 제68조 제2항의 헌법소원에 대한 설명으로 옳은 것은?

① 헌법재판소가 일부 위헌결정한 경우 법원의 확정판결에 대해 「헌법재판소법」 제75조 제7항의 재심을 청구할 수 있다.

② 「헌법재판소법」 제68조 제2항에 의한 헌법소원심판이 청구된 경우 당해 소송사건의 재판은 헌법재판소의 위헌 여부의 결정이 있을 때까지 정지된다.

③ 재심을 청구할 권리가 헌법 제27조에서 규정한 재판을 받을 권리에 포함된다고 할 수 있고, 「헌법재판소법」 제75조 제7항에 의한 재심청구의 혜택은 일정한 적법요건하에 「헌법재판소법」 제68조 제2항에 의한 헌법소원을 청구하여 인용된 자에게는 누구에게나 일반적으로 인정되는 것이고, 「헌법재판소법」 제75조 제7항이 「헌법재판소법」 제68조 제2항에 의한 헌법소원을 청구하여 인용결정을 받지 않은 사람에게도 재심의 기회를 보장해야 한다.

④ 「헌법재판소법」 제68조 제2항에 따른 헌법소원심판은 위헌 여부 심판의 제청신청을 기각하는 결정을 통지받은 날부터 60일 이내에 청구하여야 한다.

**16** 권한쟁의심판에 관한 설명 중 옳지 않은 것은?

① 처분은 입법행위와 같은 법률의 제정과 관련된 권한의 존부 및 행사상의 다툼, 행정처분은 물론 행정입법과 같은 모든 행정작용 그리고 법원의 재판 및 사법행정 작용 등을 포함하는 넓은 의미의 공권력 처분을 의미하는 것으로 보아야 할 것이므로, 법률에 대한 권한쟁의심판도 허용된다고 봄이 일반적이다.

② 장래처분은 원칙적으로 권한쟁의심판의 대상이 되지 않지만, 장래처분이 확실하게 예정되어 있고 장래처분에 의해서 청구인의 권한이 침해될 위험성이 있어서 청구인의 권한을 사전에 보호해 주어야 할 필요성이 매우 큰 예외적인 경우에는 권한쟁의심판을 청구할 수 있다.

③ 정부가 법률안을 제출하는 행위는 입법을 위한 사전준비행위로, 권한쟁의심판의 독자적 대상이 되기 위한 법적 중요성을 지닌 행위로 볼 수 있다.

④ 각급선거관리위원회의 해당 지방자치단체에 대한 선거관리경비 산출 통보행위가 권한쟁의심판의 대상이 되는 처분에 해당한다고 할 수 없다.

**17** 권한쟁의심판에 관한 설명 중 옳은 것은?

① 국회의원들이 국민안전처 등을 이전대상 제외 기관으로 명시할 것인지에 관한 법률안에 대하여 심의를 하던 중, 행정자치부장관이 국민안전처 등을 세종시로 이전하는 내용의 처분을 할 경우 국회의원인 청구인들의 법률안에 대한 심의·표결권이 침해될 가능성이 있다.

② 자신이 취득하고 보유한 특정 정보를 인터넷 홈페이지에 게시하거나 언론에 알리는 것과 같은 행위는 헌법과 법률이 특별히 국회의원에게 부여한 국회의원의 독자적인 권능이라고 할 수 없다.

③ 권한쟁의심판에서 말하는 권한이란 헌법 또는 법률이 특정한 국가기관에 대하여 부여한 독자적인 권능을 의미하므로, 특정 정보를 인터넷 홈페이지에 게시하거나 언론에 알리는 것도 국회의원의 독자적인 권능이라 할 수 있다.

④ 국회의원이 법원의 인터넷 홈페이지 게시내용 삭제와 이에 따르지 않은 경우 법원의 홈페이지 게시물을 삭제하라는 간접강제결정에 대해서 권한쟁의심판을 청구하는 것은 적법하다.

**18** 권한쟁의심판에 관한 설명 중 옳지 않은 것은?

① 헌법재판소장은 시·군 또는 지방자치단체인 구를 당사자로 하는 권한쟁의심판이 청구된 경우에는 그 지방자치단체가 소속된 특별시·광역시 또는 도에게 그 사실을 바로 통지하여야 한다.

② 항만구역의 명칭결정에 관한 권한쟁의심판에서 해양수산부장관의 명을 받아 소관 사무를 통할하고 소속 공무원을 지휘·감독하는 부산지방해양수산청장은 당사자가 될 수 없다.

③ 관악구가 기존의 '봉천 제1동'이라는 행정동 명칭을 '보라매동'으로, 기존의 '신림4동'이라는 행정동 명칭을 '신사동'으로, 기존의 '신림6, 10동'을 '삼성동'으로 각 변경하는 조례가 동작구 및 강남구의 행정동 명칭에 관한 권한을 침해할 가능성이 없다.

④ 해양수산부장관이 부산광역시와 경상남도 일대에 건설되는 신항만의 명칭을 '신항'으로 결정한 것이 경상남도와 경상남도 진해시의 자치권한을 침해할 가능성이 있다.

**19** 권한쟁의심판에 관한 설명 중 옳지 않은 것은?

① 사회보장위원회가 2015.8.11. '지방자치단체 유사·중복 사회보장사업 정비 추진방안'을 의결한 행위는 권한쟁의심판의 대상이 되는 '처분'이라고 볼 수 없다.

② 국가정책에 참고하기 위해 중앙행정기관장이 「주민투표법」 제8조의 주민투표를 요구하지 않은 경우 요구받지 않은 지방자치단체에게 주민투표 실시에 관한 권한을 침해할 가능성이 있다.

③ 피청구인 안전행정부장관의 대여용 차량에 대한 지방세(취득세) 과세권 귀속 결정이 행정적 관여 내지 공적인 견해 표명에 불과하여 법적 구속력이 없으므로 청구인 서울특별시의 자치재정권을 침해할 가능성이 없어 부적법하다.

④ 종래 기초자치단체에게 귀속되던 조세를 기초자치단체와 광역자치단체에게 공동으로 귀속시키도록 변경하는 법률규정은, 그로 인하여 기초자치단체의 자치재정권이 유명무실하게 될 정도가 아니므로 기초자치단체의 지방자치권의 본질적 내용을 침해한다고 할 수 없다.

**20** 헌법재판제도에 대한 설명으로 옳지 않은 것은?

① 단순위헌의견이 3인, 헌법불합치의견이 1인, 한정위헌의견이 5인인 경우 한정위헌결정한다.

② 재판관의 의견이 한정위헌의견 5명, 헌법불합치의견 1명, 단순위헌의견 3명으로 나뉜 경우 헌법불합치결정의 견해에 따라 주문이 결정된다.

③ 위헌법률심판에서 헌법재판소 재판관 9인 중 전부위헌의견이 1인, 한정합헌의견이 5인, 단순합헌의견이 3인인 경우 결정주문은 한정합헌이다.

④ 헌법불합치의견이 4인, 위헌의견이 1인, 각하의견이 4인인 경우 위헌법률심판에서 합헌결정한다.

gosi.Hackers.com

해커스공무원 학원·인강

해커스공무원
gosi.Hackers.com

# 진도별
# 모의고사

## 정답 및 해설

## 정답

| | | | | | | | |
|---|---|---|---|---|---|---|---|
| 01 | ③ | 02 | ② | 03 | ④ | 04 | ② |
| 05 | ② | 06 | ① | 07 | ③ | 08 | ② |
| 09 | ③ | 10 | ① | 11 | ④ | 12 | ② |
| 13 | ② | 14 | ① | 15 | ③ | 16 | ② |
| 17 | ③ | 18 | ① | 19 | ① | 20 | ① |

## 01 　　　　　　　　　　　　　　　　정답 ③

① [○] 법원의 재판이 헌법소원의 대상에서 제외되는 것은 사법권에 대한 절차적 통제를 할 수 없게 만들기 때문에 절차적 정당성의 문제점으로 지적받고 있다. 추상적 규범통제를 채택하지 않은 것 또한 입법권의 남용을 통제하기 힘들기 때문에 절차적 정당성의 문제점으로 본다.

② [○] 절차적 정당성은 통치기관의 권한남용을 억제해서 절차적으로 정당성을 확보하는 원리이다. 국무총리는 선거를 통해 선출되지 않아 민주적 정당성이 취약하다. 그럼에도 대통령 유고시 국무총리를 권한대행 1순위로 하는 것은 민주적 정당성 관점에서 문제가 있다고 할 수 있다. 부서나 국무회의 심의는 대통령의 권력남용을 통제하는 절차이므로 절차적 정당성의 방법으로 볼 수 있다. 또한 대통령과 국회의원의 임기가 같다면 한 정당이 정부와 의회를 모두 장악할 수 있기 때문에 권력통제가 힘들게 되고 임기를 달리한다면 대통령과 국회의 다수당의 정당이 다를 수 있으므로 상호 권력통제가 가능하다. 따라서 대통령과 국회의원의 임기를 달리하는 것도 절차적 정당성의 확보방법으로 주장될 수 있다.

❸ [X] 대한민국의 주권은 국민에게 있고, 모든 권력은 국민으로부터 나온다(헌법 제1조 제2항). 즉, 모든 국가기관은 국민으로부터 직·간접적으로 민주적 정당성을 부여받아 구성되어야 하고, 이러한 민주적 정당성은 국가기관의 권한 행사의 원천이 된다. 민주적 정당성은 국민이 직접 선출하는 국회의원으로 구성된 국회와 국민이 직접 선출하는 대통령에게만 부여되는 것이 아니라, 이러한 국회와 대통령의 관여로 구성되는 비선출 권력인 사법부나 행정부의 기관에게도 간접적으로 부여된다. 사법부의 경우를 보면, 대법원장은 '국회의 동의'와 '대통령의 임명'(헌법 제104조 제1항), 대법관은 '대법원장의 제청', '국회의 동의'와 '대통령의 임명'(헌법 제104조 제2항)을 통해 간접적으로 민주적 정당성을 부여받으며, 대법원장과 대법관이 아닌 법관의 경우 '대법관회의의 동의'를 얻어 '대법원장이 임명'하는 것도(헌법 제104조 제3항) 간접적으로 민주적 정당성을 부여받는 것이다(2021.10.28, 2021헌나1).

④ [○] 법관 임기제는 사법의 독립성과 책임성의 조화를 위해 법관의 민주적 정당성을 소멸시키는 '일상적 수단'이다. 반면, 법치주의의 특별한 보장자로서 국회와 헌법재판소가 역할을 분담하는 탄핵제도는 고위공직자에게 부여된 민주적 정당성을 박탈함으로써 헌법을 수호하는 '비상적 수단'이다(2021.10.28, 2021헌나1).

## 02 　　　　　　　　　　　　　　　　정답 ②

① [○] 탄핵심판절차를 통한 파면결정으로 피청구인은 공직에 취임할 때에 부여받은 '민주적 정당성'을 박탈당한다. 탄핵심판은 심판청구가 이유 있는 경우에는 파면결정을 통해 공직을 박탈할 가능성을 전제로 하고 있지만, 그 기능이 민주적 정당성의 '박탈'에만 있는 것은 아니다. 탄핵심판을 통하여 공직자를 파면하는 것은, 해당 공직자의 입장에서는 그 취임 당시 부여받았던 '민주적 정당성이 상실'되는 것이지만, 국가기관을 구성하는 관점에서는 직무상 중대한 위헌·위법행위를 한 공직자를 파면하고, 그 자리에 다시 새로운 공직자를 취임시키는 절차로 이행하도록 한다는 점에서, 모든 국가기관이 그 권한을 행사하기 위하여 전제되어야 하는 '민주적 정당성이 훼손된 상태를 회복'하는 기능을 수행하는 것이다(2021.10.28, 2021헌나1).

❷ [X] 법치주의의 특별한 보장자로서 국회와 헌법재판소가 역할을 분담하고 있는 탄핵제도는 '민주적 정당성이 부여되는 주기의 변형'의 결과를 감수하면서도 직무집행상 중대한 위헌·위법행위를 저지른 공직자에게 부여된 민주적 정당성을 박탈함으로써 헌법을 수호하는 '비상적 수단'의 성격을 가진다(2021.10.28, 2021헌나1).

③ [○] 세종특별자치시를 신설함에 있어, 세종특별자치시에 편입되는 종전 행정구역의 일부를 대표하는 단체장은 나머지 선거구 주민을 대표할 민주적 정당성이 흠결되어 있으므로 그러한 단체장 중 1인을 임의로 정하여 세종특별자치시의 단체장으로 인정하는 것은 불가능한 반면, 세종특별자치시에 편입되는 선거구에서 이미 선출된 지방의회의원에게 세종특별자치시의회의원의 자격을 부여하더라도 민주적 정당성이 문제될 것은 없으므로 세종특별자치시의 시장 및 교육감과 달리 세종특별자치시의회의원선거를 실시하지 아니하기로 한 데에는 합리적인 이유가 있으므로, 이 사건 부칙조항은 평등권을 침해하지 아니한다(2013.2.28, 2012헌마131).

④ [○] 이 사건 법률조항의 입법목적은 헌법 제31조 제4항이 보장하는 교육의 자주성과 전문성을 구현하기 위한 것으로서 그 입법목적이 정당하고, 교육위원 중의 절반 이상을 교육경력자가 점하도록 하는 것은 이러한 입법목적을 달성하기 위한 효과적인 수단이 되는 것이므로 수단의 적정성도 갖추고 있으며, 이 사건 법률조항에 의하여 반드시 경력자가 당선되도록 하는 2분의 1 비율 외에서는 비경력자도 민주주의 원칙에 따라 다수득표에 의하여 교육위원으로 당선될 수 있으므로 기본권의 최소침해성에 어긋나지 않는다. 또한, 비록 이 사건 법률조항에 의하여 민주적 정당성의 요청이 일부 후퇴하게 되지만, 교육의 자주성·전문성을 구현함으로 인한 공익이 민주적 정당성의 후퇴로 인하여 침해되는 이익보다 결코 작다고 할 수 없으므로 법익균형성의 원칙에도 어긋나지 않는 것이다(2003.3.27, 2002헌마573).

## 03 　　　　　　　　　　　　　　　　정답 ④

① [X] 민주적 정당성은 국가기관의 구성과 국가기관의 통치권 행사가 국민 의사에 근거한다는 원리로서 국민투표, 선거, 표현의 자유, 청원권 행사 등이 대표적으로 국민이 국가기관에 정당성을 부여하는 방법이다.

② [X] 대통령의 상대다수대표제는 과반수 득표를 못한 후보자가 대통령으로 당선될 수 있는바 대통령의 정당성의 취약성을 야기할 수 있다. 또한 대통령의 단임제는 대통령의 재임 중 실정에 대해 국민에 의한 통제가 어렵게 되므로 민주적 정당성의 문제점으로 거론될 수 있다. 국무총리는 선거를 통해 선출되지 않아 민주적 정당성이 취약하다. 그럼에도 대통령 유고시 국무총리를 권한대행 1순위로 하는 것은 민주적 정당성 관점에서 문제가 있다고 할 수 있다.

③ [ X ] 동일성 민주주의하에서 국민은 일반의사를 국가기관인 대표자에게 명령하고 의회는 이에 기속된다. 대표자는 국민의 명령에 따라 이를 법률로 제정하고 국민투표를 통해 확정된다. 대표자가 명령에 따르지 않을 때에는 임기도중이라도 국민소환을 통해 법적인 추궁을 받게 된다. 따라서 법률은 일반의사의 표현이다. 또한 국가기관은 독자적인 의사를 가질 수 없고 대리인에 불과하다(국민의 의사는 대표될 수 없다). 국민은 자기의사인 일반의사에 의해 지배되므로 자기의 의사에 의한 지배이고 치자와 피치자는 동일하다. 따라서 민주주의는 국민의 자기통치이고 자기통치를 위해 통치구조에 있어서 모든 국민이 균등하게 참여할 수 있어야 한다. 동일성 민주주의와 대의제 민주주의는 충돌하므로 대의제 민주주의에 대해 우호적 입장은 아니나, 대의제와 의회제의 필요성과 중요성을 인정하여 두 가지 정치적 형성원리를 조화시키려 한다.

❹ [ ○ ] 대의제하에서는 국가기관 구성권은 국민에게, 국가의사결정은 대표기관에 있어 양자는 분리된다. 다만, 대의제라도 예외적으로 국민이 국가의사결정을 하는 경우가 있다. 우리나라도 대의제국가이지만 국민이 헌법 제72조와 제130조에 따라 국민투표를 통해서 국가의사결정에 참여하게 된다.

## 04 　　　　　　　　　　　　　　　　　　정답 ②

① [ X ] 대의제는 국민다수의 경험적 의사를 배제하고, 소수자의 이익을 보호하는 것이 사회통합에 바람직하다는 추정적 의사를 중시해서 소수자를 위한 정책결정을 할 수 있다. 루소는 경험적인 국민의사는 언제나 추정적·잠재적 의사와 동일하다고 보고 국민의 의사는 대표될 수 없으므로 국민의 의사에 따라 국가의사결정이 이루어져야 한다고 주장하였다. 쉬에스는 국민의 의사는 대표될 수 있다고 보고 국민의 경험적 의사와 추정적·잠재적 의사는 일치하지 않을 수 있다고 여겨 국가의사결정에는 추정적·잠재적 의사가 우선되어야 한다고 주장하였다.

❷ [ ○ ] 루소는 주권이 대표될 수 없으며 국회의원은 국민의 대표가 아니라 대리인이라고 하여 대표관계를 부인한다. 루소에 따르면 국회의원은 국민의 명령에 기속되어 국민의 일반의사를 법률로 제정할 의무를 지게 된다.

③ [ X ] 직접민주주의자인 루소는 경험적인 국민의사는 언제나 추정적·잠재적 의사와 동일하다고 보고 국민의 의사는 대표될 수 없으므로 국민의 의사에 따라 국가의사결정이 이루어져야 한다고 주장하였다.

④ [ X ] 대의제 민주주의하에서 국회의원선거권이란 것은 국회의원을 보통·평등·직접·비밀선거에 의하여 국민의 대표자인 국회의원을 선출하는 권리에 그치고, 개별 유권자 혹은 집단으로서의 국민의 의사를 선출된 국회의원이 그대로 대리하여 줄 것을 요구할 수 있는 권리까지 포함하는 것은 아니다(1998.10.29, 96헌마186).

## 05 　　　　　　　　　　　　　　　　　　정답 ②

① [ X ] 루소는 경험적인 국민의사는 언제나 추정적·잠재적 의사와 동일하다고 보고 국민의 의사는 대표될 수 없으므로 국민의 의사에 따라 국가의사결정이 이루어져야 한다고 주장하였다. 즉, 루소는 주권이 대표될 수 없으며 국회의원은 국민의 대표가 아니라 대리인이라고 하여 대표관계를 부인한다. 루소에 따르면 국회의원은 국민의 명령에 기속되어 국민의 일반의사를 법률로 제정할 의무를 지게 된다.

❷ [ ○ ] 청구인들 주장의 '국회구성권'이란 유권자가 설정한 국회의석분포에 국회의원들을 기속시키고자 하는 것이고, 이러한 내용의 '국회구성권'이라는 것은 오늘날 이해되고 있는 대의제도의 본질에 반

하는 것이므로 헌법상 인정될 여지가 없다(1998.10.29, 96헌마186).

③ [ X ] 대의제 민주주의하에서 국민의 국회의원선거권이란 국회의원을 보통·평등·직접·비밀선거에 의하여 국민의 대표자로 선출하는 권리에 그치며, 국민과 국회의원은 명령적 위임관계에 있는 것이 아니라 자유위임관계에 있으므로, 유권자가 설정한 국회의석분포에 국회의원들을 기속시키고자 하는 내용의 '국회구성권'이라는 기본권은 오늘날 이해되고 있는 대의제도의 본질에 반하는 것이어서 헌법상 인정될 여지가 없다(1998.10.29, 96헌마186).

④ [ X ] 대표자는 지역구 주민의 이익을 대표하는 것이 아니라 국민 전체의 대표자이므로 전체 이익을 우선해야 한다. 정당국가적 경향에 의해 의원은 정당 또는 교섭단체에 기속이 되나 자유위임 또는 무기속위임을 정당기속보다 우선해야 한다. 헌법 제46조 제2항은 국회의원의 자유위임을 강조하고 있으므로 국회의원은 정당에 법적으로 기속되지 않으나 정당의 사실상 강제는 허용될 수 있다.

## 06 　　　　　　　　　　　　　　　　　　정답 ①

❶ [ X ] 헌법은 자유위임을 채택했다고 해석할 수 있으나 명문으로 자유위임을 규정하는 것은 아니다. 다만, 헌법 제45조와 제46조 제2항(국회의원은 국가이익을 우선하여 양심에 따라 직무를 행한다) 규정을 종합하면 자유위임원칙을 도입하였다고 볼 수 있다.

② [ ○ ] 국회의원이 지역구에서 선출되더라도 추구하는 목표는 지역구의 이익이 아닌 국가 전체의 이익이어야 한다는 원리는 이미 논쟁의 단계를 넘어선 확립된 원칙으로 자리 잡고 있으며, 이러한 원칙은 양원제가 아닌 단원제를 채택하고 있는 우리 헌법하에서도 동일하게 적용된다. 따라서 국회를 구성함에 있어 국회의원의 지역대표성이 고려되어야 한다고 할지라도 이것이 국민주권주의의 출발점인 투표가치의 평등보다 우선시될 수는 없다(2014.10.30, 2012헌마190).

③ [ ○ ] 의회대표제하에서 의회의원과 주민은 엄연히 다른 지위를 지니는 것으로서 의원과는 달리 정치적·법적으로 아무런 책임을 지지 아니하는 주민이 본회의 또는 위원회의 안건 심의 중 안건에 관하여 발언한다는 것은 선거제도를 통한 대표제원리에 정면으로 위반되는 것으로서 허용될 수 없고, 다만 간접민주제를 보완하기 위하여 의회대표제의 본질을 해하지 않고 의회의 기능수행을 저해하지 아니하는 범위 내에서 주민이 의회의 기능수행에 참여하는 것(📖 공청회에서 발언하거나 본회의, 위원회에서 참고인, 증인, 청원인의 자격으로 발언하는 것)은 허용된다(대판 1993.2.26, 92추109).

④ [ ○ ] 대의제는 자유위임원칙에 따라 대표기관에 대한 임기 중 소환은 금지되고, 차기선거에서 정치적 책임을 물을 수 있을 뿐이다.

## 07 　　　　　　　　　　　　　　　　　　정답 ③

① [ X ] 의원은 국민의 대표자로서 소속 정당의 의사에 기속되지 아니하고 양심에 따라 투표한다(「국회법」 제114조의2).

② [ X ] 국회의원은 국민 전체의 대표자로서 활동하는 한편, 소속 정당의 이념을 대변하는 정당의 대표자로서도 활동한다(2014.12.19, 2013헌다1).

❸ [ ○ ] 국회의원은 정당에 법적으로 기속당하지 않는다. 지역구의원이든 전국구의원이든 선출방식과 관계없이 자유위임적 지위를 가진다. 국회의원은 정당과는 별도로 정당성을 가진다. 법률로 특별히 정한 경우에는 별론으로 하지만, 국회의원이 탈당하였다 하더라도

의원직을 당연히 상실하는 것은 아니다(1994.4.28, 92헌마153).

④ [X] 정당 소속의 국회의원 등은 비록 정당과 밀접한 관련성을 가지지만 헌법상으로는 정당의 대표자가 아닌 국민 전체의 대표자이므로 그들의 행위를 곧바로 정당의 활동으로 귀속시킬 수는 없겠으나, 가령 그들의 활동 중에서도 국민의 대표자의 지위가 아니라 그 정당에 속한 유력한 정치인의 지위에서 행한 활동으로서 정당과 밀접하게 관련되어 있는 행위들은 정당의 활동이 될 수도 있을 것이다(2014.12.19, 2013헌다1).

---

## 08            정답 ②

① [O] 오늘날 대의제 민주주의에 있어서 국회의원의 국민대표성이 정당국가적 현실에 의하여 사실상 변질되고 의원의 정당에의 예속이 일반적인 경향이라고 하더라도, 이러한 현상이 헌법규범상의 대의제 민주주의를 보충하는 현실의 한 모습에 그치는 정도를 넘어서서, 대의제 민주주의 원리를 부정하고 그 틀을 뛰어넘는 원칙의 변화를 의미한다면 이것은 결단코 용납될 수 없는 일이다. 그러므로 대표적으로 이 사건과 같이 양자의 이념이 충돌하는 경우에는 자유위임을 근본으로 하는 대의제 민주주의 원리를 우선시켜야만 한다(2003.10.30, 2002헌라1).

❷ [X] 국회의원의 정당기속적 성격보다 국민대표적 성격을 중시하는 입장에서도 특정 정당에 소속된 국회의원이 정당기속 내지는 교섭단체의 결정(소위 '당론')에 위반하는 정치활동을 하였다는 이유로 국회의원의 신분을 상실하게 할 수는 없으나, '정당 내부의 사실상의 강제' 또는 소속 '정당으로부터의 제명'은 가능하다고 보고 있다. 그렇다면, 당론과 다른 견해를 가진 소속 국회의원을 당해 교섭단체의 필요에 따라 다른 상임위원회로 전임(사·보임)하는 조치는 특별한 사정이 없는 한 헌법상 용인될 수 있는 '정당 내부의 사실상 강제'의 범위 내에 해당한다고 할 것이다(2003.10.30, 2002헌라1).

③ [O] 국회의장인 피청구인은 「국회법」 제48조 제1항에 규정된 바에 따라 국회의원인 청구인이 소속된 한나라당 '교섭단체 대표의원의 요청'을 서면으로 받고 이 사건 사·보임행위를 한 것으로서 하등 헌법이나 법률에 위반되는 행위를 한 바가 없다. 요컨대, 피청구인의 이 사건 사·보임행위는 청구인이 소속된 정당 내부의 사실상 강제에 터 잡아 교섭단체 대표의원이 상임위원회 사·보임 요청을 하고 이에 따라 이른바 의사정리권한의 일환으로 이를 받아들인 것으로서, 그 절차·과정에 헌법이나 법률의 규정을 명백하게 위반하여 재량권의 한계를 현저히 벗어나 청구인의 법률안 심의·표결권한을 침해한 것으로는 볼 수 없다고 할 것이다(2003.10.30, 2002헌라1).

④ [O] 당론과 다른 견해를 가진 소속 국회의원을 당해 교섭단체의 필요에 따라 다른 상임위원회로의 전임(사·보임)하는 조치는 특별한 사정이 없는 한 헌법상 용인될 수 있는 '정당 내부의 사실상 강제'의 범위 내에 해당한다고 할 것이다(2003.10.30, 2002헌라1).

---

## 09            정답 ③

① [X] 국회의원의 국민대표성을 중시하는 입장에서도 특정 정당에 소속된 국회의원이 정당기속 내지는 교섭단체의 결정(소위 '당론')에 위반하는 정치활동을 한 이유로 제재를 받는 경우, 국회의원 신분을 상실하게 할 수는 없으나 '정당 내부의 사실상의 강제' 또는 소속 '정당으로부터의 제명'은 가능하다고 보고 있다(2003.10.30, 2002헌라1).

② [X] 당론과 다른 견해를 가진 소속 국회의원을 당해 교섭단체의 필요에 따라 다른 상임위원회로의 전임(사·보임)하는 조치는 특별한 사정이 없는 한 헌법상 용인될 수 있는 '정당 내부의 사실상 강제'의 범위 내에 해당한다고 할 것이다(2003.10.30, 2002헌라1).

❸ [O] ④ [X] 피청구인의 개선행위에 따라 청구인은 같은 날부터 보건복지위원회에서 사임되고, 위 박혁규 의원이 동 위원회에 보임되었다. 따라서 청구인의 상임위원 신분의 변경을 가져온 피청구인의 이 사건 사·보임행위는 권한쟁의심판의 대상이 되는 처분이라고 할 것이다(2003.10.30, 2002헌라1).

---

## 10            정답 ①

❶ [O] 특정 정당에 소속된 국회의원이 정당기속 내지는 교섭단체의 결정(소위 '당론')에 위반하는 정치활동을 한 이유로 제재를 받는 경우, 국회의원 신분을 상실하게 할 수는 없으나 '정당 내부의 사실상의 강제' 또는 소속 '정당으로부터의 제명'은 가능하다고 보고 있다. 그렇다면, 당론과 다른 견해를 가진 소속 국회의원을 당해 교섭단체의 필요에 따라 다른 상임위원회로 전임(사·보임)하는 조치는 특별한 사정이 없는 한 헌법상 용인될 수 있는 '정당 내부의 사실상 강제'의 범위 내에 해당한다고 할 것이다(2003.10.30, 2002헌라1).

② [X] 대의제하에서는 국회의원이 전체 국민의 대표자이므로, 정당의 정책이 자신의 국민을 위한 정책과 충돌할 경우 국민 전체의 이익을 위해서 정당을 탈당할 수 있으며, 이때에는 의원직을 유지시키는 것이 타당하다.

③ [X] 국회의원의 국민대표성을 중시하는 입장에서도 특정 정당에 소속된 국회의원이 정당기속 내지는 교섭단체의 결정에 위반하는 정치활동을 한 이유로 제재를 받는 경우, 국회의원 신분을 상실하게 할 수는 없으나 '정당 내부의 사실상 강제' 또는 소속 '정당으로부터의 제명'은 가능하다고 보고 있다. 그렇다면, 당론과 다른 견해를 가진 소속 국회의원을 당해 교섭단체의 필요에 따라 다른 상임위원회로의 전임(사·보임)하는 조치는 특별한 사정이 없는 한 헌법상 용인될 수 있는 '정당 내부의 사실상 강제'의 범위 내에 해당한다고 할 것이다(2003.10.30, 2002헌라1).

④ [X] 대의제 민주주의에서 국민과의 관계에서 국회의원 등 대표기관은 자유위임 관계에 있다.

---

## 11            정답 ④

① [O] 오늘날 대의제 민주주의에 있어서 국회의원의 국민대표성이 정당국가적 현실에 의하여 사실상 변질되고 의원의 정당에의 예속이 일반적인 경향이라고 하더라도, 이러한 현상이 헌법규범상의 대의제 민주주의를 보충하는 현실의 한 모습에 그치는 정도를 넘어서서, 대의제 민주주의 원리를 부정하고 그 틀을 뛰어넘는 원칙의 변화를 의미한다면 이것은 결단코 용납될 수 없는 일이다. 그러므로 대표적으로 이 사건과 같이 양자의 이념이 충돌하는 경우에는 자유위임을 근본으로 하는 대의제 민주주의 원리를 우선시켜야만 한다(2003.10.30, 2002헌라1).

② [O] 선거범죄 예방을 통한 선거의 공정성 확보라는 입법목적은 선거범죄를 규정한 각종 처벌조항과 선거범죄를 범한 당선인의 당선을 무효로 하는 것만으로도 어느 정도 달성될 수 있는 것이고, 선거권자의 의사를 최대한 반영하면서도 덜 제약적인 대체수단을 통해서도 입법목적의 달성이 가능한 것이므로, 심판대상조항은 필요 이상의 지나친 규제를 정하고 있는 것이라고 보지 않을 수 없다. 따라서 심판대상조항은 과잉금지원칙에 위배하여 청구인의 공무담임권을 침해한 것이다(2009.6.25, 2007헌마40).

③ [○] 현행 비례대표국회의원 선거에서 선거권자들의 정치적 의사표명에 의하여 직접 결정되는 것은, 특정의 비례대표국회의원후보자를 비례대표국회의원으로 선출하는 것이 아니라, 비례대표국회의원후보자명부를 제시한 정당별로 할당될 비례대표국회의원의 수를 배정하는 것이라고 할 수 있다. 그런데 심판대상조항은 선거범죄를 범한 비례대표국회의원 당선인 본인의 의원직 박탈로 그치지 아니하고 그로 인하여 궐원된 의석의 승계를 인정하지 아니함으로써 결과적으로 선거권자의 의사를 무시하고 왜곡하는 결과를 초래한다는 점에서 헌법의 기본원리인 대의제 민주주의 원리에 부합되지 않는다고 할 것이다(2009.10.29, 2009헌마350).

❹ [X] 현대국가들은 국민적 경험의사도 최대한 반영하기 위해 직접민주제적 요소를 보충적으로 채택하는 경향을 보이고 있다. 현대의 직접민주제적 요소로서는 행정부에 의한 의회해산제도, 법률안의 국민발안, 헌법개정안에 대한 국민투표제도, 대통령 직접선거제도, 대의기관의 국민소환제도가 있다. 그러나 직접민주제적 요소의 전면적 도입에는 여론조작 등 독재의 수단이 될 수 있는 문제점 등의 한계가 있다. 따라서 현행헌법 제52조에 "국회의원과 정부는 법률안을 제출할 수 있다."라고 규정함으로써 국민은 입법제안권이 없다.

## 12 　　　　　　　　　　　　　　　　정답 ②

① [○] 대통령은 헌법상 국민에게 자신에 대한 신임을 국민투표의 형식으로 물을 수 없을 뿐만 아니라, 특정 정책을 국민투표에 붙이면서 이에 자신의 신임을 결부시키는 대통령의 행위도 위헌적인 행위로서 헌법적으로 허용되지 않는다(2004.5.14, 2004헌나1).

❷ [X] 직접민주제의 요소인 국민발안과 국민투표가 최초 도입된 것은 제2차 개정헌법이다.

③ [○] ④ [○] 국회의원은 정당에 법적으로 기속당하지 않는다. 지역구의원이든 전국구의원이든 선출방식과 관계없이 자유위임적 지위를 가진다. 국회의원은 정당과는 별도로 정당성을 가진다. 법률로 특별히 정한 경우에는 별론으로 하지만, 국회의원이 탈당하였다 하더라도 의원직을 당연히 상실하는 것은 아니다. 따라서 전국구의원이 탈당하였다 하더라도 의원직을 상실하는 것은 아니므로 국회의원 의석의 궐원이 발생하지 않는다(1994.4.28, 92헌마153).
➡ 이 헌법재판소 결정 이후 「공직선거법」에서 전국구의원의 탈당에 대한 의원직 상실규정을 두게 되었다.

## 13 　　　　　　　　　　　　　　　　정답 ②

① [X] 「공직선거법」 제192조 제4항이 위헌이라는 견해도 있으나, 헌법재판소는 헌법에 부합된다고 한다.

❷ [○] 「공직선거법」 제192조 제4항은 비례대표국회의원에 대하여 소속 정당의 '해산' 등 이외의 사유로 당적을 이탈하는 경우 퇴직된다고 규정하고 있는데, 이 규정의 의미는 정당이 스스로 해산하는 경우에 비례대표국회의원은 퇴직되지 않는다는 것으로서, 국회의원의 국민대표성과 정당기속성 사이의 긴장관계를 적절하게 조화시켜 규율하고 있다(2014.12.19, 2013헌다1).

③ [X] 비례대표의원의 정당기속을 강조하면 탈당시 의원직을 상실하나, 자유위임을 강조하면 의원직을 유지한다. 탈당시 비례대표의원의 의원직 상실을 규정한 「공직선거법」 제192조 제4항은 비례대표의원의 정당기속을 강조한 입법자의 결단이다. 양심에 따른 투표(헌법 제46조 제2항)는 자유위임원칙을 구현한 것이다.

④ [X] 주민소환제가 대의제 민주주의와 충돌하는 것은 분명하나, 대의제 민주주의를 보완해서 국민주권을 실현할 수 있는 직접민주주의 요소를 도입할 수는 있다. 우리나라 헌법은 대의제를 원칙으로 하면

서 이를 보완하기 위해 직접민주주의 요소를 도입할 수 있다. 주민소환제는 도입되어 있다.

## 14 　　　　　　　　　　　　　　　　정답 ①

㉠ [X] 헌법의 기본원리인 대의제 민주주의하에서 국회의원선거권이란 것은 국회의원을 보통·평등·직접·비밀선거에 의하여 국민의 대표자인 국회의원을 선출하는 권리에 그치고, 개별 유권자 혹은 집단으로서의 국민의 의사를 선출된 국회의원이 그대로 대리하여 줄 것을 요구할 수 있는 권리까지 포함하는 것은 아니다(1998.10.29, 96헌마186).

㉡ [○] 대의제하에서 대표제 의사결정은 법적 책임을 추궁당하지 않는다. 따라서 헌법 제45조는 면책특권을 규정하고 있다. 헌법 제45조의 면책특권 조항은 책임을 지지 않는다고 규정하고 있으나 이때 의미는 법적 책임을 추궁당하지 않는다는 의미이며, 정치적 책임을 추궁당하지 않는다는 의미는 아니다. 따라서 대의제하에서도 정치적 책임은 추궁당할 수 있다.

㉢ [X] 비례대표제는 특정 세력의 대표자를 선출하는 대표제이므로 전체 국민을 국회의원이 대표해야 한다는 대의제 민주주의와 충돌한다. 다만, 대의제하에서도 비례대표제가 채택될 수는 있다.

㉣ [X] 국회의 정당 간의 의석분포를 결정할 국민의 권리를 국회구성권이라 하고, 이는 대의제 민주정치에 위반되기 때문에 허용되지 않는다.

㉤ [X] 한나라당과 민주당이 "탄핵소추안의 의결에 참여하지 않는 소속 국회의원들을 출당시키겠다."라고 공언하였다 하더라도, 그것이 오늘날의 정당민주주의하에서 허용되는 국회의원의 정당기속의 범위를 넘어 국회의원의 양심에 따른 표결권 행사를 실질적으로 방해할 정도의 압력 또는 협박이었다고 볼 수 없다(2004.5.14, 2004헌나1).

| 구분 | 정당기속<br>(정당국가적 민주주의) | 자유위임<br>(대의제 민주주의) |
|---|---|---|
| 경험적 의사 대<br>추정적 의사 | 경험적 의사 중시 | 추정적 의사 중시 |
| 위헌정당해산결정 | 의원직 상실 | 의원직 유지 |
| 교차 투표 | 허용되지 않음. | 허용<br>(「국회법」 제114조의2<br>자유투표 허용) |
| 국회의원 탈당시 | 의원직 상실<br>➡ 「공직선거법」<br>제192조 제4항:<br>비례대표의 정당기속 강조 | 의원직 유지 |

## 15 　　　　　　　　　　　　　　　　정답 ③

① [○] 권력분립의 원리는 인적 측면에서도 입법과 행정의 분리를 요청하고, 만일 행정공무원이 지방입법기관에서라도 입법에 참여하면 권력분립의 원칙에 배치되게 되는 것으로, 공무원의 경우는 지방의회의원의 입후보 제한이나 겸직금지가 필요하다(1991.3.11, 90헌마28).

② [○] 행정청이 행정처분 단계에서 당해 처분의 근거가 되는 법률이 위헌이라고 판단하여 그 적용을 거부하는 것은 권력분립의 원칙상 허용될 수 없지만, 행정처분에 대한 소송절차에서는 행정처분의 적법성·정당성뿐만 아니라 그 근거법률의 헌법 적합성까지도 심

판대상으로 되는 것이므로, 행정처분에 불복하는 당사자뿐만 아니라 행정처분의 주체인 행정청도 헌법의 최고규범력에 따른 구체적 규범통제를 위하여 근거법률의 위헌 여부에 대한 <u>심판의 제청을 신청할 수 있고</u> 「헌법재판소법」 제68조 제2항의 헌법소원을 제기할 수 있다고 봄이 상당하다(2008.4.24, 2004헌바44).

❸ [ X ] 이 사건 법률조항은 권력분립과 정치적 중립성 보장의 원칙을 실현하고, 지방의회의원의 업무전념성을 담보하고자 하는 것으로 그 입법목적에 정당성이 인정되며, 지방의회의원으로 하여금 지방공사 직원을 겸직하지 못하도록 한 것은 이러한 목적을 달성하기 위한 적합한 수단이다. 또한 지방의회의원의 직을 수행하는 동안 지방공사 직원의 직을 휴직한 경우나 지방공사를 설치·운영하는 지방자치단체가 아닌 다른 지방자치단체의 의원인 경우에도, 지방공사 직원과 지방의회의원으로서의 지위가 충돌하여 직무의 공정성이 훼손될 가능성은 여전히 존재하며, 지방의회의 활성화라는 취지에 비추어 볼 때 특정 의제에 대하여 지방의회의원의 토론 및 의결권을 반복적으로 제한하는 것 역시 바람직하다고 보이지 아니하므로, 겸직을 금지하는 것 이외에 덜 침익적인 수단이 존재한다고 볼 수도 없고, 이 사건 법률조항으로 인하여 제한되는 직업선택의 자유에 비하여 심판대상조항을 통하여 달성하고자 하는 공익이 결코 적다고 할 수 없으므로, 법익의 균형성도 인정된다(2012.4.24, 2010헌마605).

④ [ O ] 통고처분제도는 형벌의 비범죄화 정신에 접근하는 제도이다. 이러한 점들을 종합할 때, 통고처분제도의 근거규정인 「도로교통법」 제118조 본문이 적법절차원칙이나 사법권을 법원에 둔 권력분립원칙에 위배된다거나, 재판청구권을 침해하는 것이라 할 수 없다(2003.10.30, 2002헌마275).

## 16 　　　　　　　　　　　　　　　　　　　정답 ②

① [ X ] 1948년 헌법 제69조 국무총리는 대통령이 임명하고 국회의 승인을 얻어야 한다. 국회의원 총선거 후 신국회가 개회되었을 때에는 국무총리 임명에 대한 승인을 다시 얻어야 한다. 1952년 헌법 제70조의2 민의원에서 국무원불신임결의를 하였거나 민의원의원 총선거 후 최초에 집회된 민의원에서 신임결의를 얻지 못한 때에는 국무원은 총사직을 하여야 한다.

❷ [ O ] 입법 여부는 원칙적으로 입법자의 재량이므로 헌법재판소는 헌법상 입법의무가 있는 경우에 한해서만 입법부작위에 대해 헌법소원 대상으로 삼을 수 있을 뿐이다.

③ [ X ] 진정입법부작위에 관한 헌법재판소의 재판관할권은, 헌법에서 기본권 보장을 위해 법령에 명시적인 입법위임을 하였음에도 불구하고 입법자가 이를 이행하지 않고 있는 경우 또는 헌법해석상 특정인에게 구체적인 기본권이 생겨 이를 보장하기 위한 국가의 행위의무 내지 보호의무가 발생하였음이 명백함에도 불구하고 입법자가 전혀 아무런 입법조치를 취하지 않고 있는 경우에 한하여 제한적으로 인정된다(2006.1.17, 2005헌마1214). 따라서 권력분립의 원칙상 의회에 의한 입법권은 존중되어야 하므로, 헌법재판소의 진정입법부작위의 관할권은 넓게 인정할 수 없다.

④ [ X ] 입법은 행정입법인 대통령령에 위임될 수밖에 없는 불가피한 사정이 있고 그 위임에 있어서도 구체성과 명확성이 다소 완화되어도 무방한 것으로 보여질 뿐 아니라, 위와 같이 필요경비의 의미가 분명한 이상 그 계산에 관하여 필요한 사항을 법률에 정하지 않고 하위법규에 위임하였다 하더라도 이는 기술적인 사항이나 세부적인 사항으로서 납세의무자인 국민이 그 대강을 쉽게 예측할 수 있는 경우라고 할 것이므로, 이 사건 법률조항은 조세법률주의나 포괄위임입법금지의 원칙에 위반된다고 보기 어렵다(2002.6.27, 2000헌바68).

## 17 　　　　　　　　　　　　　　　　　　　정답 ③

① [ X ] 몽테스키외의 권력분립은 국민주권, 민주주의를 목적으로 하는 것이 아니라 국가권력 간의 상호견제를 목적으로 하고 군주의 집행권 행사를 당연시하고 있으므로 국민주권을 목적으로 했다고 보기 어렵다.

② [ X ] 고전적 권력분립원칙은 국가권력의 남용을 방지하기 위하여 나온 소극적 원리이므로 효율성을 추구하는 적극적 원리로 출발한 것은 아니다.

❸ [ O ] 로크는 입법권을 집행권보다 우위에 있는 권한으로 보아 권력의 분립을 주장하였으나 권력의 균형과 견제를 뚜렷이 주장하지는 못하였다는 평가를 받는다.

④ [ X ] 몽테스키외는 입법권과 집행권 간의 균형과 견제를 중시하였고 사법권은 법의 적용 작용이며 정치적 작용이 아닌 비정치적 권력이라고 보아 사법권의 적극적 권력통제기능을 무시하였다.

## 18 　　　　　　　　　　　　　　　　　　　정답 ①

❶ [ X ] 법률에 근거하여 수사처라는 행정기관을 설치하는 것이 헌법상 금지되지 않는바, 검찰의 기소독점주의 및 기소편의주의를 견제할 별도의 수사기관을 설치할지 여부는 국민을 대표하는 국회가 검찰 기소독점주의의 적절성, 검찰권 행사의 통제 필요성, 별도의 수사기관 설치의 장단점, 고위공직자범죄수사 등에 대한 국민적 관심과 요구 등 제반 사정을 고려하여 결정할 문제로서, 그 판단에는 본질적으로 국회의 폭넓은 재량이 인정된다. 또한 수사처의 설치로 말미암아 수사처와 기존의 다른 수사기관의 관계가 문제된다 하더라도 동일하게 행정부 소속인 수사처와 다른 수사기관 사이의 권한 배분의 문제는 헌법상 권력분립원칙의 문제라고 볼 수 없다(2021.1.28, 2020헌마264).

② [ O ]

③ [ O ] 권력분립원칙은 국가기능을 입법·행정·사법으로 분할하여 이를 각각 독립된 국가기관에 귀속시키고, 국가기관 상호간의 견제와 균형을 통하여 국가권력을 통제함으로써 국민의 자유와 권리를 보호하고자 하는 원리이다. 권력분립원칙은 국가권력의 집중과 남용의 위험을 방지하여 국민의 자유와 권리를 보호하고자 하는 데에 근본적인 목적이 있는바, 이를 위해서는 단순히 국가권력을 분할하는 것만으로는 충분하지 않고 분할된 권력 상호간의 견제와 균형을 통한 권력 간 통제가 이루어져야 한다(2021.1.28, 2020헌마264).

④ [ O ] 우리 헌법에서 권력분립원칙은 권력의 분할뿐만 아니라 권력 간의 상호작용과 통제의 원리로 형성되어 국가기관 상호간의 통제 및 협력과 공조는 권력분립원칙에 대한 예외가 아니라 헌법상 권력분립원칙을 구성하는 하나의 요소가 된 것이다. 예를 들어, 정부의 법률안 제출권과 대통령의 법률안 공포권 및 거부권(제52조, 제53조), 예산안에 대한 국회의 심의·확정권(제54조), 국무총리와 감사원장 임명에 대한 국회의 동의권(제86조, 제98조), 헌법재판소와 중앙선거관리위원회의 구성에 있어서 대통령과 국회, 대법원장의 공동 관여(제111조, 제114조) 등이 이에 해당한다. 즉, 헌법상 권력분립원칙이란 국가권력의 기계적 분립과 엄격한 절연을 의미하는 것이 아니라, 권력 상호간의 견제와 균형을 통한 국가권력의 통제를 의미한다(2021.1.28, 2020헌마264).

## 19

정답 ①

❶ [○] 정부의 구성단위로서 그 권한에 속하는 사항을 집행하는 중앙행정기관을 반드시 국무총리의 통할을 받는 '행정각부'의 형태로 설치하거나 '행정각부'에 속하는 기관으로 두어야 하는 것이 헌법상 강제되는 것은 아니라 할 것이므로, 법률로써 '행정각부'에 속하지 않는 독립된 형태의 행정기관을 설치하는 것이 헌법상 금지된다고 할 수 없다(2021.1.28, 2020헌마264).

② [X] 현대의 권력분립은 기능적 권력분립이다.

③ [X] 오늘날 의회의 입법독점주의에서 입법중심주의로 전환하여 일정한 범위 안에서 행정입법을 허용하게 된 동기는 사회적 변화에 대응한 입법수요의 급증과 종래의 형식적 권력분립주의로는 현대사회에 대응할 수 없다는 기능적 권력분립론에 있다(2014.7.24, 2013헌바183).

④ [X] 고전적 권력분립을 기관중심의 권력분립이라 하는데, 이에 대한 예로는 정부와 의회 간의 상호권력통제제도를 들 수 있다. 그 예로서 의회해산제도, 내각불신임제도, 법률안 거부권 등을 들 수 있다. 현대적 권력분립을 기능적 권력분립이라 하는데, 이에 대한 제도로서 연방국가제도, 지방자치제도, 직업공무원제도, 복수정당제도, 헌법재판제도 등을 들 수 있다.

## 20

정답 ①

❶ [X] 로크(J. Locke)나 몽테스키외(Montesquieu) 등이 주장한 고전적 권력분립론에서는 입법권, 행정권, 사법권을 담당하는 기관 상호간의 견제와 균형을 중시하는 수평적 권력분립만을 강조하였으나, 현대적 권력분립론은 직업공무원제, 연방제, 지방자치제도 등의 수직적 권력분립이 수평적 권력분립과 함께 강조되고 있다.

② [○] 사회국가원리와 정당의 등장은 권력의 통합, 협조를 야기하므로 고전적 권력분립을 약화시켰다는 평가를 받는다.

③ [○] 「보안관찰법」제6조 제1항 전문 후단이 보안관찰처분대상자에게 출소 후 신고의무를 법 집행기관의 구체적 처분(예 신고의무부과처분)이 아닌 법률로 직접 부과하고 있기는 하나 위 조항은 보안관찰처분대상자 중에서 일부 특정 대상자에게만 적용되는 것이 아니라 위 대상자 모두에게 적용되는 일반적이고 추상적인 법률규정이므로 법률이 직접 출소 후 신고의무를 부과하고 있다고 하더라도 처분적 법률 내지 개인적 법률에 해당된다고 볼 수 없으므로 권력분립원칙에 위반되지 아니한다(2003.6.26, 2001헌가17).

④ [○] 우리 헌법은 권력 상호간의 견제와 균형을 위하여 명시적으로 규정한 예외를 제외하고는 입법부에게 사법작용을 수행할 권한을 부여하지 않고 있다. 그런데도 입법자가 법원으로 하여금 증거조사도 하지 말고 형을 선고하도록 하는 법률을 제정한 것은 헌법이 정한 입법권의 한계를 유월하여 사법작용의 영역을 침범한 것이라고 할 것이다(1996.1.25, 95헌가5).

## 정답

| 01 | ② | 02 | ③ | 03 | ③ | 04 | ④ |
|----|----|----|----|----|----|----|----|
| 05 | ② | 06 | ① | 07 | ① | 08 | ① |
| 09 | ② | 10 | ① | 11 | ① | 12 | ① |
| 13 | ① | 14 | ④ | 15 | ② | 16 | ③ |
| 17 | ③ | 18 | ③ | 19 | ④ | 20 | ③ |

## 01　정답 ②

① [O] 법원이 엄격한 증거조사와 사실심리를 거쳐 무죄 등의 판결을 선고하는 경우에는 피고사건이 중대하지 않다고 판단을 내린 것이라고 보아야 함에도 불구하고 검사의 10년 이상 구형이 있기만 하면 중대한 피고사건으로 간주되어 구속이 계속된다면 권력분립에 의한 사법권의 행사를 통하여 법치주의를 구현하려는 헌법의 기본원칙에 위배되는 것이라 아니할 수 없다(1992.12.24, 92헌가8).

❷ [X] 대법원장으로 하여금 특별검사 후보자 2인을 추천하고 대통령은 그 추천후보자 중에서 1인을 특별검사로 임명하도록 한 이 사건 법률 제3조는 적법절차원칙에 반하지 않는다(2008.1.10, 2007헌마1468).

③ [O] 지방자치단체의 영향력하에 있는 지방공사의 직원이 지방의회에 진출할 수 있도록 하는 것은 권력분립 내지는 정치적 중립성 보장의 원칙에 위배되고, 결과적으로 주민의 이익과 지역의 균형된 발전을 목적으로 하는 지방자치의 제도적 취지에도 어긋난다. 이러한 위험성을 배제하기 위해서 입법자가 지방공사의 직원직과 지방의회의원직의 겸직을 금지하는 규정을 마련하여 청구인들과 같은 지방공사 직원의 공무담임권을 제한한 것은 공공복리를 위하여 필요한 불가피한 것으로서 헌법적으로 정당화될 수 있다(2004.12.16, 2002헌마333).

④ [O] 권력분립의 원칙을 준수할 필요성 때문에 공무원의 경우는 지방의회의원의 입후보 제한이나 겸직금지가 필요하며 또 그것이 당연하다고 할 것이나, 어느 특정 계층의 자조적 협동체의 임원에 그치는 조합장에게 같은 필요가 있다고는 할 수 없을 것이다. 농업협동조합 등의 조합장의 참정권 자체를 제약하는 입법으로까지 비약시킬 일은 아니다. 이것은 최소한의 제한이 못 된다(1991.3.11, 90헌마28).

## 02　정답 ③

㉠㉢㉧㉭ 정부형태와 무관

㉡㉣㉤㉦㉨ 의원내각제 요소

㉤㉥㉪ 대통령제 요소

㉫ 의원내각제와 대통령제 혼합

## 03　정답 ③

① [X] 미국 대통령제에서는 대통령이 연방법관을 임명할 권한을 가지고 있으나, 우리나라에서는 대통령이 대법원장, 대법관만 임명할 뿐 일반법관은 대법원장이 임명한다는 점에서 차이가 있다.

② [X] 내각불신임제가 의원내각제의 특징이나 탄핵제도는 대통령제뿐 아니라 의원내각제에도 있다.

❸ [O] 헌법 제49조는 "국회는 헌법 또는 법률에 특별한 규정이 없는 한 재적의원 과반수의 출석과 출석의원 과반수의 찬성으로 의결한다."라고 규정한다. 헌법이 예정하는 절차에 따르면 국회의 의사는 토론을 거친 다수결에 의하여 결정되어야 하는데, 국회의 의사가 위 절차를 거쳐 결정되었음에도 다수결의 결과에 반대하는 소수의 국회의원에게 권한쟁의심판을 청구할 수 있게 하는 것은 다수결의 원리와 의회주의의 본질에 어긋날 뿐만 아니라, 국가기관이 기관 내부에서 민주적인 방법으로 토론과 대화에 의하여 기관의 의사를 결정하려는 노력 대신 모든 문제를 사법적 수단에 의해 해결하려는 방향으로 남용될 우려도 있다. 나아가 우리 헌법이 채택한 대통령제하에서는 의원내각제의 경우처럼 정부와 국회 다수정당의 이해관계가 항상 일치하는 것으로 단정하기도 어렵다. 이에 비추어 볼 때 소수정당에게 제3자 소송담당을 인정할 필요가 있다는 주장은 선뜻 수긍하기 어렵다(2015.11.26, 2013헌라3).

④ [X] 국무회의는 그 설치를 헌법이 명문으로 규정하고 있으므로 헌법상 필수기관이다. 이 점에서 헌법상 규정이 없는 단순한 자문기관인 미국의 각료회의와 구별된다. 의원내각제에서 각료회의는 의결기관이다.

## 04　정답 ④

① [O] 대통령을 수반으로 하는 헌법조항 등을 개정해야 의원내각제는 채택될 수 있다.

② [O] 대통령제하에서는 대통령과 국회가 선거를 통하여 구성되므로 민주적 정당성이 이원화되나, 의원내각제에서는 국회만이 선거를 통하여 구성되므로 민주적 정당성이 일원화된다.

③ [O] 내각불신임제도의 유무와 관련이 있다. 불신임은 의회가 내각에 대해 정치적 책임을 추궁하는 제도이다.

❹ [X] 의원내각제란 의회에서 선출되고 의회에 대하여 책임을 지는 내각 중심으로 국정이 운영되는 정부형태를 말한다. 일반적으로 의원내각제에서 인정되는 의회해산제도는 내각이 의원 전체에 대해 임기 만료 전에 의원 자격을 상실케 하는 것을 말한다. 이러한 의회해산권은 의회에 의한 내각 불신임 결의나 내각신임 결의 요구 거부에 대항하는 수단으로 인정되고 있다. 그러나 대통령제에서는 의회해산제도가 없으므로 의원은 임기를 보장받는다.

## 05　정답 ②

① [O] 미국은 대통령만이 법률안 거부권을 가지고 있을 뿐 정부는 법률안 제출권을 가지고 있지 못하다. 그러나 우리나라는 대통령이 법률안 거부권을 가지고 있다는 점에서는 미국과 같으나, 정부가 법률안 제출권을 가지고 있다는 점에서는 차이가 있다.

❷ [X] 근대적 의미의 탄핵제도는 14세기 말 에드워드 3세 치하의 영국에서 출발하였고, 대통령제나 의원내각제의 정부형태와 관계없이 고위공무원에 대한 징계절차로서 의미를 갖는다.

③ [O] 이원집정부제에서 대통령은 수상임면권과 의회해산권을 가지고, 의회는 수상의 내각에 대한 불신임결의만을 할 수 있고, 대통령에 대해서는 불신임결의를 할 수 없다.

④ [○] 대통령제하에서 내각은 의회로부터 독립되어 구성되어 엄격한 분리가 특징이다. 의원내각제에서는 의회로부터 내각이 구성되므로 내각은 의회의 의존성을 특징으로 하고, 양자 간의 공화와 협조를 통해서 국정을 운영한다.

## 06

❶ [X] 회의제 정부형태는 권력을 의회에 집중시키는 루소의 정부형태로서, 권력체제가 일원화되어 있다. 회의제 정부형태에서는 집행부의 성립과 존속이 전적으로 의회에 종속되지만 집행부는 의회를 해산할 권한이 없다. ➡ 권력분립 정신에 입각한 정부형태가 아니다. 참고로, 뢰벤슈타인은 야누스의 머리와 같이 민주주의와 전체주의 체제 모두의 성질을 가질 수 있다고 하였다. 민주주의 국가인 스위스는 회의제 정부형태를 취하고 있으므로, 민주주의하에서도 회의제 정부형태를 채택할 수 있다.

② [○] 대통령제의 내각은 의회에 독립성을 특징으로 하고, 의원내각제의 내각은 의존성을 특징으로 한다.

③ [○] 내각의 수반인 수상은 반드시 국회의원이어야 하는 것은 아니고, 의회에서 선출되고 형식적으로는 국가원수인 대통령 또는 군주가 임명한다.

④ [○] 의원내각제의 집행부는 대통령(군주)과 내각의 두 기구로 구성된다. 국가원수는 대통령 또는 군주이고, 집행부의 수반은 수상이므로 집행부는 형식적으로는 이원적 구조를 특징으로 한다. 대통령제에서 대통령은 국가원수이자 집행부 수반이므로 집행부 구조가 일원화된다.

## 07

❶ [X] 의회의 대통령에 대한 불신임은 없고, 오히려 대통령은 의회해산권을 가지므로 대통령에 대한 통제가 용이하지 않다.

② [○] 의원내각제에서 의회 다수파가 내각을 구성하므로 내각에서 다수파를 견제하기 힘들다. 그러나 의회의 다수파와 다른 정당 소속인 대통령은 다수파의 법률안 의결 등에 대해서 거부권 행사를 하여 통제할 수 있으므로 다수파에 대한 견제는 대통령제에서 용이하다 할 수 있다.

③ [○] 의원내각제는 제2공화국 헌법이고, 나머지 헌법은 대통령제 헌법이다.

④ [○] 대통령제가 이론적 산물의 결과라면, 의원내각제는 영국의 역사와 함께 형성·발전되어 온 역사적 산물이다.

## 08

❶ [X] 미국의 대통령제는 의회와 집행부 상호간의 견제와 균형을 통한 대등한 지위를 전제로 하지만, 영국의 의원내각제는 처음에는 의회우위의 내각책임제로 출발하였으나, 의회에 대한 내각우위의 내각책임제로 발전해 왔다.

② [○] 이원정부제는 대통령의 경우 대부분 직선되며, 대통령이 의회를 해산할 수 있으나 대통령에 대한 불신임은 허용되지 아니한다. 따라서 대통령의 의회에 대한 우위를 특징으로 한다.

③ [○] 이원정부제하에서 대통령의 소속 정당이 소수당이 될 때 의회의 다수파가 야당이므로 야당이 중심이 되어 의회에서 내각을 불신임할 수 있어 대통령이 야당 쪽에 내각구성권을 주기 때문에 동거정부가 성립한다. 동거정부는 대통령의 당과 내각의 당이 다른 정부형태를 가리킨다.

④ [○] 건설적 불신임제도는 원칙적으로 의회에 의해서 행해지는데, 현직 수상도 능동적으로 그 계기를 마련할 수 있다. 즉, 수상에게는 신임투표요청권이 있는데, 의회에서 그 신임이 거부당한 경우 수상은 대통령에게 의회해산을 요청할 수 있다. 그런데 대통령의 의회해산권은 의회의 재적과반수의 지지를 받는 새 수상이 선출됨과 동시에 소멸된다. 따라서 수상의 신임 거부에 따른 의회해산권이 수상에 대한 불신임결의로 연결될 수 있다.

## 09

① [○] 현대에 와서 국민의 동질성이 상실됨에 따라 의회가 전체 국민을 대표하지 못하므로 의회주의가 약화되고 있다.

❷ [X] 의회주의의 원리로서 국민 대표의 원리, 공개토론의 원리, 다수결의 원리, 다수파의 교체 원리가 거론될 수 있다. 그러나 대화와 토론을 강조하다 보니 의회주의에서는 비능률적 의사절차로 인해서 의회주의의 위기가 발생하게 된다. 따라서 효율적 의사절차는 의회주의의 특징으로 볼 수는 없다.

③ [○] 국회의 의사가 다수결에 의하여 결정되었음에도 다수결의 결과에 반대하는 소수의 국회의원에게 권한쟁의심판을 청구할 수 있게 하는 것은 다수결의 원리와 의회주의의 본질에 어긋날 뿐만 아니라, 국가기관이 기관 내부에서 민주적인 방법으로 토론과 대화에 의하여 기관의 의사를 결정하려는 노력 대신 모든 문제를 사법적 수단에 의해 해결하려는 방향으로 남용될 우려도 있으므로, 국가기관의 부분 기관이 자신의 이름으로 소속 기관의 권한을 주장할 수 있는 '제3자 소송담당'을 명시적으로 허용하는 법률의 규정이 없는 현행법 체계하에서는 국회의 구성원인 국회의원이 국회의 조약에 대한 체결·비준 동의권의 침해를 주장하는 권한쟁의심판을 청구할 수 없다(2007.7.26, 2005헌라8).

④ [○] 의회주의는 대화와 토론을 강조하다 보니 회의 절차가 지연되어 비효율성을 낳았다. 이에 대한 대책으로 나온 것이 위원회 제도이다.

## 10

❶ [○] 의원내각제 정부형태를 규정하고 있는 제3차 개정헌법에서는 양원제를 채택하였으며, 헌법재판소를 최초 규정하였다.

② [X] 양원제하에서는 상원과 하원이 대립할 때 정부에 대한 의회의 지위가 상대적으로 약화된다.

③ [X] 행정국가적 경향은 양원제 강화에는 도움이 되지 않았다고 평가된다. 오히려 행정국가적 경향에 따라 신속한 입법이 요구되므로, 양원제보다는 단원제가 행정국가적 경향과 잘 어울릴 수 있다.

④ [X] 지문은 쉬에스의 주장이다. 쉬에스의 주장은 단원제의 근거이고, 양원제에 대해 비판적인 내용이다. 다만, 루소도 일반의사론에 근거하여 단원제를 주장했다.

## 11

❶ [○]

> 「국회법」제9조【의장·부의장의 임기】① 의장과 부의장의 임기는 2년으로 한다. 다만, 국회의원 총선거 후 처음 선출된 의장과 부의장의 임기는 그 선출된 날부터 개시하여 의원의 임기 개시 후 2년이 되는 날까지로 한다.
> ② 보궐선거에 의하여 당선된 의장 또는 부의장의 임기는 전임자의 잔임기간으로 한다.

➡ 따라서 임기가 2년이 안 된다.

② [X] 헌법은 의장 1인과 부의장 2인을 선출하도록 규정하고 있다(헌법 제48조). 따라서 「국회법」 개정으로 의장과 부의장 수를 변경할 수 없다.

③ [X]

> **국회법 제15조 【의장·부의장의 선거】** ① 의장과 부의장은 국회에서 무기명투표로 선거하고 재적의원 과반수의 득표로 당선된다.
>
> **제17조 【임시의장 선거】** 임시의장은 무기명투표로 선거하고 재적의 원 과반수의 출석과 출석의원 다수득표자를 당선자로 한다.

④ [X] 의장과 부의장은 특히 법률로 정한 경우를 제외하고 의원 외의 직을 겸할 수 없다(「국회법」 제20조). 국회의원은 국무위원이나 행정각부의 장이 될 수 있으나, 의장과 부의장은 국무위원이 될 수 없다.

## 12 정답 ①

❶ [O] 「국회법」 제20조 제2항

② [X] 의원이 의장으로 당선된 때에는 당선된 다음 날부터 의장으로 재직하는 동안은 당적을 가질 수 없다. 다만, 국회의원 총선거에서 「공직선거법」 제47조에 따른 정당추천후보자로 추천을 받으려는 경우에는 의원 임기만료일 90일 전부터 당적을 가질 수 있다(「국회법」 제20조의2 제1항).

③ [X] 비례대표국회의원 또는 비례대표지방의회의원이 소속 정당의 합당·해산 또는 제명 외의 사유로 당적을 이탈·변경하거나 2 이상의 당적을 가지고 있는 때에는 「국회법」 제136조(退職) 또는 「지방자치법」 제90조(의원의 퇴직)의 규정에 불구하고 퇴직된다. 다만, 비례대표국회의원이 국회의장으로 당선되어 「국회법」 규정에 의하여 당적을 이탈한 경우에는 그러하지 아니하다(「공직선거법」 제192조 제4항).

④ [X] 국회의장은 당선된 다음 날부터 당적을 가질 수 없으나, 임기만료에 의한 국회의원선거일 90일 전부터 당적을 가질 수 있다.

> **「국회법」 제20조의2 【의장의 당적 보유 금지】** ① 의원이 의장으로 당선된 때에는 당선된 다음 날부터 의장으로 재직하는 동안은 당적을 가질 수 없다. 다만, 국회의원 총선거에서 「공직선거법」 제47조에 따른 정당추천후보자로 추천을 받으려는 경우에는 의원 임기만료일 90일 전부터 당적을 가질 수 있다.

## 13 정답 ①

❶ [O] 당적을 이탈한 의장의 임기가 만료된 때에는 당적을 이탈할 당시의 소속 정당으로 복귀한다(「국회법」 제20조의2 제2항).

② [X] 의장과 부의장은 국회의 동의를 받아 그 직을 사임할 수 있다(「국회법」 제19조).

③ [X]

> **「국회법」 제39조 【상임위원회의 위원】** ① 의원은 둘 이상의 상임위원이 될 수 있다.
> ③ 의장은 상임위원이 될 수 없다.

④ [X] 의장은 상임위원이 될 수 없다(「국회법」 제39조 제3항).

## 14 정답 ④

① [X] 국회부의장은 당적이 상실되지 않는다.

> **「국회법」 제20조의2 【의장의 당적 보유 금지】** ① 의원이 의장으로 당선된 때에는 당선된 다음 날부터 의장으로 재직하는 동안은 당적을 가질 수 없다. 다만, 국회의원 총선거에서 「공직선거법」 제47조에 따른 정당추천후보자로 추천을 받으려는 경우에는 의원 임기만료일 90일 전부터 당적을 가질 수 있다.
> ② 제1항 본문에 따라 당적을 이탈한 의장의 임기가 만료된 때에는 당적을 이탈할 당시의 소속 정당으로 복귀한다.

② [X]

> **「국회법」 제39조 【상임위원회의 위원】** ③ 의장은 상임위원이 될 수 없다.
>
> **제11조 【의장의 위원회 출석과 발언】** 의장은 위원회에 출석하여 발언할 수 있다. 다만, 표결에는 참가할 수 없다.

③ [X] 본회의에서 의장은 국회의원이므로 표결할 수 있다.

❹ [O] 사무총장은 의장이 각 교섭단체 대표의원과의 협의를 거쳐 본회의 승인을 받아 임면(任免)한다(「국회법」 제21조 제3항).

## 15 정답 ②

① [X] 의장이 토론에 참가할 때에는 의장석에서 물러나야 하며, 그 안건에 대한 표결이 끝날 때까지 의장석으로 돌아갈 수 없다(「국회법」 제107조).

❷ [O] 국회는 그 의결로 의원의 사직을 허가할 수 있다. 다만, 폐회 중에는 의장이 이를 허가할 수 있다(「국회법」 제135조 제1항).

③ [X] 의장은 회기 중 국회의 질서를 유지하기 위하여 국회 안에서 경호권을 행사한다(「국회법」 제143조). ➡ 위원장은 경호권이 없다.

④ [X] 경호업무는 의장의 지휘를 받아 수행하되, 경위는 회의장 건물 안에서, 경찰공무원은 회의장 건물 밖에서 경호한다(「국회법」 제144조 제3항).

## 16 정답 ③

① [O] 의장은 국회의 경호를 위하여 필요할 때에는 국회운영위원회의 동의를 받아 일정한 기간을 정하여 정부에 경찰공무원의 파견을 요구할 수 있다(「국회법」 제144조 제2항).

② [O] 국회의원 총선거 후 의장이나 부의장이 선출될 때까지는 사무총장이 임시회 집회 공고에 관하여 의장의 직무를 대행한다. 처음 선출된 의장과 부의장의 임기만료일까지 부득이한 사유로 의장이나 부의장을 선출하지 못한 경우와 폐회 중에 의장·부의장이 모두 궐위된 경우에도 또한 같다(「국회법」 제14조).

❸ [X] 의장이 한 처분에 대한 행정소송의 피고는 사무총장으로 한다(「국회사무처법」 제4조 제3항).

④ [O]

> **「국회법」 제12조 【부의장의 의장 직무대리】** ① 의장이 사고가 있을 때에는 의장이 지정하는 부의장이 그 직무를 대리한다.

제145조【회의의 질서유지】③ 의장이나 위원장은 회의장이 소란하여 질서를 유지하기 곤란하다고 인정할 때에는 회의를 중지하거나 산회를 선포할 수 있다.

## 17 　　　　　　　　　　　　　　　　　정답 ③

① [ X ] 의장이 사고가 있을 때에는 의장이 지정하는 부의장이 그 직무를 대리한다(「국회법」 제12조 제1항).

② [ X ] 상임위원장은 국회의장의 직무대리 또는 대행이 될 수 없다.

❸ [ O ] 의장과 부의장이 모두 사고가 있을 때에는 임시의장을 선출하여 의장의 직무를 대행하게 한다(「국회법」 제13조).

④ [ X ] 의장이 심신상실 등 부득이한 사유로 의사표시를 할 수 없게 되어 직무대리자를 지정할 수 없을 때에는 소속 의원 수가 많은 교섭단체 소속 부의장의 순으로 의장의 직무를 대행한다(「국회법」 제12조 제2항).

## 18 　　　　　　　　　　　　　　　　　정답 ③

① [ X ]

「국회법」 제12조【부의장의 의장 직무대리】① 의장이 사고가 있을 때에는 의장이 지정하는 부의장이 그 직무를 대리한다.
② 의장이 심신상실 등 부득이한 사유로 의사표시를 할 수 없게 되어 직무대리자를 지정할 수 없을 때에는 소속 의원 수가 많은 교섭단체 소속 부의장의 순으로 의장의 직무를 대행한다.

② [ X ] ❸ [ O ] 임시의장은 국회의장과 부의장이 모두 '사고'일 경우 선출한다.

「국회법」 제13조【임시의장】의장과 부의장이 모두 사고가 있을 때에는 임시의장을 선출하여 의장의 직무를 대행하게 한다.

④ [ X ]

「국회법」 제18조【의장 등 선거시의 의장 직무대행】의장 등의 선거에서 다음 각 호의 어느 하나에 해당할 때에는 출석의원 중 최다선(最多選) 의원이, 최다선 의원이 2명 이상인 경우에는 그중 연장자가 의장의 직무를 대행한다.
1. 국회의원 총선거 후 처음으로 의장과 부의장을 선거할 때
2. 제15조 제2항에 따라 처음 선출된 의장 또는 부의장의 임기가 만료되는 경우 그 임기만료일 5일 전에 의장과 부의장의 선거가 실시되지 못하여 그 임기 만료 후 의장과 부의장을 선거할 때
3. 의장과 부의장이 모두 궐위되어 그 보궐선거를 할 때
4. 의장 또는 부의장의 보궐선거에서 의장과 부의장이 모두 사고가 있을 때
5. 의장과 부의장이 모두 사고가 있어 임시의장을 선거할 때

## 19 　　　　　　　　　　　　　　　　　정답 ④

① [ O ]

「국회법」 제39조【상임위원회의 위원】② 각 교섭단체 대표의원은 국회운영위원회의 위원이 된다.

제48조【위원의 선임 및 개선】③ 정보위원회의 위원은 의장이 각 교섭단체 대표의원으로부터 해당 교섭단체 소속 의원 중에서 후보를 추천받아 부의장 및 각 교섭단체 대표의원과 협의하여 선임하거나 개선한다. 다만, 각 교섭단체 대표의원은 정보위원회의 위원이 된다.

② [ O ] ❹ [ X ] 소관 위원회는 다른 위원회와 협의하여 연석회의(連席會議)를 열고 의견을 교환할 수 있다. 다만, 표결은 할 수 없다(「국회법」 제63조 제1항).

③ [ O ] 위원회는 행정부와 의회 간의 의사소통의 장으로서의 기능도 한다. 따라서 의원과 내각 구성원의 겸직이 가능한 의원내각제보다는 대통령제하에서 그 제도적 의의가 더욱 크다. 의원내각제인 영국은 약한 위원회제라 할 수 있고 내각과 의원의 겸직이 허용되지 않는 프랑스, 미국은 강한 위원회제라고 한다.

## 20 　　　　　　　　　　　　　　　　　정답 ③

① [ O ] 위원을 개선할 때 임시회의 경우에는 회기 중에 개선될 수 없고, 정기회의 경우에는 선임 또는 개선 후 30일 이내에는 개선될 수 없다. 다만, 위원이 질병 등 부득이한 사유로 의장의 허가를 받은 경우에는 그러하지 아니하다(「국회법」 제48조 제6항).

② [ O ] ❸ [ X ]

「국회법」 제48조【위원의 선임 및 개선】① 상임위원은 교섭단체 소속 의원 수의 비율에 따라 각 교섭단체 대표의원의 요청으로 의장이 선임하거나 개선한다. 이 경우 각 교섭단체 대표의원은 국회의원 총선거 후 첫 임시회의 집회일부터 2일 이내에 의장에게 상임위원 선임을 요청하여야 하고, 처음 선임된 상임위원의 임기가 만료되는 경우에는 그 임기만료일 3일 전까지 의장에게 상임위원 선임을 요청하여야 하며, 이 기한까지 요청이 없을 때에는 의장이 상임위원을 선임할 수 있다.
② 어느 교섭단체에도 속하지 아니하는 의원의 상임위원 선임은 의장이 한다.

④ [ O ] 위원을 선임한 후 교섭단체 소속 의원 수가 변동되었을 때에는 의장은 위원회의 교섭단체별 할당 수를 변경하여 위원을 개선할 수 있다(「국회법」 제48조 제5항).

② [X] ③ [X] ④ [X] 의장은 안건이 어느 상임위원회의 소관에 속하는지 명백하지 아니할 때에는 국회운영위원회와 협의하여 상임위원회에 회부하되, 협의가 이루어지지 아니할 때에는 의장이 소관 상임위원회를 결정한다(「국회법」 제81조 제2항).

## 정답

| 01 | ② | 02 | ① | 03 | ④ | 04 | ① |
|---|---|---|---|---|---|---|---|
| 05 | ③ | 06 | ② | 07 | ② | 08 | ② |
| 09 | ③ | 10 | ① | 11 | ④ | 12 | ① |
| 13 | ② | 14 | ③ | 15 | ① | 16 | ① |
| 17 | ② | 18 | ③ | 19 | ④ | 20 | ① |

## 01 정답 ②

① [X] ③ [X] 상임위원장은 제48조 제1항부터 제3항까지에 따라 선임된 해당 상임위원 중에서 임시의장 선거의 예에 준하여 본회의에서 선거한다(「국회법」 제41조 제2항).

❷ [○] 위원장이 궐위된 때에는 소속 의원 수가 많은 교섭단체 소속 간사의 순으로 위원장의 직무를 대리한다(「국회법」 제50조 제4항).

④ [X] 의장은 안건이 어느 상임위원회의 소관에 속하는지 명백하지 아니할 때에는 국회운영위원회와 협의하여 상임위원회에 회부하되, 협의가 이루어지지 아니할 때에는 의장이 소관 상임위원회를 결정한다(「국회법」 제81조 제2항).

## 02 정답 ①

❶ [○]

> **「국회법」 제37조【상임위원회와 그 소관】** ① 상임위원회의 종류와 소관 사항은 다음과 같다.
> 1. 국회운영위원회
> 2. 법제사법위원회
> 3. 정무위원회
> 4. 기획재정위원회
> 5. 교육위원회
> 6. 과학기술정보방송통신위원회
> 7. 외교통일위원회
> 8. 국방위원회
> 9. 행정안전위원회
> 10. 문화체육관광위원회
> 11. 농림축산식품해양수산위원회
> 12. 산업통상자원중소벤처기업위원회
> 13. 보건복지위원회
> 14. 환경노동위원회
> 15. 국토교통위원회
> 16. 정보위원회
> 17. 여성가족위원회
> ② 의장은 어느 상임위원회에도 속하지 아니하는 사항은 국회운영위원회와 협의하여 소관 상임위원회를 정한다.

## 03 정답 ④

① [○]

> **「국회법」 제37조【상임위원회와 그 소관】** ① 상임위원회의 종류와 소관 사항은 다음과 같다.
> 3. 정무위원회
>  가. 국무조정실, 국무총리비서실 소관에 속하는 사항
>  나. 국가보훈처 소관에 속하는 사항
>  다. 공정거래위원회 소관에 속하는 사항
>  라. 금융위원회 소관에 속하는 사항
>  마. 국민권익위원회 소관에 속하는 사항

② [○]

> **「국회법」 제37조【상임위원회와 그 소관】** ① 상임위원회의 종류와 소관 사항은 다음과 같다.
> 2. 법제사법위원회
>  아. 법률안·국회규칙안의 체계·형식과 자구의 심사에 관한 사항

③ [○]

> **「국회법」 제37조【상임위원회와 그 소관】** ① 상임위원회의 종류와 소관 사항은 다음과 같다.
> 1. 국회운영위원회
>  가. 국회 운영에 관한 사항
>  나. 「국회법」과 국회규칙에 관한 사항
>  다. 국회사무처 소관에 속하는 사항
>  라. 국회도서관 소관에 속하는 사항
>  마. 국회예산정책처 소관에 속하는 사항
>  바. 국회입법조사처 소관에 속하는 사항
>  사. 대통령비서실, 국가안보실, 대통령경호처 소관에 속하는 사항
>  아. 국가인권위원회 소관에 속하는 사항

❹ [X] 국가인권위원회 소관에 속하는 사항은 국회운영위원회 소관 사항이다(「국회법」 제37조 제1항 제1호 아목).

## 04 정답 ①

❶ [○] 상임위원의 임기는 2년으로 한다. 다만, 국회의원 총선거 후 처음 선임된 위원의 임기는 선임된 날부터 개시하여 의원의 임기 개시 후 2년이 되는 날까지로 한다(「국회법」 제40조 제1항). ➡ 정보위원회 위원의 임기는 2년이다. 기존 「국회법」에는 위원의 임기 동안으로 규정되어 있었으나, 2008년 8월 25일 개정으로 변경되었다.

② [X] 사법행정사항은 법제사법위원회 소관 사항이나, 재판에 관한 사항은 소관 사항이 아니다.

③ [X] 중앙선거관리위원회 사무에 관한 사항은 행정안전위원회 소관 사항이다(「국회법」 제37조 제1항 제9호 다목).

④ [X] 국가정보원 소관에 속하는 사항은 정보위원회 소관 사항이다(「국회법」 제37조 제1항 제16호 가목).

## 05
정답 ③

① [○]

> **「국회법」 제58조【위원회의 심사】** ⑤ 제1항에 따른 축조심사는 위원회의 의결로 생략할 수 있다. 다만, 제정법률안과 전부개정법률안에 대해서는 그러하지 아니하다.
> ⑥ 위원회는 제정법률안과 전부개정법률안에 대해서는 공청회 또는 청문회를 개최하여야 한다. 다만, 위원회의 의결로 이를 생략할 수 있다.
> ⑩ 법제사법위원회의 체계·자구 심사에 관하여는 제5항 단서와 제6항을 적용하지 아니한다.

② [○] ❸ [×] 위원회에서 법률안의 심사를 마치거나 입안을 하였을 때에는 법제사법위원회에 회부하여 체계와 자구에 대한 심사를 거쳐야 한다. 이 경우 법제사법위원회 위원장은 간사와 협의하여 심사에서 제안자의 취지 설명과 토론을 생략할 수 있다(「국회법」 제86조 제1항).

④ [○] 탄핵소추가 발의되었을 때에는 의장은 발의된 후 처음 개의하는 본회의에 보고하고, 본회의는 의결로 법제사법위원회에 회부하여 조사하게 할 수 있다(「국회법」 제130조 제1항).

## 06
정답 ②

① [○]

> **「국회법」 제49조의2【위원회 의사일정의 작성기준】** ② 위원회(소위원회는 제외한다)는 매월 2회 이상 개회한다. 다만, 다음 각 호의 어느 하나에 해당하는 경우에는 그러하지 아니하다.
> 1. 해당 위원회의 국정감사 또는 국정조사 실시기간
> 2. 그 밖에 회의를 개회하기 어렵다고 의장이 인정하는 기간
> ③ 제2항에도 불구하고, 국회운영위원회, 정보위원회, 여성가족위원회, 특별위원회 및 예산결산특별위원회의 경우에는 위원장이 개회 횟수를 달리 정할 수 있다.

❷ [×] 위원회는 소관 사항을 분담·심사하기 위하여 상설소위원회를 둘 수 있고, 필요한 경우 특정한 안건의 심사를 위하여 소위원회를 둘 수 있다. 이 경우 소위원회에 대하여 국회규칙으로 정하는 바에 따라 필요한 인원 및 예산 등을 지원할 수 있다(「국회법」 제57조 제1항). ➡ 정보위원회도 상설소위원회를 둘 수 있다.

③ [○] 정보위원회의 위원은 의장이 각 교섭단체 대표의원으로부터 해당 교섭단체 소속 의원 중에서 후보를 추천받아 부의장 및 각 교섭단체 대표의원과 협의하여 선임하거나 개선한다. 다만, 각 교섭단체 대표의원은 정보위원회의 위원이 된다(「국회법」 제48조 제3항).

④ [○] 정보위원회에 국가정보원 소관 예산안과 결산에 대한 실질적인 최종 심사권을 부여하고(「국회법」 제84조 제4항), 국가정보원의 예산 심사를 비공개로 하도록 하였다(「국가정보원법」 제16조 제7항, 2022.1.27, 2018헌마1162).

## 07
정답 ②

① [×] 의장은 특히 필요하다고 인정하는 안건에 대해서는 본회의의 의결을 거쳐 이를 특별위원회에 회부한다(「국회법」 제82조 제1항).

❷ [○] 「국회법」은 예산결산특별위원회, 윤리특별위원회와 인사청문특별위원회를 규정하고 있다.

③ [×] 예산결산특별위원회는 "특별위원회의 활동기한의 종료시까지 존속한다(「국회법」 제44조 제3항)."라는 규정을 적용하지 않고, 「국회법」상 설치되는 상설 특별위원회이다. 윤리특별위원회는 동 규정의 적용을 받는 비상설 특별위원회이다.

④ [×] 「국회법」에 규정된 특별위원회인 예산결산·윤리·인사청문특별위원회가 있으며, 본회의 의결로 특별위원회를 둘 수 있다.

## 08
정답 ②

① [×] 「국회법」 개정(2018.7.17.)으로 상설 특별위원회는 예산결산특별위원회 1개만 남게 되었다.

> **「국회법」 제44조【특별위원회】** ① 국회는 둘 이상의 상임위원회와 관련된 안건이거나 특히 필요하다고 인정한 안건을 효율적으로 심사하기 위하여 본회의의 의결로 특별위원회를 둘 수 있다.
> ③ 특별위원회는 활동기한의 종료시까지 존속한다.
>
> **제46조【윤리특별위원회】** ① 의원의 자격심사·징계에 관한 사항을 심사하기 위하여 제44조 제1항에 따라 윤리특별위원회를 구성한다.

❷ [○]

> **「국회법」 제45조【예산결산특별위원회】** ① 예산안, 기금운용계획안 및 결산(세입세출결산과 기금결산을 말한다. 이하 같다)을 심사하기 위하여 예산결산특별위원회를 둔다.
> ② 예산결산특별위원회의 위원 수는 50명으로 한다. 이 경우 의장은 교섭단체 소속 의원 수의 비율과 상임위원회 위원 수의 비율에 따라 각 교섭단체 대표의원의 요청으로 위원을 선임한다.
> ③ 예산결산특별위원회 위원의 임기는 1년으로 한다. 다만, 국회의원 총선거 후 처음 선임된 위원의 임기는 선임된 날부터 개시하여 의원의 임기 개시 후 1년이 되는 날까지로 하며, 보임되거나 개선된 위원의 임기는 전임자 임기의 남은 기간으로 한다.
>
> **비교 제40조【상임위원의 임기】** ① 상임위원의 임기는 2년으로 한다. 다만, 국회의원 총선거 후 처음 선임된 위원의 임기는 선임된 날부터 개시하여 의원의 임기 개시 후 2년이 되는 날까지로 한다.

③ [×] 예산결산특별위원회의 위원 수는 50명으로 한다. 이 경우 의장은 교섭단체 소속 의원 수의 비율과 상임위원회 위원 수의 비율에 따라 각 교섭단체 대표의원의 요청으로 위원을 선임한다(「국회법」 제45조 제2항).

④ [×] 예산결산특별위원회의 위원 수는 50명으로 한다. 이 경우 의장은 교섭단체 소속 의원 수의 비율과 상임위원회 위원 수의 비율에 따라 각 교섭단체 대표의원의 요청으로 위원을 선임한다(「국회법」 제45조 제2항). ➡ 의장이 예산결산특별위원회의 위원을 선임한다.

## 09
정답 ③

① [×]

> **「국회법」 제45조【예산결산특별위원회】** ② 예산결산특별위원회의 위원 수는 50명으로 한다. 이 경우 의장은 교섭단체 소속 의원 수의 비율과 상임위원회 위원 수의 비율에 따라 각 교섭단체 대표의원의 요청으로 위원을 선임한다.

④ 예산결산특별위원회의 위원장은 예산결산특별위원회의 위원 중에서 임시의장 선거의 예에 준하여 본회의에서 선거한다.

② [ X ] 예산결산특별위원회의 위원장은 예산결산특별위원회의 위원 중에서 임시의장 선거의 예에 준하여 본회의에서 선거한다(「국회법」 제45조 제4항).

❸ [ O ] 의원의 자격심사·징계에 관한 사항을 심사하기 위하여 제44조 제1항(본회의 의결로 설치)에 따라 윤리특별위원회를 구성한다(「국회법」 제46조 제1항).

④ [ X ] 「국회법」 제46조는 개정되어 윤리특별위원회는 ⊙ 상설에서 본회의 의결로 설치하는 비상설 특별위원회로 변경, ⊙ 위원 수 15명 삭제, ⊙ 위원 임기 2년 삭제, ⊜ 위원장 본회의 선거 삭제가 되었다.

❶ [ X ]

> **「국회법」 제46조【윤리특별위원회】** ① 의원의 자격심사·징계에 관한 사항을 심사하기 위하여 제44조 제1항에 따라 윤리특별위원회를 구성한다.
>
> **제44조【특별위원회】** ① 국회는 둘 이상의 상임위원회와 관련된 안건이거나 특히 필요하다고 인정한 안건을 효율적으로 심사하기 위하여 본회의의 의결로 특별위원회를 둘 수 있다.

② [ O ]

> **「국회법」 제46조의3【인사청문특별위원회】** ① 국회는 다음 각 호의 임명동의안 또는 의장이 각 교섭단체 대표의원과 협의하여 제출한 선출안 등을 심사하기 위하여 인사청문특별위원회를 둔다. 다만, 「대통령직 인수에 관한 법률」 제5조 제2항에 따라 대통령당선인이 국무총리 후보자에 대한 인사청문의 실시를 요청하는 경우에 의장은 각 교섭단체 대표의원과 협의하여 그 인사청문을 실시하기 위한 인사청문특별위원회를 둔다.
> 1. 헌법에 따라 그 임명에 국회의 동의가 필요한 대법원장·헌법재판소장·국무총리·감사원장 및 대법관에 대한 임명동의안
> 2. 헌법에 따라 국회에서 선출하는 헌법재판소 재판관 및 중앙선거관리위원회 위원에 대한 선출안

③ [ O ]

> **「인사청문회법」 제3조【인사청문특별위원회】** ① 「국회법」 제46조의3의 규정에 의한 인사청문특별위원회는 임명동의안 등(「국회법」 제65조의2 제2항의 규정에 의하여 다른 법률에서 국회의 인사청문을 거치도록 한 공직후보자에 대한 인사청문요청안을 제외한다)이 국회에 제출된 때에 구성된 것으로 본다.
> ⑥ 인사청문특별위원회는 임명동의안 등이 본회의에서 의결될 때 또는 인사청문경과가 본회의에 보고될 때까지 존속한다.

④ [ O ] 상임위원회는 위원회 또는 상설소위원회를 정기적으로 개회하여 그 소관 중앙행정기관이 제출한 대통령령·총리령 및 부령의 법률 위반 여부 등을 검토하여야 한다(「국회법」 제98조의2 제3항).

① [ X ] 소위원회는 폐회 중에도 활동할 수 있으며, 법률안을 심사하는 소위원회는 매월 3회 이상 개회한다. 다만, 국회운영위원회, 정보위원회 및 여성가족위원회의 법률안을 심사하는 소위원회의 경우에는 소위원장이 개회 횟수를 달리 정할 수 있다(「국회법」 제57조 제6항).

② [ X ] 자문위원회 위원장은 자문위원 중에서 호선하되, 위원장이 선출될 때까지는 자문위원 중 연장자가 위원장의 직무를 대행한다(「국회법」 제46조의2 제4항).

③ [ X ] 소위원회의 회의는 공개한다. 다만, 소위원회의 의결로 공개하지 아니할 수 있다(「국회법」 제57조 제5항).

❹ [ O ] 소위원회의 위원장은 위원회에서 소위원회의 위원 중에서 선출하고 이를 본회의에 보고하며, 소위원회의 위원장이 사고가 있을 때에는 소위원회의 위원장이 소위원회의 위원 중에서 지정하는 위원이 그 직무를 대리한다(「국회법」 제57조 제3항).

❶ [ X ]

> **「국회법」 제46조의2【윤리심사자문위원회】** ① 다음 각 호의 사무를 수행하기 위하여 국회에 윤리심사자문위원회를 둔다.
> 1. 의원의 겸직, 영리업무 종사와 관련된 의장의 자문
> 2. 의원 징계에 관한 윤리특별위원회의 자문
> 3. 의원의 이해충돌 방지에 관한 사항
> ⑥ 의원은 윤리심사자문위원회의 자문위원이 될 수 없다.

② [ O ] 전원위원회는 위원회 중심주의로 인하여 본회의에서의 심의가 형식화되는 것을 보완하기 위해, 주요 의안의 본회의 상정 전이나 상정 후에 재적의원 4분의 1 이상이 요구할 때에는 그 심사를 위하여 의원 전원으로 구성되는 위원회를 말한다. 다만, 의장은 주요 의안의 심의 등 필요하다고 인정하는 경우 각 교섭단체 대표의원의 동의를 받아 전원위원회를 개회하지 아니할 수 있다(「국회법」 제63조의2 제1항).

③ [ O ] 전원위원회는 제54조에도 불구하고 재적위원 5분의 1 이상의 출석으로 개회하고, 재적위원 4분의 1 이상의 출석과 출석위원 과반수의 찬성으로 의결한다(「국회법」 제63조의2 제4항).

④ [ O ] 국회는 위원회의 심사를 거치거나 위원회가 제안한 의안 중 정부조직에 관한 법률안, 조세 또는 국민에게 부담을 주는 법률안 등 주요 의안의 본회의 상정 전이나 본회의 상정 후에 재적의원 4분의 1 이상이 요구할 때에는 그 심사를 위하여 의원 전원으로 구성되는 전원위원회를 개회할 수 있다. 다만, 의장은 주요 의안의 심의 등 필요하다고 인정하는 경우 각 교섭단체 대표의원의 동의를 받아 전원위원회를 개회하지 아니할 수 있다(「국회법」 제63조의2 제1항).

① [ X ] 국회는 위원회의 심사를 거치거나 위원회가 제안한 의안 중 정부조직에 관한 법률안, 조세 또는 국민에게 부담을 주는 법률안 등 주요 의안의 본회의 상정 전이나 본회의 상정 후에 재적의원 4분의 1 이상이 요구할 때에는 그 심사를 위하여 의원 전원으로 구성되는 전원위원회를 개회할 수 있다. 다만, 의장은 주요 의안의 심

의 등 필요하다고 인정하는 경우 각 <u>교섭단체 대표의원의 동의를 받아</u> 전원위원회를 개회하지 아니할 수 있다(「국회법」 제63조의2 제1항).

**❷** [O] ③ [X] 전원위원회에 위원장 1명을 두되, 의장이 지명하는 부의장으로 한다(「국회법」 제63조의2 제3항).

④ [X] 전원위원회는 위원회심사를 거친 후 위원회의 안에 대한 수정안을 제출할 수 있다. 전원위원회는 위원회가 제안한 안을 폐기할 수는 없다(「국회법」 제63조의2 제2항 참조).

## 14                     정답 ③

① [X] ② [X] 국회에 20명 이상의 소속 의원을 가진 정당은 하나의 교섭단체가 된다. 다만, 다른 교섭단체에 속하지 아니하는 20명 이상의 의원으로 따로 교섭단체를 구성할 수 있다(「국회법」 제33조 제1항).

**❸** [O] 교섭단체 대표의원은 그 단체의 소속 의원이 연서·날인한 명부를 의장에게 제출하여야 하며, 그 소속 의원에 이동(異動)이 있거나 소속 정당의 변경이 있을 때에는 그 사실을 지체 없이 의장에게 보고하여야 한다. 다만, 특별한 사유가 있을 때에는 해당 의원이 관계 서류를 첨부하여 이를 보고할 수 있다(「국회법」 제33조 제2항).

④ [X] 어느 교섭단체에도 속하지 아니하는 의원이 당적을 취득하거나 소속 정당을 변경한 때에는 그 사실을 <u>즉시</u> 의장에게 보고하여야 한다(「국회법」 제33조 제3항).

## 15                     정답 ①

**❶** [O] 위원회는 본회의 의결이 있거나 의장이 필요하다고 인정하여 각 교섭단체 대표의원과 협의한 경우를 제외하고는 본회의 중에는 개회할 수 없다. 다만, 국회운영위원회는 그러하지 아니하다(「국회법」 제56조).

② [X] 의장은 안건이 어느 상임위원회의 소관에 속하는지 명백하지 아니할 때에는 국회운영위원회와 협의하여 상임위원회에 회부하되, 협의가 이루어지지 아니할 때에는 의장이 소관 상임위원회를 결정한다(「국회법」 제81조 제2항).

③ [X]

> 「국회법」 제52조 【위원회의 개회】 위원회는 다음 각 호의 어느 하나에 해당할 때에 개회한다.
> 1. 본회의의 의결이 있을 때
> 2. 의장이나 위원장이 필요하다고 인정할 때
> 3. <u>재적위원 4분의 1 이상의 요구가 있을 때</u>
>
> 제54조 【위원회의 의사정족수·의결정족수】 위원회는 <u>재적위원 5분의 1 이상</u>의 출석으로 개회하고, 재적위원 과반수의 출석과 출석위원 과반수의 찬성으로 의결한다.

④ [X] 위원은 위원회에서 같은 의제에 대하여 횟수 및 시간 등에 <u>제한 없이 발언할 수 있다.</u> 다만, 위원장은 발언을 원하는 위원이 2명 이상일 경우에는 간사와 협의하여 15분의 범위에서 각 위원의 첫 번째 발언시간을 균등하게 정하여야 한다(「국회법」 제60조 제1항).

## 16                     정답 ①

**❶** [O] ② [X] 위원은 위원회에서 같은 의제에 대하여 횟수 및 시간 등에 제한 없이 발언할 수 있다. 다만, 위원장은 발언을 원하는 위원

---

이 2명 이상일 경우에는 간사와 협의하여 15분의 범위에서 각 위원의 첫 번째 발언시간을 균등하게 정하여야 한다(「국회법」 제60조 제1항).

③ [X] 교섭단체에 속하지 아니하는 의원의 발언시간 및 발언자 수는 의장이 각 <u>교섭단체 대표의원과 협의하여 정한다</u>(「국회법」 제104조 제5항).

④ [X] 회기는 입법기 내에서 국회가 실제로 활동하는 기간으로, 제4·5 공화국 헌법은 국회의 연간회기일수 제한을 두었으나, 현행헌법은 제한규정을 두고 있지 않다. 따라서 국회의 상설화가 가능하다.

## 17                     정답 ②

① [O]

> 「국회법」 제7조 【회기】 ① 국회의 회기는 의결로 정하되, 의결로 연장할 수 있다.
> ② 국회의 회기는 집회 후 즉시 정하여야 한다.

**❷** [X]

> 헌법 제47조 ② 정기회의 회기는 100일을, 임시회의 회기는 30일을 초과할 수 없다.
>
> 「국회법」 제6조 【회기】 ① 국회의 회기는 의결로 이를 정한다. 회기는 의결로 연장할 수 있으며 정기회는 총 90일, 임시회는 총 30일을 초과할 수 없다.
> ③ 국회는 정기회·임시회를 합하여 연 150일을 초과하여 개회할 수 없다.
> ➡ 8차 때 조문으로 현행은 삭제됨.

③ [O] 국회의 정기회는 법률이 정하는 바에 의하여 매년 1회 집회되며, 국회의 임시회는 대통령 또는 국회재적의원 4분의 1 이상의 요구에 의하여 집회된다(헌법 제47조 제1항).

④ [O] 정기회는 매년 9월 1일에 집회한다. 다만, 그 날이 공휴일인 때에는 그 다음 날에 집회한다(「국회법」 제4조). ➡ 정기집회 기일은 「국회법」에 규정되어 있다. 따라서 「국회법」 개정으로 정기회 일시는 변경할 수 있다.

## 18                     정답 ③

① [X] 국회의 정기회는 법률이 정하는 바에 의하여 매년 1회 집회되며, 국회의 임시회는 대통령 또는 국회재적의원 4분의 1 이상의 요구에 의하여 집회된다(헌법 제47조 제1항).

② [X]

> 헌법 제47조 ② 정기회의 회기는 100일을, 임시회의 회기는 30일을 초과할 수 없다.
>
> 「국회법」 제5조 【임시회】 ① 의장은 임시회의 집회 요구가 있을 때에는 집회기일 3일 전에 공고한다. 이 경우 둘 이상의 집회 요구가 있을 때에는 집회일이 빠른 것을 공고하되, 집회일이 같은 때에는 그 요구서가 먼저 제출된 것을 공고한다.

**❸** [O] ④ [X] 국회의원 총선거 후 첫 임시회는 의원의 임기 개시 후 7일에 집회하며, 처음 선출된 의장의 임기가 폐회 중에 만료되는 경우에는 늦어도 임기만료일 5일 전까지 집회한다. 다만, 그 날이 공휴일인 때에는 그 다음 날에 집회한다(「국회법」 제5조 제3항).

① [O] 의장은 임시회의 집회 요구가 있을 때에는 집회기일 3일 전에 공
고한다. 이 경우 둘 이상의 집회 요구가 있을 때에는 집회일이 빠
른 것을 공고하되, 집회일이 같은 때에는 그 요구서가 먼저 제출된
것을 공고한다(「국회법」 제5조 제1항).

② [O]

> **「국회법」 제5조 【임시회】** ② 의장은 제1항에도 불구하고 다음 각 호의
> 어느 하나에 해당하는 경우에는 집회기일 1일 전에 공고할 수 있다.
> 1. 내우외환, 천재지변 또는 중대한 재정·경제상의 위기가 발생한
> 경우
> 2. 국가의 안위에 관계되는 중대한 교전 상태나 전시·사변 또는 이
> 에 준하는 국가비상사태인 경우

③ [O]

> **「국회법」 제8조 【휴회】** ① 국회는 의결로 기간을 정하여 휴회할 수
> 있다.
> ② 국회는 휴회 중이라도 대통령의 요구가 있을 때, 의장이 긴급한
> 필요가 있다고 인정할 때 또는 재적의원 4분의 1 이상의 요구가 있
> 을 때에는 국회의 회의(이하 '본회의'라 한다)를 재개한다.

❹ [X] 의원 20명 이상의 연서에 의한 동의(動議)로 본회의 의결이 있거
나 의장이 각 교섭단체 대표의원과 협의하여 필요하다고 인정할
때에는 의장은 회기 전체 의사일정의 일부를 변경하거나 당일 의
사일정의 안건 추가 및 순서 변경을 할 수 있다. 이 경우 의원의
동의에는 이유서를 첨부하여야 하며, 그 동의에 대해서는 토론을
하지 아니하고 표결한다(「국회법」 제77조).

❶ [X] 우리나라는 위원회에서 심의를 주도한 위원회 중심주의를 채택하
고 있다.

② [O] 위원회에서의 번안동의는 위원의 동의(動議)로 그 안을 갖춘 서면
으로 제출하되, 재적위원 과반수의 출석과 출석위원 3분의 2 이상
의 찬성으로 의결한다. 다만, 본회의에서 의제가 된 후에는 번안할
수 없다(「국회법」 제91조 제2항).

③ [O] 2000.6.29, 98헌마443

④ [O] 국회의 회의는 공개한다. 다만, 출석의원 과반수의 찬성이 있거나
의장이 국가의 안전보장을 위하여 필요하다고 인정할 때에는 공개
하지 아니할 수 있다(헌법 제50조 제1항).

## 정답

| 01 | ④ | 02 | ③ | 03 | ④ | 04 | ② |
|----|---|----|---|----|---|----|---|
| 05 | ③ | 06 | ① | 07 | ① | 08 | ② |
| 09 | ② | 10 | ① | 11 | ② | 12 | ④ |
| 13 | ④ | 14 | ① | 15 | ② | 16 | ④ |
| 17 | ③ | 18 | ② | 19 | ① | 20 | ① |

## 01 　　　　　　　　　　　　　　　　정답 ④

① [O] 의사공개원칙은 방청 및 보도의 자유와 회의록의 공표를 그 내용으로 한다. 의사공개원칙의 헌법적 의미를 고려할 때, 헌법 제50조 제1항 본문은 단순한 행정적 회의를 제외하고 국회의 헌법적 기능과 관련된 모든 회의는 원칙적으로 국민에게 공개되어야 함을 천명한 것으로 국회 본회의뿐만 아니라 위원회의 회의에도 적용된다. 따라서 본회의든 위원회의 회의든 국회의 회의는 원칙적으로 공개하여야 하며, 원하는 모든 국민은 원칙적으로 그 회의를 방청할 수 있다(2022.1.27, 2018헌마1162).

② [O] 의사공개원칙은 절대적인 것은 아니고, 출석의원 과반수의 찬성이 있거나 의장이 국가의 안전보장을 위하여 필요하다고 인정할 때에는 공개하지 아니할 수 있다(2022.1.27, 2018헌마1162).

③ [O] 「국회법」 역시 의사의 공개에 대하여 구체적으로 규정하고 있다. 「국회법」 제75조 제1항은 "본회의는 공개한다. 다만, 의장의 제의 또는 의원 10명 이상의 연서에 의한 동의로 본회의 의결이 있거나 의장이 각 교섭단체 대표의원과 협의하여 국가의 안전보장을 위하여 필요하다고 인정할 때에는 공개하지 아니할 수 있다."라고 규정하고 있으며, 위원회 회의의 공개에 대해서는 명문의 규정을 마련하고 있지 아니하나 「국회법」 제71조에 따라 「국회법」 제75조 제1항이 위원회의 회의에도 준용된다. 나아가 「국회법」 제57조 제5항에서 "소위원회의 회의는 공개한다. 다만, 소위원회의 의결로 공개하지 아니할 수 있다."라고 규정하여 소위원회 회의 역시 공개가 원칙임을 명시하고 있다(2022.1.27, 2018헌마1162).

❹ [X] 헌법 제50조 제1항은 본문에서 국회의 회의를 공개한다는 원칙을 규정하면서, 단서에서 '출석의원 과반수의 찬성이 있거나 의장이 국가의 안전보장을 위하여 필요하다고 인정할 때'에는 이를 공개하지 아니할 수 있다는 예외를 두고 있다. 이러한 헌법 제50조 제1항의 구조에 비추어 볼 때, 헌법상 의사공개원칙은 모든 국회의 회의를 항상 공개하여야 하는 것은 아니나 이를 공개하지 아니할 경우에는 헌법에서 정하고 있는 일정한 요건을 갖추어야 함을 의미하는 것이다. 또한 헌법 제50조 제1항 단서가 정하고 있는 회의의 비공개를 위한 절차나 사유는 그 문언이 매우 구체적이므로, 예외적인 비공개사유는 문언에 따라 엄격하게 해석되어야 한다(2022.1.27, 2018헌마1162).

## 02 　　　　　　　　　　　　　　　　정답 ③

① [O] 헌법 제50조 제1항으로부터 일체의 공개를 불허하는 절대적인 비공개가 허용된다고 볼 수는 없다. 회의의 내용이 국가안전보장에 영향을 미치지 아니하는 경우나 회의의 구성원인 출석의원 과반수가 회의의 공개에 찬성하는 경우에도 회의를 공개할 수 없도록 정하여, 국회의 회의의 공개를 원천적으로 차단하는 것은 헌법 제50조 제1항의 문언에 정면으로 반하기 때문이다. 따라서 특정한 내용의 국회의 회의나 특정 위원회의 회의를 일률적으로 비공개한다고 정하면서 공개의 여지를 차단하는 것은 헌법 제50조 제1항에 부합하지 아니한다(2022.1.27, 2018헌마1162).

② [O] 정보위원회는 국민이 선출한 대표로 하여금 정보기관인 국가정보원의 재량의 남용, 밀행성을 통제할 수 있도록 하는 민주적 통제의 한 방법이므로, 정보위원회의 실효성을 위해서는 국가안전보장에 위험이 발생할 여지가 없는 한 회의를 공개하여 국민의 비판 또는 견제가 가능하도록 운영되어야 한다. 그럼에도 불구하고, 심판대상조항은 정보위원회의 회의 일체를 비공개하도록 정하고 있다. 위원회의 의결로 공개할 수 있는 것도 공청회와 인사청문회뿐이어서(「국회법」 제54조의2 제1항 단서), 이를 제외하고는 출석한 정보위원 과반수의 찬성이 있거나, 정보위원장이 국가의 안전보장과 무관하다고 인정한 경우에도 회의를 공개할 수 없다. 이로 인해 정보위원회 활동에 대한 국민의 감시와 견제는 사실상 불가능하게 되는바, 이는 헌법 제50조 제1항에 위배되는 것이다(2022.1.27, 2018헌마1162).

❸ [X] 심판대상조항이 헌법 제49조에서 정하고 있는 바에 따라 재적의원 과반수의 출석과 출석의원 과반수의 찬성으로 의결되었다는 이유만으로, 심판대상조항의 존재 자체가 헌법 제50조 제1항 단서의 '출석의원 과반수의 찬성' 요건을 충족하는 것으로 해석할 수도 없다. 헌법 제50조 제1항 단서는 번거롭더라도 개별·구체적인 회의마다 회의에 참여하는 구성원의 실질적인 합의나 회의내용을 고려한 위원장의 결정을 통해 공개 여부를 자율적으로 정하라는 취지이다. '출석의원 과반수의 찬성' 또는 '위원장의 국가안전보장을 위해 필요하다는 결정'은 각 회의마다 충족되어야 하는 요건으로 이를 달리 해석할 여지는 없으며, 입법과정에서 재적의원 과반수의 출석과 출석의원 과반수의 찬성으로 의결되었다는 사실만으로 헌법 제50조 제1항 단서의 '출석의원 과반수의 찬성'이라는 요건이 충족되었다고 보는 것은 헌법 제50조 제1항을 장식에 불과한 것으로 만드는 해석이다(2022.1.27, 2018헌마1162).

④ [O] 의사공개원칙의 헌법적 의미를 고려할 때, 헌법 제50조 제1항은 단순한 행정적 회의를 제외하고 국회의 헌법적 기능과 관련된 모든 회의는 원칙적으로 국민에게 공개되어야 함을 천명한 것이다(2000.6.29, 98헌마443 등).

## 03 　　　　　　　　　　　　　　　　정답 ④

① [X] 헌법 제50조 제1항은 "국회의 회의는 공개한다."라고 하여 의사공개의 원칙을 규정하고 있다. 의사공개의 원칙은 방청 및 보도의 자유와 회의록의 공표를 그 내용으로 하는데, 다만 의사공개의 원칙은 절대적인 것이 아니므로, 출석의원 과반수의 찬성이 있거나 의장이 국가의 안전보장을 위하여 필요하다고 인정할 때에는 공개하지 아니할 수 있다.

② [X] 헌법 제50조 제1항 본문에서 천명하고 있는 국회 의사공개의 원칙이 소위원회의 회의에 적용되는 것과 마찬가지로, 출석의원 과반수의 찬성이 있거나 의장이 국가의 안전보장을 위하여 필요하다고 인정할 때에는 국회 회의를 공개하지 아니할 수 있다고 규정한 동항 단서 역시 소위원회의 회의에 적용된다(2009.9.24, 2007헌바17).

③ [ X ] 국회의 회의는 공개한다. 다만, 출석의원 과반수의 찬성이 있거나 의장이 국가의 안전보장을 위하여 필요하다고 인정할 때에는 공개하지 아니할 수 있다(헌법 제50조 제1항).

❹ [ O ] 본회의 또는 위원회의 의결로 공개하지 아니하기로 한 경우를 제외하고는 의장 또는 위원장은 회의장 안(본회의장은 방청석에 한한다)에서의 녹음·녹화·촬영 및 중계방송을 국회규칙이 정하는 바에 따라 허용할 수 있다(「국회법」 제149조의2 제1항).

## 04
정답 ②

① [ X ] 헌법 제50조 제1항이 천명하고 있는 의사공개원칙은 위원회의 회의에도 당연히 적용되는 것으로 보아야 한다. 또한 「국회법」 제71조는 본회의에 관한 규정을 위원회에 대하여 준용하도록 규정하고 있다. 결국 본회의든 위원회의 회의든 국회의 회의는 원칙적으로 공개되어야 하고, 원하는 모든 국민은 원칙적으로 그 회의를 방청할 수 있는 것이다(2000.6.29, 98헌마443).

❷ [ O ] 소위원회 회의 비공개: 국민은 헌법상 보장된 알 권리의 한 내용으로서 국회에 대하여 입법과정의 공개를 요구할 권리를 가지며, 국회의 의사에 대하여는 직접적인 이해관계 유무와 상관없이 일반적 정보공개청구권을 가진다고 할 수 있다. 헌법 제51조 단서에서는 '출석의원 과반수의 찬성'에 의한 회의 비공개의 경우에 그 비공개 사유에 대하여는 아무런 제한을 두지 아니하여 의사의 공개 여부에 관한 국회의 재량을 인정하고 있다(2009.9.24, 2007헌바17).

③ [ X ] ④ [ X ] 국회의 회의는 공개한다. 다만, 출석의원 과반수의 찬성이 있거나 의장이 국가의 안전보장을 위하여 필요하다고 인정할 때에는 공개하지 아니할 수 있다(헌법 제50조 제1항).

## 05
정답 ③

① [ O ] 의원이 아닌 사람이 위원회를 방청하려면 위원장의 허가를 받아야 한다(「국회법」 제55조 제1항).

② [ O ] ❸ [ X ] 「국회법」 제55조 제1항은 위원회의 공개원칙을 전제로 한 것이지, 비공개를 원칙으로 하여 위원장의 자의에 따라 공개 여부를 결정케 한 것이 아닌바, 위원장이라고 하여 아무런 제한 없이 임의로 방청불허결정을 할 수 있는 것이 아니라, 회의장의 장소적 제약으로 불가피한 경우, 회의의 원활한 진행을 위하여 필요한 경우 등 결국 회의의 질서유지를 위하여 필요한 경우에 한하여 방청을 불허할 수 있는 것으로 제한적으로 풀이되며, 이와 같이 이해하는 한, 위 조항은 헌법에 규정된 의사공개의 원칙에 저촉되지 않으면서도 국민의 방청의 자유와 위원회의 원활한 운영 간에 적절한 조화를 꾀하고 있다고 할 것이므로 국민의 기본권을 침해하는 위헌조항이라 할 수 없다(2000.6.29, 98헌마443 등).

④ [ O ] 「국회법」 제55조 제1항은 위원회의 공개원칙을 전제로 한 것이지, 비공개를 원칙으로 하여 위원장의 자의에 따라 공개 여부를 결정케 한 것이 아닌바, 위원장이라고 하여 아무런 제한 없이 임의로 방청불허결정을 할 수 있는 것이 아니라, 회의장의 장소적 제약으로 불가피한 경우, 회의의 원활한 진행을 위하여 필요한 경우 등 결국 회의의 질서유지를 위하여 필요한 경우에 한하여 방청을 불허할 수 있는 것으로 제한적으로 풀이되며, 이와 같이 이해하는 한, 위 조항은 헌법에 규정된 의사공개의 원칙에 저촉되지 않으면서도 국민의 방청의 자유와 위원회의 원활한 운영 간에 적절한 조화를 꾀하고 있다고 할 것이므로 국민의 기본권을 침해하는 위헌조항이라 할 수 없다(2000.6.29, 98헌마443 등).

## 06
정답 ①

❶ [ O ] 예산특별위원회의 계수조정위원회가 시민단체회원의 방청을 불허한 행위는 국회의 자율권에 속하므로, 명백히 자의적인지 여부를 기준으로 심사해야 하고, 이 사건 방청불허행위는 명백히 자의적인 것으로 볼 수 없으므로 알 권리 침해라고 할 수 없다(2000.6.29, 98헌마443).

② [ X ] 원만한 회의진행 등 회의의 질서유지를 위하여 방청을 금지할 필요성이 있었는지에 관하여는 국회의 자율적 판단을 존중하여야 할 것인바, 기록에 의하면 피청구인들이 위와 같은 사유를 들어 방청을 불허한 것이 헌법재판소가 관여하여야 할 정도로 명백히 이유 없는 자의적인 것이라고는 보이지 아니한다(2000.6.29, 98헌마443).

③ [ X ] 의원이 아닌 자는 허가를 받아야 하므로, 의원은 허가를 요하지 않는다.

④ [ X ] 이 같은 헌법규정의 취지를 고려하면, 국민은 헌법상 보장된 알 권리의 한 내용으로서 국회에 대하여 입법과정의 공개를 요구할 권리를 가지며, 국회의 의사에 대하여는 직접적인 이해관계 유무와 상관없이 일반적 정보공개청구권을 가진다고 할 수 있다(2009.9.24, 2007헌바17).

## 07
정답 ①

❶ [ X ] 의사공개의 원칙은 의사진행의 내용과 의원의 활동을 국민에게 공개함으로써 민의에 따른 국회운영을 실천한다는 민주주의적 요청에서 유래하는 것인바, 국회에서의 토론 및 정책결정의 과정이 공개되어야 주권자인 국민의 의정활동에 대한 감시와 비판이 가능하고 의사결정의 공정성을 확보할 수 있을 뿐 아니라, 국민에게 의제에 대하여 이해하고 의견을 발표할 수 있도록 정보가 제공되고 국가의사결정의 과정에 참여할 수 있는 실질적 기회가 부여되어 국민의 정치적 의사형성에 기여할 수 있게 된다. 따라서, 국회 의사공개의 원칙은 대의민주주의 정치에 있어서 공공정보의 공개를 통해 국정에 대한 국민의 참여도를 높이고 국정운영의 투명성을 확보하기 위하여 필요불가결한 요소이다. 이 같은 헌법규정의 취지를 고려하면, 국민은 헌법상 보장된 알 권리의 한 내용으로서 국회에 대하여 입법과정의 공개를 요구할 권리를 가지며, 국회의 의사에 대하여는 직접적인 이해관계 유무와 상관없이 일반적 정보공개청구권을 가진다고 할 수 있다(2009.9.24, 2007헌바17).

② [ O ] 소위원회의 회의는 공개한다. 다만, 소위원회의 의결로 공개하지 아니할 수 있다(「국회법」 제57조 제5항).

③ [ O ] 국회 소위원회 회의의 비공개 요건을 규정한 「국회법」 제57조 제5항 단서: 헌법 제50조 제1항 본문에서 천명하고 있는 국회 의사공개의 원칙이 소위원회의 회의에 적용되는 것과 마찬가지로, 출석의원 과반수의 찬성이 있거나 의장이 국가의 안전보장을 위하여 필요하다고 인정할 때에는 국회 회의를 공개하지 아니할 수 있다고 규정한 동항 단서 역시 소위원회의 회의에 적용된다. 「국회법」 제57조 제5항 단서는 헌법 제50조 제1항 단서가 국회 의사공개 원칙에 대한 예외로서의 비공개 요건을 규정한 내용을 소위원회 회의에 관하여 그대로 이어받아 규정한 것에 불과하므로, 헌법 제50조 제1항에 위반하여 국회 회의에 대한 국민의 알 권리를 침해하는 것이라거나 과잉금지의 원칙을 위배하는 위헌적인 규정이라 할 수 없다.

④ [ O ] 2009.9.24, 2007헌바17

## 08
정답 ②

① [○] ④ [○] 국회에 제출된 법률안 기타의 의안은 회기 중에 의결되지 못한 이유로 폐기되지 아니한다. 다만, 국회의원의 임기가 만료된 때에는 그러하지 아니하다(헌법 제51조).

❷ [X] "전 회기 의사가 다음 회기 의사를 구속하지 못한다는 논리에 근거하고 있다."는 회기불계속원칙의 논리이다.

### <회기계속원칙과 회기불계속원칙의 비교>

| 구분 | 회기계속원칙 | 회기불계속원칙 |
|---|---|---|
| 연혁 | 제3공화국 헌법에서부터 규정 | |
| 입법례 | 프랑스 | 영국·미국 |
| 이념 | 국회는 한 입법기 내에는 동일한 의사를 가진다. | • 국회는 한 회기마다 독립적인 의사를 가진다.<br>• 전 회기 의사가 다음 회기 의사를 구속하지 못한다. |
| 회기 중에 이송된 법률안에 대해 폐회 중 이의가 있는 경우 | • 재의요구 기간 내 환부 거부한다.<br>• 만약 재의요구 기간 내 환부거부하지 않으면 법률안은 확정된다. | • 보류 거부한다.<br>• 재의요구 기간 내 서명하지 않으면 법률안은 폐기된다. |
| 폐회 중이라도 대통령이 법률안에 대해 이의가 없는 경우 | 대통령은 공포한다. | 대통령은 서명·공포한다. |

③ [○] 임기가 만료되어 폐회된 경우에 국회에 계류 중인 법률안은 폐기된다(헌법 제51조).

## 09
정답 ②

① [X] 국회에 제출된 법률안 기타의 의안은 회기 중에 의결되지 못한 이유로 폐기되지 아니한다. 다만, 국회의원의 임기가 만료된 때에는 그러하지 아니하다(헌법 제51조).

❷ [○] 부결된 안건은 같은 회기 중에 다시 발의하거나 제출할 수 없다(「국회법」 제92조). 그러나 일사부재의 원칙에 대한 예외로는 동일 의안이라 할지라도 같은 회기에 새로운 사유에 기인한 경우, 의안의 철회가 있는 경우, 사정변경이 있는 경우 등을 들 수 있다.

③ [X] 부결된 안건은 같은 회기 중에 다시 발의하거나 제출할 수 없다(「국회법」 제92조).

④ [X] 일사부재의의 원칙은 헌법에 근거가 없고, 「국회법」 규정에 근거하고 있다.

## 10
정답 ①

❶ [X] 전자투표에 의한 표결의 경우 국회의장의 투표종료선언에 의하여 투표 결과가 집계됨으로써 안건에 대한 표결 절차는 실질적으로 종료되므로, 투표의 집계 결과 출석의원 과반수의 찬성에 미달한 경우는 물론 재적의원 과반수의 출석에 미달한 경우에도 국회의 의사는 부결로 확정되었다고 볼 수밖에 없다. 결국 「방송법」 수정

안에 대한 1차 투표가 종료되어 재적의원 과반수의 출석에 미달되었음이 확인된 이상, 「방송법」 수정안에 대한 국회의 의사는 부결로 확정되었다고 보아야 하므로, 피청구인이 이를 무시하고 재표결을 실시하여 그 표결 결과에 따라 방송법안의 가결을 선포한 행위는 일사부재의 원칙(「국회법」 제92조)에 위배하여 청구인들의 표결권을 침해한 것이다(2009.10.29, 2009헌라8 등).

② [○] 일사부재의는 부결된 안건을 같은 회기 내 다시 발의할 수 없다는 요건이다.

③ [○] 부결된 안건은 같은 회기 중에 다시 발의하거나 제출할 수 없다(「국회법」 제92조).

| 위배 ○ | 가부동수로 부결된 의안을 회기 내에 다시 발의하는 것 |
|---|---|
| 위배 X | ㉠ 의결에 이르기 전에 철회된 안건의 발의<br>㉡ 전 회기에 부결된 안건을 현 회기에서 다시 발의하는 것<br>㉢ 의결된 의안을 회기 내에 수정·발의하는 것<br>㉣ 위원회에서 부결시켰다 하더라도 본회의에서 다시 심의하는 것<br>㉤ 동일한 의안일지라도 사정변경으로 말미암아 목적·방법·수단이 변경되면 동일 사안으로 보지 않는다. 그 예로서, 동일한 국무위원에 대한 탄핵소추안이 부결된 경우 동일 회기 내 다른 탄핵소추사유가 발생하여 다시 발의할 수 있다.<br>㉥ 국회의원에 대한 제명안건이 부결된 후 다른 징계안을 제출하는 것 |

④ [○] 일사부재의의 원칙은 부결된 안건을 같은 회기 내에 다시 발의하지 못하게 하는 것이므로, ㉠ 한 번 철회된 안건의 재의, ㉡ 회기를 달리하는 안건의 재의, ㉢ 사유를 달리하는 해임건의안의 재의, ㉣ 위원회 처리안건의 본회의 재의, ㉤ 의결된 의안 또는 법률안의 회기 내 재개정 등은 일사부재의의 원칙에 반한다고 볼 수 없다.

## 11
정답 ②

① [○] 투표의 집계 결과 출석의원 과반수의 찬성에 미달한 경우는 물론 재적의원 과반수의 출석에 미달한 경우에도 국회의 의사는 부결로 확정되었다고 볼 수밖에 없다. 결국 「방송법」 수정안에 대한 1차 투표가 종료되어 재적의원 과반수의 출석에 미달되었음이 확인된 이상, 「방송법」 수정안에 대한 국회의 의사는 부결로 확정되었다고 보아야 하므로, 피청구인이 이를 무시하고 재표결을 실시하여 그 표결 결과에 따라 방송법안의 가결을 선포한 행위는 일사부재의 원칙(「국회법」 제92조)에 위배하여 청구인들의 표결권을 침해한 것이다(2009.10.29, 2009헌라8·9·10).

❷ [X] 재적과반수가 출석하지 않은 경우 부결로 본다. 표결의 미성립으로 보는 것은 소수재판관 의견이다.

③ [○] 동일한 의안일지라도 사정변경으로 말미암아 목적·방법·수단이 변경되면 동일 사안으로 보지 않는다. 그 예로서, 동일한 국무위원에 대한 탄핵소추안이 부결된 경우 동일 회기 내 다른 탄핵소추사유가 발생하여 다시 발의할 수 있다.

④ [○] 제명안건과는 다른 안건이므로 일사부재의 원칙에 위배되지 않는다.

## 12 정답 ④

① [X] ② [X]

> **「국회법」 제73조【의사정족수】** ① 본회의는 재적의원 5분의 1 이상의 출석으로 개의한다.
> ③ 회의 중 제1항의 정족수에 미치지 못할 때에는 의장은 회의의 중지 또는 산회를 선포한다. 다만, 의장은 교섭단체 대표의원이 의사정족수의 충족을 요청하는 경우 외에는 효율적인 의사진행을 위하여 회의를 계속할 수 있다.

③ [X] 헌법은 의사정족수를 규정하지 않고, 「국회법」 제73조에 규정하고 있다.

> **「국회법」 제73조【의사정족수】** ① 본회의는 재적의원 5분의 1 이상의 출석으로 개의한다.
> ② 의장은 제72조에 따른 개의시부터 1시간이 지날 때까지 제1항의 정족수에 미치지 못할 때에는 유회를 선포할 수 있다.
> ③ 회의 중 제1항의 정족수에 미치지 못할 때에는 의장은 회의의 중지 또는 산회를 선포한다. 다만, 의장은 교섭단체 대표의원이 의사정족수의 충족을 요청하는 경우 외에는 효율적인 의사진행을 위하여 회의를 계속할 수 있다.

❹ [O] 일반의결정족수는 헌법 제49조에 규정되어 있다.

## 13 정답 ④

① [O] 표결을 할 때 회의장에 있지 아니한 의원은 표결에 참가할 수 없다. 다만, 기명투표 또는 무기명투표로 표결할 때에는 투표함이 폐쇄될 때까지 표결에 참가할 수 있다(「국회법」 제111조 제1항).

② [O] 의원은 표결에 대하여 표시한 의사를 변경할 수 없다(「국회법」 제111조 제2항).

③ [O] 위원회에 관하여는 이 장에서 규정한 사항 외에 제6장과 제7장의 규정을 준용한다. 다만, 위원회에서의 동의(動議)는 특별히 다수의 찬성자가 있어야 한다는 규정에도 불구하고 동의자 외 1명 이상의 찬성으로 의제가 될 수 있으며, 표결은 거수로 할 수 있다(「국회법」 제71조).

❹ [X] 표결할 때에는 전자투표에 의한 기록표결로 가부(可否)를 결정한다. 다만, 투표기기의 고장 등 특별한 사정이 있을 때에는 기립표결로, 기립표결이 어려운 의원이 있는 경우에는 의장의 허가를 받아 본인의 의사표시를 할 수 있는 방법에 의한 표결로 가부를 결정할 수 있다(「국회법」 제112조 제1항).

## 14 정답 ①

❶ [X]

> **「국회법」 제112조【표결방법】** ② 중요한 안건으로서 의장의 제의 또는 의원의 동의(動議)로 본회의 의결이 있거나 재적의원 5분의 1 이상의 요구가 있을 때에는 기명투표·호명투표 또는 무기명투표로 표결한다.
> ⑤ 대통령으로부터 환부된 법률안과 그 밖에 인사에 관한 안건은 무기명투표로 표결한다.

② [O] 국회에서 실시하는 각종 선거는 법률에 특별한 규정이 없으면 무기명투표로 한다. 투표 결과 당선자가 없을 때에는 최고득표자와 차점자에 대하여 결선투표를 하여 다수표를 얻은 사람을 당선자로 한다. 다만, 득표수가 같을 때에는 연장자를 당선자로 한다(「국회법」 제112조 제6항).

③ [O]

> **「국회법」 제112조【표결방법】** ④ 헌법개정안은 기명투표로 표결한다.
> ⑤ 대통령으로부터 환부된 법률안과 그 밖에 인사에 관한 안건은 무기명투표로 표결한다. 다만, 겸직으로 인한 의원 사직과 위원장 사임에 대하여 의장이 각 교섭단체 대표의원과 협의한 경우에는 그러하지 아니하다.

④ [O] 중요한 안건으로서 의장의 제의 또는 의원의 동의로 본회의 의결이 있거나 재적의원 5분의 1 이상의 요구가 있을 때에는 기명투표·호명투표 또는 무기명투표로 표결한다(「국회법」 제112조 제2항).

## 15 정답 ②

㉠ [X] 정족수를 계산하거나 발의 요구 등의 요건에 있어서 재적의원의 수를 기준으로 하는 경우에 재적의원수는 법정의 의원정수를 가리키는 것이 아니라, 의원정수에서 사직·사망·퇴직·자격상실·제명 등에 의하여 궐원된 수를 제외한 현재의 실수를 의미한다. 의원의 신분을 가지고 있는 이상 구속 또는 해외여행 등으로 회의에 출석할 수 없는 상태에 있더라도 재적의원수에 산입한다.

㉡ [O]

> **「국회법」 제79조【의안의 발의 또는 제출】** ① 의원은 10명 이상의 찬성으로 의안을 발의할 수 있다.
> ② 의안을 발의하는 의원은 그 안을 갖추고 이유를 붙여 찬성자와 연서하여 이를 의장에게 제출하여야 한다.
> ③ 의원이 법률안을 발의할 때에는 발의의원과 찬성의원을 구분하되, 법률안 제명의 부제로 발의의원의 성명을 기재한다. 다만, 발의의원이 2명 이상인 경우에는 대표발의의원 1명을 명시하여야 한다.

㉢ [O] 본회의는 의결로 국무총리, 국무위원 또는 정부위원의 출석을 요구할 수 있다. 이 경우 그 발의는 의원 20명 이상이 이유를 구체적으로 밝힌 서면으로 하여야 한다(「국회법」 제121조 제1항).

㉣ [X] 의원이 징계대상자에 대한 징계를 요구하려는 경우에는 의원 20명 이상의 찬성으로 그 사유를 적은 요구서를 의장에게 제출하여야 한다(「국회법」 제156조 제3항).

## 16 정답 ④

① [X] 의원은 20명 이상의 찬성으로 회기 중 현안이 되고 있는 중요한 사항을 대상으로 정부에 대하여 질문을 할 것을 의장에게 요구할 수 있다(「국회법」 제122조의3 제1항).

② [X] 국회의원의 자격심사의 청구 정족수는 30명 이상이고, 예산안에 대한 수정동의 정족수는 50명 이상이다.

③ [X] 의원이 다른 의원의 자격에 대하여 이의가 있을 때에는 30명 이상의 연서로 의장에게 자격심사를 청구할 수 있다(「국회법」 제138조).

❹ [O] 재적 5분의 1 이상으로 동일하다.

## 17 　　　　　　　　　　　　　　　정답 ③

㉠ [ X ] 위원회는 재적위원 5분의 1 이상의 출석으로 개회하고, 재적위원 과반수의 출석과 출석위원 과반수의 찬성으로 의결한다(「국회법」 제54조).

㉡ [ O ] 중요한 안건으로서 의장의 제의 또는 의원의 동의로 본회의 의결이 있거나 재적의원 5분의 1 이상의 요구가 있을 때에는 기명투표·호명투표 또는 무기명투표로 표결한다(「국회법」 제112조 제2항).

㉢ [ X ]

> 「국정감사 및 조사에 관한 법률」 제3조 【국정조사】 ① 국회는 재적의원 4분의 1 이상의 요구가 있는 때에는 특별위원회 또는 상임위원회로 하여금 국정의 특정사안에 관하여 국정조사(이하 '조사'라 한다)를 하게 한다.
>
> 헌법 제64조 ③ 의원을 제명하려면 국회재적의원 3분의 2 이상의 찬성이 있어야 한다.

㉣ [ O ] 국회의 정기회는 법률이 정하는 바에 의하여 매년 1회 집회되며, 국회의 임시회는 대통령 또는 국회재적의원 4분의 1 이상의 요구에 의하여 집회된다(헌법 제47조 제1항).

## 18 　　　　　　　　　　　　　　　정답 ②

① [ X ] 위원회는 이견을 조정할 필요가 있는 안건(예산안, 기금운용계획안, 임대형 민자사업 한도액안 및 체계·자구 심사를 위하여 법제사법위원회에 회부된 법률안은 제외한다. 이하 이 조에서 같다)을 심사하기 위하여 재적위원 3분의 1 이상의 요구로 안건조정위원회를 구성하고 해당 안건을 제58조 제1항에 따른 대체토론이 끝난 후 조정위원회에 회부한다. 다만, 조정위원회를 거친 안건에 대해서는 그 심사를 위한 조정위원회를 구성할 수 없다(「국회법」 제57조의2 제1항).

❷ [ O ]

> 「국회법」 제73조 【의사정족수】 ① 본회의는 재적의원 5분의 1 이상의 출석으로 개의한다.
>
> 제109조 【의결정족수】 의사는 헌법이나 이 법에 특별한 규정이 없으면 재적의원 과반수의 출석과 출석의원 과반수의 찬성으로 의결한다.

③ [ X ] 다수결의 원리를 실현하는 국회의 의결방식은 헌법이나 법률에 특별한 규정이 없는 한 재적의원 과반수의 출석과 출석의원 과반수의 찬성을 요하는 일반정족수를 기본으로 한다. 일반정족수는 국회의 의결이 유효하기 위한 최소한의 출석의원 또는 찬성의원의 수를 의미하므로, 의결대상 사안의 중요성과 의미에 따라 헌법이나 법률에 의결의 요건을 달리 규정할 수 있다. 즉, 일반정족수는 다수결의 원리를 실현하는 국회의 의결방식 중 하나로서 국회의 의사결정시 합의에 도달하기 위한 최소한의 기준일 뿐 이를 헌법상 절대적 원칙이라고 보기는 어렵다. 헌법 제49조에 따라 어떠한 사항을 일반정족수가 아닌 특별정족수에 따라 의결할 것인지 여부는 국회 스스로 판단하여 법률에 정할 사항이다(2016.5.26, 2015헌라1).

④ [ X ] 국회는 헌법 또는 법률에 특별한 규정이 없는 한 재적의원 과반수의 출석과 출석의원 과반수의 찬성으로 의결한다. 가부동수인 때에는 부결된 것으로 본다(헌법 제49조).

## 19 　　　　　　　　　　　　　　　정답 ①

❶ [ O ] 재적과반수로 동일하다.

② [ X ] ③ [ X ] 국회는 헌법 또는 법률에 특별한 규정이 없는 한 재적의원 과반수의 출석과 출석의원 과반수의 찬성으로 의결한다. 가부동수인 때에는 부결된 것으로 본다(헌법 제49조).

④ [ X ] 헌법 제49조에 따라 일반의결정족수로 찬성한다.

## 20 　　　　　　　　　　　　　　　정답 ①

❶ [ O ] 양자 모두 국회의원 재적과반수를 요구한다.

> 헌법 제63조 ② 제1항의 해임건의는 국회재적의원 3분의 1 이상의 발의에 의하여 국회재적의원 과반수의 찬성이 있어야 한다.
>
> 제65조 ② 제1항의 탄핵소추는 국회재적의원 3분의 1 이상의 발의가 있어야 하며, 그 의결은 국회재적의원 과반수의 찬성이 있어야 한다. 다만, 대통령에 대한 탄핵소추는 국회재적의원 과반수의 발의와 국회재적의원 3분의 2 이상의 찬성이 있어야 한다.

② [ X ] 제1항의 해임건의는 국회재적의원 3분의 1 이상의 발의에 의하여 국회재적의원 과반수의 찬성이 있어야 한다(헌법 제63조 제2항).

③ [ X ] 제1항의 탄핵소추는 국회재적의원 3분의 1 이상의 발의가 있어야 하며, 그 의결은 국회재적의원 과반수의 찬성이 있어야 한다. 다만, 대통령에 대한 탄핵소추는 국회재적의원 과반수의 발의와 국회재적의원 3분의 2 이상의 찬성이 있어야 한다(헌법 제65조 제2항).

④ [ X ] 국회가 재적의원 과반수의 찬성으로 계엄의 해제를 요구한 때에는 대통령은 이를 해제하여야 한다(헌법 제77조 제5항).

## 정답

| | | | | | | | |
|---|---|---|---|---|---|---|---|
| **01** | ① | **02** | ③ | **03** | ② | **04** | ③ |
| **05** | ③ | **06** | ② | **07** | ① | **08** | ① |
| **09** | ③ | **10** | ② | **11** | ④ | **12** | ④ |
| **13** | ② | **14** | ④ | **15** | ① | **16** | ① |
| **17** | ② | **18** | ③ | **19** | ③ | **20** | ④ |

### 01　　　　　　　　　　　　　　정답 ①

㉠ [ X ] 국회의장 선출 – 재적과반수, 제명 – 재적 3분의 2 이상

㉡ [ X ] 의장과 부의장은 국회에서 무기명투표로 선거하고 재적의원 과반수의 득표로 당선된다(「국회법」 제15조 제1항).

㉢ [ O ] 헌법개정은 국회재적의원 과반수 또는 대통령의 발의로 제안된다(헌법 제128조 제1항).

㉣ [ O ]

> **헌법 제53조** ④ 재의의 요구가 있을 때에는 국회는 재의에 붙이고, 재적의원 과반수의 출석과 출석의원 3분의 2 이상의 찬성으로 전과 같은 의결을 하면 그 법률안은 법률로서 확정된다.
>
> **제65조** ② 제1항의 탄핵소추는 국회재적의원 3분의 1 이상의 발의가 있어야 하며, 그 의결은 국회재적의원 과반수의 찬성이 있어야 한다. 다만, 대통령에 대한 탄핵소추는 국회재적의원 과반수의 발의와 국회재적의원 3분의 2 이상의 찬성이 있어야 한다.
>
> **제63조** ① 국회는 국무총리 또는 국무위원의 해임을 대통령에게 건의할 수 있다.
> ② 제1항의 해임건의는 국회재적의원 3분의 1 이상의 발의에 의하여 국회재적의원 과반수의 찬성이 있어야 한다.

### 02　　　　　　　　　　　　　　정답 ③

① [ X ] 제1항의 탄핵소추는 국회재적의원 3분의 1 이상의 발의가 있어야 하며, 그 의결은 <u>국회재적의원 과반수의 찬성이 있어야 한다.</u> 다만, 대통령에 대한 탄핵소추는 국회재적의원 과반수의 발의와 국회재적의원 3분의 2 이상의 찬성이 있어야 한다(헌법 제65조 제2항).

② [ X ] 환부거부된 법률안에 대한 재의결 – 재적과반수, 출석 2/3 이상, 국회의원체포동의 의결정족수 – 일반의결정족수(재적과반수 출석, 출석과반수 찬성)

❸ [ O ] 본회의에 있어서의 번안동의는 의안을 발의한 의원이 그 의안을 발의할 때의 발의의원 및 찬성의원 3분의 2 이상의 동의로, 정부 또는 위원회가 제출한 의안은 소관 위원회의 의결로, 각각 그 안을 갖춘 서면으로 제출하되 재적의원 과반수의 출석과 출석의원 3분의 2 이상의 찬성으로 의결한다. 그러나 의안이 정부에 이송된 후에는 번안할 수 없다(「국회법」 제91조 제1항).

### [우측 상단 계속]

④ [ X ] 제1항의 심사에 대하여 법제사법위원회가 이유 없이 회부된 날부터 120일 이내에 심사를 마치지 아니한 때에는 심사 대상 법률안의 소관 위원회 위원장은 간사와 협의하여 이의가 없는 경우에는 의장에게 해당 법률안의 본회의 부의를 서면으로 요구한다. 다만, 이의가 있는 경우 해당 법률안에 대한 본회의 부의요구 여부를 무기명투표로 표결하되 해당 위원회 재적위원 <u>5분의 3</u> 이상의 찬성으로 의결한다(「국회법」 제86조 제3항).

### 03　　　　　　　　　　　　　　정답 ②

① [ X ] ❷ [ O ] 위원회에 회부된 안건(체계·자구 심사를 위하여 법제사법위원회에 회부된 안건을 포함한다)을 제2항에 따른 신속처리대상안건으로 지정하고자 하는 경우 의원은 재적의원 과반수가 서명한 신속처리대상안건 지정요구 동의를 의장에게, 안건의 소관 위원회 소속 위원은 소관 위원회 재적위원 과반수가 서명한 신속처리안건지정동의를 소관 위원회 위원장에게 제출하여야 한다. 이 경우 의장 또는 안건의 소관 위원회 위원장은 지체 없이 신속처리안건지정동의를 무기명투표로 표결하되 재적의원 <u>5분의 3</u> 이상 또는 안건의 소관 위원회 재적위원 <u>5분의 3</u> 이상의 찬성으로 의결한다(「국회법」 제85조의2 제1항).

③ [ X ] 제5항에 따른 무제한토론의 종결동의는 동의가 제출된 때부터 24시간이 지난 후에 무기명투표로 표결하되 재적의원 <u>5분의 3</u> 이상의 찬성으로 의결한다. 이 경우 무제한토론의 종결동의에 대해서는 토론을 하지 아니하고 표결한다(「국회법」 제106조의2 제6항).

④ [ X ] 제명만 재적 3분의 2 이상의 찬성이 필요하고, 나머지 징계는 일반의결정족수로 한다.

> **헌법 제64조** ③ 의원을 제명하려면 국회재적의원 3분의 2 이상의 찬성이 있어야 한다.

### 04　　　　　　　　　　　　　　정답 ③

① [ O ] 법률안가결정족수는 재적과반수 출석에 출석과반수이므로, 재적 200명이 출석한 경우 출석과반수의 최소표는 101표이다.

② [ O ] 헌법개정안 가결의 국회의결정족수는 재적의원 3분의 2 이상의 찬성이다. 재적의원이 300명이므로 3분의 2인 200명 이상이 찬성하면 헌법개정안을 가결할 수 있다. 따라서 재적 100명의 반대만 가지고는 헌법개정안 가결이 불가능한 것은 아니다.

❸ [ X ] 대통령에 대한 탄핵소추 발의정족수는 재적과반수이고 가결정족수는 재적 3분의 2 이상이다. 따라서 재적의원이 300명이므로 재적 3분의 2 이상의 최소표는 200표이다.

④ [ O ] 법률안재의결정족수는 재적과반수 출석에 출석 3분의 2이고 출석의원이 180명이므로 120명 이상의 찬성이 있으면 재의결할 수 있다.

⑤ [ O ] 국회는 헌법 또는 법률에 특별한 규정이 없는 한 재적의원 과반수의 출석과 출석의원 과반수의 찬성으로 의결한다. <u>가부동수인 때에는 부결된 것으로 본다</u>(헌법 제49조).

### 05　　　　　　　　　　　　　　정답 ③

① [ X ] 재적과반수 출석에 출석과반수의 찬성을 요한다. 출석이 280명이므로 출석과반수는 최소 141명 이상이 찬성해야 가결된다.

② [X] 국회는 전과 같은 의결을 해서 재의결할 수 있을 뿐이다.

> 헌법 제53조 ④ 재의의 요구가 있을 때에는 국회는 재의에 붙이고, 재적의원 과반수의 출석과 출석의원 3분의 2 이상의 찬성으로 전과 같은 의결을 하면 그 법률안은 법률로서 확정된다.

❸ [O] 법률안은 이송된 날부터 15일 이내에 재의를 요구할 수 있고, 폐회 중에 또한 같다.

> 헌법 제53조 ① 국회에서 의결된 법률안은 정부에 이송되어 15일 이내에 대통령이 공포한다.
> ② 법률안에 이의가 있을 때에는 대통령은 제1항의 기간 내에 이의서를 붙여 국회로 환부하고, 그 재의를 요구할 수 있다. 국회의 폐회 중에도 또한 같다.

④ [X] 국회의원의 임기가 만료된 때에는 의결되지 않은 의안은 폐기된다. 문제의 사례에서 새로운 국회가 구성되어 임기가 개시되었으므로 의안은 폐기된다.

> 헌법 제51조 국회에 제출된 법률안 기타의 의안은 회기 중에 의결되지 못한 이유로 폐기되지 아니한다. 다만, 국회의원의 임기가 만료된 때에는 그러하지 아니하다.

⑤ [X] 전과 같은 의결을 하면 바로 확정된다. 그 다음 대통령이 공포하고, 공포한 후 20일이 경과하면 법률은 그 효력을 가진다.

> 헌법 제53조 ④ 재의의 요구가 있을 때에는 국회는 재의에 붙이고, 재적의원 과반수의 출석과 출석의원 3분의 2 이상의 찬성으로 전과 같은 의결을 하면 그 법률안은 법률로서 확정된다.
> ⑥ 대통령은 제4항과 제5항의 규정에 의하여 확정된 법률을 지체 없이 공포하여야 한다. 제5항에 의하여 법률이 확정된 후 또는 제4항에 의한 확정법률이 정부에 이송된 후 5일 이내에 대통령이 공포하지 아니할 때에는 국회의장이 이를 공포한다.
> ⑦ 법률은 특별한 규정이 없는 한 공포한 날로부터 20일을 경과함으로써 효력을 발생한다.

## 06 정답 ②

① [O] 20세기 후반부터의 사회적 법치국가시대에서 사회적 약자 보호, 정의 실현을 위해 상대적으로 허용되게 되었다.

❷ [X] 처분적 법률은 처분성을 가지는 개별적이고 구체적인 법률이므로 행정집행이나 사법재판을 매개로 하지 않고 직접 국민의 권리·의무를 발생하게 하는 법률이다.

③ [O] 우리 헌법은 처분적 법률로서의 개인대상법률 또는 개별사건법률의 정의를 따로 두고 있지 않음은 물론, 이러한 처분적 법률의 제정을 금하는 명문의 규정도 두고 있지 않으므로 특정한 규범이 개인대상 또는 개별사건법률에 해당한다고 하여 그것만으로 바로 헌법에 위반되는 것은 아니다(2008.1.10, 2007헌마1468).

④ [O] 개별법률금지의 원칙은 법률제정에 있어서 입법자가 평등원칙을 준수할 것을 요구하는 것이기 때문에 특정규범이 개별사건법률에 해당한다 하여 곧바로 위헌을 뜻하는 것은 아니며, 이러한 차별적 규율이 합리적인 이유로 정당화될 수 있는 경우에는 합헌적일 수 있다(1996.2.16, 96헌가2).

## 07 정답 ①

❶ [O] 청구인들은 이 사건 법률조항들이 「형사소송법」에 규정한 공소시효의 적용을 실질적으로 배제하고, 공소시효가 적용되는 일반 사범과 다르게 취급하며, 특정인들에 대한 처분적 법률로서 청구인들의 평등권을 침해한다고 주장한다. 그러나 위 조항들은 공소시효의 적용을 전혀 배제하고 있지 아니하다. 즉, 공소시효에 관한 일반이론은 이 사건 법률조항들에도 동일하게 적용되고, 그에 따라 실행행위가 종료되는 때, 즉 '은닉' 내지 '보유·보관'이 종료되는 때로부터 공소시효는 진행된다. 또한 이 사건 법률조항들은 특정인이나 특정사건을 규율하는 내용을 담고 있지 아니하며, 전 국민을 수범자로 하는 일반적 법률이라 할 것이므로 처분적 법률이 아니다(2007.7.26, 2003헌마377).

② [X] 처분적 법률은 위헌법률심판과 헌법소원심판의 대상이 될 수 있다.

③ [X] 처분적 법률은 자동집행력을 갖는 경우에는 별도의 집행행위 없이 법률규정 자체에 의하여 직접 기본권이 침해되는 경우이므로 직접성 요건을 별도로 심사할 필요 없이 헌법소원심판이 가능하게 되므로, 직접성 요건심사가 특히 중요한 일반 법률의 헌법소원심판 절차와는 차이가 있다.

④ [X] 처분적 법률은 특정사건이나 특정인에게 적용되는 법률이므로 직접성 요건이 당연히 충족된다는 점에서 일반성과 추상성을 특징으로 하는 법률과 구별된다.

## 08 정답 ①

❶ [X] 의원은 10명 이상의 찬성으로 의안을 발의할 수 있다(「국회법」 제79조 제1항).

② [O] 의원이 법률안을 발의할 때에는 발의의원과 찬성의원을 구분하되, 법률안 제명의 부제로 발의의원의 성명을 기재한다. 다만, 발의의원이 2명 이상인 경우에는 대표발의의원 1명을 명시하여야 한다(「국회법」 제79조 제3항).

③ [O]

> 「국회법」 제51조【위원회의 제안】① 위원회는 그 소관에 속하는 사항에 관하여 법률안과 그 밖의 의안을 제출할 수 있다.
> ② 제1항의 의안은 위원장이 제안자가 된다.

④ [O] 위원회에서 제출한 의안은 그 위원회에 회부하지 아니한다. 다만, 의장은 국회운영위원회의 의결에 따라 그 의안을 다른 위원회에 회부할 수 있다(「국회법」 제88조).

## 09 정답 ③

① [O]

> 헌법 제52조 국회의원과 정부는 법률안을 제출할 수 있다.
> 제89조 다음 사항은 국무회의의 심의를 거쳐야 한다.
>  3. 헌법개정안·국민투표안·조약안·법률안 및 대통령령안

② [O] 옳은 지문이다.

❸ [X] 대통령의 법률안 거부권은 미국식 대통령제 정부형태의 요소이나, 정부의 법률안 제출권(헌법 제52조)은 의원내각제 정부형태의 요소이다.

④ [○] 정부는 부득이한 경우를 제외하고는 매년 1월 31일까지 당해 연도에 제출할 법률안에 관한 계획을 국회에 통지하여야 한다. 그 계획을 변경한 때에는 분기별로 주요사항을 국회에 통지하여야 한다(「국회법」 제5조의3).

## 10 정답 ②

① [X] 법률안 제출은 국회와 정부의 고유권한이므로 헌법재판소나 법원은 법률안을 제출할 수 없다. 다만, 국회에 입법의견을 제출할 수 있을 뿐이다.

> 「법원조직법」 제9조【사법행정사무】 ③ 대법원장은 법원의 조직, 인사, 운영, 재판절차, 등기, 가족관계등록, 그 밖의 법원 업무와 관련된 법률의 제정 또는 개정이 필요하다고 인정하는 경우에는 국회에 서면으로 그 의견을 제출할 수 있다.

❷ [○] 「헌법재판소법」 제61조 제2항에 따라 권한쟁의심판을 청구하려면 피청구인의 처분 또는 부작위가 존재하여야 하고, 여기서 '처분'이란 법적 중요성을 지닌 것에 한하므로, 청구인의 법적 지위에 구체적으로 영향을 미칠 가능성이 없는 행위는 '처분'이라 할 수 없어 이를 대상으로 하는 권한쟁의심판청구는 허용되지 않는다. 정부가 법률안을 제출하였다 하더라도 그것이 법률로 성립되기 위해서는 국회의 많은 절차를 거쳐야 하고, 법률안을 받아들일지 여부는 전적으로 헌법상 입법권을 독점하고 있는 의회의 권한이다. 따라서 정부가 법률안을 제출하는 행위는 입법을 위한 하나의 사전 준비행위에 불과하고, 권한쟁의심판의 독자적 대상이 되기 위한 법적 중요성을 지닌 행위로 볼 수 없다(2005.12.22, 2004헌라3).

③ [X] 법률안의 제출은 국가기관 상호간의 내부적인 행위에 불과하고 이로써 국민에 대하여 직접적인 법률효과를 발생시키는 것이 아니어서, 그 불행사는 헌법소원심판의 대상이 되는 공권력의 불행사에 해당되지 아니한다(2009.2.10, 2009헌마65).

④ [X] 예산이 수반되는 법률안 제출은 국회의원 10명 이상의 찬성을 요하고, 수정안 제출도 30명 이상의 찬성을 요한다.

## 11 정답 ④

① [○] 의장은 의안이 발의되거나 제출되었을 때에는 이를 인쇄하거나 전산망에 입력하는 방법으로 의원에게 배부하고 본회의에 보고하며, 소관 상임위원회에 회부하여 그 심사가 끝난 후 본회의에 부의한다. 다만, 폐회 또는 휴회 등으로 본회의에 보고할 수 없을 때에는 보고를 생략하고 회부할 수 있다(「국회법」 제81조 제1항).

② [○] 의장은 발의 또는 제출된 의안과 직접적인 이해관계를 가지는 위원이 소관 상임위원회 재적위원 과반수로 해당 의안의 심사에 공정을 기할 수 없다고 인정하는 경우에는 제1항의 규정에 불구하고 그 의안을 국회운영위원회와 협의하여 다른 위원회에 회부하여 심사하게 할 수 있다(「국회법」 제81조 제3항).

③ [○]

> 「국회법」 제59조【의안의 상정시기】 위원회는 의안(예산안, 기금운용계획안 및 임대형 민자사업 한도액안은 제외한다. 이하 이 조에서 같다)이 위원회에 회부된 날부터 다음 각 호의 구분에 따른 기간이 지나지 아니하였을 때에는 그 의안을 상정할 수 없다. 다만, 긴급하고 불가피한 사유로 위원회의 의결이 있는 경우에는 그러하지 아니하다.

1. 일부개정법률안: 15일
2. 제정법률안, 전부개정법률안 및 폐지법률안: 20일
3. 체계·자구 심사를 위하여 법제사법위원회에 회부된 법률안: 5일
4. 법률안 외의 의안: 20일

❹ [X] 위원회는 제정법률안과 전부개정법률안에 대해서는 공청회 또는 청문회를 개최하여야 한다. 다만, 위원회의 의결로 이를 생략할 수 있다(「국회법」 제58조 제6항).

## 12 정답 ④

① [X] 위원회(소위원회를 포함한다. 이하 이 조에서 같다)는 중요한 안건 또는 전문지식이 필요한 안건을 심사하기 위하여 그 의결 또는 재적위원 3분의 1 이상의 요구로 공청회를 열고 이해관계자 또는 학식·경험이 있는 사람 등(이하 '진술인'이라 한다)으로부터 의견을 들을 수 있다. 다만, 제정법률안과 전부개정법률안의 경우에는 제58조 제6항에 따른다(「국회법」 제64조 제1항).

② [X] 위원회(소위원회를 포함한다. 이하 이 조에서 같다)는 중요한 안건의 심사와 국정감사 및 국정조사에 필요한 경우 증인·감정인·참고인으로부터 증언·진술을 청취하고 증거를 채택하기 위하여 위원회 의결로 청문회를 열 수 있다(「국회법」 제65조 제1항).

③ [X]

> 「국회법」 제59조【의안의 상정시기】 위원회는 의안(예산안, 기금운용계획안 및 임대형 민자사업 한도액안은 제외한다. 이하 이 조에서 같다)이 위원회에 회부된 날부터 다음 각 호의 구분에 따른 기간이 지나지 아니하였을 때에는 그 의안을 상정할 수 없다. 다만, 긴급하고 불가피한 사유로 위원회의 의결이 있는 경우에는 그러하지 아니하다.
> 2. 제정법률안, 전부개정법률안 및 폐지법률안: 20일

❹ [○] 위원회에 회부되어 상정되지 아니한 의안(예산안, 기금운용계획안 및 임대형 민자사업 한도액안은 제외한다) 및 청원은 제59조 각 호의 구분에 따른 기간이 지난 후 30일이 지난 날(청원의 경우에는 위원회에 회부된 후 30일이 지난 날) 이후 처음으로 개회하는 위원회에 상정된 것으로 본다. 다만, 위원장이 간사와 합의하는 경우에는 그러하지 아니하다(「국회법」 제59조의2).

## 13 정답 ②

① [X]

> 「국회법」 제90조【의안·동의의 철회】 ① 의원은 그가 발의한 의안 또는 동의(動議)를 철회할 수 있다. 다만, 2명 이상의 의원이 공동으로 발의한 의안 또는 동의에 대해서는 발의의원 2분의 1 이상이 철회의사를 표시하는 경우에 철회할 수 있다.
> ② 제1항에도 불구하고 의원이 본회의 또는 위원회에서 의제가 된 의안 또는 동의를 철회할 때에는 본회의 또는 위원회의 동의(同意)를 받아야 한다.
> ③ 정부가 본회의 또는 위원회에서 의제가 된 정부제출 의안을 수정하거나 철회할 때에는 본회의 또는 위원회의 동의를 받아야 한다.

❷ [○] 위원회는 안건을 심사할 때 먼저 그 취지의 설명과 전문위원의 검토보고를 듣고 대체토론[안건 전체에 대한 문제점과 당부(當否)에 관한 일반적 토론을 말하며 제안자와의 질의·답변을 포함한다]과 축조심사 및 찬반토론을 거쳐 표결한다(「국회법」 제58조 제1항).

③ [X] 제1항에 따른 축조심사는 위원회의 의결로 생략할 수 있다. 다만, 제정법률안과 전부개정법률안에 대해서는 그러하지 아니하다(「국회법」 제58조 제5항).

④ [X]

> 「국회법」 제57조【소위원회】⑧ 소위원회에 관하여는 이 법에서 다르게 정하거나 성질에 반하지 아니하는 한 위원회에 관한 규정을 적용한다. 다만, 소위원회는 축조심사를 생략해서는 아니 된다.
>
> 제58조【위원회의 심사】⑤ 제1항에 따른 축조심사는 위원회의 의결로 생략할 수 있다. 다만, 제정법률안과 전부개정법률안에 대해서는 그러하지 아니하다.

---

## 14                                                          정답 ④

① [O] 상임위원회는 안건을 심사할 때 소위원회에 회부하여 이를 심사·보고하도록 한다(「국회법」 제58조 제2항).

② [O]

> 「국회법」 제58조【위원회의 심사】① 위원회는 안건을 심사할 때 먼저 그 취지의 설명과 전문위원의 검토보고를 듣고 대체토론[안건 전체에 대한 문제점과 당부(當否)에 관한 일반적 토론을 말하며 제안자와의 질의·답변을 포함한다]과 축조심사 및 찬반토론을 거쳐 표결한다.
> ② 상임위원회는 안건을 심사할 때 소위원회에 회부하여 이를 심사·보고하도록 한다.
> ③ 위원회는 제1항에 따른 대체토론이 끝난 후에만 안건을 소위원회에 회부할 수 있다.

③ [O]

> 「국회법」 제82조의2【입법예고】① 위원장은 간사와 협의하여 회부된 법률안(체계·자구 심사를 위하여 법제사법위원회에 회부된 법률안은 제외한다)의 입법 취지와 주요 내용 등을 국회공보 또는 국회 인터넷 홈페이지 등에 게재하는 방법 등으로 입법예고하여야 한다. 다만, 다음 각 호의 어느 하나에 해당하는 경우에는 위원장이 간사와 협의하여 입법예고를 하지 아니할 수 있다.
> 1. 긴급히 입법을 하여야 하는 경우
> 2. 입법 내용의 성질 또는 그 밖의 사유로 입법예고가 필요 없거나 곤란하다고 판단되는 경우

❹ [X]

> 「국회법」 제82조의2【입법예고】② 입법예고기간은 10일 이상으로 한다. 다만, 특별한 사정이 있는 경우에는 단축할 수 있다.
>
> 「행정절차법」 제43조【예고기간】 입법예고기간은 예고할 때 정하되, 특별한 사정이 없으면 40일(자치법규는 20일) 이상으로 한다.

---

## 15                                                          정답 ①

❶ [O] ② [X] 위원회에서 본회의에 부의할 필요가 없다고 결정된 의안은 본회의에 부의하지 아니한다. 다만, 위원회의 결정이 본회의에 보고된 날부터 폐회 또는 휴회 중의 기간을 제외한 7일 이내에 의원 30명 이상의 요구가 있을 때에는 그 의안을 본회의에 부의하여야 한다(「국회법」 제87조 제1항).

---

③ [X]

> 「국회법」 제87조【위원회에서 폐기된 의안】① 위원회에서 본회의에 부의할 필요가 없다고 결정된 의안은 본회의에 부의하지 아니한다. 다만, 위원회의 결정이 본회의에 보고된 날부터 폐회 또는 휴회 중의 기간을 제외한 7일 이내에 의원 30명 이상의 요구가 있을 때에는 그 의안을 본회의에 부의하여야 한다.
> ② 제1항 단서의 요구가 없을 때에는 그 의안은 폐기된다.

④ [X] 위원회에서의 질의는 일문일답(一問一答)의 방식으로 한다. 다만, 위원회의 의결이 있는 경우 일괄질의의 방식으로 할 수 있다(「국회법」 제60조 제2항).

---

## 16                                                          정답 ①

❶ [O] ③ [X] 위원회에서 법률안의 심사를 마치거나 입안을 하였을 때에는 법제사법위원회에 회부하여 체계와 자구에 대한 심사를 거쳐야 한다. 이 경우 법제사법위원회 위원장은 간사와 협의하여 심사에서 제안자의 취지 설명과 토론을 생략할 수 있다(「국회법」 제86조 제1항).

② [X] 법제사법위원회가 제1항에 따라 회부된 법률안에 대하여 이유 없이 회부된 날부터 60일 이내에 심사를 마치지 아니하였을 때에는 심사대상 법률안의 소관 위원회 위원장은 간사와 협의하여 이의가 없는 경우에는 의장에게 그 법률안의 본회의 부의를 서면으로 요구한다. 다만, 이의가 있는 경우에는 그 법률안에 대한 본회의 부의 요구 여부를 무기명투표로 표결하되, 해당 위원회 재적위원 5분의 3 이상의 찬성으로 의결한다(「국회법」 제86조 제3항).

④ [X]

> 「국회법」 제58조의2【헌법재판소 위헌결정에 대한 위원회의 심사】
> ① 헌법재판소는 종국결정이 법률의 제정 또는 개정과 관련이 있으면 그 결정서 등본을 국회로 송부하여야 한다.
> ② 의장은 제1항에 따라 송부된 결정서 등본을 해당 법률의 소관 위원회와 관련위원회에 송부한다.
> ③ 위원장은 제2항에 따라 송부된 종국결정을 검토하여 소관 법률의 제정 또는 개정이 필요하다고 판단하는 경우 소위원회에 회부하여 이를 심사하도록 한다.

---

## 17                                                          정답 ②

① [O]

> 「국회법」 제85조【심사기간】① 의장은 다음 각 호의 어느 하나에 해당하는 경우에는 위원회에 회부하는 안건 또는 회부된 안건에 대하여 심사기간을 지정할 수 있다. 이 경우 제1호 또는 제2호에 해당할 때에는 의장이 각 교섭단체 대표의원과 협의하여 해당 호와 관련된 안건에 대해서만 심사기간을 지정할 수 있다.
> 1. 천재지변의 경우
> 2. 전시·사변 또는 이에 준하는 국가비상사태의 경우
> 3. 의장이 각 교섭단체 대표의원과 합의하는 경우
> ② 제1항의 경우 위원회가 이유 없이 지정된 심사기간 내에 심사를 마치지 아니하였을 때에는 의장은 중간보고를 들은 후 다른 위원회에 회부하거나 바로 본회의에 부의할 수 있다.

❷ [ X ] 천재지변의 경우와 전시·사변 또는 이에 준하는 국가비상사태의 경우를 제외하고는 의장이 각 교섭단체 대표의원과 합의하는 경우에 한해 심사기간을 지정할 수 있다.

③ [ O ] 「국회법」상 의장은 천재지변의 경우, 전시·사변 또는 이에 준하는 국가비상사태의 경우, 의장이 각 교섭단체 대표의원과 합의하는 경우 중 어느 하나에 해당하는 경우에만 위원회에 회부하는 안건 또는 회부된 안건에 대하여 심사기간을 지정할 수 있고(제85조 제1항), 위원회가 이유 없이 그 기간 내에 심사를 마치지 아니한 때에는 의장은 중간보고를 들은 후 다른 위원회에 회부하거나 바로 본회의에 부의할 수 있다(제85조 제2항). 이는 국회의 수장이 국회의 비상적인 헌법적 장애상태를 회복하기 위하여 가지는 권한으로 국회의장의 의사정리권에 속하고, 의안 심사에 관하여 위원회 중심주의를 채택하고 있는 우리 국회에서는 비상적·예외적 의사절차에 해당한다(2016.5.26, 2015헌라1).

④ [ O ] 「국회법」 제85조 제1항의 직권상정권한은 국회의 수장이 국회의 비상적인 헌법적 장애상태를 회복하기 위하여 가지는 권한으로 국회의장의 의사정리권에 속하고, 의안 심사에 관하여 위원회 중심주의를 채택하고 있는 우리 국회에서는 비상적·예외적 의사절차에 해당한다. 「국회법」 제85조 제1항 각 호의 심사기간 지정사유는 국회의장의 직권상정권한을 제한하는 역할을 할 뿐 국회의원의 법안에 대한 심의·표결권을 제한하는 내용을 담고 있지는 않다 (2016.5.26, 2015헌라1).

## 18 정답 ③

① [ X ] ④ [ X ] 「국회법」 제85조 제1항에 국회재적의원 과반수가 의안에 대하여 심사기간 지정을 요청하는 경우 국회의장이 그 의안에 대하여 의무적으로 심사기간을 지정하도록 규정하지 아니한 입법부작위(이하 '이 사건 입법부작위')가 위헌이 되면, 이 사건 심사기간 지정 거부행위가 청구인들의 법률안 심의·표결권을 침해하거나 침해할 위험성이 있는지 본다. 이 사건 입법부작위는 입법자가 재적의원 과반수의 요구에 의해 위원회의 심사를 배제할 수 있는 비상입법절차와 관련하여 아무런 입법을 하지 않음으로써 입법의 공백이 발생한 '진정입법부작위'에 해당한다. 따라서 이 사건 입법부작위의 위헌 여부와 「국회법」 제85조 제1항은 아무런 관련이 없고, 그 위헌 여부가 이 사건 심사기간 지정 거부행위에 어떠한 영향도 미칠 수 없다. 나아가 헌법실현에 관한 1차적 형성권을 갖고 있는 정치적·민주적 기관인 국회와의 관계에서 헌법재판소가 가지는 기능적 한계에 비추어 보더라도, 헌법재판소가 근거규범도 아닌 이 사건 입법부작위의 위헌 여부에 대한 심사에까지 나아가는 것은 부적절하므로 그 심사를 최대한 자제하여 의사절차에 관한 국회의 자율성을 존중하는 것이 바람직하다. 만일 이 사건 입법부작위의 위헌 여부를 선결문제로 판단하더라도, 헌법의 명문규정이나 해석상 국회재적의원 과반수의 요구가 있는 경우 국회의장이 심사기간을 지정하고 본회의에 부의해야 한다는 의무는 도출되지 않으므로, 「국회법」 제85조 제1항에서 이러한 내용을 규정하지 않은 것이 다수결의 원리, 나아가 의회민주주의에 반한다고도 볼 수 없다(2016.5.26, 2015헌라1).

② [ X ] 「국회법」 제85조 제1항 각 호의 심사기간 지정사유는 국회의장의 직권상정권한을 제한하는 역할을 할 뿐 국회의원의 법안에 대한 심의·표결권을 제한하는 내용을 담고 있지는 않다. 「국회법」 제85조 제1항의 지정사유가 있다 하더라도 국회의장은 직권상정권한을 행사하지 않을 수 있으므로, 청구인들의 법안 심의·표결권에 대한 침해위험성은 해당 안건이 본회의에 상정되어야만 비로소 현실화된다. 따라서 이 사건 심사기간 지정 거부행위로 말미암아 청구인들의 법률안 심의·표결권이 직접 침해당할 가능성은 없다(2016.5.26, 2015헌라1).

❸ [ O ] 「국회법」 제85조(심사기간) 제1항은 지정할 수 있다고 규정하고 있으므로 재량이다. '의장이 각 교섭단체 대표의원과 합의하는 경우'를 심사기간 지정사유로 규정한 「국회법」 제85조 제1항 제3호가 헌법에 위반된다고 하더라도, 법률안에 대한 심사기간 지정 여부에 관하여는 여전히 국회의장에게 재량이 인정되는 것이지 법률안에 대한 심사기간 지정 의무가 곧바로 발생하는 것은 아니다. 따라서 「국회법」 제85조 제1항 제3호의 위헌 여부는 이 사건 심사기간 지정 거부행위의 효력에 아무런 영향도 미칠 수 없다(2016. 5.26, 2015헌라1).

## 19 정답 ③

① [ X ] 만일 이 사건 입법부작위의 위헌 여부를 선결문제로 판단하더라도, 헌법의 명문규정이나 해석상 국회재적의원 과반수의 요구가 있는 경우 국회의장이 심사기간을 지정하고 본회의에 부의해야 한다는 의무는 도출되지 않으므로, 「국회법」 제85조 제1항에서 이러한 내용을 규정하지 않은 것이 다수결의 원리, 나아가 의회민주주의에 반한다고도 볼 수 없다.

② [ X ] 심사기간 지정은 「국회법」 제85조(심사기간) 제1항에 규정된 3가지로 한정된다.

❸ [ O ] ④ [ X ] 위원회에 회부된 안건(체계·자구 심사를 위하여 법제사법위원회에 회부된 안건을 포함한다)을 제2항에 따른 신속처리대상안건으로 지정하려는 경우 의원은 재적의원 과반수가 서명한 신속처리대상안건 지정요구 동의(動議)(이하 이 조에서 '신속처리안건 지정동의'라 한다)를 의장에게 제출하고, 안건의 소관 위원회 소속 위원은 소관 위원회 재적위원 과반수가 서명한 신속처리안건 지정동의를 소관 위원회 위원장에게 제출하여야 한다. 이 경우 의장 또는 안건의 소관 위원회 위원장은 지체 없이 신속처리안건 지정동의를 무기명투표로 표결하되, 재적의원 5분의 3 이상 또는 안건의 소관 위원회 재적위원 5분의 3 이상의 찬성으로 의결한다(「국회법」 제85조의2 제1항).

## 20 정답 ④

① [ X ] 위원회는 신속처리대상안건에 대한 심사를 그 지정일부터 180일 이내에 마쳐야 한다. 다만, 법제사법위원회는 신속처리대상안건에 대한 체계·자구 심사를 그 지정일, 제4항에 따라 회부된 것으로 보는 날 또는 제86조 제1항에 따라 회부된 날부터 90일 이내에 마쳐야 한다(「국회법」 제85조의2 제3항).

② [ X ]

> 「국회법」 제85조의2【안건의 신속 처리】 ③ 위원회는 신속처리대상 안건에 대한 심사를 그 지정일부터 180일 이내에 마쳐야 한다. 다만, 법제사법위원회는 신속처리대상안건에 대한 체계·자구 심사를 그 지정일, 제4항에 따라 회부된 것으로 보는 날 또는 제86조 제1항에 따라 회부된 날부터 90일 이내에 마쳐야 한다.
> ⑤ 법제사법위원회가 신속처리대상안건(체계·자구 심사를 위하여 법제사법위원회에 회부되었거나 제4항 본문에 따라 회부된 것으로 보는 신속처리대상안건을 포함한다)에 대하여 제3항 단서에 따른 기간 내에 심사를 마치지 아니하였을 때에는 그 기간이 끝난 다음 날에 법제사법위원회에서 심사를 마치고 바로 본회의에 부의된 것으로 본다.

③ [ X ]

> **「국회법」 제85조의2【안건의 신속 처리】** ⑥ 제4항 단서 또는 제5항
> 에 따른 신속처리대상안건은 본회의에 부의된 것으로 보는 날부터
> <u>60일</u> 이내에 본회의에 상정되어야 한다.
> ⑦ 제6항에 따라 신속처리대상안건이 60일 이내에 본회의에 상정
> 되지 아니한 때에는 그 기간이 경과한 후 처음으로 개의되는 본회의
> 에 상정된다.

❹ [ ○ ]

> **「국회법」 제85조의2【안건의 신속 처리】** ② 의장은 제1항 후단에 따
> 라 신속처리안건 지정동의가 가결되었을 때에는 그 안건을 제3항의
> 기간 내에 심사를 마쳐야 하는 안건으로 지정하여야 한다. 이 경우 위
> 원회가 전단에 따라 지정된 안건(이하 '신속처리대상안건'이라 한다)
> 에 대한 대안을 입안한 경우 그 대안을 신속처리대상안건으로 본다.
>
> **제57조의2【안건조정위원회】** ⑨ 제85조의2 제2항에 따른 신속처리
> 대상안건을 심사하는 조정위원회는 그 안건이 같은 조 제4항 또는
> 제5항에 따라 법제사법위원회에 회부되거나 바로 본회의에 부의된
> 것으로 보는 경우에는 제2항에 따른 활동기한이 남았더라도 그 활
> 동을 종료한다.

## 정답

| | | | | | | | |
|---|---|---|---|---|---|---|---|
| **01** | ② | **02** | ④ | **03** | ① | **04** | ② |
| **05** | ① | **06** | ③ | **07** | ① | **08** | ③ |
| **09** | ④ | **10** | ③ | **11** | ④ | **12** | ③ |
| **13** | ④ | **14** | ② | **15** | ④ | **16** | ③ |
| **17** | ① | **18** | ① | **19** | ① | **20** | ④ |

## 01 　　　　　　　　　　　　　　 정답 ②

① [○] 본회의는 위원회가 법률안에 대한 심사를 마치고 의장에게 그 보고서를 제출한 후 1일이 지나지 아니하였을 때에는 그 법률안을 의사일정으로 상정할 수 없다. 다만, 의장이 특별한 사유로 각 교섭단체 대표의원과의 협의를 거쳐 이를 정한 경우에는 그러하지 아니하다(「국회법」 제93조의2).

❷ [X] 의사일정에 올린 안건에 대하여 토론하고자 하는 의원은 미리 반대 또는 찬성의 뜻을 의장에게 통지하여야 한다(「국회법」 제106조 제1항).

③ [○] 의원이 본회의에 부의된 안건에 대하여 이 법의 다른 규정에도 불구하고 시간의 제한을 받지 아니하는 토론(이하 이 조에서 '무제한토론'이라 한다)을 하려는 경우에는 재적의원 3분의 1 이상이 서명한 요구서를 의장에게 제출하여야 한다. 이 경우 의장은 해당 안건에 대하여 무제한토론을 실시하여야 한다(「국회법」 제106조의2 제1항).

④ [○] 무제한토론을 실시하는 중에 해당 회기가 끝나는 경우에는 무제한토론의 종결이 선포된 것으로 본다. 이 경우 해당 안건은 바로 다음 회기에서 지체 없이 표결하여야 한다(「국회법」 제106조의2 제8항).

## 02 　　　　　　　　　　　　　　 정답 ④

① [X]

> **「국회법」 제106조의2【무제한토론의 실시 등】** ① 의원이 본회의에 부의된 안건에 대하여 이 법의 다른 규정에도 불구하고 시간의 제한을 받지 아니하는 토론(이하 이 조에서 '무제한토론'이라 한다)을 하려는 경우에는 재적의원 3분의 1 이상이 서명한 요구서를 의장에게 제출하여야 한다. 이 경우 의장은 해당 안건에 대하여 무제한토론을 실시하여야 한다.
> ⑥ 제5항에 따른 무제한토론의 종결동의는 동의가 제출된 때부터 24시간이 지난 후에 무기명투표로 표결하되 재적의원 5분의 3 이상의 찬성으로 의결한다. 이 경우 무제한토론의 종결동의에 대해서는 토론을 하지 아니하고 표결한다.

② [X] 제7항이나 제8항에 따라 무제한토론의 종결이 선포되었거나 선포된 것으로 보는 안건에 대해서는 무제한토론을 요구할 수 없다(「국회법」 제106조의2 제9항).

③ [X] 제5항에 따른 무제한토론의 종결동의는 동의가 제출된 때부터 24시간이 지난 후에 무기명투표로 표결하되 재적의원 5분의 3 이상의 찬성으로 의결한다. 이 경우 무제한토론의 종결동의에 대해서는 토론을 하지 아니하고 표결한다(「국회법」 제106조의2 제6항).

❹ [○]

> **「국회법」 제106조의2【무제한토론의 실시 등】** ① 의원이 본회의에 부의된 안건에 대하여 이 법의 다른 규정에도 불구하고 시간의 제한을 받지 아니하는 토론(이하 이 조에서 '무제한토론'이라 한다)을 하려는 경우에는 재적의원 3분의 1 이상이 서명한 요구서를 의장에게 제출하여야 한다. 이 경우 의장은 해당 안건에 대하여 무제한토론을 실시하여야 한다.
> ③ 의원은 제1항에 따른 요구서가 제출되면 해당 안건에 대하여 무제한토론을 할 수 있다. 이 경우 의원 1명당 한 차례만 토론할 수 있다.

## 03 　　　　　　　　　　　　　　 정답 ①

❶ [X] 의원이 본회의에 부의된 안건에 대하여 이 법의 다른 규정에도 불구하고 시간의 제한을 받지 아니하는 토론을 하려는 경우에는 재적의원 3분의 1 이상이 서명한 요구서를 의장에게 제출하여야 한다. 이 경우 의장은 해당 안건에 대하여 무제한토론을 실시하여야 한다(「국회법」 제106조의2 제1항).

② [○] '회기결정의 건'에 대하여 무제한토론이 실시되면, 무제한토론이 '회기결정의 건'의 처리 자체를 봉쇄하는 결과가 초래된다. 이는 당초 특정 안건에 대한 처리 자체를 불가능하게 하는 것이 아니라 처리를 지연시키는 수단으로 도입된 무제한토론제도의 취지에 반할 뿐만 아니라, 「국회법」 제7조에도 정면으로 위반된다(2020.5.27. 2019헌라6).

③ [○]

> **「국회법」 제106조의2【무제한토론의 실시 등】** ⑧ 무제한토론을 실시하는 중에 해당 회기가 끝나는 경우에는 무제한토론의 종결이 선포된 것으로 본다. 이 경우 해당 안건은 바로 다음 회기에서 지체 없이 표결하여야 한다.
> ⑨ 제7항이나 제8항에 따라 무제한토론의 종결이 선포되었거나 선포된 것으로 보는 안건에 대해서는 무제한토론을 요구할 수 없다.

④ [○] 예산안 등과 제85조의3 제4항에 따라 지정된 세입예산안 부수 법률안에 대해서는 제1항부터 제9항까지를 매년 12월 1일까지 적용하고, 같은 항에 따라 실시 중인 무제한토론, 계속 중인 본회의, 제출된 무제한토론의 종결동의에 대한 심의절차 등은 12월 1일 밤 12시에 종료한다(「국회법」 제106조의2 제10항).

## 04 　　　　　　　　　　　　　　 정답 ②

① [X] ④ [X]

> **「국회법」 제96조【수정안의 표결 순서】** ① 같은 의제에 대하여 여러 건의 수정안이 제출되었을 때에는 의장은 다음 각 호의 기준에 따라 표결의 순서를 정한다.
> 1. 가장 늦게 제출된 수정안부터 먼저 표결한다.
> 2. 의원의 수정안은 위원회의 수정안보다 먼저 표결한다.

3. 의원의 수정안이 여러 건 있을 때에는 원안과 차이가 많은 것부터 먼저 표결한다.
② 수정안이 전부 부결되있을 때에는 원안을 표결한다.

❷ [O]

「국회법」 제95조【수정동의】① 의안에 대한 수정동의는 그 안을 갖추고 이유를 붙여 30명 이상의 찬성 의원과 연서하여 미리 의장에게 제출하여야 한다. 다만, 예산안에 대한 수정동의는 의원 50명 이상의 찬성이 있어야 한다.
② 위원회에서 심사보고한 수정안은 찬성 없이 의제가 된다.
③ 위원회는 소관 사항 외의 안건에 대해서는 수정안을 제출할 수 없다.

③ [X] 의안에 대한 수정동의는 그 안을 갖추고 이유를 붙여 30명 이상의 찬성 의원과 연서하여 미리 의장에게 제출하여야 한다. 다만, 예산안에 대한 수정동의는 의원 50명 이상의 찬성이 있어야 한다(「국회법」 제95조 제1항).

## 05 정답 ①

❶ [X] 헌법은 어떤 경우에 법률안 거부권을 행사할 수 있는지 그 요건에 관하여 규정하고 있지 아니하나, 그 남용을 막기 위하여 정당한 사유와 필요성이 인정되어야 한다. 즉, ⊙ 법률안이 헌법에 위반되거나, ⓒ 집행이 불가능한 법률안, ⓒ 국익에 반하는 법률안, ⓔ 예산상의 뒷받침이 없는 법률안, ⓜ 집행부에 대한 부당한 정치적 압박을 내용으로 하는 경우 등에 한정된다. 이 중 ⓒ과 ⓔ의 경우는 법률의 내용적 위헌성을 전제한 것이 아니다. 따라서 대통령의 법률안 거부권은 법률의 내용적 위헌성을 전제로 하지 않는다.

② [O]

헌법 제53조 ① 국회에서 의결된 법률안은 정부에 이송되어 15일 이내에 대통령이 공포한다.
② 법률안에 이의가 있을 때에는 대통령은 제1항의 기간 내에 이의서를 붙여 국회로 환부하고, 그 재의를 요구할 수 있다. 국회의 폐회 중에도 또한 같다.
④ 재의의 요구가 있을 때에는 국회는 재의에 붙이고, 재적의원 과반수의 출석과 출석의원 3분의 2 이상의 찬성으로 전과 같은 의결을 하면 그 법률안은 법률로서 확정된다.
⑤ 대통령이 제1항의 기간 내에 공포나 재의의 요구를 하지 아니한 때에도 그 법률안은 법률로서 확정된다.
⑥ 대통령은 제4항과 제5항의 규정에 의하여 확정된 법률을 지체 없이 공포하여야 한다. 제5항에 의하여 법률이 확정된 후 또는 제4항에 의한 확정법률이 정부에 이송된 후 5일 이내에 대통령이 공포하지 아니할 때에는 국회의장이 이를 공포한다.

③ [O]

헌법 제53조 ② 법률안에 이의가 있을 때에는 대통령은 제1항의 기간 내에 이의서를 붙여 국회로 환부하고, 그 재의를 요구할 수 있다. 국회의 폐회 중에도 또한 같다.

「국회법」 제112조【표결방법】⑤ 대통령으로부터 환부된 법률안과 그 밖에 인사에 관한 안건은 무기명투표로 표결한다. 다만, 겸직으로 인한 의원 사직과 위원장 사임에 대하여 의장이 각 교섭단체 대표의원과 협의한 경우에는 그러하지 아니한다.

④ [O] 법률안에 이의가 있을 때에는 대통령은 제1항의 기간 내에 이의서를 붙여 국회로 환부하고, 그 재의를 요구할 수 있다. 국회의 폐회 중에도 또한 같다(헌법 제53조 제2항).

⑤ [O]

헌법 제53조 ① 국회에서 의결된 법률안은 정부에 이송되어 15일 이내에 대통령이 공포한다.
⑤ 대통령이 제1항의 기간 내에 공포나 재의의 요구를 하지 아니한 때에도 그 법률안은 법률로서 확정된다.

➡ 따라서 5일 경과시 확정되는 것이 아니라, 15일 경과시 법률안이 확정된다.

## 06 정답 ③

① [O] 헌법 제53조 제2항에 따르면, 국무회의 심의를 거친 경우에도 이의서를 생략할 수 없다.

② [O]

헌법 제53조 ② 법률안에 이의가 있을 때에는 대통령은 제1항의 기간 내에 이의서를 붙여 국회로 환부하고, 그 재의를 요구할 수 있다. 국회의 폐회 중에도 또한 같다.
③ 대통령은 법률안의 일부에 대하여 또는 법률안을 수정하여 재의를 요구할 수 없다.

❸ [X]

헌법 제53조 ① 국회에서 의결된 법률안은 정부에 이송되어 15일 이내에 대통령이 공포한다.
② 법률안에 이의가 있을 때에는 대통령은 제1항의 기간 내에 이의서를 붙여 국회로 환부하고, 그 재의를 요구할 수 있다. 국회의 폐회 중에도 또한 같다.

④ [O] 회기불계속의 원칙하에서 폐회 중 환부거부할 수 없으므로 보류거부가 인정되게 된다. 따라서 보류거부는 회기불계속의 원칙하에서 인정된다.

## 07 정답 ①

❶ [O] 전과 같은 의결을 해야 법률안이 확정되는 것이지 수정의결하면 확정되지 않는다. 또한 재의결이 있다 하더라도 법률로서 확정될 뿐 효력을 발생하는 것은 아니다. 효력은 공포를 요한다.

② [X]

헌법 제53조 ① 국회에서 의결된 법률안은 정부에 이송되어 15일 이내에 대통령이 공포한다.
② 법률안에 이의가 있을 때에는 대통령은 제1항의 기간 내에 이의서를 붙여 국회로 환부하고, 그 재의를 요구할 수 있다. 국회의 폐회 중에도 또한 같다.

③ [X] 국회의 폐회 중의 환부도 인정된다.

④ [X] 국회의 폐회 중에 환부거부할 수 있다. 보류거부는 허용되지 않는다.

① [ X ] 이송된 날부터 15일 이내에 공포 또는 재의를 요구해야 한다.

> **헌법 제53조** ② 법률안에 이의가 있을 때에는 대통령은 제1항의 기간 내에 이의서를 붙여 국회로 환부하고, 그 재의를 요구할 수 있다. 국회의 폐회 중에도 또한 같다.

　　　　➡ 이송된 날을 기준으로 한다.

② [ X ] 헌법 제53조 제2항 단서는 폐회 중에도 또한 같다고 규정하고 있으므로, 폐회 중에도 환부거부할 수 있다.

❸ [ O ] 국무회의 심의는 법적 구속력이 없으므로, 대통령은 법률안에 대해 거부권을 행사할 수 있다.

④ [ X ] 부서 없는 대통령의 국법상 행위는 헌법 제82조에 위반된다.

> **헌법 제82조** 대통령의 국법상 행위는 문서로써 하며, 이 문서에는 국무총리와 관계 국무위원이 부서한다. 군사에 관한 것도 또한 같다.

① [ X ] 국회의 탄핵소추의결, 해임건의는 국회의 재량이다. 그러나 재의 요구한 법률안을 재의에 부칠 것인지는 재량이 아니고, 재의에 부쳐야 한다.

> **헌법 제63조** ① 국회는 국무총리 또는 국무위원의 해임을 대통령에게 건의할 수 있다.
>
> **제65조** ① 대통령·국무총리·국무위원·행정각부의 장·헌법재판소 재판관·법관·중앙선거관리위원회 위원·감사원장·감사위원 기타 법률이 정한 공무원이 그 직무집행에 있어서 헌법이나 법률을 위배한 때에는 국회는 탄핵의 소추를 의결할 수 있다.
>
> **제53조** ② 법률안에 이의가 있을 때에는 대통령은 제1항의 기간 내에 이의서를 붙여 국회로 환부하고, 그 재의를 요구할 수 있다. 국회의 폐회 중에도 또한 같다.
> ④ 재의의 요구가 있을 때에는 국회는 재의에 붙이고, 재적의원 과반수의 출석과 출석의원 3분의 2 이상의 찬성으로 전과 같은 의결을 하면 그 법률안은 법률로서 확정된다.

② [ X ] 재의의 요구가 있을 때에는 국회는 재의에 붙이고, 재적의원 과반수의 출석과 출석의원 3분의 2 이상의 찬성으로 전과 같은 의결을 하면 그 법률안은 법률로서 확정된다(헌법 제53조 제4항).

③ [ X ] ❹ [ O ] 대통령은 제4항과 제5항의 규정에 의하여 확정된 법률을 지체 없이 공포하여야 한다. 제5항에 의하여 법률이 확정된 후 또는 제4항에 의한 확정법률이 정부에 이송된 후 5일 이내에 대통령이 공포하지 아니할 때에는 국회의장이 이를 공포한다(헌법 제53조 제6항).

❶ [ O ] 대통령은 탄핵소추대상자가 되나, 국회의장은 국회의원이므로 탄핵소추의 대상이 되지 아니하므로 국회의장이 공포의무를 위반한 경우 탄핵소추할 수 없다.

② [ X ] 대통령이 공포의무를 위반한 경우 국회의장이 공포할 수 있다.

③ [ X ]

> **「법령 등 공포에 관한 법률」 제11조 【공포 및 공고의 절차】** ① 헌법개정·법률·조약·대통령령·총리령 및 부령의 공포와 헌법개정안·예산 및 예산 외 국고부담계약의 공고는 관보에 게재함으로써 한다.
> ② 「국회법」 제98조 제3항 전단에 따라 하는 국회의장의 법률 공포는 서울특별시에서 발행되는 둘 이상의 일간신문에 게재함으로써 한다.

④ [ X ] 제11조의 법령 등의 공포일 또는 공고일은 해당 법령 등을 게재한 관보 또는 신문이 발행된 날로 한다(「법령 등 공포에 관한 법률」 제12조).

① [ X ]

> **헌법 제53조** ① 국회에서 의결된 법률안은 정부에 이송되어 15일 이내에 대통령이 공포한다.
> ⑤ 대통령이 제1항의 기간 내에 공포나 재의의 요구를 하지 아니한 때에도 그 법률안은 법률로서 확정된다.
> ⑥ 대통령은 제4항과 제5항의 규정에 의하여 확정된 법률을 지체 없이 공포하여야 한다. 제5항에 의하여 법률이 확정된 후 또는 제4항에 의한 확정법률이 정부에 이송된 후 5일 이내에 대통령이 공포하지 아니할 때에는 국회의장이 이를 공포한다.
> ⑦ 법률은 특별한 규정이 없는 한 공포한 날로부터 20일을 경과함으로써 효력을 발생한다.

② [ X ] 법률은 특별한 규정이 없는 한 공포한 날로부터 20일을 경과함으로써 효력을 발생한다. 다만, 「법령 등 공포에 관한 법률」 등에 의한 예외가 인정될 뿐이다.

③ [ X ] 대통령이 헌법 제53조 제1항의 기간 내에 공포나 재의의 요구를 하지 아니한 때에도 그 법률안은 법률로서 확정된다.

❹ [ O ] 야당 소속 국회의원들에게는 개의시간을 알리지 않음으로써 법률안의 심의에 참여할 수 있는 기회를 주지 아니한 채 여당 소속 국회의원들만 출석한 가운데 국회의장이 본회의를 개의하고 법률안을 상정하여 가결선포하였다는 입법절차의 하자를 둘러싼 분쟁은 본질적으로 법률안의 심의·표결에 참여하지 못한 국회의원이 국회의장을 상대로 권한쟁의에 관한 심판을 청구하여 해결하여야 할 사항이다(1998.8.27, 97헌마8).

㉠ [ X ] 법률의 입법절차가 헌법이나 「국회법」에 위반된다고 하더라도 그러한 사유만으로는 그 법률로 인하여 국민의 기본권이 현재, 직접적으로 침해받는다고 볼 수 없으므로 헌법소원심판을 청구할 수 없다. 청구인들이 주장하는 입법절차의 하자는 야당 소속 국회의원들에게는 개의시간을 알리지 않음으로써 법률안의 심의에 참여할 수 있는 기회를 주지 아니한 채 여당 소속 국회의원들만 출석한 가운데 국회의장이 본회의를 개의하고 법률안을 상정하여 가결선포하였다는 것이므로 그와 같은 입법절차의 하자를 둘러싼 분쟁은 본질적으로 법률안의 심의·표결에 참여하지 못한 국회의원이 국회의장을 상대로 권한쟁의에 관한 심판을 청구하여 해결하여야 할 사항이다(1998.8.27, 97헌마8).

ⓒ [O] 국회의원이 국회 내에서 행하는 질의권·토론권 및 표결권 등은 입법권 등 공권력을 행사하는 국가기관인 국회의 구성원의 지위에 있는 국회의원에게 부여된 권한이지 국회의원 개인에게 헌법이 보장하는 권리, 즉 기본권으로 인정된 것이라고 할 수 없으므로, 설사 국회의장의 불법적인 의안처리행위로 헌법의 기본원리가 훼손되었다고 하더라도 그로 인하여 헌법상 보장된 구체적 기본권을 침해당한 바 없는 국회의원인 청구인들에게 헌법소원심판청구가 허용된다고 할 수 없다(1995.2.23, 90헌마125).

ⓒ [O] 1996.12.16. 06:00 여당의원들만 국회에 출석하여 법률안을 가결선포했다. 야당의원들은 회의개의일시를 통보받지 못했으므로 국회의장의 법률안 가결선포행위는 법률안 심의권·표결권 침해이므로 무효라는 권한쟁의심판을 청구하였다(1997.7.16, 96헌라2).

ⓔ [X] 국회의장이 국회의원의 헌법상 권한을 침해하였다는 이유로 국회의원인 청구인들이 국회의장을 상대로 권한쟁의심판을 청구한 사건이므로 이 사건 심판대상은 국회의 자율권이 허용되는 사항이라고 볼 수 없고, 따라서 헌법재판소가 심사할 수 없는 국회 내부의 자율에 관한 문제라고 할 수는 없다(1997.7.16, 96헌라2).

## 13 　　　　　　　　　　　　　　　　　　정답 ④

㉠ [X] 헌법재판소는, 당해 행위가 회의에 참석하지 못한 소수당 소속 상임위원회 위원들의 조약비준동의안에 대한 심의권을 침해한 것이라고 보았으나, 국회 자율권 존중 및 비정상적인 상정·회부행위의 하자가 본회의 심사에서 치유될 가능성 등을 감안하여 무효는 아니라고 보았다(2010.12.28, 2008헌라7 등).

㉡ [X] '한국정책금융공사법안' 및 '신용정보의 이용 및 보호에 관한 법률 전부개정법률안(대안)'은 위원회의 심사를 거친 안건이지만 청구인으로부터 적법한 반대토론 신청이 있었으므로 원칙적으로 피청구인이 그 반대토론 절차를 생략하기 위해서는 반드시 본회의 의결을 거쳐야 할 것인데(「국회법」 제93조 단서), 피청구인은 청구인의 반대토론 신청이 적법하게 이루어졌음에도 이를 허가하지 않고 나아가 토론절차를 생략하기 위한 의결을 거치지도 않은 채 이 사건 법률안들에 대한 표결절차를 진행하였으므로, 이는 「국회법」 제93조 단서를 위반하여 청구인의 법률안 심의·표결권을 침해하였다(2011.8.30, 2009헌라7).

㉢ [O] 국회의 위임 의결이 없더라도 국회의장은 국회에서 의결된 법률안의 조문이나 자구·숫자, 법률안의 체계나 형식 등의 정비가 필요한 경우 의결된 내용이나 취지를 변경하지 않는 범위 안에서 이를 정리할 수 있다고 봄이 상당하고, 이렇듯 국회의장이 국회의 위임 없이 법률안을 정리하더라도 그러한 정리가 국회에서 의결된 법률안의 실질적 내용에 변경을 초래하는 것이 아닌 한 헌법이나 「국회법」상의 입법절차에 위반된다고 볼 수 없다(2009.6.25, 2007헌마451).

㉣ [O] 「국회법」상 수정안의 범위에 대한 어떠한 제한도 규정되어 있지 않은 점과 「국회법」 규정에 따른 문언의 의미상 수정이란 원안에 대하여 다른 의사를 가하는 것으로 새로 추가, 삭제, 또는 변경하는 것을 모두 포함하는 개념이라는 점에 비추어, 어떠한 의안으로 인하여 원안이 본래의 취지를 잃고 전혀 다른 의미로 변경되는 정도에까지 이르지 않는다면 이를 「국회법」상의 수정안에 해당하는 것으로 보아 의안을 처리할 수 있는 것으로 볼 수 있다. 이와 같은 폭넓은 해석에 의하면 이 사건 수정안은 「국회법」 제95조에 의한 수정안에 해당하게 된다. 이와 같이 「국회법」 제95조상의 수정의 개념을 폭넓게 보는 해석이 가능하다면 피청구인이 이러한 입장에 따라 이 사건 수정안을 적법한 수정안에 해당하는 것으로 보고 의안을 처리하였다 하더라도 이를 명백히 법률에 위반된다고 할 수는 없다. 헌법 제64조에 의해 국회는 폭넓은 자율권을 가지며 국

회의 의사절차나 입법절차에 헌법이나 법률의 규정을 명백히 위반한 그 흠이 있는 경우가 아닌 한 그 자율권은 권력분립의 원칙이나 국회의 위상과 기능에 비추어 존중되어야 하고, 특히 「국회법」 제10조는 국회의장으로 하여금 국회를 대표하고 의사를 정리하며 질서를 유지하고 사무를 감독하도록 하고 있고, 「국회법」 제6장의 여러 규정들은 회의절차 전반에 관하여 국회의장에게 폭넓은 권한을 부여하고 있어 국회의 의사진행에 관한 한 원칙적으로 의장에게 그 권한과 책임이 귀속된다. 따라서 개별적인 수정안에 대한 평가와 그 처리에 대한 국회의장의 판단은 명백히 법에 위반되지 않는 한 존중되어야 한다(2006.2.23, 2005헌라6).

## 14 　　　　　　　　　　　　　　　　　　정답 ②

① [O] 「국회법」상 수정안의 범위에 대한 어떠한 제한도 규정되어 있지 않은 점과 「국회법」 규정에 따른 문언의 의미상 수정이란 원안에 대하여 다른 의사를 가하는 것으로 새로 추가, 삭제, 또는 변경하는 것을 모두 포함하는 개념이라는 점에 비추어, 어떠한 의안으로 인하여 원안이 본래의 취지를 잃고 전혀 다른 의미로 변경되는 정도에까지 이르지 않는다면 이를 「국회법」상의 수정안에 해당하는 것으로 보아 의안을 처리할 수 있는 것으로 볼 수 있다. 「국회법」 제95조상의 수정의 개념을 폭넓게 보는 해석이 가능하다면 복수차관제와 일부청의 차관급 격상을 내용으로 하는 「정부조직법」 개정안에 대한 수정안인 국회의장이 방위사업청 신설을 내용으로 하는 의안(이하 '이 사건 수정안'이라 한다)을 적법한 수정안에 해당하는 것으로 보고 의안을 처리하였다 하더라도 이를 명백히 법률에 위반된다고 할 수는 없다(2006.2.23, 2005헌라6).

❷ [X] 국회의 위임 의결이 없더라도 국회의장은 국회에서 의결된 법률안의 조문이나 자구·숫자, 법률안의 체계나 형식 등의 정비가 필요한 경우 의결된 내용이나 취지를 변경하지 않는 범위 안에서 이를 정리할 수 있다고 봄이 상당하고, 이렇듯 국회의장이 국회의 위임 없이 법률안을 정리하더라도 그러한 정리가 국회에서 의결된 법률안의 실질적 내용에 변경을 초래하는 것이 아닌 한 헌법이나 「국회법」상의 입법절차에 위반된다고 볼 수 없다(2009.6.25, 2007헌마451).

③ [O] 「국회법」상 '협의'의 개념은 의견을 교환하고 수렴하는 절차라는 성질상 다양한 방식으로 이루어질 수 있고, 그에 대한 판단과 결정은 종국적으로 국회의장에게 맡겨져 있다. 피청구인 국회의장은 장내소란으로 「국회법」에 따른 정상적인 의사진행을 기대하기 어려운 상황에서 효율적인 회의 진행을 위하여 의사일정 제5항이던 「사립학교법」 중 개정법률안을 제일 먼저 상정하여 심의할 필요가 있다고 판단한 점, 「사립학교법」 중 개정법률안의 상정 자체에 반대하던 한나라당 대표의원과의 협의는 실질적인 의미가 없는 상황이었던 점, 당시 회의록에 의하면 한나라당 의원들을 포함하여 274명의 의원들이 본회의장에 출석하고 있는 것으로 기재되어 있으므로 의사일정을 변경하더라도 그 자체로 국회의원들의 심의·표결에 지장이 있었다고 보기 어려운 점 등을 고려해 볼 때, 피청구인이 한나라당 대표의원과 직접 협의 없이 의사일정순서를 변경하였다고 하여 「국회법」 제77조 위반으로 보기 어렵다(2008.4.24, 2006헌라2).

④ [O] 「국회법」상 '협의'의 개념은 의견을 교환하고 수렴하는 절차로서 다양한 방식으로 이루어질 수 있고, 그에 대한 판단과 결정 역시 종국적으로 국회의장에게 맡겨져 있다. 피청구인이 이 사건 파견 동의안, 법률안들에 대하여 심사기간을 지정하기 전에 교섭단체 대표의원과 전화통화를 하였고, 이 사건 법률안을 이 사건 본회의에 직권상정하기 전에 교섭단체 대표의원에게 팩시밀리로 의사일정안을 송부한 이상, 피청구인이 이 사건 의안들을 본회의에 상정함에 있어 「국회법」 제85조, 제93조의2 제1항에서 말하는 협의절차를 거

6회

2022 해커스공무원 함남기 헌법 진도별 모의고사

치지 않았다고 할 수 없다. 피청구인이 이 사건 의안들을 이 사건 본회의에 상정하는 과정은 물론 심의·의결하는 과정에서 「국회법」에 위반된 사정이 없으므로, 피청구인의 이 사건 가결선포행위는 청구인들의 심의·표결권을 침해한 것이 아니다(2012.2.23, 2010헌라5·6).

## 15                 정답 ④

① [O] 「국회법」 제93조는 '위원회의 심의를 거치지 아니한 안건에 대해서는 제안자가 그 취지를 설명하도록' 정하고 있으나, 그러한 취지 설명의 방식에는 제한이 없고 제안자가 발언대에서 구두설명을 하지 않더라도 서면이나 컴퓨터 단말기에 의한 설명 등으로 이를 대체할 수 있으므로, 발언대의 마이크를 사용하기 어려울 만큼 소란스러운 상황에서 피청구인이 제안자의 취지설명을 컴퓨터 단말기로 대체하도록 한 것이 「국회법」 제93조를 위반하였다고 할 수 없다. 또한 의사진행 방해로 의안상정·제안설명 등 의사진행이 정상적으로 이루어지지 못하고 질의신청을 하는 의원도 없는 상황에서 피청구인이 '질의신청 유무'에 대한 언급 없이 단지 "토론신청이 없으므로 바로 표결하겠다."라고 한 행위가 위원회 심의를 거치지 않은 안건에 대하여 질의, 토론을 거치도록 정한 「국회법」 제93조에 위반하여 청구인 국회의원들의 심의·표결권을 침해할 정도에 이르렀다고는 보기 어렵다(2008.4.24, 2006헌라2).

② [O] ❹ [X] 국회의 입법과 관련하여 일부 국회의원들의 권한이 침해되었다 하더라도 그것이 다수결의 원칙(헌법 제49조)과 회의공개의 원칙(헌법 제50조)과 같은 입법절차에 관한 헌법의 규정을 명백히 위반한 흠에 해당하는 것이 아니라면 그 법률안의 가결선포행위를 곧바로 무효로 볼 것은 아닌데, 피청구인의 이 사건 법률안들에 대한 가결선포행위는 그것이 입법절차에 관한 헌법규정을 위반하였다는 등 가결선포행위를 취소 또는 무효로 할 정도의 하자에 해당한다고 보기는 어렵다(2011.8.30, 2009헌라7).

③ [O] 법률안의 가결선포는 국회 본회의에서 이루어지는 법률안 의결절차의 종결행위로서 이를 권한쟁의 심판대상으로 삼아 이에 이르기까지 일련의 심의·표결 절차상의 하자들을 다툴 수 있는 이상, 하나의 법률안 의결과정에서 국회의장이 행한 중간처분에 불과한 반대토론 불허행위를 별도의 판단대상으로 삼을 필요가 없다(2011.8.30, 2009헌라7).

## 16                 정답 ③

① [O] 입법절차상 하자가 있는 법률안 가결선포에 대해서는 국회의장을 피청구인으로 하여 권한쟁의심판을 청구해야 한다.

② [O] 국회부의장이 법률안들에 대한 표결절차 등을 진행하였다 하더라도 국회부의장은 국회의장의 위임에 따라 그 직무를 대리하여 법률안 가결선포행위를 할 수 있을 뿐(「국회법」 제12조 제1항 참조), 법률안 가결선포행위에 따른 법적 책임을 지는 주체가 될 수 없고, 헌법 제48조에 따라 국회에서 선출되는 헌법상의 국가기관으로서 헌법과 법률에 의하여 국회를 대표하고 의사를 정리하며, 질서를 유지하고 사무를 감독할 지위에 있으며, 이러한 지위에서 의안의 상정, 가결선포 등의 권한(「국회법」 제10조, 제110조, 제113조 등 참조)을 갖는 국회의장만이 피청구인적격을 갖는다(2009.10.29, 2009헌라8 ; 2011.8.30, 2009헌라7).

❸ [X] 국회의 의결을 요하는 안건에 대하여 의장이 본회의 의결에 앞서 소관 위원회에 안건을 회부하는 것은 국회의 심의권을 위원회에 위양하는 것이 아니고, 그 안건이 본회의에 최종적으로 부의되기 이전의 한 단계로서, 소관 위원회가 발의 또는 제출된 의안에 대한

심사권한을 행사하여 사전 심사를 할 수 있도록 소관 위원회에 송부하는 행위라 할 수 있다. 상임위원회는 그 소관에 속하는 의안, 청원 등을 심사하므로, 국회의장이 안건을 위원회에 회부함으로써 상임위원회에 심사권이 부여되는 것이 아니고, 심사권 자체는 법률상 부여된 위원회의 고유한 권한으로 볼 수 있다. 따라서 국회 상임위원회 위원장이 위원회를 대표해서 의안을 심사하는 권한이 국회의장으로부터 위임된 것임을 전제로 한 국회의장에 대한 이 사건 심판청구는 피청구인적격이 없는 자를 상대로 한 청구로서 부적법하다(2010.12.28, 2008헌라7).

④ [O] 「헌법재판소법」 제61조 제2항에 따라 권한쟁의심판을 청구하려면 피청구인의 처분 또는 부작위가 존재하여야 하고, 여기서 '처분'이란 법적 중요성을 지닌 것에 한하므로, 청구인의 법적 지위에 구체적으로 영향을 미칠 가능성이 없는 행위는 '처분'이라 할 수 없어 이를 대상으로 하는 권한쟁의심판청구는 허용되지 않는다. 정부가 법률안을 제출하였다 하더라도 그것이 법률로 성립되기 위해서는 국회의 많은 절차를 거쳐야 하고, 법률안을 받아들일지 여부는 전적으로 헌법상 입법권을 독점하고 있는 의회의 권한이다. 따라서 정부가 법률안을 제출하는 행위는 입법을 위한 하나의 사전 준비행위에 불과하고, 권한쟁의심판의 독자적 대상이 되기 위한 법적 중요성을 지닌 행위로 볼 수 없다(2005.12.22, 2004헌라3).

## 17                 정답 ①

❶ [O] 국회의원의 법률안 심의·표결권은 비록 헌법에는 이에 관한 명문의 규정이 없지만 의회민주주의의 원리, 입법권을 국회에 귀속시키고 있는 헌법 제40조, 국민에 의하여 선출되는 국회의원으로 국회를 구성한다고 규정하고 있는 헌법 제41조 제1항으로부터 당연히 도출되는 헌법상의 권한이다(1997.7.16, 96헌라2).

② [X] 「헌법재판소법」이나 「행정소송법」에 권한쟁의심판청구의 취하와 이에 대한 피청구인의 동의나 그 효력에 관하여 특별한 규정이 없으므로, 소의 취하에 관한 「민사소송법」 제239조는 이 사건과 같은 권한쟁의심판절차에 준용된다고 보아야 한다(2001.5.8, 2000헌라1).

③ [X] 국회의원은 국민이 직접 선출하는 대표로서 헌법과 법률에서 여러 권한을 부여하고 있지만 그중에서 가장 중요하고 본질적인 것은 입법에 대한 권한임은 두말할 필요가 없다. 이 권한에는 법률안 제출권(헌법 제52조)과 법률안 심의·표결권이 포함되는 것이다. 이 법률안 심의·표결권은 의회민주주의의 원리, 입법권을 국회에 귀속시키고 있는 헌법 제40조, 국회는 국민이 선출한 국회의원으로 구성한다고 규정한 헌법 제41조 제1항으로부터 도출되는 헌법상의 권한이다. 그리고 이러한 법률안 심의·표결권은 국회의 다수파 의원에게만 보장되는 것이 아니라 소수파의원과 특별한 사정이 없는 한 국회의원 개개인에게 모두 보장되는 것 또한 의문의 여지가 없다(2000.2.24, 99헌라1).

④ [X] 국회의원의 법률안 심의·표결권은 국민에 의하여 선출된 국가기관으로서 국회의원이 그 본질적인 임무인 입법에 관한 직무를 수행하기 위하여 보유하는 권한으로서의 성격을 갖고 있으므로 국회의원의 개별적인 의사에 따라 이를 포기할 수 있는 것은 아니다(2009.10.29, 2009헌라8 등).

## 18                 정답 ①

❶ [O] 피청구인 국회의장이 2019.4.25. 바른미래당 소속 국회 사법개혁특별위원회 위원인 오신환, 권은희 의원을 가 개선한 행위에 대한

자유한국당 소속 국회의원인 청구인들의 권한쟁의심판청구의 적법 여부(소극)

사개특위 위원이 아닌 청구인들은 사개특위에서 이루어진 이 사건 각 개선행위에 의하여 그 권한을 침해받았거나 침해받을 현저한 위험성이 있다고 보기 어렵다. 사개특위 위원인 청구인들의 경우에도 이 사건 각 개선행위만으로는 권한의 침해나 침해의 위험성이 발생한다고 보기 어렵고, 사개특위가 개회되어 신속처리안건 지정동의안에 관한 심의·표결 절차에 들어갔을 때 비로소 그 권한의 침해 또는 침해의 위험성이 존재한다. 이 부분 심판청구는 모두 부적법하다.

② [X] 「국회법」 제85조의2 제1항에서 요건을 갖춘 지정동의가 제출된 경우 의장 또는 위원장은 '지체 없이' 무기명투표로 표결하도록 규정하고 있고, 이 밖에 신속처리안건 지정동의안의 표결 전에 「국회법」상 질의나 토론이 필요하다는 규정은 없다. 이 사건 사개특위의 신속처리안건 지정동의안에 대한 표결 전에 그 대상이 되는 법안의 배포나 별도의 질의·토론 절차를 거치지 않았다는 이유로 그 표결이 절차상 위법하다고 볼 수 없다(2020.5.27, 2019헌라3).

③ [X] 피청구인 국회의장의 오신환, 권은희 의원에 대한 각 개선행위는 명백히 자유위임원칙에 위배된다고 보기 어렵고, 「국회법」 규정에도 위배되지 않는다(2019헌라1 결정의 법정의견 참조). 피청구인 국회의장의 이 사건 각 개선행위는 헌법 또는 법률에 반하지 않으므로, 이에 따라 개선된 국회의원 채이배, 임재훈은 사개특위의 신속처리안건 지정동의안 표결 절차에 적법하게 참여하였다. 이러한 표결의 결과에 따라 피청구인 사개특위 위원장이 안건에 대한 의결정족수 충족을 인정하여 신속처리안건 지정동의안에 대하여 가결을 선포한 행위에는 절차적 위법사유가 인정되지 않으므로, 사개특위 위원인 청구인들의 법률안 심의·표결권도 침해되지 않았다(2020.5.27, 2019헌라3).

④ [X] 팩스로 제출이 시도되었던 법률안의 접수가 완료되지 않아 동일한 법률안을 제출하기 전에 철회 절차가 필요 없다고 보는 것은 「국회법」 제90조에 반하지 않는다. 또한 「국회법」 제90조는 발의된 법률안을 철회하는 요건을 정한 것일 뿐, 동일한 내용의 법률안을 중복하여 발의하는 것 자체를 금지하는 조항은 아니며, 「국회법」에 이에 대한 별도의 금지조항은 없다. 이 사건에서 팩스로 먼저 제출이 시도된 법률안을 철회하지 않고 동일한 내용으로 제출된 법률안을 접수한 것은 「국회법」 제90조를 위반한 것으로 볼 수 없고, 이와 같이 발의된 '고위공직자범죄수사처 설치 및 운영에 관한 법률안(의안번호 제2020029호)'에 대한 신속처리안건 지정동의안을 상정한 피청구인 사개특위 위원장의 행위도 절차상 위법하다고 할 수 없다(2020.5.27, 2019헌라3).

## 19 정답 ①

❶ [O] 「국회법」 제57조의2 제2항은 "조정위원회의 활동기한은 그 구성일부터 90일로 한다. 다만, 위원장은 조정위원회를 구성할 때 간사와 합의하여 90일을 넘지 아니하는 범위에서 활동기한을 따로 정할 수 있다."라고 정한다. 그리고 같은 조 제9항은 '신속처리대상안건을 심사하는 조정위원회'는 '법제사법위원회에 회부되거나 바로 본회의에 부의된 것으로 보는 경우'에는 '제2항에 따른 활동기한이 남았더라도 그 활동을 종료'한다고 규정한다(2020.5.27, 2019헌라5).

② [X] 피청구인 조정위원장의 가결선포행위는 위법하지 않으므로, 이 점에서 피청구인 정개특위 위원장이 의결된 조정안을 위원회 심사 법률안으로 가결선포한 행위도 위법하지 않고, 다른 위법사유도 인정되지 않는다. 따라서 피청구인 정개특위 위원장의 가결선포행위는 정개특위 위원인 청구인의 법률안 심의·표결권을 침해하였다고 볼 수 없고, 따라서 무효로 볼 수 없다(2020.5.27, 2019헌라5).

③ [X] 「국회법」 제57조의2에 근거한 안건조정위원회 위원장을 피청구인으로 한 권한쟁의심판청구의 적법 여부(소극)
「국회법」 제57조의2에 근거한 안건조정위원회 위원장은 「국회법」상 소위원회의 위원장으로서 헌법 제111조 제1항 제4호 및 「헌법재판소법」 제62조 제1항 제1호의 '국가기관'에 해당한다고 볼 수 없으므로, 청구인들의 피청구인 조정위원장의 가결선포행위에 대한 청구는 권한쟁의심판의 당사자가 될 수 없는 피청구인을 대상으로 하는 청구로서 부적법하다(2020.5.27, 2019헌라5).

④ [X] 「국회법」상 안건조정위원회의 활동기한은 그 활동할 수 있는 기간의 상한을 의미한다고 보는 것이 타당하다. 즉, 안건조정위원회의 활동기한이 만료되기 전이라고 하더라도 안건조정위원회가 안건에 대한 조정 심사를 마치면 조정안을 의결할 수 있다. 따라서 이 사건에서 「국회법」상 90일 또는 신속처리대상안건의 심사기간과 같은 안건조정위원회의 활동기한이 도래하지 않았음에도 피청구인 조정위원장이 이 사건 조정안의 가결을 선포하였다는 사정만으로 이를 「국회법」에 위배되었다고 볼 수는 없다(2020.5.27, 2019헌라5).

## 20 정답 ④

① [O] 정당은 헌법 제111조 제1항 제4호 및 「헌법재판소법」 제62조 제1항 제1호의 '국가기관'에 해당한다고 볼 수 없으므로, 권한쟁의심판의 당사자능력이 인정되지 아니한다(2020.5.27, 2019헌라6).

② [O] 헌법은 권한쟁의심판청구의 당사자로 국회의원들의 모임인 교섭단체에 대해서 규정하고 있지 않다. 국회는 교섭단체와 같이 국회의 내부 조직을 자율적으로 구성하고 그에 일정한 권한을 부여할 수 있으나, 헌법은 국회의원들이 교섭단체를 구성하여 활동하는 것까지 예정하고 있지 아니하다. 교섭단체가 갖는 권한은 원활한 국회 의사진행을 위하여 「국회법」에서 인정하고 있는 권한일 뿐이다(2020.5.27, 2019헌사1121).

③ [O] 교섭단체의 권한 침해는 교섭단체에 속한 국회의원 개개인의 심의·표결권 등 권한 침해로 이어질 가능성이 높은바, 교섭단체와 국회의장 등 사이에 분쟁이 발생하더라도 국회의원과 국회의장 등 사이의 권한쟁의심판으로 해결할 수 있다. 따라서 위와 같은 분쟁을 해결할 적당한 기관이나 방법이 없다고 할 수 없다. 이러한 점을 종합하면, 교섭단체는 그 권한 침해를 이유로 권한쟁의심판을 청구할 수 없다. 위에서 본 바와 같이, 정당은 사적 결사와 국회 교섭단체로서의 이중적 지위를 가지나, 어떠한 지위에서든 헌법 제111조 제1항 제4호 및 「헌법재판소법」 제62조 제1항 제1호의 '국가기관'에 해당한다고 볼 수 없으므로, 권한쟁의심판의 당사자능력이 인정되지 아니한다. 따라서 청구인 자유한국당의 승계인 미래통합당의 심판청구는 청구인능력이 없는 자가 제기한 것으로서 모두 부적법하다(2020.5.27, 2019헌라6).

❹ [X] 국회의 입법에 대한 권한쟁의심판이 적법하기 위해서는 이것이 청구인의 권한을 침해하였거나 침해할 현저한 위험성이 있어야 한다. 그런데 피청구인 국회의 「공직선거법」 개정행위로 개정된 「공직선거법」의 내용은 국회의원선거와 관련하여 준연동형 비례대표제를 도입하는 등 선거와 관련된 내용만을 담고 있어, 청구인 국회의원들의 법률안 심의·표결권과는 아무런 관련이 없다. 따라서 위와 같은 「공직선거법」 개정행위로 인하여 청구인 국회의원들의 법률안 심의·표결권이 침해될 가능성은 없다고 할 것이다(2020.5.27, 2019헌라6).

## 정답

| 01 | ④ | 02 | ① | 03 | ④ | 04 | ① |
|----|---|----|---|----|---|----|---|
| 05 | ④ | 06 | ④ | 07 | ① | 08 | ② |
| 09 | ③ | 10 | ② | 11 | ① | 12 | ② |
| 13 | ③ | 14 | ① | 15 | ② | 16 | ① |
| 17 | ③ | 18 | ② | 19 | ③ | 20 | ② |

## 01 정답 ④

① [○] 「국회법」 제93조는 '위원회의 심의를 거치지 아니한 안건에 대해서는 제안자가 그 취지를 설명하도록' 규정하고 있으나, 그러한 취지설명의 방식에는 제한이 없으므로(2004.5.14, 2004헌나1) 제안자가 발언석에서 구두설명을 하지 않더라도 서면이나 컴퓨터 단말기에 의한 설명 등으로 이를 대체할 수 있다 할 것이다. 이 사건의 경우 제372회 국회(임시회) 국회본회의회의록(임시회의록) 제1호의 기재내용에 의하면, 피청구인 국회의장이 의사진행을 방해하는 소란이 계속되는 상황에서 이 사건 원안과 이 사건 수정안에 대한 심사보고와 제안자의 취지설명을 컴퓨터 단말기로 대체하도록 하였음을 인정할 수 있다. 그렇다면 이러한 피청구인 국회의장의 행위는 「국회법」 제93조에 위배되었다고 할 수 없다(2020.5.27, 2019헌라6).

② [○] 이 사건 수정안은 이 사건 원안의 개정취지에 변화를 초래한 것이 아니고 이 사건 원안이 개정취지 달성을 위해 제시한 여러 입법수단 중 일부만 채택한 것에 불과한 것으로서, 이 사건 원안에 대한 위원회의 심사절차에서 이 사건 수정안의 내용까지 심사할 수도 있었으므로, 이 사건 원안의 취지 및 내용과 직접 관련성이 인정된다. 따라서 이 사건 수정안 가결선포행위는 「국회법」 제95조 제5항 본문에 위배되지 않는다(2020.5.27, 2019헌라6).

③ [○] 이 사건의 경우 피청구인 국회의장이 교섭단체인 자유한국당의 대표의원과 협의를 거쳤다고 볼 수는 없으나, 윤후덕 의원 외 155인이 연서에 의한 동의로 '의사일정 변경의 건'이 상정되었고, 표결을 거쳐 피청구인 국회의장이 가결선포 후 의사일정을 변경한 것이므로, 의원 20명 이상의 연서에 의한 동의로 본회의 의결이 있는 경우에 해당한다. 따라서 위 의사일정 변경은 「국회법」 제77조에 위배되었다고 할 수 없다(2020.5.27, 2019헌라6).

❹ [X] [반대의견] '원안의 취지 및 내용과의 직접 관련성'은 원안과 수정안의 근본 목적이 동일하여야 한다는 '원안의 취지와 수정안 취지 사이의 직접 관련성', 수정안의 내용인 개정법률 조항이 원안이 법률개정을 통해 실현하고자 하는 근본 목적을 이루기 위한 적절한 수단이 되는 관계에 있어야 한다는 '원안의 취지와 수정안의 내용 사이의 직접 관련성', 원안과 수정안의 각 개정법률 조항이 동일한 주제를 다루어야 한다는 '원안의 내용과 수정안의 내용 사이의 직접 관련성'으로 나누어 볼 수 있다. 「국회법」 제95조 제5항 소정의 수정안은 위 3가지의 직접 관련성을 모두 갖추어야 할 것이고, 만일 그중 단 하나의 직접 관련성이라도 흠결할 경우에는 수정동의를 통해 발의할 수 있는 적법한 수정안이 될 수 없다(2020.5.27, 2019헌라6).

## 02 정답 ①

❶ [X] 조세법률주의는 조세평등주의와 함께 조세법의 기본원칙으로서, 법률의 근거 없이는 국가는 조세를 부과·징수할 수 없고 국민은 조세의 납부를 요구당하지 않는다는 원칙이다. 이러한 조세법률주의는 조세는 국민의 재산권을 침해하는 것이 되므로, 납세의무를 성립시키는 납세의무자, 과세물건, 과세표준, 과세기간, 세율 등의 과세요건과 조세의 부과·징수절차는 모두 국민의 대표기관인 국회가 제정한 법률로써 이를 규정하여야 한다는 과세요건법정주의와 아울러 과세요건을 법률로 규정하였다고 하더라도 그 규정내용이 지나치게 추상적이고 불명확하면 과세관청의 자의적인 해석과 집행을 초래할 염려가 있으므로 그 규정내용이 명확하고 일의적이어야 한다는 과세요건명확주의를 그 핵심적 내용으로 하고 있다. 결국 과세요건법정주의와 과세요건명확주의를 핵심내용으로 하는 조세법률주의의 이념은 과세요건을 법률로 명확하게 규정함으로써 국민의 재산권을 보장함과 동시에 국민의 경제생활에 법적 안정성과 예측가능성을 보장함에 있다(1992.12.24, 90헌바21).

② [○] ③ [○] 조세법률주의는, 조세는 국민의 재산권을 제한하는 것이므로 납세의무를 성립시키는 납세의무자, 과세물건, 과세표준, 과세기간, 세율 등의 과세요건과 조세의 부과·징수절차는 모두 국민의 대표기관인 국회가 제정한 법률로써 이를 규정하여야 한다는 과세요건법정주의와 과세요건을 법률로 규정하였다 하더라도 그 규정내용이 지나치게 추상적이고 불명확하면 과세관청의 자의적인 해석과 집행을 초래할 염려가 있으므로 그 규정내용이 명확하고 일의적이어야 한다는 과세요건명확주의를 그 핵심적 내용으로 삼고 있다(2013.6.27, 2011헌바386).

④ [○] 조세법규의 해석에 있어 유추해석이나 확장해석은 허용되지 아니하고 엄격히 해석하여야 하는 것은 조세법률주의의 원칙에 비추어 당연한 것이고 조세법규는 과세요건명확주의에 의하여 해석상 애매함이 없도록 명확히 규정될 것이 요청된다고 할지라도 조세법규에 있어서도 법규 상호간의 해석을 통하여 그 의미를 명백히 할 필요가 있는 것은 다른 법률의 경우와 마찬가지이다(1996.8.29, 95헌바41).

## 03 정답 ④

① [○] 조세법률관계에 있어서도 과세는 개인의 담세능력에 상응하여 공정하고 평등하게 이루어져야 하고, 합리적인 이유 없이 특정의 납세의무자를 불리하게 차별하거나 우대하는 것은 허용되지 아니한다. 그리고 이러한 조세평등주의의 근본취지는 넓게는 국민들 사이에 전체적인 공과금 부담의 형평성을 기하는 데까지 확장된다 할 것이다(2004.7.15, 2002헌바42).

② [○] 국세와 건강보험료는 공공의 목적 또는 이익을 위한 재원 조달을 위해 강제로 징수된다는 공통점이 있지만, 목적, 성격, 부과주체, 적용원리 등에 있어 차이가 있다. 국세를 비롯하여 조세는 특별한 반대급부 없이 부과되나, 건강보험료는 반대급부인 보험급여의 지급을 전제로 하고 기존의 공과금 체계에 편입할 수 없는 독자적인 성격을 가지고 있는 점에서도 차이가 있다. 그리고 헌법 제59조에서는 조세의 종목과 세율은 법률로 정한다고 규정하여 조세법률주의를 천명하고 있으나, 조세와 근본적으로 성격을 달리하는 건강보험료에는 조세법률주의가 적용되지 않는다(2012.11.29, 2011헌마814).

③ [○] 지방자치단체는 지방세의 세목, 과세대상, 과세표준, 세율, 그 밖에 지방세의 부과·징수에 필요한 사항을 정할 때에는 이 법 또는 지방세관계법에서 정하는 범위에서 조례로 정하여야 한다(「지방세기본법」 제5조 제1항).

❹ [X] 수신료는 일종의 인적 공용부담금에 해당하는 것으로서 강제적으로 부과·징수되어 사인의 재산권을 침해한다는 점에서 법률의 근거를 요하기는 하나, 그 실질이 조세와는 구별된다고 할 것이므로 조세법률주의와 같은 정도의 엄격한 법률유보를 요하는 것은 아니고 헌법 제37조 제2항에 근거한 법률유보로서 족하다고 할 것이고, 수신료의 부과·징수에 관한 이 법 제35조 및 제36조 제1항은 헌법 제37조 제2항에 의한 법률유보로서 헌법상 허용된 필요하고도 합리적인 재산권의 제한을 정한 법률이라 할 것이므로 헌법에 위배되지 아니한다(1999.5.27, 98헌바70).

## 04 정답 ①

❶ [X] 부가가치세를 사실상 누가 부담하며 어떻게 전가시킬 것인가 하는 문제는 거래당사자 간의 약정 또는 거래관행 등에 의하여 결정될 사항이지, 조세법에 따라 결정되는 사항은 아니다(2000.3.30, 98헌바7).

② [O] 조세법령에 있어 소급입법금지원칙인 소급입법 과세금지원칙은 그 조세법령의 효력발생 전에 완성된 과세요건사실에 대하여 당해 법령을 적용할 수 없다는 의미이다(2008.5.29, 2006헌바99).

③ [O] 조세법률주의의 한 내용을 이루는 실질과세의 원칙이란, 과세를 함에 있어 법적 형식과 경제적 실질이 상이한 때에는 경제적 실질에 따라 과세한다는 원칙이다.

④ [O] 일정한 직업 또는 소득이 없는 사람이 당해 재산에 관하여 납득할 만한 자금출처를 대지 못하고, 그 직계존속이나 배우자 등이 증여할 만한 재력이 있는 경우에는 그 취득자금을 그 재력 있는 자로부터 증여받았다고 추정함이 옳다고 할 것인데, 이와 같이 증여를 추정하기 위하여는 수증자에게 일정한 직업이나 소득이 없다는 점 외에도 증여자에게 재산을 증여할 만한 재력이 있다는 점을 과세관청이 입증하여야 할 것이다(대판 2004.4.16, 2003두10732).

## 05 정답 ④

① [O] 조세법률주의를 견지하면서도 조세평등주의와의 조화를 위하여 경제현실에 응하여 공정한 과세를 할 수 있게 하고 탈법적인 조세회피행위에 대처하기 위하여는 납세의무의 중요한 사항 내지 본질적인 내용에 관련된 것이라 하더라도 그중 경제현실의 변화나 전문적 기술의 발달 등에 즉응하여야 하는 세부적인 사항에 관하여는 국회 제정의 형식적 법률보다 더 탄력성이 있는 행정입법에 이를 위임할 필요가 있는 것이다(2011.10.25, 2010헌바57).

② [O] 조세법률주의를 지나치게 철저하게 시행한다면 복잡다양하고도 끊임없이 변천하는 경제상황에 대처하여 적확하게 과세대상을 포착하고 적정하게 과세표준을 산출하기 어려워 담세력에 응한 공평과세의 목적을 달성할 수 없게 된다. 따라서 조세법률주의를 견지하면서도 조세평등주의와의 조화를 위하여 경제현실에 응하여 공정한 과세를 할 수 있게 하고 탈법적인 조세회피행위에 대처하기 위하여는 납세의무의 중요한 사항 내지 본질적인 내용에 관련된 것이라 하더라도 그중 경제현실의 변화나 전문적 기술의 발달 등에 즉응하여야 하는 세부적인 사항에 관하여는 국회 제정의 형식적 법률보다 더 탄력성이 있는 행정입법에 이를 위임할 필요가 있는 것이다. 이에 우리 헌법은 제75조에서 "대통령은 법률에서 구체적으로 범위를 정하여 위임받은 사항과 법률을 집행하기 위하여 필요한 사항에 관하여 대통령령을 발할 수 있다."라고 규정하여, 조세행정분야뿐만 아니라 국정 전반에 걸쳐 위임입법의 필요성이 있음을 확인하고 입법권을 대통령령에 위임할 수 있는 길을 열어 놓음으로써 국회가 제정하는 법률에 의하여 모든 사항을 규율할

수는 없는 현실적 어려움을 반영하고 있다. 그렇지만 법률로 규정하여야 할 사항을 대통령령 등 하위법규에 위임하는 경우에 일반적이고 포괄적인 위임을 허용한다면 이는 사실상 입법권을 백지 위임하는 것이나 다름없어 의회입법의 원칙이나 법치주의를 부인하는 것이 되고 아무런 제한 없이 행하여지는 행정권의 자의로 말미암아 기본권이 침해될 위험이 있으므로, 헌법 제75조는 '구체적으로 범위를 정하여' 위임하도록 하여 위임에 있어서 일정한 한계가 있음을 명시하고 있다(1997.9.25, 96헌바18).

③ [O] 위임의 구체성·명확성의 요구 정도는 그 규율대상의 종류와 성격에 따라 달라질 것이지만, 처벌법규나 조세를 부과하는 조세법규와 같이 국민의 기본권을 직접적으로 제한하거나 침해할 소지가 있는 법규에서는 구체성·명확성의 요구가 강화되어 그 위임의 요건과 범위가 더 엄격하게 규정되어야 하는 반면에, 일반적인 급부행정이나 조세감면혜택을 부여하는 조세법규의 경우에는 위임의 구체성 내지 명확성의 요구가 완화되어 그 위임의 요건과 범위가 덜 엄격하게 규정될 수 있으며, 그리고 규율대상이 지극히 다양하거나 수시로 변화하는 성질의 것일 때에는 위임의 구체성·명확성의 요건이 완화되어야 할 것이다(2005.4.28, 2003헌가23).

❹ [X] 위 조례 규정들은 모법인「지방세법」제7조 제2항이 정한 범위 안에서 과세요건과 세율을 정하고 있고, 그 구성요건이나 법적 효과에 있어서 특별한 해석의 여지도 없을 만큼 명확하며, 또한 법률이 조례로서 과세요건 등을 확정할 수 있도록 조세입법권을 부분적으로 지방자치단체에 위임한 것이 잘못된 것이라고 할 수도 없으므로, 조세법률주의나 위임입법의 한계에 위반되지 않는다.「지방세법」의 규정에 의거하여 제정되는 지방세 부과에 관한 조례는 주민의 대표로 구성되는 지방의회의 의결을 거치도록 되어 있으므로 법률이 조례로써 과세요건 등을 확정할 수 있도록 조세입법권을 부분적으로 지방자치단체에 위임하였다고 하더라도 조세법률주의의 바탕이 되고 있는, "대표 없이는 조세 없다."라는 사상에 반하는 것도 아니다. 그렇다면「지방세법」제7조 제2항이 조세법률주의에 반하여 위헌이라거나, 포괄적 위임입법의 원칙에 반하여 위헌이라고 볼 수 없다(1995.10.26, 94헌마242).

## 06 정답 ④

① [O] 조세의 감면에 관한 규정은 조세의 부과·징수의 요건이나 절차와 직접 관련되는 것은 아니지만, 조세란 공공경비를 국민에게 강제적으로 배분하는 것으로서 납세의무자 상호간에는 조세의 전가관계가 있으므로 특정인이나 특정계층에 대하여 정당한 이유 없이 조세감면의 우대조치를 하는 것은 특정한 납세자군이 조세의 부담을 다른 납세자군의 부담으로 떠맡기는 것에 다름 아니므로 조세감면의 근거 역시 법률로 정하여야만 하는 것이 국민주권주의나 법치주의의 원리에 부응하는 것이다(1996.6.26, 93헌바2).

② [O] 조세감면의 우대조치의 경우에 있어서도 특정 납세자에 대하여만 감면조치를 하는 것이 현저하게 비합리적이고 불공정한 조치라고 인정될 때에는 조세평등주의에 반하여 위헌이 된다. 다만, 입법자가 조세감면의 혜택을 부여하는 입법을 함에 있어서 그 입법목적, 과세공평 등에 비추어 그 범위를 결정하는 것은 입법자의 광범위한 재량행위에 속하고, 재량의 범위를 뚜렷하게 벗어난 것으로 볼 수 없는 한 이것을 위헌이라고 단정할 수 없다(2012.2.23, 2011헌가8).

③ [O] 오늘날 세원이 극히 다양하고, 납세의무자인 국민의 담세능력에도 편차가 클 뿐만 아니라, 조세 또한 국가재원의 확보라는 고전적 의미 이외에도 다양한 정책적인 목적 아래 부과되고 있기 때문에 조세법의 영역에서는 입법자에게 광범위한 형성권이 부여된다 할 것이다(2011.2.24, 2009헌바11).

**❹** [ X ] 정당한 이유 없이 조세감면의 우대조치를 하는 것은 특정한 납세자군이 조세의 부담을 다른 납세자군의 부담으로 떠맡기는 것에 다름 아니므로 조세감면의 근거 역시 법률로 정하여야만 하는 것이 국민주권주의나 법치주의의 원리에 부응하는 것이다(1996.6.26, 93헌바2).

## 07
정답 ①

㉠ [ X ] 조세감면의 우대조치는 조세평등주의에 반하고 국가나 지방자치단체의 재원의 포기이기도 하여 가급적 억제되어야 하고 그 범위를 확대하는 것은 결코 바람직하지 못하므로 특히 정책목표달성에 필요한 경우에 그 면제혜택을 받는 자의 요건을 엄격히 하여 극히 한정된 범위 내에서 예외적으로 허용되어야 한다(1996.6.26, 93헌바2).

㉡ [ X ] 오늘날에 있어서 조세는 국가의 재정수요를 충족시킨다고 하는 본래의 기능 외에도 소득의 재분배, 자원의 적정배분, 경기조정 등 여러 가지 기능을 가지고 있으므로, 국민의 조세부담을 정함에 있어서 재정·경제·사회정책 등 국정 전반에 걸친 종합적인 정책판단을 필요로 하고, 부동산매매업자가 특례적용부동산을 양도한 경우 종합소득세액을 어떻게 산정할 것인지에 대해서는 입법자가 당시 국가의 부동산 정책 및 여러 가지 경제상황을 고려하여 결정할 수 있다는 점에서 비례심사의 강도는 다소 완화될 필요가 있다(2017.8.31, 2015헌바339).

㉢ [ O ] 신의칙이나 「국세기본법」 제18조 제3항에서 규정하는 조세관행존중의 원칙은 합법성의 원칙을 희생하여서라도 납세자의 신뢰를 보호함이 정의의 관념에 부합하는 것으로 인정되는 특별한 사정이 있을 경우에 한하여 적용되고, 일반적으로 납세자에게 받아들여진 세법의 해석 또는 국세행정의 관행이란 비록 잘못된 해석 또는 관행이라도 특정 납세자가 아닌 불특정한 일반 납세자에게 정당한 것으로 이의 없이 받아들여져 납세자가 그와 같은 해석 또는 관행을 신뢰하는 것이 무리가 아니라고 인정될 정도에 이른 것을 말하며, 그러한 해석 또는 관행의 존재에 대한 입증책임은 그 주장자인 납세자에게 있다(대판 2002.10.25, 2001두1253).

㉣ [ O ] 이혼시 재산분할을 청구하여 상속세 인적공제액을 초과하는 재산을 취득한 경우 그 초과부분에 대하여 증여세를 부과하는 것은, 증여세제의 본질에 반하여 증여라는 과세원인 없음에도 불구하고 증여세를 부과하는 것이어서 현저히 불합리하고 자의적이며 재산권보장의 헌법이념에 부합하지 않으므로 실질적 조세법률주의에 위배된다(1997.10.30, 96헌바14).

## 08
정답 ②

㉠ [ X ] 고급주택, 고급오락장이 무엇인지 하는 것은 취득세 중과세요건의 핵심적 내용을 이루는 본질적이고도 중요한 사항임에도 불구하고 그 기준과 범위를 구체적으로 확정하지도 않고 또 그 최저기준을 설정하지도 않고 단순히 '대통령령으로 정하는 고급주택' 또는 '대통령령으로 정하는 고급오락장'이라고 불명확하고 포괄적으로 규정함으로써 실질적으로는 중과세 여부를 온전히 행정부의 재량과 자의에 맡긴 것이나 다름없을 뿐만 아니라, 입법목적, 「지방세법」의 체계나 다른 규정, 관련법규를 살펴보더라도 고급주택과 고급오락장의 기준과 범위를 예측해 내기 어려우므로 이 조항들은 헌법상의 조세법률주의, 포괄위임입법금지원칙에 위배된다(1998.7.16, 96헌바52).

㉡ [ O ] 과세대상이 되는 고급오락장용 건축물과 부속토지의 구체적인 규모는 경제사정의 변화나 지역적 사정 등에 따라 그에 맞게 전문적

인 집행기관인 행정부에서 대통령령으로 규정하도록 위임할 수 있다고 할 것이고, 그 대통령령에 규정될 사항의 범위도 어느 정도 대강 예측할 수 있다고 볼 수 있을 것이므로, 이 사건 법률조항은 조세법률주의와 포괄위임금지원칙에 어긋난다고 볼 수 없다(2003.12.18, 2002헌바16 전원재판부).

㉢ [ X ] 법에서 1,000분의 50의 중과율이 적용되는 재산세와 종합토지세의 대상을 유흥주점영업장을 비롯한 도박장·특수목욕장 기타 이와 유사한 용도에 사용되는 건축물과 그 부속토지라고 규정하여 그 용도와 유형을 명시하고 있고, 유흥주점영업장 등 고급오락장용 건축물 및 그 부속토지가 국민경제발전에 기여하는 생산시설이 아니라 과소비를 조장하는 향락시설이므로 사치성 소비를 억제하여 국가 전체적으로 한정된 자원이 보다 더 생산적인 분야에 투자되도록 유도함과 동시에 국민의 건전한 소비생활을 정착시키려는 데 두고 있는 이 사건 법률조항의 입법취지에 비추어, 과세대상이 되는 고급오락장용 건축물과 부속토지의 구체적인 규모는 경제사정의 변화나 지역적 사정 등에 따라 그에 맞게 전문적인 집행기관인 행정부에서 대통령령으로 규정하도록 위임할 수 있다고 할 것이고, 그 대통령령에 규정될 사항의 범위도 어느 정도 대강 예측할 수 있다고 볼 수 있을 것이므로, 이 사건 법률조항은 조세법률주의와 포괄위임금지원칙에 어긋난다고 볼 수 없다(2003.12.18, 2002헌바16 전원재판부).

㉣ [ O ] 골프장에 대한 취득세 중과세 제도는 사치성 재산의 소비 및 취득을 억제하는 제도로서 어떠한 시설에 사치성이 있다고 판단되는 경우에도 그중 어느 범위 내의 것을 우선적 중과세의 대상으로 할 것인지 그리고 이에 대하여 어느 정도의 부담을 과할 것인지에 관하여는 입법자에게 광범위한 정책판단의 권한이 부여되어 있다 할 것인데, 입법자가 골프장을 스키장 및 승마장보다 사치성 재산이라고 보아 중과세하고 있는 것은 시설이용의 대중성, 녹지와 환경에 대한 훼손의 정도, 일반국민의 인식 등을 종합하여 볼 때 정책형성권의 한계를 일탈한 자의적인 조치라고 보기는 어려우므로 조세평등주의에 위배되지 아니한다(1999.2.25, 96헌바64).

## 09
정답 ③

㉠ [ O ] 위 법률규정은 중과세되는 부동산취득의 공간적·지역적 범위를 '「수도권정비계획법」 제6조의 규정에 의한 과밀억제권역 안'에서 취득한 부동산으로 한정하고 있으며, 중과세되는 부동산취득의 사항적 한계를 '본점 또는 주사무소의 사업용' 부동산으로 분명히 규정하고 있으므로, 중과세되는 부동산취득에 관한 기본사항을 상당한 정도로 구체적으로 규정하면서 단지 세부적·기술적 사항만을 대통령령에 위임한 것이라 할 것이고, 그로써 대통령령에 위임될 내용과 범위를 통상인의 경우 누구라도 예측할 수 있도록 하였다고 할 것이어서 조세법률주의나 포괄위임입법금지원칙에 위반되지 아니한다(2000.12.14, 98헌바104 전원재판부).

㉡ [ X ] 과세요건법정주의 및 과세요건명확주의를 포함하는 조세법률주의가 지배하는 조세법의 영역에서는 경과규정의 미비라는 명백한 입법의 공백을 방지하고 형평성의 왜곡을 시정하는 것은 원칙적으로 입법자의 권한이고 책임이지 법문의 한계 안에서 법률을 해석·적용하는 법원이나 과세관청의 몫은 아니다(2012.5.31, 2009헌바123).

㉢ [ X ] 관련 당사자가 공평에 반하는 이익을 얻을 가능성이 있다 하여 이미 실효된 법률조항을 유효한 것으로 해석하여 과세의 근거로 삼는 것은 과세근거의 창설을 국회가 제정하는 법률에 맡기고 있는 헌법상 권력분립원칙과 조세법률주의의 원칙에 반한다(2012.5.31, 2009헌바123 등).

㉣ [ O ] 우리 재판소는 새로운 입법으로 과거에 소급하여 과세하거나 또는 이미 납세의무가 존재하는 경우에도 소급하여 중과세하는 것은 소

급입법 과세금지원칙에 위반된다는 일관된 태도를 취하여 왔다 (1998.11.26, 97헌바58).

## 10 　　　　　　　　　　　　　　　　　　　　　정답 ②

① [O] 토초세는 양도소득세와 같은 수득세의 일종으로서 그 과세대상 또한 양도소득세 과세대상의 일부와 완전히 중복되고 양세의 목적 또한 유사하여 어느 의미에서는 토초세가 양도소득세의 예납적 성격을 가지고 있다 봄이 상당한데도 토초세법 제26조 제1항과 제4항이 토초세액 전액을 양도소득세에서 공제하지 않도록 규정한 것은 조세법률주의상의 실질과세의 원칙에 반한다(1994.7.29, 92헌바49 등).

❷ [X] 이 사건 법률조항이 상속사실(또는 증여사실)의 신고를 하지 아니하거나 신고에서 누락된 상속재산(또는 증여재산)의 가액은 상속개시(또는 증여) 당시가 아닌 상속세(또는 증여세) 부과 당시의 가액으로 평가한다고 규정한 것은, 헌법 제38조와 이를 구체화한 「국세기본법」 제3조, 제21조, 제22조에 위반된다고 할 것이다 (1992.12.24, 90헌바21).

③ [O] 대통령령의 제정자가 따라야 할 대강의 평가기준, 적어도 임대차계약의 내용과 태양에 따라 다른 대강의 평가기준만이라도 법률에 규정하여야 하나, 이 사건 법률 규정은 위와 같은 대강의 기준에 관하여 아무런 규정을 두고 있지 아니하고, 위 규정과 관련하여 이 사건 법률 중 다른 조항이나 다른 세법들의 규정들을 보아도, 위와 같은 평가기준을 제시하는 데 도움을 줄 수 있는 내용이 전혀 없으므로 이 사건 법률 규정은 조세법률주의와 위임입법의 한계에 관한 헌법 제59조, 제75조의 규정에 위반된다(2001.9.27, 2001헌가5).

④ [O] 이 사건 심판대상규정들은 일반지역보다 훨씬 많은 양도차익이 발생하는 지역에 대하여 소득의 탈루를 방지하여 실질에 부합하는 과세를 하고 동시에 부동산의 투기적 거래나 위법적인 거래를 방지하여 부동산가격의 안정을 도모하고자 하는 규정이다. 그리고 이와 같은 입법목적을 달성하기 위하여 이 규정들에서는 부동산가격상승률이 전국소비자물가상승률보다 높은 지역으로서 부동산가격이 급등하였거나 급등할 우려가 있는 지역의 경우 대통령령이 정하는 기준 및 방법에 따라 일정한 지역을 지정지역으로 지정하고 그 지정지역 안의 일정한 부동산에 대하여 실지거래가액에 의한 양도차익을 산정하는 방법을 택하였는바 이러한 방법은 위와 같은 입법목적을 달성하기 위하여 적절한 수단인 것으로 평가된다. 따라서, 이 사건 심판대상규정들은 그 목적이나 내용이 기본권 보장의 헌법이념과 이를 뒷받침하는 헌법상 요구되는 제 원칙에 합치되지 않는 사정이 엿보이지 않으므로 실질적 조세법률주의에 위배되지 않는다(2009.3.26, 2007헌바43).

## 11 　　　　　　　　　　　　　　　　　　　　　정답 ①

❶ [X] 당초의 증여자에 대하여는 일단 상실한 증여재산의 소유권을 다시 이전받는 재산의 증가라는 법적·경제적 효과가 발생하게 되는 점에 비추어 합의해제에 의하여 증여재산을 반환하는 행위는 원래의 증여와는 또 다른 별개의 새로운 증여라고 볼 수밖에 없다. 결국 이 사건 법률조항은 실질적 조세법률주의에 위반되어 재산권을 침해하거나 헌법상 재산권 보장의 원칙에 반한다고 볼 수 없다 (2002.1.31, 2000헌바35).

② [O] 「소득세법」 제88조 제1항 전문과 제94조 제1호가 규정하고 있는 '양도'는 양도소득세 제도 및 입법취지, 당해 문구의 일반적 의미 등을 종합해 볼 때 자산이 유상으로 사실상 이전되는 경우를 의미

함이 분명하고, 양도소득세 제도 및 이 사건 심판대상조항의 입법취지, 당해 문구의 일반적 의미 등을 종합해 볼 때, 이 사건 심판대상조항이 과세요건을 명확하게 규정하지 아니하여 국민생활의 법적 안정성과 예측가능성을 침해하고 있다고 할 수는 없으므로, 조세법률주의 원칙에 위반되지 아니한다(2008.7.31, 2006헌바95).

③ [O] 조세법률주의의 원칙상 과세요건은 법률로써 명확하게 규정하여야 하고 조세법규의 해석에 있어서도 특별한 사정이 없는 한 법문대로 해석하여야 하며 합리적 이유 없이 확장해석하거나 유추해석하는 것은 허용되지 않는 점 등을 종합하여 보면, 적법하게 상속을 포기한 자는 「국세기본법」 제24조 제1항이 피상속인의 국세 등 납세의무를 승계하는 자로 규정하고 있는 '상속인'에는 포함되지 않는다고 보아야 한다(대판 2013.5.23, 2013두1041).

④ [O] 투기적 목적이 없는 '1세대 1주택' 양도의 범위를 법률로써 모두 규율하는 것은 불가능하거나 부적당하므로 이 사건 규정이 양도소득세가 면제되는 '1세대 1주택' 양도의 구체적 범위를 대통령령으로 정하도록 위임한 것은 정당하고, 이 사건 규정은 그 입법목적이나 위임배경 등을 참작하여 양도소득세가 면제되는 '1세대 1주택'의 범위만을 구체적으로 정하도록 대통령령에 위임하고 있어서 이 사건 규정이 포괄적 위임에 해당한다고는 볼 수 없다(1997.2.20, 95헌바27).

## 12 　　　　　　　　　　　　　　　　　　　　　정답 ②

① [O] 과점주주 자신이 법인의 경영을 사실상 지배하거나 당해 법인의 발행 주식총액의 100분의 51 이상의 주식에 관한 권리를 실질적으로 행사하는 자에 해당하는지 여부에 관계없이 과점주주 중 주식을 가장 많이 소유한 자와 서로 도와서 일상생활비를 공통으로 부담한다는 이유만으로 책임의 범위와 한도조차 뚜렷하게 설정하지 아니한 채 법인의 체납세액 전부에 대하여 일률적으로 제2차 납세의무를 지우고 있는 것으로 과점주주들 간에 불합리한 차별을 하여 조세평등주의에 위반되고 과점주주의 재산권을 침해한다 (2007.6.28, 2006헌가14).

❷ [X] 부부자산소득합산과세는 혼인한 부부를 비례의 원칙에 반하여 사실혼관계의 부부나 독신자에 비하여 차별하는 것으로서 헌법 제36조 제1항에 위반된다(2005.5.26, 2004헌가6).

③ [O] 사업양수인의 제2차 납세의무제도는 조세징수의 확보라는 공익목적의 실현을 위하여 담보재산을 취득한 양수인에게 부족액에 대한 보충적 납세책임을 지우는 것이므로 입법목적의 합리성이 인정된다. 그러나 구 국세기본법 제41조가 제2차 납세의무자의 책임한도를 적절한 범위 내로 한정하지 아니하고 양수재산의 가액을 초과한 부분에 대하여도 제2차 납세의무를 지게 하는 것은 과세요건 법정주의와 명확주의의 기조에 서 있는 헌법 제38조, 제59조의 실질적 조세법률주의와 비례의 원칙에 위반되므로 그 범위 내에서 헌법에 위반된다(1997.11.27, 95헌바38).

④ [O] 현대의 과세원칙은 국가가 준 이익만큼 과세해야 한다는 응익과세원칙보다는 납세자의 능력, 즉 소득이나 재산을 기준으로 하여야 한다는 응능과세원칙으로 전환되었다.

## 13 　　　　　　　　　　　　　　　　　　　　　정답 ③

① [O] ② [O] 조세평등주의가 요구하는 이러한 담세능력에 따른 과세의 원칙(또는 응능부담의 원칙)은 한편으로 동일한 소득은 원칙적으로 동일하게 과세될 것을 요청하며(이른바 '수평적 조세정의'), 다른 한편으로 소득이 다른 사람들 간의 공평한 조세부담의 배분

을 요청한다(이른바 '수직적 조세정의'). 이 사건 법률조항은 유독 금융소득에 대해서만은 분리과세방식을 취하여 단일세율을 적용하고 있으며, 금융소득에 대해서는 필요경비나 공제가 인정되지 아니하고 있다. 그리하여 소득의 다과를 불문하고 일률적으로 동일한 세율이 적용되며, 종합과세를 할 경우 면세점 이하에 해당할 납세자도 소득세를 내야 하는 경우가 생길 수 있다. 그러나 담세능력의 원칙은 소득이 많으면 그에 상응하여 많이 과세되어야 한다는 것, 즉 담세능력이 큰 자는 담세능력이 작은 자에 비하여 더 많은 세금을 낼 것과, <u>최저생계를 위하여 필요한 경비는 과세로부터 제외되어야 한다</u>는 최저생계를 위한 공제를 요청할 뿐 입법자로 하여금 「소득세법」에 있어서 반드시 누진세율을 도입할 것까지 요구하는 것은 아니다. 이 사건 법률조항은 조세평등주의에 위반되지 아니한다(1999.11.25, 98헌마55).

❸ [ X ] 담세능력의 원칙은 소득이 많으면 그에 상응하여 많이 과세되어야 한다는 것, 즉 담세능력이 큰 자는 담세능력이 작은 자에 비하여 더 많은 세금을 낼 것과, 최저생계를 위하여 필요한 경비는 과세로부터 제외되어야 한다는 최저생계를 위한 공제를 요청할 뿐 입법자로 하여금 「소득세법」에 있어서 반드시 누진세율을 도입할 것까지 요구하는 것은 아니다. 소득에 단순비례하여 과세할 것인지 아니면 누진적으로 과세할 것인지는 입법자의 정책적 결정에 맡겨져 있다. 그러므로 이 사건 법률조항이 소득계층에 관계없이 동일한 세율을 적용한다고 하여 담세능력의 원칙에 어긋나는 것이라 할 수 없다(1999.11.25, 98헌마55).

④ [ O ] 유사석유제품 제조자는 자동차 등의 연료를 제조·판매하여 수익을 얻고 있으므로 석유제품 제조자와 본질적으로 동일한 집단이다. 따라서 과세물품조항과 납세의무자조항이 유사석유제품 제조자와 석유제품 제조자 모두에게 교통·에너지·환경세를 과세하면서 동일하게 제조량을 과세표준으로 삼은 것은 조세평등주의에 위배되지 아니한다(2014.7.24, 2013헌바177).

## 14          정답 ①

❶ [ X ] 헌법 제121조 및 제123조에 비추어 그 입법목적이 정당하다. 농지대토로 인한 양도소득세 감면요건으로 '직접 경작'을 규정하지 않을 경우, 대토감면제도가 농지를 직접 경작하지 않는 자의 시세차익을 목적으로 한 부동산 투기에 악용될 우려가 있다. 그리고 농지대토로 인한 양도소득세 감면에 있어 그 감면 여부를 좌우하는 결정적인 관점은 "과연 납세의무자가 해당 농지를 직접 경작하였는가"이므로, 그 직접 경작 여부에 따라 조세감면이란 법적 효과를 동일하게 누리게 할 필요성이 크다. 따라서 심판대상조항이 대토감면제도를 규율함에 있어 국방의 의무 이행에 대한 예외규정을 두지 않았다고 하여 조세평등주의에 위배된다고 할 수 없다(2015.5.28, 2014헌바261).

② [ O ] 일반적으로 법인은 자연인에 비하여 월등한 자금동원능력을 보유하고 있고 취득하는 토지의 규모도 막대하므로, 법인이 자금을 생산자본으로 사용하지 않고 목적사업에 불요불급한 토지를 투기적으로 취득할 경우에는 급격한 지가상승을 유발하고, 기업자금을 토지매입자금으로 사장시킴으로써 기업의 재무구조가 부실해지고 경쟁력이 약화되는 결과를 초래하는 등 국민경제의 건전한 발전을 저해하게 될 것이기 때문에 심판대상규정이 <u>비업무용 토지를 취득하는 법인을 자연인보다 불이익하게 차별취급하는 데에는 합리적인 이유가 있어 조세평등주의에 위반되지 아니한다</u>(2000.2.24, 98헌바94).

③ [ O ] 법률과 같은 효력을 가지는 조약으로 관세를 규율하는 것은 조세법률주의에 부합된다.

④ [ O ] 재정지출에 대한 국민의 직접적 감시권을 기본권으로 인정하게 되면 재정지출을 수반하는 정부의 모든 행위를 개별 국민이 헌법소원으로 다툴 수 있게 되는 문제가 발생할 수 있다. 따라서 청구인이 주장하는 재정사용의 합법성과 타당성을 감시하는 납세자의 권리를 헌법에 열거되지 않은 기본권으로 볼 수 없으므로 그에 대한 침해의 가능성 역시 인정될 수 없다(2005.11.24, 2005헌마579).

## 15          정답 ②

① [ O ] 부담금은 조세가 아니지만 재산권 제한이므로 헌법 제37조 제2항에 따라 법률에 근거를 두어야 한다.

❷ [ X ] 부담금은 국민의 재산권을 제한하는 성격을 가지고 있으므로 부담금을 부과함에 있어서도 평등원칙이나 비례성 원칙과 같은 기본권 제한입법의 한계는 준수되어야 하며(1998.12.24, 98헌가1), 위와 같은 부담금의 헌법적 정당화 요건은 기본권 제한의 한계를 심사함으로써 자연히 고려될 수 있다(2003.1.30, 2002헌바5).

③ [ O ] 재정충당목적의 <u>특별부담금은 반대급부 없는 강제적인 징수인 면에서 조세와 공통점을 가지면서도 헌법상 명시적인 특별통제장치가 결여되어 있다.</u>

④ [ O ] 특별부담금은 공적 기관에 의한 반대급부가 보장되지 않는 금전급부의무를 설정하는 것이라는 점에서 조세와 유사하나, 특별한 과제를 위한 재정충당을 위하여 부과된다는 점에서 일반적인 국가재정수요의 충당을 위하여 부과되는 조세와는 구분되고, 무엇보다도 특정집단으로부터 징수된다는 점에서 일반국민으로부터 그 담세능력에 따라 징수되는 조세와는 다르다(2001.11.29, 2000헌바23).

## 16          정답 ①

❶ [ X ] 부담금 납부의무자는 재정조달 대상인 공적 과제에 대하여 일반국민에 비해 '특별히 밀접한 관련성'을 가져야 하며, 부담금이 장기적으로 유지되는 경우에 있어서는 그 징수의 타당성이나 적정성이 입법자에 의해 지속적으로 심사될 것이 요구된다. 다만, 부담금이 재정조달목적뿐 아니라 정책실현목적도 함께 가지는 경우에는 위 요건들 중 일부가 완화된다(2004.7.15, 2002헌바42).

② [ O ] 수질개선부담금과 같은 부담금을 부과함에 있어서는 평등원칙이나 비례성 원칙과 같은 기본권 제한입법의 한계를 준수하여야 함은 물론 이러한 부담금의 부과를 통하여 수행하고자 하는 특정한 사회적·경제적 과제에 대하여 조세 외적 부담을 지울 만큼 특별하고 긴밀한 관계가 있는 특정집단에 국한하여 부과되어야 하고, 이와 같이 부과·징수된 부담금은 그 특정과제의 수행을 위하여 별도로 관리·지출되어야 하며 국가의 일반적 재정수입에 포함시켜 일반적 국가과제를 수행하는 데 사용되어서는 아니 된다(1998.12.24, 98헌가1).

③ [ O ] 조세유사적 성격을 지니고 있는 특별부담금의 부과가 과잉금지의 원칙과 관련하여 방법상 적정한 것으로 인정되기 위해서는, 이러한 부담금의 부과를 통하여 수행하고자 하는 특정한 경제적·사회적 과제에 대하여 특별히 객관적으로 밀접한 관련이 있는 특정집단에 국한하여 부과되어야 하고, 이와 같이 부과·징수된 부담금은 그 특정과제의 수행을 위하여 별도로 지출·관리되어야 하며 국가의 일반적 재정수입에 포함시켜 일반적 국가과제를 수행하는 데 사용하여서는 아니 된다(1999.10.21, 97헌바84).

④ [ O ] 부담금은 조세에 대한 관계에서 어디까지나 예외적으로만 인정되어야 하며, 어떤 공적 과제에 관한 재정조달을 조세로 할 것인지 아니면 부담금으로 할 것인지에 관하여 <u>입법자의 자유로운 선택권</u>

을 허용하여서는 안 된다. 즉, 국가 등의 <u>일반적 재정수입에 포함</u>시켜 일반적 과제를 수행하는 데 사용할 목적이라면 반드시 <u>조세의 형식으로 해야</u> 하지, 거기에 부담금의 형식을 남용해서는 안 되는 것이다(2004.7.15, 2002헌바42).

## 17                          정답 ③

① [O] 교통안전기금의 재원의 하나로 운송사업자들 및 교통수단 제조업자들에 대하여 부과되는 분담금은 교통안전사업의 재정충당을 위한 특별부담금(Sonderabgaben)의 일종으로 볼 수 있고, 그 사용목적이 교통안전사업으로 제한되며 부과대상자가 특정사업자들로 한정된다는 점에서 조세와는 다르다고 할 것이나, 공익사업의 재정충당을 위하여 부과된다는 점에서 조세유사적 성격을 가진다(1999.1.28, 97헌가8).

② [O] 먹는 샘물 수입판매업자에게 수질개선부담금을 부과하는 것은 수돗물 우선정책에 반하는 수입 먹는 샘물의 보급 및 소비를 억제하도록 간접적으로 유도함으로써 궁극적으로는 수돗물의 질을 개선하고 이를 국민에게 저렴하게 공급하려는 정당한 국가정책이 원활하게 실현될 수 있게 하기 위한 것으로서, 부과에 합리적인 이유가 있으므로 평등원칙에 위배되는 것이라 볼 수 없다(2004.7.15, 2002헌바42).

❸ [X] 부담금과 관련된 공적 과제의 수행으로부터 납부의무자 중 일부 또는 전부가 이익을 얻을 수도 있지만, 부담금의 산정에는 그러한 이익과의 엄밀한 등가관계가 관철되고 있지 않으며, 이러한 의미에서 여전히 반대급부적 성격은 부인된다. 그리고 <u>이처럼 반대급부적 성격이 없이 공법상 강제로 부과·징수되는 점에서는 부담금과 조세는 매우 유사하다.</u> 다만, 조세는 국가 등의 일반적 과제의 수행을 위한 것으로서 담세능력이 있는 일반국민에 대해 부과되지만, 부담금은 특별한 과제의 수행을 위한 것으로서 당해 공익사업과 일정한 관련성이 있는 특정 부류의 사람들에 대해서만 부과되는 점에서 양자는 차이가 있다(2004.7.15, 2002헌바42). ➡ 부담금은 특정 사람에게 부과되나 그 사용할 특정 사업에 한정되는 것이지, 특정 사람을 위해 사용해야 하는 것은 아니다.

④ [O] 부담금은 그 부과목적과 기능에 따라 순수하게 재정조달의 목적만 가지는 '재정조달목적 부담금'과 재정조달목적뿐만 아니라 부담금의 부과 자체로써 국민의 행위를 특정한 방향으로 유도하거나 특정한 공법적 의무의 이행 또는 공공출연으로부터의 특별한 이익과 관련된 집단 간의 형평성 문제를 조정하여 특정한 사회·경제정책을 실현하기 위한 '정책실현목적 부담금'으로 구분할 수 있다. 전자의 경우에는 공적 과제가 부담금 수입의 지출 단계에서 비로소 실현되나, 후자의 경우에는 공적 과제의 전부 혹은 일부가 부담금의 부과 단계에서 이미 실현된다(2019.12.27, 2017헌가21).

## 18                          정답 ②

① [O] 예산도 일종의 법규범이고 법률과 마찬가지로 국회의 의결을 거쳐 제정되지만, 예산은 법률과 달리 국가기관만을 구속할 뿐 일반국민을 구속하지 않는다(2006.4.25, 2006헌마409).

❷ [X] <u>예산도 법규범이다.</u>

---

③ [O] 우리 헌법은 제53조의 법률의결권과는 별도로 제54조에서 예산의 결권을 규정함으로써 법률과 예산의 형식을 구별하는 예산비법률주의를 채택하고 있다. 따라서 예산법률주의를 채택하려면 헌법개정을 요한다.

④ [O] 조세에 관한 입법례로서는 일년세주의와 영구세주의가 있다. 일년세주의라 함은 국가나 지방자치단체가 조세를 부과·징수하기 위해서는 의회가 그에 관한 법률을 연도마다 새로이 제정하여야 하는 방식을 말한다. 이에 대하여 영구세주의라 함은 의회가 일단 조세에 관한 법률을 제정하면 그 법률에 따라 국가나 지방자치단체가 몇 년이든 계속하여 조세를 부과·징수할 수 있는 방식을 말한다. 우리 헌법 제59조가 영구세주의를 규정하고 있는가에 관하여는 긍정설과 부정설로 견해가 대립하나, 우리나라 법률의 효력은 별도의 규정이 없는 한 <u>영구적이므로</u> 헌법이 특히 일년세주의를 명문으로 규정하고 있지 않는 이상 <u>헌법 제59조의 조세법률주의는 영구세주의를 규정한 것이라 할 수 있다.</u> 예산은 1년간 효력을 가진다.

## 19                          정답 ③

① [X] 예산안은 정부만 제출할 수 있다.

② [X] 법률안에 대한 헌법 제53조 내용이다. 예산안에 대한 거부권은 인정되지 않는다.

❸ [O] 예산과 법률을 구별하는 예산비법률주의 국가에서는 상호불변관계에 있다.

④ [X] 조세는 조세법률주의에 따라 법률에 근거가 있으면 부과할 수 있다. 세출예산에 계상되어 있어도 법률의 근거가 없으면 지출할 수 없다.

## 20                          정답 ②

① [O] 옳은 지문이다.

❷ [X] 대통령제 국가에서 여소야대일 경우 야당이 다수당이어서 법률 제·개정을 저지하거나, 예산안을 지나치게 삭감하여 불일치 가능성이 높다.

③ [O] 한 회계연도를 넘어 계속하여 지출할 필요가 있을 때에는 정부는 <u>연한을 정하여</u> 계속비로서 국회의 의결을 얻어야 한다(헌법 제55조 제1항).

④ [O] 예비비는 총액으로 국회의 의결을 얻어야 한다. 예비비의 지출은 차기국회의 승인을 얻어야 한다(헌법 제55조 제2항).

## 정답

| | | | | | | | |
|---|---|---|---|---|---|---|---|
| **01** | ③ | **02** | ① | **03** | ④ | **04** | ③ |
| **05** | ① | **06** | ② | **07** | ③ | **08** | ② |
| **09** | ④ | **10** | ② | **11** | ③ | **12** | ④ |
| **13** | ④ | **14** | ③ | **15** | ④ | **16** | ② |
| **17** | ④ | **18** | ① | **19** | ① | **20** | ③ |

### 01                                    정답 ③

① [ X ] ② [ X ] 한 회계연도를 넘어 계속하여 지출할 필요가 있을 때에는 정부는 연한을 정하여 계속비로서 국회의 의결을 얻어야 한다(헌법 제55조 제1항).

❸ [ O ]

> 「국가재정법」 제23조【계속비】① 완성에 수년도를 요하는 공사나 제조 및 연구개발사업은 그 경비의 총액과 연부액(年賦額)을 정하여 미리 국회의 의결을 얻은 범위 안에서 수년도에 걸쳐서 지출할 수 있다.
> ② 제1항의 규정에 따라 국가가 지출할 수 있는 연한은 그 회계연도부터 5년 이내로 한다. 다만, 사업규모 및 국가재원 여건상 필요한 경우에는 예외적으로 10년 이내로 할 수 있다.
> ③ 기획재정부장관은 필요하다고 인정하는 때에는 국회의 의결을 거쳐 제2항의 지출연한을 연장할 수 있다.

④ [ X ] 예비비는 총액으로 국회의 의결을 얻어야 한다. 예비비의 지출은 차기국회의 승인을 얻어야 한다(헌법 제55조 제2항).

### 02                                    정답 ①

❶ [ X ] 예비비는 총액으로 국회의 의결을 얻어야 한다. 예비비의 지출은 차기국회의 승인을 얻어야 한다(헌법 제55조 제2항).

② [ O ]

> 「국가재정법」 제22조【예비비】① 정부는 예측할 수 없는 예산 외의 지출 또는 예산초과지출에 충당하기 위하여 일반회계 예산총액의 100분의 1 이내의 금액을 예비비로 세입세출예산에 계상할 수 있다. 다만, 예산총칙 등에 따라 미리 사용목적을 지정해 놓은 예비비는 본문의 규정에 불구하고 별도로 세입세출예산에 계상할 수 있다.
> ② 제1항 단서의 규정에 불구하고 공무원의 보수 인상을 위한 인건비 충당을 위하여는 예비비의 사용목적을 지정할 수 없다.

③ [ O ]

> 「국가재정법」 제51조【예비비의 관리와 사용】④ 일반회계로부터 전입받은 특별회계는 필요한 경우에는 일반회계 예비비를 전입받아 그 특별회계의 세출로 사용할 수 있다.

> 제52조【예비비사용명세서의 작성 및 국회제출】① 각 중앙관서의 장은 예비비로 사용한 금액의 명세서를 작성하여 다음 연도 2월 말까지 기획재정부장관에게 제출하여야 한다.
> ② 기획재정부장관은 제1항의 규정에 따라 제출된 명세서에 따라 예비비로 사용한 금액의 총괄명세서를 작성한 후 국무회의의 심의를 거쳐 대통령의 승인을 얻어야 한다.
> ③ 기획재정부장관은 제2항의 규정에 따라 대통령의 승인을 얻은 총괄명세서를 감사원에 제출하여야 한다.
> ④ 정부는 예비비로 사용한 금액의 총괄명세서를 다음 연도 5월 31일까지 국회에 제출하여 그 승인을 얻어야 한다.

④ [ O ] 정부는 예측할 수 없는 예산 외의 지출 또는 예산초과지출에 충당하기 위하여 일반회계 예산총액의 100분의 1 이내의 금액을 예비비로 세입세출예산에 계상할 수 있다. 다만, 예산총칙 등에 따라 미리 사용목적을 지정해 놓은 예비비는 본문의 규정에 불구하고 별도로 세입세출예산에 계상할 수 있다(「국가재정법」 제22조 제1항).

### 03                                    정답 ④

① [ X ] ③ [ X ] 정부는 예측할 수 없는 예산 외의 지출 또는 예산초과지출에 충당하기 위하여 일반회계 예산총액의 100분의 1 이내의 금액을 예비비로 세입세출예산에 계상할 수 있다. 다만, 예산총칙 등에 따라 미리 사용목적을 지정해 놓은 예비비는 본문의 규정에 불구하고 별도로 세입세출예산에 계상할 수 있다(「국가재정법」 제22조 제1항).

② [ X ] 예비비 지출 후 국회의 승인을 얻지 못한 경우에는 지출행위의 효력에는 영향이 없지만, 정부는 정치적 책임을 진다.

❹ [ O ]

> 「국가재정법」 제89조【추가경정예산안의 편성】① 정부는 다음 각 호의 어느 하나에 해당하게 되어 이미 확정된 예산에 변경을 가할 필요가 있는 경우에는 추가경정예산안을 편성할 수 있다.
> 1. 전쟁이나 대규모 재해(「재난 및 안전관리 기본법」 제3조에서 정의한 자연재난과 사회재난의 발생에 따른 피해를 말한다)가 발생한 경우
> 2. 경기침체, 대량실업, 남북관계의 변화, 경제협력과 같은 대내·외 여건에 중대한 변화가 발생하였거나 발생할 우려가 있는 경우
> 3. 법령에 따라 국가가 지급하여야 하는 지출이 발생하거나 증가하는 경우
> ② 정부는 국회에서 추가경정예산안이 확정되기 전에 이를 미리 배정하거나 집행할 수 없다.

### 04                                    정답 ③

① [ X ] 정부는 예산에 변경을 가할 필요가 있을 때에는 추가경정예산안을 편성하여 국회에 제출할 수 있다(헌법 제56조).

② [ X ] ❸ [ O ]

> 「국가재정법」 제89조【추가경정예산안의 편성】① 정부는 다음 각 호의 어느 하나에 해당하게 되어 이미 확정된 예산에 변경을 가할 필요가 있는 경우에는 추가경정예산안을 편성할 수 있다.
> 1. 전쟁이나 대규모 재해(「재난 및 안전관리 기본법」 제3조에서 정의한 자연재난과 사회재난의 발생에 따른 피해를 말한다)가 발생한 경우

2. 경기침체, 대량실업, 남북관계의 변화, 경제협력과 같은 대내·외 여건에 중대한 변화가 발생하였거나 발생할 우려가 있는 경우
3. 법령에 따라 국가가 지급하여야 하는 지출이 발생하거나 증가하는 경우
② 정부는 국회에서 추가경정예산안이 확정되기 전에 이를 미리 배정하거나 집행할 수 없다.

④ [X]

「국가재정법」 제48조 【세출예산의 이월】① 매 회계연도의 세출예산은 다음 연도에 이월하여 사용할 수 없다.
③ 제1항에도 불구하고 계속비의 연도별 연부액 중 해당 연도에 지출하지 못한 금액은 계속비사업의 완성연도까지 계속 이월하여 사용할 수 있다.

## 05                                        정답 ①

❶ [O] 정부는 예산안을 국회에 제출한 후 부득이한 사유로 인하여 그 내용의 일부를 수정하고자 하는 때에는 국무회의의 심의를 거쳐 대통령의 승인을 얻은 수정예산안을 국회에 제출할 수 있다(「국가재정법」 제35조).

② [X] 가예산이 아니라, 준예산에 대한 설명이다.

③ [X] ④ [X]

헌법 제54조 ③ 새로운 회계연도가 개시될 때까지 예산안이 의결되지 못한 때에는 정부는 국회에서 예산안이 의결될 때까지 다음의 목적을 위한 경비는 전년도 예산에 준하여 집행할 수 있다.
1. 헌법이나 법률에 의하여 설치된 기관 또는 시설의 유지·운영
2. 법률상 지출의무의 이행
3. 이미 예산으로 승인된 사업의 계속

## 06                                        정답 ②

① [X]

헌법 제54조 ③ 새로운 회계연도가 개시될 때까지 예산안이 의결되지 못한 때에는 정부는 국회에서 예산안이 의결될 때까지 다음의 목적을 위한 경비는 전년도 예산에 준하여 집행할 수 있다.
1. 헌법이나 법률에 의하여 설치된 기관 또는 시설의 유지·운영

❷ [O] 정부는 회계연도마다 예산안을 편성하여 회계연도 개시 90일 전까지 국회에 제출하고, 국회는 회계연도 개시 30일 전까지 이를 의결하여야 한다(헌법 제54조 제2항).

③ [X]

헌법 제54조 ② 정부는 회계연도마다 예산안을 편성하여 회계연도 개시 90일 전까지 국회에 제출하고, 국회는 회계연도 개시 30일 전까지 이를 의결하여야 한다.

제89조 다음 사항은 국무회의의 심의를 거쳐야 한다.
4. 예산안·결산·국유재산처분의 기본계획·국가의 부담이 될 계약 기타 재정에 관한 중요사항

④ [X] 헌법 제54조에 따르면 국가예산을 국회에 제출하는 것은 정부이다. 따라서 의장은 국회 소관 예산요구서를 정부에 제출한다.

「국회법」 제23조 【국회의 예산】① 국회의 예산은 독립하여 국가예산에 계상한다.
② 의장은 국회 소관 예산요구서를 작성하여 국회운영위원회의 심사를 거쳐 정부에 제출한다. 다만, 「국가재정법」에서 정한 예산요구서 제출기일 전일까지 국회운영위원회가 국회 소관 예산요구서의 심사를 마치지 못한 경우에는 의장은 직접 국회 소관 예산요구서를 정부에 제출할 수 있다.

## 07                                        정답 ③

① [O]

헌법 제54조 ② 정부는 회계연도마다 예산안을 편성하여 회계연도 개시 90일 전까지 국회에 제출하고, 국회는 회계연도 개시 30일 전까지 이를 의결하여야 한다.

「국가재정법」 제33조 【예산안의 국회제출】정부는 제32조의 규정에 따라 대통령의 승인을 얻은 예산안을 회계연도 개시 120일 전까지 국회에 제출하여야 한다.

② [O] 정부는 독립기관의 예산을 편성함에 있어 당해 독립기관의 장의 의견을 최대한 존중하여야 하며, 국가재정상황 등에 따라 조정이 필요한 때에는 당해 독립기관의 장과 미리 협의하여야 한다(「국가재정법」 제40조 제1항).

❸ [X]

「국가재정법」 제40조 【독립기관의 예산】① 정부는 독립기관의 예산을 편성함에 있어 당해 독립기관의 장의 의견을 최대한 존중하여야 하며, 국가재정상황 등에 따라 조정이 필요한 때에는 당해 독립기관의 장과 미리 협의하여야 한다.
② 정부는 제1항의 규정에 따른 협의에도 불구하고 독립기관의 세출예산요구액을 감액하고자 할 때에는 국무회의에서 당해 독립기관의 장의 의견을 구하여야 하며, 정부가 독립기관의 세출예산요구액을 감액한 때에는 그 규모 및 이유, 감액에 대한 독립기관의 장의 의견을 국회에 제출하여야 한다.

제41조 【감사원의 예산】정부는 감사원의 세출예산요구액을 감액하고자 할 때에는 국무회의에서 감사원장의 의견을 구하여야 한다.

제6조 【독립기관 및 중앙관서】① 이 법에서 '독립기관'이라 함은 국회·대법원·헌법재판소 및 중앙선거관리위원회를 말한다. ➡ 국가정보원은 독립기관이 아니다.
② 이 법에서 '중앙관서'라 함은 헌법 또는 「정부조직법」 그 밖의 법률에 따라 설치된 중앙행정기관을 말한다.
③ 국회의 사무총장, 법원행정처장, 헌법재판소의 사무처장 및 중앙선거관리위원회의 사무총장은 이 법을 적용할 때 중앙관서의 장으로 본다.

④ [O] 예산결산특별위원회는 소관 상임위원회의 예비심사 내용을 존중하여야 하며, 소관 상임위원회에서 삭감한 세출예산 각항의 금액을 증가하게 하거나 새 비목(費目)을 설치할 경우에는 소관 상임위원회의 동의를 받아야 한다(「국회법」 제84조 제5항).

① [X]

> **「국가재정법」 제33조 【예산안의 국회제출】** 정부는 제32조의 규정에 따라 대통령의 승인을 얻은 예산안을 회계연도 개시 120일 전까지 국회에 제출하여야 한다.
>
> **헌법 제54조** ① 국회는 국가의 예산안을 심의·확정한다.
> ② 정부는 회계연도마다 예산안을 편성하여 회계연도 개시 90일 전까지 국회에 제출하고, 국회는 회계연도 개시 <u>30일 전까지</u> 이를 의결하여야 한다.

❷ [O] 예산결산특별위원회는 소관 상임위원회의 예비심사내용을 존중하여야 하며, 소관 상임위원회에서 삭감한 세출예산 각항의 금액을 증가하게 하거나 새 비목을 설치할 경우에는 소관 상임위원회의 동의를 얻어야 한다. 다만, 새 비목의 설치에 대한 동의요청이 소관 상임위원회에 회부되어 그 회부된 때부터 <u>72시간</u> 이내에 동의 여부가 예산결산특별위원회에 통지되지 아니한 경우에는 소관 상임위원회의 <u>동의가 있는 것으로 본다</u>(「국회법」 제84조 제5항).

③ [X] ④ [X]

> **「국회법」 제85조의3 【예산안 등 본회의 자동부의 등】** ① 위원회는 예산안, 기금운용계획안, 임대형 민자사업 한도액안과 제4항에 따라 지정된 세입예산안 부수 법률안의 심사를 매년 <u>11월 30일까지</u> 마쳐야 한다.
> ② 위원회가 예산안 등과 제4항에 따라 지정된 세입예산안 부수 법률안(체계·자구 심사를 위하여 법제사법위원회에 회부된 법률안을 포함한다)에 대하여 제1항에 따른 <u>기한 내에 심사를 마치지 아니한 때에는 그 다음 날에 위원회에서 심사를 마치고 바로 본회의에 부의된 것으로 본다.</u> 다만, 의장이 각 교섭단체 대표의원과 합의한 경우에는 그러하지 아니하다.

① [O] 의안에 대한 수정동의는 그 안을 갖추고 이유를 붙여 30명 이상의 찬성 의원과 연서하여 미리 의장에게 제출하여야 한다. 다만, 예산안에 대한 수정동의는 의원 50명 이상의 찬성이 있어야 한다(「국회법」 제95조 제1항).

② [O] 국회는 정부가 제출한 기금운용계획안의 주요항목 지출금액을 증액하거나 새로운 과목을 설치하고자 하는 때에는 미리 정부의 동의를 얻어야 한다(「국가재정법」 제69조).

③ [O] ❹ [X] 국회는 정부의 동의 없이 정부가 제출한 지출예산 각항의 금액을 증가하거나 새 비목을 설치할 수 없다(헌법 제57조).
➡ '적극적' 수정은 정부의 동의 없이 할 수 없으나, 삭감·폐지는 정부의 동의 없이도 할 수 있다.

① [O] 조약이나 법률로써 확정된 금액과, 채무부담행위로서 전년도에 국회의 의결을 얻은 금액은 삭감할 수 없다.

❷ [X] 법률의 공포는 효력발생요건이다. 그러나 예산의 공고는 효력발생요건이 아니다.

> **「법령 등 공포에 관한 법률」 제11조 【공포 및 공고의 절차】** ① 헌법개정·법률·조약·대통령령·총리령 및 부령의 공포와 헌법개정안·예산 및 예산 외 국고부담계약의 공고는 관보에 게재함으로써 한다.

③ [O] 영구세주의에 따라 법률의 근거가 있는 한 세입예산을 초과하거나 예산에 계상되어 있지 않은 항목의 수납도 가능하다. 그러나 법률의 근거가 없다면 세입예산을 맞추기 위한 조세부과는 허용되지 않는다. 따라서 세입관련 예산은 세출관련 예산보다 국가구속력이 약하다.

④ [O] 각 중앙관서의 장은 세출예산이 정한 목적 외에 경비를 사용할 수 없다(「국가재정법」 제45조).

㉠ [O] 헌법 제58조

㉡ [X]

> **헌법 제58조** 국채를 모집하거나 예산 외에 국가의 부담이 될 계약을 체결하려 할 때에는 정부는 미리 국회의 의결을 얻어야 한다.
>
> **제76조** ③ 대통령은 제1항과 제2항의 처분(긴급재정·경제처분) 또는 명령(긴급명령)을 한 때에는 지체 없이 국회에 보고하여 그 승인을 얻어야 한다.

㉢ [X] 국채를 모집하거나 예산 외에 국가의 부담이 될 계약을 체결하려 할 때에는 정부는 미리 국회의 의결을 얻어야 한다(헌법 제58조).
➡ 차기국회가 아니라 '미리' 국회의 의결을 얻어야 한다. 예비비 지출을 한 경우 차기국회의 승인을 얻어야 한다.

㉣ [O] 헌법 제58조는, "국채를 모집하거나 예산 외에 국가의 부담이 될 계약을 체결하려 할 때에는 정부는 미리 국회의 의결을 얻어야 한다."라고 규정하고 있어, 예산 외에 국가의 부담이 될 계약체결에 대한 동의권은 국회에 속한다. 따라서 예산 외에 국가의 부담이 될 계약체결의 주체인 정부가 그 계약체결에 국회의 동의절차를 거치지 아니하는 경우 그에 대한 국회의 동의권이 침해되는 것이므로, 이를 다투는 권한쟁의심판의 당사자는 국회가 되어야 할 것이다(2008.1.17, 2005헌라10).

① [O] 행정각부의 장관이 국가 예산을 재원으로 사회복지사업을 시행함에 있어 예산확보방법과 그 집행대상 등에 관하여 정책결정을 내리고 이를 미리 일선 공무원들에게 지침 등의 형태로 고지하는 일련의 행위는 장래의 예산확보 및 집행에 대비한 일종의 준비행위로서 헌법소원의 대상이 될 수 없지만, 위와 같은 정책결정을 구체화시킨 지침의 내용이 국민의 기본권에 직접적으로 영향을 끼치고, 앞으로 법령의 뒷받침에 의하여 그대로 실시될 것이 틀림없을 것으로 예상될 수 있을 때에는 예외적으로 헌법소원의 대상이 될 수도 있다 할 것이다(2007.10.25, 2006헌마1236).

② [O] 정부가 국회의 동의 없이 예산 외에 국가의 부담이 될 계약을 체결하였다 하더라도 국회의 동의권이 침해될 수는 있어도 국회의원인 청구인들 자신의 심의·표결권이 침해될 가능성은 없다. 권한쟁의심판에 있어 '제3자 소송담당'을 허용하는 법률의 규정이 없는 현행법 체계하에서 국회의 구성원인 청구인들은 국회의 '예산 외에 국가의 부담이 될 계약'의 체결에 있어 동의권의 침해를 주장하는 권한쟁의심판을 청구할 수 없다고 할 것이다(2008.1.17, 2005헌라10).

③ [○] 국회의원의 심의·표결권은 국회의 대내적인 관계에서 행사되고 침해될 수 있을 뿐 다른 국가기관과의 대외적인 관계에서는 침해될 수 없는 것이므로, 국회의원들 상호간 또는 국회의원과 국회의장 사이와 같이 국회 내부적으로만 직접적인 법적 연관성을 발생시킬 수 있을 뿐이고 대통령 등 국회 이외의 국가기관과 사이에서는 권한침해의 직접적인 법적 효과를 발생시키지 아니하므로 정부가 국회의 동의 없이 예산 외에 국가의 부담이 될 계약을 체결하였다 하더라도 국회의 동의권이 침해될 수는 있어도 국회의원인 청구인들 자신의 심의·표결권이 침해될 가능성은 없다(2008.1.17, 2005헌라10).

❹ [X] 정보위원회는 제1항과 제2항에도 불구하고 국가정보원 소관 예산안과 결산, 「국가정보원법」 제4조 제1항 제5호에 따른 정보 및 보안업무의 기획·조정 대상 부처 소관의 정보 예산안과 결산에 대한 심사를 하여 그 결과를 해당 부처별 총액으로 하여 의장에게 보고하고, 의장은 정보위원회에서 심사한 예산안과 결산에 대하여 총액으로 예산결산특별위원회에 통보한다. <u>이 경우 정보위원회의 심사는 예산결산특별위원회의 심사로 본다</u>(「국회법」 제84조 제4항).

## 13 　　　　　　　　　　　　　　　　　　정답 ④

① [○]

> 「국회법」 제46조의3 【인사청문특별위원회】① 국회는 다음 각 호의 임명동의안 또는 의장이 각 교섭단체 대표의원과 협의하여 제출한 선출안 등을 심사하기 위하여 인사청문특별위원회를 둔다. 다만, 「대통령직 인수에 관한 법률」 제5조 제2항에 따라 대통령당선인이 국무총리 후보자에 대한 인사청문의 실시를 요청하는 경우에 의장은 각 교섭단체 대표의원과 협의하여 그 인사청문을 실시하기 위한 인사청문특별위원회를 둔다.
> 1. 헌법에 따라 그 임명에 국회의 동의가 필요한 대법원장·헌법재판소장·국무총리·감사원장 및 대법관에 대한 임명동의안
> 2. 헌법에 따라 국회에서 선출하는 헌법재판소 재판관 및 중앙선거관리위원회 위원에 대한 선출안
>
> 제65조의2 【인사청문회】② 상임위원회는 다른 법률에 따라 다음 각 호의 어느 하나에 해당하는 공직후보자에 대한 인사청문 요청이 있는 경우 인사청문을 실시하기 위하여 각각 인사청문회를 연다.
> 1. 대통령이 임명하는 헌법재판소 재판관, 중앙선거관리위원회 위원, 국무위원, 방송통신위원회 위원장, 국가정보원장, 공정거래위원회 위원장, 금융위원회 위원장, 국가인권위원회 위원장, 고위공직자범죄수사처장, 국세청장, 검찰총장, 경찰청장, 합동참모의장, 한국은행 총재, 특별감찰관 또는 한국방송공사 사장의 후보자
> 2. 대통령당선인이 「대통령직 인수에 관한 법률」 제5조 제1항에 따라 지명하는 국무위원 후보자
> 3. 대법원장이 지명하는 헌법재판소 재판관 또는 중앙선거관리위원회 위원의 후보자

② [○] 9인의 헌법재판소 재판관 중, 국회에서 선출되는 헌법재판관 3인과 임명에 국회의 동의를 요하는 헌법재판소장은 인사청문특별위원회의 인사청문을 거쳐야 하지만, 대법원장이 지명하는 3인의 헌법재판관과 대통령이 단독으로 임명하는 재판관 3인은 소관 상임위원회(법제사법위원회)의 인사청문회를 거치도록 규정하고 있다(「국회법」 제46조의3 제1항, 제65조의2 제1항 참조). ➡ 모든 재판관과 중앙선거관리위원회 위원은 인사청문을 거쳐야 한다는 지문은 옳은 지문이다.

③ [○] 국무총리는 국회의 동의를 받으므로 인사청문특별위원회의 인사청문을 거친다.

❹ [X] 대법관도 헌법상 국회의 동의를 받으므로 인사청문특별위원회의 인사청문을 거친다(「국회법」 제46조의3 제1항 참조).

## 14 　　　　　　　　　　　　　　　　　　정답 ③

㉠ [○]

> 「국회법」 제46조의3 【인사청문특별위원회】① 국회는 다음 각 호의 임명동의안 또는 의장이 각 교섭단체 대표의원과 협의하여 제출한 선출안 등을 심사하기 위하여 인사청문특별위원회를 둔다. 다만, 「대통령직 인수에 관한 법률」 제5조 제2항에 따라 대통령당선인이 국무총리 후보자에 대한 인사청문의 실시를 요청하는 경우에 의장은 각 교섭단체 대표의원과 협의하여 그 인사청문을 실시하기 위한 인사청문특별위원회를 둔다.
> 1. 헌법에 따라 그 임명에 국회의 동의가 필요한 대법원장·<u>헌법재판소장</u>·국무총리·감사원장 및 대법관에 대한 임명동의안
> 2. 헌법에 따라 국회에서 선출하는 헌법재판소 재판관 및 중앙선거관리위원회 위원에 대한 선출안
>
> 「헌법재판소법」 제12조 【헌법재판소장】② 헌법재판소장은 국회의 동의를 받아 재판관 중에서 대통령이 임명한다.

㉡ [X] 헌법재판관 9인 중 국회에서 선출하는 3인은 인사청문특별위원회에서, <u>나머지 6인은 소관 상임위원회인 법제사법위원회에서 인사청문</u>을 한다. 또한 헌법재판소장을 겸하는 재판관은 헌법재판소장으로서 인사청문이 진행되므로 <u>인사청문특별위원회에서 인사청문회를 연다.</u>

㉢ [○] 「국회법」 제46조의3 제1항 제2호

㉣ [○] 헌법에 규정되지 않은 공직후보자도 인사청문의 대상이 될 수 있다. 예를 들면, 국가인권위원회 위원장도 인사청문회의 대상이 될 수 있다.

㉤ [X] 헌법상 국회의 동의, 국회에서 선출되는 기관은 인사청문특별위원회에서 인사청문이 이루어진다. 감사원장은 국회의 동의를 얻는 기관이므로 인사청문특별위원회에서 인사청문을 한다.

## 15 　　　　　　　　　　　　　　　　　　정답 ④

① [X]

> 「국회법」 제65조의2 【인사청문회】① 제46조의3에 따른 심사 또는 인사청문을 위하여 인사에 관한 청문회(이하 '인사청문회'라 한다)를 연다.
> ② 상임위원회는 다른 법률에 따라 다음 각 호의 어느 하나에 해당하는 공직후보자에 대한 인사청문 요청이 있는 경우 인사청문을 실시하기 위하여 각각 인사청문회를 연다.
> 1. 대통령이 임명하는 헌법재판소 재판관, 중앙선거관리위원회 위원, 국무위원, 방송통신위원회 위원장, 국가정보원장, 공정거래위원회 위원장, 금융위원회 위원장, 국가인권위원회 위원장, 국세청장, 검찰총장, 경찰청장, 합동참모의장, <u>한국은행 총재</u>, 특별감찰관 또는 한국방송공사 사장의 후보자

② [X] 대통령이 임명하거나 대법원장이 지명하는 헌법재판소 재판관은 소관 상임위원회의 인사청문회를 거친다(「국회법」 제65조의2 제2항).

③ [X]

> 「국회법」 제65조의2 【인사청문회】 ② 상임위원회는 다른 법률에 따라 다음 각 호의 어느 하나에 해당하는 공직후보자에 대한 인사청문 요청이 있는 경우 인사청문을 실시하기 위하여 각각 인사청문회를 연다.
> 1. 대통령이 임명하는 헌법재판소 재판관, 중앙선거관리위원회 위원, 국무위원, 방송통신위원회 위원장, 국가정보원장, 공정거래위원회 위원장, 금융위원회 위원장, 국가인권위원회 위원장, 국세청장, 검찰총장, 경찰청장, 합동참모의장, 한국은행 총재, 특별감찰관 또는 한국방송공사 사장의 후보자
> 2. 대통령당선인이 「대통령직 인수에 관한 법률」 제5조 제1항에 따라 지명하는 국무위원 후보자
> 3. 대법원장이 지명하는 헌법재판소 재판관 또는 중앙선거관리위원회 위원의 후보자

❹ [○] 국가인권위원회 위원장은 소관 상임위원회인 국회운영위원회에서 인사청문회를 연다. 그러나 국가인권위원회 위원은 인사청문회의 대상이 아니다.

## 16           정답 ②

① [X]

> 「인사청문회법」 제3조 【인사청문특별위원회】 ② 인사청문특별위원회의 위원정수는 13인으로 한다.
> ④ 어느 교섭단체에도 속하지 아니하는 의원의 위원선임은 의장이 이를 행한다.

❷ [○] ④ [X]

> 「인사청문회법」 제6조 【임명동의안 등의 회부 등】 ② 국회는 임명동의안 등이 제출된 날부터 20일 이내에 그 심사 또는 인사청문을 마쳐야 한다.
> ③ 부득이한 사유로 제2항의 규정에 의한 기간 이내에 헌법재판소 재판관·중앙선거관리위원회 위원·국무위원·방송통신위원회 위원장·국가정보원장·공정거래위원회 위원장·금융위원회 위원장·국가인권위원회 위원장·국세청장·검찰총장·경찰청장·합동참모의장·한국은행 총재·특별감찰관 또는 한국방송공사 사장(이하 '헌법재판소 재판관 등'이라 한다)의 후보자에 대한 인사청문회를 마치지 못하여 국회가 인사청문경과보고서를 송부하지 못한 경우에 대통령·대통령당선인 또는 대법원장은 제2항에 따른 기간의 다음 날부터 10일 이내의 범위에서 기간을 정하여 인사청문경과보고서를 송부하여 줄 것을 국회에 요청할 수 있다.

③ [X] 활동기간은 「인사청문회법」 제9조에 규정되어 있다. 인사청문특별위원회가 회부된 날부터 15일 이내에 인사청문을 마쳐야 하고, 그렇지 않으면 의장이 본회의에 부의할 수 있다(「인사청문회법」 제9조 제3항).

## 17           정답 ④

① [○]

> 「인사청문회법」 제11조 【위원장의 보고 등】 ① 위원장은 위원회에서 심사 또는 인사청문을 마친 임명동의안 등에 대한 위원회의 심사경과 또는 인사청문경과를 본회의에 보고한다.

② 의장은 「국회법」 제65조의2 제2항의 규정에 의한 공직후보자에 대한 인사청문경과가 본회의에 보고되면 지체 없이 인사청문경과보고서를 대통령·대통령당선인 또는 대법원장에게 송부하여야 한다. 다만, 인사청문을 마친 후 폐회 또는 휴회 그 밖의 부득이한 사유로 위원장이 인사청문경과를 본회의에 보고할 수 없을 때에는 위원장은 이를 의장에게 보고하고 의장은 인사청문경과보고서를 대통령·대통령당선인 또는 대법원장에게 송부하여야 한다.

② [○] ③ [○]

> 「인사청문회법」 제6조 【임명동의안 등의 회부 등】 ② 국회는 임명동의안 등이 제출된 날부터 20일 이내에 그 심사 또는 인사청문을 마쳐야 한다.
> ③ 부득이한 사유로 제2항의 규정에 의한 기간 이내에 헌법재판소 재판관·중앙선거관리위원회 위원·국무위원·방송통신위원회 위원장·국가정보원장·공정거래위원회 위원장·금융위원회 위원장·국가인권위원회 위원장·국세청장·검찰총장·경찰청장·합동참모의장·한국은행 총재·특별감찰관 또는 한국방송공사 사장(이하 '헌법재판소 재판관 등'이라 한다)의 후보자에 대한 인사청문회를 마치지 못하여 국회가 인사청문경과보고서를 송부하지 못한 경우에 대통령·대통령당선인 또는 대법원장은 제2항에 따른 기간의 다음 날부터 10일 이내의 범위에서 기간을 정하여 인사청문경과보고서를 송부하여 줄 것을 국회에 요청할 수 있다.
> ④ 제3항의 규정에 의한 기간 이내에 헌법재판소 재판관 등의 후보자에 대한 인사청문경과보고서를 국회가 송부하지 아니한 경우에 대통령 또는 대법원장은 헌법재판소 재판관 등으로 임명 또는 지명할 수 있다.

❹ [X] ㉠ 국회동의 또는 선출이 필요한 자: 국무총리나 대법원장 임명과 같이 국회동의가 필요한 경우, 20일 이내 인사청문회를 마치지 아니한 경우 의장이 본회의에 부의할 수 있다. ➡ 대법원장은 국회의 동의가 필요하므로 국회동의를 얻고 대통령이 임명해야 한다.
    ㉡ 국회동의 또는 선출이 필요 없는 자: 인사청문경과보고서가 20일 이내에 송부되지 않은 경우 대통령은 10일 이내의 범위에서 송부해 줄 것을 요청할 수 있고, 국회가 송부하지 아니한 경우에는 헌법재판소 재판관 등을 임명할 수 있다.

## 18           정답 ①

❶ [○]

> 「인사청문회법」 제14조 【인사청문회의 공개】 인사청문회는 공개한다. 다만, 다음 각 호의 1에 해당하는 경우에는 위원회의 의결로 공개하지 아니할 수 있다.
> 1. 군사·외교 등 국가기밀에 관한 사항으로서 국가의 안전보장을 위하여 필요한 경우
> 2. 개인의 명예나 사생활을 부당하게 침해할 우려가 명백한 경우
> 3. 기업 및 개인의 적법한 금융 또는 상거래 등에 관한 정보가 누설될 우려가 있는 경우
> 4. 계속 중인 재판 또는 수사 중인 사건의 소추에 영향을 미치는 정보가 누설될 우려가 명백한 경우
> 5. 기타 다른 법령에 의해 비밀이 유지되어야 하는 경우로서 비공개가 필요하다고 판단되는 경우

② [X] 인사청문회는 공개한다. 다만, 위원회의 의결로 공개하지 아니할 수 있다(「인사청문회법」 제14조).

③ [X] 위원회에서의 질의는 <u>1문1답의 방식으로 한다</u>. 다만, 위원회의 의결이 있는 경우 일괄질의 등 다른 방식으로 할 수 있다(「인사청문회법」 제7조 제4항).

④ [X]

> **「인사청문회법」 제16조【답변 등의 거부】** ① 공직후보자는 「국회에서의 증언·감정 등에 관한 법률」 제4조 제1항 단서의 규정에 해당하는 경우에는 답변 또는 자료제출을 거부할 수 있다.
> ② 공직후보자는 「형사소송법」 제148조 또는 제149조의 규정에 해당하는 경우에 <u>답변 또는 자료제출을 거부할 수 있다.</u> 이 경우 그 거부이유는 소명하여야 한다.

## 19 정답 ①

❶ [X] 헌법 제27조가 보장하는 재판청구권에는 공정한 헌법재판을 받을 권리도 포함되고, 헌법 제111조 제2항은 헌법재판소가 9인의 재판관으로 구성된다고 명시하여 다양한 가치관과 헌법관을 가진 9인의 재판관으로 구성된 합의체가 헌법재판을 담당하도록 하고 있으며, 같은 조 제3항은 재판관 중 3인은 국회에서 선출하는 자를 임명한다고 규정하고 있다. 그렇다면 헌법 제27조, 제111조 제2항 및 제3항의 해석상, 피청구인이 선출하여 임명된 재판관 중 공석이 발생한 경우, 국회는 공정한 헌법재판을 받을 권리의 보장을 위하여 공석인 재판관의 후임자를 선출하여야 할 구체적 작위의무를 부담한다고 할 것이다(2014.4.24, 2012헌마2).

② [O] 대통령은 그의 지휘·감독을 받는 행정부 구성원을 임명하고 해임할 권한(헌법 제78조)을 가지고 있으므로, 국가정보원장의 임명행위는 헌법상 대통령의 고유권한으로서 법적으로 국회 인사청문회의 견해를 수용해야 할 의무를 지지는 않는다. 따라서 대통령은 국회 인사청문회의 판정을 수용하지 않음으로써 국회의 권한을 침해하거나 헌법상 권력분립원칙에 위배되는 등 헌법에 위반한 바가 없다(2004.5.14, 2004헌나1).

③ [O] 대통령이 국회 인사청문회의 결정이나 국회의 해임건의를 수용할 것인지의 문제는 대의기관인 국회의 결정을 정치적으로 존중할 것인지의 문제이지 법적인 문제가 아니다. 따라서 대통령의 이러한 행위는 헌법이 규정하는 권력분립구조 내에서의 대통령의 정당한 권한행사에 해당하거나 또는 헌법규범에 부합하는 것으로서 헌법이나 법률에 위반되지 아니한다(2004.5.14, 2004헌나1).

④ [O]

> **헌법 제98조** ② 원장은 국회의 동의를 얻어 대통령이 임명하고, 그 임기는 4년으로 하며, 1차에 한하여 중임할 수 있다.
> ③ 감사위원은 원장의 제청으로 대통령이 임명하고, 그 임기는 4년으로 하며, 1차에 한하여 중임할 수 있다.

## 20 정답 ③

① [O]

> **헌법 제111조** ② 헌법재판소는 법관의 자격을 가진 9인의 재판관으로 구성하며, 재판관은 대통령이 임명한다.
> ③ 제2항의 재판관 중 3인은 국회에서 선출하는 자를, 3인은 대법원장이 지명하는 자를 임명한다.

> **제114조** ② 중앙선거관리위원회는 대통령이 임명하는 3인, 국회에서 선출하는 3인과 대법원장이 지명하는 3인의 위원으로 구성한다. 위원장은 위원 중에서 호선한다.

② [O]

> **헌법 제63조** ① 국회는 국무총리 또는 국무위원의 해임을 대통령에게 건의할 수 있다.
> ② 제1항의 해임건의는 국회재적의원 3분의 1 이상의 발의에 의하여 국회재적의원 과반수의 찬성이 있어야 한다.

❸ [X]

> **「국회법」 제46조의3【인사청문특별위원회】** ① 국회는 다음 각 호의 임명동의안 또는 의장이 각 교섭단체 대표의원과 협의하여 제출한 선출안 등을 심사하기 위하여 인사청문특별위원회를 둔다. 다만, 「대통령직 인수에 관한 법률」 제5조 제2항에 따라 대통령당선인이 국무총리 후보자에 대한 인사청문의 실시를 요청하는 경우에 의장은 각 교섭단체 대표의원과 협의하여 그 인사청문을 실시하기 위한 인사청문특별위원회를 둔다.
> 1. 헌법에 따라 그 임명에 국회의 동의가 필요한 대법원장·헌법재판소장·국무총리·감사원장 및 대법관에 대한 임명동의안
> 2. 헌법에 따라 국회에서 선출하는 헌법재판소 재판관 및 중앙선거관리위원회 위원에 대한 선출안
>
> **제65조의2【인사청문회】** ① 제46조의3에 따른 심사 또는 인사청문을 위하여 인사에 관한 청문회(이하 '인사청문회'라 한다)를 연다.
> ② 상임위원회는 다른 법률에 따라 다음 각 호의 어느 하나에 해당하는 공직후보자에 대한 인사청문 요청이 있는 경우 인사청문을 실시하기 위하여 각각 인사청문회를 연다.
> 1. 대통령이 임명하는 헌법재판소 재판관, 중앙선거관리위원회 위원, 국무위원, 방송통신위원회 위원장, 국가정보원장, 공정거래위원회 위원장, 금융위원회 위원장, 국가인권위원회 위원장, 고위공직자범죄수사처장, 국세청장, 검찰총장, 경찰청장, 합동참모의장, 한국은행 총재, 특별감찰관 또는 한국방송공사 사장의 후보자
> 2. 대통령당선인이 「대통령직 인수에 관한 법률」 제5조 제1항에 따라 지명하는 국무위원 후보자
> 3. 대법원장이 지명하는 헌법재판소 재판관 또는 중앙선거관리위원회 위원의 후보자

④ [O] 9인의 헌법재판소 재판관 중, 국회에서 선출되는 헌법재판관 3인과 임명에 국회의 동의를 요하는 헌법재판소장은 인사청문특별위원회의 인사청문을 거쳐야 하지만, 대법원장이 지명하는 3인의 헌법재판관과 대통령이 단독으로 임명하는 재판관 3인은 소관 상임위원회(법제사법위원회)의 인사청문회를 거치도록 규정하고 있다(「국회법」 제46조의3 제1항, 제65조의2 제1항).

## 정답

| 01 | ① | 02 | ④ | 03 | ① | 04 | ② |
|----|---|----|---|----|---|----|---|
| 05 | ① | 06 | ④ | 07 | ④ | 08 | ③ |
| 09 | ① | 10 | ② | 11 | ③ | 12 | ④ |
| 13 | ② | 14 | ④ | 15 | ① | 16 | ④ |
| 17 | ③ | 18 | ④ | 19 | ② | 20 | ③ |

## 01 정답 ①

❶ [X] 탄핵제도는 고위직공무원이나 법관 등과 같이 신분이 보장된 공무원이 직무상 중대한 비위를 범한 경우에 이를 의회가 소추하여 처벌하거나 파면하는 제도이다. 탄핵대상자는 특수경력직인 정무직 공무원이 대부분이다.

② [O] 탄핵제도는 그리스에서 연원하나 근대적 의미의 탄핵제도는 영국에서 1805년 Melville사건에서 시작되었다. 따라서 탄핵제도가 대통령제의 특징은 아니다. 다만, 의원내각제는 불신임제도가 있으나 대통령제는 없으므로, 대통령제에서 탄핵제도의 제도적 의의는 의원내각제보다 크다고는 할 수 있다.

③ [O] 우리 헌법은 제헌헌법부터 탄핵제도를 채택하여 그 심판기관의 변화만 있었을 뿐 탄핵제도 자체는 현재까지 유지되고 있다.

④ [O] 헌법재판소가 탄핵사유에 대하여 위와 같이 판단하는 것은 '탄핵심판절차의 헌법수호기능'을 법치주의와 민주주의의 구현이라는 관점에서 파악한 데에 따른 것이다. 파면결정을 통해 손상된 헌법질서를 회복하고, 민주적 정당성을 임기 중 박탈함으로써 헌법을 수호·유지하는 기능은 대통령에 대한 탄핵심판절차뿐만 아니라 법관에 대한 탄핵심판절차의 경우에도 동일하게 작용한다(2021.10.28, 2021헌나1).

## 02 정답 ④

① [X] 헌법 제65조는 행정부와 사법부의 고위공직자에 의한 헌법·법률위반에 대하여 탄핵소추의 가능성을 규정함으로써 그들에 의한 헌법위반을 경고하고 방지하는 기능을 하며, 국민으로부터 국가권력을 위임받은 국가기관이 권한을 남용하여 헌법을 위반하는 경우 그 권한을 박탈하는 기능을 한다. 이러한 공직박탈은 국회의 탄핵소추절차와 헌법재판소의 탄핵심판절차를 통해 단계적으로 구현된다. 탄핵소추절차는 국가기관 사이의 권력분립원칙에 따른 견제의 성격을 가진다. 반면, 탄핵심판절차는 '사법절차'에 의하여 '법치주의'에 따라 파면하는 결정을 선고하는 '규범적 심판절차'이다 (2021.10.28, 2021헌나1).

② [X] 법관 임기제에 관한 현행헌법은 1948년 제정헌법에서 유래하였다. 1948년 제헌 당시 국회속기록에 따르면, 헌법제정권자는 '법관은 임기 10년 동안 신분을 보장받음'과 동시에, '그 10년이 지나면 임기만료와 연임제도를 통해 사법의 책임을 달성함'으로써, 법관 임기제를 통해 '일종의 청신한 민주주의의 공기를 불어넣어보려고 한 것'임을 확인할 수 있다. 즉, 법관 임기제는 사법의 독립

성과 책임성의 조화를 위해 법관의 민주적 정당성을 소멸시키는 '일상적 수단'이다. 반면, 법치주의의 특별한 보장자로서 국회와 헌법재판소가 역할을 분담하는 탄핵제도는 고위공직자에게 부여된 민주적 정당성을 박탈함으로써 헌법을 수호하는 '비상적 수단'이다(2021.10.28, 2021헌나1).

③ [X] 국회의 탄핵소추의결만으로 해당 공직자가 그 권한을 행사하지 못하도록 한 것은 1960년 제3차 개정헌법 제47조 전문에서 "탄핵소추의 결의를 받은 자는 탄핵판결이 있을 때까지 그 권한행사가 정지된다."라고 규정한 때부터이다. 이러한 탄핵소추의결에 의한 해당 공직자의 권한행사 정지는 그에 대한 헌법재판소의 심리나 어떤 예외도 없이 헌법에 근거하여 당연히 이루어진다.

❹ [O]

> **1948년 헌법 제47조** 탄핵사건을 심판하기 위하여 법률로써 탄핵재판소를 설치한다.
> 탄핵재판소는 부통령이 재판장의 직무를 행하고 대법관 5인과 국회의원 5인이 심판관이 된다. 단, 대통령과 부통령을 심판할 때에는 대법원장이 재판장의 직무를 행한다.

## 03 정답 ①

❶ [O] 탄핵제도는 제헌헌법에서 출발하였으나, 대통령에 대한 탄핵소추 정족수가 강화된 것은 제6차 개정헌법에서부터이다.

② [X]

> **1948년 헌법 제47조** 탄핵사건을 심판하기 위하여 법률로써 탄핵재판소를 설치한다.
> 탄핵재판소는 부통령이 재판장의 직무를 행하고 대법관 5인과 국회의원 5인이 심판관이 된다. 단, 대통령과 부통령을 심판할 때에는 대법원장이 재판장의 직무를 행한다.
> 탄핵판결은 심판관 3분지 2 이상의 찬성이 있어야 한다.

③ [X] 제3차 개정헌법은 헌법재판소에서 탄핵심판을 하도록 규정하였다.

④ [X] 제5차 개정헌법은 탄핵심판위원회에서 탄핵재판을 담당하도록 규정하였다.

## 04 정답 ②

① [X] 현행헌법상 국회의원은 탄핵대상자가 아니나, 헌법재판소 재판관은 탄핵소추대상자이다.

> **헌법 제65조** ① 대통령·국무총리·국무위원·행정각부의 장·헌법재판소 재판관·법관·중앙선거관리위원회 위원·감사원장·감사위원 기타 법률이 정한 공무원이 그 직무집행에 있어서 헌법이나 법률을 위배한 때에는 국회는 탄핵의 소추를 의결할 수 있다.

❷ [O] 헌법재판소 재판관 3인을 동시에 탄핵소추하여 권한행사가 정지되면 헌법재판소는 심리를 할 수 없으므로, 국회는 동시에 재판관 3인을 탄핵소추할 수 없다.

> **「헌법재판소법」 제23조【심판정족수】** ① 재판부는 재판관 7명 이상의 출석으로 사건을 심리한다.

③ [X] 감사위원은 헌법 제65조에서 탄핵소추의 대상으로 규정하고 있으므로 법률로써 그 대상에서 제외하도록 규정한다면 헌법에 위반된다.

④ [X] 대통령·국무총리·국무위원·행정각부의 장·헌법재판소 재판관·법관·중앙선거관리위원회 위원·감사원장·감사위원 기타 법률이 정한 공무원이 그 직무집행에 있어서 헌법이나 법률을 위배한 때에는 국회는 탄핵의 소추를 의결할 수 있다(헌법 제65조 제1항).

## 05                  정답 ①

❶ [O] 헌법 제65조는 대통령이 '그 직무집행에 있어서 헌법이나 법률을 위배한 때'를 탄핵사유로 규정하고 있다. 여기에서 '직무'란 법제상 소관 직무에 속하는 고유 업무와 사회통념상 이와 관련된 업무를 말하고, 법령에 근거한 행위뿐만 아니라 대통령의 지위에서 국정수행과 관련하여 행하는 모든 행위를 포괄하는 개념이다. 또 '헌법'에는 명문의 헌법규정뿐만 아니라 헌법재판소의 결정에 따라 형성되어 확립된 불문헌법도 포함되고, '법률'에는 형식적 의미의 법률과 이와 동등한 효력을 가지는 국제조약 및 일반적으로 승인된 국제법규 등이 포함된다(2017.3.10, 2016헌나1).

② [X] 대통령·국무총리·국무위원·행정각부의 장·헌법재판소 재판관·법관·중앙선거관리위원회 위원·감사원장·감사위원 기타 법률이 정한 공무원이 그 직무집행에 있어서 헌법이나 법률을 위배한 때에는 국회는 탄핵의 소추를 의결할 수 있다(헌법 제65조 제1항).

③ [X] 직무집행에 있어서의 직무란, 법제상 소관 직무에 속하는 고유 업무 및 통념상 이와 관련된 업무를 말한다. 따라서 직무상의 행위란, 법령·조례 또는 행정관행·관례에 의하여 그 지위의 성질상 필요로 하거나 수반되는 모든 행위나 활동을 의미한다. 이에 따라 대통령의 직무상 행위는 법령에 근거한 행위뿐만 아니라, 대통령의 지위에서 국정수행과 관련하여 행하는 모든 행위를 포괄하는 개념으로서, 예컨대 각종 단체·산업현장 등 방문행위, 준공식·공식만찬 등 각종 행사에 참석하는 행위, 대통령이 국민의 이해를 구하고 국가정책을 효율적으로 수행하기 위하여 방송에 출연하여 정부의 정책을 설명하는 행위, 기자회견에 응하는 행위 등을 모두 포함한다(2004.5.14, 2004헌나1).

④ [X] 헌법은 탄핵소추사유를 '헌법이나 법률을 위배한 경우'라고 명시하고 헌법재판소가 탄핵심판을 관장하게 함으로써 탄핵절차를 정치적 심판절차가 아닌 규범적 심판절차로 규정하고 있다(2017.3.10, 2016헌나1).

## 06                  정답 ④

① [O]

> 「원자력안전위원회의 설치 및 운영에 관한 법률」 제6조 【위원장】
> ⑤ 국회는 원자력안전위원회 위원장이 그 직무를 집행함에 있어 헌법이나 법률을 위반한 때에는 탄핵의 소추를 의결할 수 있다.
>
> 「방송통신위원회의 설치 및 운영에 관한 법률」 제6조 【위원장】 ⑤ 국회는 위원장이 그 직무를 집행하면서 헌법이나 법률을 위배한 때에는 탄핵의 소추를 의결할 수 있다.

② [O] 헌법은 탄핵소추대상자를 '대통령·국무총리·국무위원·행정각부의 장·헌법재판소 재판관·법관·중앙선거관리위원회 위원·감사원장·감사위원 기타 법률이 정한 공무원'으로 규정하고 있고(헌법 제65조 제1항), 이에 따라 「검찰청법」은 검사를(「검찰청법」 제37조), 구 경찰법은 경찰청장을(구 경찰법 제11조 제6항), 「방송통신위원회의 설치 및 운영에 관한 법률」은 방송통신위원회 위원장을(「방송통신위원회의 설치 및 운영에 관한 법률」 제6조 제5항) 탄핵소추대상자로 각각 규정하고 있다.

③ [O]

> 「선거관리위원회법」 제9조 【위원의 해임사유】 각급선거관리위원회의 위원은 다음 각 호의 1에 해당할 때가 아니면 해임·해촉 또는 파면되지 아니한다.
> 1. 정당에 가입하거나 정치에 관여한 때
> 2. 탄핵결정으로 파면된 때
> 3. 금고 이상의 형의 선고를 받은 때
> 4. 정당추천위원으로서 그 추천정당의 요구가 있거나 추천정당이 국회에 교섭단체를 구성할 수 없게 된 때와 국회의원선거권이 없음이 발견된 때
> 5. 시·도선거관리위원회의 상임위원인 위원으로서 「국가공무원법」 제33조 각 호의 1에 해당하거나 상임위원으로서의 근무상한에 달하였을 때

❹ [X] 탄핵심판의 대상자는 예시적이다. 다만, 탄핵법은 제정되어 있지 않다.

## 07                  정답 ④

① [O] 「헌법재판소법」 제53조 제1항은 '탄핵심판 청구가 이유 있는 경우' 피청구인을 파면하는 결정을 선고하도록 규정하고 있다. 그런데 대통령에 대한 파면결정은 국민이 선거를 통하여 대통령에게 부여한 민주적 정당성을 임기 중 박탈하는 것으로서 국정 공백과 정치적 혼란 등 국가적으로 큰 손실을 가져올 수 있으므로 신중하게 이루어져야 한다. 따라서 대통령을 탄핵하기 위해서는 대통령의 법 위배 행위가 헌법질서에 미치는 부정적 영향과 해악이 중대하여 대통령을 파면함으로써 얻는 헌법 수호의 이익이 대통령 파면에 따르는 국가적 손실을 압도할 정도로 커야 한다. 즉, '탄핵심판 청구가 이유 있는 경우'란 대통령의 파면을 정당화할 수 있을 정도로 중대한 헌법이나 법률 위배가 있는 때를 말한다(2017.3.10, 2016헌나1).

② [O] 「헌법재판소법」 제53조 제1항은 '탄핵심판 청구가 이유 있는 경우' 피청구인을 파면하는 결정을 선고하도록 규정하고 있다. 대통령을 탄핵하기 위해서는 대통령의 법 위배 행위가 헌법질서에 미치는 부정적 영향과 해악이 중대하여 대통령을 파면함으로써 얻는 헌법 수호의 이익이 대통령 파면에 따르는 국가적 손실을 압도할 정도로 커야 한다. 즉, '탄핵심판 청구가 이유 있는 경우'란 대통령의 파면을 정당화할 수 있을 정도로 중대한 헌법이나 법률 위배가 있는 때를 말한다(2017.3.10, 2016헌나1).

③ [O] ❹ [X] 헌법 제65조는 대통령이 '그 직무집행에 있어서 헌법이나 법률을 위배한 때'를 탄핵사유로 규정하고 있다. 여기에서 '직무'란 법제상 소관 직무에 속하는 고유 업무와 사회통념상 이와 관련된 업무를 말하고, 법령에 근거한 행위뿐만 아니라 대통령의 지위에서 국정수행과 관련하여 행하는 모든 행위를 포괄하는 개념이다. 또 '헌법'에는 명문의 헌법규정뿐만 아니라 헌법재판소의 결정에 따라 형성되어 확립된 불문헌법도 포함되고, '법률'에는 형식적 의미의 법률과 이와 동등한 효력을 가지는 국제조약 및 일반적으로 승인된 국제법규 등이 포함된다(2017.3.10, 2016헌나1).

## 08                  정답 ③

① [X] 탄핵심판은 고위공직자가 권한을 남용하여 헌법이나 법률을 위반하는 경우 그 권한을 박탈함으로써 헌법질서를 지키는 헌법재판이고, 탄핵결정은 대상자를 공직으로부터 파면함에 그치고 형사상 책임을 면제하지 아니한다는 점에서 탄핵심판절차는 형사절차나

일반 징계절차와는 성격을 달리한다. 헌법 제65조 제1항이 정하고 있는 탄핵소추사유는 '공무원이 그 직무집행에 있어서 헌법이나 법률을 위배한' 사실이고, 여기에서 법률은 형사법에 한정되지 아니한다(2017.3.10, 2016헌나1).

② [X]

> **헌법 제65조** ① 대통령·국무총리·국무위원·행정각부의 장·헌법재판소 재판관·법관·중앙선거관리위원회 위원·감사원장·감사위원 기타 법률이 정한 공무원이 그 직무집행에 있어서 헌법이나 법률을 위배한 때에는 국회는 탄핵의 소추를 의결할 수 있다. ➡ 탄핵사유 규정 있음.
>
> **제63조** ① 국회는 국무총리 또는 국무위원의 해임을 대통령에게 건의할 수 있다. ➡ 해임건의사유 규정 없음.

❸ [O] 헌법 제69조는 대통령의 취임선서의무를 규정하면서, 대통령으로서 '직책을 성실히 수행할 의무'를 언급하고 있다. 비록 대통령의 '성실한 직책수행의무'는 헌법적 의무에 해당하나, '헌법을 수호해야 할 의무'와는 달리, 규범적으로 그 이행이 관철될 수 있는 성격의 의무가 아니므로, 원칙적으로 사법적 판단의 대상이 될 수 없다고 할 것이다(2004.5.14, 2004헌나1).

④ [X] 헌법재판소는 헌법이나 법률을 위반한 때에 국한되기 때문에 헌법이나 법률의 해석을 그르친 행위, 위법정도에 이르지 않는 불합리하거나 부당한 정책결정행위, 정치적 무능력으로 야기되는 행위 등은 탄핵의 사유가 되지 아니한다고 하여 대통령의 불성실한 직책수행과 경솔한 국정운영으로 인한 정국의 혼란 및 경제파탄은 헌법이나 법률에 위반한 때에 해당하지 않아 탄핵소추사유가 될 수 없다고 판시한 바 있다(2004.5.14, 2004헌나1).

---

## 09 정답 ①

❶ [O] 국회에게 대통령의 헌법 등 위배행위가 있을 경우에 탄핵소추의결을 하여야 할 헌법상의 작위의무가 있다거나 청구인에게 탄핵소추의결을 청구할 헌법상 기본권이 있다고 할 수 없으므로, 국회의 탄핵소추의결의 부작위는 헌법소원의 대상이 되는 공권력의 불행사에 해당한다고 할 수 없다(1996.2.29, 93헌마186).

② [X] 대통령·국무총리·국무위원·행정각부의 장·헌법재판소 재판관·법관·중앙선거관리위원회 위원·감사원장·감사위원 기타 법률이 정한 공무원이 그 직무집행에 있어서 헌법이나 법률을 위배한 때에는 국회는 탄핵의 소추를 의결할 수 있다(헌법 제65조 제1항). ➡ 임의규정이다. 헌법재판소도 "국회에게 탄핵소추의결을 하여야 할 헌법상 작위의무가 있다고 할 수 없다(1996.2.29, 93헌마186)."라고 판시하였다.

③ [X]

> **헌법 제65조** ① 대통령·국무총리·국무위원·행정각부의 장·헌법재판소 재판관·법관·중앙선거관리위원회 위원·감사원장·감사위원 기타 법률이 정한 공무원이 그 직무집행에 있어서 헌법이나 법률을 위배한 때에는 국회는 탄핵의 소추를 의결할 수 있다.
> ② 제1항의 탄핵소추는 국회재적의원 3분의 1 이상의 발의가 있어야 하며, 그 의결은 국회재적의원 과반수의 찬성이 있어야 한다. 다만, 대통령에 대한 탄핵소추는 국회재적의원 과반수의 발의와 국회재적의원 3분의 2 이상의 찬성이 있어야 한다.
>
> **제111조** ① 헌법재판소는 다음 사항을 관장한다.
> 2. 탄핵의 심판

④ [X] 제1항의 탄핵소추는 국회재적의원 3분의 1 이상의 발의가 있어야 하며, 그 의결은 국회재적의원 과반수의 찬성이 있어야 한다. 다만, 대통령에 대한 탄핵소추는 국회재적의원 과반수의 발의와 국회재적의원 3분의 2 이상의 찬성이 있어야 한다(헌법 제65조 제2항).

---

## 10 정답 ②

① [O]

> **「국회법」 제130조【탄핵소추의 발의】** ① 탄핵소추가 발의되었을 때에는 의장은 발의된 후 처음 개의하는 본회의에 보고하고, 본회의는 의결로 법제사법위원회에 회부하여 조사하게 할 수 있다.
> ② 본회의가 제1항에 따라 탄핵소추안을 법제사법위원회에 회부하기로 의결하지 아니한 경우에는 본회의에 보고된 때부터 24시간 이후 72시간 이내에 탄핵소추 여부를 무기명투표로 표결한다. 이 기간 내에 표결하지 아니한 탄핵소추안은 폐기된 것으로 본다.

❷ [X]

> **「국회법」 제130조【탄핵소추의 발의】** ① 탄핵소추가 발의되었을 때에는 의장은 발의된 후 처음 개의하는 본회의에 보고하고, 본회의는 의결로 법제사법위원회에 회부하여 조사하게 할 수 있다.
> ② 본회의가 제1항에 따라 탄핵소추안을 법제사법위원회에 회부하기로 의결하지 아니한 경우에는 본회의에 보고된 때부터 <u>24시간 이후 72시간 이내</u>에 탄핵소추 여부를 <u>무기명투표</u>로 표결한다. 이 기간 내에 표결하지 아니한 탄핵소추안은 폐기된 것으로 본다.

➡ 탄핵소추의결서가 송달된 때부터는 사직원 접수 또는 해임할 수 없으나, 송달의결서가 송달되기 전에는 사직원 접수 또는 해임할 수 있다.

③ [O] 국회의 의사절차에 헌법이나 법률을 명백히 위반한 흠이 있는 경우가 아니면 국회 의사절차의 자율권은 권력분립의 원칙상 존중되어야 하고, 「국회법」 제130조 제1항은 탄핵소추의 발의가 있을 때 그 사유 등에 대한 조사 여부를 국회의 재량으로 규정하고 있으므로, 국회가 탄핵소추사유에 대하여 별도의 조사를 하지 않았다거나 국정조사결과나 특별검사의 수사결과를 기다리지 않고 탄핵소추안을 의결하였다고 하여 그 의결이 헌법이나 법률을 위반한 것이라고 볼 수 없다(2017.3.10, 2016헌나1).

④ [O] 피청구인은, 탄핵사유는 개별 사유별로 독립된 탄핵사유가 되는 것이므로 각각의 탄핵사유에 대하여 별도로 의결절차를 거쳐야 하는데, 국회가 여러 개 탄핵사유 전체에 대하여 일괄하여 의결한 것은 헌법에 위배된다고 주장한다. 탄핵소추안을 각 소추사유별로 나누어 발의할 것인지 아니면 여러 소추사유를 포함하여 하나의 안으로 발의할 것인지는 소추안을 발의하는 의원들의 자유로운 의사에 달린 것이다. 대통령이 헌법이나 법률을 위배한 사실이 여러 가지일 때 그중 한 가지 사실만으로도 충분히 파면 결정을 받을 수 있다고 판단되면 그 한 가지 사유만으로 탄핵소추안을 발의할 수도 있고, 여러 가지 소추사유를 종합할 때 파면할 만하다고 판단되면 여러 가지 소추사유를 함께 묶어 하나의 탄핵소추안으로 발의할 수도 있다(2017.3.10, 2016헌나1).

---

## 11 정답 ③

① [O] 국회의 의사절차에 헌법이나 법률을 명백히 위반한 흠이 있는 경우가 아니면 국회 의사절차의 자율권은 권력분립의 원칙상 존중되

어야 하고, 「국회법」 제130조 제1항은 탄핵소추의 발의가 있을 때 그 사유 등에 대한 조사 여부를 국회의 재량으로 규정하고 있으므로, 국회가 탄핵소추사유에 대하여 별도의 조사를 하지 않았다거나 국정조사결과나 특별검사의 수사결과를 기다리지 않고 탄핵소추안을 의결하였다고 하여 그 의결이 헌법이나 법률을 위반한 것이라고 볼 수 없다(2017.3.10, 2016헌나1).

② [○] 탄핵소추절차는 국회와 대통령이라는 헌법기관 사이의 문제이고, 국회의 탄핵소추의결에 따라 사인으로서 대통령 개인의 기본권이 침해되는 것이 아니다. 국가기관이 국민에 대하여 공권력을 행사할 때 준수하여야 하는 법원칙으로 형성된 적법절차의 원칙을 국가기관에 대하여 헌법을 수호하고자 하는 탄핵소추절차에 직접 적용할 수 없다(2017.3.10, 2016헌나1).

❸ [X] 국회의 탄핵소추절차는 국회와 대통령이라는 헌법기관 사이의 문제이고, 국회의 탄핵소추의결에 의하여 사인으로서의 대통령의 기본권이 침해되는 것이 아니라, 국가기관으로서의 대통령의 권한행사가 정지되는 것이다. 따라서 국가기관이 국민과의 관계에서 공권력을 행사함에 있어서 준수해야 할 법원칙으로서 형성된 적법절차의 원칙을 국가기관에 대하여 헌법을 수호하고자 하는 탄핵소추절차에는 직접 적용할 수 없다고 할 것이고, 그 외 달리 탄핵소추절차와 관련하여 피소추인에게 의견진술의 기회를 부여할 것을 요청하는 명문의 규정도 없으므로, 국회의 탄핵소추절차가 적법절차원칙에 위배되었다는 주장은 이유 없다(2017.3.10, 2016헌나1).

④ [○] 탄핵소추의 의결을 받은 자는 탄핵심판이 있을 때까지 그 권한행사가 정지된다(헌법 제65조 제3항).

## 12 정답 ④

① [X] ❹ [○] 소추의결서가 송달되었을 때에는 소추된 사람의 권한행사는 정지되며, 임명권자는 소추된 사람의 사직원을 접수하거나 소추된 사람을 해임할 수 없다(「국회법」 제134조 제2항).

② [X] 국회의 탄핵소추의결만으로 해당 공직자가 그 권한을 행사하지 못하도록 한 것은 1960년 제3차 개정헌법 제47조 전문에서 "탄핵소추의 결의를 받은 자는 탄핵판결이 있을 때까지 그 권한행사가 정지된다."라고 규정한 때부터이다. 이러한 탄핵소추의결에 의한 해당 공직자의 권한행사 정지는 그에 대한 헌법재판소의 심리나 어떤 예외도 없이 헌법에 근거하여 당연히 이루어진다.

③ [X] 탄핵소추의 의결을 받은 자는 탄핵심판이 있을 때까지 그 권한행사가 정지된다(헌법 제65조 제3항).

## 13 정답 ②

① [○] 소추의결서가 송달되었을 때에는 소추된 사람의 권한행사는 정지되며, 임명권자는 소추된 사람의 사직원을 접수하거나 소추된 사람을 해임할 수 없다(「국회법」 제134조 제2항).

❷ [X] 피청구인이 결정 선고 전에 해당 공직에서 파면되었을 때에는 헌법재판소는 심판청구를 기각하여야 한다(「헌법재판소법」 제53조 제2항).

③ [○]

「헌법재판소법」 제49조 【소추위원】 ① 탄핵심판에서는 국회 법제사법위원회의 위원장이 소추위원이 된다.
② 소추위원은 헌법재판소에 소추의결서의 정본을 제출하여 탄핵심판을 청구하며, 심판의 변론에서 피청구인을 신문할 수 있다.

④ [○] 탄핵심판에 있어서는 국회 법제사법위원회의 위원장이 소추위원이 된다(「헌법재판소법」 제49조 제1항).

## 14 정답 ④

① [○]

「헌법재판소법」 제49조 【소추위원】 ① 탄핵심판에서는 국회 법제사법위원회의 위원장이 소추위원이 된다.
② 소추위원은 헌법재판소에 소추의결서의 정본을 제출하여 탄핵심판을 청구하며, 심판의 변론에서 피청구인을 신문할 수 있다.

② [○] 헌법재판소는 원칙적으로 국회의 소추의결서에 기재된 소추사유에 의하여 구속을 받고, 소추의결서에 기재되지 아니한 소추사유를 판단의 대상으로 삼을 수 없다(2017.3.10, 2016헌나1).

③ [○] 헌법재판소는 원칙적으로 탄핵소추기관인 국회의 탄핵소추의결서에 기재된 소추사유에 구속을 받아 탄핵소추의결서에 기재되지 아니한 소추사유를 판단의 대상으로 삼을 수 없지만, 탄핵소추의결서에서 그 위반을 주장하는 '법규정의 판단'에 관하여는 원칙적으로 구속을 받지 않으므로, 청구인이 그 위반을 주장한 법규정 외에 다른 관련 법규정에 근거하여 탄핵의 원인이 된 사실관계를 판단할 수 있다(2004.5.14, 2004헌나1).

❹ [X] 헌법재판소는 사법기관으로서 원칙적으로 탄핵소추기관인 국회의 탄핵소추의결서에 기재된 소추사유에 의하여 구속을 받는다. 따라서 헌법재판소는 탄핵소추의결서에 기재되지 아니한 소추사유를 판단의 대상으로 삼을 수 없다(2004.5.14, 2004헌나1).

## 15 정답 ①

㉠ [X] 피청구인이 결정 선고 전에 해당 공직에서 파면되었을 때 심판청구를 기각하여야 한다는 「헌법재판소법」 제53조 제2항을 고려할 때, 피청구인이 해당 공직에 있지 않은 것은 탄핵심판 청구를 부적법하게 하지 않는다고 주장한다. 임기만료 퇴직은 법적으로 당연히 이루어지므로, 징계처분에 의한 파면과 같은 공무원 신분의 박탈과 다르다. 헌법 제106조 제1항, 「법원조직법」 제46조 제1항, 「법관징계법」 제3조 제1항에 의하면 법관이 징계처분에 의하여 파면될 가능성은 없다. 따라서, 헌법재판소의 결정 선고 전 법관이 임기만료로 퇴직한 경우에는 「헌법재판소법」 제53조 제2항이 적용되지 않으므로, 이 사건에 적용되지 않는 위 조항에 대한 해석을 바탕으로 한 이 부분 청구인의 주장은 이유 없다(2021.10.28, 2021헌나1).

㉡ [X] 피청구인에 대한 탄핵심판 청구와 동일한 사유로 형사소송이 진행되고 있는 경우에는 재판부는 심판절차를 정지할 수 있다(「헌법재판소법」 제51조).

㉢ [○]

「헌법재판소법」 제52조 【당사자의 불출석】 ① 당사자가 변론기일에 출석하지 아니하면 다시 기일을 정하여야 한다.
② 다시 정한 기일에도 당사자가 출석하지 아니하면 그의 출석 없이 심리할 수 있다.

㉣ [○] 「헌법재판소법」 제40조 제1항은 원칙적으로 헌법재판의 성질에 반하지 아니하는 한도에서 민사소송에 관한 법령을 준용하되, 탄핵심판의 경우에는 형사소송에 관한 법령을 우선하도록 정하고 있다. 탄핵심판의 이익이 상실된 경우의 주문에 관해 준용할 형사소

송에 관한 법령은 없으므로, 민사소송에 관한 법령의 준용에 의지할 수밖에 없다(2021.10.28, 2021헌나1).

---

## 16 정답 ④

① [ X ] 「헌법재판소법」 제54조 제2항이 파면결정의 효력으로 5년간 공직취임 제한을 규정하고 있으므로, 임기만료 퇴직의 경우에도 공직취임 제한의 효력을 미치기 위해 탄핵심판의 이익을 인정해야 한다고 주장한다. 탄핵결정에 의한 파면의 부수적 효력인 공직취임 제한은 헌법이 아닌 법률에 규정되어 왔고, 그 내용에도 몇 차례 변화가 있었던 점을 종합하면, 이 효력은 헌법상 탄핵제도의 본질에서 당연히 도출되는 것이 아니다(2021.10.28, 2021헌나1).

② [ X ]

> 「헌법재판소법」 제30조 【심리의 방식】① 탄핵의 심판, 정당해산의 심판 및 권한쟁의의 심판은 구두변론에 의한다.
> ② 위헌법률의 심판과 헌법소원에 관한 심판은 서면심리에 의한다. 다만, 재판부는 필요하다고 인정하는 경우에는 변론을 열어 당사자, 이해관계인, 그 밖의 참고인의 진술을 들을 수 있다.
>
> 제34조 【심판의 공개】① 심판의 변론과 결정의 선고는 공개한다. 다만, 서면심리와 평의(評議)는 공개하지 아니한다.

③ [ X ] 헌법재판소에서 법률의 위헌결정, 탄핵의 결정, 정당해산의 결정 또는 헌법소원에 관한 인용결정을 할 때에는 재판관 6인 이상의 찬성이 있어야 한다(헌법 제113조 제1항).

❹ [ O ] 「헌법재판소법」은 제53조 제1항에서 "탄핵심판 청구가 이유 있는 때에는 헌법재판소는 피청구인을 당해 공직에서 파면하는 결정을 선고한다."라고 규정하고 있는데, 위 규정은 헌법 제65조 제1항의 탄핵사유가 인정되는 모든 경우에 자동적으로 파면결정을 하도록 규정하고 있는 것으로 문리적으로 해석할 수 있으나, 직무행위로 인한 모든 사소한 법위반을 이유로 파면을 해야 한다면, 이는 피청구인의 책임에 상응하는 헌법적 징벌의 요청, 즉 법익형량의 원칙에 위반된다. 따라서 「헌법재판소법」 제53조 제1항의 '탄핵심판 청구가 이유 있는 때'란, 모든 법위반의 경우가 아니라, 단지 공직자의 파면을 정당화할 정도로 '중대한' 법위반의 경우를 말한다(2004.5.14, 2004헌나1).

---

## 17 정답 ③

① [ X ] 「헌법재판소법」 제54조 제2항이 파면결정의 효력으로 5년간 공직취임 제한을 규정하고 있으므로, 임기만료 퇴직의 경우에도 공직취임 제한의 효력을 미치기 위해 탄핵심판의 이익을 인정해야 한다고 주장한다. 탄핵결정에 의한 파면의 부수적 효력인 공직취임 제한은 헌법이 아닌 법률에 규정되어 왔고, 그 내용에도 몇 차례 변화가 있었던 점을 종합하면, 이 효력은 헌법상 탄핵제도의 본질에서 당연히 도출되는 것이 아니다(2021.10.28, 2021헌나1).

② [ X ] 위헌확인을 하자는 인용의견에서 주장했던 내용이다. 헌법재판소는 심판할 이익을 부정하고 각하결정하였다(2021.10.28, 2021헌나1).

❸ [ O ] 탄핵심판 청구가 이유 있는 경우에는 헌법재판소는 피청구인을 해당 공직에서 파면하는 결정을 선고한다(「헌법재판소법」 제53조 제1항). ➡ 탄핵결정은 공직으로부터 파면함에 그친다. 그러나 이에 의하여 민사상이나 형사상의 책임이 면제되지는 아니한다(헌법 제65조 제4항).

---

④ [ X ] 탄핵심판 청구가 이유 있는 경우에는 헌법재판소는 피청구인을 해당 공직에서 파면하는 결정을 선고한다(「헌법재판소법」 제53조 제1항).

---

## 18 정답 ④

① [ O ] 「헌법재판소법」 제53조 제1항의 '탄핵심판 청구가 이유 있는 때'란, 모든 법위반의 경우가 아니라, 단지 공직자의 파면을 정당화할 정도로 '중대한' 법위반의 경우를 말한다(2004.5.14, 2004헌나1). ➡ 「헌법재판소법」은 '탄핵심판 청구가 이유 있는 경우'라 규정하고 있고, 헌법재판소 판례는 이를 대통령의 지위를 고려하여 '더 중대한 법위반이 있는 경우'라고 해석하고 있다.

② [ O ] 대통령의 파면을 요청할 정도로 '헌법수호의 관점에서 중대한 법위반'이란, 자유민주적 기본질서를 위협하는 행위로서 법치국가원리와 민주국가원리를 구성하는 기본원칙에 대한 적극적인 위반행위를 뜻하는 것이고, '국민의 신임을 배반한 행위'란 '헌법수호의 관점에서 중대한 법위반'에 해당하지 않는 그 외의 행위유형까지도 모두 포괄하는 것으로서, 자유민주적 기본질서를 위협하는 행위 외에도, 예컨대, 뇌물수수, 부정부패, 국가의 이익을 명백히 해하는 행위가 그의 전형적인 예라 할 것이다(2004.5.14, 2004헌나1).

③ [ O ] 탄핵심판이 피청구인을 해당 공직에서 파면할 것인지 여부를 판단하는 절차임을 명확히 하고 있다. 탄핵심판의 이익이란 탄핵심판 청구가 이유 있는 경우에 피청구인을 해당 공직에서 파면하는 결정을 선고할 수 있는 가능성을 상정하여 탄핵심판의 본안심리에 들어가 그 심리를 계속할 이익이다. 이것은 본안판단에 나아가는 것이 탄핵심판절차의 목적에 기여할 수 있는지 여부에 관한 문제이다. 이를 통해 무익한 탄핵심판절차의 진행이 통제되고, 탄핵심판권 행사의 범위와 한계가 설정된다. 탄핵심판절차는 파면결정을 선고함으로써 헌법의 규범력을 확보하기 위한 수단이므로, 파면을 할 수 없어 목적 달성이 불가능하면 심판의 이익은 소멸한다(2021.10.28, 2021헌나1).

❹ [ X ] 기속력은 헌법재판이 지니는 헌법수호라는 객관적 목적의 실현을 보장하기 위해 소송당사자에게 미치는 실질적 확정력을 넘어 법원을 포함하여 모든 국가기관에까지 그 구속력을 확장한 것이다. 헌법재판소는 '위헌법률심판, 헌법소원심판, 권한쟁의심판'의 경우 재판의 전제성이나 주관적 권리보호이익이 없는 경우 또는 권한침해 상태가 종료된 이후에도 예외적으로 헌법질서의 수호·유지를 위해 심판의 이익을 인정하여 본안판단에 나아간다. 이것은 위 절차들의 일정한 결정에 「헌법재판소법」 규정에 의한 '기속력'이 인정되기 때문이다(「헌법재판소법」 제47조 제1항, 제67조 제1항, 제75조 제1항·제6항). 기속력 있는 인용결정의 가능성을 상정하여 본안판단에 앞서 심판의 이익을 인정하는 것이므로, 본안심리 결과 기각결정이 선고될 수 있다는 이유로 기속력과 심판의 이익의 관련성을 부정할 수 없다. 반면, '탄핵심판절차'는 헌법질서나 법질서의 객관적·합일적 확정을 목적으로 하는 것이 아니라 피청구인에 관한 국회의 파면 요구에 대하여 개별적으로 판단하는 절차로서 그 구속력을 확장할 것이 필연적으로 요구되지 않는다. 이에 「헌법재판소법」은 탄핵심판의 결정에 기속력을 부여하고 있지 않고 있다. 기속력과 심판의 이익의 관련성에서 볼 때, 파면결정을 통한 해당 공직 박탈이 불가능한 상황에서 예외적 심판의 이익을 인정하여 탄핵사유의 유무만을 확인하는 결정을 상정하기 어렵다(2021.10.28, 2021헌나1).

## 19

① [ X ] '탄핵심판절차'는 헌법질서나 법질서의 객관적·합일적 확정을 목적으로 하는 것이 아니라 피청구인에 관한 국회의 파면 요구에 대하여 개별적으로 판단하는 절차로서 그 구속력을 확장할 것이 필연적으로 요구되지 않는다. 이에 「헌법재판소법」은 탄핵심판의 결정에 기속력을 부여하고 있지 않고 있다. 기속력과 심판의 이익의 관련성에서 볼 때, 파면결정을 통한 해당 공직 박탈이 불가능한 상황에서 예외적 심판의 이익을 인정하여 탄핵사유의 유무만을 확인하는 결정을 상정하기 어렵다(2021.10.28, 2021헌나1).

❷ [ O ] 탄핵심판은 고위공직자가 권한을 남용하여 헌법이나 법률을 위반하는 경우 그 권한을 박탈함으로써 헌법질서를 지키는 헌법재판이고(2004.5.14, 2004헌나1), 탄핵결정은 대상자를 공직으로부터 파면함에 그치고 형사상 책임을 면제하지 아니한다(헌법 제65조 제4항)는 점에서 탄핵심판절차는 형사절차나 일반 징계절차와는 성격을 달리한다(2017.3.10, 2016헌나1).

③ [ X ] '국회의 탄핵소추의결에 의한 권한행사의 정지'도 국가기관 사이의 권력분립원칙에 따른 견제라는 성격이 있고, 헌법상 명문규정에 의한 것이라는 점에서 '공무원 권한행사의 부당한 정지'가 될 여지가 없다. 「헌법재판소법」 제54조 제2항에서 정한 '탄핵결정에 의하여 파면된 사람' 이외에 '임기만료로 퇴직한 사람에게 탄핵사유가 있었던 것으로 확인되는 경우'에까지 공직취임 제한 조항을 적용하도록 유추해석하는 것은 법률조항에서 명문으로 규정되지 않은 범위까지 공직취임이 제한될 수 있는 경우를 확장하여 형사적 제재에 준하는 불이익을 가하는 것이다. 이것은 공무담임권의 자의적 배제 또는 부당한 박탈에 해당될 뿐만 아니라 의심스러울 때에는 국민의 기본권을 우선해야 한다는 입헌주의 원칙의 근간을 흔드는 것이다(2021.10.28, 2021헌나1).

④ [ X ] 헌법 제65조 제4항 전문은 "탄핵결정은 공직으로부터 파면함에 그친다."라고 규정하고 있다. 그런데 「헌법재판소법」 제54조 제2항은 "탄핵결정에 의하여 파면된 사람은 결정 선고가 있은 날부터 5년이 지나지 아니하면 공무원이 될 수 없다."라고 하여 '탄핵결정에 의한 파면'의 부수적 효력으로서 '탄핵결정에 의하여 파면된 사람'에 대하여 '5년간의 공직취임 제한'을 법률로써 부가하고 있다. 「법원조직법」 제43조 제1항 제3호에서도 '탄핵으로 파면된 후 5년이 지나지 아니한 사람'은 법관으로 임용할 수 없는 것으로 규정하고 있는데, 이 역시 헌법 아닌 법률에 규정된 결격사유이다(2021.10.28, 2021헌나1).

## 20

① [ X ] 탄핵소추의 경우에 질의와 토론 없이 표결하더라도 자의적인 것은 아니다(2004.5.14, 2004헌나1).

② [ X ] 한나라당 등이 탄핵소추한 의결에 참여하지 않은 소속 국회의원들을 출당시키겠다고 공언한 것은 국회의원의 정당기속의 범위를 넘어 국회의원의 표결권 행사를 침해하는 것은 아니다. 또한 국회의장이 표결 후 투표용지를 국회직원을 통하여 투표함에 넣은 것은 대리투표에 해당하지 아니한다(2004.5.14, 2004헌나1).

❸ [ O ] 대통령과 지방자치단체장도 선거에서의 중립성 의무를 부담한다. 대통령이 기자회견에서 특정 정당을 지지한다고 발언한 것은 「공직선거법」 제9조에 위반된다. 국회의원 후보자가 결정이 안 된 상황에서 대통령이 특정 정당이 많은 의석을 차지하기를 바란다고 한 발언은 선거운동에 해당하지 않으므로 「공직선거법」 제60조 선거운동금지에 위반되지 않는다(2004.5.14, 2004헌나1).

④ [ X ] 「공직선거법」 제58조 제1항은 '당선'의 기준을 사용하여 '선거운동'의 개념을 정의함으로써, '후보자를 특정할 수 있는지의 여부'

를 선거운동의 요건으로 삼고 있다. 그러나 이 사건의 발언이 이루어진 시기인 2004.2.18.과 2004.2.24.에는 아직 정당의 후보자가 결정되지 아니하였으므로, 후보자의 특정이 이루어지지 않은 상태에서 특정 정당에 대한 지지발언을 한 것은 선거운동에 해당한다고 볼 수 없다. 이 부분 대통령의 발언은 그 직무집행에 있어서 반복하여 특정 정당에 대한 자신의 지지를 적극적으로 표명하고, 나아가 국민들에게 직접 그 정당에 대한 지지를 호소하는 내용이라 할 수 있다. 따라서 대통령이 위와 같은 발언을 통하여 특정 정당과 일체감을 가지고 자신의 직위에 부여되는 정치적 비중과 영향력을 특정 정당에게 유리하게 사용한 것은, 국가기관으로서의 지위를 이용하여 국민 모두에 대한 봉사자로서의 그의 과제와 부합하지 않는 방법으로 선거에 영향력을 행사한 것이고, 이로써 선거에서의 중립의무를 위반하였다(2004.5.14, 2004헌나1).

## 정답

| 01 | ③ | 02 | ③ | 03 | ② | 04 | ① |
|----|----|----|----|----|----|----|----|
| 05 | ② | 06 | ④ | 07 | ① | 08 | ④ |
| 09 | ③ | 10 | ④ | 11 | ③ | 12 | ④ |
| 13 | ① | 14 | ① | 15 | ① | 16 | ② |
| 17 | ③ | 18 | ④ | 19 | ④ | 20 | ③ |

## 01 정답 ③

㉠ [O] 청와대 홍보수석의 발언도 대통령의 행위로 본다.

> **관련 판례** 대통령이 현행법을 '관권선거시대의 유물'로 폄하하고 법률의 합헌성과 정당성에 대하여 대통령의 지위에서 공개적으로 의문을 제기하는 것은 헌법과 법률을 준수해야 할 의무와 부합하지 않는다. 물론, 대통령도 정치인으로서 현행 법률의 개선방향에 관한 입장과 소신을 피력할 수 있으나, 어떠한 상황에서, 어떠한 연관관계에서 법률의 개정에 관하여 논의하는가 하는 것은 매우 중요하며, 이 사건의 경우와 같이, 대통령이 선거법위반행위로 말미암아 중앙선거관리위원회로부터 경고를 받는 상황에서 그에 대한 반응으로서 현행 선거법을 폄하하는 발언을 하는 것은 법률을 존중하는 태도라고 볼 수 없는 것이다. 모든 공직자의 모범이 되어야 하는 대통령의 이러한 언행은 법률을 존중하고 준수해야 하는 다른 공직자의 의식에 중대한 영향을 미치고, 나아가 국민 전반의 준법정신을 저해하는 효과를 가져오는 등 법치국가의 실현에 있어서 매우 부정적인 영향을 미칠 수 있다. 결론적으로, 대통령이 국민 앞에서 현행법의 정당성과 규범력을 문제 삼는 행위는 법치국가의 정신에 반하는 것이자, 헌법을 수호해야 할 의무를 위반한 것이다(2004.5.14, 2004헌나1).

㉡ [X] ㉢ [X] 청와대의 입장이 비록 청와대 내부적으로는 수석보좌관 회의에서 집약된 의견이라고는 하나, 외부로 표명되는 모든 청와대의 입장은 원칙적으로 대통령의 행위로 귀속되어야 하고, 특히 이 사건의 경우 청와대비서실은 회의의 결과를 대통령에게 보고하고 승인을 얻어 보좌관 브리핑을 한 사실이 인정되므로, 청와대 홍보수석의 위 발언은 곧 대통령 자신의 행위로 간주되어야 한다. 청와대 홍보수석이 발표한 위 발언내용의 취지는, 중앙선거관리위원회의 결정에 대하여 유감을 표명하면서, 현행 선거법을 '관권선거시대의 유물'로 폄하한 것이라 할 수 있다(2004.5.14, 2004헌나1).

㉣ [O] 국민투표는 직접민주주의를 실현하기 위한 수단으로서 '사안에 대한 결정', 즉 특정한 국가정책이나 법안을 그 대상으로 한다. 따라서 국민투표의 본질상 '대표자에 대한 신임'은 국민투표의 대상이 될 수 없으며, 우리 헌법에서 대표자의 선출과 그에 대한 신임은 단지 선거의 형태로써 이루어져야 한다. 대통령이 자신에 대한 재신임을 국민투표의 형태로 묻고자 하는 것은 헌법 제72조에 의하여 부여받은 국민투표부의권을 위헌적으로 행사하는 경우에 해당하는 것으로, 국민투표제도를 자신의 정치적 입지를 강화하기 위한 정치적 도구로 남용해서는 안 된다는 헌법적 의무를 위반한 것이다. 물론, 대통령이 위헌적인 재신임 국민투표를 단지 제안만 하였을 뿐 강행하지는 않았으니, 헌법상 허용되지 않는 재신임 국민

투표를 국민들에게 제안한 것은 그 자체로서 헌법 제72조에 반하는 것으로 헌법을 실현하고 수호해야 할 대통령의 의무를 위반한 것이다(2004.5.14, 2004헌나1).

## 02 정답 ③

① [O] 헌법재판소 재판관은 소수의견을 밝힐 수 없다(2004.5.14, 2004헌나1). ➡ 탄핵심판 당시 「헌법재판소법」 제36조 제3항은 헌법소원, 위헌법률심판, 권한쟁의심판에서 재판관은 의견을 표시하여야 한다고 규정하여, 탄핵심판에서는 소수의견을 표시할 수 없다고 하였는데, 최근 「헌법재판소법」 개정으로 모든 헌법재판에서 재판에 관여한 재판관은 의견을 표시하여야 한다.

> **「헌법재판소법」 제36조 【종국결정】** ③ 심판에 관여한 재판관은 결정서에 의견을 표시하여야 한다.

② [O] ❸ [X] 헌법은 물론 형사법이 아닌 법률의 규정이 형사법과 같은 구체성과 명확성을 가지지 않은 경우가 많으므로 탄핵소추사유를 「형사소송법」상 공소사실과 같이 특정하도록 요구할 수는 없고, 소추의결서에는 피청구인이 방어권을 행사할 수 있고 헌법재판소가 심판대상을 확정할 수 있을 정도로 사실관계를 구체적으로 기재하면 된다고 보아야 한다(2017.3.10, 2016헌나1).

④ [O] 국회의 의사절차에 헌법이나 법률을 명백히 위반한 흠이 있는 경우가 아니면 국회 의사절차의 자율권은 권력분립의 원칙상 존중되어야 하고, 「국회법」 제130조 제1항은 탄핵소추의 발의가 있을 때 그 사유 등에 대한 조사 여부를 국회의 재량으로 규정하고 있으므로, 국회가 탄핵소추사유에 대하여 별도의 조사를 하지 않았다거나 국정조사결과나 특별검사의 수사결과를 기다리지 않고 탄핵소추안을 의결하였다고 하여 그 의결이 헌법이나 법률을 위반한 것이라고 볼 수 없다(2017.3.10, 2016헌나1).

## 03 정답 ②

① [O] 국회의 의사절차에 헌법이나 법률을 명백히 위반한 흠이 있는 경우가 아니면 국회 의사절차의 자율권은 권력분립의 원칙상 존중되어야 하고, 「국회법」 제130조 제1항은 탄핵소추의 발의가 있을 때 그 사유 등에 대한 조사 여부를 국회의 재량으로 규정하고 있으므로, 국회가 탄핵소추사유에 대하여 별도의 조사를 하지 않았다거나 국정조사결과나 특별검사의 수사결과를 기다리지 않고 탄핵소추안을 의결하였다고 하여 그 의결이 헌법이나 법률을 위반한 것이라고 볼 수 없다(2017.3.10, 2016헌나1).

❷ [X] 「국회법」에 탄핵소추안에 대하여 표결 전에 반드시 토론을 거쳐야 한다는 명문규정은 없다. 또 이 사건 소추의결 당시 토론을 희망한 의원이 없었기 때문에 탄핵소추안에 대한 제안 설명만 듣고 토론 없이 표결이 이루어졌을 뿐, 의장이 토론을 희망하는 의원이 있었는데도 토론을 못하게 하거나 방해한 사실은 없다(2017.3.10, 2016헌나1).

③ [O] 탄핵소추안을 각 소추사유별로 나누어 발의할 것인지 아니면 여러 소추사유를 포함하여 하나의 안으로 발의할 것인지는 소추안을 발의하는 의원들의 자유로운 의사에 달린 것이다. 대통령이 헌법이나 법률을 위배한 사실이 여러 가지일 때 그중 한 가지 사실만으로도 충분히 파면결정을 받을 수 있다고 판단되면 그 한 가지 사유만으로 탄핵소추안을 발의할 수도 있고, 여러 가지 소추사유를 종합할 때 파면할 만하다고 판단되면 여러 가지 소추사유를 함께 묶어 하나의 탄핵소추안으로 발의할 수도 있다(2017.3.10, 2016헌나1).

④ [O] 탄핵소추안을 각 소추사유별로 나누어 발의할 것인지, 아니면 여러 소추사유를 포함하여 하나의 안으로 발의할 것인지는 소추안을 발의하는 의원들의 자유로운 의사에 달린 것이고, 표결방법에 관한 어떠한 명문규정도 없다(2017.3.10, 2016헌나1).

10회

## 04　　　　　　　　　　　　　　　　　　　　　　　정답 ①

❶ [X] 피청구인은 행정부의 수반으로서 국가가 국민의 생명과 신체의 안전보호의무를 충실하게 이행할 수 있도록 권한을 행사하고 직책을 수행하여야 하는 의무를 부담한다. 하지만 국민의 생명이 위협받는 재난상황이 발생하였다고 하여 피청구인이 직접 구조활동에 참여하여야 하는 등 구체적이고 특정한 행위의무까지 바로 발생한다고 보기는 어렵다. 세월호 참사에 대한 피청구인의 대응조치에 미흡하고 부적절한 면이 있었다고 하여 곧바로 피청구인이 생명권 보호의무를 위반하였다고 인정하기는 어렵다(2017.3.10, 2016헌나1).

② [O] 탄핵소추안을 각 소추사유별로 나누어 발의할 것인지 아니면 여러 소추사유를 포함하여 하나의 안으로 발의할 것인지는 소추안을 발의하는 의원들의 자유로운 의사에 달린 것이다. 대통령이 헌법이나 법률을 위배한 사실이 여러 가지일 때 그중 한 가지 사실만으로도 충분히 파면결정을 받을 수 있다고 판단되면 그 한 가지 사유만으로 탄핵소추안을 발의할 수도 있고, 여러 가지 소추사유를 종합할 때 파면할 만하다고 판단되면 여러 가지 소추사유를 함께 묶어 하나의 탄핵소추안으로 발의할 수도 있다(2017.3.10, 2016헌나1).

③ [O] 헌법재판은 9인의 재판관으로 구성된 재판부에 의하여 이루어지는 것이 원칙이다. 그러나 현실적으로는 일부 재판관이 재판에 참여할 수 없는 경우가 발생할 수밖에 없다. 이에 헌법과 「헌법재판소법」은 재판관 중 결원이 발생한 경우에도 헌법재판소의 헌법 수호 기능이 중단되지 않도록 7명 이상의 재판관이 출석하면 사건을 심리하고 결정할 수 있음을 분명히 하고 있다. 그렇다면 헌법재판관 1인이 결원이 되어 8인의 재판관으로 재판부가 구성되더라도 탄핵심판을 심리하고 결정하는 데 헌법과 법률상 아무런 문제가 없다(2017.3.10, 2016헌나1).

④ [O] 이 사건과 같이 국회재적의원 과반수에 해당하는 171명의 의원이 여러 개 탄핵사유가 포함된 하나의 탄핵소추안을 마련한 다음 이를 발의하고 안건 수정 없이 그대로 본회의에 상정된 경우에는 그 탄핵소추안에 대하여 찬반 표결을 하게 된다. 그리고 본회의에 상정된 의안에 대하여 표결절차에 들어갈 때 국회의장에게는 '표결할 안건의 제목을 선포'할 권한만 있는 것이지(「국회법」 제110조 제1항), 직권으로 이 사건 탄핵소추안에 포함된 개개 소추사유를 분리하여 여러 개의 탄핵소추안으로 만든 다음 이를 각각 표결에 부칠 수는 없다(2017.3.10, 2016헌나1).

## 05　　　　　　　　　　　　　　　　　　　　　　　정답 ②

① [O] 미국은 하원에서 탄핵소추를 발의하여 상원에서 3분의 2 이상의 찬성으로 의결될 경우 탄핵된다.

❷ [X] 청구인의 주장과 같이 국민 개개인에게 공무원에 대한 탄핵청구권을 보장하도록 법률로 정할 것을 명시적으로 위임하고 있지 않고, 달리 헌법해석상 이러한 입법의무가 발생하였다고 보기도 어려우므로, 이 사건 입법부작위를 대상으로 한 이 사건 심판청구는 부적법하다(2017.1.11, 2016헌마1136).

③ [O] 피청구인의 이러한 일련의 행위는 최○원 등의 이익을 위해 대통령으로서의 지위와 권한을 남용한 것으로서 공정한 직무수행이라 할 수 없다. 피청구인은 헌법 제7조 제1항, 「국가공무원법」 제59조, 「공직자윤리법」 제2조의2 제3항, 부패방지권익위법 제2조 제4호 가목, 제7조를 위반하였다(2017.3.10, 2016헌나1).

④ [O] 피청구인이 노○강과 진○수에 대하여 문책성 인사를 하도록 지시한 이유가 이들이 최○원의 사익 추구에 방해가 되기 때문이었다고 보기는 부족하고, 달리 이 사건에서 이러한 사실을 인정할 수 있는 증거가 없다. 또 피청구인이 유○룡을 면직한 이유나 대통령비서실장이 1급 공무원 6인으로부터 사직서를 제출받도록 지시한 이유도 이 사건에서 제출된 증거만으로는 분명하지 않다. 따라서 이 부분 소추사유는 받아들일 수 없다(2017.3.10, 2016헌나1).

## 06　　　　　　　　　　　　　　　　　　　　　　　정답 ④

① [X] 국회는 재적의원 4분의 1 이상의 요구가 있는 때에는 특별위원회 또는 상임위원회로 하여금 국정의 특정사안에 관하여 국정조사(이하 '조사'라 한다)를 하게 한다(「국정감사 및 조사에 관한 법률」 제3조 제1항).

② [X]

> 「국정감사 및 조사에 관한 법률」 제2조 【국정감사】 ① 국회는 국정 전반에 관하여 소관 상임위원회별로 매년 정기회 집회일 이전에 국정감사(이하 '감사'라 한다) 시작일부터 30일 이내의 기간을 정하여 감사를 실시한다. 다만, 본회의 의결로 정기회 기간 중에 감사를 실시할 수 있다.
> ② 제1항의 감사는 상임위원장이 국회운영위원회와 협의하여 작성한 감사계획서에 따라 한다. 국회운영위원회는 상임위원회 간에 감사대상기관이나 감사일정의 중복 등 특별한 사정이 있는 때에는 이를 조정할 수 있다.

③ [X] ❹ [O] 국회는 국정전반에 관하여 소관 상임위원회별로 매년 정기회 집회일 이전에 국정감사(이하 '감사'라 한다) 시작일부터 30일 이내의 기간을 정하여 감사를 실시한다. 다만, 본회의 의결로 정기회 기간 중에 감사를 실시할 수 있다(「국정감사 및 조사에 관한 법률」 제2조 제1항).

## 07　　　　　　　　　　　　　　　　　　　　　　　정답 ①

❶ [O] 국정감사제도는 제헌헌법 이래로 제4공화국 헌법과 제5공화국 헌법을 제외하고 계속 규정되어 있었다.

② [X] 국정감사제도는 제헌헌법부터 설치·운영되어 1972년 헌법(제7차 개정헌법) 때 폐지되었다가 현행헌법(제9차 개정헌법)에서 부활되었다.

<우리나라 헌법의 국정감사·국정조사의 연혁>

| | 제1공화국 헌법 | 제2공화국 헌법 | 제3공화국 헌법 | 제4공화국 헌법 | 제5공화국 헌법 | 현행 헌법 |
|---|---|---|---|---|---|---|
| 국정감사 | O | O | O | X | X | O |
| 국정조사 | X | X | X | X | O | O |

③ [X] 국정조사는 영국에서 유래해서 미국 등에도 있는 제도이나, 국정감사가 우리나라의 특유한 제도이다.

④ [X] 국정조사권은 의원내각제 국가인 영국에 기원을 두고 있으며, 헌법의 차원에서 최초로 규정된 것은 바이마르헌법이다. 반면, 미연방헌법에는 국정조사권에 관한 명문의 규정이 없으나, 학설과 판례를 통해 의회의 보조적 권한으로 인정되어 왔다.

2022 해커스공무원 합격기 헌법 진도별 모의고사

## 08

① [ X ] ② [ X ]

> 「국정감사 및 조사에 관한 법률」 제7조 【감사의 대상】 감사의 대상
> 기관은 다음 각 호와 같다.
>   2. 지방자치단체 중 특별시·광역시·도. 다만, 그 감사범위는 국가
>      위임사무와 국가가 보조금 등 예산을 지원하는 사업으로 한다.
>   4. 제1호부터 제3호까지 외의 지방행정기관, 지방자치단체, 「감사
>      원법」에 따른 감사원의 감사대상기관. 이 경우 본회의가 특히 필
>      요하다고 의결한 경우로 한정한다.

③ [ X ] 광역단체는 국가위임사무와 국가가 보조금 등 예산을 지원하는 사
업에 한한다. 기초단체는 본회의 의결을 요한다.

❹ [ O ] 국정감사·조사는 행정부와 사법부도 대상으로 한다.


## 09

① [ X ] 광역단체는 국가위임사무와 국가가 보조금 등 예산을 지원하는 사
업에 한한다. 기초단체는 본회의 의결을 요한다.

② [ X ]

> 「국정감사 및 조사에 관한 법률」 제7조 【감사의 대상】 감사의 대상
> 기관은 다음 각 호와 같다.
>   1. 「정부조직법」, 그 밖의 법률에 따라 설치된 국가기관
>   4. 제1호부터 제3호까지 외의 지방행정기관, 지방자치단체, 「감사
>      원법」에 따른 감사원의 감사대상기관. 이 경우 본회의가 특히 필
>      요하다고 의결한 경우로 한정한다.

❸ [ O ] 제1항의 감사는 상임위원장이 국회운영위원회와 협의하여 작성한
감사계획서에 따라 한다. 국회운영위원회는 상임위원회 간에 감사
대상기관이나 감사일정의 중복 등 특별한 사정이 있는 때에는 이를
조정할 수 있다(「국정감사 및 조사에 관한 법률」 제2조 제2항).

④ [ X ]

> 「국정감사 및 조사에 관한 법률」 제9조 【조사위원회의 활동기간】
>   ① 조사위원회의 활동기간 연장은 본회의 의결로 할 수 있다.
>   ② 본회의는 조사위원회의 중간보고를 받고 조사를 장기간 계속할
>   필요가 없다고 인정되는 경우에는 의결로 조사위원회의 활동기간을
>   단축할 수 있다.
>   ③ 조사계획서에 조사위원회의 활동기간이 확정되지 아니한 경우에
>   는 그 활동기간은 조사위원회의 조사결과가 본회의에서 의결될
>   때까지로 한다.


## 10

① [ O ] 조사위원회의 활동기간 연장은 본회의 의결로 할 수 있다(「국정감
사 및 조사에 관한 법률」 제9조 제1항).

② [ O ] 위원회는 조사를 하기 전에 전문위원이나 그 밖의 국회사무처 소
속 직원 또는 조사대상기관의 소속이 아닌 전문가 등으로 하여금
예비조사를 하게 할 수 있다(「국정감사 및 조사에 관한 법률」 제9
조의2).

③ [ O ]

> 「국정감사 및 조사에 관한 법률」 제2조 【국정감사】 ④ 제2항에 따른
> 감사계획서는 매년 처음 집회되는 임시회에서 작성하고 제7조에 따
> 른 감사대상기관에 이를 통지하여야 한다. 다만, 국회의원 총선거가
> 실시되는 연도에는 국회의원 총선거 후 새로 구성되는 국회의 임시
> 회 또는 정기회에서 감사계획서를 작성·통지할 수 있다.
>   ⑤ 제4항에 따른 감사계획서의 감사대상기관이나 감사일정 등을 변
>   경하는 경우에는 그 내용을 감사실시일 7일 전까지 감사대상기관에
>   통지하여야 한다.

❹ [ X ] 본회의, 위원회 또는 소위원회는 그 의결로 안건의 심의 또는 국정
감사나 국정조사와 직접 관련된 보고 또는 서류와 해당 기관이 보
유한 사진·영상물의 제출을 정부, 행정기관 등에 요구할 수 있다.
다만, 위원회가 청문회, 국정감사 또는 국정조사와 관련된 서류 등
의 제출을 요구하는 경우에는 그 의결 또는 재적위원 3분의 1 이
상의 요구로 할 수 있다(「국회법」 제128조 제1항).


## 11

① [ O ] 조사위원회는 의결로써 국회의 폐회 중에도 활동할 수 있고 조사
와 관련한 보고 또는 서류 및 해당 기관이 보유한 사진·영상물의
제출을 요구하거나 조사를 위한 증인·감정인·참고인의 출석을
요구하는 경우에는 의장을 경유하지 아니할 수 있다(「국정감사 및
조사에 관한 법률」 제4조 제4항).

② [ O ] 국회로부터 공무원 또는 공무원이었던 사람이 증언의 요구를 받거
나, 국가기관이 서류 등의 제출을 요구받은 경우에 증언할 사실이
나 제출할 서류 등의 내용이 직무상 비밀에 속한다는 이유로 증언
이나 서류 등의 제출을 거부할 수 없다(「국회에서의 증언·감정 등
에 관한 법률」 제4조 제1항).

❸ [ X ]

> 「국회에서의 증언·감정 등에 관한 법률」 제4조 【공무상 비밀에 관
> 한 증언·서류 등의 제출】 ① 국회로부터 공무원 또는 공무원이었
> 던 사람이 증언의 요구를 받거나, 국가기관이 서류 등의 제출을 요
> 구받은 경우에 증언할 사실이나 제출할 서류 등의 내용이 직무상 비
> 밀에 속한다는 이유로 증언이나 서류 등의 제출을 거부할 수 없다.
> 다만, 군사·외교·대북 관계의 국가기밀에 관한 사항으로서 그 발표
> 로 말미암아 국가안위에 중대한 영향을 미칠 수 있음이 명백하다고
> 주무부장관(대통령 및 국무총리의 소속 기관에서는 해당 관서의 장)
> 이 증언 등의 요구를 받은 날부터 5일 이내에 소명하는 경우에는 그
> 러하지 아니하다.
>   ② 국회가 제1항 단서의 소명을 수락하지 아니할 경우에는 본회의
>   의 의결로, 폐회 중에는 해당 위원회의 의결로 국회가 요구한 증언
>   또는 서류 등의 제출이 국가의 중대한 이익을 해친다는 취지의 국무
>   총리의 성명(聲明)을 요구할 수 있다.
>   ③ 국무총리가 제2항의 성명 요구를 받은 날부터 7일 이내에 그 성
>   명을 발표하지 아니하는 경우에는 증언이나 서류 등의 제출을 거부
>   할 수 없다.

④ [ O ] 위원회, 제5조 제1항에 따른 소위원회 또는 반은 감사 또는 조사
를 위하여 그 의결로 감사 또는 조사와 관련된 보고 또는 서류 등
의 제출을 관계인 또는 그 밖의 기관에 요구하고, 증인·감정인·
참고인의 출석을 요구하고 검증을 할 수 있다. 다만, 위원회가 감
사 또는 조사와 관련된 서류 등의 제출 요구를 하는 경우에는 재적
위원 3분의 1 이상의 요구로 할 수 있다(「국정감사 및 조사에 관한
법률」 제10조 제1항).

## 12
정답 ④

① [O] 정당한 이유 없이 출석하지 아니한 증인, 고의로 출석요구서의 수령을 회피한 증인, 보고 또는 서류제출 요구를 거절한 자, 선서 또는 증언이나 감정을 거부한 증인이나 감정인은 3년 이하의 징역 또는 1천만 원 이상 3천만 원 이하의 벌금에 처한다(「국회에서의 증언·감정 등에 관한 법률」 제12조 제1항).

② [O]

> 「국회에서의 증언·감정 등에 관한 법률」 제12조 【불출석 등의 죄】
> ① 정당한 이유 없이 출석하지 아니한 증인, 고의로 출석요구서의 수령을 회피한 증인, 보고 또는 서류제출 요구를 거절한 자, 선서 또는 증언이나 감정을 거부한 증인이나 감정인은 3년 이하의 징역 또는 1천만 원 이상 3천만 원 이하의 벌금에 처한다.
>
> 제15조 【고발】 ① 본회의 또는 위원회는 증인·감정인 등이 제12조·제13조 또는 제14조 제1항 본문의 죄를 범하였다고 인정한 때에는 고발하여야 한다. 다만, 청문회의 경우에는 재적위원 3분의 1 이상의 연서에 따라 그 위원의 이름으로 고발할 수 있다.

③ [O] 피고인이 국회에서 열린 '박근혜 정부의 甲 등 민간인에 의한 국정농단 의혹사건 진상규명을 위한 국정조사 특별위원회'에 증인으로 출석하여 「국회에서의 증언·감정 등에 관한 법률」에 따라 선서한 후 허위의 진술을 하였다는 공소사실에 관하여, 특별위원회의 존속기간이 종료된 후에 재적위원 3분의 1 이상이 연서하여 피고인을 같은 법 제14조 제1항 본문에서 정한 위증죄로 고발함에 따라 공소가 제기된 사안에서, 위 고발은 특별위원회가 존속하지 않게 된 이후에 이루어져 같은 법 제15조 제1항에 따른 적법한 고발이 아니고, 공소가 소추요건인 적법한 고발 없이 제기되어 부적법하다는 이유로, 같은 취지에서 공소를 기각한 원심판결이 정당하다고 한 사례(대판 2018.5.17, 2017도14749)

❹ [X] 국회에서 안건심의 또는 국정감사나 국정조사와 관련하여 보고와 서류 및 해당 기관이 보유한 사진·영상물(이하 '서류 등'이라 한다)의 제출 요구를 받거나, 증인·참고인으로서의 출석이나 감정의 요구를 받은 때에는 이 법에 특별한 규정이 있는 경우를 제외하고는 다른 법률에도 불구하고 누구든지 이에 따라야 한다(「국회에서의 증언·감정 등에 관한 법률」 제2조).

## 13
정답 ①

❶ [O] 강제구인과 같은 강제처분은 영장이 필요하고, 수사기관만이 할 수 있다.

> 「국회에서의 증언·감정 등에 관한 법률」 제6조 【증인에 대한 동행명령】 ① 국정감사나 국정조사를 위한 위원회는 증인이 정당한 이유 없이 출석하지 아니하는 때에는 그 의결로 해당 증인에 대하여 지정한 장소까지 동행할 것을 명령할 수 있다.
> ② 제1항의 동행명령을 할 때에는 위원회의 위원장이 동행명령장을 발부한다.

② [X] 국회는 수사기관이 아니므로, 증인이 출석요구나 동행명령을 거부한 경우 강제구인할 수 없다.

③ [X] 위원회, 제5조 제1항에 따른 소위원회 또는 반은 감사 또는 조사를 위하여 그 의결로 감사 또는 조사와 관련된 보고 또는 서류 등의 제출을 관계인 또는 그 밖의 기관에 요구하고, 증인·감정인·참고인의 출석을 요구하고 검증을 할 수 있다(「국정감사 및 조사에 관한 법률」 제10조 제1항).

④ [X]

<출석요구와 동행명령의 비교>

| 구분 | 출석요구 | 동행명령 |
| --- | --- | --- |
| 대상 | • 증인<br>• 참고인<br>• 감정인 | 증인 |
| 주체 | • 본회의의 경우: 의장<br>• 위원회의 경우: 위원장 | 위원장 |

## 14
정답 ①

❶ [X]

> 「국회에서의 증언·감정 등에 관한 법률」 제3조 【증언 등의 거부】
> ① 증인은 「형사소송법」 제148조 또는 제149조의 규정에 해당하는 경우에 선서·증언 또는 서류 등의 제출을 거부할 수 있다. ➡ 출석은 거부할 수 없다.
> ② 감정인은 「형사소송법」 제148조에 해당하는 경우에 선서 또는 감정을 거부할 수 있다.

② [O] 의장 또는 위원장(국정감사나 국정조사를 위하여 구성된 소위원회 또는 반의 소위원장 또는 반장을 포함한다. 이하 이 조에서 같다)은 증인·감정인에게 증언·감정을 요구할 때에는 선서하게 하여야 한다(「국회에서의 증언·감정 등에 관한 법률」 제7조 제1항).

③ [O] 16세 미만의 사람이나 선서의 취지를 이해하지 못하는 사람에게는 선서를 하게 하지 아니한다(「국회에서의 증언·감정 등에 관한 법률」 제3조 제4항).

④ [O] 조사위원회는 조사의 목적, 조사할 사안의 범위와 조사방법, 조사에 필요한 기간 및 소요경비 등을 기재한 조사계획서를 본회의에 제출하여 승인을 받아 조사를 한다(「국정감사 및 조사에 관한 법률」 제3조 제4항).

## 15
정답 ①

❶ [X] 조사위원회는 조사의 목적, 조사할 사안의 범위와 조사방법, 조사에 필요한 기간 및 소요경비 등을 기재한 조사계획서를 본회의에 제출하여 승인을 받아 조사를 한다(「국정감사 및 조사에 관한 법률」 제3조 제4항).

② [O]

> 「국정감사 및 조사에 관한 법률」 제3조 【국정조사】 ⑤ 본회의는 제4항의 조사계획서를 검토한 다음 의결로써 이를 승인하거나 반려한다.
> ⑥ 조사위원회는 본회의에서 조사계획서가 반려된 경우에는 이를 그대로 본회의에 다시 제출할 수 없다.

③ [O]

> 「국정감사 및 조사에 관한 법률」 제3조 【국정조사】 ① 국회는 재적의원 4분의 1 이상의 요구가 있는 때에는 특별위원회 또는 상임위원회로 하여금 국정의 특정사안에 관하여 국정조사(이하 '조사'라 한다)를 하게 한다.
>
> 제4조 【조사위원회】 ① 제3조 제3항의 특별위원회는 교섭단체 의원 수의 비율에 따라 구성하여야 한다. 다만, 조사에 참여하기를 거부하는 교섭단체의 의원은 제외할 수 있다.

④ [○]

> 「국정감사 및 조사에 관한 법률」 제4조【조사위원회】① 제3조 제3
> 항의 특별위원회는 교섭단체 의원 수의 비율에 따라 구성하여야 한
> 다. 다만, 조사에 참여하기를 거부하는 교섭단체의 의원은 제외할
> 수 있다.
> ② 제1항의 특별위원회는 위원장 1명과 각 교섭단체별로 간사 1명
> 을 호선하고 본회의에 보고한다.

## 16 정답 ②

① [X]

> 「국정감사 및 조사에 관한 법률」 제13조【제척과 회피】① 의원은
> 직접 이해관계가 있거나 공정을 기할 수 없는 현저한 사유가 있는
> 경우에는 그 사안에 한정하여 감사 또는 조사에 참여할 수 없다.
> ② 제1항의 사유가 있다고 인정할 때에는 본회의 또는 위원회 의결
> 로 해당 의원의 감사 또는 조사를 중지시키고 다른 의원으로 하여금
> 감사 또는 조사하게 하여야 한다.
> ③ 제2항에 따른 조치에 대하여 해당 의원의 이의가 있는 때에는 본
> 회의가 의결한다.
> ④ 제1항의 사유가 있는 의원 또는 「국회법」 제32조의4 제1항의 신
> 고사항에 해당하여 이해충돌이 발생할 우려가 있다고 판단하는 의
> 원은 소속 위원장에게 회피를 신청하여야 한다. 이 경우 회피 신청
> 을 받은 위원장은 간사와 협의하여 회피를 허가할 수 있다.

❷ [○]

> 「국정감사 및 조사에 관한 법률」 제4조【조사위원회】① 제3조 제3
> 항의 특별위원회는 교섭단체 의원 수의 비율에 따라 구성하여야 한
> 다. 다만, 조사에 참여하기를 거부하는 교섭단체의 의원은 제외할 수
> 있다.
> ② 제1항의 특별위원회는 위원장 1명과 각 교섭단체별로 간사 1명
> 을 호선하고 본회의에 보고한다.

③ [X] 조사위원회의 위원장이 사고가 있거나 그 직무를 수행하기를 거부
또는 기피하여 조사위원회가 활동하기 어려운 때에는 위원장이 소
속하지 아니하는 교섭단체 소속의 간사 중에서 소속 의원 수가 많
은 교섭단체 소속인 간사의 순으로 위원장의 직무를 대행한다(「국
정감사 및 조사에 관한 법률」 제4조 제3항).

④ [X] 제1항의 소위원회나 반은 같은 교섭단체 소속 의원만으로 구성할
수 없다(「국정감사 및 조사에 관한 법률」 제5조 제2항).

## 17 정답 ③

① [○] 감사 또는 조사를 하는 위원회(이하 '위원회'라 한다)는 위원회의
의결로 필요한 경우 2명 이상의 위원으로 별도의 소위원회나 반을
구성하여 감사 또는 조사를 하게 할 수 있다. 위원회가 상임위원회
인 경우에는 「국회법」 제57조 제1항에 따른 상설소위원회로 하여
금 감사 또는 조사를 하게 할 수 있다(「국정감사 및 조사에 관한
법률」 제5조 제1항).

② [○] 지방자치단체에 대한 감사는 둘 이상의 위원회가 합동으로 반을
구성하여 할 수 있다(「국정감사 및 조사에 관한 법률」 제7조의2).

③ [X]

> 「국정감사 및 조사에 관한 법률」 제15조【감사 또는 조사 결과의 보고】
> ① 감사 또는 조사를 마쳤을 때에는 위원회는 지체 없이 그 감사 또
> 는 조사 보고서를 작성하여 의장에게 제출하여야 한다.
> ③ 제1항의 보고서를 제출받은 의장은 이를 지체 없이 본회의에 보
> 고하여야 한다.

④ [○]

> 「국정감사 및 조사에 관한 법률」 제16조【감사 또는 조사 결과에 대
> 한 처리】① 국회는 본회의 의결로 감사 또는 조사 결과를 처리한다.
> ② 국회는 감사 또는 조사 결과 위법하거나 부당한 사항이 있을 때
> 에는 그 정도에 따라 정부 또는 해당 기관에 변상, 징계조치, 제도개
> 선, 예산조정 등 시정을 요구하고, 정부 또는 해당 기관에서 처리함
> 이 타당하다고 인정되는 사항은 정부 또는 해당 기관에 이송한다.
> ③ 정부 또는 해당 기관은 제2항에 따른 시정요구를 받거나 이송받
> 은 사항을 지체 없이 처리하고 그 결과를 국회에 보고하여야 한다.

## 18 정답 ④

① [X] 정부 또는 해당 기관은 제2항에 따른 시정요구를 받거나 이송받은
사항을 지체 없이 처리하고 그 결과를 국회에 보고하여야 한다
(「국정감사 및 조사에 관한 법률」 제16조 제3항). 즉, 대통령이
아닌 국회이다.

② [X] 국회는 감사 또는 조사 결과 위법하거나 부당한 사항이 있을 때에
는 그 정도에 따라 정부 또는 해당 기관에 변상, 징계조치, 제도개
선, 예산조정 등 시정을 요구하고, 정부 또는 해당 기관에서 처리
함이 타당하다고 인정되는 사항은 정부 또는 해당 기관에 이송한
다(「국정감사 및 조사에 관한 법률」 제16조 제2항). ➡ 직접 처분
을 할 수는 없다.

③ [X] 감사 또는 조사는 개인의 사생활을 침해하거나 계속 중인 재판 또
는 수사 중인 사건의 소추에 관여할 목적으로 행사되어서는 아니
된다(「국정감사 및 조사에 관한 법률」 제8조).

❹ [○] 국회는 입법, 사법, 행정, 재정에 관한 사항도 조사할 수 있다. 다
만, 개인의 사생활을 침해하거나 계속 중인 재판 또는 수사 중인
사건의 소추에 관여할 목적으로 행사되어서는 아니 된다(「국정감
사 및 조사에 관한 법률」 제8조).

## 19 정답 ④

① [○] 재판의 신속한 처리 여부, 법관의 배치 등 사법행정사항 등은 조
사·감사할 수 있다. 하지만 소송절차는 전체로서 재판의 내용을
이루는 것이므로 그 공정성 여부에 대하여 감사·조사할 수 없다.

② [○] 감사 또는 조사는 개인의 사생활을 침해할 목적으로 행해질 수는
없으나, 사생활에 관한 사항일지라도 국가작용과 관련이 있는 사
항에 대해서는 감사·조사할 수 있다.

③ [○] 국회의 규칙·운영, 의원의 징계와 자격심사 및 체포에 관한 사항
등을 조사·감사할 수 있다.

❹ [X] 법은 '계속 중인 재판'이라고 표현하였으나, 종국판결이 내려진 사
건에 대하여서도 담당 법관을 상대로 재판의 내용을 비판하는 것
은 재판권 침해가능성이 크므로 허용되지 않는다.

① [○] 지방자치단체의 사무 중 기관위임사무와 단체위임사무는 감사대상에 포함되나, 고유사무는 제외된다는 것이 통설이다. 또한 감사원의 예산·인사 등은 국정감사의 대상이 되나, 감사원의 준사법적 작용인 변상책임의 판정이나 징계처분과 문책 등의 요구 등은 국정감사·조사의 대상이 되지 아니한다.

② [○] 감사원의 예산·인사 등은 국정감사의 대상이 되나, 감사원의 준사법적 작용인 변상책임의 판정이나 징계처분과 문책 등의 요구 등은 국정감사·조사의 대상이 되지 아니한다.

❸ [X]

> **1980년 헌법 제97조** 국회는 특정한 국정사안에 관하여 조사할 수 있으며, 그에 직접 관련된 서류의 제출, 증인의 출석과 증언이나 의견의 진술을 요구할 수 있다. 다만, 재판과 진행 중인 범죄수사·소추에 간섭할 수 없다.
>
> **헌법 제61조** ① 국회는 국정을 감사하거나 특정한 국정사안에 대하여 조사할 수 있으며, 이에 필요한 서류의 제출 또는 증인의 출석과 증언이나 의견의 진술을 요구할 수 있다.
> ② 국정감사 및 조사에 관한 절차 기타 필요한 사항은 법률로 정한다.

④ [○] 심판대상조항은 「형법」상 위증죄보다 무거운 법정형을 정하고 있으나, 국회에서의 위증죄가 지니는 불법의 중대성, 별도의 엄격한 고발 절차를 거쳐야 처벌될 수 있는 점 등을 고려할 때 형벌체계상의 정당성이나 균형성을 상실하고 있지 아니하므로 평등원칙에 위배된다고 할 수 없다(2015.9.24, 2012헌바410).

## 정답

| 01 | ③ | 02 | ① | 03 | ③ | 04 | ② |
|----|---|----|---|----|---|----|---|
| 05 | ③ | 06 | ① | 07 | ① | 08 | ① |
| 09 | ③ | 10 | ① | 11 | ④ | 12 | ③ |
| 13 | ① | 14 | ② | 15 | ④ | 16 | ① |
| 17 | ① | 18 | ③ | 19 | ④ | 20 | ② |

## 01  정답 ③

① [X] 대법원장, 헌법재판소장, 중앙선거관리위원회 위원장, 감사원장에 대한 출석요구발의는 20명을 요하지 않는다. 「국회법」 제79조에 따라 10명 이상이면 된다.

> 「국회법」 제121조【국무위원 등의 출석요구】① 본회의는 의결로 국무총리, 국무위원 또는 정부위원의 출석을 요구할 수 있다. 이 경우 그 발의는 의원 20명 이상이 이유를 구체적으로 밝힌 서면으로 하여야 한다.
> ⑤ 본회의나 위원회는 특정한 사안에 대하여 질문하기 위하여 대법원장, 헌법재판소장, 중앙선거관리위원회 위원장, 감사원장 또는 그 대리인의 출석을 요구할 수 있다. 이 경우 위원장은 의장에게 그 사실을 보고하여야 한다.

② [X]

> 헌법 제62조 ① 국무총리·국무위원 또는 정부위원은 국회나 그 위원회에 출석하여 국정처리상황을 보고하거나 의견을 진술하고 질문에 응답할 수 있다.
> ② 국회나 그 위원회의 요구가 있을 때에는 국무총리·국무위원 또는 정부위원은 출석·답변하여야 하며, 국무총리 또는 국무위원이 출석요구를 받은 때에는 국무위원 또는 정부위원으로 하여금 출석·답변하게 할 수 있다.
>
> 제81조 대통령은 국회에 출석하여 발언하거나 서한으로 의견을 표시할 수 있다.

❸ [O] 국무총리·국무위원 또는 정부위원은 본회의나 위원회에서 발언하려고 할 때에는 미리 의장 또는 위원장의 허가를 받아야 한다(「국회법」 제120조 제1항).

④ [X] 국회나 그 위원회의 요구가 있을 때에는 국무총리·국무위원 또는 정부위원은 출석·답변하여야 하며, 국무총리 또는 국무위원이 출석요구를 받은 때에는 국무위원 또는 정부위원으로 하여금 출석·답변하게 할 수 있다(헌법 제62조 제2항). 국무총리·국무위원은 이에 해당하지만, 대통령은 출석·발언할 권한은 있으나 의무는 없다.

## 02  정답 ①

❶ [X] 대통령은 출석·답변의무는 없다.

> 헌법 제62조 ② 국회나 그 위원회의 요구가 있을 때에는 국무총리·국무위원 또는 정부위원은 출석·답변하여야 하며, 국무총리 또는 국무위원이 출석요구를 받은 때에는 국무위원 또는 정부위원으로 하여금 출석·답변하게 할 수 있다.

② [O] ③ [O] 본회의나 위원회는 특정한 사안에 대하여 질문하기 위하여 대법원장, 헌법재판소장, 중앙선거관리위원회 위원장, 감사원장 또는 그 대리인의 출석을 요구할 수 있다. 이 경우 위원장은 의장에게 그 사실을 보고하여야 한다(「국회법」 제121조 제5항).

④ [O] 본회의는 의결로 국무총리, 국무위원 또는 정부위원의 출석을 요구할 수 있다. 이 경우 그 발의는 의원 20명 이상이 이유를 구체적으로 밝힌 서면으로 하여야 한다(「국회법」 제121조 제1항).

## 03  정답 ③

① [X] 대법원장 등에 대한 출석요구는 「국회법」 제121조 제1항의 발의 정족수 20명이 적용되지 않으므로, 일반조항인 「국회법」 제79조가 적용된다. 따라서 10명 이상으로 발의된다.

> 「국회법」 제121조【국무위원 등의 출석요구】① 본회의는 의결로 국무총리, 국무위원 또는 정부위원의 출석을 요구할 수 있다. 이 경우 그 발의는 의원 20명 이상이 이유를 구체적으로 밝힌 서면으로 하여야 한다.
> ⑤ 본회의나 위원회는 특정한 사안에 대하여 질문하기 위하여 대법원장, 헌법재판소장, 중앙선거관리위원회 위원장, 감사원장 또는 그 대리인의 출석을 요구할 수 있다. 이 경우 위원장은 의장에게 그 사실을 보고하여야 한다.

② [X]

> 헌법 제62조 ① 국무총리·국무위원 또는 정부위원은 국회나 그 위원회에 출석하여 국정처리상황을 보고하거나 의견을 진술하고 질문에 응답할 수 있다.
> ② 국회나 그 위원회의 요구가 있을 때에는 국무총리·국무위원 또는 정부위원은 출석·답변하여야 하며, 국무총리 또는 국무위원이 출석요구를 받은 때에는 국무위원 또는 정부위원으로 하여금 출석·답변하게 할 수 있다.

❸ [O]

> 「국회법」 제122조의2【정부에 대한 질문】⑦ 대정부질문을 하려는 의원은 미리 질문의 요지를 적은 질문요지서를 구체적으로 작성하여 의장에게 제출하여야 하며, 의장은 늦어도 질문시간 48시간 전까지 질문요지서가 정부에 도달되도록 송부하여야 한다.
>
> 제122조의3【긴급현안질문】② 제1항에 따라 긴급현안질문을 요구하는 의원은 그 이유와 질문요지 및 출석을 요구하는 국무총리 또는 국무위원을 적은 질문요구서를 본회의 개의 24시간 전까지 의장에게 제출하여야 한다.

④ [X]

## 04 정답 ②

① [O] 국회는 국무총리나 국무위원의 해임을 건의할 수 있으나(헌법 제63조), 국회의 해임건의는 대통령을 기속하는 해임결의권이 아니라, 아무런 법적 구속력이 없는 단순한 해임건의에 불과하다. 우리 헌법 내에서 '해임건의권'의 의미는, 임기 중 아무런 정치적 책임을 물을 수 없는 대통령 대신에 그를 보좌하는 국무총리·국무위원에 대하여 정치적 책임을 추궁함으로써 대통령을 간접적이나마 견제하고자 하는 것에 지나지 않는다. 헌법 제63조의 해임건의권을 법적 구속력 있는 해임결의권으로 해석하는 것은 법문과 부합할 수 없을 뿐만 아니라, 대통령에게 국회 해산권을 부여하고 있지 않는 현행헌법상의 권력분립질서와도 조화될 수 없다(2004.5.14, 2004헌나1).

❷ [X] 탄핵제도는 그리스에서 연원하나, 근대적 의미의 탄핵제도는 영국에서 1805년 Melville사건에서 시작되었다.

③ [O] 국회는 국무총리 또는 국무위원의 해임을 대통령에게 건의할 수 있다(헌법 제63조 제1항). ➡ 우리나라의 해임건의는 국무총리 또는 국무위원에 대하여 개별적 또는 일괄적으로 할 수 있다. 이 점에서 의원내각제의 일괄적 해임권과 구별된다.

④ [O] 이원정부제에도 의회의 내각에 대한 불신임제가 있다.

## 05 정답 ③

① [O] 탄핵소추는 법적 책임을 추구하는 제도이므로 정책상 과오를 이유로 탄핵소추할 수 없다. 그러나 해임건의는 정책상 과오로도 할 수 있다는 점에서 차이가 있다.

② [O] 위법한 행위는 탄핵소추와 해임건의의 대상이 된다.

❸ [X] 탄핵소추는 위법성을 전제로 불성실한 업무수행, 도덕상 과오는 그 사유가 될 수 없다. 그러나 법관이나 감사위원은 탄핵대상자이나 해임건의대상자가 아니므로 해임건의할 수도 없다.

④ [O] 탄핵제도는 제헌헌법부터 규정되었고, 불신임제도는 국무원에 대한 연대불신임결의권의 형태로 제1차 개정헌법부터 규정되었다. 불신임제도는 정부가 의회에 책임을 지는 제도로서, 의원내각제의 소산이다. 해당 제도는 이후 개정을 거듭하였으며, 현행헌법에 이르러서는 대통령에게 의회 해산권을 인정하지 않는 현재 제도와의 조화를 고려하여 해임건의권으로 정착되었다.

<해임건의제도의 연혁>

| 건국헌법 | 규정 없음. |
|---|---|
| 제1차 개정헌법 | 국무원에 대한 연대불신임결의권 |
| 제2차 개정헌법 | 개별적 불신임결의권 |
| 제3차 개정헌법 | 불신임결의권 |
| 제5차 개정헌법 | 해임건의권 |
| 제7차 개정헌법 | 개별적 해임의결권 |
| 제8차 개정헌법 | 해임의결권 |
| 현행헌법 | 해임건의권 |

## 06 정답 ①

❶ [O] 해임의결권과 해임건의권을 구별하여야 한다. 제7차와 제8차 개정헌법에서는 해임의결권을 규정하고 있었다.

② [X] 현행헌법은 해임건의권과 관련된 시간에 관한 규정을 두고 있지는 않다. 제8차 개정헌법에서 헌법 제99조 제3항에 국무총리의 해임은 국무총리에 대한 국회의 동의가 있은 후 1년 이내에 의결할 수 없다는 시간적 제한을 둔 적은 있다.

③ [X] 해임건의의 사유는 헌법에 규정이 없다. 따라서 직무와 무관한 사생활과 법위반이 아닌 무능도 해임건의 대상이 된다. 해임건의는 정치적 책임추궁제도이므로 직무집행에 있어 헌법 위반 또는 법률 위반이 있는 경우뿐 아니라 정책의 수립과 집행에 있어 중대한 과오를 범한 경우, 부하직원의 과오나 범법행위에 대하여 정치적 책임을 추궁하는 경우, 국무회의 구성원으로서 대통령을 잘못 보좌한 경우도 사유에 해당한다. 따라서 해임건의의 사유는 탄핵소추의 사유보다 광범위하고 포괄적이다.

헌법 제63조 ① 국회는 국무총리 또는 국무위원의 해임을 대통령에게 건의할 수 있다.

④ [X] 해임건의가 된 자는 권한행사가 정지되지 않는다.

## 07 정답 ①

❶ [X] 제1항의 해임건의는 국회재적의원 3분의 1 이상의 발의에 의하여 국회재적의원 과반수의 찬성이 있어야 한다(헌법 제63조 제2항).

② [O] 국무총리 또는 국무위원의 해임건의안이 발의되었을 때에는 의장은 그 해임건의안이 발의된 후 처음 개의하는 본회의에 그 사실을 보고하고, 본회의에 보고된 때부터 24시간 이후 72시간 이내에 무기명투표로 표결한다. 이 기간 내에 표결하지 아니한 해임건의안은 폐기된 것으로 본다(「국회법」제112조 제7항).

③ [O]

헌법 제63조 ① 국회는 국무총리 또는 국무위원의 해임을 대통령에게 건의할 수 있다.
② 제1항의 해임건의는 국회재적의원 3분의 1 이상의 발의에 의하여 국회재적의원 과반수의 찬성이 있어야 한다.

④ [O] 탄핵된 자는 5년간 공직취임이 금지되나, 해임에 관해서는 이에 관한 규정이 없다.

## 08 정답 ①

❶ [O] ② [X] ③ [X] 국회는 법률에 저촉되지 아니하는 범위 안에서 의사와 내부규율에 관한 규칙을 제정할 수 있다(헌법 제64조 제1항).

④ [X] 국회규칙 중 내부사항을 규율하는 규칙은 국회구성원에 대해서만 구속력을 가지나, 의사에 관한 국회규칙은 「국회법」의 시행령으로서 법규명령에 준하는 것이므로 제3자에 대해서도 구속력을 가진다.

## 09
정답 ③

① [X] 헌법 제64조와 제95조를 보면 알 수 있듯이, 국회규칙은 대통령령의 위임을 요하지 않는다. 대통령령의 하위명령이 아니다.

> **헌법 제64조** ① 국회는 법률에 저촉되지 아니하는 범위 안에서 의사와 내부규율에 관한 규칙을 제정할 수 있다.
>
> **제95조** 국무총리 또는 행정각부의 장은 소관 사무에 관하여 법률이나 대통령령의 위임 또는 직권으로 총리령 또는 부령을 발할 수 있다.

② [X] 국회규칙은 폐지 또는 개정될 때까지 효력을 가지며, 국회규칙은 의원의 개선에 의해서도 효력이 중단 또는 소멸되지 아니한다.

❸ [O] 국회규칙 중 법규명령의 성질을 가지는 국회규칙은 명령·규칙심사 또는 헌법소원의 대상이 될 수 있다. 그러나 내부사항을 규율하는 국회규칙은 심사대상이 되지 않는다.

④ [X] 법치주의의 원리상 모든 국가기관은 헌법과 법률에 의하여 기속을 받는 것이므로 국회의 자율권도 헌법이나 법률을 위반하지 않는 범위 내에서 허용되어야 하고 따라서 국회의 의사절차나 입법절차에 헌법이나 법률의 규정을 명백히 위반한 흠이 있는 경우에도 국회가 자율권을 가진다고는 할 수 없다(1997.7.16, 96헌라2).

## 10
정답 ①

❶ [X] 헌법상 제명사유를 규정하고 있지 않고, 「국회법」 제155조에서 징계사유를 규정하고 있다.

② [O] 헌법 제64조 제3항은 의원제명에 관하여 정족수를 규정하고 있으나, 무자격결정에 대한 정족수는 두고 있지 않다. 무자격결정에 관한 정족수는 「국회법」에 규정되어 있다.

③ [O] 제명이 의결되지 아니하였을 때에는 본회의는 다른 징계의 종류를 의결할 수 있다(「국회법」 제163조 제4항).

④ [O] 국회 폐회 중 행위와 국회 밖에서의 행위도 「국회법」 등을 위반했을 때 징계할 수 있다. 예를 들면, 국회의원이 뇌물을 받은 경우 폐회 중이냐 여부와 무관하게 징계가능하다.

## 11
정답 ④

① [X] 의원이 징계대상자에 대한 징계를 요구하려는 경우에는 의원 20명 이상의 찬성으로 그 사유를 적은 요구서를 의장에게 제출하여야 한다(「국회법」 제156조 제3항).

② [X] 일반적으로 국회의원 징계에 대해서는 20명의 요구가 있어야 하나, 모욕을 당한 의원은 20명 이상의 찬성을 요하지 않는다.

> **「국회법」 제156조【징계의 요구와 회부】** ① 의장은 제155조 각 호의 어느 하나에 해당하는 행위를 한 의원(이하 '징계대상자'라 한다)이 있을 때에는 윤리특별위원회에 회부하고 본회의에 보고한다.

③ 의원이 징계대상자에 대한 징계를 요구하려는 경우에는 의원 20명 이상의 찬성으로 그 사유를 적은 요구서를 의장에게 제출하여야 한다.
④ 징계대상자로부터 모욕을 당한 의원이 징계를 요구할 때에는 찬성의원을 필요로 하지 아니하며, 그 사유를 적은 요구서를 의장에게 제출한다.

③ [X]

> **「국회법」 제155조【징계】** 국회는 의원이 다음 각 호의 어느 하나에 해당하는 행위를 하였을 때에는 윤리특별위원회의 심사를 거쳐 그 의결로써 징계할 수 있다. 다만, 의원이 제10호에 해당하는 행위를 하였을 때에는 윤리특별위원회의 심사를 거치지 아니하고 그 의결로써 징계할 수 있다.
> 8. 제145조 제1항에 해당되는 회의장의 질서를 어지럽히는 행위를 하거나 이에 대한 의장 또는 위원장의 조치에 따르지 아니하였을 때

❹ [O]

> **「국회법」 제155조【징계】** 국회는 의원이 다음 각 호의 어느 하나에 해당하는 행위를 하였을 때에는 윤리특별위원회의 심사를 거쳐 그 의결로써 징계할 수 있다. 다만, 의원이 제10호에 해당하는 행위를 하였을 때에는 윤리특별위원회의 심사를 거치지 아니하고 그 의결로써 징계할 수 있다.
> 10. 제148조의2를 위반하여 의장석 또는 위원장석을 점거하고 점거해제를 위한 제145조에 따른 의장 또는 위원장의 조치에 따르지 아니하였을 때
>
> **제148조의2【의장석 또는 위원장석의 점거 금지】** 의원은 본회의장 의장석이나 위원회 회의장 위원장석을 점거해서는 아니 된다.
>
> **제148조의3【회의장 출입의 방해 금지】** 누구든지 의원이 본회의 또는 위원회에 출석하기 위하여 본회의장이나 위원회 회의장에 출입하는 것을 방해해서는 아니 된다.

## 12
정답 ③

① [X]

> **「국회법」 제155조【징계】** 국회는 의원이 다음 각 호의 어느 하나에 해당하는 행위를 하였을 때에는 윤리특별위원회의 심사를 거쳐 그 의결로써 징계할 수 있다. 다만, 의원이 제10호에 해당하는 행위를 하였을 때에는 윤리특별위원회의 심사를 거치지 아니하고 그 의결로써 징계할 수 있다.
> 1. 헌법 제46조 제1항 또는 제3항을 위반하는 행위를 하였을 때
> 2. 제29조의 겸직금지 규정을 위반하였을 때
> 3. 제29조의2의 영리업무 종사금지 규정을 위반하였을 때
> 3의2. 제32조의2 제1항 또는 제2항에 따른 사적 이해관계의 등록·변경등록을 하지 아니하거나 등록·변경등록 사항을 고의로 누락 또는 허위로 제출하였을 때
> 3의3. 제32조의4 제1항에 따른 이해충돌의 신고 규정을 위반하였을 때
> 3의4. 제32조의5 제1항에 따라 표결 및 발언을 회피할 의무가 있음을 알면서 회피를 신청하지 아니하였을 때

4. 제54조의2 제2항을 위반하였을 때
5. 제102조를 위반하여 의제와 관계없거나 허가받은 발언의 성질과 다른 발언을 하거나 이 법에서 정한 발언시간의 제한 규정을 위반하여 의사진행을 현저히 방해하였을 때
6. 제118조 제3항을 위반하여 게재되지 아니한 부분을 다른 사람에게 열람하게 하거나 전재 또는 복사하게 하였을 때
7. 제118조 제4항을 위반하여 공표 금지 내용을 공표하였을 때
8. 제145조 제1항에 해당되는 회의장의 질서를 어지럽히는 행위를 하거나 이에 대한 의장 또는 위원장의 조치에 따르지 아니하였을 때
9. 제146조를 위반하여 본회의 또는 위원회에서 다른 사람을 모욕하거나 다른 사람의 사생활에 대한 발언을 하였을 때
10. 제148조의2를 위반하여 의장석 또는 위원장석을 점거하고 점거해제를 위한 제145조에 따른 의장 또는 위원장의 조치에 따르지 아니하였을 때
11. 제148조의3을 위반하여 의원의 본회의장 또는 위원회 회의장 출입을 방해하였을 때
12. 정당한 이유 없이 국회 집회일부터 7일 이내에 본회의 또는 위원회에 출석하지 아니하거나 의장 또는 위원장의 출석요구서를 받은 후 5일 이내에 출석하지 아니하였을 때

② [ X ]

「국회법」 제155조【징계】 국회는 의원이 다음 각 호의 어느 하나에 해당하는 행위를 하였을 때에는 윤리특별위원회의 심사를 거쳐 그 의결로써 징계할 수 있다. 다만, 의원이 제10호에 해당하는 행위를 하였을 때에는 윤리특별위원회의 심사를 거치지 아니하고 그 의결로써 징계할 수 있다.
1. 헌법 제46조 제1항 또는 제3항을 위반하는 행위를 하였을 때

헌법 제46조 ① 국회의원은 청렴의 의무가 있다.
③ 국회의원은 그 지위를 남용하여 국가·공공단체 또는 기업체와의 계약이나 그 처분에 의하여 재산상의 권리·이익 또는 직위를 취득하거나 타인을 위하여 그 취득을 알선할 수 없다.

❸ [ O ] 제156조 제2항에 따른 위원장의 징계대상자 보고와 같은 조 제3항·제4항 및 제6항에 따른 징계요구는 그 사유가 발생한 날 또는 그 징계대상자가 있는 것을 알게 된 날부터 10일 이내에 하여야 한다(「국회법」 제157조 제2항).

④ [ X ] 의장은 다음 각 호에 해당하는 날부터 폐회 또는 휴회기간을 제외한 3일 이내에 윤리특별위원회에 징계(제155조 제10호에 해당하여 요구되는 징계는 제외한다)요구를 회부하여야 한다(「국회법」 제157조 제1항).

⑤ [ X ] 제156조 제2항에 따른 위원장의 징계대상자 보고와 같은 조 제3항·제4항 및 제6항에 따른 징계요구는 그 사유가 발생한 날 또는 그 징계대상자가 있는 것을 알게 된 날부터 10일 이내에 하여야 한다. 다만, 폐회기간 중에 그 징계대상자가 있을 경우에는 다음 회 국회의 집회일부터 3일 이내에 하여야 한다(「국회법」 제157조 제2항).

---

**13** 정답 ①

❶ [ O ] 징계에 관한 회의는 공개하지 아니한다. 다만, 본회의나 위원회의 의결이 있을 때에는 그러하지 아니하다(「국회법」 제158조).

② [ X ] 제163조에 따른 징계로 제명된 사람은 그로 인하여 궐원된 의원의 보궐선거에서 후보자가 될 수 없다(「국회법」 제164조).

---

③ [ X ] 국회의원의 자격심사와 의원의 징계 또는 제명에 대하여는 법원에 제소할 수 없다(헌법 제64조 제4항). 그러나 지방의회의원의 경우에는 국회의원과 같은 사법권의 한계조항을 두고 있지 않으므로, 대법원은 "지방의회의 의원징계의결은 그로 인해 의원의 권리에 직접 법률효과를 미치는 행정처분의 일종으로서 행정소송의 대상이 된다(대판 1993.11.26, 93누7341)."라고 판시하였다.

④ [ X ] 심사대상 의원은 본회의에서 스스로 변명하거나 다른 의원으로 하여금 변명하게 할 수 있다(「국회법」 제142조 제2항).

⑤ [ X ] 무자격결정은 징계의 종류가 아니라, 자격심사의 종류이다.

「국회법」 제163조【징계의 종류와 선포】① 제155조에 따른 징계의 종류는 다음과 같다.
1. 공개회의에서의 경고
2. 공개회의에서의 사과
3. 30일(제155조 제2호 또는 제3호에 해당하는 행위를 한 의원에 대한 징계는 90일) 이내의 출석정지. 이 경우 출석정지기간에 해당하는 「국회의원의 보좌직원과 수당 등에 관한 법률」에 따른 수당·입법활동비 및 특별활동비(이하 '수당 등'이라 한다)는 2분의 1을 감액한다.
4. 제명

---

**14** 정답 ②

① [ X ] 윤리특별위원회의 심사를 거치지 않는 것은 「국회법」 제155조 제10호이다. 이 사건은 「국회법」 제155조 제11호 사건이므로 윤리특별위원회 심사를 거쳐야만 한다.

❷ [ O ] 폭력행위는 직무상 발언과 표결이 아니므로 면책특권이 인정될 수 없다. 불체포특권은 국회의 동의가 없는 한 회기 중에 인정된다.

③ [ X ] 국회의원들은 탄핵소추대상이 아니다.

④ [ X ] 국회의원은 재직 중 불소추특권을 누리지 못한다.

---

**15** 정답 ④

① [ X ] 면책특권은 인적 처벌조각사유이나, 불체포특권은 체포·구금만 유예되는 특권이다.

② [ X ] 불체포특권은 국가기관으로서 가지는 특권이므로 포기할 수 없다.

③ [ X ] 국회의원은 현행범인인 경우를 제외하고는 회기 중 국회의 동의 없이 체포 또는 구금되지 아니한다(헌법 제44조 제1항). ➡ 지방의회의원의 경우 면책특권과 불체포특권이 인정되지 않는다.

❹ [ O ] 대통령선거의 후보자는 후보자의 등록이 끝난 때부터 개표종료시까지 사형·무기 또는 장기 7년 이상의 징역이나 금고에 해당하는 죄를 범한 경우를 제외하고는 현행범인이 아니면 체포 또는 구속되지 아니하며, 병역소집의 유예를 받는다(「공직선거법」 제11조 제1항).

---

**16** 정답 ①

❶ [ X ] 현행범인인 경우는 제외된다.

헌법 제44조 ① 국회의원은 현행범인인 경우를 제외하고는 회기 중 국회의 동의 없이 체포 또는 구금되지 아니한다.

② [O] 경위나 경찰공무원은 국회 안에 현행범인이 있을 때에는 체포한 후 의장의 지시를 받아야 한다. 다만, 회의장 안에서는 의장의 명령 없이 의원을 체포할 수 없다(「국회법」 제150조).

③ [O]

> **헌법 제44조** ① 국회의원은 현행범인인 경우를 제외하고는 회기 중 국회의 동의 없이 체포 또는 구금되지 아니한다.
> **「국회법」 제150조 【현행범인의 체포】** 경위나 경찰공무원은 국회 안에 현행범인이 있을 때에는 체포한 후 의장의 지시를 받아야 한다. 다만, 회의장 안에서는 의장의 명령 없이 의원을 체포할 수 없다.

④ [O] 폐회 중에는 불체포특권을 누리지 못한다.

## 17             정답 ①

❶ [O] 계엄 시행 중 국회의원은 현행범인인 경우를 제외하고는 체포 또는 구금되지 아니한다(「계엄법」 제13조).

② [X] ③ [X] 의원을 체포하거나 구금하기 위하여 국회의 동의를 받으려고 할 때에는 관할 법원의 판사는 영장을 발부하기 전에 체포동의 요구서를 정부에 제출하여야 하며, 정부는 이를 수리한 후 지체 없이 그 사본을 첨부하여 국회에 체포동의를 요청하여야 한다(「국회법」 제26조 제1항).

④ [X] 의장은 제1항에 따른 체포동의를 요청받은 후 처음 개의하는 본회의에 이를 보고하고, 본회의에 보고된 때부터 24시간 이후 72시간 이내에 표결한다. 다만, 체포동의안이 72시간 이내에 표결되지 아니하는 경우에는 그 이후에 최초로 개의하는 본회의에 상정하여 표결한다(「국회법」 제26조 제2항).

> **참고** 탄핵소추안과 해임건의안은 72시간 이내에 표결되지 아니하는 경우 폐기된다.

## 18             정답 ③

① [O] 국회의원이 회기 전에 체포 또는 구금된 때에는 현행범인이 아닌 한 국회의 요구가 있으면 회기 중 석방된다(헌법 제44조 제2항).

② [O] 의원이 체포 또는 구금된 의원의 석방요구를 발의할 때에는 재적 의원 4분의 1 이상의 연서로 그 이유를 첨부한 요구서를 의장에게 제출하여야 한다(「국회법」 제28조).

❸ [X] 현행범인 경우에는 국회의 요구로 회기 중 석방될 수 없다.

> **헌법 제44조** ② 국회의원이 회기 전에 체포 또는 구금된 때에는 현행범인이 아닌 한 국회의 요구가 있으면 회기 중 석방된다.

④ [O] 헌법 제44조에 의하여 구속된 국회의원에 대한 석방요구가 있으면 당연히 구속영장의 집행이 정지된다(「형사소송법」 제101조 제4항).

## 19             정답 ④

① [O] 대의제 민주주의에서 의원에게는 무기속위임의 원칙에 의하여 면책특권이 주어지는바, 우리나라는 면책특권을 제헌헌법에서부터 규정하였다.

② [O] 면책의 주체는 국회의원이다. 따라서 발언이나 범죄를 교사하거나 방조한 자는 처벌을 면할 수 없다. 국회의원이 아닌 지방의회의원이나 국회에서 발언하는 국무총리, 국무위원, 증인, 참고인 등은 면책의 주체가 될 수 없다. 다만, 영국에서는 증인도 면책특권을 누리며, 미연방대법원은 국회보좌관도 면책특권을 누린다고 한다.

③ [O] 국회의원을 겸직한 국무위원의 경우 의원의 신분과 국무위원의 신분으로서의 발언을 구별하여 전자만 면책된다는 견해가 다수설이다.

❹ [X] 국회의원선거, 지방의회의원 및 지방자치단체의 장의 선거의 후보자는 후보자의 등록이 끝난 때부터 개표종료시까지 사형·무기 또는 장기 5년 이상의 징역이나 금고에 해당하는 죄를 범하였거나 제16장 벌칙에 규정된 죄를 범한 경우를 제외하고는 현행범인이 아니면 체포 또는 구속되지 아니하며, 병역소집의 유예를 받는다(「공직선거법」 제11조 제2항). ➡ 후보자는 불체포특권을 누리나, 면책특권은 국회의원만 누린다.

## 20             정답 ②

① [X] 불체포특권은 불소추특권이 아니므로 회기 중이라 하더라도 체포·구금을 하지 않은 상태로 국회의원에 대한 범죄수사와 형사소추 그리고 형사재판의 진행이 가능하다.

❷ [O] 국회의원은 회기 중 국회의 동의 없이 체포 또는 구금되지 아니한다(헌법 제44조 제1항). 회기 중에는 의원을 체포, 구금할 수 없다. 다만, 국회의원이 불구속으로 기소되어 판결이 확정된 경우 회기 중에도 자유형을 집행하는 것은 무난하다.

③ [X] 국회의 동의를 받는다면 회기 중에도 구속수사할 수 있다.

> **헌법 제44조** ① 국회의원은 현행범인인 경우를 제외하고는 회기 중 국회의 동의 없이 체포 또는 구금되지 아니한다.

④ [X] 불체포특권은 국회의 의결로 제한받을 수 있는 상대적 특권이나, 면책특권은 국회의 동의로도 제한할 수 없는 절대적 특권이다.

> **헌법 제45조** 국회의원은 국회에서 직무상 행한 발언과 표결에 관하여 국회 외에서 책임을 지지 아니한다.

## 정답

| 01 | ④ | 02 | ③ | 03 | ① | 04 | ① |
|----|---|----|---|----|---|----|---|
| 05 | ③ | 06 | ① | 07 | ② | 08 | ① |
| 09 | ④ | 10 | ③ | 11 | ③ | 12 | ④ |
| 13 | ① | 14 | ① | 15 | ④ | 16 | ① |
| 17 | ② | 18 | ② | 19 | ③ | 20 | ③ |

## 01　　　　　　　　　　　　　　　　　　　정답 ④

① [ X ] 헌법 제45조에 "국회의원은 국회에서 직무상 행한 발언과 표결에 관하여 국회 외에서 책임을 지지 아니한다."라고 하여 국회의원의 면책특권을 명기하고 있지만, 「지방자치법」은 동일한 면책특권을 지방의회의원에게 부여하고 있지 않다.

② [ X ] 국회의원이 아닌 자는 면책특권이 인정되지 않는다.

③ [ X ] 면책의 주체는 국회의원이다. 따라서 발언이나 범죄를 교사하거나 방조한 자는 처벌을 면할 수 없다. 국회의원이 아닌 지방의회의원이나 국회에서 발언하는 국무총리, 국무위원, 증인, 참고인 등은 면책의 주체가 될 수 없다. 다만, 영국에서는 증인도 면책특권을 누리며, 미연방대법원은 국회보좌관도 면책특권을 누린다고 한다.

❹ [ O ] 본회의에서 발언할 내용의 원고를 원내기자실에서 기자에게 배포한 행위는 직무상 부수행위로서 직무상 행위에 해당하므로 면책특권이 적용된다(대판 1992.9.22, 91도3317). 회기 중뿐만 아니라 폐회와 무관하게 면책특권은 인정되고, 면책특권의 효과는 영구적이다.

## 02　　　　　　　　　　　　　　　　　　　정답 ③

① [ O ] 헌법 제45조의 '국회'라 함은 본회의에 국한하지 않고 위원회 또는 간담회에서 행한 행위도 포함하는 것으로 이해된다. 장소적으로도 반드시 국회의사당에서의 행위에 한정되지 않으며, 국회의사당 외부에서 행한 행위도 국회의 활동으로 볼 수 있는 한 여기에 해당한다.

② [ O ] 당사는 헌법 제45조의 '국회'에 해당하지 아니하므로 면책특권이 적용되지 아니한다.

❸ [ X ] 홈페이지에 올린 것은 국회의원의 권능도 아니고, 홈페이지는 국회가 아니므로 면책되지 않는다.

④ [ O ] 국회기자실에서 사전에 원고를 배포한 행위는 직무상 행위에 해당한다. 그러나 국회의사당 근처 식당은 국회에 해당하지 않으므로 면책특권이 적용되지 않는다.

## 03　　　　　　　　　　　　　　　　　　　정답 ①

❶ [ X ] 국회의원의 면책특권의 대상이 되는 행위는 직무상의 발언과 표결이라는 의사표현행위 자체에 국한되지 아니하고 이에 통상적으로 부수하여 행하여지는 행위까지 포함하고, 그와 같은 부수행위인지 여부는 결국 구체적인 행위의 목적, 장소, 태양 등을 종합하여 개별적으로 판단할 수밖에 없다(대판 1992.9.22, 91도3317).

② [ O ] 면책특권의 대상이 되는 행위는 국회의 직무수행에 필수적인 국회의원의 국회 내에서의 직무상 발언과 표결이라는 의사표현행위 자체에만 국한되지 않고 이에 통상적으로 부수하여 행하여지는 행위까지 포함되므로, 국회의원이 국회의 위원회나 국정감사장에서 국무위원·정부위원 등에 대하여 하는 질문이나 질의는 국회의 입법활동에 필요한 정보를 수집하고 국정통제기능을 수행하기 위한 것이므로 면책특권의 대상이 되는 발언에 해당함은 당연하고, 또한 국회의원이 국회 내에서 하는 정부·행정기관에 대한 자료제출의 요구는 국회의원이 입법 및 국정통제 활동을 수행하기 위하여 필요로 하는 것이므로 그것이 직무상 질문이나 질의를 준비하기 위한 것인 경우에는 직무상 발언에 부수하여 행하여진 것으로서 면책특권이 인정되어야 한다(대판 1996.11.8, 96도1742).

③ [ O ] 인사청문회에서 한 발언은 국회에서 행한 직무상 발언에 해당한다.

④ [ O ] 국회의원이 국회 예산결산위원회 회의장에서 법무부장관을 상대로 대정부질의를 하던 중 대통령 측근에 대한 대선자금 제공 의혹과 관련하여 이에 대한 수사를 촉구하는 과정에서 한 발언이 국회의원의 면책특권의 대상이 된다(대판 2007.1.12, 2005다57752).

## 04　　　　　　　　　　　　　　　　　　　정답 ①

❶ [ O ] 국회의원인 피고인이, 구 국가안전기획부 내 정보수집 팀이 대기업 고위관계자와 중앙일간지 사주 간의 사적 대화를 불법 녹음한 자료를 입수한 후 그 대화 내용과, 전직 검찰간부인 피해자가 위 대기업으로부터 이른바 떡값 명목의 금품을 수수하였다는 내용이 게재된 보도자료를 작성하여 국회 법제사법위원회 개의 당일 국회의원회관에서 기자들에게 배포한 사안에서, 피고인이 국회 법제사법위원회에서 발언할 내용이 담긴 위 보도 자료를 사전에 배포한 행위는 국회의원 면책특권의 대상이 되는 직무부수행위에 해당하므로, 피고인에 대한 허위사실적시 명예훼손 및 「통신비밀보호법」 위반의 점에 대한 공소를 기각하여야 한다(대판 2011.5.13, 2009도14442).

② [ X ] 국회의원은 면책의 대상이 되는 행위에 대해서는 국회 외에서 책임을 지지 아니한다. 여기서의 '책임'이란 법적 책임(민·형사상 책임)을 의미하므로 정치적 책임을 물을 수 있다. 즉, 정당이나 출신지역구 유권자로부터 이에 대한 정치적 책임을 추궁받는 것까지 면제되는 것은 아니다.

③ [ X ] 국회의원은 국회에서 직무상 행한 발언과 표결에 관하여 국회 외에서 책임을 지지 아니한다(헌법 제45조).

④ [ X ] 헌법 제45조 국회의원의 면책특권은 국회 외에서 형사·민사책임을 면제받는 것을 의미한다. 따라서 정치적 책임을 물을 수 있다. 다만, 국회 내에서는 징계책임은 면제되지 않는다.

## 05　　　　　　　　　　　　　　　　　　　정답 ③

① [ X ] 면책특권은 영구적 특권이다. 따라서 임기 중에 한정되지 않는다.

② [ X ] 국회의원의 면책특권에 속하는 행위에 대하여는 공소를 제기할 수 없으며, 이에 반하여 공소가 제기된 것은 결국 공소권이 없음에도 공소가 제기된 것이 되어 「형사소송법」 제327조 제2호의 '공소제기의 절차가 법률의 규정에 위반하여 무효인 때'에 해당되므로 공소를 기각하여야 한다(대판 1992.9.22, 91도3317).

❸ [○] 국회회의록 공표는 면책이 되나, 원외에서 다시 발언을 하거나 출판하는 것은 면책이 되지 아니한다.

④ [X] 공개회의의 회의록을 공개한 경우에는 보도의 자유의 일환으로서 면책된다. 회의록 공개가 허용되는 것은 면책특권의 효력 때문이 아니라, 국민의 알 권리 또는 국회의원의 의정활동 보고책임 때문이다.

## 06

❶ [X] 발언 내용 자체에 의하더라도 직무와는 아무런 관련이 없음이 분명하거나, 명백히 허위임을 알면서도 허위의 사실을 적시하여 타인의 명예를 훼손하는 경우 등까지 면책특권의 대상이 된다고 할 수는 없다 할 것이지만, 발언 내용이 허위라는 점을 인식하지 못하였다면 비록 발언 내용에 다소 근거가 부족하거나 진위 여부를 확인하기 위한 조사를 제대로 하지 않았다고 하더라도, 그것이 직무수행의 일환으로 이루어진 것인 이상 이는 면책특권의 대상이 된다고 할 것이다(대판 2007.1.12, 2005다57752).

② [○] 불체포특권은 직무와 관련성을 요하지 않으나, 면책특권은 직무상 발언과 표결에 한해 인정된다.

③ [○]

> 헌법 제44조 ① 국회의원은 현행범인인 경우를 제외하고는 회기 중 국회의 동의 없이 체포 또는 구금되지 아니한다.
> ② 국회의원이 회기 전에 체포 또는 구금된 때에는 현행범인이 아닌 한 국회의 요구가 있으면 회기 중 석방된다.
>
> 제84조 대통령은 내란 또는 외환의 죄를 범한 경우를 제외하고는 재직 중 형사상의 소추를 받지 아니한다.

④ [○] 면책특권은 절대적 특권이나, 불체포특권은 국회의 동의로 제한받는 상대적 특권이다.

## 07

① [○] 면책특권의 대상이 되려면 국회에서 한 발언이어야 하는데 인터넷 홈페이지는 국회라고 할 수 없으므로 홈페이지 글을 게시한 행위는 면책특권이 인정되지 않는다.

❷ [X] ③ [○] 면책특권의 목적 및 취지 등에 비추어 볼 때, 발언 내용 자체에 의하더라도 직무와는 아무런 관련이 없음이 분명하거나, 명백히 허위임을 알면서도 허위의 사실을 적시하여 타인의 명예를 훼손하는 경우 등까지 면책특권의 대상이 될 수는 없지만 발언 내용이 허위라는 점을 인식하지 못하였다면 비록 발언 내용에 다소 근거가 부족하거나 진위 여부를 확인하기 위한 조사를 제대로 하지 않았다고 하더라도, 그것이 직무수행의 일환으로 이루어진 것인 이상 이는 면책특권의 대상이 된다. 국회의원이 국회 예산결산위원회 회의장에서 법무부장관을 상대로 대정부질의를 하던 중 대통령 측근에 대한 대선자금 제공 의혹과 관련하여 이에 대한 수사를 촉구하는 과정에서 한 발언이 국회의원의 면책특권의 대상이 된다(대판 2007.1.12, 2005다57752).

④ [○] 보좌관 甲은 국회의원이 아니므로 면책특권의 대상이 아니다.

## 08

❶ [○] 면책특권의 목적 및 취지 등에 비추어 볼 때, 발언 내용 자체에 의하더라도 직무와는 아무런 관련이 없음이 분명하거나, 명백히 허위임을 알면서도 허위의 사실을 적시하여 타인의 명예를 훼손하는 경우 등까지 면책특권의 대상이 될 수는 없지만 발언 내용이 허위라는 점을 인식하지 못하였다면 비록 발언 내용에 다소 근거가 부족하거나 진위 여부를 확인하기 위한 조사를 제대로 하지 않았다고 하더라도, 그것이 직무수행의 일환으로 이루어진 것인 이상 이는 면책특권의 대상이 된다. 국회의원이 국회 예산결산위원회 회의장에서 법무부장관을 상대로 대정부질의를 하던 중 대통령 측근에 대한 대선자금 제공 의혹과 관련하여 이에 대한 수사를 촉구하는 과정에서 한 발언이 국회의원의 면책특권의 대상이 된다(대판 2007.1.12, 2005다57752).

② [X] 면책특권이 인정되는 국회의원의 직무행위에 대하여 수사기관이 그 직무행위가 범죄행위에 해당하는지 여부를 조사하여 소추하거나 법원이 이를 심리한다면, 국회의원이 국회에서 자유롭게 발언하거나 표결하는 데 지장을 주게 됨은 물론 면책특권을 인정한 헌법규정의 취지와 정신에도 어긋나는 일이 되기 때문에, 소추기관은 면책특권이 인정되는 직무행위가 어떤 범죄나 그 일부를 구성하는 행위가 된다는 이유로 공소를 제기할 수 없고, 또 법원으로서도 그 직무행위가 범죄나 그 일부를 구성하는 행위가 되는지 여부를 심리하거나 이를 어떤 범죄의 일부를 구성하는 행위로 인정할 수 없다(대판 1996.11.8, 96도1742).

③ [X] 면책특권의 대상이 되는 행위는 국회의 직무수행에 필수적인 국회의원의 국회 내에서의 직무상 발언과 표결이라는 의사표현행위 자체에만 국한되지 않고 이에 통상적으로 부수하여 행하여지는 행위까지 포함되므로, 국회의원이 국회의 위원회나 국정감사장에서 국무위원·정부위원 등에 대하여 하는 질문이나 질의는 국회의 입법활동에 필요한 정보를 수집하고 국정통제기능을 수행하기 위한 것이므로 면책특권의 대상이 되는 발언에 해당함은 당연하고, 또한 국회의원이 국회 내에서 하는 정부·행정기관에 대한 자료제출의 요구는 국회의원이 입법 및 국정통제 활동을 수행하기 위하여 필요로 하는 것이므로 그것이 직무상 질문이나 질의를 준비하기 위한 것인 경우에는 직무상 발언에 부수하여 행하여진 것으로서 면책특권이 인정되어야 한다(대판 1996.11.8, 96도1742).

④ [X] 면책특권은 임기만료 이후에도 적용되는 영구적 특권이다.

## 09

① [○] 이 사건 심판청구의 청구인인 국회의원은 헌법 제41조 제1항에 따라 국민의 선거에 의하여 선출된 헌법상의 국가기관으로서 헌법과 법률에 의하여 법률안 제출권, 법률안 심의·표결권 등 여러 가지 독자적인 권한을 부여받고 있다(1997.7.16, 96헌라2).

② [○] 국회의원의 법률안 심의·표결권은 비록 헌법에는 이에 관한 명문의 규정이 없지만 의회민주주의 원리, 입법권을 국회에 귀속시키고 있는 헌법 제40조, 국민에 의하여 선출되는 국회의원으로 국회를 구성한다고 규정하고 있는 헌법 제41조 제1항으로부터 당연히 도출되는 헌법상의 권한이다. 국회의원의 법률안 심의·표결권은 소수파의원과 국회의원 개개인에게 모두 보장되는 것임도 당연하다(1997.7.16, 96헌라2).

③ [○] 국회의원이 갖는 이러한 심의·표결권은, 비단 법률안에 대하여 의결을 하는 경우뿐만 아니라, 예산안을 심의·확정하거나(헌법 제54조), 조약의 체결·비준 등 국가의 중요정책에 관하여 동의권을 행사하거나(헌법 제58조, 제60조, 제79조 제2항 등), 헌법기관의 고위공직자를 선출하거나(헌법 제111조 제3항, 제114조 제2항),

**256** 해커스공무원 학원·인강 gosi.Hackers.com

그 임명에 관하여 동의권을 행사하는 등(헌법 제86조 제1항, 제98조 제2항, 제104조 제1항·제2항, 제111조 제4항), 국회가 의결의 형태로 권한을 행사하는 모든 경우에 당연히 존재하는 것이다(2012.2.23, 2010헌라5 등).

❹ [X] 국회의원의 법률안 심의·표결권은 국민에 의하여 선출된 국가기관으로서 국회의원이 그 본질적인 임무인 입법에 관한 직무를 수행하기 위하여 보유하는 권한으로서의 성격을 갖고 있으므로 국회의원의 개별적인 의사에 따라 이를 포기할 수 있는 것은 아니다(2009.10.29, 2009헌라8 등).

## 10             정답 ③

① [O] 청구인이 법률안 심의·표결권의 주체인 국가기관으로서의 국회의원 자격으로 권한쟁의심판을 청구하였다가 심판절차 계속 중 사망한 경우, 국회의원의 법률안 심의·표결권은 성질상 일신전속적인 것으로 당사자가 사망한 경우 승계되거나 상속될 수 없어 그에 관련된 권한쟁의심판절차 또한 수계될 수 없으므로, 권한쟁의심판청구는 청구인의 사망과 동시에 당연히 그 심판절차가 종료된다(2010.11.25, 2009헌라12).

② [O] 국회의 동의권이 침해되었다고 하여 동시에 국회의원의 심의·표결권이 침해된다고 할 수 없고, 국회의원의 심의·표결권은 국회의 대내적인 관계에서 행사되고 침해될 수 있을 뿐 다른 국가기관과의 대외적인 관계에서는 침해될 수 없는 것이므로, 국회의원들 상호간 또는 국회의원과 국회의장 사이와 같이 국회 내부적으로만 직접적인 법적 연관성을 발생시킬 수 있을 뿐이고, 대통령 등 국회 이외의 국가기관과의 사이에서는 권한침해의 직접적인 법적 효과를 발생시키지 아니한다. 따라서 피청구인인 대통령이 국회의 동의 없이 조약을 체결·비준하였다 하더라도 국회의 조약 체결·비준에 대한 동의권이 침해될 수는 있어도 국회의원인 청구인들의 심의·표결권이 침해될 가능성은 없다(2011.8.30, 2011헌라2).

❸ [X] 국회의원의 심의·표결권은 국회의 대내적인 관계에서 행사되고 침해될 수 있을 뿐 다른 국가기관과의 대외적인 관계에서는 침해될 수 없는 것이므로, 국회의원들 상호간 또는 국회의원과 국회의장 사이와 같이 국회 내부적으로만 직접적인 법적 연관성을 발생시킬 수 있을 뿐이고 대통령 등 국회 이외의 국가기관과 사이에서는 권한침해의 직접적인 법적 효과를 발생시키지 아니한다. 따라서 피청구인인 대통령이 국회의 동의 없이 조약을 체결·비준하였다 하더라도 국회의 조약 체결·비준에 대한 동의권이 침해될 수는 있어도 국회의원인 청구인들의 심의·표결권이 침해될 가능성은 없다(2007.7.26, 2005헌라8).

④ [O] 법규정립행위(입법행위)는 그것이 국회입법이든 행정입법이든 막론하고 일종의 법률행위이므로 행위의 속성상 행위 자체는 한 번에 끝나는 것이고, 그러한 입법행위의 결과인 권리침해상태가 계속될 수 있을 뿐이라고 보아야 한다(1995.2.23, 92헌마165).

## 11             정답 ③

① [O] 국회의원에 대해서는 겸직금지의무(헌법 제43조), 청렴의무(헌법 제46조 제1항), 국가이익우선의무(헌법 제46조 제2항), 지위남용금지의무(헌법 제46조 제3항) 조항 등을 통해 이를 더욱 강조하고 있다. 따라서 국회의원은 자신의 사적인 이해관계와 국민에 대한 공적인 이해관계가 충돌할 경우 당연히 후자를 우선하여야 할 이해충돌회피의무 내지 직무전념의무를 지게 되는바, 이를 국회의원 개개인의 양심에만 맡겨둘 것이 아니라 국가가 제도적으로 보장할 필요성 또한 인정된다(2012.8.23, 2010헌가65).

② [O] 국회의원은 그 지위를 남용하여 국가·공공단체 또는 기업체와의 계약이나 그 처분에 의하여 재산상의 권리·이익 또는 직위를 취득하거나 타인을 위하여 그 취득을 알선할 수 없다(헌법 제46조 제3항).

❸ [X]

<국회의원의 의무>

| 헌법에 규정된 의무 | 「국회법」에 규정된 의무 |
|---|---|
| • 국민전체에 대한 봉사의무(제7조)<br>• 겸직금지의무(제43조)<br>• 청렴의무(제46조 제1항)<br>• 국익우선의무(제46조 제2항)<br>• 이권불개입의무(제46조 제3항) | • 품위유지의무(제25조)<br>• 영리업무종사금지의무(제29조의2)<br>• 본회의와 위원회에 출석할 의무(제155조 제12호)<br>• 의사에 관한 법령과 국회규칙 준수의무(제102조, 제104조, 제146조, 제147조)<br>• 회의장 질서준수의무(제145조)<br>• 의원의 본회의장 의장석 또는 위원회 회의장 위원장석 점거금지의무(제148조의2)<br>• 국정감사·조사에서 주의의무(제155조 제13호) 등 |

④ [O]

> 「국회법」 제24조 【선서】 의원은 임기 초에 국회에서 다음의 선서를 한다.
> "나는 헌법을 준수하고 국민의 자유와 복리의 증진 및 조국의 평화적 통일을 위하여 노력하며, 국가이익을 우선으로 하여 국회의원의 직무를 양심에 따라 성실히 수행할 것을 국민 앞에 엄숙히 선서합니다."

## 12             정답 ④

① [O]

> 「국회법」 제29조 【겸직금지】 ① 의원은 국무총리 또는 국무위원 직 외의 다른 직을 겸할 수 없다. 다만, 다음 각 호의 어느 하나에 해당하는 경우에는 그러하지 아니하다.
> 1. 공익목적의 명예직
> 2. 다른 법률에서 의원이 임명·위촉되도록 정한 직
> 3. 「정당법」에 따른 정당의 직

② [O] ③ [O]

> 「국회법」 제29조 【겸직금지】 ② 의원이 당선 전부터 제1항 각 호의 직 외의 직을 가진 경우에는 임기개시일 전까지(재선거·보궐선거 등의 경우에는 당선이 결정된 날의 다음 날까지를 말한다. 이하 이 항에서 같다) 그 직을 휴직하거나 사직하여야 한다. 다만, 다음 각 호의 어느 하나의 직을 가진 경우에는 임기개시일 전까지 그 직을 사직하여야 한다.
> 1. 「공공기관의 운영에 관한 법률」 제4조에 따른 공공기관(한국은행을 포함한다)의 임직원
> 2. 「농업협동조합법」·「수산업협동조합법」에 따른 조합, 중앙회와 그 자회사(손자회사를 포함한다)의 임직원
> 3. 「정당법」 제22조 제1항에 따라 정당의 당원이 될 수 있는 교원

❹ [ X ] 의장이 윤리심사자문위원회의 의견을 들을 수 있다가 아니라, 들어야 한다. 법적 구속력은 없다.

> **「국회법」제29조【겸직금지】** ④ 의장은 제3항에 따라 신고한 직(본회의 의결 또는 의장의 추천·지명 등에 따라 임명·위촉된 경우는 제외한다)이 제1항 각 호의 직에 해당하는지 여부를 제46조의2에 따른 윤리심사자문위원회의 의견을 들어 결정하고 그 결과를 해당 의원에게 통보한다. 이 경우 의장은 윤리심사자문위원회의 의견을 존중하여야 한다.

## 13 정답 ①

❶ [ O ] ③ [ X ]

> **「국회법」제29조의2【영리업무 종사 금지】** ① 의원은 그 직무 외에 영리를 목적으로 하는 업무에 종사할 수 없다. 다만, 의원 본인 소유의 토지·건물 등의 재산을 활용한 임대업 등 영리업무를 하는 경우로서 의원 직무수행에 지장이 없는 경우에는 그러하지 아니하다.

② [ X ] 직무 외에 영리목적의 업무는 직무관련성을 불문하고 금지된다.

④ [ X ] 의원은 의장으로부터 종사하고 있는 영리업무가 제1항 단서의 영리업무에 해당하지 아니한다는 통보를 받은 때에는 통보를 받은 날부터 6개월 이내에 그 영리업무를 휴업하거나 폐업하여야 한다(「국회법」제29조의2 제6항).

## 14 정답 ①

❶ [ X ] 대통령은 조약을 체결·비준하고, 외교사절을 신임·접수 또는 파견하며, 선전포고와 강화를 한다(헌법 제73조).

② [ O ] 행정기관 소속 5급 이상 공무원 및 고위공무원단에 속하는 일반직 공무원은 소속 장관의 제청으로 인사혁신처장과 협의를 거친 후에 국무총리를 거쳐 대통령이 임용하되, 고위공무원단에 속하는 일반직공무원의 경우 소속 장관은 해당 기관에 소속되지 아니한 공무원에 대하여도 임용제청할 수 있다. 이 경우 국세청장은 국회의 인사청문을 거쳐 대통령이 임명한다(「국가공무원법」제32조 제1항).

③ [ O ] 헌법 제80조는 "대통령은 법률이 정하는 바에 의하여 훈장 기타의 영전을 수여한다."라고 규정하고 있다. 이 규정과 「상훈법」의 내용을 종합하면, 영전의 수여는 기본적으로 대통령의 재량에 달려 있는 사항이며, 달리 헌법은 국민에게 영전을 수여할 것을 요구할 권리를 부여하고 있지 않다(2005.6.30, 2004헌마859).

④ [ O ] 영전수여는 국무회의의 심의를 거쳐야 한다(헌법 제89조 제8호).

## 15 정답 ④

① [ X ] 대통령의 임기는 전임대통령의 임기만료일의 다음 날 0시부터 개시된다. 다만, 전임자의 임기가 만료된 후에 실시하는 선거와 궐위로 인한 선거에 의한 대통령의 임기는 당선이 결정된 때부터 개시된다(「공직선거법」제14조 제1항). ➡ 임기는 새로 개시된다.

② [ X ] 대통령당선인은 대통령당선인으로 결정된 때부터 대통령 임기 시작일 전날까지 그 지위를 갖는다(「대통령직 인수에 관한 법률」제3조 제1항).

③ [ X ] 위원회는 대통령 임기 시작일 이후 30일의 범위에서 존속한다(「대통령직 인수에 관한 법률」제6조 제2항).

❹ [ O ] 대통령 당선 후 취임식까지의 기간에 이루어진 대통령당선자의 행위는 탄핵소추의 사유가 될 수 없다(2004.5.14, 2004헌나1).

## 16 정답 ①

❶ [ X ] 대통령의 임기는 전임대통령의 임기만료일의 다음 날 0시부터 개시된다. 다만, 전임자의 임기가 만료된 후에 실시하는 선거와 궐위로 인한 선거에 의한 대통령의 임기는 당선이 결정된 때부터 개시된다(「공직선거법」제14조 제1항).

② [ O ] 위원장·부위원장 및 위원은 명예직으로 하고, 대통령당선인이 임명한다(「대통령직 인수에 관한 법률」제8조 제2항).

③ [ O ] 위원회는 위원장 1명, 부위원장 1명 및 24명 이내의 위원으로 구성한다(「대통령직 인수에 관한 법률」제8조 제1항).

④ [ O ] 「대통령직 인수에 관한 법률」제10조에 ""국가공무원법」제33조 각 호의 어느 하나에 해당하는 사람은 위원회의 위원장·부위원장·위원 및 직원이 될 수 없다."라고 규정하고 있고, 「국가공무원법」제33조 제8호에 "징계로 해임처분을 받은 때부터 3년이 지나지 아니한 자는 공무원으로 임용될 수 없다."라고 규정하고 있으므로, 징계로 해임처분을 받은 때부터 4년이 지난 자는 부위원장이 될 수 있다.

## 17 정답 ②

① [ X ] 국회의 탄핵소추의결로 헌법재판소의 탄핵결정이 있을 때까지 권한행사가 정지된 경우는 궐위가 아닌 사고사유이다.

❷ [ O ] 국회에서 탄핵소추가 의결된 경우는 사고이고, 헌법재판소의 탄핵결정으로 파면된 경우가 궐위에 해당된다.

③ [ X ] 소추의결서가 송달되었을 때에는 소추된 사람의 권한행사는 정지되며, 임명권자는 소추된 사람의 사직원을 접수하거나 소추된 사람을 해임할 수 없다(「국회법」제134조 제2항).

④ [ X ] 현행헌법은 대통령의 권한대행에 관하여 제71조에서 "대통령이 궐위되거나 사고로 인하여 직무를 수행할 수 없을 때에는 국무총리, 법률이 정한 국무위원의 순서로 그 권한을 대행한다."라고 하는 하나의 규정만 두고 있을 뿐, 대통령 권한대행 개시 및 기간에 관한 결정권에 대하여 규정하고 있지 않다.

## 18 정답 ②

① [ O ] ❷ [ X ] 대통령이 궐위되거나 사고로 인하여 직무를 수행할 수 없을 때에는 국무총리, 법률이 정한 국무위원의 순서로 그 권한을 대행한다(헌법 제71조).

③ [ O ] 국무총리의 대통령 권한대행은 헌법 제71조에 규정되어 있으므로 법정대리에 해당한다. 임의대리는 대리권 부여를 통해 대리관계가 성립하나, 법정대리는 법이 정한 사유가 발생하면 바로 대리권이 발생한다.

④ [ O ] 대통령의 궐위로 인한 선거 또는 재선거는 그 선거의 실시사유가 확정된 때부터 60일 이내에 실시하되, 선거일은 늦어도 선거일 전 50일까지 대통령 또는 대통령 권한대행자가 공고하여야 한다(「공직선거법」제35조 제1항).

## 19

① [ X ] 「정부조직법」상 그러한 명문의 규정이 없기 때문에 대통령 권한대행의 범위에 대하여 의견이 갈리고 있다.

② [ X ] 국무총리는 국민에 의해 선출된 자가 아니어서 민주적 정당성이 취약한 만큼 대통령의 궐위 또는 사고시를 막론하고 대통령 대행자는 대통령의 권한전반에 걸쳐 포괄적인 권한행사를 할 수 없으며 현상유지에 그쳐야 한다. 따라서 대통령과 대통령 권한대행자의 직무범위는 동일하지 않다.

❸ [ O ] 대통령은 내란 또는 외환의 죄를 범한 경우를 제외하고는 재직 중 형사상의 소추를 받지 아니한다(헌법 제84조).

④ [ X ] 대통령이 탄핵결정되면 파면되므로 대통령직이 상실된 다음에 형사절차가 개시되어 소추될 수 있다.

## 20

① [ X ] 대통령은 재직 중 형사상 소추를 받지 아니하나, 탄핵소추는 받을 수 있다.

② [ X ] 불소추특권이 인정되더라도, 민사상 책임이 면제되는 것은 아니므로, 재직 중에도 민사상 책임을 부담한다.

❸ [ O ] 헌법 제84조에는 "대통령은 내란 또는 외환의 죄를 범한 경우를 제외하고는 재직 중 형사상의 소추를 받지 아니한다."라고만 규정되어 있을 뿐 헌법이나 「형사소송법」 등의 법률에 대통령의 재직 중 공소시효의 진행이 정지된다고 명백히 규정되어 있지는 않다고 하더라도, 위 헌법규정의 근본취지를 대통령의 재직 중 형사상의 소추를 할 수 없는 범죄에 대한 공소시효의 진행은 정지되는 것으로 해석하는 것이 원칙일 것이다. 즉, 위 헌법규정은 바로 공소시효 진행의 소극적 사유가 되는 국가의 소추권 행사의 법률상 장애사유에 해당하므로, 대통령의 재직 중에는 공소시효의 진행이 당연히 정지되는 것으로 보아야 한다(1995.1.20, 94헌마246).

④ [ X ] 만약 재직 중 소추할 수 없는 범죄의 경우 공소시효까지 진행한다면 대부분의 범죄가 재직 후 공소시효가 완성되기 때문에 처벌할 수 없게 된다. 그러면 불소추특권을 넘어서 사실상 면책특권이 되기 때문에 제84조 해석상 재직 중 공소시효는 정지되어야 한다(1995.1.20, 94헌마246).

## 정답

| 01 | ④ | 02 | ① | 03 | ① | 04 | ① |
|----|---|----|---|----|---|----|---|
| 05 | ④ | 06 | ④ | 07 | ③ | 08 | ④ |
| 09 | ④ | 10 | ② | 11 | ① | 12 | ② |
| 13 | ④ | 14 | ③ | 15 | ④ | 16 | ② |
| 17 | ③ | 18 | ② | 19 | ④ | 20 | ① |

### 01 정답 ④

① [O] 헌법을 준수하고 수호해야 할 의무(헌법 제66조 제2항 및 제69조)와 관련하여 문제되는 행위. 헌법은 제66조 제2항에서 대통령에게 '국가의 독립·영토의 보전·국가의 계속성과 헌법을 수호할 책무'를 부과하고, 같은 조 제3항에서 '조국의 평화적 통일을 위한 성실한 의무'를 지우면서, 제69조에서 이에 상응하는 내용의 취임선서를 하도록 규정하고 있다. 헌법 제69조는 단순히 대통령의 취임선서의무만을 규정한 것이 아니라, 헌법 제66조 제2항 및 제3항에 규정된 대통령의 헌법적 책무를 구체화하고 강조하는 실체적 내용을 지닌 규정이다(2004.5.14, 2004헌나1).

② [O] 대통령은 국무총리·국무위원·행정각부의 장 기타 법률이 정하는 공사의 직을 겸할 수 없다(헌법 제83조).

③ [O] 대통령은 행정부의 수반으로서 국가가 국민의 생명과 신체의 안전 보호의무를 충실하게 이행할 수 있도록 권한을 행사하고 직책을 수행하여야 하는 의무를 부담한다. 하지만 국민의 생명이 위협받는 재난상황이 발생하였다고 하여 피청구인이 직접 구조활동에 참여하여야 하는 등 구체적이고 특정한 행위의무까지 바로 발생한다고 보기는 어렵다(2017.3.10, 2016헌나1 전원재판부).

❹ [X] 「공직선거법」 제9조 제2항의 공무원이란 원칙적으로 국가와 지방자치단체의 모든 공무원, 즉 좁은 의미의 직업공무원은 물론이고, 적극적인 정치활동을 통하여 국가에 봉사하는 정치적 공무원(예 대통령, 국무총리, 국무위원, 도지사, 시장, 군수, 구청장 등 지방자치단체의 장)을 포함하며, 특히 직무의 기능이나 영향력을 이용하여 선거에서 국민의 자유로운 의사형성과정에 영향을 미치고 정당 간의 경쟁관계를 왜곡할 가능성은 정부나 지방자치단체의 집행기관에 있어서 더욱 크다고 판단되므로, 대통령, 지방자치단체의 장 등에게는 다른 공무원보다도 선거에서의 정치적 중립성이 특히 요구된다. 다만, 공무원 중에서 국회의원과 지방의회의원은 정치활동의 자유가 보장되고 선거에서의 중립의무 없이 선거운동이 가능하므로 국회의원과 지방의회의원은 위 공무원의 범위에 포함되지 않는다(2004.5.14, 2004헌나1).

### 02 정답 ①

❶ [O] 대통령도 국민의 한 사람으로서 제한적으로나마 기본권의 주체가 될 수 있는바, 대통령은 소속 정당을 위하여 정당활동을 할 수 있는 사인으로서의 지위와 국민 모두에 대한 봉사자로서 공익실현의 의무가 있는 헌법기관으로서의 지위를 동시에 갖는데, 최소한 전

자의 지위와 관련하여는 기본권 주체성을 갖는다고 할 수 있다(2008.1.17, 2007헌마700).

② [X] 헌법 제69조는 대통령의 취임선서의무를 규정하면서, 대통령으로서 '직책을 성실히 수행할 의무'를 언급하고 있다. 비록 대통령의 '성실한 직책수행의무'는 헌법적 의무에 해당하나, '헌법을 수호해야 할 의무'와는 달리, 규범적으로 그 이행이 관철될 수 있는 성격의 의무가 아니므로, 원칙적으로 사법적 판단의 대상이 될 수 없다고 할 것이다(2004.5.14, 2004헌나1).

③ [X] 원칙적으로 국가나 국가기관 또는 국가조직의 일부나 공법인은 공권력 행사의 주체이자 기본권의 '수범자'로서 기본권의 '소지자'인 국민의 기본권을 보호 내지 실현해야 할 책임과 의무를 지니고 있을 뿐이므로, 헌법소원을 제기할 수 있는 청구인적격이 없다. 그러나 국가기관의 직무를 담당하는 자연인이 제기한 헌법소원이 언제나 부적법하다고 볼 수는 없다. 만일 심판대상조항이나 공권력 작용이 넓은 의미의 국가 조직영역 내에서 공적 과제를 수행하는 주체의 권한 내지 직무영역을 제약하는 성격이 강한 경우에는 그 기본권 주체성이 부정될 것이지만, 그것이 일반국민으로서 국가에 대하여 가지는 헌법상의 기본권을 제약하는 성격이 강한 경우에는 기본권 주체성을 인정할 수 있다(1995.3.23, 95헌마53).

④ [X] 헌법 제66조 제2항 및 제69조에 규정된 대통령의 '헌법을 준수하고 수호해야 할 의무'는 헌법상 법치국가원리가 대통령의 직무집행과 관련하여 구체화된 헌법적 표현이다(2004.5.14, 2004헌나1).

### 03 정답 ①

❶ [O] 헌법 제68조에 후임자선거, 헌법 제71조에 대통령의 유고시 권한대행, 헌법 제85조 퇴임 후의 예우에 대해 규정하고 있다.

② [X]

> 「전직대통령 예우에 관한 법률」 제6조 【그 밖의 예우】 ④ 전직대통령 또는 그 유족에게는 관계 법령에서 정하는 바에 따라 다음 각 호의 예우를 할 수 있다.
> 1. 필요한 기간의 경호 및 경비(警備)
> 2. 교통·통신 및 사무실 제공 등의 지원
> 3. 본인 및 그 가족에 대한 치료
> 4. 그 밖에 전직대통령으로서 필요한 예우
>
> 제7조 【권리의 정지 및 제외 등】 ② 전직대통령이 다음 각 호의 어느 하나에 해당하는 경우에는 제6조 제4항 제1호에 따른 예우를 제외하고는 이 법에 따른 전직대통령으로서의 예우를 하지 아니한다.
> 1. 재직 중 탄핵결정을 받아 퇴임한 경우

③ [X] 사퇴한 경우는 포함되지 않는다.

> 「전직대통령 예우에 관한 법률」 제7조 【권리의 정지 및 제외 등】
> ① 이 법의 적용 대상자가 공무원에 취임한 경우에는 그 기간 동안 제4조 및 제5조에 따른 연금의 지급을 정지한다.
> ② 전직대통령이 다음 각 호의 어느 하나에 해당하는 경우에는 제6조 제4항 제1호에 따른 예우를 제외하고는 이 법에 따른 전직대통령으로서의 예우를 하지 아니한다.
> 1. 재직 중 탄핵결정을 받아 퇴임한 경우
> 2. 금고 이상의 형이 확정된 경우
> 3. 형사처분을 회피할 목적으로 외국정부에 도피처 또는 보호를 요청한 경우
> 4. 대한민국의 국적을 상실한 경우

④ [X]

## 04    정답 ①

❶ [X] 현행헌법은 사전예방적 국가긴급권을 규정하고 있지 않다. 국가긴급권은 사후적으로 발동할 수 있다.

② [O] 사전에 국회의 승인을 얻을 필요는 없으나, 국무회의의 심의는 거쳐야 한다.

헌법 제89조 다음 사항은 국무회의의 심의를 거쳐야 한다.
5. 대통령의 긴급명령·긴급재정경제처분 및 명령 또는 계엄과 그 해제

③ [O] 부서는 대통령의 모든 국법상 행위에 필요하다. 국무회의 심의는 헌법 제89조에 규정된 사항에 한해 필요하다. 일반사면, 긴급재정경제처분, 계엄은 헌법 제89조에 국무회의 심의사항으로 규정되어 있다.

헌법 제79조 ② 일반사면을 명하려면 국회의 동의를 얻어야 한다.

제76조 ③ 대통령은 제1항과 제2항의 처분 또는 명령을 한 때에는 지체 없이 국회에 보고하여 그 승인을 얻어야 한다.

제77조 ⑤ 국회가 재적의원 과반수의 찬성으로 계엄의 해제를 요구한 때에는 대통령은 이를 해제하여야 한다.

④ [O] 대통령은 국가의 안위에 관계되는 중대한 교전상태에 있어서 국가를 보위하기 위하여 긴급한 조치가 필요하고 국회의 집회가 불가능한 때에 한하여 법률의 효력을 가지는 명령을 발할 수 있다(헌법 제76조 제2항).

## 05    정답 ④

① [X] 대통령은 전시·사변 또는 이에 준하는 국가비상사태에 있어서 병력으로써 군사상의 필요에 응하거나 공공의 안녕질서를 유지할 필요가 있을 때에는 법률이 정하는 바에 의하여 계엄을 선포할 수 있다(헌법 제77조 제1항).

② [X] 대통령은 국가의 안위에 관계되는 중대한 교전상태에 있어서 국가를 보위하기 위하여 긴급한 조치가 필요하고 국회의 집회가 불가능한 때에 한하여 법률의 효력을 가지는 명령을 발할 수 있다(헌법 제76조 제2항).

③ [X] 공공복리는 긴급명령의 목적이 되지 않는다.

헌법 제76조 ② 대통령은 국가의 안위에 관계되는 중대한 교전상태에 있어서 국가를 보위하기 위하여 긴급한 조치가 필요하고 국회의 집회가 불가능한 때에 한하여 법률의 효력을 가지는 명령을 발할 수 있다.

④ [O] 헌법 제49조는 헌법과 법률에 특별한 규정이 없는 한 일반의결정족수로 의결한다고 규정하고 있고, 헌법 제76조에는 특별한 규정이 없으므로 일반의결정족수로 의결함이 타당하다. 다만, 학설의 대립은 있다. 소수설은 헌법 제77조 제5항에 따라 재적과반수로 가부를 결정해야 한다고 주장한다.

## 06    정답 ④

① [X] 대통령은 국가의 안위에 관계되는 중대한 교전상태에 있어서 국가를 보위하기 위하여 긴급한 조치가 필요하고 국회의 집회가 불가능한 때에 한하여 법률의 효력을 가지는 명령을 발할 수 있다(헌법 제76조 제2항). → 긴급명령은 대통령령이 아닌 법률의 효력을 가진다.

② [X] 적법하게 성립한 긴급명령은 형식면에서는 명령이지만 실질적으로는 국회가 제정한 법률과 동일한 효력을 가진다. 따라서 긴급명령으로써 국민의 권리를 제한하거나 의무를 부과할 수 있음은 물론 기존의 법률을 개정하거나 폐지할 수 있고 그 적용을 정지할 수도 있다. 유효하게 성립한 긴급명령을 폐지·개정 또는 정지시키려면 국회를 통과한 법률 또는 유효하게 성립한 긴급명령에 의해서만 가능하다.

③ [X] 제3항의 승인을 얻지 못한 때에는 그 처분 또는 명령은 그때부터 효력을 상실한다. 이 경우 그 명령에 의하여 개정 또는 폐지되었던 법률은 그 명령이 승인을 얻지 못한 때부터 당연히 효력을 회복한다(헌법 제76조 제4항).

❹ [O] 국회로부터 승인을 받지 못한 경우에 긴급명령은 그때부터 효력을 상실하고 긴급명령에 의해서 개정·폐지된 법률은 그때부터 효력을 회복한다. 국회의 불승인에 대하여 대통령은 거부권을 행사할 수 없다.

## 07    정답 ③

① [O] 긴급명령은 법률의 효력을 가지므로 위헌법률심판의 대상이 된다.

② [O] 긴급명령과 긴급재정경제명령 모두 법률의 효력을 가지므로 위헌법률심판과 헌법소원심판의 대상이 될 수 있다.

❸ [X] 긴급명령은 법률적 효력을 지니므로 명령·규칙심사의 대상이 되지 아니한다.

헌법 제107조 ② 명령·규칙 또는 처분이 헌법이나 법률에 위반되는 여부가 재판의 전제가 된 경우에는 대법원은 이를 최종적으로 심사할 권한을 가진다.

제76조 ④ 제3항의 승인을 얻지 못한 때에는 그 처분 또는 명령은 그때부터 효력을 상실한다. 이 경우 그 명령에 의하여 개정 또는 폐지되었던 법률은 그 명령이 승인을 얻지 못한 때부터 당연히 효력을 회복한다.
⑤ 대통령은 제3항과 제4항의 사유를 지체 없이 공포하여야 한다.

→ 긴급명령에 의하여 폐지된 법률은 승인을 얻지 못한 때 당연히 효력을 회복하고, 그 이후 대통령이 지체 없이 이를 공포하여야 한다.

④ [O] '내우·외환·천재·지변 또는 중대한 재정·경제상 위기'란 내우·외환·천재·지변은 없고 재정·경제상 위기만 있어도 발할 수 있다는 뜻이다.

① [ X ]

> **헌법 제77조** ④ 계엄을 선포한 때에는 대통령은 지체 없이 국회에 통고하여야 한다.
> ⑤ 국회가 재적의원 과반수의 찬성으로 계엄의 해제를 요구한 때에는 대통령은 이를 해제하여야 한다.

② [ X ] ③ [ X ]

> **헌법 제76조** ① 대통령은 내우·외환·천재·지변 또는 중대한 재정·경제상의 위기에 있어서 국가의 안전보장 또는 공공의 안녕질서를 유지하기 위하여 긴급한 조치가 필요하고 국회의 집회를 기다릴 여유가 없을 때에 한하여 최소한으로 필요한 재정·경제상의 처분을 하거나 이에 관하여 법률의 효력을 가지는 명령을 발할 수 있다.

❹ [ O ] 긴급재정경제명령은 재정·경제상의 위기가 현실적으로 발생한 후 이를 사후적으로 수습하여 헌법질서를 유지하기 위하여 헌법이 정한 절차에 따라 행사되어야 한다(1996.2.29, 93헌마186).

① [ O ] 재정·경제처분도 당연히 국회 승인이 필요하다. 다만, 법원심사의 대상은 된다.

> **헌법 제76조** ③ 대통령은 제1항과 제2항의 처분 또는 명령을 한 때에는 지체 없이 국회에 보고하여 그 승인을 얻어야 한다.

② [ O ]

<긴급명령과 긴급재정경제명령의 비교>

| 구분 | 긴급명령 | 긴급재정경제명령 |
|---|---|---|
| 상황적 요건 | 중대한 교전상태 | 내우·외환·천재·지변 또는 재정·경제상 위기 |
| 목적적 요건 | 국가보위 | 국가안전보장, 공공안녕질서 |
| 국회소집요건 | 집회 불가능, 휴회·폐회·개회 | 집회를 기다릴 여유가 없는 때, 폐회 중에만 |
| 제한할 수 있는 기본권 | 모든 기본권, 모든 법률적 사항 | 경제적 기본권, 경제사항 |

③ [ O ] 긴급재정경제명령이 헌법 제76조 소정의 요건과 한계에 부합한다면, 그 자체로 목적의 정당성, 수단의 적정성, 피해의 최소성, 법익의 균형성이라는 기본권 제한의 한계로서의 과잉금지원칙을 준수하는 것이 된다(1996.2.29, 93헌마186).

❹ [ X ] 대통령의 긴급재정경제명령은 국가긴급권의 일종으로서 고도의 정치적 결단에 의하여 발동되는 행위이고 그 결단을 존중하여야 할 필요성이 있는 행위라는 의미에서 이른바 통치행위에 속한다고 할 수 있으나, 통치행위를 포함하여 모든 국가작용은 국민의 기본권적 가치를 실현하기 위한 수단이라는 한계를 반드시 지켜야 하는 것이고, 헌법재판소는 헌법의 수호와 국민의 기본권 보장을 사명으로 하는 국가기관이므로 비록 고도의 정치적 결단에 의하여 행해지는 국가작용이라고 할지라도 그것이 국민의 기본권 침해와 직접 관련되는 경우에는 당연히 헌법재판소의 심판대상이 된다(1996.2.29, 93헌마186).

① [ O ] ❷ [ X ] 긴급재정경제명령의 상황적 요건은 대통령이 일차적으로 판단하여야 하나, 대통령의 자유재량도 아니고 상황적 요건이 존재한다는 주관적 확신만으로 행사되어서는 아니 되고, 객관적 상황이 존재하여야 한다(1996.2.29, 93헌마186).

③ [ O ] 국가긴급권은 잠정적 권한이므로 긴급재정명령이 2년간 지속된 것은 바람직하지는 않지만 그 이유만 가지고 바로 헌법에 위반되는 것은 아니다(1996.2.29, 93헌마186).

④ [ O ] 금융실명거래및비밀보장에관한긴급재정경제명령(이하 '긴급명령'이라 한다)은 그 발동 당시 헌법 제76조 제1항에서 정한 긴급재정경제명령의 발동요건이 갖추어져 있었다고 보이고 국회의 승인을 얻었으므로 헌법상의 긴급재정경제명령으로서 유효하게 성립하였다고 할 것이고, 위와 같이 긴급명령이 유효하게 성립한 이상 가사 그 발동의 원인이 된 '내우·외환·천재·지변 또는 중대한 재정·경제상의 위기'가 사라졌다고 하여 곧바로 그 효력이 상실되는 것이라고는 할 수 없다(대판 1997.6.27, 95도1964).

❶ [ X ] 긴급권은 그 본질상 비상사태에 대응하기 위한 잠정적 성격의 권한이므로 긴급권의 발동은 그 목적을 달성할 수 있는 최단기간 내로 한정되어야 하고 그 원인이 소멸된 때에는 지체 없이 해제하여야 할 것인데도 이 사건 긴급명령은 발포일로부터 2년이 훨씬 지난 현재까지도 유지되고 있는바, 이와 같은 긴급명령 발포상태의 장기화가 바람직하지는 않지만 그렇다고 그 사유만으로 발포 당시 합헌적이었던 이 사건 긴급명령이 바로 위헌으로 된다고 할 수는 없다(1996.2.29, 93헌마186).

② [ O ]

> **유신헌법 제53조** ① 대통령은 천재·지변 또는 중대한 재정·경제상의 위기에 처하거나, 국가의 안전보장 또는 공공의 안녕질서가 중대한 위협을 받거나 받을 우려가 있어, 신속한 조치를 할 필요가 있다고 판단할 때에는 내정·외교·국방·경제·재정·사법 등 국정전반에 걸쳐 필요한 긴급조치를 할 수 있다.
> ② 대통령은 제1항의 경우에 필요하다고 인정할 때에는 이 헌법에 규정되어 있는 국민의 자유와 권리를 잠정적으로 정지하는 긴급조치를 할 수 있고, 정부나 법원의 권한에 관하여 긴급조치를 할 수 있다.
> ③ 제1항과 제2항의 긴급조치를 한 때에는 대통령은 지체 없이 국회에 통고하여야 한다.
> ④ 제1항과 제2항의 긴급조치는 사법적 심사의 대상이 되지 아니한다.
> ⑤ 긴급조치의 원인이 소멸한 때에는 대통령은 지체 없이 이를 해제하여야 한다.
> ⑥ 국회는 재적의원 과반수의 찬성으로 긴급조치의 해제를 대통령에게 건의할 수 있으며, 대통령은 특별한 사유가 없는 한 이에 응하여야 한다.

③ [ O ] 헌법 제107조 제1항, 제111조 제1항 제1호의 규정에 의하면, 헌법재판소에 의한 위헌심사의 대상이 되는 '법률'이란 '국회의 의결을 거친 이른바 형식적 의미의 법률'을 의미하고, 위헌심사의 대상이 되는 규범이 형식적 의미의 법률이 아닌 때에는 그와 동일한 효력을 갖는 데에 국회의 승인이나 동의를 요하는 등 국회의 입법권 행사라고 평가할 수 있는 실질을 갖춘 것이어야 한다. 유신헌법에 근거한 긴급조치는 국회의 입법권 행사라는 실질을 전혀 가지지 못한 것으로서, 헌법재판소의 위헌심판대상이 되는 '법률'에 해

당한다고 할 수 없고, 긴급조치의 위헌 여부에 대한 심사권은 최종적으로 대법원에 속한다(대판 2010.12.16, 2010도5986).

④ [O] 유신헌법 제53조 제4항이 사법심사를 배제할 것을 규정하고 있다고 하더라도 이는 사법심사권을 절차적으로 제한하는 것일 뿐 이러한 기본권 보장 규정과 충돌되는 긴급조치의 합헌성 내지 정당성까지 담보한다고 할 수 없다. 따라서 이 사건 재심절차를 진행함에 있어, 모든 국민은 <u>유신헌법에 따른 절차적 제한을 받음이 없이</u> 법이 정한 절차에 의해서 긴급조치의 위헌성 유무를 따지는 것이 가능하므로, 이와 달리 유신헌법 제53조 제4항에 근거하여 이루어진 긴급조치에 대한 사법심사가 불가능하다는 취지의 위 대법원 판결 등은 더 이상 유지될 수 없다(대판 2010.12.16, 2010도5986).

## 12                 정답 ②

① [X] <u>현행헌법 제76조는 대통령의 긴급명령·긴급재정경제명령 등 국가긴급권의 행사에 대하여 사법심사배제 규정을 두고 있지 아니하다.</u> 더욱이 유신헌법 자체에 의하더라도 그 제8조가 "모든 국민은 인간으로서의 존엄과 가치를 가지며, 이를 위하여 국가는 국민의 기본적 인권을 최대한으로 보장할 의무를 진다."라고 규정하고 제9조 내지 제32조에서 개별 기본권 보장 규정을 두고 있었으므로, 유신헌법 제53조 제4항이 사법심사를 배제할 것을 규정하고 있다고 하더라도 이는 사법심사권을 절차적으로 제한하는 것일 뿐 이러한 기본권 보장 규정과 충돌되는 긴급조치의 합헌성 내지 정당성까지 담보한다고 할 수 없다. 따라서 이 사건 재심절차를 진행함에 있어, 모든 국민은 유신헌법에 따른 절차적 제한을 받음이 없이 법이 정한 절차에 의해서 긴급조치의 위헌성 유무를 따지는 것이 가능하므로, 이와 달리 유신헌법 제53조 제4항에 근거하여 이루어진 긴급조치에 대한 사법심사가 불가능하다는 취지의 위 대법원 판결 등은 더 이상 유지될 수 없다(대판 2010.12.16, 2010도5986).

❷ [O] 당해 사건에서 무죄판결이 선고되거나 재심청구가 기각되어 원칙적으로는 재판의 전제성이 인정되지 아니할 것이나, 긴급조치의 위헌 여부를 심사할 권한은 본래 헌법재판소의 전속적 관할 사항인 점, 법률과 같은 효력이 있는 규범인 긴급조치의 위헌 여부에 대한 헌법적 해명의 필요성이 있는 점, 당해 사건의 대법원 판결은 대세적 효력이 없는 데 비하여 형벌조항에 대한 헌법재판소의 위헌결정은 대세적 기속력을 가지고 유죄 확정판결에 대한 재심사유가 되는 점, 유신헌법 당시 긴급조치 위반으로 처벌을 받게 된 사람은 재판절차에서 긴급조치의 위헌성을 다툴 수조차 없는 규범적 장애가 있었던 점 등에 비추어 볼 때, 예외적으로 헌법질서의 수호·유지 및 관련 당사자의 권리구제를 위하여 재판의 전제성을 인정함이 상당하다(2013.3.21, 2010헌바70).

③ [X] 유신헌법 일부 조항과 긴급조치 등이 기본권을 지나치게 침해하고 자유민주적 기본질서를 훼손하였다는 반성에 따른 헌법 개정사, 국민의 기본권의 강화·확대라는 헌법의 역사성, 헌법재판소의 헌법해석은 헌법이 내포하고 있는 특정한 가치를 탐색·확인하고 이를 규범적으로 관철하는 작업인 점에 비추어, <u>헌법재판소가 행하는 구체적 규범통제의 심사기준은 원칙적으로 헌법재판을 할 당시에 규범적 효력을 가지는 현행헌법이다.</u> 국가긴급권의 행사라 하더라도 헌법재판소의 심판대상이 되고, 긴급조치에 대한 사법심사 배제조항을 둔 <u>유신헌법 제53조 제4항은 입헌주의에 대한 중대한 예외일 뿐 아니라, 현행헌법이 반성적 견지에서 사법심사배제조항을 승계하지 아니하였으므로, 현행헌법에 따라 이 사건 긴급조치들의 위헌성을 다툴 수 있다</u>(2013.3.21, 2010헌바70).

④ [X] 이 사건 긴급조치들은 최소한 법률과 동일한 효력을 가지는 것으로 보아야 하므로, <u>그 위헌 여부 심사권한은 헌법재판소에 전속한다</u>(2013.3.21, 2010헌바132).

### <대법원 판례와 헌법재판소 판례의 대립>

| 구분 | 대법원 판례 | 헌법재판소 판례 |
|---|---|---|
| 긴급조치 사법심사 | • 법률의 효력을 가지지 않는다.<br>• 헌법 제107조 제2항에 따라 대법원이 최종적 심사권을 가진다. | • 최소한 법률의 효력을 가진다.<br>• 위헌법률심판의 대상이 된다. |

## 13                 정답 ④

① [X] 일정한 규범이 위헌법률심판 또는 「헌법재판소법」 제68조 제2항에 의한 헌법소원심판의 대상이 되는 '법률'인지 여부는 그 제정형식이나 명칭이 아니라 그 규범의 효력을 기준으로 판단하여야 한다. 따라서 헌법이 법률과 동일한 효력을 가진다고 규정한 긴급재정경제명령(제76조 제1항) 및 긴급명령(제76조 제2항)은 물론, 헌법상 형식적 의미의 법률은 아니지만 국내법과 동일한 효력이 인정되는 '헌법에 의하여 체결·공포된 조약과 일반적으로 승인된 국제법규(제6조)'의 위헌 여부의 심사권한은 헌법재판소에 전속한다(2013.3.21, 2010헌바70).

② [X] 계엄을 발동하기 위해서는 병력으로써 군사상의 필요에 응하거나 공공의 안녕질서를 유지할 필요가 있어야 한다. 군병력을 동원하지 않고 수습이 도저히 불가능한 경우에 한하므로 경찰병력만으로도 사태의 수습이 가능할 때에는 계엄을 선포할 수 없다.

③ [X] 공공복리는 계엄의 목적이 될 수 없다. 다만, 헌법 일부규정에 대한 특별조치는 가능하다.

❹ [O] 국무회의 심의는 사전에 거치도록 규정되어 있고, 계엄의 경우 그 해제의 경우에도 국무회의의 심의를 거치도록 되어 있다.

> **헌법 제89조** 다음 사항은 국무회의의 심의를 거쳐야 한다.
>   5. 대통령의 긴급명령·긴급재정경제처분 및 명령 또는 계엄과 그 해제

## 14                 정답 ③

① [O] 대통령이 계엄을 선포하거나 변경하고자 할 때에는 <u>국무회의의 심의를 거쳐야 한다</u>(「계엄법」 제2조 제5항).

② [O]

> **「계엄법」 제4조 【계엄선포의 통고】** ① 대통령이 계엄을 선포하였을 때에는 지체 없이 국회에 통고하여야 한다.
> ② 제1항의 경우에 국회가 폐회 중일 때에는 대통령은 지체 없이 국회에 집회를 요구하여야 한다.

❸ [X] 긴급명령과 달리 계엄은 국회의 승인을 요하지 않는다.

> **헌법 제77조** ① 대통령은 전시·사변 또는 이에 준하는 국가비상사태에 있어서 병력으로써 군사상의 필요에 응하거나 공공의 안녕질서를 유지할 필요가 있을 때에는 법률이 정하는 바에 의하여 계엄을 선포할 수 있다.

⑤ 국회가 재적의원 과반수의 찬성으로 계엄의 해제를 요구한 때에는 대통령은 이를 해제하여야 한다.

**제76조** ① 대통령은 내우·외환·천재·지변 또는 중대한 재정·경제상의 위기에 있어서 국가의 안전보장 또는 공공의 안녕질서를 유지하기 위하여 긴급한 조치가 필요하고 국회의 집회를 기다릴 여유가 없을 때에 한하여 최소한으로 필요한 재정·경제상의 처분을 하거나 이에 관하여 법률의 효력을 가지는 명령을 발할 수 있다.
② 대통령은 국가의 안위에 관계되는 중대한 교전상태에 있어서 국가를 보위하기 위하여 긴급한 조치가 필요하고 국회의 집회가 불가능한 때에 한하여 법률의 효력을 가지는 명령을 발할 수 있다.
③ 대통령은 제1항과 제2항의 처분 또는 명령을 한 때에는 지체 없이 국회에 보고하여 그 승인을 얻어야 한다.

④ [O] 비상계엄하더라도 영장주의 자체가 배제되는 것은 아니므로, 영장 없이 장기간 구금하는 것은 허용되지 않는다.

**관련 판례** 이 사건 법률조항과 같이 영장주의를 완전히 배제하는 특별한 조치는 비상계엄에 준하는 국가비상사태에 있어서도 가급적 회피하여야 하고, 설사 그러한 조치가 허용된다고 하더라도 지극히 한시적으로 이루어져야 할 것이며, 영장 없이 이루어진 수사기관의 강제처분에 대하여는 사후적으로 조속한 시간 내에 법관에 의한 심사가 이루어질 수 있는 장치가 마련되어야 한다. 그런데 이 사건 법률조항은 1961.8.7.부터 계엄이 해제된 이후인 1963.12.17.까지 무려 2년 4개월이 넘는 기간 동안 시행되었는바, 비록 일부 범죄에 국한된 것이라도 이러한 장기간 동안 영장주의를 완전히 무시하는 입법상 조치가 허용될 수 없음은 명백하므로, 이 사건 법률조항은 구 헌법(1960.11.29. 헌법 제5호로 개정되고, 1962.12.26. 헌법 제6호로 개정되기 전의 것) 제64조나 현행헌법 제77조의 특별한 조치에 해당한다고 볼 수 없다(2012.12.27, 2011헌가5).

## 15         정답 ④

① [X]

**헌법 제77조** ③ 비상계엄이 선포된 때에는 법률이 정하는 바에 의하여 영장제도, 언론·출판·집회·결사의 자유, 정부나 법원의 권한에 관하여 특별한 조치를 할 수 있다.

**「계엄법」 제9조【계엄사령관의 특별조치권】** ① 비상계엄지역에서 계엄사령관은 군사상 필요할 때에는 체포·구금·압수·수색·거주·이전·언론·출판·집회·결사 또는 단체행동에 대하여 특별한 조치를 할 수 있다. 이 경우 계엄사령관은 그 조치내용을 미리 공고하여야 한다.

② [X] 비상계엄이 선포된 때에는 법률이 정하는 바에 의하여 영장제도, 언론·출판·집회·결사의 자유, 정부나 법원의 권한에 관하여 특별한 조치를 할 수 있다(헌법 제77조 제3항).

③ [X] 계엄사령관은 계엄의 시행에 관하여 국방부장관의 지휘·감독을 받는다. 다만, 전국을 계엄지역으로 하는 경우와 대통령이 직접 지휘·감독을 할 필요가 있는 경우에는 대통령의 지휘·감독을 받는다(「계엄법」 제6조 제1항).

❹ [O] 계엄사령관은 현역 장성급 장교 중에서 국방부장관이 추천한 사람을 국무회의의 심의를 거쳐 대통령이 임명한다(「계엄법」 제5조 제1항).

## 16         정답 ②

① [X] 국회가 재적의원 과반수의 찬성으로 계엄의 해제를 요구한 때에는 대통령은 이를 해제하여야 한다(헌법 제77조 제5항).

❷ [O] 비상계엄이 해제되었다 하더라도 계엄 실시 중의 계엄포고령 위반 소위에 대한 형이 범죄 후 법령의 개폐로 폐지된 것에 해당한다고 볼 수는 없으며 비상계엄 해제 후에 제기된 본건 포고령위반죄의 공소가 공소권의 남용으로서 부적법한 것이라고 볼 근거도 없다(대판 1982.9.14, 82도1847).

③ [X] 국방부장관 또는 행정안전부장관은 제2조 제2항 또는 제3항에 따른 계엄 상황이 평상상태로 회복된 경우에는 국무총리를 거쳐 대통령에게 계엄의 해제를 건의할 수 있다(「계엄법」 제11조 제3항).

④ [X] 대통령의 계엄선포행위는 고도의 정치적·군사적 성격을 띠는 행위라 할 것이어서, 그 선포의 당·부당을 판단할 권한은 헌법상 계엄의 해제요구권이 있는 국회만이 가지고 있다 할 것이고 그 선포가 당연무효의 경우라면 모르되, 사법기관인 법원이 계엄선포의 요건 구비 여부나, 선포의 당·부당을 심사하는 것은 사법권의 내재적인 본질적 한계를 넘어서는 것이 되어 적절한 바가 못 된다(대판 1979.12.7, 79초70).

## 17         정답 ③

① [O] 비상계엄지역에 법원이 없거나 해당 관할 법원과의 교통이 차단된 경우에는 제1항에도 불구하고 모든 형사사건에 대한 재판은 군사법원이 한다(「계엄법」 제10조 제2항).

② [O] 비상계엄 해제 후 1개월 이내의 기간 군법회의 재판권을 연기하는 것이 국민의 군법회의 재판을 받지 아니할 권리를 일시적으로 제한하는 것임은 분명하지만 그렇다고 하여 국민의 군법회의 재판을 받지 아니할 권리자체를 박탈하거나 그 권리의 본질적 내용을 침해하는 것은 아니다(대판 1985.5.28, 81도1045).

❸ [X] 비상계엄 시행 중 제10조에 따라 군사법원에 계속 중인 재판사건의 관할은 비상계엄 해제와 동시에 일반법원에 속한다. 다만, 대통령이 필요하다고 인정할 때에는 군사법원의 재판권을 1개월의 범위에서 연기할 수 있다(「계엄법」 제12조 제2항).

④ [O] 대통령의 비상계엄의 선포나 확대행위는 고도의 정치적·군사적 성격을 지니고 있는 행위라 할 것이므로, 그것이 누구에게도 일견하여 헌법이나 법률에 위반되는 것으로서 명백하게 인정될 수 있는 등 특별한 사정이 있는 경우라면 몰라도, 그러하지 아니한 이상 그 계엄선포의 요건 구비 여부나 선포의 당·부당을 판단할 권한이 사법부에는 없다고 할 것이나, 비상계엄의 선포나 확대가 국헌문란의 목적을 달성하기 위하여 행하여진 경우에는 법원은 그 자체가 범죄행위에 해당하는지의 여부에 관하여 심사할 수 있다(대판 전합체 1997.4.17, 96도3376).

## 18         정답 ②

① [X] 대통령의 비상계엄의 선포나 확대행위는 고도의 정치적·군사적 성격을 지니고 있는 행위라 할 것이므로, 그것이 누구에게도 일견하여 헌법이나 법률에 위반되는 것으로서 명백하게 인정될 수 있는 등 특별한 사정이 있는 경우라면 몰라도, 그러하지 아니한 이상 그 계엄선포의 요건 구비 여부나 선포의 당·부당을 판단할 권한이 사법부에는 없다고 할 것이나, 비상계엄의 선포나 확대가 국헌문란의 목적을 달성하기 위하여 행하여진 경우에는 법원은 그 자체가 범죄행위에 해당하는지의 여부에 관하여 심사할 수 있다(대판 전합체 1997.4.17, 96도3376).

❷ [O]

> **헌법 제77조** ① 대통령은 전시·사변 또는 이에 준하는 국가비상사태에 있어서 병력으로써 군사상의 필요에 응하거나 공공의 안녕질서를 유지할 필요가 있을 때에는 법률이 정하는 바에 의하여 계엄을 선포할 수 있다.
>
> **「계엄법」 제2조【계엄의 종류와 선포 등】** ② 비상계엄은 대통령이 전시·사변 또는 이에 준하는 국가비상사태시 적과 교전상태에 있거나 사회질서가 극도로 교란되어 행정 및 사법기능의 수행이 현저히 곤란한 경우에 군사상 필요에 따르거나 공공의 안녕질서를 유지하기 위하여 선포한다.
> ③ 경비계엄은 대통령이 전시·사변 또는 이에 준하는 국가비상사태시 사회질서가 교란되어 일반 행정기관만으로는 치안을 확보할 수 없는 경우에 공공의 안녕질서를 유지하기 위하여 선포한다.

③ [X]

> **「계엄법」 제2조【계엄의 종류와 선포 등】** ① 계엄은 비상계엄과 경비계엄으로 구분한다.
> ② 비상계엄은 대통령이 전시·사변 또는 이에 준하는 국가비상사태시 적과 교전상태에 있거나 사회질서가 극도로 교란되어 행정 및 사법기능의 수행이 현저히 곤란한 경우에 군사상 필요에 따르거나 공공의 안녕질서를 유지하기 위하여 선포한다.
> ③ 경비계엄은 대통령이 전시·사변 또는 이에 준하는 국가비상사태시 사회질서가 교란되어 일반 행정기관만으로는 치안을 확보할 수 없는 경우에 공공의 안녕질서를 유지하기 위하여 선포한다.

④ [X]

> **「계엄법」 제7조【계엄사령관의 관장사항】** ① 비상계엄의 선포와 동시에 계엄사령관은 계엄지역의 모든 행정사무와 사법사무를 관장한다.
> ② 경비계엄의 선포와 동시에 계엄사령관은 계엄지역의 군사에 관한 행정사무와 사법사무를 관장한다.

## 19 　　　　　　　　　　　　　　　정답 ④

① [X] 대통령이 계엄을 선포할 경우에는 국회와 관련된 특별한 요건이 필요 없다. 다만, 국회는 계엄선포의 사실을 통고받은 후 계엄해제를 요구할 수 있을 뿐이다.

> **헌법 제77조** ① 대통령은 전시·사변 또는 이에 준하는 국가비상사태에 있어서 병력으로써 군사상의 필요에 응하거나 공공의 안녕질서를 유지할 필요가 있을 때에는 법률이 정하는 바에 의하여 계엄을 선포할 수 있다.

② [X]

> **헌법 제76조** ② 대통령은 국가의 안위에 관계되는 중대한 교전상태에 있어서 국가를 보위하기 위하여 긴급한 조치가 필요하고 국회의 집회가 불가능한 때에 한하여 법률의 효력을 가지는 명령을 발할 수 있다.
> ③ 대통령은 제1항과 제2항의 처분 또는 명령을 한 때에는 지체 없이 국회에 보고하여 그 승인을 얻어야 한다.

④ 제3항의 승인을 얻지 못한 때에는 그 처분 또는 명령은 그때부터 효력을 상실한다. 이 경우 그 명령에 의하여 개정 또는 폐지되었던 법률은 그 명령이 승인을 얻지 못한 때부터 당연히 효력을 회복한다.

> **제77조** ① 대통령은 전시·사변 또는 이에 준하는 국가비상사태에 있어서 병력으로써 군사상의 필요에 응하거나 공공의 안녕질서를 유지할 필요가 있을 때에는 법률이 정하는 바에 의하여 계엄을 선포할 수 있다.
> ④ 계엄을 선포한 때에는 대통령은 지체 없이 국회에 통고하여야 한다.

③ [X] 비상계엄이 선포된 때에는 법률이 정하는 바에 의하여 영장제도, 언론·출판·집회·결사의 자유, 정부나 법원의 권한에 관하여 특별한 조치를 할 수 있다(헌법 제77조 제3항).

❹ [O] 국가비상사태의 선포를 규정한 특별조치법 제2조는 헌법에 한정적으로 열거된 국가긴급권의 실체적 발동요건 중 어느 하나에도 해당되지 않은 것으로서 '초헌법적 국가긴급권'의 창설에 해당하나, 그 제정 당시의 국내외 상황이 이를 정당화할 수 있을 정도의 '극단적 위기상황'이라 볼 수 없다. 또한 국가비상사태의 해제를 규정한 특별조치법 제3조는 대통령의 판단에 의하여 국가비상사태가 소멸되었다고 인정될 경우에만 비상사태선포가 해제될 수 있음을 정하고 있을 뿐 국회에 의한 민주적 사후통제절차를 규정하고 있지 아니하며, 이에 따라 임시적·잠정적 성격을 지녀야 할 국가비상사태의 선포가 장기간 유지되었다. 그렇다면 국가비상사태의 선포 및 해제를 규정한 특별조치법 제2조 및 제3조는 헌법이 인정하지 아니하는 초헌법적 국가긴급권을 대통령에게 부여하는 법률로서 헌법이 요구하는 국가긴급권의 실체적 발동요건, 사후통제절차, 시간적 한계에 위반되어 위헌이고, 이를 전제로 한 특별조치법상 그 밖의 규정들도 모두 위헌이다(2015.3.26, 2014헌가5).

## 20 　　　　　　　　　　　　　　　정답 ①

❶ [X] 제헌헌법(제40조)과 1952년 헌법(제40조) 모두 대통령의 법률안 거부권을 규정하고 있었다.

② [O] 법률안 거부권은 형식적 심사권을 포함할 수 있다. 입법절차의 하자를 이유로 거부권을 행사할 수도 있다.

③ [O] 법률안에 이의가 있을 때에는 대통령은 제1항의 기간 내에 이의서를 붙여 국회로 환부하고, 그 재의를 요구할 수 있다. 국회의 폐회 중에도 또한 같다(헌법 제53조 제2항). ➡ 법률안 거부권 행사사유는 헌법에 규정되어 있지 않다. 다만, 해석론으로 거부권 행사사유는 제한된다.

④ [O] 법률안 거부권은 국회가 재의결하기까지 그 법률안에 대하여 법률로서의 확정을 정지시키는 소극적인 조건부 정지권이라는 정지조건설이 통설이다. 따라서 재의에 붙여진 법률안을 국회가 재의결하기 전에 재의결의 요구를 언제든지 철회할 수 있다.

## 정답

| 01 | ④ | 02 | ② | 03 | ② | 04 | ③ |
|----|---|----|---|----|---|----|---|
| 05 | ② | 06 | ③ | 07 | ③ | 08 | ④ |
| 09 | ① | 10 | ① | 11 | ② | 12 | ③ |
| 13 | ② | 14 | ③ | 15 | ① | 16 | ④ |
| 17 | ③ | 18 | ② | 19 | ② | 20 | ① |

## 01        정답 ④

① [ X ]

> **헌법 제53조** ① 국회에서 의결된 법률안은 정부에 이송되어 15일 이내에 대통령이 공포한다.
> ② 법률안에 이의가 있을 때에는 대통령은 제1항의 기간 내에 이의서를 붙여 국회로 환부하고, 그 재의를 요구할 수 있다. 국회의 폐회 중에도 또한 같다.

② [ X ] 국회의 폐회 중의 환부도 인정된다.

> **헌법 제53조** ② 법률안에 이의가 있을 때에는 대통령은 제1항의 기간 내에 이의서를 붙여 국회로 환부하고, 그 재의를 요구할 수 있다. 국회의 폐회 중에도 또한 같다.

③ [ X ] 법률안이 위헌인 경우뿐 아니라 부당한 경우, 예산상 집행이 불가한 경우에도 거부권을 행사할 수 있다.

❹ [ O ] 대통령은 법률안이 헌법에 위반된다는 등의 실체적 이유로도 거부권을 행사할 수 있으나, 날치기 법안 통과 등 절차상 하자를 이유로도 거부권을 행사할 수 있다.

## 02        정답 ②

① [ X ] 일반적으로 법률의 시행령은 모법인 법률에 의하여 위임받은 사항이나, 법률이 규정한 범위 내에서 법률을 현실적으로 집행하는 데 필요한 세부적인 사항만을 규정할 수 있을 뿐, 법률의 위임 없이 법률이 규정한 개인의 권리·의무에 관한 내용을 변경·보충하거나 법률에서 규정하지 아니한 새로운 내용을 규정할 수 없는 것이고, 특히 법률의 시행령이 형사처벌에 관한 사항을 규정하면서 법률의 명시적인 위임 범위를 벗어나 그 처벌의 대상을 확장하는 것은 헌법 제12조 제1항과 제13조 제1항에서 천명하고 있는 죄형법정주의의 원칙에도 어긋나는 것으로 결코 허용될 수 없다고 할 것이다(대판 1999.2.11, 98도2816).

❷ [ O ] 삼권분립의 원칙, 법치행정의 원칙을 당연한 전제로 하고 있는 우리 헌법하에서 행정권의 행정입법 등 법집행의무는 헌법적 의무라고 보아야 할 것이다. 그런데 이는 행정입법의 제정이 법률의 집행에 필수불가결한 경우로서 행정입법을 제정하지 아니하는 것이 곧 행정권에 의한 입법권 침해의 결과를 초래하는 경우를 말하는 것이므로, 만일 하위 행정입법의 제정 없이 상위법령의 규정만으로

도 집행이 이루어질 수 있는 경우라면 하위 행정입법을 하여야 할 헌법적 작위의무는 인정되지 아니한다(2005.12.22, 2004헌마66).

③ [ X ] 대통령은 법률에서 구체적으로 범위를 정하여 위임받은 사항과 법률을 집행하기 위하여 필요한 사항에 관하여 대통령령을 발할 수 있다(헌법 제75조).

④ [ X ] 집행명령도 법규명령이므로 국민의 권리와 의무사항을 규율할 수 있으므로 사법심사의 대상이 될 수 있다.

## 03        정답 ②

① [ X ] 집행명령은 그 모법에 종속하며 그 범위 안에서 모법을 현실적으로 집행하는 데 필요한 세칙을 규정할 수 있을 뿐이므로 위임명령과 달리 새로운 권리·의무에 관한 사항을 규정할 수 없다(2001.2.22, 2000헌마604).

❷ [ O ] 집행명령은 법규명령이므로 공포를 효력발생요건으로 한다.

③ [ X ] 법률을 집행하기 위하여 필요한 사항에 관하여는 집행명령을 발할 수 있다.

④ [ X ] 위임입법의 한계의 법리는 헌법의 근본원리인 권력분립주의와 의회주의 내지 법치주의에 바탕을 두는 것이기 때문에 행정부에서 제정된 대통령령에서 규정한 내용이 정당한지 여부와는 직접적으로 관계가 없다고 하여야 할 것이다. 즉, 대통령령에서 규정한 내용이 헌법에 위반될 경우 그 대통령령의 규정이 위헌일 것은 물론이지만, 반대로 하위법규인 대통령령의 내용이 합헌적이라고 하여 수권법률의 합헌성까지를 의미하는 것은 아니다(1995.11.30, 93헌바32).

## 04        정답 ③

① [ O ] 헌법재판소는 헌법에 규정된 위임입법의 형식을 예시적으로 보고 있으므로, 헌법에 규정되지 않은 감사원규칙도 법규명령이 될 수 있다.

② [ O ] 대통령령에서 규정한 내용이 헌법에 위반될 경우 그 대통령령의 규정이 위헌일 것은 물론이지만, 반대로 하위법규인 대통령령의 내용이 합헌적이라고 하여 수권법률의 합헌성까지를 의미하는 것은 아니다(1995.11.30, 94헌바14).

❸ [ X ] 조세법률주의를 견지하면서도 조세평등주의와의 조화를 위하여 경제현실에 응하여 공정한 과세를 할 수 있게 하고 탈법적인 조세회피행위에 대처하기 위하여는 납세의무의 중요한 사항 내지 본질적인 내용에 관련된 것이라 하더라도 그중 경제현실의 변화나 전문적 기술의 발달 등에 즉응하여야 하는 세부적인 사항에 관하여는 국회 제정의 형식적 법률보다 더 탄력성이 있는 행정입법에 이를 위임할 필요가 있는 것이다(1997.9.25, 96헌바18).

④ [ O ] 적어도 국민의 헌법상 기본권 및 기본의무와 관련된 중요한 사항 내지 본질적인 내용에 대한 정책형성기능만큼은 주권자인 국민에 의하여 선출된 대표자들로 구성되는 입법부가 담당하여 법률의 형식으로써 수행해야 하지, 행정부나 사법부에 그 기능을 넘겨서는 안 된다(2016.7.28, 2015헌마236 등).

## 05        정답 ②

① [ O ] 삼권분립의 원칙, 법치행정의 원칙을 당연한 전제로 하고 있는 우리 헌법하에서 행정권의 행정입법 등 법집행의무는 헌법적 의무라

고 보아야 할 것이다. 그런데 이는 행정입법의 제정이 법률의 집행에 필수불가결한 경우로서 행정입법을 제정하지 아니하는 것이 곧 행정권에 의한 입법권 침해의 결과를 초래하는 경우를 말하는 것이므로, 만일 하위 행정입법의 제정 없이 상위법령의 규정만으로도 집행이 이루어질 수 있는 경우라면 하위 행정입법을 하여야 할 헌법적 작위의무는 인정되지 아니한다(2005.12.22, 2004헌마66).

❷ [ X ] 일반적으로 법률의 위임에 의하여 효력을 갖는 법규명령의 경우, 구법에 위임의 근거가 없어 무효였더라도 사후에 법개정으로 위임의 근거가 부여되면 그때부터는 유효한 법규명령이 되나, 반대로 구법의 위임에 의한 유효한 법규명령이 법개정으로 <u>위임의 근거가 없어지게 되면 그때부터 무효인 법규명령이 된다</u>(대판 1995.6.30, 93추83).

③ [ O ] 시험과목 및 그 밖에 시험에 관한 사항은 전문적·기술적인 영역에 해당하므로, 이를 법률로 전부 규정하는 것은 입법기술상 적절하지 않아 이러한 사항을 대통령령에 위임할 필요성이 인정된다(2019.5.30, 2018헌마1208·1227).

④ [ O ] 조세법률주의를 철저하게 관철하고자 하면 복잡다양하고도 끊임없이 변천하는 경제상황에 대처하여 적확하게 과세대상을 포착하고 적정하게 과세표준을 산출하기 어려워 담세력에 따른 공평과세의 목적을 달성할 수 없게 되는 경우가 생길 수 있으므로, 조세법률주의를 지키면서도 경제현실에 따라 공정한 과세를 하고 탈법적인 조세회피행위에 대처하기 위하여는 납세의무의 본질적인 내용에 관한 사항이라 하더라도 그중 경제현실의 변화나 전문적 기술의 발달 등에 즉응하여야 하는 세부적인 사항에 관하여는 국회 제정의 형식적 법률보다 더 탄력성이 있는 대통령령 등 하위법규에 이를 위임할 필요가 있다(1995.11.30, 94헌바40 등).

**06**                        정답 ③

① [ O ] 수의계약은 위와 같이 제한적·보충적으로 이루어지는 것이므로 경쟁입찰계약과 달리 본질상 계약상대방의 결정에 일정한 재량이 인정될 필요가 있는 점을 고려하면, 수의계약상대자의 선정과 관련한 사항을 규율함에 있어서는 국회의 법률로써 이를 직접 규율하여야 할 필요성 또는 그 규율밀도의 요구 정도가 상대적으로 약하다고 볼 수 있다(2018.5.31, 2015헌마853).

② [ O ] 일반적으로 법률의 위임에 의하여 효력을 갖는 법규명령의 경우, 구법에 위임의 근거가 없어 무효였더라도 사후에 법개정으로 위임의 근거가 부여되면 그때부터는 유효한 법규명령이 되나, 반대로 구법의 위임에 의한 유효한 법규명령이 법개정으로 위임의 근거가 없어지게 되면 그때부터 무효인 법규명령이 된다(대판 1995.6.30, 93추83).

❸ [ X ] 상위법령이 개정된 경우에는 개정법령과 성질상 모순·저촉되지 아니하고 개정된 상위법령의 시행에 필요한 사항을 규정하고 있는 이상 그 집행명령은 상위법령의 개정에도 불구하고 당연히 실효되지 아니한다(대판 1989.9.12, 88누6962).

④ [ O ] 법률에서 위임받은 사항을 전혀 규정하지 아니하고 그대로 하위의 법규명령에 재위임하는 것은 허용되지 않으며, 위임받은 사항에 관하여 대강을 정하고 그중의 특정사항을 범위를 정하여 하위의 법규명령에 다시 위임하는 경우에만 재위임이 허용된다(2002.10.31, 2001헌라1).

**07**                        정답 ③

① [ O ] ② [ O ] 법률에서 위임받은 사항을 전혀 규정하지 않고 재위임하는 것은 이위임금지(履委任禁止)의 법리에 반할 뿐 아니라 수권법의 내용변경을 초래하는 것이 되고, 부령의 제정·개정절차가 대통령령에 비하여 보다 용이한 점을 고려할 때 재위임에 의한 부령의 경우에도 위임에 의한 대통령령에 가해지는 헌법상의 제한이 당연히 적용되어야 할 것이므로 법률에서 위임받은 사항을 전혀 규정하지 아니하고 그대로 재위임하는 것은 허용되지 않으며 위임받은 사항에 관하여 대강을 정하고 그중의 특정사항을 범위를 정하여 하위법령에 다시 위임하는 경우에만 재위임이 허용된다(1996.2.29, 94헌마213).

❸ [ X ] 행정규칙은 법규명령과 같은 엄격한 제정 및 개정절차를 필요로 하지 아니하므로, 기본권을 제한하는 내용의 입법을 위임할 때에는 법규명령에 위임하는 것이 원칙이고, 고시와 같은 형식으로 입법위임을 할 때에는 법령이 전문적·기술적 사항이나 경미한 사항으로서 업무의 성질상 위임이 불가피한 사항에 한정된다. 그리고 그러한 사항이라 하더라도 포괄위임금지원칙상 법률의 위임은 반드시 구체적·개별적으로 한정된 사항에 대하여 행하여져야 한다(2014.7.24, 2013헌바183).

④ [ O ] 조세의 감면 또는 중과 등 특례에 관한 사항은 국민의 권리·의무에 직접적으로 영향을 미치는 입법사항이므로, 업종의 분류에 관한 사항은 대통령령이나 총리령, 부령 등 법규명령에 위임하는 것이 바람직하다. 그러나 한 국가 내의 모든 업종을 분류하는 작업에는 고도의 전문적·기술적 지식이 요구되고, 막대한 인력과 시간이 소요되며, 분류되는 업종의 범위 역시 방대하다. 한편, 한국표준산업분류는 우리나라의 산업구조를 가장 잘 반영하고 있고, 업종의 분류에 관하여 가장 공신력 있는 자료로 평가받고 있는 점 등을 고려하면, 업종의 분류에 관하여 판단자료와 전문성의 한계가 있는 대통령이나 행정각부의 장에게 위임하기보다는 <u>통계청장이 고시하는 한국표준산업분류에 위임할 필요성이 인정된다</u>(2014.7.24, 2013헌바183·202).

**08**                        정답 ④

① [ X ] 헌법이 인정하고 있는 위임입법의 형식은 예시적인 것으로 보아야 할 것이고, 법률이 어떤 사항을 행정규칙에 위임하더라도 그 행정규칙은 위임된 사항만을 규율할 수 있는 것이므로, 국회입법의 원칙과 상치되지 않는다. 다만, 행정규칙은 법규명령과 같은 엄격한 제정 및 개정절차를 요하지 아니하므로, 기본권을 제한하는 작용을 하는 법률이 입법위임을 할 때에는 대통령령, 총리령, 부령 등 법규명령에 위임함이 바람직하고, <u>고시와 같은 형식으로 입법위임을 할 때에는 적어도 「행정규제기본법」 제4조 제2항 단서에서 정한 바와 같이 법령이 전문적·기술적 사항이나 경미한 사항으로서 업무의 성질상 위임이 불가피한 사항에 한정된다 할 것이고, 그러한 사항이라 하더라도 포괄위임금지의 원칙상 법률의 위임은 반드시 구체적·개별적으로 한정된 사항에 대하여 행하여져야 할 것이다</u>(2012.2.23, 2009헌마318).

② [ X ] 헌법이 인정하고 있는 위임입법의 형식은 예시적인 것으로 보아야 할 것이다(2004.10.28, 99헌마91). 따라서 의회가 구체적으로 범위를 정하여 위임한 사항에 관하여는 당해 행정기관이 법정립의 권한을 갖게 되고, 이 경우 입법자는 규율의 형식도 선택할 수 있다 할 것이므로, 헌법이 명시하고 있는 법규명령의 형식이 아닌 행정규칙에 위임하더라도 이는 국회입법의 원칙과 상치되지 않는다(2016.2.25, 2015헌바191).

③ [X] 일반적으로 법률에서 일부 내용을 하위법령에 위임하고 있는 경우 위임을 둘러싼 법률규정 자체에 대한 명확성의 문제는 포괄위임금지원칙 위반의 문제가 될 것이다. 다만, 위임규정이 하위법령에 위임하고 있는 내용과는 무관하게 법률 자체에서 해당 부분을 완결적으로 정하고 있는 경우 포괄위임금지원칙 위반 여부와는 별도로 명확성의 원칙이 문제될 수 있는바, 위임입법에서 사용하고 있는 추상적 용어가 하위법령에 규정될 내용의 범위를 구체적으로 정해주기 위한 역할을 하는지, 아니면 그와는 별도로 독자적인 규율내용을 정하기 위한 것인지 여부에 따라 별도로 명확성 원칙 위반의 문제가 나타날 수도 있고, 그렇지 않을 수도 있게 된다(2011.12.29, 2010헌바385).

❹ [O] 축산물로 인하여 생길 수 있는 위생상의 위해를 방지하고 축산물의 질적 향상을 도모하여 축산물의 안전을 확보하려는 심판대상조항의 입법목적, 축산물 가공 등의 구체적 내용을 종합하여 보면, 심판대상조항의 위임에 따라 식품의약품안전처장이 규율할 내용은 축산물 일반에 적용될 수 있는 공통적인 가공방법 및 축산물별 특성을 고려한 가공방법에 관한 구체적·세부적 기준이 될 것임을 예측할 수 있다. 따라서 심판대상조항은 포괄위임금지원칙에 위반되지 아니한다(2017.9.28, 2016헌바140).

## 09 　　　　　　　　　　　　　　　　　　　정답 ①

❶ [O] 행정규칙이더라도 그것이 상위법령의 위임한계를 벗어나지 아니하는 한, 상위법령과 결합하여 대외적인 구속력을 갖는 법규명령으로서 기능하게 된다고 보아야 할 것인바, 청구인이 법령과 예규의 관계 규정으로 말미암아 직접 기본권 침해를 받았다면 이에 대하여 바로 헌법소원심판을 청구할 수 있다(1992.6.26, 91헌마25).

② [X] 법령이 행정관청에 법령의 구체적 내용을 보충할 권한을 부여한 경우 또는 법령의 직접적인 위임에 따라 수임행정기관이 법령의 위임한계를 벗어나지 아니하는 범위 내에서 그 법령을 시행하는 데 필요한 구체적 사항을 정하는 경우 등에 있어서는 행정규칙은 상위법령과 결합하여 법규로서의 성질과 효력을 가지는 것이므로 직접적으로 대외적 구속력을 갖는다(2011.10.25, 2009헌마588).

③ [X] 이 사건 법률조항은 이미 존재하는 다른 법령을 전제하고 그 법령에 기한 지정 또는 고시·공고를 구성요건으로 '차용'하고 있는 데 불과한 것이고, 하위법령에 구성요건의 형성을 '위임'하고 있는 위임입법이 아니다(2013.7.25, 2011헌바39).

④ [X] 헌법 제75조에 근거한 포괄위임금지원칙은 법률에 이미 대통령령 등 하위법규에 규정될 내용 및 범위의 기본사항이 구체적으로 규정되어 있어서 누구라도 당해 법률로부터 하위법규에 규정될 내용의 대강을 예측할 수 있어야 함을 의미하므로, 위임입법이 대법원규칙인 경우에도 수권법률에서 이 원칙을 준수하여야 하는 것은 마찬가지이다(2016.6.30, 2013헌바370).

## 10 　　　　　　　　　　　　　　　　　　　정답 ①

❶ [O] 위임입법의 한계와 관련하여 예측가능성의 유무는 당해 법조항 하나만으로 판단할 것이 아니라, 관련 법조항 전체를 유기적·체계적으로 종합하여 판단하되, 그 대상 법률의 성질에 따라 구체적·개별적으로 검토하여야 한다. 더욱이 위임입법에 있어 위임의 구체성이나 명확성의 요구의 정도는 규제대상의 종류와 성격에 따라서 달라질 수 있고, 특히 사회보장적인 급여와 같은 급부행정의 영역에서는 기본권 침해의 영역보다 구체성을 요구하는 정도가 다소 약화될 수 있다. 뿐만 아니라 위임조항에 위임의 구체적인 범위를

명확히 규정하고 있지 않다 하더라도 당해 법률의 전반적 체계나 관련 규정에 비추어 내재적인 위임의 범위나 한계를 객관적으로 분명히 확정할 수만 있다면, 이를 두고 일반적이고 포괄적인 백지위임에 해당한다 할 수 없다(2007.10.25, 2005헌바68).

② [X] 그 예측가능성의 유무는 당해 특정조항 하나만을 가지고 판단할 것은 아니고 관련 법조항 전체를 유기적·체계적으로 종합·판단하여야 하며, 각 대상법률의 성질에 따라 구체적·개별적으로 검토하여야 한다(2004.7.15, 2003헌가2).

③ [X] 처벌법규의 위임에 있어서 모법상의 범죄구성요건과 형벌의 범위는 더욱 예측 가능하여야 된다는 헌법재판소의 위 판례들에 비추어 볼 때 이 사건 심판대상규정으로는 무엇이 금지되는 행위인지 다소 애매하지 않는가 하는 의문을 가질 여지가 없지 않다. 그러나 위의 예측가능성의 유무는 당해 특정조항 하나만을 가지고 판단할 것은 아니고 관련 법조항 전체를 유기적·체계적으로 종합·판단하여야 하며, 각 대상법률의 성질에 따라 구체적·개별적으로 검토하여야 할 것이다(1994.6.30, 93헌가15).

④ [X] 우리 헌법의 지도이념인 법의 지배 내지 법치주의의 원리는 국가권력행사의 예측가능성 보장을 위하여 그 주체와 방법 및 그 범위를 법률로 규정할 것을 요구하며 예외적으로 위임입법을 허용하는 경우에 있어서도 법률에 의한 수권에 의거한 명령의 내용이 어떠한 것이 될 수 있을 것인가를 국민에게 예측 가능한 것임을 요구하는 것으로서 그것은 법규명령에 의하여 비로소가 아니라 그보다 먼저 그 수권법률의 내용으로부터 예견 가능하여야 하는 것을 의미하는 것이다. 그리고 … 형벌이나 행정제재와 관련되는 경우에는 그 요건은 더욱 엄격한 것이다. 물론 법규명령제도의 생성내력에 비추어 볼 때 장래 정립될 법규명령의 구체적 내용이 정확하게 예견될 수 있을 것을 의미하는 것은 아니라 할지라도 적어도 정립될 수 있는 법규명령의 기본적 윤곽에 대한 예견가능성은 보장이 되어야 한다는 것이다(1993.5.13, 92헌마80).

## 11 　　　　　　　　　　　　　　　　　　　정답 ②

① [O] ❷ [X] 헌법 제75조에서 근거한 포괄위임금지원칙은 법률에 이미 대통령령 등 하위법규에 규정될 내용 및 범위의 기본사항이 구체적으로 규정되어 있어서 누구라도 당해 법률로부터 하위법규에 규정될 내용의 대강을 예측할 수 있어야 함을 의미하는데, 위임입법이 대법원규칙인 경우에도 수권법률에서 이 원칙을 준수하여야 하는 것은 마찬가지이다(2014.10.30, 2013헌바368).

③ [O] 포괄위임금지의 원칙 내지 위임입법의 한계에 관한 원칙이 적용되기 위해서는 법률이 일정한 사항을 하위법규인 대통령령에 위임하였을 것이 논리적 전제로서 요구된다. 그런데 구 상속세법 제34조의2 제2항은 '현저히 높은 가액'에 관한 사항에 관하여 대통령령에서 정하도록 위임을 하였다고 볼 수 없다. 그러므로 위 법률조항에 대하여는 포괄위임금지의 원칙 또는 위임입법의 한계에 관한 원칙이 적용될 여지가 없다(2001.8.30, 99헌바90).

④ [O] 청구인들은 「노동조합 및 노동관계조정법」 제24조 제4항이 포괄위임입법금지원칙에 반한다는 주장을 하나, 고용노동부장관의 2010.5.14.자 근로시간 면제 한도 고시를 통해 확정될 '근로시간 면제 한도'는 별도의 집행행위가 필요 없이 노동조합과 사용자의 관계에 직접 구체적으로 적용될 성질의 것이므로, 「노동조합 및 노동관계조정법」 제24조 제4항은 고용노동부장관에게 근로시간 면제 한도의 구체적 내용을 확정하여 고시하도록 권한을 부여하는 규정으로 봄이 타당하고, 이와 달리 고용노동부장관으로 하여금 '고시'라는 입법형식을 통하여 근로시간 면제 한도의 기준 등을 정립하도록 위임하는 것으로 볼 수 없으므로, 「노동조합 및 노동관계조정법」 제24조 제4항이 포괄위임입법금지원칙에 위배되는지 여부는 더 나아가 살펴볼 필요가 없다(2014.5.29, 2010헌마606).

## 12 정답 ③

① [O] 수권법률의 명확성의 정도에 대한 요구는 일반적으로 확정될 수 있는 성질의 것이 아니라, "규율하고자 하는 생활영역이 입법자로 하여금 어느 정도로 상세하고 명확하게 규정하는 것을 가능하게 하는가" 하는 규율대상의 특수성 및 수권법률이 당사자에 미치는 규율효과에 따라 다르다(2003.7.24, 2002헌바82).

② [O] 이 사건 경고의 경우 법률(구 방송법 제100조 제1항)에서 명시적으로 규정된 제재보다 더 가벼운 것을 하위규칙에서 규정한 경우이므로, 그러한 제재가 행정법에서 요구되는 법률유보원칙에 어긋났다고 단정하기 어려운 측면이 있다. 그러나 만일 그것이 기본권 제한적 효과를 지니게 된다면, 이는 행정법적 법률유보원칙의 위배 여부에도 불구하고 헌법 제37조 제2항에 따라 엄격한 법률적 근거를 지녀야 한다(2007.11.29, 2004헌마290).

❸ [X] 위임입법에 있어 위임의 구체성·명확성의 요구 정도는 그 규율대상의 종류와 성격에 따라 달라질 것이지만 특히 처벌법규나 조세법규와 같이 국민의 기본권을 직접적으로 제한하거나 침해할 소지가 있는 법규에서는 구체성·명확성의 요구가 강화되어 그 <u>위임의 요건과 범위가 일반적인 급부행정의 경우보다 더 엄격하게 제한적으로 규정되어야 하는 반면에</u>, 규율대상이 지극히 다양하거나 수시로 변화하는 성질의 것일 때에는 위임의 구체성·명확성의 요건이 완화될 수도 있을 것이며, 조세감면규정의 경우에는 법률의 구체적인 근거 없이 대통령령에서 감면대상, 감면비율 등 국민의 납세의무에 직접 영향을 미치는 감면요건 등을 규정하였는가 여부도 중요한 판단기준이 된다(1997.2.20, 95헌바27).

④ [O] 심판대상조항은 「공직선거법」 제135조 제2항에서 허용하는 수당·실비 기타 이익을 제공하는 행위 이외의 금품제공행위를 처벌하는데, 제135조 제2항은 제공이 허용되는 수당과 실비의 종류와 금액을 "중앙선거관리위원회가 정한다."라고 규정하고 있으므로, 심판대상조항은 간접적인 위임입법에 해당한다. 따라서 심판대상조항의 위헌 여부를 판단하기 위해서는 「공직선거법」 제135조 제2항이 포괄위임금지원칙에 위배되는지 여부를 판단하여야 한다(2015.4.30, 2013헌바55).

## 13 정답 ②

① [X] 범죄와 형벌에 관한 사항에 있어서도 위임입법의 근거와 한계에 관한 헌법 제75조는 적용되는 것이고 다만 법률에 의한 처벌법규의 위임은, 헌법이 특히 인권을 최대한 보장하기 위하여 죄형법정주의와 적법절차를 규정하고, 법률에 의한 처벌을 강조하고 있는 기본권 보장 우위사상에 비추어 바람직하지 못한 일이므로, 그 요건과 범위가 보다 엄격하게 제한적으로 적용되어야 하는바, 따라서 처벌법규의 위임을 하기 위하여는 ㉠ 특히 긴급한 필요가 있거나 미리 법률로써 자세히 정할 수 없는 부득이한 사정이 있는 경우에 한정되어야 하며, ㉡ 이러한 경우에도 법률에서 범죄의 구성요건은 처벌대상행위가 어떠한 것일 것이라고 예측할 수 있을 정도로 구체적으로 정하고, ㉢ 형벌의 종류 및 그 상한과 폭을 명백히 규정하여야 하되, 위임입법의 위와 같은 예측가능성의 유무를 판단함에 있어서는 당해 특정조항 하나만을 가지고 판단할 것이 아니고 관련 법조항 전체를 유기적·체계적으로 종합하여 판단하여야 한다(1997.5.29, 94헌바22).

❷ [O] 개발부담금은 납부의무자에게 금전 급부의무를 부담시키는 것이고, 기부채납토지의 가액 산정방법은 개발부담금 산정의 중요한 요소가 된다. 따라서 그에 관한 위임입법에 요구되는 구체성과 명확성의 정도는 조세법규에 대한 위임입법의 경우에 준하여 <u>요건과 범위가 엄격하게 제한적으로 규정되어야 한다</u>(2010.3.25, 2009헌바130).

③ [X] 국민연금제도는 가입기간 중에 납부한 보험료를 급여의 산출근거로 하여 일정한 급여를 지급하는 것이므로 반대급부 없이 국가에서 강제로 금전을 징수하는 <u>조세와는 성격을 달리하며</u>, 비록 법 제79조가 연금보험료를 납부하지 아니하는 경우 국세체납처분의 예에 따라 강제로 징수하도록 규정하고 있으나 이는 국민연금제도의 고도의 공익성을 고려하여 법률이 특별히 연금보험료의 강제징수 규정을 둔 것이지 그렇다고 하여 국민연금보험료를 조세로 볼 수는 없다고 결정한 바 있다. 우리나라의 국민연금이 강제가입제도를 취하고 있는 것은 사회보험의 하나로서 소득재분배 기능을 담보하기 위한 것임은 부정할 수 없고, 연금보험료와 급여의 관계를 어떻게 정할 것인가 하는 것은 사회적 효율성과 개별적 공평성을 고려하여 입법자가 적절하게 선택하는 것으로서 연금보험료와 급여 사이에 반드시 비례관계를 상정할 것은 아니며, 실제로 우리 국민연금의 경우 최고등급 소득자도 자신이 부담한 연금보험료의 합계액보다는 많은 금액의 급여를 수령하게 되므로, 지금 당장 보험료 납부의무를 진다고 하여 조세와 유사하다거나 국민에게 부담적 성질을 갖는 제도라고 단정할 수 없다고 하는 점에서 위와 같은 헌법재판소의 결정내용은 여전히 타당하다 할 것이다. 그렇다면 이 사건 법률조항이 입법을 위임함에 있어서 지켜야 할 헌법상의 원칙을 준수하고 있는지를 판단하기 위한 심사기준으로 연금보험료 납부의무를 부과하는 점에만 초점을 맞추어 조세행정법규와 같은 정도의 위임의 명확성·구체성을 요구할 수는 없다 할 것이므로 조세법규에서의 심사기준보다는 완화되어야 할 것이다(2007.4.26, 2004헌가29 등).

④ [X] 헌법이 지방자치단체에 대해 포괄적인 자치권을 보장하고 있는 취지로 볼 때 조례제정권에 대한 지나친 제약은 바람직하지 않으므로 조례에 대한 법률의 위임은 법규명령에 대한 법률의 위임과 같이 반드시 구체적으로 범위를 정하여 할 필요가 없으며 포괄적인 것으로 족하다(2008.12.26, 2007헌마1422 등).

> **관련 판례** 헌법 제75조, 제95조가 정하는 포괄적인 위임입법의 금지는, 그 문리해석상 정관에 위임한 경우까지 그 적용대상으로 하고 있지 않고, 또 권력분립의 원칙을 침해할 우려가 없다는 점 등을 볼 때, 법률이 정관에 자치법적 사항을 위임한 경우에는 원칙적으로 적용되지 않는다(2001.4.26, 2000헌마122).

## 14 정답 ③

① [O] 법률이 정관에 자치법적 사항을 위임한 경우에는 헌법상의 포괄위임입법금지의 원칙이 원칙적으로 적용되지 않는다고 볼 것이다. 그러나 공법적 기관의 정관 규율사항이라도 그러한 정관의 제정주체가 사실상 행정부에 해당하거나, 기타 권력분립의 원칙에서 엄격한 위임입법의 한계가 준수될 필요가 있는 경우에는 헌법 제75조, 제95조의 포괄위임입법금지원칙이 적용되어야 할 것이다(2001.4.26, 2000헌마122).

② [O] 행정부에 의한 법규사항의 제정은 입법부의 권한 내지 의무를 침해하고 자의적인 시행령 제정으로 국민들의 자유와 권리를 침해할 수 있기 때문에 엄격한 헌법적 기속을 받게 하는 것이다. 그런데 법률이 행정부가 아니거나 행정부에 속하지 않는 공법적 기관의 정관에 특정사항을 정할 수 있다고 위임하는 경우에는 그러한 권력분립의 원칙을 훼손할 여지가 없다. 이는 자치입법에 해당되는 영역이므로 자치적으로 정하는 것이 바람직하다. 따라서 법률이 정관에 자치법적 사항을 위임한 경우에는 헌법 제75조, 제95조가 정하는 포괄적인 위임입법의 금지는 원칙적으로 적용되지 않는다고 봄이 상당하다(2006.3.30, 2005헌바31).

❸ [X] 시험전부면제대상자의 수 및 행정사업의 신고를 한 자의 수 등 관할구역 내 행정사의 수급상황을 조사하여 시험실시의 필요성을 검토한 후 시험의 실시가 필요하다고 인정하는 때에는 시험실시계획을 수립하도록 규정하였는바, 이는 시·도지사가 행정사를 보충할 필요가 없다고 인정하면 행정사 자격시험을 실시하지 아니하여도 된다는 것으로서 상위법인 「행정사법」 제4조에 의하여 청구인을 비롯한 모든 국민에게 부여된 행정사 자격 취득의 기회를 하위법인 시행령으로 박탈하고 행정사업을 일정 경력 공무원 또는 외국어 전공 경력자에게 독점시키는 것이 된다. 그렇다면 이 사건 조항은 모법으로부터 위임받지 아니한 사항을 하위법규에서 기본권 제한사유로 설정하고 있는 것이므로 위임입법의 한계를 일탈하고, 법률상 근거 없이 기본권을 제한하여 법률유보원칙에 위반하여 청구인의 직업선택의 자유를 침해한다(2010.4.29, 2007헌마910).

④ [O] 이 사건 법률조항은 업무정지기간의 범위에 관하여 아무런 규정을 두고 있지 아니하고, 나아가 「의료기기법」의 다른 규정이나 다른 관련 법률을 유기적·체계적으로 종합하여 보더라도 보건복지가족부령에 규정될 업무정지기간의 범위, 특히 상한이 어떠할지를 예측할 수 없으므로 헌법 제75조의 포괄위임금지원칙에 위배된다(2011.9.29, 2010헌가93).

## 15 정답 ①

❶ [X] 구 공무원 및 사립학교 교직원 의료보험법 제34조 제1항은 의료보험요양기관 지정취소에 대하여, 보험자가 보건복지부령이 정하는 바에 따라 요양기관 지정을 취소할 수 있다고 규정하고 있는 것은, 보건복지부령에 정하여질 요양기관 지정취소사유를 짐작하게 하는 어떠한 기준도 제시하지 않으므로 위임입법의 한계를 일탈한 것으로서 헌법 제75조 및 제5조 등에 위반된다(2002.6.27, 2001헌가30).

② [O] 구 의료법 제46조 제4항은 위임되는 내용이 허용되는 의료광고의 범위인지, 금지되는 의료광고의 범위인지 모호할 뿐 아니라, 하위법령에 규정될 의료광고의 범위에 관한 내용이 한정적인지, 예시적인 것인지도 불분명하다. 위 조항이 위임하고 있는 내용이 광고의 내용에 관한 것인지, 절차에 관한 것인지 그 위임의 범위를 특정하기도 쉽지 않다. 이는 형사처벌의 대상이 되는 구성요건을 구체적으로 위임하지 않고, 하위법령에서 어떤 행위가 금지될 것인지에 예측할 수 없게 하므로 헌법 제75조 및 제95조의 포괄위임입법금지원칙에 위반된다(2007.7.26, 2006헌가4).

③ [O] 이 사건 법률조항은 '약국관리에 필요한 사항'이라는 처벌법규의 구성요건 부분에 관한 기본사항에 관하여 보다 구체적인 기준이나 범위를 정함이 없이 그 내용을 모두 하위법령인 보건복지부령에 포괄적으로 위임함으로써, 약사로 하여금 광범위한 개념인 '약국관리'와 관련하여 준수하여야 할 사항의 내용이나 범위를 구체적으로 예측할 수 없게 하고, 나아가 헌법이 예방하고자 하는 행정부의 자의적인 행정입법을 초래할 여지가 있으므로, 헌법상 포괄위임입법금지원칙 및 죄형법정주의의 명확성 원칙에 위반된다(2000.7.20, 99헌가15).

④ [O] 구 전기통신사업법 제53조 제2항은 "제1항의 규정에 의한 공공의 안녕질서 또는 미풍양속을 해하는 것으로 인정되는 통신의 대상 등은 대통령령으로 정한다."라고 규정하고 있는바, 이는 포괄위임입법금지원칙에 위배된다. 왜냐하면, 위에서 본 바와 같이 '공공의 안녕질서'나 '미풍양속'의 개념은 대단히 추상적이고 불명확하여, 수범자인 국민으로 하여금 어떤 내용들이 대통령령에 정하여질지 그 기준과 대강을 예측할 수도 없게 되어 있고, 행정입법자에게도 적정한 지침을 제공하지 못함으로써 그로 인한 행정입법을 제대로 통제하는 기능을 수행하지 못한다(2002.6.27, 99헌마480).

## 16 정답 ④

① [O] 이 사건 법률조항은 입찰참가자격의 제한기간에 관하여 '일정기간'이라고만 규정하고 그 구체적인 범위를 대통령령에 위임하고 있는데 이 사건 법률조항은 부정당업자의 입찰참가자격제한에 관한 규정으로서 직업의 자유를 제한하는 내용이므로 위임에 있어서 구체성과 명확성의 요구는 보다 강화된다고 보아야 한다. 그런데 이 사건 법률조항의 '일정기간'의 개념은 매우 불명확하여 수범자인 국민으로 하여금 대통령령에 기간의 상한이 어느 정도로 정하여질지 전혀 그 대강을 예측할 수 없도록 되어 있고, '일정기간'은 사전적으로는 '정해져 있는 기간'을 의미하나 사실상은 기간의 제한이 없는 것과 다를 바 없어 결국 하위법령에 자격제한기간을 전적으로 모두 위임하는 것과 같으며 관련 법조항을 종합적으로 살펴보아도 '일정기간의 상한'을 예측할 수 없으므로 이 사건 법률조항은 포괄위임금지원칙에 위반된다(2005.6.30, 2005헌가1).

② [O] 이 사건 문예진흥기금의 납입금 자체가 특별부담금의 헌법적 허용한계를 벗어나서 국민의 재산권을 침해하므로 위헌이라 할 것이고 그렇다면 납입금의 모금에 대하여 모금액·모금대행기관의 지정·모금수수료·모금방법 등을 대통령령에 위임한 심판대상 법조항들은 더 나아가 살펴볼 필요도 없이 위헌임을 면치 못할 것이다(2003.12.18, 2002헌가2).

③ [O] 공익법인의 이사의 취임승인취소로 인하여 침해당하는 직업수행의 자유가 직업결정의 자유에 비하여 상대적으로 침해의 범위가 작고, 공공복리 등 공익상의 목적에 의하여 비교적 넓은 규제가 가능하다고 하더라도 이 사건 법률조항과 같이 포괄적으로 취임승인취소사유를 백지위임하는 것은 허용될 수 없다(2004.7.15, 2003헌가2).

❹ [X] 구 도로교통법 제41조 제4항은 일률적으로 가벌적인 주기정도를 대통령령에 위임하고 있기는 하나, 같은 조 제1항과 결합하여 해석하면, 위 법률 제41조 제1항 및 제4항은 '술에 취한 상태', 즉 술에 취하여 정상적인 운전을 할 수 없는 상태로 볼 수 있는 주기정도로서 대통령령에 정해진 기준 이상의 알코올을 체내에 보유한 상태로 운전을 하여서는 아니 된다는 의미로 이해되고, 사회적·기술적 변화에 대응하기 위하여 술에 취한 상태의 기준을 대통령령에 위임할 필요성도 인정된다(2005.9.29, 2003헌바94).

## 17 정답 ③

① [O] 구 군인연금법 제21조 제5항 제2호에서 퇴역연금 지급정지대상기관인 정부투자기관·재투자기관을 국방부령으로 정하도록 위임하고 있는 것은 정부투자비율, 규모 등을 전혀 정하지 아니하고 위임함으로써 포괄적 위임금지원칙에 위반된다(2003.9.25, 2001헌가22).

② [O] 이 사건 법률조항에서는 지원금의 부당수령자에 대한 제재의 목적으로 '이미 지원된 것의 반환'과는 별도로 '지원을 제한'하도록 하고 있는데, 이러한 지원 제한에 대하여는 제한의 범위나 기간 등에 관하여 기본적 사항도 법률에 규정하지 아니한 채 이를 대통령령에 포괄적으로 위임하고 있다. 그리하여 구 고용보험법의 목적과 규정내용, 고용안정·직업능력개발사업의 취지, 지원금의 종류 및 내용 등을 체계적·유기적으로 종합하여 살펴보아도 일반인으로 하여금 어떤 방식으로, 어느 기간이나 정도의 범위에서 지원금의 지급이 제한되고 그 지급제한기간 동안 지원받은 금액 중 얼마까지 반환하여야 하는지 그 대강의 내용을 법률에서 전혀 예측할 수 없도록 하고 있다. 따라서 이 사건 법률조항은 고용안정·직업능력개발사업의 지원금을 부정수령한 사업자 등에 대한 지원금의 지급제한기간 및 반환의 내용 및 범위 등에 관한 기본적 사항을 법률에

규정하지 않은 채 이를 포괄적으로 대통령령에 위임함으로써 행정청의 자의적인 법집행을 가능하게 하고 있으므로 헌법 제75조의 포괄위임금지원칙에 위반된다(2013.8.29, 2011헌바390).

❸ [X]「도로교통법」상 운전면허를 취득하여야 하는 자동차 및 건설기계의 종류는 매우 다양하고 어떤 운전면허로 어떤 자동차 또는 건설기계를 운전할 수 있도록 할지를 정하는 작업에는 전문적이고 기술적인 지식이 요구되므로, 제1종 특수면허로 운전할 수 있는 차의 종류를 하위법령에 위임할 필요성이 인정된다. 또한 자동차 운전자로서는 「자동차관리법」상 특수자동차의 일종인 트레일러와 레커의 용도와 조작방법 등의 특성을 감안할 때 이를 운전하기 위해서는 제1종 특수면허를 취득하여야 한다는 점도 충분히 예측할 수 있으므로, 심판대상조항이 포괄위임금지원칙에 위배된다고 할 수 없다(2015.1.29, 2013헌바173).

④ [O] 영진법 제21조 제7항 후문 중 '제3항 제5호' 부분의 위임 규정은 영화상영 등급분류의 구체적 기준을 영상물등급위원회의 규정에 위임하고 있는데, 이 사건 위임 규정에서 위임하고 있는 사항은 제한상영가 등급분류의 기준에 대한 것으로 그 내용이 사회현상에 따라 급변하는 내용들도 아니고, 특별히 전문성이 요구되는 것도 아니며, 그렇다고 기술적인 사항도 아닐 뿐만 아니라, 더욱이 표현의 자유의 제한과 관련되어 있다는 점에서 경미한 사항이라고도 할 수 없는데도, 이 사건 위임 규정은 영상물등급위원회 규정에 위임하고 있는바, 이는 그 자체로서 포괄위임금지원칙을 위반하고 있다고 할 것이다. 나아가 이 사건 위임 규정은 등급분류의 기준에 관하여 아무런 언급 없이 영상물등급위원회가 그 규정으로 이를 정하도록 하고 있는바, 이것만으로는 무엇이 제한상영가 등급을 정하는 기준인지에 대해 전혀 알 수 없고, 다른 관련 규정들을 살펴보더라도 위임되는 내용이 구체적으로 무엇인지 알 수 없으므로 이는 포괄위임금지원칙에 위반된다 할 것이다(2008.7.31, 2007헌가4).

## 18
정답 ②

① [O] 이 사건 법률조항은 '대통령령으로 정하는 이율'에 의한다고 규정하고 있을 뿐, 그 이율의 상한이나 하한에 대한 아무런 기준이 제시되지 않아 위임의 범위를 구체적으로 명확하게 정하고 있다고 할 수 없다. 이 사건 법률조항에 따른 시행령이 연 2할 5푼으로 그 법정이율을 정하고 있는 것은 은행의 일반적인 연체금리보다도 높은 것이므로 형평상의 문제가 발생될 수 있는데, 이 사건 법률조항은 포괄적으로 법정이율을 대통령령으로 정하도록 위임함으로써 형평상 문제의 발생 소지를 주고 있는 것이다. 이상의 이유에서 이 사건 조항은 헌법 제75조에 위반된다(2003.4.24, 2002헌가15).

❷ [X] 구 의료보험법 제29조 제1항이 요양급여의 대상과 내용 및 그 실시를 명확하게 규정하고 있고, 심판대상법조항인 동법 제29조(요양급여) 제3항 자체가 위임내용을 요양급여의 방법·절차·범위·상한기준 등 요양급여의 기준이라고 특정하고 있으며, 한정된 재원으로 최적의 의료보험급여를 하기 위해서는 사회적·경제적 여건에 적절히 대처할 필요가 있어 요양급여의 기준을 미리 법률에 상세히 규정하기가 입법기술상 어렵고, 동법은 제30조 등에서 요양급여의 기간 등을 각각 명확하게 규정하고 있으며, 자문기관으로서 각계를 대표하는 의료보험심의위원회 제도를 두고 있는 것 등을 고려할 때, 결국 의료보험법의 전반적 체계와 여타의 의료보험법상의 관련 규정을 종합해보면 심판대상법조항의 내재적인 위임의 범위나 한계를 예측할 수 있다(2000.1.27, 99헌바23).

③ [O] 건축법은 건축물의 용도제한에 관하여 그 내용을 아무런 구체적인 기준이나 범위를 정함이 없이 이를 하위법령인 대통령령이나 조례에 백지위임하고 있고, 건축물의 용도변경행위에 관하여도 구 건

축법 제14조는 이를 대통령령이 정하는 바에 따른다고만 규정하고 있을 뿐이며, 건축물의 용도제한에 관한 사항도 모두 하위법령에 백지위임되어 있어서 일반인의 입장에서 보면 구 건축법 제14조만으로는 실제로 하위법령인 대통령령의 규정내용을 미리 예측하여 자신의 용도변경행위가 건축으로 보아 허가를 받아야 하는 용도변경행위인지 여부를 도저히 알 수가 없다. 그 위임내용을 예측할 수 없는 경우로서 그 구체적인 내용을 하위법령인 대통령령에 백지위임하고 있는 것이므로, 이와 같은 위임입법은 범죄의 구성요건 규정을 위임한 부분에 관한 한 죄형법정주의를 규정한 헌법 제12조 제1항 후문 및 제13조 제1항 전단과 위임입법의 한계를 규정한 헌법 제75조에 위반된다(1997.5.29, 94헌바22).

④ [O] 식품접객업자를 제외한 어떠한 영업자가 하위법령에서 수범자로 규정될 것인지에 대하여 아무런 기준을 정하고 있지 않다. 비록 수범자 부분이 다소 광범위하더라도 준수사항이 구체화되어 있다면 준수사항의 내용을 통해 수범자 부분을 예측하는 것이 가능할 수 있는데, '영업의 위생관리와 질서유지', '국민의 보건위생 증진'은 매우 추상적이고 포괄적인 개념이어서 이를 위하여 준수하여야 할 사항이 구체적으로 어떠한 것인지 그 행위태양이나 내용을 예측하기 어렵다. 또한 '영업의 위생관리와 국민의 보건위생 증진'은 식품위생법 전체의 입법목적과 크게 다를 바 없고, '질서유지'는 식품위생법의 입법목적에도 포함되어 있지 않은 일반적이고 추상적인 공익의 전체를 의미함에 불과하므로, 이러한 목적의 나열만으로는 식품 관련 영업자에게 행위기준을 제공해주지 못한다. 결국 심판대상조항은 수범자와 준수사항을 모두 하위법령에 위임하면서도 위임될 내용에 대해 구체화하고 있지 아니하여 그 내용들을 전혀 예측할 수 없게 하고 있으므로, 포괄위임금지원칙에 위반된다(2016.11.24, 2014헌가6·2015헌가26).

## 19
정답 ②

① [O] 위 분담금의 분담방법 및 분담비율에 관한 사항을 대통령령으로 정하도록 규정한 구 교통안전공단법 제17조는 국민의 재산권과 관련된 중요한 사항 내지 본질적인 요소인 분담금의 분담방법 및 분담비율에 관한 기본사항을 구체적이고 명확하게 규정하지 아니한 채 시행령에 포괄적으로 위임함으로써, 분담금 납부의무자로 하여금 분담금 납부의무의 내용이나 범위를 전혀 예측할 수 없게 하고, 나아가 행정부의 자의적인 행정입법권 행사에 의하여 국민의 재산권이 침해될 여지를 남김으로써 경제생활의 법적 안정성을 현저히 해친 포괄적인 위임입법으로서 헌법 제75조에 위반된다(1999.1.28, 97헌가8).

❷ [X] 이 법률조항 중 '연부금액의 범위', '취득시기' 부분은 위임사항을 분명히 특정하여 대통령령에 위임하고 있고, '취득세의 과세표준이 되는 가액, 가격' 부분은, 취득세의 본질, 취득 당시의 가액을 과세표준으로 명정한 제111조 제1항의 취지, 동조 제3항·제5항·제6항 등의 관련 조항을 종합하여 보면 그 대강의 의미를 포착할 수 있다. 여기에 취득물건의 종류와 취득행위 개념이 다기·다양하므로 가액산정의 원칙과 주요한 경우의 산정방식을 제시한 이상, 그 틀 안에서 보다 세부적이고 기술적인 산정방식을 탄력적 규율이 가능한 행정입법에 위임하는 것이 필요하다는 점을 보태어 보면 구 지방세법 제111조 제7항이 조세법률주의나 포괄위임입법금지원칙에 위배된다고 볼 수 없다(2002.3.28, 2001헌바32 전원재판부).

③ [O]「의료기기법」금지조항 및「의료법」금지조항은 예외적 허용사유의 내용 및 범위에 관한 기본사항을 법률에 규정하면서 그 구체적 범위만을 하위법령에 위임하였고, '… 등의 행위'라는 표현도 의료기기시장의 공정한 경쟁을 해치거나 국민건강보험의 재정건전성을 악화시키는 등 입법목적을 저해할 우려가 없는 행위에 한하여

그 구체적 범위만을 하위법령에 위임하려는 취지임을 알 수 있으므로 포괄위임금지원칙에 위배되지 아니한다(2018.1.25, 2016헌바201·2017헌바205).

④ [O] 구법 제71조 제1항 전단은 '소득월액보험료 부과의 기준이 되는 보수 외 소득 금액'이라는 구체적 사항을 특정하여 위임하고 있다. 위 조항의 도입 취지 등을 고려할 때, 대통령령에 규정될 금액 수준은 보험료 부담의 형평성을 일정 수준 이상 확보할 수 있는 정도가 될 것이라는 점을 충분히 예측할 수 있다. 따라서 구법 제71조 제1항 전단은 포괄위임금지원칙에 위반되지 아니한다(2019.2.28, 2017헌바245).

사법 규정체계 및 위 조항의 입법목적에 비추어, 위 조항의 수범자이자 한약에 대한 전문가인 한약사들은 임의조제가 허용되는 한약처방의 범위에 대하여 대체적으로 예측할 수 있다고 인정된다. 따라서 위 조항이 포괄위임금지원칙 및 죄형법정주의의 명확성 원칙에 반한다고 볼 수 없다(2008.7.31, 2005헌마667).

## 20             정답 ①

❶ [X] 살처분 보상금의 금액은 살처분으로 인한 경제적 가치의 손실을 평가하여 결정되어야 하는 등 기술적 측면이 있고, 소유자의 귀책사유, 살처분 보상금의 지급 수준에 따른 소유자의 방역 협조의 경향, 전염병의 확산 정도, 당해 연도의 가축 살처분 두수, 국가 및 지방자치단체의 재정 상황 등을 고려하여 탄력적으로 정하여질 필요가 있어 대통령령에 위임할 필요성이 인정된다. 심판대상조항은 살처분 보상금의 지급 주체, 보상금을 받을 자, 그리고 차등지급의 사유를 정한 후 대통령령에 보상금액을 정하도록 위임하고 있으므로, 누구라도 심판대상조항으로부터 대통령령에 규정될 내용의 대강을 예측할 수 있다. 그러므로 심판대상조항은 포괄위임입법금지원칙에 위배되지 아니한다(2014.4.24, 2013헌바110).

② [O] 「도로교통법」 제71조의15 제2항 제8호 중 '당해 전문학원을 졸업하고 운전면허를 받은 사람 중 교통사고를 일으킨 사람의 비율이 대통령령이 정하는 비율을 초과하는 때' 부분(이하 '이 사건 조항')은 행정처분의 기준이 되는 '교통사고'와 '사고 운전자의 비율'을 각 위임하고 있는바, 이 사건 조항은 대통령령에 규정될 '교통사고'가 어떤 종류나 범위의 것이 될 것인지에 관한 대강의 기준을 제시하지 않고 있고 「도로교통법」의 전반적 체계와 관련 규정을 보아도 이를 예측할 만한 단서가 없어 '교통사고' 부분의 위임은 지나치게 포괄적인 것으로서 예측가능성을 주지 못하며 위임입법에서 요구되는 구체성·명확성 요건을 충족하지 못하였다. 한편, '사고 운전자의 비율'의 경우 이 사건 조항이나 「도로교통법」의 다른 조항들을 살펴보아도 그 비율의 대강이나 상한선을 예상할 수 없으므로 이 사건 조항은 운전전문학원 졸업자의 교통사고 비율을 대통령령에 너무 포괄적으로 위임한 것이다(2005.7.21, 2004헌가30).

③ [O] 입법권이 사법권에 간섭하는 것을 최소화하여 사법의 자주성과 독립성을 보장한다는 측면과 사법권의 적절한 행사에 요구되는 판사의 근무와 관련하여 내용적·절차적 사항에 관해 전문성을 가지고 재판 실무에 정통한 사법부 스스로 근무성적평정에 관한 사항을 정하도록 할 필요성에 비추어 보면, 판사의 근무성적평정에 관한 사항을 하위법규인 대법원규칙에 위임할 필요성을 인정할 수 있다. 또한 관련 조항의 해석과 판사에 대한 연임제 및 근무성적평정 제도의 취지 등을 고려할 때, 이 사건 근무평정조항에서 말하는 '근무성적평정에 관한 사항'이란 판사의 연임 등 인사관리에 반영시킬 수 있는 것으로 사법기능 및 업무의 효율성을 위하여 판사의 직무수행에 요구되는 것, 즉 직무능력과 자질 등과 같은 평가사항, 평정권자 및 평가방법 등에 관한 사항임을 충분히 예측할 수 있으므로 이 사건 근무평정조항은 포괄위임금지원칙에 위배된다고 볼 수 없다(2016.9.29, 2015헌바331).

④ [O] 한약처방의 종류 및 조제방법은 그 대상이 매우 다양하고, 세부적·기술적·가변적 사항이며 전문적·기술적 판단을 요하는 영역이므로, 전문성을 갖춘 행정부에 위임하여 탄력성 있고 전문적인 하위법규에 위임할 입법기술상의 필요성이 인정된다. 한편, 구 약

## 정답

| 01 | ③ | 02 | ① | 03 | ③ | 04 | ① |
|----|---|----|---|----|---|----|---|
| 05 | ④ | 06 | ② | 07 | ② | 08 | ① |
| 09 | ② | 10 | ① | 11 | ① | 12 | ④ |
| 13 | ④ | 14 | ① | 15 | ② | 16 | ④ |
| 17 | ② | 18 | ③ | 19 | ② | 20 | ② |

## 01
정답 ③

① [○] 「군인사법」 제47조의2는 헌법이 대통령에게 부여한 군통수권을 실질적으로 존중한다는 차원에서 군인의 복무에 관한 사항을 규율할 권한을 대통령령에 위임한 것이라 할 수 있고, 대통령령으로 규정될 내용 및 범위에 관한 기본적인 사항을 다소 광범위하게 위임하였다 하더라도 포괄위임금지원칙에 위배된다고 볼 수 없다. 따라서 이 사건 복무규율조항은 이와 같은 「군인사법」 조항의 위임에 의하여 제정된 정당한 위임의 범위 내의 규율이라 할 것이므로 법률유보원칙을 준수한 것이다(2010.10.28, 2008헌마638).

② [○] 범죄구성요건을 정하고 있는 구 풍속영업의 규제에 관한 법률 제3조 제5호는 풍속영업자는 대통령령으로 정하는 풍속영업의 경우 대상자의 연령을 확인하여 대통령령이 정하는 청소년이 출입을 하지 못하게 하여야 한다고 규정하고 있는바, 같은 법 제1조의 목적을 고려하면 위 법조항의 대통령령으로 정하는 풍속영업이란 청소년의 출입을 허용하게 되면 청소년의 보호에 지장을 줄 수 있는 성격의 영업을 말하는 것이고, 대통령령으로 정하는 청소년이란 대상이 되는 풍속영업의 성격 및 청소년에 대한 유해성의 정도, 청소년의 정신적·인격적 발달상황 등을 고려하여 풍속영업별로 출입금지연령이 차등적으로 규정되리라는 것을 충분히 예측할 수 있어 대통령령에 위임된 범죄구성요건부분의 대강이 위임법률인 위 법조항에 구체적으로 규정되어 있다고 할 수 있으므로, 위 법조항이 위임입법의 한계를 벗어난 것이라고 할 수 없고, <u>나아가 죄형법정주의의 명확성·예측성의 원칙에도 위반되지 아니한다</u>(1996.2.29, 94헌마13).

❸ [X] 이 사건 법률조항은 '자산의 양도차익을 계산함에 있어서' 그 취득시기 및 양도시기에 관하여 대통령령으로 정한다고 규정하고 있는데, '양도' 또는 '취득'이라는 용어는 그 자체로도 어느 정도 개념확정이 가능하므로, 이 사건 법률조항 자체에서 직접 대통령령에 규정될 내용과 범위를 한정하여 위임하고 있다. 또한 소득세법상 '양도'는 '자산이 유상으로 사실상 이전되는 것'으로 규정되어 있고, 유상거래에 있어 취득은 양도에 대응하는 개념이므로, 관련 조항의 전체적·체계적 해석 및 입법취지 등을 고려할 때 이 사건 법률조항이 대통령령에 위임한 내용은 자산이 유상으로 사실상 이전되었다고 평가할 수 있는 시점이고, 그 원칙적인 기준시점은 대금청산일이 될 것이라고 일반적으로 예측할 수 있다. 따라서 이 사건 법률조항은 위임의 구체성 또는 예측가능성 요건을 갖추었다. 그렇다면 <u>이 사건 법률조항은 조세법률주의 및 포괄위임입법금지원칙에 위배되지 아니한다</u>(2015.7.30, 2013헌바204).

④ [○] 「근로기준법」의 어떤 규정을 4인 이하 사업장에 적용할지에 관한 기준을 명시적으로 두고 있지 않은 것은 사실이나, 심판대상조항의 포괄위임금지원칙 위배 여부를 판단할 때에는 「근로기준법」이 제정된 이래로 「근로기준법」의 법규범성을 실질적으로 관철하기 위하여 5인 이상 사용 사업장까지 「근로기준법」 전부 적용 사업장의 범위를 확대하고, 종전에는 「근로기준법」을 전혀 적용하지 않던 4인 이하 사업장에 대하여 「근로기준법」을 일부나마 적용하는 것으로 범위를 점차 확대해 나간 「근로기준법 시행령」의 연혁 및 심판대상조항의 입법취지와, 「근로기준법」 조항의 적용 여부를 둘러싼 근로자보호의 필요성과 사용자의 법 준수능력 간의 조화 등을 종합적으로 고려하여야 한다. 심판대상조항은 사용자의 부담이 그다지 문제되지 않으면서 동시에 근로자의 보호필요성의 측면에서 우선적으로 적용될 수 있는 「근로기준법」의 범위를 선별하여 적용할 것을 대통령령에 위임한 것으로 볼 수 있고, 그러한 「근로기준법」 조항들이 4인 이하 사업장에 적용되리라 예측할 수 있다(2019.4.11, 2013헌바112).

## 02
정답 ①

❶ [X] 안전하고 원활한 교통의 확보와 자동차 이용 범죄의 예방이라는 심판대상조항의 입법목적, 필요적 운전면허취소 대상범죄를 자동차 등을 이용하여 살인·강간 및 이에 준하는 정도의 흉악범죄나 법익에 중대한 침해를 야기하는 범죄로 한정하고 있는 점, 자동차 운행으로 인한 범죄에 대한 처벌의 특례를 규정한 관련 법조항 등을 유기적·체계적으로 종합하여 보면, 결국 심판대상조항에 의하여 하위법령에 규정될 자동차 등을 이용한 범죄행위의 유형은 '범죄의 실행행위 수단으로 자동차 등을 이용하여 살인 또는 강간 등과 같이 고의로 국민의 생명과 재산에 큰 위협을 초래할 수 있는 중대한 범죄'가 될 것임을 충분히 예측할 수 있으므로, 심판대상조항은 포괄위임금지원칙에 위배되지 아니한다(2015.5.28, 2013헌가6). ➡ 다만, 과잉금지원칙에 위배된다고 하였다.

② [○] <u>이 사건 법률조항은 대통령령으로 청약의 철회를 인정하는 것이 적당하지 아니한 경우를 정할 때의 기준으로 '목적물의 성질'과 '계약체결의 형태'를 규정하고 있는바, 그 해석을 통하여 대통령령으로 정하여질 내용의 대강을 어렵지 않게 예상할 수 있도록 그 기준을 명확하게 규정하고 있다. 따라서 이 사건 법률조항은 헌법 제75조의 포괄위임입법금지원칙에 위반되지 아니한다</u>(2012.5.31, 2011헌바78).

③ [○] 지원금 상한액의 기준 및 한도는 전문성을 갖춘 방송통신위원회로 하여금 시장의 변화 등에 대응하여 탄력적으로 적시에 규율하도록 할 필요가 있는 사항이다. 또한 지원금 상한 조항은 지원금 상한액의 기준 및 한도를 정할 때 기준이 되는 본질적인 사항들을 직접 규정하면서 다만 상한액의 구체적인 기준 및 한도만을 방송통신위원회가 정하도록 위임하고 있으며, 이동통신사업자 등과 이용자들은 단말기유통법의 관련 규정, 이동통신단말장치 구매 지원금 상한제의 도입취지 등을 토대로 방송통신위원회가 정하여 고시할 내용의 대강을 충분히 예측할 수 있다. 따라서 지원금 상한 조항은 포괄위임금지원칙에 위배되지 아니한다(2017.5.25, 2014헌마844).

④ [○] 심판대상조항은 정비사업의 원활한 시행과 조합원 등 이해관계인의 분쟁을 막기 위하여 사업시행자인 조합이 시공자를 임의로 정할 수 없도록 규정하면서, 단지 세부적인 입찰절차와 일정 등을 국토해양부장관(현 국토교통부장관)이 정하도록 한 것으로, 그 위임범위가 구체적이고, 하위법규에 규정될 내용과 범위가 예측가능하므로 포괄위임금지원칙에 위배되지 아니한다(2016.3.31, 2014헌바382).

## 03
정답 ③

① [X] 과징금 부과조항은 입찰담합 및 공급제한행위에 대한 과징금 부과에 있어서 본질적 사항인 과징금 상한 및 부과기준의 지표를 직접 규정하고 있으므로, 법률유보원칙에 위배되지 아니한다. 줄곧 공정거래위원회는 부당한 공동행위에 대한 과징금 상한과 부과기준을 사실상 동일시하면서 그 지표를 원칙적으로 '부당한 공동행위에 관련된 이익, 즉 관련 상품·용역의 매출액이나 입찰담합의 경우 계약금액 등'으로 한정해 왔다는 점을 고려해 보면, 수범자인 사업자로서는 '입찰담합 및 공급제한행위와 관련이 있는 이익'의 범위 내에서 과징금 상한의 지표인 매출액의 범위가 정해질 것임을 예측할 수 있다고 볼 것이다(2016.4.28, 2014헌바60).

② [X] 안마사제도의 시행 역사에서 알 수 있는 바와 같이 일반인들의 의식에도 안마사는 원칙적으로 시각장애인에게 허용되는 업종이라는 법의식이 형성되어 왔다고 할 수 있으며, 시각장애인들도 안마사업은 원칙적으로 자신들에게 허가되는 업종이라고 여겨 그에 관한 정부정책에 대해 신뢰를 형성해 왔다고 할 수 있다. 그렇다면 안마사에 관한 규칙 제3조가 비맹제외기준을 설정한 것은 의료법 제61조 제4항에 내포된 의미를 확인하는 것이고 이는 국민들이 능히 예상할 수 있는 내용이다(2003.6.26, 2002헌가16).

❸ [O] 공직선거법 제135조 제2항은 제공이 허용되는 수당과 실비의 종류와 금액을 중앙선거관리위원회규칙에 위임할 필요성과 예측가능성을 인정할 수 있으므로, 그에 해당하지 않는 선거사무관계자에 대한 수당·실비를 제공하는 행위를 처벌하는 심판대상조항은 범죄의 구성요건을 규율함에 있어 포괄위임입법금지원칙에 위배되지 아니한다(2015.4.30, 2013헌바55).

④ [X] 수당의 범위는 사회·경제적 상황에 따라 선거의 공정성을 해하지 않는 범위 내에서 선거사무관계자의 사무종사에 대한 급여로서 제공할 수 있는 범위, 실비의 종류는 선거사무관계자가 선거운동과 관련하여 통상적으로 지출하는 비용인 교통비와 식사비, 기타 비용, 실비의 범위는 선거 종류에 따라 선거운동을 위한 지리적 이동거리, 선거운동의 규모에 따라 필요한 수준이 될 것임을 예측할 수 있다(2015.4.30, 2013헌바55).

⑤ [X] 이 조항은 제공이 허용되는 수당과 실비의 종류와 금액을 "중앙선거관리위원회가 정한다."라고 규정하고 있다. 이는 '중앙선거관리위원회의 법규명령'으로 정한다는 의미로 해석할 수 있으며(2000.1.27, 99헌바23 참조), 공직선거관리규칙은 중앙선거관리위원회가 헌법 제114조 제6항이 규정한 규칙제정권에 의하여 공직선거법에서 위임된 사항과 대통령·국회의원·지방의회의원 및 지방자치단체의 장의 선거의 관리에 필요한 세부사항을 규정함을 목적으로 하여 제정한 법규명령이다(2015.4.30, 2013헌바55).

## 04
정답 ①

❶ [O] 현대국가의 특질의 하나로서, 국회의 입법기능이 저하되고 이와는 상대적으로 행정부에 의한 입법기능이 확대·강화되고 있다는 지적은 어제오늘의 일이 아니고 우리나라에서만 한정된 문제가 아니라 각국의 공통된 현상이기도 하다. 그러나 위임입법의 양적 증대와 질적 고도화라고 하는 정치수요의 현대적 변용에 대한 제도적 대응이 불가피하다고 하더라도, 권력분립이라는 헌법상의 기본원리와의 조정 또한 불가피하다. 따라서 위와 같은 정치적·행정적 수요에 발맞추어 위임입법을 허용하되 그와 함께 권력분립의 원리를 구현하기 위하여나 법치주의의 원리를 수호하기 위하여 위임입법에 대한 통제도 필요하다. 위임입법의 수요가 강하면 강할수록 그에 비례하여 위임입법에 대한 통제의 필요성 또한 강하게 요구되는 것이다(1998.5.28, 96헌가1).

② [X] ③ [X] 중앙행정기관의 장은 법률에서 위임한 사항이나 법률을 집행하기 위하여 필요한 사항을 규정한 대통령령·총리령·부령·훈령·예규·고시 등이 제정·개정 또는 폐지되었을 때에는 10일 이내에 이를 국회 소관 상임위원회에 제출하여야 한다. 다만, 대통령령의 경우에는 입법예고를 할 때(입법예고를 생략하는 경우에는 법제처장에게 심사를 요청할 때를 말한다)에도 그 입법예고안을 10일 이내에 제출하여야 한다(「국회법」 제98조의2 제1항).

④ [X] 상임위원회는 위원회 또는 상설소위원회를 정기적으로 개회하여 그 소관 중앙행정기관이 제출한 대통령령·총리령 및 부령의 법률위반 여부 등을 검토하여야 한다(「국회법」 제98조의2 제3항).

## 05
정답 ④

① [O] 대통령령, 총리령 및 부령은 특별한 규정이 없으면 공포한 날부터 20일이 경과함으로써 효력을 발생한다(「법령 등 공포에 관한 법률」 제13조).

② [O] 행정입법의 지체가 위법으로 되어 그에 대한 법적 통제가 가능하기 위하여는 우선 행정청에게 시행명령을 제정·개정할 법적 의무가 있어야 하고, 상당한 기간이 지났음에도 불구하고 명령제정·개정권이 행사되지 않아야 한다(1998.7.16, 96헌마246).

③ [O]

> **헌법 제89조** 다음 사항은 국무회의의 심의를 거쳐야 한다.
> 　3. 헌법개정안·국민투표안·조약안·법률안 및 대통령령안
>
> **제82조** 대통령의 국법상 행위는 문서로써 하며, 이 문서에는 국무총리와 관계 국무위원이 부서한다. 군사에 관한 것도 또한 같다.

❹ [X] 헌법은 대통령령에 대해서만 규정하고 있다.

> **헌법 제89조** 다음 사항은 국무회의의 심의를 거쳐야 한다.
> 　1. 국정의 기본계획과 정부의 일반정책
> 　2. 선전·강화 기타 중요한 대외정책
> 　3. 헌법개정안·국민투표안·조약안·법률안 및 대통령령안

## 06
정답 ②

㉠ [O] 위임명령은 위임을 요한다.

㉡ [X] 집행명령은 수권 또는 위임을 요하지 않는다.

㉢ [X] 총리령과 부령 중 위임명령은 위임을 요하나, 직권명령은 수권 또는 위임을 요하지 않는다.

> **헌법 제95조** 국무총리 또는 행정각부의 장은 소관 사무에 관하여 법률이나 대통령령의 위임 또는 직권으로 총리령 또는 부령을 발할 수 있다.

㉣ [X] 국회는 법률에 저촉되지 아니하는 범위 안에서 의사와 내부규율에 관한 규칙을 제정할 수 있다(헌법 제64조 제1항).

㉤ [X] 지방자치단체는 법령의 범위에서 그 사무에 관하여 조례를 제정할 수 있다. 다만, 주민의 권리 제한 또는 의무 부과에 관한 사항이나 벌칙을 정할 때에는 법률의 위임이 있어야 한다(「지방자치법」 제28조 제1항).

㉥ [O] 기관위임사무는 지방자치단체사무가 아니므로, 기관위임사무를 규율하는 조례는 구체적 위임을 요한다.

ⓐ [O] 지방자치단체는 법령의 범위에서 그 사무에 관하여 조례를 제정할 수 있다. 다만, 주민의 권리 제한 또는 의무 부과에 관한 사항이나 벌칙을 정할 때에는 <u>법률의 위임이 있어야 한다</u>(「지방자치법」 제28조 제1항).

ⓞ [X] 권리를 제한하는 조례는 위임을 요하나, 그렇지 않은 경우 위임을 요하지 않는다.


## 07                                 정답 ②

㉠ [X] 조례의 제정권자인 지방의회는 선거를 통해서 그 지역적인 민주적 정당성을 지니고 있는 주민의 대표기관이고 헌법이 지방자치단체에 포괄적인 자치권을 보장하고 있는 취지로 볼 때, 조례에 대한 법률의 위임은 법규명령에 대한 법률의 위임과 같이 <u>반드시 구체적으로 범위를 정하여 할 필요가 없으며 포괄적인 것으로 족하다</u> (1995.4.20, 92헌마264 등). ➡ 반드시 구체적으로 위임해야 하는 것은 아니다.

㉡ [O] 구체적 위임을 요한다.

㉢ [O] 구체적 위임을 요한다.

㉣ [X] 법률이 정관에 자치법적 사항을 위임한 경우에는 헌법 제75조, 제95조가 정하는 포괄적인 위임입법의 금지는 원칙적으로 적용되지 않는다고 봄이 상당하다(2006.3.30, 2005헌바31).

㉤ [O] 구체적 위임을 요한다.

㉥ [O] 헌법 제75조에서 근거한 포괄위임금지원칙은 법률에 이미 대통령령 등 하위법규에 규정될 내용 및 범위의 기본사항이 구체적으로 규정되어 있어서 누구라도 당해 법률로부터 하위법규에 규정될 내용의 대강을 예측할 수 있어야 함을 의미하는데, 위임입법이 대법원규칙인 경우에도 수권법률에서 이 원칙을 준수하여야 하는 것은 마찬가지이다(2014.10.30, 2013헌바368).

ⓐ [O] 구체적 위임을 요한다.

ⓞ [O] 구체적 위임을 요한다.

㉽ [O] 전문적·기술적 사항이나 경미한 사항으로서 업무의 성질상 <u>고시와 같은 행정규칙의 형식으로 입법위임을 할 필요성이 인정되는 경우라도, 그러한 위임은 헌법 제75조의 포괄위임금지원칙을 위반하여서는 안 되고 반드시 구체적·개별적으로 한정된 사항에 대하여 행하여져야 한다</u>(2014.7.24, 2013헌바183 등).


## 08                                 정답 ①

❶ [X] <u>사면권은 국가원수의 지위에서 갖는 고유한 권한이다.</u> 대통령의 사면권은 사법부의 판단을 변경하는 권한으로 권력분립의 원리에 대한 예외가 된다. 형벌의 선고는 사법부의 고유권한임에도 불구하고, 대통령이 사법권 행사에 개입하여 그 효과에 변경을 가할 수 있는 제도이기 때문이다.

② [O] 일반사면은 '죄를 범한 자'를 대상으로 하므로(「사면법」 제3조 제1호), 그가 형의 선고를 받았는지 여부를 불문한다. 다만, 형의 선고를 받기 전의 자에 대해서 일반사면이 이루어질 경우, 공소권을 상실시킨다(「사면법」 제5조 제1항 제1호).

③ [O]

> 「사면법」 제8조 【일반사면 등의 실시】 일반사면, 죄 또는 형의 종류를 정하여 하는 감형 및 일반에 대한 복권은 대통령령으로 한다. 이 경우 일반사면은 죄의 종류를 정하여 한다.

> 제9조 【특별사면 등의 실시】 특별사면, 특정한 자에 대한 감형 및 복권은 대통령이 한다.

④ [O]

> 「사면법」 제3조 【사면 등의 대상】 사면, 감형 및 복권의 대상은 다음 각 호와 같다.
> 1. 일반사면: 죄를 범한 자
> 2. 특별사면 및 감형: 형을 선고받은 자
> 3. 복권: 형의 선고로 인하여 법령에 따른 자격이 상실되거나 정지된 자


## 09                                 정답 ②

① [X] 복권은 형의 집행이 끝나지 아니한 자 또는 집행이 면제되지 아니한 자에 대하여는 하지 아니한다(「사면법」 제6조).

❷ [O] ③ [X]

> 「사면법」 제5조 【사면 등의 효과】 ① 사면, 감형 및 복권의 효과는 다음 각 호와 같다.
> 1. 일반사면: 형 선고의 효력이 상실되며, 형을 선고받지 아니한 자에 대하여는 공소권이 상실된다. 다만, 특별한 규정이 있을 때에는 예외로 한다.
> 2. 특별사면: 형의 집행이 면제된다. 다만, 특별한 사정이 있을 때에는 이후 형 선고의 효력을 상실하게 할 수 있다.

④ [X]

> 「사면법」 제5조 【사면 등의 효과】 ① 사면, 감형 및 복권의 효과는 다음 각 호와 같다.
> 2. 특별사면: 형의 집행이 면제된다. 다만, 특별한 사정이 있을 때에는 이후 형 선고의 효력을 상실하게 할 수 있다.


## 10                                 정답 ①

❶ [X] 형의 집행유예를 선고받은 자에 대하여는 형 선고의 효력을 상실하게 하는 특별사면 또는 형을 변경하는 감형을 하거나 그 유예기간을 단축할 수 있다(「사면법」 제7조).

② [O] 사면·감형과 복권은 국무회의의 심의를 거쳐야 한다(헌법 제89조 제9호).

③ [O]

> 헌법 제89조 다음 사항은 국무회의의 심의를 거쳐야 한다.
> 9. 사면·감형과 복권
>
> 제79조 ② 일반사면을 명하려면 국회의 동의를 얻어야 한다.
>
> 「사면법」 제8조 【일반사면 등의 실시】 일반사면, 죄 또는 형의 종류를 정하여 하는 감형 및 일반에 대한 복권은 대통령령으로 한다. 이 경우 일반사면은 죄의 종류를 정하여 한다.

④ [O] 일반사면을 명하려면 국회의 동의를 얻어야 한다(헌법 제79조 제2항).

## 11　　　　　　　　　　　　　　정답 ①

❶ [ X ] 행정법규 위반에 대한 범칙 또는 과벌의 면제와 징계법규에 따른 징계 또는 징벌의 면제에 관하여는 이 법의 사면에 관한 규정을 준용한다(「사면법」 제4조).

② [ O ] 군사법원에서 형을 선고받은 자에 대하여는 이 법에 따른 법무부장관의 직무는 국방부장관이 수행하고, 검찰총장과 검사의 직무는 형을 선고한 군사법원에서 군검사의 직무를 수행한 군법무관이 수행한다(「사면법」 제27조).

③ [ O ]

> 「사면법」 제10조【특별사면 등의 상신】② 법무부장관은 제1항에 따라 특별사면, 특정한 자에 대한 감형 및 복권을 상신할 때에는 제10조의2에 따른 사면심사위원회의 심사를 거쳐야 한다.
>
> 제10조의2【사면심사위원회】② 사면심사위원회는 위원장 1명을 포함한 9명의 위원으로 구성한다.

④ [ O ]

> 「사면법」 제10조【특별사면 등의 상신】① 법무부장관은 대통령에게 특별사면, 특정한 자에 대한 감형 및 복권을 상신한다.
> ② 법무부장관은 제1항에 따라 특별사면, 특정한 자에 대한 감형 및 복권을 상신할 때에는 제10조의2에 따른 사면심사위원회의 심사를 거쳐야 한다.

## 12　　　　　　　　　　　　　　정답 ④

① [ X ]

> 「사면법」 제10조【특별사면 등의 상신】① 법무부장관은 대통령에게 특별사면, 특정한 자에 대한 감형 및 복권을 상신한다.
> ② 법무부장관은 제1항에 따라 특별사면, 특정한 자에 대한 감형 및 복권을 상신할 때에는 제10조의2에 따른 사면심사위원회의 심사를 거쳐야 한다.

② [ X ] 일반사면이 아니라, 특별사면의 경우에만 그렇다.

> 「사면법」 제10조의2【사면심사위원회】① 제10조 제1항에 따른 특별사면, 특정한 자에 대한 감형 및 복권 상신의 적정성을 심사하기 위하여 법무부장관 소속으로 사면심사위원회를 둔다.

③ [ X ] 법무부장관은 대통령에게 특별사면, 특정한 자에 대한 감형 및 복권을 상신한다(「사면법」 제10조 제1항).

❹ [ O ] 제10조 제1항에 따른 특별사면, 특정한 자에 대한 감형 및 복권 상신의 적정성을 심사하기 위하여 법무부장관 소속으로 사면심사위원회를 둔다(「사면법」 제10조의2 제1항).

## 13　　　　　　　　　　　　　　정답 ④

① [ X ] ③ [ X ]

> 「사면법」 제10조의2【사면심사위원회】② 사면심사위원회는 위원장 1명을 포함한 9명의 위원으로 구성한다.

③ 위원장은 법무부장관이 되고, 위원은 법무부장관이 임명하거나 위촉하되, 공무원이 아닌 위원을 4명 이상 위촉하여야 한다.

② [ X ] 제10조 제1항에 따른 특별사면, 특정한 자에 대한 감형 및 복권 상신의 적정성을 심사하기 위하여 법무부장관 소속으로 사면심사위원회를 둔다(「사면법」 제10조의2 제1항).

❹ [ O ] 복권대상자가 수개의 죄를 범하여 수개의 형의 선고를 받은 경우에 그 수개의 형이 모두 다른 법령에 의한 자격제한의 효력을 수반하고 있을 때에는 그 각 형의 선고의 효력으로 인하여 각각 상실 또는 정지된 자격을 일시에 일괄하여 회복하지 아니하면 자격회복의 목적을 달성할 수 없는 것이고 수개의 형의 선고의 효력으로 인하여 각각 상실 또는 정지된 자격이 일괄 회복되려면 자격제한의 효력을 수반하고 있는 모든 수형범죄사실이 복권의 심사대상으로 빠짐없이 상신되어 그 모든 수형범죄사실을 일괄 심사한 후 그 심사 결과를 토대로 복권이 이루어져야 한다(대판 전합체 1986.7.3, 85수2).

## 14　　　　　　　　　　　　　　정답 ①

❶ [ X ] 사면권은 권력분립의 원리에 위배될 소지가 있으므로, 적극적으로 행사되어서는 안 된다.

② [ O ]

> 헌법 제79조 ① 대통령은 법률이 정하는 바에 의하여 사면·감형 또는 복권을 명할 수 있다.
> ③ 사면·감형 및 복권에 관한 사항은 법률로 정한다.

③ [ O ] 일반사면의 경우 국회의 동의를 거쳐야 한다. 국회는 일반사면에 대해 동의할 경우 대통령이 제안하지 아니한 죄의 종류를 추가할 수 없다.

④ [ O ]

> 「사면법」 제5조【사면 등의 효과】① 사면, 감형 및 복권의 효과는 다음 각 호와 같다.
> 1. 일반사면: 형 선고의 효력이 상실되며, 형을 선고받지 아니한 자에 대하여는 공소권이 상실된다. 다만, 특별한 규정이 있을 때에는 예외로 한다.
> 2. 특별사면: 형의 집행이 면제된다. 다만, 특별한 사정이 있을 때에는 이후 형 선고의 효력을 상실하게 할 수 있다.
> ② 형의 선고에 따른 기성의 효과는 사면, 감형 및 복권으로 인하여 변경되지 아니한다.

## 15　　　　　　　　　　　　　　정답 ②

① [ X ] 징역형의 집행유예와 벌금형이 병과된 신청인에 대하여 징역형의 집행유예의 효력을 상실케 하는 내용의 특별사면이 그 벌금형의 선고의 효력까지 상실케 하는 것은 아니다(대판 1997.10.13, 96모33).

❷ [ O ] 공무원이었던 원고가 1980.1.25.자로 이 사건 파면처분을 받은 후 1981.1.31. 대통령령 제10194호로 징계에 관한 일반사면령이 공포·시행되었으나, 「사면법」 제5조 제2항, 제4조의 규정에 의하면 징계처분에 의한 기성의 효과는 사면으로 인하여 변경되지 않는다고 되어 있고 이는 사면의 효과가 소급하지 않음을 의미하는 것이므로, 이와 같은 일반사면이 있었다고 할지라도 파면처분으로

이미 상실된 원고의 공무원 지위가 회복될 수는 없는 것이니 원고로서는 이 사건 파면처분의 위법을 주장하여 그 취소를 구할 소송상 이익이 있다 할 것이다(대판 1983.2.8, 81누121).

③ [X] 청구인들은 대통령의 특별사면에 관하여 일반국민의 지위에서 사실상의 또는 간접적인 이해관계를 가진다고 할 수는 있으나 대통령의 청구외인들에 대한 특별사면으로 인하여 청구인들 자신의 법적 이익 또는 권리를 직접적으로 침해당한 피해자라고 볼 수 없으므로 이 사건 심판청구는 자기관련성, 직접성이 결여되어 부적법하다(1998.9.30, 97헌마404).

④ [X] 「사면법」제5조에 따르면 형의 언도에 의한 기성의 효과는 사면·감형·복권으로 변경되지 않는다. 즉, 사면은 소급효가 인정되지 않는다. 따라서 일반사면이 있더라도 사면에 의해 징계처분의 기성의 효과에는 변화가 없다.

## 16　　　　　　　　　　　　　　　　　　정답 ④

① [O] 사면의 종류, 대상, 범위, 절차, 효과 등은 범죄의 죄질과 보호법익, 일반국민의 가치관 내지 법감정, 국가이익과 국민화합의 필요성, 권력분립의 원칙과의 관계 등 제반사항을 종합하여 입법자가 결정할 사항으로서 입법자에게 광범위한 입법재량 내지 형성의 자유가 부여되어 있다. 따라서 특별사면의 대상을 '형'으로 규정할 것인지, '사람'으로 규정할 것인지는 입법재량사항에 속한다 할 것이다(2000.6.1, 97헌바74).

② [O] 유죄판결은 형 선고의 효력만 상실된 채로 여전히 존재하는 것으로 보아야 하고, 한편 「형사소송법」제420조 각 호의 재심사유가 있는 피고인으로서는 재심을 통하여 특별사면에도 불구하고 여전히 남아 있는 불이익, 즉 유죄의 선고는 물론 형 선고가 있었다는 기왕의 경력 자체 등을 제거할 필요가 있다. … 따라서 특별사면으로 형 선고의 효력이 상실된 유죄의 확정판결도 「형사소송법」제420조의 '유죄의 확정판결'에 해당하여 재심청구의 대상이 될 수 있다고 해석함이 타당하다. 이와 달리 유죄의 확정판결 후 형 선고의 효력을 상실케 하는 특별사면이 있었다면 이미 재심청구의 대상이 존재하지 않아 그러한 판결을 대상으로 하는 재심청구는 부적법하다고 판시한 대법원 1997.7.22, 선고 96도2153 판결과 대법원 2010.2.26, 2010모24 결정 등은 이 판결과 배치되는 범위에서 이를 변경한다(대판 2015.5.21, 2011도1932).

③ [O] 1995.12.2. 대통령령 제14818호로 공포·시행된 일반사면령 제1조 제1항 제11호에 의하면 청구인의 이 사건 도로교통법 위반 범행은 사면되었는바, 만약 우리 재판소가 이 사건 심판청구를 받아들여 '기소유예' 처분을 취소하면 피청구인은 '공소권 없음'의 결정을 할 것으로 짐작되는데, '기소유예' 처분은 피의사실은 인정되나 정상을 참작하여 단지 그 소추를 유예하는 처분임에 반하여, '공소권 없음' 처분은 검사에게 피의사실에 대한 공소권이 없음을 선언하는 형식적 판단으로서 피의자의 범죄 혐의 유무에 관하여 실체적 판단을 하는 것이 아니다. 그렇다면 비록 청구인의 이 사건 음주운전 소위에 대하여 일반사면이 있었다고 하더라도 이 사건 심판청구는 권리보호의 이익이 있다(1996.10.4, 95헌마318).

❹ [X] 사면대상자들의 사면실시건의서와 그와 관련된 국무회의 안건자료에 관한 정보는 그 공개로 얻는 이익이 그로 인하여 침해되는 당사자들의 사생활의 비밀에 관한 이익보다 더욱 크므로 구 공공기관의 정보공개에 관한 법률 제7조 제1항 제6호에서 정한 비공개사유에 해당하지 않는다(대판 2006.12.7, 2005두241).

## 17　　　　　　　　　　　　　　　　　　정답 ②

㉠ [합헌] 헌법 제78조에서는 "대통령은 헌법과 법률이 정하는 바에 의하여 공무원을 임면한다."라고 규정하고 있으므로, 5급 이하의 일반직공무원의 임명권을 행정각부의 장에게 부여하는 법률을 제정하더라도 헌법에 위반되지 않는다.

㉡ [위헌] 제1항의 선거에 있어서 최고득표자가 2인 이상인 때에는 국회의 재적의원 과반수가 출석한 공개회의에서 다수표를 얻은 자를 당선자로 한다(헌법 제67조 제2항).

㉢ [합헌] 헌법재판소 판례에 따르면, 국가정보원(구 안기부)과 같은 행정기관을 설치하는 것은 헌법 제86조 제2항(국무총리는 대통령을 보좌하며, 행정에 관하여 대통령의 명을 받아 행정각부를 통할한다)에 반하지 않는다.

㉣ [위헌]

> 헌법 제86조 ③ 군인은 현역을 면한 후가 아니면 국무총리로 임명될 수 없다.
>
> 제87조 ③ 군인은 현역을 면한 후가 아니면 국무위원으로 임명될 수 없다.

㉤ [위헌] 헌법 제77조 제3항에 따라 비상계엄하에서만 영장에 대한 특별한 조치가 가능하다.

> 헌법 제77조 ③ 비상계엄이 선포된 때에는 법률이 정하는 바에 의하여 영장제도, 언론·출판·집회·결사의 자유, 정부나 법원의 권한에 관하여 특별한 조치를 할 수 있다.
>
> 「계엄법」제9조【계엄사령관의 특별조치권】① 비상계엄지역에서 계엄사령관은 군사상 필요할 때에는 체포·구금·압수·수색·거주·이전·언론·출판·집회·결사 또는 단체행동에 대하여 특별한 조치를 할 수 있다. 이 경우 계엄사령관은 그 조치내용을 미리 공고하여야 한다.

㉥ [위헌] 국무회의는 헌법상 필수기관이다.

> 헌법 제88조 ① 국무회의는 정부의 권한에 속하는 중요한 정책을 심의한다.

㉦ [합헌] 국가원로자문회의는 헌법상 임의기관이다.

> 헌법 제90조 ① 국정의 중요한 사항에 관한 대통령의 자문에 응하기 위하여 국가원로로 구성되는 국가원로자문회의를 둘 수 있다.

㉧ [위헌] 국무회의는 대통령·국무총리와 15인 이상 30인 이하의 국무위원으로 구성한다(헌법 제88조 제2항). ➡ 최소 15인 이상

㉨ [위헌] 대통령은 국무회의의 의장이 되고, 국무총리는 부의장이 된다(헌법 제88조 제3항).

㉩ [합헌] 대통령이 궐위되거나 사고로 인하여 직무를 수행할 수 없을 때에는 국무총리, 법률이 정한 국무위원의 순서로 그 권한을 대행한다(헌법 제71조).

㉪ [위헌] 국가안전보장회의는 헌법상 필수적 자문기관이다.

> 헌법 제91조 ① 국가안전보장에 관련되는 대외정책·군사정책과 국내정책의 수립에 관하여 국무회의의 심의에 앞서 대통령의 자문에 응하기 위하여 국가안전보장회의를 둔다.

ⓔ [합헌] 대통령은 법률이 정하는 바에 의하여 사면·감형 또는 복권을 명할 수 있다(헌법 제79조 제1항).

ⓜ [위헌] 국무회의는 정부의 권한에 속하는 중요한 정책을 심의한다(헌법 제88조 제1항).

ⓧ [위헌] 대통령이 궐위된 때 또는 대통령당선자가 사망하거나 판결 기타의 사유로 그 자격을 상실한 때에는 60일 이내에 후임자를 선거한다(헌법 제68조 제2항).

ⓐ [위헌] 대통령은 내란 또는 외환의 죄를 범한 경우를 제외하고는 재직 중 형사상의 소추를 받지 아니한다(헌법 제84조).

ⓑ [위헌] 행정각부의 장은 국무위원 중에서 국무총리의 제청으로 대통령이 임명한다(헌법 제94조).

ⓒ [위헌] 국무총리는 국회의 동의를 얻어 대통령이 임명한다(헌법 제86조 제1항).

## 18          정답 ③

① [O] 수사처는 공수처법에 따라 고위공직자범죄 등에 대한 수사와 특정 고위공직자의 고위공직자범죄 등에 대한 공소제기 및 그 유지에 필요한 직무를 수행한다. 수사와 공소제기 및 그 유지는 형사절차의 핵심으로 많은 국가에서 행정부가 수사와 공소제기 및 그 유지에 관한 사무를 수행하고, 우리나라 역시 중앙행정기관의 하나인 법무부의 장관이 수사와 공소제기 및 그 유지에 관한 검찰 사무를 관장하며, 이를 위해 그 소속으로 검찰청을 두고 있다(「정부조직법」 제32조 제1항·제2항). 공수처법은 이러한 검찰권 중 일부를 수사처에 분산한 것으로, 수사처는 우리 헌법상 본질적으로 행정에 속하는 사무를 수행한다고 할 것이다.
공수처법 제17조 제3항에 의하면 수사처장은 소관 사무와 관련된 안건이 상정될 경우 국무회의에 출석하여 발언할 수 있는 한편, 그 소관 사무에 관하여 독자적으로 의안을 제출할 권한이 있는 것이 아니라 법무부장관에게 의안의 제출을 건의할 수 있다(2021.1.28, 2020헌마264).

② [O] 이상의 점들에 비추어 보면, 수사처가 직제상 대통령 또는 국무총리 직속기관 내지 국무총리의 통할을 받는 행정각부에 속하지 않는다고 하더라도 대통령을 수반으로 하는 행정부에 소속된 행정기관으로 보는 것이 타당하다. 공수처법이 대통령과 대통령비서실의 공무원에 대하여 수사처의 직무수행에 관여하는 일체의 행위를 금지하는 취지는 대통령을 비롯하여 행정부의 고위공직자를 수사 등의 대상으로 하는 수사처 직무의 독립성과 정치적 중립성을 보장하기 위한 것으로, 위 규정을 들어 수사처가 행정부 소속이 아니라고 볼 수 없다(2021.1.28, 2020헌마264).

❸ [X] 헌법은 행정부에 관한 장에서 행정각부와 감사원, 국가안전보장회의 등을 규정하고 있으나, 그것이 행정부의 조직은 감사원, 국가안전보장회의 등과 같이 헌법상 예외적으로 열거되어 있는 경우를 제외하고는 반드시 국무총리의 통할을 받는 '행정각부'의 형태로 설치되거나 '행정각부'에 속하여야 함을 헌법상 강제하는 것이 아님은 앞서 본 바와 같다. 또한 헌법이 감사원이나 국가안전보장회의 등의 설치근거 규정을 두고 있는 것은 헌법적 시각에서 본 그 기관의 성격, 업무의 중요성 등을 감안하여 특별히 헌법에 그 설치근거를 명시한 것에 불과할 뿐 그 설치근거를 법률에 두는 법률기관의 설치를 금지하는 취지는 아니다. 따라서 공수처법이라는 법률에 근거하여 수사처라는 행정기관을 설치하는 것이 헌법상 금지되는 것은 아니다(2021.1.28, 2020헌마264).

④ [O] 공수처법이 제정될 당시의 구 정부조직법은 제2조 제2항에서 "중앙행정기관은 이 법과 다른 법률에 특별한 규정이 있는 경우를 제외하고는 부·처 및 청으로 한다."라고 규정하여 정부조직법 외의 다른 법률로 중앙행정기관을 설치하는 것을 금지하고 있지 않았다. 그러나 이후 2020.6.9. 법률 제17384호로 개정된 「정부조직

법」 제2조 제2항은 "중앙행정기관은 이 법에 따라 설치된 부·처·청과 다음 각 호의 행정기관으로 하되, 중앙행정기관은 이 법 및 다음 각 호의 법률에 따르지 아니하고는 설치할 수 없다."라고 규정하였고, 여기에 공수처법과 수사처는 열거되어 있지 않다. 그런데 중앙행정기관이란 '국가의 행정사무를 담당하기 위하여 설치된 행정기관으로서 그 관할권의 범위가 전국에 미치는 행정기관'을 말하는데(「행정기관의 조직과 정원에 관한 통칙」 제2조 제1호), 어떤 행정기관이 중앙행정기관에 해당하는지 여부는 기관 설치의 형식이 아니라 해당 기관이 실질적으로 수행하는 기능에 따라 결정되어야 한다. 또한 「정부조직법」은 국가행정기관의 설치와 조직에 관한 일반법으로서 공수처법보다 상위의 법이라 할 수 없고, 「정부조직법」의 2020.6.9.자 개정도 정부조직 관리의 통일성을 확보하고 정부 구성에 대한 국민의 알 권리를 보장하기 위하여 중앙행정기관을 명시하는 일반원칙을 규정하기 위한 것으로 볼 수 있다. 따라서 개정된 「정부조직법」 제2조 제2항을 들어 「정부조직법」에서 정하지 않은 중앙행정기관을 다른 법률로 설치하는 것이 헌법상 금지된다고 보기는 어렵다. 이상의 사정들을 종합하면, 수사처는 행정업무를 수행하면서도 입법부·행정부·사법부 어디에도 속하지 않는 기관이 아니라 그 관할권의 범위가 전국에 미치는 행정부 소속의 중앙행정기관으로 보는 것이 타당하다(2021.1.28, 2020헌마264).

## 19          정답 ②

① [O] 수사처장은 검찰총장과 마찬가지로 그 임명에 국회의 동의를 얻어야 하는 것은 아니지만, 국회의 인사청문회를 거쳐 임명된다(공수처법 제5조 제1항).

❷ [X] 국회는 수사처장에 대하여 탄핵소추를 의결할 수 있다(헌법 제65조 제1항, 공수처법 제14조). 수사처장은 국회의 해임건의 대상이 아니나, 국회의 해임건의권은 국무총리와 국무위원에 대하여 정치적 책임을 묻기 위한 것으로서, 해임건의의 사유에는 법규범에 대한 위반뿐만 아니라 정치적 무능, 정책결정상의 과오, 부하직원의 과오 등 정치적 책임을 추궁할 수 있는 모든 경우가 포함된다. 따라서 수사처의 정치적 중립성 내지 직무의 독립성을 보장하는 차원에서 볼 때 검찰총장과 마찬가지로 수사처장을 해임건의 대상에서 제외하는 것이 더 바람직하다고 할 것이다(2021.1.28, 2020헌마264).

③ [O] 나아가 국회는 수사처장에 대하여 국회 출석 및 답변을 요구할 수 있고, 수사처장은 수사나 재판에 영향을 미치지 않는 한 국회에 출석하여 보고하거나 답변하여야 한다(공수처법 제17조 제2항). 여기서 '수사나 재판에 영향을 미치지 않는 한'이라는 조건이 붙는 것은 국정감사나 조사가 계속 중인 재판 또는 수사 중인 사건의 소추에 관여할 목적으로 행사되어서는 아니 되는 것과 같은 이유로(「국정감사 및 조사에 관한 법률」 제8조) 수사처의 정치적 중립성 내지 직무의 독립성을 보장하기 위한 당연한 제한이라 할 것이다(2021.1.28, 2020헌마264).

④ [O] 행정부의 내부적 통제의 측면에서 볼 때에도, 공수처법은 수사처장으로 하여금 소관 사무와 관련된 안건이 상정될 경우 국무회의에 출석하여 발언할 수 있도록 규정하여(제17조 제3항) 수사처 사무가 국무회의의 토론 과정을 통해 조정될 수 있는 장치를 마련해 두었다. 또한 수사처는 감사원의 감찰대상도 된다(「감사원법」 제24조 제1항 제1호). 수사처검사와 수사처수사관이 공수처법에 따른 직무와 권한 등을 행사할 때에도 임의로 이를 행사할 수 없고 「검찰청법」과 「형사소송법」에 따라야 한다(공수처법 제47조 참조). 수사처장이 수사처검사의 범죄 혐의를 발견한 경우에는 관련 자료와 함께 이를 대검찰청에 통보하도록 하여(공수처법 제25조 제1항) 수사처검사의 범죄에 대한 통제절차도 마련되어 있다(2021.1.28, 2020헌마264).

① [O] ❷ [X] 헌법 제86조 제1항에 의하면 국무총리는 국회의 동의를
　　　얻어 대통령이 임명하도록 규정되어 있는바, 동의는 사전적 의미
　　　이지 결코 사후 승인의 의미가 아니다. 따라서 국회의 사전 동의
　　　없이 대통령은 국무총리를 임명할 수 없으며, 설사 임명하더라도
　　　그 임명행위는 원칙적으로 무효가 되므로 정지조건부의 성격도 아
　　　니다.

③ [O] 총리서리제는 헌법에 명시적으로 규정된 적은 없다.

④ [O]

**<국무총리제의 연혁>**

| | |
|---|---|
| **건국헌법, 제1차 개정헌법** | 대통령이 임명하고 국회의 승인 |
| **제2차 개정헌법** | 국무총리제 폐지 |
| **제3차 개정헌법** | 대통령이 지명하고 민의원의 동의 |
| **제3공화국 헌법** | 대통령이 임명(국회의 동의를 요하지 않음) |
| **제4·5공화국·현행헌법** | 대통령이 국회의 동의를 얻어 임명 |

## 정답

| 01 | ④ | 02 | ④ | 03 | ③ | 04 | ① |
|----|----|----|----|----|----|----|----|
| 05 | ④ | 06 | ② | 07 | ① | 08 | ② |
| 09 | ③ | 10 | ④ | 11 | ④ | 12 | ② |
| 13 | ② | 14 | ④ | 15 | ① | 16 | ② |
| 17 | ① | 18 | ③ | 19 | ④ | 20 | ① |

## 01　　　　　　　　　　　　　　　　　정답 ④

① [X] 대통령이 궐위되거나 사고로 인하여 직무를 수행할 수 없을 때에는 국무총리, 법률이 정한 국무위원의 순서로 그 권한을 대행한다(헌법 제71조). 그리고 국무총리가 사고로 직무를 수행할 수 없는 경우에는 기획재정부장관이 겸임하는 부총리, 교육부장관이 겸임하는 부총리의 순으로 직무를 대행하고, 국무총리와 부총리가 모두 사고로 직무를 수행할 수 없는 경우에는 대통령의 지명이 있으면 그 지명을 받은 국무위원이, 지명이 없는 경우에는 제26조 제1항에 규정된 순서에 따른 국무위원이 그 직무를 대행한다(「정부조직법」 제22조).

② [X] 국무총리가 사고로 직무를 수행할 수 없는 경우에는 기획재정부장관이 겸임하는 부총리, 교육부장관이 겸임하는 부총리의 순으로 직무를 대행하고, 국무총리와 부총리가 모두 사고로 직무를 수행할 수 없는 경우에는 <u>대통령의 지명이 있으면 그 지명을 받은 국무위원이</u>, 지명이 없는 경우에는 제26조 제1항에 규정된 순서에 따른 국무위원이 그 직무를 대행한다(「정부조직법」 제22조).

③ [X] 국무총리에 관한 헌법상 위의 제 규정을 종합하면 국무총리의 지위가 대통령의 권한행사에 다소의 견제적 기능을 할 수 있다고 보여지는 것이 있기는 하나, 우리 헌법이 대통령중심제의 정부형태를 취하면서도 국무총리제도를 두게 된 주된 이유가 부통령제를 두지 않았기 때문에 대통령 유고시에 그 권한대행자가 필요하고 또 대통령제의 기능과 능률을 높이기 위하여 대통령을 보좌하고 그 의견을 받들어 정부를 통할·조정하는 보좌기관이 필요하다는데 있었던 점과 대통령에게 법적 제한 없이 국무총리해임권이 있는 점(헌법 제78조, 제86조 제1항 참조) 등을 고려하여 총체적으로 보면 내각책임제 밑에서의 행정권이 수상에게 귀속되는 것과는 달리 우리나라의 행정권은 헌법상 대통령에게 귀속되고, 국무총리는 단지 대통령의 첫째가는 보좌기관으로서 행정에 관하여 독자적인 권한을 가지지 못하고 대통령의 명을 받아 행정각부를 통할하는 기관으로서의 지위만을 가지며, 행정권 행사에 대한 최후의 결정권자는 대통령이라고 해석하는 것이 타당하다고 할 것이다. 이와 같은 헌법상의 대통령과 국무총리의 지위에 비추어 보면 국무총리의 통할을 받는 행정각부에 모든 행정기관이 포함된다고 볼 수 없다 할 것이다(1994.4.28, 89헌마221).

❹ [O]

> **헌법 제87조** ① 국무위원은 국무총리의 제청으로 대통령이 임명한다.
> **제94조** 행정각부의 장은 국무위원 중에서 국무총리의 제청으로 대통령이 임명한다.

## 02　　　　　　　　　　　　　　　　　정답 ④

① [X]

> **헌법 제87조** ① 국무위원은 국무총리의 제청으로 대통령이 임명한다.
> **제94조** 행정각부의 장은 국무위원 중에서 국무총리의 제청으로 대통령이 임명한다.

② [X] 국무위원은 국무총리의 제청으로 대통령이 임명한다(헌법 제87조 제1항). ➡ 제청은 법적 구속력이 없다.

③ [X] 국무총리는 그 소관 사무에 관하여 법률이나 대통령령의 위임 또는 직권으로 총리령을 발할 수 있다(헌법 제95조). 국무총리는 상급행정관청으로서 대통령의 명을 받아 행정각부를 통할할 뿐만 아니라 행정각부와 동일한 지위를 가지는 독임제 행정관청으로서 그 소관 사무를 처리한다(헌법 제86조 제2항).

❹ [O] 국무총리가 특별히 위임하는 사무를 수행하기 위하여 부총리 2명을 둔다(「정부조직법」 제19조 제1항).

## 03　　　　　　　　　　　　　　　　　정답 ③

① [X]

> **「정부조직법」 제20조【국무조정실】** ① 각 중앙행정기관의 행정의 지휘·감독, 정책 조정 및 사회위험·갈등의 관리, 정부업무평가 및 규제개혁에 관하여 국무총리를 보좌하기 위하여 국무조정실을 둔다.
> **제21조【국무총리비서실】** ① 국무총리의 직무를 보좌하기 위하여 국무총리비서실을 둔다.

② [X] 행정각부의 장은 국무위원 중에서 <u>국무총리의 제청으로</u> 대통령이 임명한다(헌법 제94조).

❸ [O] ④ [X] 대통령의 국법상 행위는 문서로써 하며, 이 문서에는 국무총리와 관계 국무위원이 부서한다. 군사에 관한 것도 또한 같다(헌법 제82조).

## 04　　　　　　　　　　　　　　　　　정답 ①

❶ [O] 국무총리는 대통령을 보좌하며, 행정에 관하여 <u>대통령의 명을 받아 행정각부를 통할한다</u>(헌법 제86조 제2항).

② [X] ④ [X] 대통령의 국법상 행위는 문서로써 하며, 이 문서에는 <u>국무총리와 관계 국무위원이 부서한다</u>. 군사에 관한 것도 또한 같다(헌법 제82조).

③ [X] 부서는 대통령의 권한 남용 등을 통제하는 절차적 수단이므로 대통령의 권한행사가 헌법이나 법령 등에 위반되는 경우 국무총리와 국무위원은 부서를 거부할 권한도 있다는 것이 다수설이다.

## 05　　　　　　　　　　　　　　　　　정답 ④

① [X] 부서가 없는 대통령의 국법상 행위의 효력에 대해 유효설과 무효설이 대립한다. 유효설에 의하면 부서제도는 대통령의 국법상의 행위에 관한 유효요건이 아니라 적법요건으로 보아야 하므로, 부서 없는 대통령의 행위도 당연히 무효가 되는 것은 아니고 위법행위가 되는 데 지나지 않으며, 국회는 이를 탄핵소추의 사유로 할

수 있을 뿐이라고 한다(권영성). 무효설은 부서를 국법상 행위의 효력발생요건으로 본다.

② [X] 무효설은 부서를 국법상 행위의 효력발생요건으로 본다. 따라서 부서가 없다면 효력이 발생하지 않는다.

③ [X] 국무총리는 대통령을 보좌하며, 행정에 관하여 대통령의 명을 받아 행정각부를 통할한다(헌법 제86조 제2항).

❹ [O] 국무총리는 중앙행정기관의 장의 명령이나 처분이 위법 또는 부당하다고 인정될 경우에는 대통령의 승인을 받아 이를 중지 또는 취소할 수 있다(「정부조직법」 제18조 제2항).

## 06 정답 ②

① [X] 행정권은 대통령을 수반으로 하는 정부에 속한다(헌법 제66조 제4항).

❷ [O] 내각책임제 밑에서의 행정권이 수상에게 귀속되는 것과는 달리 우리나라의 행정권은 헌법상 대통령에게 귀속되고, 국무총리는 단지 대통령의 첫째가는 보좌기관으로서 행정에 관하여 독자적인 권한을 가지지 못하고 대통령의 명을 받아 행정각부를 통할하는 기관으로서의 지위만을 가지며, 행정권 행사에 대한 최후의 결정권자는 대통령이라고 해석하는 것이 타당하다고 할 것이다(1994.4.28, 89헌마221).

③ [X] 우리나라의 행정권은 헌법상 대통령에게 귀속되고, 국무총리는 단지 대통령의 첫째가는 보좌기관으로서 행정에 관하여 독자적인 권한을 가지지 못하고 대통령의 명을 받아 행정각부를 통할하는 기관으로서의 지위만을 가지며, 행정권 행사에 대한 최후의 결정권자는 대통령이라고 해석하는 것이 타당하다고 할 것이다. 이와 같은 헌법상의 대통령과 국무총리의 지위에 비추어 보면 국무총리의 통할을 받는 행정각부에 모든 행정기관이 포함된다고 볼 수 없다 할 것이다(1994.4.28, 89헌마221).

④ [X] 정부의 구성단위로서 그 권한에 속하는 사항을 집행하는 모든 중앙행정기관이 곧 헌법 제86조 제2항 소정의 행정각부는 아니라 할 것이다. 또한 입법권자는 헌법 제96조에 의하여 법률로써 행정을 담당하는 행정기관을 설치함에 있어 그 기관이 관장하는 사무의 성질에 따라 국무총리가 대통령의 명을 받아 통할할 수 있는 기관으로 설치할 수도 있고 또는 대통령이 직접 통할하는 기관으로 설치할 수도 있다 할 것이므로 헌법 제86조 제2항 및 제94조에서 말하는 국무총리의 통할을 받는 행정각부는 입법권자가 헌법 제96조의 위임을 받은 정부조직법 제29조에 의하여 설치하는 행정각부만을 의미한다고 할 것이다(1994.4.28, 89헌마221).

## 07 정답 ①

❶ [O] 입법권자는 헌법 제96조에 의하여 법률로써 행정을 담당하는 행정기관을 설치함에 있어 그 기관이 관장하는 사무의 성질에 따라 국무총리가 대통령의 명을 받아 통할할 수 있는 기관으로 설치할 수도 있고 또는 대통령이 직접 통할하는 기관으로 설치할 수도 있다 할 것이므로 헌법 제86조 제2항 및 제94조에서 말하는 국무총리의 통할을 받는 행정각부는 입법권자가 헌법 제96조의 위임을 받은 정부조직법 제29조에 의하여 설치하는 행정각부만을 의미한다고 할 것이다(1994.4.28, 89헌마221).

② [X] 헌법이 '행정각부'의 의의에 관하여는 아무런 규정도 두고 있지 않지만, '행정각부의 장'에 관하여는 '제3관 행정각부'의 관(款)에서 행정각부의 장은 국무위원 중에서 임명되며(헌법 제94조) 그 소관 사무에 관하여 법률이나 대통령령의 위임 또는 직권으로 부령을

발할 수 있다(헌법 제95조)고 규정하고 있는바, 이는 헌법이 '행정각부'의 의의에 관하여 간접적으로 그 개념범위를 제한한 것으로 볼 수 있다. 즉, 성질상 정부의 구성단위인 중앙행정기관이라 할지라도, 법률상 그 기관의 장이 국무위원이 아니라든가 또는 국무위원이라 하더라도 그 소관 사무에 관하여 부령을 발할 권한이 없는 경우에는, 그 기관은 우리 헌법이 규정하는 실정법적 의미의 행정각부로는 볼 수 없다는 헌법상의 간접적인 개념제한이 있음을 알 수 있다(1994.4.28, 89헌마221).

③ [X]

> 「정부조직법」 제22조의3【인사혁신처】① 공무원의 인사·윤리·복무 및 연금에 관한 사무를 관장하기 위하여 국무총리 소속으로 인사혁신처를 둔다.
> ② 인사혁신처에 처장 1명과 차장 1명을 두되, 처장은 정무직으로 하고, 차장은 고위공무원단에 속하는 일반직공무원으로 보한다.

④ [X] 대통령직속의 헌법기관이 별도로 규정되어 있다는 이유만을 들어 법률에 의하더라도 헌법에 열거된 헌법기관 이외에는 대통령직속의 행정기관을 설치할 수 없다든가 또는 모든 행정기관은 헌법상 예외적으로 열거된 경우 등 이외에는 반드시 국무총리의 통할을 받아야 한다고는 말할 수 없다 할 것이고 이는 현행헌법상 대통령 중심제의 정부조직원리에도 들어맞는 것이라 할 것이다. 대통령중심제의 정부형태를 취하고 있는 경우에는 국가안전기획부의 직무내용(국가안전기획부법 제2조 참조)으로 보아 이를 대통령직속기관으로 하는 것이 합리적이고 효율적이다. 그리고 이러한 입법이 우리 헌법의 다른 규정이나 헌법이념에도 반한다고 볼 수 없다. 또 정보기관인 국가안전기획부의 설치근거를 헌법에 두지 아니하고 법률(정부조직법 제14조)에 두었다 하여 위헌이라고 할 수 없다(1994.4.28, 89헌마221).

## 08 정답 ②

① [X] ❷ [O] ③ [X] ④ [X]

> 헌법 제95조 국무총리 또는 행정각부의 장은 소관 사무에 관하여 법률이나 대통령령의 위임 또는 직권으로 총리령 또는 부령을 발할 수 있다.

## 09 정답 ③

① [O] 헌법 제75조는 "대통령은 법률에서 구체적으로 범위를 정하여 위임받은 사항에 관하여 대통령령을 발할 수 있다."라고 규정하여 위임입법의 근거 및 그 범위와 한계를 제시하고 있는바, 이는 법률에서 일정한 사항을 하위법령에 위임하는 경우의 일반원칙으로서 대통령령뿐만 아니라 헌법 제95조에 의하여 총리령 또는 부령에 위임하는 경우에도 동일하게 적용된다(2013.7.25, 2012헌바63).

② [O] 헌법 제75조는 대통령에 대한 입법권한의 위임에 관한 규정이지만, 국무총리나 행정각부의 장으로 하여금 법률의 위임에 따라 총리령 또는 부령을 발할 수 있도록 하고 있는 헌법 제95조의 취지에 비추어 볼 때, 입법자는 법률에서 구체적으로 범위를 정하기만 한다면 대통령령뿐만 아니라 부령에 입법사항을 위임할 수도 있다(1998.2.27, 97헌마64).

❸ [X] 법제처장은 행정각부의 장이 아니므로 부령을 발할 수 없다.

④ [○] 행정입법의 서열문제
  ㉠ 대통령은 국무총리 또는 행정각부보다 상위기관이고, 대통령령은 총리령 또는 부령에 재위임할 수 있으므로 효력상 우위가 인정된다.
  ㉡ 그러나 총리령과 부령의 서열에 대해서는 견해가 나뉘는데, 총리가 행정각부의 장보다 상위기관이므로 상위라는 견해와, 국무총리 직속기관인 법제처장은 독자적인 명령발포권이 없으므로 총리령 형식으로 명령을 발하므로 동위의 효력을 가진다는 동위설(다수설. 권영성, 김계환, 강경근)이 있다.

## 10 정답 ④

① [X] 국무총리 또는 행정각부의 장은 소관 사무에 관하여 법률이나 대통령령의 위임 또는 직권으로 총리령 또는 부령을 발할 수 있다(헌법 제95조).

② [X] 헌법 제75조는 "대통령은 법률에서 구체적으로 범위를 정하여 위임받은 사항에 관하여 대통령령을 발할 수 있다."라고 규정하여 위임입법의 근거 및 그 범위와 한계를 제시하고 있는바, 이는 법률에서 일정한 사항을 하위법령에 위임하는 경우의 일반원칙으로서 대통령령뿐만 아니라 헌법 제95조에 의하여 총리령 또는 부령에 위임하는 경우에도 동일하게 적용된다(2013.7.25, 2012헌바63).

③ [X] 관청이 폐지되었다 하여 그 관청이 발한 집행명령의 효력이 상실되는 것은 아니다.

❹ [○] 국무총리는 헌법 제65조의 탄핵과 제63조의 해임건의 대상자이다. 위법한 행위는 탄핵과 해임건의 대상이 된다.

## 11 정답 ④

① [X] 국회는 헌법 제63조 제1항에 따라 정치적 책임을 추궁할 수 있다.

> 헌법 제63조 ① 국회는 국무총리 또는 국무위원의 해임을 대통령에게 건의할 수 있다.

② [X] 국회의 해임건의는 대통령을 기속하는 해임결의권이 아니라, 아무런 법적 구속력이 없는 단순한 해임건의에 불과하다. 우리 헌법 내에서 '해임건의권'의 의미는, 임기 중 아무런 정치적 책임을 물을 수 없는 대통령 대신에 그를 보좌하는 국무총리·국무위원에 대하여 정치적 책임을 추궁함으로써 대통령을 간접적이나마 견제하고자 하는 것에 지나지 않는다(2004.5.14, 2004헌나1).

③ [X] 국무총리 또는 국무위원의 해임건의안이 발의되었을 때에는 의장은 그 해임건의안이 발의된 후 처음 개의하는 본회의에 그 사실을 보고하고, 본회의에 보고된 때부터 24시간 이후 72시간 이내에 무기명투표로 표결한다. 이 기간 내에 표결하지 아니한 해임건의안은 폐기된 것으로 본다(「국회법」 제112조 제7항).

❹ [○] 국무총리 임명에는 국회의 동의가 필요하나, 해임에는 국회의 동의가 필요치 않다.

## 12 정답 ②

① [X]

> 헌법 제89조 다음 사항은 국무회의의 심의를 거쳐야 한다.
>  16. 검찰총장·합동참모의장·각군참모총장·국립대학교총장·대사 기타 법률이 정한 공무원과 국영기업체관리자의 임명

❷ [○] 군인은 현역을 면한 후가 아니면 국무위원이 될 수 없다(헌법 제87조 제4항). ➡ 현역군인은 국방부장관 등이 될 수 없다.

③ [X] 대통령의 경우에는 이러한 조항이 없다.

> 헌법 제86조 ③ 군인은 현역을 면한 후가 아니면 국무총리로 임명될 수 없다.
> 제87조 ④ 군인은 현역을 면한 후가 아니면 국무위원으로 임명될 수 없다.

④ [X] 국무위원은 국정에 관하여 대통령을 보좌하며, 국무회의의 구성원으로서 국정을 심의한다(헌법 제87조 제2항).

## 13 정답 ②

① [X] 헌법 제94조에서 행정각부의 장 이외의 국무위원이 있음을 전제로 하고 있다.

> 헌법 제94조 행정각부의 장은 국무위원 중에서 국무총리의 제청으로 대통령이 임명한다.

❷ [○] 행정각부의 장은 국무위원 중에서 국무총리의 제청으로 대통령이 임명한다(헌법 제94조).

③ [X] 국무위원은 국정에 관하여 대통령을 보좌하며, 국무회의의 구성원으로서 국정을 심의한다(헌법 제87조 제2항).

④ [X]

### <국무위원과 행정각부의 장>

| 국무위원 | 행정각부의 장 |
| --- | --- |
| 국무위원은 반드시 행정각부의 장(X) | 행정각부의 장은 반드시 국무위원(○) |
| 대통령 보좌, 국무회의 구성원으로서 심의 | 대통령의 지휘·감독을 받아 집행하는 기관 |
| 대통령과 법적으로 대등 | 대통령의 하급행정기관 |
| 사무에 한계 없음. | 사무에 한계 있음. |
| 국무회의소집요구권, 대통령의 권한 대행, 부서 | 부령발포권, 소속 직원지휘감독권, 행정각부의 소관 사무의 집행결정권 |
| 국회출석·답변의무, 탄핵소추에 의한 책임, 해임건의에 의한 책임, 부서에 따르는 책임 | 탄핵소추에 의한 책임 |

## 14 정답 ④

① [X] 국무위원은 국무회의에서 소관 사무에 한계가 없다.

② [X] 국무총리도 국무위원 해임건의권이 있다.

헌법 제63조 ① 국회는 국무총리 또는 국무위원의 해임을 대통령에게 건의할 수 있다.

② 제1항의 해임건의는 국회재적의원 3분의 1 이상의 발의에 의하여 국회재적의원 과반수의 찬성이 있어야 한다.

제87조 ③ 국무총리는 국무위원의 해임을 대통령에게 건의할 수 있다.

③ [X] 국회의 해임건의는 법적 구속력이 없으므로, 국회의 해임의결로 해임되지 않는다.

관련 판례 국회의 해임건의는 대통령을 기속하는 해임결의권이 아니라, 아무런 법적 구속력이 없는 단순한 해임건의에 불과하다. 우리 헌법 내에서 '해임건의권'의 의미는, 임기 중 아무런 정치적 책임을 물을 수 없는 대통령 대신에 그를 보좌하는 국무총리·국무위원에 대하여 정치적 책임을 추궁함으로써 대통령을 간접적이나마 견제하고자 하는 것에 지나지 않는다(2004.5.14, 2004헌나1).

❹ [O] 헌법상 국무위원은 15인 이상 30인 이하로 규정하고 있으므로 최대 인원은 30인이다. 그리고 행정각부의 장이 국무위원 중에서 임명되므로(헌법 제94조), 헌법상 설치가능한 행정각부는 최대 30개이다.

헌법 제88조 ② 국무회의는 대통령·국무총리와 15인 이상 30인 이하의 국무위원으로 구성한다.

제94조 행정각부의 장은 국무위원 중에서 국무총리의 제청으로 대통령이 임명한다.

## 15
정답 ①

❶ [O] 국무회의는 중요정책을 심의하는 기관이다. 필수기관이기는 하다.

② [X] ③ [X] 국무회의는 정부의 권한에 속하는 중요한 정책을 심의한다(헌법 제88조 제1항).

④ [X] 국무회의는 합의제 심의기관이다. 대통령이 의사결정을 하기 전에 헌법 제89조에 규정된 사항에 대해 국무회의 심의를 거치도록 하여 대통령이 권한행사를 신중히 할 수 있도록 하고, 권한남용을 사전에 예방하는 기능을 한다.

## 16
정답 ②

① [O]

헌법 제82조 대통령의 국법상 행위는 문서로써 하며, 이 문서에는 국무총리와 관계 국무위원이 부서한다. 군사에 관한 것도 또한 같다.

제89조 다음 사항은 국무회의의 심의를 거쳐야 한다.
6. 군사에 관한 중요사항

❷ [X] 대통령이 국회에 파병동의안을 제출하기 전에 대통령을 보좌하기 위하여 파병 정책을 심의·의결한 국무회의의 의결은 국가기관의 내부적 의사결정행위에 불과하여 그 자체로 국민에 대하여 직접적인 법률효과를 발생시키는 행위가 아니므로 「헌법재판소법」 제68조 제1항에서 말하는 공권력의 행사에 해당하지 아니한다(2003.12.18, 2003헌마225).

③ [O] 제2공화국 헌법에서 국무원은 의결기관이었고 의원내각제였기에 국무회의 의장은 국무총리였고 대통령은 구성원이 아니었다.

④ [O] 헌법상 국무회의는 필수적 심의기관이다. 따라서 이를 폐지하려면 헌법을 개정해야 한다.

## 17
정답 ①

❶ [O] 국무회의 심의를 거치지 아니한 대통령의 국법상 행위는 헌법 제89조에 위반된다. 대통령의 행위를 무효로 보는 설과 유효로 보는 설이 있으나, 어떤 학설에 따르더라도 국무회의 심의사항에 대해 국무회의 심의를 거치지 아니한 경우 헌법에 위반되므로 대통령을 탄핵소추할 수 있다.

② [X] 국무회의는 심의기관이므로, 심의결과는 대통령을 법적으로 구속하지 못한다.

③ [X] 국무회의는 대통령·국무총리와 15인 이상 30인 이하의 국무위원으로 구성한다(헌법 제88조 제2항).

④ [X] 대통령은 국무회의의 의장이 되고, 국무총리는 부의장이 된다(헌법 제88조 제3항).

## 18
정답 ③

① [O]

헌법 제87조 ② 국무위원은 국정에 관하여 대통령을 보좌하며, 국무회의의 구성원으로서 국정을 심의한다.

「정부조직법」 제12조【국무회의】③ 국무위원은 정무직으로 하며 의장에게 의안을 제출하고 국무회의의 소집을 요구할 수 있다.

헌법 제82조 대통령의 국법상 행위는 문서로써 하며, 이 문서에는 국무총리와 관계 국무위원이 부서한다. 군사에 관한 것도 또한 같다.

제62조 ① 국무총리·국무위원 또는 정부위원은 국회나 그 위원회에 출석하여 국정처리상황을 보고하거나 의견을 진술하고 질문에 응답할 수 있다.

② [O] 국무회의 구성원은 대통령, 국무총리, 국무위원이다. 감사원장과 국가정보원장은 국무위원이 아니므로 국무회의 구성원도 아니다.

❸ [X] 식품의약품안전처장은 국무위원이 아니고, 의안제출건의권을 갖는다.

「정부조직법」 제13조【국무회의의 출석권 및 의안제출】① 국무조정실장·국가보훈처장·인사혁신처장·법제처장·식품의약품안전처장 그 밖에 법률로 정하는 공무원은 필요한 경우 국무회의에 출석하여 발언할 수 있다.

② 제1항에 규정된 공무원은 소관 사무에 관하여 국무총리에게 의안의 제출을 건의할 수 있다.

④ [O] 국무회의에는 대통령비서실장, 국가안보실장, 대통령비서실 정책실장, 국무조정실장, 국가보훈처장, 인사혁신처장, 법제처장, 식품의약품안전처장, 공정거래위원회위원장, 금융위원회위원장, 과학기술혁신본부장, 통상교섭본부장 및 서울특별시장이 배석한다. 다만, 의장이 필요하다고 인정하는 경우에는 중요 직위에 있는 공무원을 배석하게 할 수 있다(「국무회의 규정」 제8조 제1항).

## 19

① [ X ] 국무위원은 정무직으로 하며 의장에게 의안을 제출하고 국무회의의 소집을 요구할 수 있다(「정부조직법」 제12조 제3항).

② [ X ]

> **헌법 제88조** ③ 대통령은 국무회의의 의장이 되고, 국무총리는 부의장이 된다.
>
> **「정부조직법」 제12조 【국무회의】** ② 의장이 사고로 직무를 수행할 수 없는 경우에는 부의장인 국무총리가 그 직무를 대행하고, 의장과 부의장이 모두 사고로 직무를 수행할 수 없는 경우에는 기획재정부장관이 겸임하는 부총리, 교육부장관이 겸임하는 부총리 및 제26조 제1항에 규정된 순서에 따라 국무위원이 그 직무를 대행한다.

③ [ X ] 국무회의 심의는 위헌정당해산 제소를 위한 필수적 절차이다. 차관회의는 필수적 절차는 아니다.

> **헌법 제89조** 다음 사항은 국무회의의 심의를 거쳐야 한다.
>   14. 정당해산의 제소

> 「국무회의 규정」 제5조 제1항에 의하면 국무회의에 제출되는 의안은 긴급한 의안이 아닌 한 차관회의의 심의를 거쳐야 한다고 규정하고 있으나, 의안의 긴급성에 관한 판단에는 원칙적으로 정부의 재량이 있다고 할 것이고, 피청구인 소속 국회의원 등이 연루된 내란관련 사건이 발생한 상황에서 제출된 피청구인 해산심판청구에 대한 의안이 긴급한 의안에 해당한다고 본 정부의 판단에 재량의 일탈이나 남용의 위법이 있다고 단정하기 어렵다(2014.12.19, 2013헌다1).

❹ [ O ] 국무회의 의결정족수는 「국무회의 규정」에 규정되어 있다.


## 20

❶ [ X ] 국무회의는 구성원 과반수의 출석으로 개의하고, 출석구성원 3분의 2 이상의 찬성으로 의결한다(「국무회의 규정」 제6조 제1항).

② [ O ] 국무위원이 국무회의에 출석하지 못할 때에는 각부의 차관이 대리하여 출석한다. 대리 출석한 차관은 관계 의안에 관하여 발언할 수 있으나 표결에는 참가할 수 없다(「국무회의 규정」 제7조).

③ [ O ] 국무회의 심의사항은 헌법 제89조에 나열된 사항이나, 부서는 모든 대통령의 국법상 행위를 대상으로 한다.

> **헌법 제82조** 대통령의 국법상 행위는 문서로써 하며, 이 문서에는 국무총리와 관계 국무위원이 부서한다. 군사에 관한 것도 또한 같다.

④ [ O ]

> **헌법 제89조** 다음 사항은 국무회의의 심의를 거쳐야 한다.
>   1. 국정의 기본계획과 정부의 일반정책
>   2. 선전·강화 기타 중요한 대외정책
>   3. 헌법개정안·국민투표안·조약안·법률안 및 대통령령안
>   4. 예산안·결산·국유재산처분의 기본계획·국가의 부담이 될 계약 기타 재정에 관한 중요사항
>   5. 대통령의 긴급명령·긴급재정경제처분 및 명령 또는 계엄과 그 해제
>   6. 군사에 관한 중요사항
>   7. 국회의 임시회 집회의 요구

② [ X ]

> **헌법 제91조** ① 국가안전보장에 관련되는 대외정책·군사정책과 국내정책의 수립에 관하여 국무회의의 심의에 앞서 대통령의 자문에 응하기 위하여 국가안전보장회의를 둔다.
> ② 국가안전보장회의는 대통령이 주재한다.

③ [ X ] 국가안전보장회의가 그와 같은 결정(의결)을 하더라도 이는 국군통수권자인 대통령의 결정으로 볼 수 있음은 별론으로 하고 국가기관 내부의 의사결정, 특히 대통령에 대한 권고 내지 의견제시에 불과할 뿐 법적 구속력이 있거나 대외적 효력이 있는 행위라고 볼 수는 없다(2004.4.29, 2003헌마814). ➡ 국가안전보장회의는 필수적 기관이다.

④ [ X ] 현행헌법상 대통령에 대한 자문을 위하여 둘 수 있는 임의기관으로서는 국가원로자문회의, 민주평화통일자문회의, 국민경제자문회의가 있다.

# 17회 진도별 모의고사

국무회의 ~ 선거관리위원회

## 정답

| 01 | ② | 02 | ④ | 03 | ① | 04 | ① |
|----|----|----|----|----|----|----|----|
| 05 | ④ | 06 | ① | 07 | ④ | 08 | ③ |
| 09 | ② | 10 | ② | 11 | ② | 12 | ② |
| 13 | ① | 14 | ② | 15 | ② | 16 | ③ |
| 17 | ① | 18 | ④ | 19 | ③ | 20 | ① |

### 01 정답 ②

① [ X ]

> **헌법 제89조** 다음 사항은 국무회의의 심의를 거쳐야 한다.
> 17. 기타 대통령·국무총리 또는 국무위원이 제출한 사항

　　➡ 예시적이다.

❷ [ O ]

> **헌법 제89조** 다음 사항은 국무회의의 심의를 거쳐야 한다.
> 4. 예산안·결산·국유재산처분의 기본계획·국가의 부담이 될 계약 기타 재정에 관한 중요사항

③ [ X ] 국군을 외국에 파견하려면, 대통령이 국무회의의 심의를 거쳐 국회에 파병동의안 제출, 국회의 동의(헌법 제60조 제2항), 대통령의 파병결정, 국방부장관의 파병 명령, 파견 대상 군 참모총장의 구체적·개별적 인사명령의 절차를 거쳐야 한다(2003.12.18, 2003헌마225).

④ [ X ] 정부에 제출 또는 회부된 정부의 정책에 관계되는 청원의 심사는 국무회의 심의를 거쳐야 한다(헌법 제89조 제15호).

### 02 정답 ④

① [ X ] 국정의 중요한 사항에 관한 대통령의 자문에 응하기 위하여 국가원로로 구성되는 국가원로자문회의를 둘 수 있다(헌법 제90조 제1항).

② [ X ] ③ [ X ] 국가원로자문회의의 의장은 직전대통령이 된다. 다만, 직전대통령이 없을 때에는 대통령이 지명한다(헌법 제90조 제2항).

❹ [ O ] 국가원로자문회의는 행정기구의 중복성과 그 본래기능의 일탈의 우려 때문에 1989년 3월 폐지되었다.

### 03 정답 ①

❶ [ O ] 국가안전보장회의는 국무회의와 같은 심의기관이 아닌 자문기관이므로 그 자문을 거치지 아니하고 국무회의 심의에 부의한 경우에도 그 효력과 적법성에는 영향이 없다.

### 04 정답 ①

❶ [ O ] 제헌헌법에서는 국가의 수입지출의 결산을 검사하는 기관, 즉 회계검사기관으로 심계원을 두었고, 직무감찰은 별도로 헌법상 기관이 아닌 감찰위원회에서 관장하였다. 그 후 1962년(5차 개정) 헌법에서 양자를 통합하여 감사원으로 규정하여 오늘에 이르고 있다.

② [ X ] 감사원을 국회에 두려면 헌법 제97조를 개정해야 한다.

③ [ X ] 감사원은 대통령에 소속한다. 다만, 직무상 독립적인 기관이다.

> **헌법 제97조** 국가의 세입·세출의 결산, 국가 및 법률이 정한 단체의 회계검사와 행정기관 및 공무원의 직무에 관한 감찰을 하기 위하여 대통령 소속하에 감사원을 둔다.
>
> **「감사원법」 제2조【지위】** ① 감사원은 대통령에 소속하되, 직무에 관하여는 독립의 지위를 가진다.

④ [ X ] 국가의 세입·세출의 결산, 국가 및 법률이 정한 단체의 회계검사와 행정기관 및 공무원의 직무에 관한 감찰을 하기 위하여 대통령 소속하에 감사원을 둔다(헌법 제97조). ➡ 조직상 대통령 소속이다.

### 05 정답 ④

① [ X ] 감사원은 헌법상 필수기관이고 대통령 소속하에 두는데, 감사원은 행정부 수반으로서의 대통령이 아니라, 국가원수로서의 대통령에 소속한다.

② [ X ] 감사원의 헌법상 지위에 관하여 보면, 감사원은 국가의 세입·세출의 결산, 국가 및 법률이 정한 단체의 회계검사와 행정기관 및 공무원의 직무에 관한 감찰을 하기 위하여 대통령 소속하에 설치되는 헌법기관으로서, 그 직무의 성격상 고도의 독립성과 정치적 중립성이 보장되어야 한다(2008.5.29, 2005헌라3). 그러나 감사원은, 감사원회의에서 감사위원 재적과반수로 의결하므로 독임제 관청이 아닌 합의제 관청이다.

③ [ X ] 감사원은 업무상 독립기관이다. 따라서 대통령도 구체적 지시를 할 수 없다.

❹ [ O ] 감사원은 원장을 포함한 5인 이상 11인 이하의 감사위원으로 구성한다(헌법 제98조 제1항).

**❶** [○]

> **헌법 제98조** ① 감사원은 원장을 포함한 5인 이상 11인 이하의 감사위원으로 구성한다.
>
> **「감사원법」 제11조【의장 및 의결】** ② 감사위원회의는 재적 감사위원 과반수의 찬성으로 의결한다.

② [X] 헌법에서 '5인 이상 11인 이하'로 규정하고 있으므로, 법률개정으로 4인으로 축소하거나 12인으로 증원할 수는 없다.

> **헌법 제98조** ① 감사원은 원장을 포함한 5인 이상 11인 이하의 감사위원으로 구성한다.
>
> **「감사원법」 제3조【구성】** 감사원은 감사원장을 포함한 7명의 감사위원으로 구성한다.

③ [X] 감사원의 조직·직무범위·감사위원의 자격·감사대상 공무원의 범위 기타 필요한 사항은 법률로 정한다(헌법 제100조).

④ [X] 변호사 자격이 없는 자도 감사위원이 될 수 있다.

> **「감사원법」 제7조【임용자격】** 감사위원은 다음 각 호의 어느 하나에 해당하는 사람 중에서 임명한다.
> 1. 「국가공무원법」 제2조의2에 따른 고위공무원단(제17조의2에 따른 고위감사공무원단을 포함한다)에 속하는 공무원 또는 3급 이상 공무원으로 8년 이상 재직한 사람
> 2. 판사·검사·군법무관 또는 변호사로 10년 이상 재직한 사람
> 3. 공인된 대학에서 부교수 이상으로 8년 이상 재직한 사람
> 4. 「자본시장과 금융투자업에 관한 법률」 제9조 제15항 제3호에 따른 주권상장법인 또는 「공공기관의 운영에 관한 법률」 제5조에 따른 공기업이나 이에 상당하다고 인정하여 감사원규칙으로 정하는 기관에서 20년 이상 근무한 사람으로서 임원으로 5년 이상 재직한 사람

① [X]

> **「감사원법」 제8조【신분보장】** ① 감사위원은 다음 각 호의 어느 하나에 해당하는 경우가 아니면 본인의 의사에 반하여 면직되지 아니한다.
> 1. 탄핵결정이나 금고 이상의 형의 선고를 받았을 때
> 2. 장기(長期)의 심신쇠약으로 직무를 수행할 수 없게 된 때
> ② 제1항 제1호의 경우에는 당연히 퇴직되며, 같은 항 제2호의 경우에는 감사위원회의의 의결을 거쳐 원장의 제청으로 대통령이 퇴직을 명한다.

② [X] 감사원장은 감사위원 중에서라는 전제가 없다.
감사원장은 국회의 동의를 얻어 대통령이 임명하고, 감사위원은 감사원장의 제청으로 대통령이 임명한다. 감사원장과 감사위원의 임기는 4년으로 하며, 1차에 한하여 중임할 수 있다(헌법 제98조 제2항·제3항).

③ [X]

> **헌법 제98조** ② 원장은 국회의 동의를 얻어 대통령이 임명하고, 그 임기는 4년으로 하며, 1차에 한하여 중임할 수 있다.
>
> **「감사원법」 제4조【원장】** ① 원장은 국회의 동의를 받아 대통령이 임명한다.
> ③ 원장이 궐위되거나 사고로 인하여 직무를 수행할 수 없을 때에는 감사위원으로 최장기간 재직한 감사위원이 그 권한을 대행한다. 다만, 재직기간이 같은 감사위원이 2명 이상인 경우에는 연장자가 그 권한을 대행한다.

**❹** [○] 감사위원은 원장의 제청으로 대통령이 임명하고, 그 임기는 4년으로 하며, 1차에 한하여 중임할 수 있다(헌법 제98조 제3항).

① [○] 「감사원법」이 "감사원은 대통령에 소속하되 직무에 관하여는 독립의 지위를 가진다."라고 천명하면서 겸직 및 정치운동의 금지(제6조, 제8조, 제9조, 제10조) 등을 규정하고 있는 것은 바로 감사원의 직무상·기능상의 독립성과 중립성을 보장하기 위한 제도적 장치라고 헌법재판소도 판시한 바 있다(1998.7.14, 98헌라2).

② [○] 감사위원이 탄핵소추의 의결을 받았거나 형사재판에 계속되었을 때에는 그 탄핵의 결정 또는 재판이 확정될 때까지 그 권한행사가 정지된다(「감사원법」 제15조 제2항).

**❸** [X] 면직사유: 「감사원법」은 탄핵결정이나 금고 이상의 형의 선고를 받았을 때에는 당연히 퇴직되며, 장기의 심신쇠약으로 직무를 수행할 수 없게 된 때에는 감사위원회의의 의결을 거쳐 원장의 제청으로 대통령이 퇴직을 명한다고 규정하고 있다(「감사원법」 제8조 참조).

④ [○] 헌법 제97조를 개정해야 한다.

> **헌법 제97조** 국가의 세입·세출의 결산, 국가 및 법률이 정한 단체의 회계검사와 행정기관 및 공무원의 직무에 관한 감찰을 하기 위하여 대통령 소속하에 감사원을 둔다.

① [○] 제1항의 공무원에는 국회·법원 및 헌법재판소에 소속한 공무원은 제외한다(「감사원법」 제24조 제3항).

**❷** [X] 중앙선거관리위원회 소속 공무원은 제외되지 않는다.

③ [○] '직무감찰'이라 함은 법 제20조, 제24조의 규정에 의한 행정기관 등의 사무와 공무원 등의 직무 및 이와 관련된 행위에 대하여 조사·평가 등의 방법으로 법령상, 제도상 또는 행정상의 모순이나 문제점을 적출하여 이를 시정, 개선하기 위한 행정사무감찰과 공무원 등의 위법·부당행위를 적발하여 이를 바로잡기 위한 대인감찰을 말한다(「직무감찰규칙」 제2조).

④ [○]

> **「감사원법」 제24조【감찰 사항】** ① 감사원은 다음 각 호의 사항을 감찰한다.
> 1. 「정부조직법」 및 그 밖의 법률에 따라 설치된 행정기관의 사무와 그에 소속한 공무원의 직무
> 2. 지방자치단체의 사무와 그에 소속한 지방공무원의 직무

3. 제22조 제1항 제3호 및 제23조 제7호에 규정된 자의 사무와 그에 소속한 임원 및 감사원의 검사대상이 되는 회계사무와 직접 또는 간접으로 관련이 있는 직원의 직무
4. 법령에 따라 국가 또는 지방자치단체가 위탁하거나 대행하게 한 사무와 그 밖의 법령에 따라 공무원의 신분을 가지거나 공무원에 준하는 자의 직무
② 제1항 제1호의 행정기관에는 군기관과 교육기관을 포함한다. 다만, 군기관에는 소장급 이하의 장교가 지휘하는 전투를 주된 임무로 하는 부대 및 중령급 이하의 장교가 지휘하는 부대는 제외한다.
③ 제1항의 공무원에는 국회·법원 및 헌법재판소에 소속한 공무원은 제외한다.

## 10　정답 ②

① [X] ❷ [O]

「감사원법」제20조【임무】감사원은 국가의 세입·세출의 결산검사를 하고, 이 법 및 다른 법률에서 정하는 회계를 상시 검사·감독하여 그 적정을 기하며, 행정기관 및 공무원의 직무를 감찰하여 행정운영의 개선과 향상을 기한다.

제24조【감찰 사항】① 감사원은 다음 각 호의 사항을 감찰한다.
1. 「정부조직법」 및 그 밖의 법률에 따라 설치된 행정기관의 사무와 그에 소속한 공무원의 직무
2. 지방자치단체의 사무와 그에 소속한 지방공무원의 직무
3. 제22조 제1항 제3호 및 제23조 제7호에 규정된 자의 사무와 그에 소속한 임원 및 감사원의 검사대상이 되는 회계사무와 직접 또는 간접으로 관련이 있는 직원의 직무
4. 법령에 따라 국가 또는 지방자치단체가 위탁하거나 대행하게 한 사무와 그 밖의 법령에 따라 공무원의 신분을 가지거나 공무원에 준하는 자의 직무

➡ 입법기관의 사무 및 공무원의 직무 감찰권한에 대하여는 규정되어 있지 않다.

③ [X] 감사원은 수사기관이 아니므로 체포·구속·압수·수색을 할 수 없고, 고발할 수 있다.

「감사원법」제35조【고발】감사원은 감사결과 범죄 혐의가 있다고 인정할 때에는 이를 수사기관에 고발하여야 한다.

④ [X] 징계 요구 자체만으로는 징계 요구 대상 공무원의 권리·의무에 직접적인 변동을 초래하지도 아니하므로, 행정청 사이의 내부적인 의사결정의 경로로서 '징계 요구, 징계 절차 회부, 징계'로 이어지는 과정에서의 중간처분에 불과하여, 감사원의 징계 요구와 재심의결정이 항고소송의 대상이 되는 행정처분이라고 할 수 없다(대판 2016.12.27, 2014두5637).

## 11　정답 ②

① [O]

「감사원법」제22조【필요적 검사사항】① 감사원은 다음 각 호의 사항을 검사한다.
3. 한국은행의 회계와 국가 또는 지방자치단체가 자본금의 2분의 1 이상을 출자한 법인의 회계

❷ [X]

「감사원법」제23조【선택적 검사사항】감사원은 필요하다고 인정하거나 국무총리의 요구가 있는 경우에는 다음 각 호의 사항을 검사할 수 있다.
4. 국가 또는 지방자치단체가 자본금의 일부를 출자한 자의 회계
6. 국가 또는 지방자치단체가 채무를 보증한 자의 회계

③ [O] 감사원의 변상판정처분에 대해서는 행정소송을 제기할 수 없으나, 그 재심의 판정에 대해서 행정소송을 제기할 수 있다(대판 1984. 4.10, 84누91).

④ [O]

「감사원법」제36조【재심의 청구】① 제31조에 따른 변상판정에 대하여 위법 또는 부당하다고 인정하는 본인, 소속 장관, 감독기관의 장 또는 해당 기관의 장은 변상판정서가 도달한 날부터 3개월 이내에 감사원에 재심의를 청구할 수 있다.
③ 제1항에 따른 변상판정에 대한 재심의 청구는 집행정지의 효력이 없다.

## 12　정답 ②

① [O]

「부패방지 및 국민권익위원회의 설치와 운영에 관한 법률」제72조【감사청구권】① 18세 이상의 국민은 공공기관의 사무처리가 법령위반 또는 부패행위로 인하여 공익을 현저히 해하는 경우 대통령령으로 정하는 일정한 수 이상의 국민의 연서로 감사원에 감사를 청구할 수 있다. 다만, 국회·법원·헌법재판소·선거관리위원회 또는 감사원의 사무에 대하여는 국회의장·대법원장·헌법재판소장·중앙선거관리위원회 위원장 또는 감사원장(이하 '당해 기관의 장'이라 한다)에게 감사를 청구하여야 한다.
② 제1항에도 불구하고 다음 각 호의 어느 하나에 해당하는 사항은 감사청구의 대상에서 제외한다.
1. 국가의 기밀 및 안전보장에 관한 사항
2. 수사·재판 및 형집행(보안처분·보안관찰처분·보호처분·보호관찰처분·보호감호처분·치료감호처분·사회봉사명령을 포함한다)에 관한 사항
3. 사적인 권리관계 또는 개인의 사생활에 관한 사항
4. 다른 기관에서 감사하였거나 감사 중인 사항. 다만, 다른 기관에서 감사한 사항이라도 새로운 사항이 발견되거나 중요사항이 감사에서 누락된 경우에는 그러하지 아니하다.
5. 그 밖에 감사를 실시하는 것이 적절하지 아니한 정당한 사유가 있는 경우로서 대통령령이 정하는 사항

❷ [X] 18세 이상의 국민은 공공기관의 사무처리가 법령위반 또는 부패행위로 인하여 공익을 현저히 해하는 경우 대통령령으로 정하는 일정한 수 이상의 국민의 연서로 감사원에 감사를 청구할 수 있다. 다만, 국회·법원·헌법재판소·선거관리위원회 또는 감사원의 사무에 대하여는 국회의장·대법원장·헌법재판소장·중앙선거관리위원회 위원장 또는 감사원장(이하 '당해 기관의 장'이라 한다)에게 감사를 청구하여야 한다(「부패방지 및 국민권익위원회의 설치와 운영에 관한 법률」제72조 제1항).

③ [O] 국회는 의결로 감사원에 대하여 「감사원법」에 따른 감사원의 직무범위에 속하는 사항 중 사안을 특정하여 감사를 요구할 수 있다. 이 경우 감사원은 감사요구를 받은 날부터 3개월 이내에 감사결과를 국회에 보고하여야 한다(「국회법」제127조의2 제1항).

④ [○] 부패방지법(제40조)상의 국민감사청구제도는 일정한 요건을 갖춘 국민들이 감사청구를 한 경우에 감사원장으로 하여금 감사청구된 사항에 대하여 감사실시 여부를 결정하고 그 결과를 감사청구인에게 통보하도록 의무를 지운 것이므로(동법 제42조, 제43조), 이러한 국민감사청구에 대한 기각결정은 공권력주체의 고권적 처분이라는 점에서 헌법소원의 대상이 될 수 있는 공권력 행사라고 보아야 할 것이다(2006.2.23, 2004헌마414).

## 13 　　　　　　　　　　　　　　　　　정답 ①

❶ [X] 감사원장의 국민감사청구기각결정의 처분성 인정 여부에 대하여 대법원 판례는 물론 하급심 판례도 아직 없으며 부패방지법상 구체적인 구제절차가 마련되어 있는 것도 아니므로, 청구인들이 행정소송을 거치지 않았다고 하여 보충성 요건에 어긋난다고 볼 수는 없다(2006.2.23, 2004헌마414).

② [○] 「감사원법」은 지방자치단체의 위임사무나 자치사무의 구별 없이 합법성 감사뿐만 아니라 합목적성 감사도 허용하고 있는 것으로 보이므로, 감사원의 지방자치단체에 대한 이 사건 감사는 법률상 권한 없이 이루어진 것은 아니다. 헌법이 감사원을 독립된 외부감사기관으로 정하고 있는 취지, 중앙정부와 지방자치단체는 서로 행정기능과 행정책임을 분담하면서 중앙행정의 효율성과 지방행정의 자주성을 조화시켜 국민과 주민의 복리증진이라는 공동목표를 추구하는 협력관계에 있다는 점을 고려하면 지방자치단체의 자치사무에 대한 합목적성 감사의 근거가 되는 이 사건 관련 규정은 그 목적의 정당성과 합리성을 인정할 수 있다(2008.5.29, 2005헌라3).

③ [○] 이 사건 감사는 청구인들의 법적 지위에 구체적으로 영향을 미칠 가능성이 있는 법적 중요성 있는 행위라고 보이므로 권한쟁의심판의 대상이 되는 처분에 해당한다(2008.5.29, 2005헌라3).

④ [○] 「감사원법」 규정들의 구체적 내용을 살펴보면 감사원의 직무감찰권의 범위에 인사권자에 대하여 징계 등을 요구할 권한이 포함되고, 위법성뿐 아니라 부당성도 감사의 기준이 되는 것은 명백하며, 지방자치단체의 사무의 성격이나 종류에 따른 어떠한 제한이나 감사기준의 구별도 찾아볼 수 없다(2008.5.29, 2005헌라3).

## 14 　　　　　　　　　　　　　　　　　정답 ②

① [○] 청구인들은 지방자치권의 헌법상 보장이라는 취지에 비추어 볼 때 국가기관인 감사원에 의한 지방자치단체의 자치사무에 대한 감사는 지방자치법 제171조나 '국정감사 및 조사에 관한 법률' 제7조 제2호에 준하여 합법성 감사에 한정되어야 한다고 주장하나, 위와 같이 헌법이 감사원을 독립된 외부감사기관으로 정하고 있는 취지, 국가기능의 총체적 극대화를 위하여 중앙정부와 지방자치단체는 서로 행정기능과 행정책임을 분담하면서 중앙행정의 효율성과 지방행정의 자주성을 조화시켜 국민과 주민의 복리증진이라는 공동목표를 추구하는 협력관계에 있다는 점에 비추어 보면, 감사원에 의한 지방자치단체의 자치사무에 대한 감사를 합법성 감사에 한정하고 있지 아니한 이 사건 관련 규정은 그 목적의 정당성과 합리성을 인정할 수 있다(2008.5.29, 2005헌라3).

❷ [X] 국가감독권 행사로서 지방자치단체의 자치사무에 대한 감사원의 사전적·포괄적 합목적성 감사가 인정되므로 국가의 중복감사의 필요성이 없는 점 등을 종합하여 보면, 중앙행정기관의 지방자치단체의 자치사무에 대한 구 지방자치법 제158조 단서 규정의 감사권은 사전적·일반적 포괄감사권이 아니라 그 대상과 범위가 한정적인 제한된 감사권이라 해석함이 마땅하다(2009.5.28, 2006헌라6).

③ [○] 감사원장이 공공기관에 대하여 공공기관 선진화 계획의 이행실태, 노사관계 선진화 추진실태 등을 점검하고, 공공기관 감사책임자회의에서 자율시정하도록 개선방향을 제시한 행위 중, 점검행위는 감사원 내부의 자료수집에 불과하고, 개선 제시는 이를 따르지 않을 경우의 불이익을 명시적으로 예정하고 있다고 보기 어려우므로 행정지도로서의 한계를 넘어 규제적·구속적 성격을 강하게 갖는다고 볼 수 없다. 따라서 이 사건 점검 및 개선 제시는 헌법소원의 대상이 되는 공권력의 행사라고 보기 어렵다(2011.12.29, 2009헌마330 등).

④ [○] 피청구인을 비롯한 국가기관의 지속적이고 반복적인 감사로 청구인들의 정상적인 영업활동이 침해되었음은 인정된다. 그러나 그 침해가 청구인들이 수인할 수 없는 정도에 이르렀다거나 영업활동을 중단할 정도로 직업수행의 자유에 대한 본질적인 부분을 침해한 정도에 이르렀다고 보이지 않고 관련 기록 및 자료를 종합해보더라도 그와 같은 침해로 인하여 회사가 부도가 났다는 청구인들의 주장을 뒷받침할 만한 자료를 발견할 수 없다(2003.12.18, 2001헌마754).

## 15 　　　　　　　　　　　　　　　　　정답 ②

① [X] 중앙선거관리위원회는 3.15 부정선거에 대한 반성으로 제3차 개정헌법에서 헌법기관으로 처음 규정되었고, 각급선거관리위원회는 제5차 개정헌법에서 처음 규정되었다.

❷ [○] 선거관리위원회라 함은 선거와 국민투표의 공정한 관리와 정당에 관한 사무를 처리하는 헌법상 필수적 합의제 독립기관(관청)을 말한다. 선거관리위원회의 업무는 그 성질상 행정작용에 해당하지만, 그 조직과 기능면에서는 독립된 기관으로서의 지위를 갖는다. 또 9인의 위원으로 구성되는 합의제 기관이며, 헌법상 반드시 설치해야 하는 필수적 기관이다(헌법 제114조 제1항 참조).

③ [X] 선거관리위원회는 대통령 소속이 아니다.

> **헌법 제114조** ① 선거와 국민투표의 공정한 관리 및 정당에 관한 사무를 처리하기 위하여 선거관리위원회를 둔다.

④ [X] 각급선거관리위원회의 회의는 당해 위원장이 소집한다. 다만, 위원 3분의 1 이상의 요구가 있을 때에는 위원장은 회의를 소집하여야 하며 위원장이 회의소집을 거부할 때에는 회의소집을 요구한 3분의 1 이상의 위원이 직접 회의를 소집할 수 있다(「선거관리위원회법」 제11조 제1항).

## 16 　　　　　　　　　　　　　　　　　정답 ③

① [X]

> **「선거관리위원회법」 제2조【설치】** ① 선거관리위원회의 종류와 위원회별 위원의 정수는 다음과 같다.
> 1. 중앙선거관리위원회 9인
> 2. 특별시·광역시·도선거관리위원회 9인
> 3. 구·시·군선거관리위원회 9인
> 4. 읍·면·동선거관리위원회 7인

② [X] 위원의 임기는 6년으로 한다(헌법 제114조 제3항).

❸ [○] 「헌법재판소법」 제62조 제1항 제2호는 국가기관과 지방자치단체 간의 권한쟁의심판에 대한 국가기관 측 당사자로 '정부'만을 규정하고 있지만, 이 규정의 '정부'는 예시적인 것이므로 대통령이나

행정각부의 장 등과 같은 정부의 부분기관뿐 아니라 국회도 국가기관과 지방자치단체 간 권한쟁의심판의 당사자가 될 수 있다. … 「헌법재판소법」 제62조는 권한의심판청구의 당사자로 국가기관과 지방자치단체를 규정하고 있으므로 … 중앙선거관리위원회 외에 각급 구·시·군선거관리위원회도 헌법에 의하여 설치된 기관으로서 헌법과 법률에 의하여 독자적인 권한을 부여받은 기관에 해당하고, 따라서 피청구인 강남구선거관리위원회도 당사자능력이 인정된다(2008.6.26, 2005헌라7).

④ [X] 선거와 국민투표의 공정한 관리 및 정당에 관한 사무를 처리하기 위하여 선거관리위원회를 둔다(헌법 제114조 제1항). ➡ 정당에 관한 사무의 처리는 헌법상 직무이다.

## 17         정답 ①

❶ [X] 선거와 국민투표의 공정한 관리 및 정당에 관한 사무를 처리하기 위하여 선거관리위원회를 둔다(헌법 제114조 제1항). ➡ 정치자금에 관한 사무의 처리는 법률상 직무이다.

② [O]

> 헌법 제115조 ① 각급선거관리위원회는 선거인명부의 작성 등 선거사무와 국민투표사무에 관하여 관계 행정기관에 필요한 지시를 할 수 있다.
> ② 제1항의 지시를 받은 당해 행정기관은 이에 응하여야 한다.

③ [O]

> 「선거관리위원회법」 제16조【선거사무 등에 대한 지시·협조요구】
> ② 각급선거관리위원회는 선거사무를 위하여 인원·장비의 지원 등이 필요한 경우에는 행정기관에 대하여는 지시 또는 협조요구를, 공공단체 및 「은행법」 제2조에 따른 은행(개표사무종사원을 위촉하는 경우에 한한다)에 대하여는 협조요구를 할 수 있다.
> ③ 제1항 및 제2항의 규정에 의하여 지시를 받거나 협조요구를 받은 행정기관·공공단체 등은 우선적으로 이에 응하여야 한다.

④ [O] 행정기관이 선거·국민투표 및 정당관계법령을 제정·개정 또는 폐지하고자 할 때에는 미리 당해 법령안을 중앙선거관리위원회에 송부하여 그 의견을 구하여야 한다(「선거관리위원회법」 제17조 제1항).

## 18         정답 ④

① [X] 중앙선거관리위원회는 대통령이 임명하는 3인, 국회에서 선출하는 3인과 대법원장이 지명하는 3인의 위원으로 구성한다. 위원장은 위원 중에서 호선한다(헌법 제114조 제2항).

② [X] 위원장이 사고가 있을 때에는 상임위원 또는 부위원장이 그 직무를 대행하며 위원장·상임위원·부위원장이 모두 사고가 있을 때에는 위원 중에서 임시위원장을 호선하여 위원장의 직무를 대행하게 한다(「선거관리위원회법」 제5조 제5항).

③ [X] 중앙선거관리위원장이 사고가 있을 때에는 상임위원 또는 부위원장이 그 직무를 대행한다.

> 「감사원법」 제4조【원장】③ 원장이 궐위되거나 사고로 인하여 직무를 수행할 수 없을 때에는 감사위원으로 최장기간 재직한 감사위원이 그 권한을 대행한다. 다만, 재직기간이 같은 감사위원이 2명 이상인 경우에는 연장자가 그 권한을 대행한다.

> 「선거관리위원회법」 제5조【위원장】⑤ 위원장이 사고가 있을 때에는 상임위원 또는 부위원장이 그 직무를 대행하며 위원장·상임위원·부위원장이 모두 사고가 있을 때에는 위원 중에서 임시위원장을 호선하여 위원장의 직무를 대행하게 한다.

❹ [O] 선거관리위원회 위원은 헌법 제63조의 해임건의 대상자가 아니다.

## 19         정답 ③

① [X]

> 헌법 제114조 ① 선거와 국민투표의 공정한 관리 및 정당에 관한 사무를 처리하기 위하여 선거관리위원회를 둔다.
> ⑤ 위원은 탄핵 또는 금고 이상의 형의 선고에 의하지 아니하고는 파면되지 아니한다.

> 「선거관리위원회법」 제9조【위원의 해임사유】각급선거관리위원회의 위원은 다음 각 호의 1에 해당할 때가 아니면 해임·해촉 또는 파면되지 아니한다.
> 1. 정당에 가입하거나 정치에 관여한 때
> 2. 탄핵결정으로 파면된 때
> 3. 금고 이상의 형의 선고를 받은 때
> 4. 정당추천위원으로서 그 추천정당의 요구가 있거나 추천정당이 국회에 교섭단체를 구성할 수 없게 된 때와 국회의원선거권이 없음이 발견된 때
> 5. 시·도선거관리위원회의 상임위원인 위원으로서 「국가공무원법」 제33조 각 호의 1에 해당하거나 상임위원으로서의 근무상한에 달하였을 때

② [X] 위원은 정당에 가입하거나 정치에 관여할 수 없다(헌법 제114조 제4항). ➡ 다른 공직 겸직 금지에 관한 규정은 없다.

❸ [O] 법관과 법원공무원 및 교육공무원 이외의 공무원은 각급선거관리위원회의 위원이 될 수 없다(「선거관리위원회법」 제4조 제6항).

④ [X] 시·도선거관리위원회의 위원은 국회의원의 선거권이 있고 정당원이 아닌 자 중에서 국회에 교섭단체를 구성한 정당이 추천한 사람과 당해 지역을 관할하는 지방법원장이 추천하는 법관 2인을 포함한 3인과 교육자 또는 학식과 덕망이 있는 자 중에서 3인을 중앙선거관리위원회가 위촉한다(「선거관리위원회법」 제4조 제2항).

## 20         정답 ①

❶ [O] 공직선거에 관한 사무처리예규는 각급선거관리위원회와 그 위원 및 직원이 공직선거에 관한 사무를 표준화·정형화하고, 관련 법규의 구체적인 운용기준을 마련하는 등 선거사무의 처리에 관한 통일적 기준과 지침을 제공함으로써 공정하고 원활한 선거관리를 기함을 목적으로 하는 것이므로, 개표관리 및 투표용지의 유·무효를 가리는 업무에 종사하는 각급선거관리위원회 직원 등에 대한 업무처리지침 내지 사무처리준칙에 불과할 뿐 국민이나 법원을 구속하는 효력이 없는 행정규칙이라고 할 것이어서 이 예규부분은 헌법소원심판대상이 되지 아니한다(2000.6.29, 2000헌마325).

② [X]

> 헌법 제116조 ① 선거운동은 각급선거관리위원회의 관리하에 법률이 정하는 범위 안에서 하되, 균등한 기회가 보장되어야 한다.

② 선거에 관한 경비는 법률이 정하는 경우를 제외하고는 정당 또는 후보자에게 부담시킬 수 없다.

③ [ X ] 선거에 관한 경비는 법률이 정하는 경우를 제외하고는 정당 또는 후보자에게 부담시킬 수 없다(헌법 제116조 제2항).

④ [ X ]

「**공직선거법**」 **제57조의4 【당내경선사무의 위탁】** ① 「정치자금법」 제27조(보조금의 배분)의 규정에 따라 보조금의 배분대상이 되는 정당은 당내경선사무 중 경선운동, 투표 및 개표에 관한 사무의 관리를 당해 선거의 관할 선거구선거관리위원회에 위탁할 수 있다.
② 관할 선거구선거관리위원회가 제1항에 따라 당내경선의 투표 및 개표에 관한 사무를 수탁관리하는 경우에는 <u>그 비용은 국가가 부담한다</u>. 다만, 투표 및 개표참관인의 수당은 당해 정당이 부담한다.

# 진도별 모의고사

선거관리위원회 ~ 헌법기관

## 정답

| | | | | | | | |
|---|---|---|---|---|---|---|---|
| **01** | ① | **02** | ③ | **03** | ④ | **04** | ① |
| **05** | ① | **06** | ③ | **07** | ① | **08** | ② |
| **09** | ② | **10** | ② | **11** | ③ | **12** | ② |
| **13** | ① | **14** | ③ | **15** | ② | **16** | ② |
| **17** | ③ | **18** | ② | **19** | ③ | **20** | ① |

## 01
정답 ①

❶ [ X ] 각급선거관리위원회의 위원은 선거인명부작성기준일 또는 국민투표안공고일로부터 개표종료시까지 내란·외환·국교·폭발물·방화·마약·통화·유가증권·우표·인장·살인·폭행·체포·감금·절도·강도 및 국가보안법위반의 범죄에 해당하는 경우를 제외하고는 현행범인이 아니면 체포 또는 구속되지 아니하며 병역소집의 유예를 받는다(「선거관리위원회법」 제13조).

② [ O ] 2015.4.30, 2013헌바55

③ [ O ] 지방선거사무는 지방자치단체의 자치사무에 해당하지만, … 중략 … 지방선거의 선거사무를 구·시·군선거관리위원회가 담당하는 경우에도 그 비용은 지방자치단체가 부담하여야 하고, 이에 피청구인 대한민국국회가 지방선거의 선거비용을 지방자치단체가 부담하도록 「공직선거법」을 개정한 것은 지방자치단체의 자치권한을 침해한 것이라고 볼 수 없다(2008.6.26, 2005헌라7 전원재판부).

④ [ O ] 피청구인 강남구선거관리위원회의 선거비용 통보행위는 미래에 발생할 선거비용을 다음 연도 예산에 반영하도록 하기 위해 미리 안내한 것에 불과하며, 이 통보행위 자체만으로 청구인 서울특별시 강남구가 2006년 예산편성 권한을 행사하는 데 법적 구속을 받게 된 것은 아니다. 따라서 청구인 서울특별시 강남구의 법적 지위에 어떤 변화도 가져오지 않는 피청구인 강남구선거관리위원회의 이 사건 통보행위는 권한쟁의심판의 대상이 되는 처분에 해당한다고 볼 수 없고, 청구인 서울특별시 강남구의 지방재정권을 침해하거나 침해할 가능성도 없다고 할 것이다(2008.6.26, 2005헌라7 전원재판부).

## 02
정답 ③

① [ X ] 위원회의 회의는 위원장이 주재하며, 이 법에 특별한 규정이 없으면 재적위원 과반수의 찬성으로 의결한다(「국가인권위원회법」 제13조 제1항).

② [ X ]

> 「선거관리위원회법」 제10조 【위원회의 의결정족수】 ① 각급선거관리위원회는 위원과반수의 출석으로 개의하고 출석위원 과반수의 찬성으로 의결한다.
> ② 위원장은 표결권을 가지며 가부동수인 때에는 결정권을 가진다.

❸ [ O ]

> 「헌법재판소법」 제16조 【재판관회의】 ① 재판관회의는 재판관 전원으로 구성하며, 헌법재판소장이 의장이 된다.
> ② 재판관회의는 재판관 전원의 3분의 2를 초과하는 인원의 출석과 출석인원 과반수의 찬성으로 의결한다.

④ [ X ]

> 「법원조직법」 제16조 【대법관회의의 구성과 의결방법】 ② 대법관회의는 대법관 전원의 3분의 2 이상의 출석과 출석인원 과반수의 찬성으로 의결한다.
> ③ 의장은 의결에서 표결권을 가지며, 가부동수(可否同數)일 때에는 결정권을 가진다.

## 03
정답 ④

㉠ [ X ] 국회의원 정수는 「공직선거법」에 규정되어 있다.

> 헌법 제41조 ② 국회의원의 수는 법률로 정하되, 200인 이상으로 한다.

㉡ [ X ]

> 「정부조직법」 제26조 【행정각부】 ① 대통령의 통할하에 다음의 행정각부를 둔다.
> 1. 기획재정부
> 2. 교육부
> 3. 과학기술정보통신부
> 4. 외교부
> 5. 통일부
> 6. 법무부
> 7. 국방부
> 8. 행정안전부
> 9. 문화체육관광부
> 10. 농림축산식품부
> 11. 산업통상자원부
> 12. 보건복지부
> 13. 환경부
> 14. 고용노동부
> 15. 여성가족부
> 16. 국토교통부
> 17. 해양수산부
> 18. 중소벤처기업부

㉢ [ O ] 헌법재판소는 법관의 자격을 가진 9인의 재판관으로 구성하며, 재판관은 대통령이 임명한다(헌법 제111조 제2항).

㉣ [ O ] 중앙선거관리위원회는 대통령이 임명하는 3인, 국회에서 선출하는 3인과 대법원장이 지명하는 3인의 위원으로 구성한다. 위원장은 위원 중에서 호선한다(헌법 제114조 제2항).

㉤ [ X ] 최소 17인, 최대 32인

> 헌법 제88조 ② 국무회의는 대통령·국무총리와 15인 이상 30인 이하의 국무위원으로 구성한다.

ⓗ [ X ] 헌법 제98조 제1항에는 감사원장 포함 5인 이상 11인 이하로 규정되어 있고, 「감사원법」에 감사원장 포함 7인으로 규정되어 있다.

ⓢ [ X ] 대법관 수는 헌법에 규정되어 있지 않고, 「법원조직법」에 대법원장 포함 14인으로 규정되어 있다.

◎ [ O ] 행정각부의 장은 모두 국무위원이므로 18인이다.

ⓩ [ O ] 국회는 의장 1인과 부의장 2인을 선출한다(헌법 제48조).

ⓧ [ X ] 국회의원의 수는 법률로 정하되, 200인 이상으로 한다(헌법 제41조 제2항).

## 04 정답 ①

㉠ [ X ] 헌법재판소장이 궐위되거나 부득이한 사유로 직무를 수행할 수 없을 때에는 다른 재판관이 헌법재판소규칙으로 정하는 순서에 따라 그 권한을 대행한다(「헌법재판소법」 제12조 제4항).

㉡ [ X ] 원장이 궐위되거나 사고로 인하여 직무를 수행할 수 없을 때에는 감사위원으로 최장기간 재직한 감사위원이 그 권한을 대행한다. 다만, 재직기간이 같은 감사위원이 2명 이상인 경우에는 연장자가 그 권한을 대행한다(「감사원법」 제4조 제3항).

㉢ [ X ] ㉣ [ X ] ㉤ [ X ] 대법원장이 궐위되거나 부득이한 사유로 직무를 수행할 수 없을 때에는 선임대법관이 그 권한을 대행한다(「법원조직법」 제13조 제3항).

㉥ [ X ] 위원장이 사고가 있을 때에는 상임위원 또는 부위원장이 그 직무를 대행하며 위원장·상임위원·부위원장이 모두 사고가 있을 때에는 위원 중에서 임시위원장을 호선하여 위원장의 직무를 대행하게 한다(「선거관리위원회법」 제5조 제5항).

ⓢ [ X ] 중앙선거관리위원장이 사고가 있을 때에는 상임위원 또는 부위원장이 직무를 대행한다.

> 「감사원법」 제4조【원장】③ 원장이 궐위되거나 사고로 인하여 직무를 수행할 수 없을 때에는 감사위원으로 최장기간 재직한 감사위원이 그 권한을 대행한다. 다만, 재직기간이 같은 감사위원이 2명 이상인 경우에는 연장자가 그 권한을 대행한다.
>
> 「선거관리위원회법」 제5조【위원장】⑤ 위원장이 사고가 있을 때에는 상임위원 또는 부위원장이 그 직무를 대행하며 위원장·상임위원·부위원장이 모두 사고가 있을 때에는 위원 중에서 임시위원장을 호선하여 위원장의 직무를 대행하게 한다.

## 05 정답 ①

㉠ [ O ] 법관은 탄핵 또는 금고 이상의 형의 선고에 의하지 아니하고는 파면되지 아니하며, 징계처분에 의하지 아니하고는 정직·감봉 기타 불리한 처분을 받지 아니한다(헌법 제106조 제1항).

㉡ [ X ] 감사위원에 대한 파면사유는 헌법에 규정되어 있지 않고, 「감사원법」에 규정되어 있다.

> 「감사원법」 제8조【신분보장】① 감사위원은 다음 각 호의 어느 하나에 해당하는 경우가 아니면 본인의 의사에 반하여 면직되지 아니한다.
> 1. 탄핵결정이나 금고 이상의 형의 선고를 받았을 때
> 2. 장기(長期)의 심신쇠약으로 직무를 수행할 수 없게 된 때

ⓒ [ X ] 헌법재판소 재판관은 탄핵 또는 금고 이상의 형의 선고에 의하지 아니하고는 파면되지 아니한다(헌법 제112조 제3항).

㉣ [ X ] 헌법재판관과 중앙선거관리위원회 위원은 헌법상 정당가입과 정치관여가 금지되어 있으나, 법관에 대해서는 헌법에 규정이 없다. 물론 법률상 법관은 정당가입이 금지되어 있다.

> 헌법 제112조 ② 헌법재판소 재판관은 정당에 가입하거나 정치에 관여할 수 없다.
>
> 제114조 ④ 위원은 정당에 가입하거나 정치에 관여할 수 없다.

㉤ [ X ] 법관에 관한 규정이 있으나, 이와 유사한 중앙선거관리위원회 위원에 관련된 규정은 없다.

> 헌법 제106조 ② 법관이 중대한 심신상의 장해로 직무를 수행할 수 없을 때에는 법률이 정하는 바에 의하여 퇴직하게 할 수 있다.

㉥ [ X ]

> 헌법 제103조 법관은 헌법과 법률에 의하여 그 양심에 따라 독립하여 심판한다.
>
> 「헌법재판소법」 제4조【재판관의 독립】재판관은 헌법과 법률에 의하여 양심에 따라 독립하여 심판한다.

ⓢ [ X ] 위원의 임기는 6년으로 한다(헌법 제114조 제3항).

## 06 정답 ③

㉠ [ X ] 대통령의 임기는 5년으로 하며, 중임할 수 없다(헌법 제70조).

㉡ [ O ] 대법원장의 임기는 6년으로 하며, 중임할 수 없다(헌법 제105조 제1항).

㉢ [ X ] 헌법 제114조 제3항에는 중앙선거관리위원회 위원의 연임에 관한 제한이 없다.

> 헌법 제114조 ③ 위원의 임기는 6년으로 한다.

㉣ [ O ] 대법관의 임기는 6년으로 하며, 법률이 정하는 바에 의하여 연임할 수 있다(헌법 제105조 제2항).

㉤ [ O ] 헌법재판소 재판관의 임기는 6년으로 하며, 법률이 정하는 바에 의하여 연임할 수 있다(헌법 제112조 제1항).

㉥ [ X ] 감사원장의 임기는 4년으로 하며 1차에 한하여 중임할 수 있고, 감사위원의 임기는 4년으로 하며 1차에 한하여 중임할 수 있다(헌법 제98조 제2항·제3항).

ⓢ [ X ] 국무총리에 대한 연임, 중임제한은 없다.

◎ [ X ] 헌법재판소장의 임기에 대한 규정과 연임, 중임제한은 없다.

## 07 정답 ①

㉠ [없다] 대통령의 임기는 5년으로 하며, 중임할 수 없다(헌법 제70조).

㉡ [있다] 총리는 연임과 중임제한이 없다.

㉢ [없다] 대법원장의 임기는 6년으로 하며, 중임할 수 없다(헌법 제105조 제1항).

㉣ [없다] 검찰총장의 임기는 2년으로 하며, 중임할 수 없다(「검찰청법」 제12조 제3항).

ⓜ [있다] 헌법재판소 재판관의 임기는 6년으로 하며, 법률이 정하는 바에 의하여 <u>연임할 수 있다</u>(헌법 제112조 제1항).

ⓑ [있다] 위원장과 위원의 임기는 3년으로 하고, <u>한 번만 연임할 수 있다</u>(「국가인권위원회법」 제7조 제1항).

## 08 정답 ②

ⓐ [X] 법관 10년

ⓧ [X] 국회의장 임기는 헌법에 규정은 없고, 「국회법」에 2년이라고 되어 있다.

## 09 정답 ②

㉠ 대통령: 정년 없음

㉡ 국무총리: 정년 없음

㉢ 대법원장: 70세

㉣ 대법관: 70세

㉤ 헌법재판소장: 70세

㉥ 헌법재판소 재판관: 70세

㉦ 감사원장: 70세

㉧ 감사위원: 65세

> 「감사원법」 제6조 【임기 및 정년】 ① 감사위원의 임기는 4년으로 한다.
> ② 감사위원의 정년은 65세로 한다. 다만, 원장인 감사위원의 정년은 70세로 한다.

## 10 정답 ②

㉠ 대법관: 국회 선출 또는 추천이 없는 것

㉡ 헌법재판소 재판관: 국회 선출 또는 추천

㉢ 중앙선거관리위원회 위원: 국회 선출 또는 추천

㉣ 감사위원: 국회 선출 또는 추천이 없는 것

㉤ 국가인권위원회 위원: 국회 선출 또는 추천

> 「국가인권위원회법」 제5조 【위원회의 구성】 ① 위원회는 위원장 1명과 상임위원 3명을 포함한 11명의 인권위원으로 구성한다.
> ② 위원은 다음 각 호의 사람을 대통령이 임명한다.
> 1. <u>국회가 선출하는 4명</u>(상임위원 2명을 포함한다)
> 2. 대통령이 지명하는 4명(상임위원 1명을 포함한다)
> 3. 대법원장이 지명하는 3명

㉥ 국민권익위원회 위원: 국회 선출 또는 추천

> 「부패방지 및 국민권익위원회의 설치와 운영에 관한 법률」 제13조 【위원회의 구성】 ① 위원회는 위원장 1명을 포함한 15명의 위원(부위원장 3명과 상임위원 3명을 포함한다)으로 구성한다.

③ 위원장 및 부위원장은 국무총리의 제청으로 대통령이 임명하고, 상임위원은 위원장의 제청으로 대통령이 임명하며, 상임이 아닌 위원은 대통령이 임명 또는 위촉한다. 이 경우 상임이 아닌 <u>위원 중 3명은 국회가</u>, 3명은 대법원장이 각각 추천하는 자를 임명 또는 위촉한다.

## 11 정답 ③

㉠ 국무총리: 동의 필요

㉡ 대법원장: 동의 필요

㉢ 헌법재판소장: 동의 필요

㉣ 중앙선거관리위원장: 동의 필요 없는 것

㉤ 감사원장: 동의 필요

㉥ 국가인권위원회 위원장: 동의 필요 없는 것

㉦ 대법관: 동의 필요

㉧ 헌법재판소 재판관: 동의 필요 없는 것

㉨ 중앙선거관리위원회 위원: 동의 필요 없는 것

㉩ 감사위원: 동의 필요 없는 것

㉪ 국무위원: 동의 필요 없는 것

## 12 정답 ②

㉠ 국무위원: 제청이 필요한 기관

㉡ 행정각부의 장: 제청이 필요한 기관

㉢ 대법관: 제청이 필요한 기관

㉦ 감사위원: 제청이 필요한 기관

㉧ 법관

> 헌법 제104조 ③ 대법원장과 대법관이 아닌 법관은 대법관회의의 동의를 얻어 대법원장이 임명한다.

## 13 정답 ①

㉠ [O] 감사원장은 국회동의가 있으나, 감사위원은 국회의 동의 등, 국회가 관여할 만한 절차가 없다.

> 헌법 제98조 ② 원장은 국회의 동의를 얻어 대통령이 임명하고, 그 임기는 4년으로 하며, 1차에 한하여 중임할 수 있다.

㉡ [X] 대법원장은 국회의 동의를 얻어 대통령이 임명한다(헌법 제104조 제1항).

㉢ [O] 헌법재판소의 장은 국회의 동의를 얻어 재판관 중에서 대통령이 임명한다(헌법 제111조 제4항).

㉣ [X] 중앙선거관리위원회 위원을 대통령은 3명만 임명한다.

㉤ [X] 대법원장
  - 국가인권위원회 위원: 3명 지명
  - 국민권익위원회 위원: 3명 추천
  - 공정거래위원회 위원: 추천 권한 없음.

**14**           정답 ③

① [ X ] 국회는 법률에 저촉되지 아니하는 범위 안에서 의사와 내부규율에 관한 규칙을 제정할 수 있다(헌법 제64조 제1항).

② [ X ] 대법원은 법률에 저촉되지 아니하는 범위 안에서 소송에 관한 절차, 법원의 내부규율과 사무처리에 관한 규칙을 제정할 수 있다(헌법 제108조).

❸ [ O ] 헌법재판소는 법률에 저촉되지 아니하는 범위 안에서 심판에 관한 절차, 내부규율과 사무처리에 관한 규칙을 제정할 수 있다(헌법 제113조 제2항).

④ [ X ] 중앙선거관리위원회는 법령의 범위 안에서 선거관리·국민투표관리 또는 정당사무에 관한 규칙을 제정할 수 있으며, 법률에 저촉되지 아니하는 범위 안에서 내부규율에 관한 규칙을 제정할 수 있다(헌법 제114조 제6항).

**15**           정답 ②

㉠ [ O ] 재산권의 행사는 공공복리에 적합하도록 하여야 한다(헌법 제23조 제2항).

㉡ [ O ] 공공필요에 의한 재산권의 수용·사용 또는 제한 및 그에 대한 보상은 법률로써 하되, 정당한 보상을 지급하여야 한다(헌법 제23조 제3항).

㉢ [ X ] 국회의 회의는 공개한다. 다만, 출석의원 과반수의 찬성이 있거나 의장이 국가의 안전보장을 위하여 필요하다고 인정할 때에는 공개하지 아니할 수 있다(헌법 제50조 제1항).

㉣ [ X ] 대통령은 내우·외환·천재·지변 또는 중대한 재정·경제상의 위기에 있어서 국가의 안전보장 또는 공공의 안녕질서를 유지하기 위하여 긴급한 조치가 필요하고 국회의 집회를 기다릴 여유가 없을 때에 한하여 최소한으로 필요한 재정·경제상의 처분을 하거나 이에 관하여 법률의 효력을 가지는 명령을 발할 수 있다(헌법 제76조 제1항).

㉤ [ X ] 재판의 심리와 판결은 공개한다. 다만, 심리는 국가의 안전보장 또는 안녕질서를 방해하거나 선량한 풍속을 해할 염려가 있을 때에는 법원의 결정으로 공개하지 아니할 수 있다(헌법 제109조).

㉥ [ X ] 국민의 모든 자유와 권리는 국가안전보장·질서유지 또는 공공복리를 위하여 필요한 경우에 한하여 법률로써 제한할 수 있으며, 제한하는 경우에도 자유와 권리의 본질적인 내용을 침해할 수 없다(헌법 제37조 제2항).

**16**           정답 ②

① [ X ] 국회의원의 임기와 국무회의 심의사항은 헌법에 규정되어 있다.

┌─────────────────────────────────────────────────────┐
│ 헌법 제77조 ② 계엄은 비상계엄과 경비계엄으로 한다.   │
└─────────────────────────────────────────────────────┘

❷ [ O ] ③ [ X ] 국회나 그 위원회의 요구가 있을 때에는 국무총리·국무위원 또는 정부위원은 출석·답변하여야 하며, 국무총리 또는 국무위원이 출석요구를 받은 때에는 국무위원 또는 정부위원으로 하여금 출석·답변하게 할 수 있다(헌법 제62조 제2항).

④ [ X ] 의무교육은 무상으로 한다(헌법 제31조 제3항).

**17**           정답 ③

㉠ [ X ] 대통령이 궐위되거나 사고로 인하여 직무를 수행할 수 없을 때에는 국무총리, 법률이 정한 국무위원의 순서로 그 권한을 대행한다(헌법 제71조).

㉡ [ X ] 대통령은 필요하다고 인정할 때에는 외교·국방·통일 기타 국가안위에 관한 중요정책을 국민투표에 붙일 수 있다(헌법 제72조).

㉢ [ O ] 대통령은 조약을 체결·비준하고, 외교사절을 신임·접수 또는 파견하며, 선전포고와 강화를 한다(헌법 제73조).

㉣ [ X ] 국군의 조직과 편성은 법률로 정한다(헌법 제74조 제2항).

㉤ [ X ] 대통령은 법률에서 구체적으로 범위를 정하여 위임받은 사항과 법률을 집행하기 위하여 필요한 사항에 관하여 대통령령을 발할 수 있다(헌법 제75조).

㉥ [ X ]

┌─────────────────────────────────────────────────────┐
│ 헌법 제79조 ① 대통령은 법률이 정하는 바에 의하여 사면·감형 또 │
│ 는 복권을 명할 수 있다.                             │
│ ② 일반사면을 명하려면 국회의 동의를 얻어야 한다.     │
└─────────────────────────────────────────────────────┘

㉦ [ X ] 국회에 제출된 법률안 기타의 의안은 회기 중에 의결되지 못한 이유로 폐기되지 아니한다. 다만, 국회의원의 임기가 만료된 때에는 그러하지 아니하다(헌법 제51조).

㉧ [ O ] 대통령의 국법상 행위는 문서로써 하며, 이 문서에는 국무총리와 관계 국무위원이 부서한다. 군사에 관한 것도 또한 같다(헌법 제82조).

㉨ [ O ] 법률안에 이의가 있을 때에는 대통령은 제1항의 기간 내에 이의서를 붙여 국회로 환부하고, 그 재의를 요구할 수 있다. 국회의 폐회 중에도 또한 같다(헌법 제53조 제2항).

㉩ [ X ] 국회는 정부의 동의 없이 정부가 제출한 지출예산 각항의 금액을 증가하거나 새 비목을 설치할 수 없다(헌법 제57조).

## 18 정답 ②

㉠ [O] 국무총리는 국회의 동의를 얻어 대통령이 임명한다(헌법 제86조 제1항).

㉡ [X] 국무총리는 대통령을 보좌하며, 행정에 관하여 <u>대통령의 명을 받아</u> 행정각부를 통할한다(헌법 제86조 제2항).

㉢ [X] 국무위원은 국무총리의 <u>제청으로</u> 대통령이 임명한다(헌법 제87조 제1항).

㉣ [X] 국무위원은 국정에 관하여 <u>대통령을</u> 보좌하며, 국무회의의 구성원으로서 국정을 심의한다(헌법 제87조 제2항).

㉤ [X] 국무총리는 국무위원의 해임을 대통령에게 <u>건의할 수 있다</u>(헌법 제87조 제3항).

㉥ [O]

> 헌법 제88조 ③ 대통령은 국무회의의 의장이 되고, <u>국무총리는 부의장이 된다.</u>
>
> 제86조 ② 국무총리는 대통령을 보좌하며, <u>행정에 관하여 대통령의 명을 받아 행정각부를 통할한다.</u>

㉦ [X] <u>행정권은 대통령을</u> 수반으로 하는 정부에 속한다(헌법 제66조 제4항).

◎ [X] 국무회의는 정부의 권한에 속하는 중요한 정책을 <u>심의한다</u>(헌법 제88조 제1항).

㉧ [X] 국무회의는 대통령·국무총리와 15인 이상 30인 이하의 국무위원으로 구성한다(헌법 제88조 제2항).

㉨ [X] <u>행정각부의 장은 국무위원</u> 중에서 국무총리의 제청으로 대통령이 임명한다(헌법 제94조).

㉩ [X] 국무총리 또는 행정각부의 장은 소관 사무에 관하여 법률이나 대통령령의 위임 또는 <u>직권으로</u> 총리령 또는 부령을 발할 수 있다(헌법 제95조).

㉫ [X] 감사원은 세입·세출의 결산을 매년 검사하여 대통령과 <u>차년도 국회</u>에 그 결과를 보고하여야 한다(헌법 제99조).

## 19 정답 ③

㉠ [O] 국회의원 정수는 「공직선거법」에 규정되어 있다.

> 헌법 제41조 ② 국회의원의 수는 법률로 정하되, 200인 이상으로 한다.

㉡ [O] 「정부조직법」에 규정되어 있다.

> 「정부조직법」 제26조 【행정각부】 ① 대통령의 통할하에 다음의 행정각부를 둔다.
> 1. 기획재정부
> 2. 교육부
> 3. 과학기술정보통신부
> 4. 외교부
> 5. 통일부
> 6. 법무부
> 7. 국방부
> 8. 행정안전부
> 9. 문화체육관광부
> 10. 농림축산식품부
> 11. 산업통상자원부
> 12. 보건복지부
> 13. 환경부
> 14. 고용노동부
> 15. 여성가족부
> 16. 국토교통부
> 17. 해양수산부
> 18. 중소벤처기업부

㉢ [O] 헌법재판소는 법관의 자격을 가진 9인의 재판관으로 구성하며, 재판관은 대통령이 임명한다(헌법 제111조 제2항).

㉣ [O] 중앙선거관리위원회는 대통령이 임명하는 3인, 국회에서 선출하는 3인과 대법원장이 지명하는 3인의 위원으로 구성한다. 위원장은 위원 중에서 호선한다(헌법 제114조 제2항).

㉤ [X] 최소 17인, 최대 32인

> 헌법 제88조 ② 국무회의는 대통령·국무총리와 15인 이상 30인 이하의 국무위원으로 구성한다.

㉥ [X] 헌법 제98조 제1항에는 감사원장 포함 5인 이상 11인 이하로 규정되어 있고, 「감사원법」에 감사원장 포함 7인으로 규정되어 있다.

㉦ [O] 대법관 수는 헌법에 규정되어 있지 않고, 「법원조직법」에 대법원장 포함 14인으로 규정되어 있다.

◎ [O] 행정각부의 장은 모두 국무위원이므로 18인이다.

㉧ [O] 국회는 의장 1인과 부의장 2인을 선출한다(헌법 제48조).

㉨ [X] 국회의원의 수는 법률로 정하되, <u>200인</u> 이상으로 한다(헌법 제41조 제2항).

## 20 정답 ①

❶ [X] 회의소집은 위원장이 하고 위원 3분의 1 이상의 요구가 있으면 회의를 소집해야 한다. 위원과반수 출석과 과반수 찬성으로 의결하며, 위원장은 표결권을 가지며 가부동수인 때에는 결정권을 가진다.

② [O] 먼저 각급선거관리위원회의 의결을 거쳐 행하는 사항에 대하여는 원칙적으로 행정절차에 관한 규정이 적용되지 않는바(「행정절차법」 제3조 제2항 제4호), 이는 권력분립의 원리와 선거관리위원회 의결절차의 합리성을 고려한 것으로 보인다(2008.1.17, 2007헌마700 전원재판부).

③ [O]

> 「선거관리위원회법」 제2조 【설치】 ① 선거관리위원회의 종류와 위원회별 위원의 정수는 다음과 같다.
> 1. 중앙선거관리위원회 9인
> 2. 특별시·광역시·도선거관리위원회 9인
> 3. 구·시·군선거관리위원회 9인
> 4. 읍·면·동선거관리위원회 7인

④ [O] 각급선거관리위원회 위원의 임기는 6년으로 한다. 다만, 구·시·군선거관리위원회 위원의 임기는 3년으로 하되, 한 차례만 연임할 수 있다(「선거관리위원회법」 제8조).

## 정답

| 01 | ③ | 02 | ① | 03 | ③ | 04 | ③ |
|----|---|----|---|----|---|----|---|
| 05 | ① | 06 | ① | 07 | ④ | 08 | ② |
| 09 | ① | 10 | ② | 11 | ② | 12 | ② |
| 13 | ③ | 14 | ② | 15 | ④ | 16 | ③ |
| 17 | ① | 18 | ③ | 19 | ③ | 20 | ③ |

## 01 정답 ③

① [ X ] 법원도 명령·규칙 위헌심사 등을 통해서 헌법재판권을 부분적으로 가진다.

② [ X ] 우리나라는 일반사법권은 헌법 제101조 제1항, 헌법재판권은 제111조에 따라 규정되어 있다. 일반사법권은 법원이, 헌법재판권은 헌법재판소가 가진다. 그러나 일반법원도 명령·규칙 위헌심사 등(헌법 제107조 제2항)을 통해서 헌법재판권을 부분적으로 가진다.

❸ [ O ] 사법(司法)의 본질은 법 또는 권리에 관한 다툼이 있거나 법이 침해된 경우에 독립적인 법원이 원칙적으로 직접 조사한 증거를 통한 객관적 사실인정을 바탕으로 법을 해석·적용하여 유권적인 판단을 내리는 작용이라 할 것이다(1996.1.25, 95헌가5).

④ [ X ] 취소소송은 처분 등의 취소를 구할 법률상 이익이 있는 자가 제기할 수 있다. 처분 등의 효과가 기간의 경과, 처분 등의 집행 그 밖의 사유로 인하여 소멸된 뒤에도 그 처분 등의 취소로 인하여 회복되는 법률상 이익이 있는 자의 경우에는 또한 같다(「행정소송법」 제12조).

## 02 정답 ①

❶ [ X ] 행정작용은 적극적이고 능동적으로 국가목적을 달성하는 데 반하여, 사법작용은 소극적이고 수동적으로 국가목적을 달성한다는 면에서 차이가 있다.

② [ O ] 법원은 법적 분쟁을 해결할 권한을 가지나, 법의 문제가 아닌 합목적성 통제권을 가지지 못한다.

③ [ O ] 우리나라 영토 내에서 행하여진 외국의 사법적 행위가 주권적 활동에 속하는 것이거나 이와 밀접한 관련이 있어서 이에 대한 재판권 행사가 외국의 주권적 활동에 대한 부당한 간섭이 될 우려가 있다는 등의 특별한 사정이 없는 한, 외국의 사법적 행위에 대하여는 해당 국가를 피고로 하여 우리나라 법원이 재판권을 행사할 수 있다(대판 2011.12.13, 2009다16766).

④ [ O ] 미합중국 소속 미군정청이 이 사건 법령을 제정한 행위는, 제2차 세계대전 직후 일본은행권을 기초로 한 구 화폐질서를 폐지하고 북위 38도선 이남의 한반도 일대에서 새로운 화폐질서를 형성한다는 목적으로 행한 고도의 공권적 행위로서 국가의 주권적 행위이다. 따라서 이 사건 법령이 위헌이라는 이유로 미합중국을 상대로 손해배상이나 부당이득반환청구를 하는 것은, 국가의 주권적 행위는 다른 국가의 재판권으로부터 면제된다는 국제관습법에 어긋나 허용되지 않는다(2017.5.25, 2016헌바388).

## 03 정답 ③

① [ O ] 현행헌법상 외교사절의 재판면제특권에 관한 규정은 없다. 비엔나 협약에 규정되어 있다.

② [ O ] 집행권의 수반인 대통령, 수상, 의회는 통치행위의 주체가 되나 사법부는 기존의 법을 적용하여 분쟁을 해결하는 기능을 하므로 정치적인 행위인 통치행위의 주체가 될 수는 없다.

❸ [ X ] 비록 고도의 정치적 결단에 의하여 행해지는 국가작용이라고 할지라도 그것이 국민의 기본권 침해와 직접 관련되는 경우에는 당연히 헌법재판소의 심판대상이 될 수 있는 것이다(1996.2.29, 93헌마186).

④ [ O ] 고도의 정치성을 띤 국가행위에 대하여는 이른바 통치행위라 하여 법원 스스로 사법심사권의 행사를 억제하여 그 심사대상에서 제외하는 영역이 있으나, 이와 같이 통치행위의 개념을 인정한다고 하더라도 과도한 사법심사의 자제가 기본권을 보장하고 법치주의 이념을 구현하여야 할 법원의 책무를 태만히 하거나 포기하는 것이 되지 않도록 그 인정을 지극히 신중하게 하여야 하며, 그 판단은 오로지 사법부만에 의하여 이루어져야 한다(대판 2004.3.26, 2003도7878).

## 04 정답 ③

① [ X ] 한미연합 군사훈련은 1978. 한미연합사령부의 창설 및 1979.2.15. 한미연합연습 양해각서의 체결 이후 연례적으로 실시되어 왔고, 특히 이 사건 연습은 대표적인 한미연합 군사훈련으로서, 피청구인이 2007.3.경에 한 이 사건 연습결정이 새삼 국방에 관련되는 고도의 정치적 결단에 해당하여 사법심사를 자제하여야 하는 통치행위에 해당된다고 보기 어렵다(2009.5.28, 2007헌마369).

② [ X ] 특정지역의 선거인들이 자의적인 선거구 획정으로 인하여 정치과정에 참여할 기회를 잃게 되었거나, 그들이 지지하는 후보가 당선될 가능성을 의도적으로 박탈당하고 있음이 입증되어 특정지역의 선거인들에 대하여 차별하고자 하는 국가권력의 의도와 그 집단에 대한 실질적인 차별효과가 명백히 드러난 경우에는 그 선거구 획정은 입법적 한계를 벗어난 것으로서 헌법에 위반된다(1998.11.26, 96헌마54). 따라서 국회의원선거구 획정의 위헌 여부는 헌법재판소의 심판대상이 된다.

❸ [ O ] 우리나라의 헌법질서 아래에서는 헌법에 정한 민주적 절차에 의하지 아니하고 폭력에 의하여 헌법기관의 권능행사를 불가능하게 하거나 정권을 장악하는 행위는 어떠한 경우에도 용인될 수 없다. 따라서 그 군사반란과 내란행위는 처벌의 대상이 된다(대판 1997.4.17, 96도3376).

④ [ X ] 비록 고도의 정치적 결단에 의하여 행해지는 국가작용이라고 할지라도 그것이 국민의 기본권 침해와 직접 관련되는 경우에는 당연히 헌법재판소의 심판대상이 될 수 있는 것이다(1996.2.29, 93헌마186).

## 05 정답 ①

❶ [ X ] 사법권의 독립은 역사적으로 군주와 집행부로부터 재판의 독립을 획득하기 위한 투쟁의 과정에서 이루어졌다.

② [ O ] 헌법 제101조, 제103조, 제106조는 사법권 독립을 보장하고 있는바, 형사재판에 있어서 사법권 독립은 심판기관인 법원과 소추기관인 검찰청의 분리를 요구함과 동시에 법관이 실제 재판에 있어서 소송당사자인 검사와 피고인으로부터 부당한 간섭을 받지 않은 채 독립하여야 할 것을 요구한다(1995.11.30, 92헌마44).

③ [O] 법관의 정치적 중립성 보장은 물적 독립 또는 재판상 독립에 해당한다. 법원구성의 민주적 정당성을 확보하기 위한 것으로서 사법권의 독립을 침해하는 것은 아니다. 법원의 독립의 한계이다.

④ [O]

> 헌법 제52조 국회의원과 정부는 법률안을 제출할 수 있다.
>
> 제54조 ② 정부는 회계연도마다 예산안을 편성하여 회계연도 개시 90일 전까지 국회에 제출하고, 국회는 회계연도 개시 30일 전까지 이를 의결하여야 한다.
>
> 「법원조직법」 제9조 【사법행정사무】 ③ 대법원장은 법원의 조직, 인사, 운영, 재판절차, 등기, 가족관계등록, 그 밖의 법원 업무와 관련된 법률의 제정 또는 개정이 필요하다고 인정하는 경우에는 국회에 서면으로 그 의견을 제출할 수 있다.

## 06 정답 ①

❶ [O]

> 「국가재정법」 제6조 【독립기관 및 중앙관서】 ① 이 법에서 '독립기관'이라 함은 국회·대법원·헌법재판소 및 중앙선거관리위원회를 말한다.
>
> 제40조 【독립기관의 예산】 ① 정부는 독립기관의 예산을 편성할 때 해당 독립기관의 장의 의견을 최대한 존중하여야 하며, 국가재정상황 등에 따라 조정이 필요한 때에는 해당 독립기관의 장과 미리 협의하여야 한다.
> ② 정부는 제1항의 규정에 따른 협의에도 불구하고 독립기관의 세출예산요구액을 감액하고자 할 때에는 국무회의에서 해당 독립기관의 장의 의견을 들어야 하며, 정부가 독립기관의 세출예산요구액을 감액한 때에는 그 규모 및 이유, 감액에 대한 독립기관의 장의 의견을 국회에 제출하여야 한다.

② [X]

> 「국가재정법」 제40조 【독립기관의 예산】 ① 정부는 독립기관의 예산을 편성할 때 해당 독립기관의 장의 의견을 최대한 존중하여야 하며, 국가재정상황 등에 따라 조정이 필요한 때에는 해당 독립기관의 장과 미리 협의하여야 한다.
> ② 정부는 제1항의 규정에 따른 협의에도 불구하고 독립기관의 세출예산요구액을 감액하고자 할 때에는 국무회의에서 해당 독립기관의 장의 의견을 들어야 하며, 정부가 독립기관의 세출예산요구액을 감액한 때에는 그 규모 및 이유, 감액에 대한 독립기관의 장의 의견을 국회에 제출하여야 한다.

③ [X] 법원의 예산편성권은 행정부에 있다.

> 「법원조직법」 제82조 【법원의 경비】 ② 법원의 예산을 편성할 때에는 사법부의 독립성과 자율성을 존중하여야 한다.

④ [X] 법원의 독자적인 예산편성권은 인정되지 않는다.

> 헌법 제54조 ② 정부는 회계연도마다 예산안을 편성하여 회계연도 개시 90일 전까지 국회에 제출하고, 국회는 회계연도 개시 30일 전까지 이를 의결하여야 한다.

## 07 정답 ④

① [O] 사법권의 독립이란 공정한 재판을 보장하기 위하여 사법권을 입법권과 행정권으로부터 분리·독립시키고 법관이 다른 어떠한 권력으로부터도 간섭이나 지시받지 않고 자주·독립적으로 재판하는 것을 말한다. 따라서 신분보장인 인적 독립(헌법 제105조, 제106조 등)은 법관의 재판상 독립인 물적 독립(헌법 제103조)을 목적으로 하는 것이다. 법관의 정치적 중립성 보장은 물적 독립 또는 재판상 독립에 해당한다.

② [O] 법관에 대하여서는 제헌헌법(제80조) 때부터 헌법이 직접적으로 보장규정을 두고 있다. 공무원에 대한 신분보장규정은 제3차 개정 헌법부터이다.

③ [O] 법관도 공무원이고 공무원에 대한 신분보장규정은 법관에게도 그대로 적용될 이치이므로 헌법이 법관에 대하여 따로 신분보장규정을 두고 있는 것은 일반공무원에 비하여 가중 보장하고자 하는 취지라고 해석할 수 있으나, 연혁적으로 보면 법관에 대한 신분보장규정이 공무원에 대한 신분보장규정보다 먼저 있었던 것이며 법관에 대하여서는 제헌헌법(제80조) 때부터 헌법이 직접적으로 보장규정을 두고 있는 것이다(1992.11.12, 91헌가2).

❹ [X] 대법원장과 대법관의 임기는 헌법에 규정되어 있으므로 법률개정만으로는 변경할 수 없고, 헌법을 개정하여야 한다.

> 헌법 제105조 ① 대법원장의 임기는 6년으로 하며, 중임할 수 없다.
> ② 대법관의 임기는 6년으로 하며, 법률이 정하는 바에 의하여 연임할 수 있다.

## 08 정답 ②

① [X] 대법원장과 대법관의 정년은 각각 70세, 판사의 정년은 65세로 한다(「법원조직법」 제45조 제4항).

❷ [O] 법관의 정년을 직위에 따라 순차적으로 낮게 차등하게 설정한 것은 법관 업무의 성격과 특수성, 평균수명, 조직체 내의 질서 등을 고려하여 정한 것으로 그 차별에 합리적인 이유가 있다고 할 것이므로, 청구인의 평등권을 침해하였다고 볼 수 없다(2002.10.31, 2001헌마557).

③ [X] 공무담임권 제한의 경우에는 공익실현이라는 특수성으로 인하여 합헌성 추정이 강하게 인정되어 완화된 심사를 하게 된다(2002. 10.31, 2001헌마557).

④ [X] 헌법 제105조 제4항(법관의 정년은 법률로 정한다)에서 법관정년제 자체를 헌법에서 명시적으로 채택하고 있으므로 법관정년제 자체의 위헌성 판단은 헌법규정에 대한 위헌주장으로 종전 우리 헌법재판소 판례에 의하면 위헌판단의 대상이 되지 아니한다. 물론 이 경우에도 법관의 정년연령을 규정한 법률의 구체적인 내용에 대하여는 위헌판단의 대상이 될 수 있다(2002.10.31, 2001헌마557).

## 09 정답 ①

❶ [O] 법관은 탄핵, 형벌 또는 징계처분에 의하지 아니하고는 파면, 정직 또는 감봉되지 아니한다(1948년 제헌헌법 제80조).

② [X] 법관은 탄핵 또는 금고 이상의 형의 선고에 의하지 아니하고는 파면되지 아니하며, 징계처분에 의하지 아니하고는 정직·감봉 기타 불리한 처분을 받지 아니한다(헌법 제106조 제1항).

③ [ X ] 징계처분에 의하여 파면될 수는 없다.

> 헌법 제106조 ① 법관은 탄핵 또는 금고 이상의 형의 선고에 의하지
> 아니하고는 파면되지 아니하며, 징계처분에 의하지 아니하고는 정
> 직·감봉 기타 불리한 처분을 받지 아니한다.

④ [ X ] 징계처분에 의하여 해임될 수는 없다.

> 헌법 제106조 ① 법관은 탄핵 또는 금고 이상의 형의 선고에 의하지
> 아니하고는 파면되지 아니하며, 징계처분에 의하지 아니하고는 정
> 직·감봉 기타 불리한 처분을 받지 아니한다.

## 10 　　　　　　　　　　　　　　　　　정답 ②

① [ X ] 법관은 헌법 제63조의 해임건의 대상자가 아니다.

❷ [○]

> 「법원조직법」 제43조 【결격사유】 ① 다음 각 호의 어느 하나에 해당
> 하는 사람은 법관으로 임용할 수 없다.
> 1. 다른 법령에 따라 공무원으로 임용하지 못하는 사람
> 2. 금고 이상의 형을 선고받은 사람
> 3. 탄핵으로 파면된 후 5년이 지나지 아니한 사람

③ [ X ] 법관에 대한 징계처분은 정직·감봉·견책의 세 종류로 한다(「법
　　관징계법」 제3조 제1항).

④ [ X ] 징계처분에 의하여 해임될 수는 없다.

> 헌법 제106조 ① 법관은 탄핵 또는 금고 이상의 형의 선고에 의하지
> 아니하고는 파면되지 아니하며, 징계처분에 의하지 아니하고는 정
> 직·감봉 기타 불리한 처분을 받지 아니한다.

## 11 　　　　　　　　　　　　　　　　　정답 ②

① [○] 판사의 임명 및 연임에 대한 동의는 대법관회의의 의결을 거친다
　　(「법원조직법」 제17조 제1호).

❷ [ X ] 대법관의 임기는 6년으로 하며, 법률이 정하는 바에 의하여 연임
　　할 수 있다(헌법 제105조 제2항).

③ [○] ④ [○] 법관이 중대한 신체상 또는 정신상의 장해로 직무를 수
　　행할 수 없을 때에는, 대법관인 경우에는 대법원장의 제청으로 대
　　통령이 퇴직을 명할 수 있고, 판사인 경우에는 인사위원회의 심의
　　를 거쳐 대법원장이 퇴직을 명할 수 있다(「법원조직법」 제47조).

## 12 　　　　　　　　　　　　　　　　　정답 ②

① [ X ] 중대한 심신상의 장해로 직무를 수행할 수 없을 때 파면되지는 않
　　으나 퇴직하게 할 수는 있다.

> 헌법 제106조 ① 법관은 탄핵 또는 금고 이상의 형의 선고에 의하지
> 아니하고는 파면되지 아니하며, 징계처분에 의하지 아니하고는 정
> 직·감봉 기타 불리한 처분을 받지 아니한다.
> ② 법관이 중대한 심신상의 장해로 직무를 수행할 수 없을 때에는
> 법률이 정하는 바에 의하여 퇴직하게 할 수 있다.

❷ [○] 피청구인이 징계 등 처분에 대하여 불복하려는 경우에는 징계 등
　　처분이 있음을 안 날부터 14일 이내에 전심(前審)절차를 거치지
　　아니하고 대법원에 징계 등 처분의 취소를 청구하여야 한다(「법관
　　징계법」 제27조 제1항).

③ [ X ] 법관이 중대한 심신상의 장해로 직무를 수행할 수 없을 때에는 법률
　　이 정하는 바에 의하여 퇴직하게 할 수 있다(헌법 제106조 제2항).

④ [ X ] 법관이 중대한 신체상 또는 정신상의 장해로 직무를 수행할 수 없
　　을 때에는, 대법관인 경우에는 대법원장의 제청으로 대통령이 퇴
　　직을 명할 수 있고, 판사인 경우에는 인사위원회의 심의를 거쳐 대
　　법원장이 퇴직을 명할 수 있다(「법원조직법」 제47조).

## 13 　　　　　　　　　　　　　　　　　정답 ③

① [○] 이 사건 심판대상조항은 이 사건 법원조직법 개정 시점인 2011.
　　7.18. 당시에 이미 사법연수원에 입소하여 사법연수생의 신분을
　　가지고 있었던 자가 사법연수원을 수료하는 해의 판사 임용에 지
　　원하는 경우에 적용되는 한 신뢰보호원칙에 반하여 청구인들의 공
　　무담임권을 침해한다(2012.11.29, 2011헌마786).

② [○] 연임결격조항의 취지, 연임사유로 고려되는 근무성적평정의 대상
　　기간, 평정사항의 제한, 연임심사 과정에서의 절차적 보장 등을 종
　　합적으로 고려하면, 이 사건 연임결격조항이 근무성적이 현저히
　　불량하여 판사로서의 정상적인 직무를 수행할 수 없는 판사를 연
　　임할 수 없도록 규정하였다는 점만으로 사법의 독립을 침해한다고
　　볼 수 없다(2016.9.29, 2015헌바331).

❸ [ X ] 구 법관징계법 제2조 제2호의 '법관이 그 품위를 손상하거나 법원
　　의 위신을 실추시킨 경우'란 '법관이 주권자인 국민으로부터 수임
　　받은 사법권을 행사함에 손색이 없는 인품에 어울리지 않는 행위
　　를 하거나 법원의 위엄을 훼손하는 행위를 함으로써 법원 및 법관
　　에 대한 국민의 신뢰를 떨어뜨릴 우려가 있는 경우'로 해석할 수
　　있다. 그리고 구체적으로 어떠한 행위가 여기에 해당하는지는 위
　　법률조항의 수범자인 평균적인 법관을 기준으로 판단하여야 하는
　　데, 법관은 국가가 인증하는 사법시험을 통과하고 고도의 전문적
　　교육을 받은 전문직업인으로서 법률에 대한 전문적 지식뿐만 아니
　　라 높은 수준의 도덕적·윤리적 소양을 보유하고 있다는 점에 비
　　추어 보면 청구인을 포함한 평균적인 법관은 이를 충분히 예측할
　　수 있다. 따라서 구 법관징계법 제2조 제2호는 수범자에게 행동지
　　침을 제공하지 못하고 법 집행자에게 자의적인 법해석이나 법집행
　　을 허용하고 있다고 할 수는 없으므로 명확성 원칙에 위배되지 아
　　니한다(2012.2.23, 2009헌바34).

④ [○] 명예퇴직제도의 재량성, 평등원칙에 관한 일반 법리와 법관의 명
　　예퇴직 수당액에 대한 산정기준, 헌법상의 법관임기제, 법관의 자
　　진퇴직 및 군복무기간의 근속연수 가산에 따른 결과 등에 관한 여
　　러 사정들을 종합하면, 명예퇴직수당 수급권의 형성에 관한 폭넓
　　은 재량에 기초하여 구 법관 및 법원공무원 명예퇴직수당 등 지급
　　규칙(2011.1.31. 대법원규칙 제2320호로 개정되기 전의 것) 제3
　　조 제5항 본문에서 법관의 명예퇴직 수당액에 대하여 정년 잔여기
　　간만을 기준으로 하지 아니하고 임기 잔여기간을 함께 반영하여
　　산정하도록 한 것이 합리적인 이유 없이 동시에 퇴직하는 법관들
　　을 자의적으로 차별하는 것으로서 평등원칙에 위배된다고 볼 수
　　없다(대판 2016.5.24, 2013두14863).

## 14 　　　　　　　　　　　　　　　　　정답 ②

① [○] 헌법 제103조(법관은 헌법과 법률에 의하여 그 양심에 따라 독립
　　하여 심판한다)는 물적 독립이다. 인적 독립은 법관의 정년제와 임
　　기제 법관의 신분보장 등을 통하여 확보하고 있다.

❷ [ X ] 법관은 헌법과 법률에 의하여 그 양심에 따라 독립하여 심판한다(헌법 제103조). ➡ 법관은 재판의 준거규범으로서 헌법과 법률이라는 실정법을 우선적으로 적용하여야 하고, 관습법은 헌법과 법률에서 이를 법원으로 인정하고 있거나 각 법영역의 기본원리상 인정될 수 있는 경우 이외에는 관습법을 법원으로 인정하여서는 아니 된다. 그런데 형사재판에서는 죄형법정주의가 지배하므로 형사실체법에는 민사재판이나 행정재판에서와 달리 관습법 또는 조리와 같은 불문법은 포함되지 않는다. 또한 재판에 관한 절차법은 재판의 종류를 불문하고 형식적 의미의 법률이어야 한다.

③ [ O ] 이 사건 법률조항이 작량감경을 하더라도 별도의 법률상 감경사유가 없는 한 집행유예의 선고를 할 수 없도록 그 법정형의 하한을 높여 놓았다 하더라도 이는 강도상해죄를 범한 범죄자에 대하여는 반드시 장기간 사회에서 격리시키도록 하는 입법자의 입법정책적 결단으로 존중되어야 하고, 또한 법관이 형사재판의 양형에 있어 법률에 기속되는 것은, 법률에 따라 심판한다고 하는 헌법규정(제103조)에 따른 것으로 헌법이 요구하는 법치국가원리의 당연한 귀결이며, 법관의 양형판단재량권 특히 집행유예 여부에 관한 재량권이 어떠한 경우에도 제한될 수 없다고 볼 성질의 것은 아니다 (1997.8.21, 93헌바60).

④ [ O ] 헌법 제103조에 따라 법관은 헌법과 법률에 따른 양심에 구속될 뿐 다른 것들에는 구속되지 않는다. 따라서 동종사건이나 유사사건에서 대법원 판례의 기속력이 없으므로 이에 저촉되는 재판을 하였더라도 징계사유에 해당하지 않는다.

> 「법원조직법」 제8조 【상급심 재판의 기속력】 상급법원 재판에서의 판단은 해당 사건에 관하여 하급심을 기속한다.

## 15 정답 ④

① [ X ] 법원의 재판 중인 사건에 대해 법원에 청원을 할 수 없으나, 그렇지 않은 청원은 할 수 있다.

② [ X ] 판례평석은 법원의 독립에 반하지 않고 학문적 차원에서 허용된다.

③ [ X ] 제척·기피·회피제도는 소송당사자로부터의 독립을 위해 두고 있는 제도이다.

❹ [ O ] 합의재판의 경우 법관은 재판장의 사실인정이나 법적 판단에 기속되지 않는다. 다만, 합의평결이 이루어지면 그 결과에 따라야 한다.

## 16 정답 ③

① [ X ] 대법원 판결은 「법원조직법」 제8조에서 규정한 바와 같이 해당 사건에서만 효력을 가지므로 대세적 효력이 없다. 그러나 헌법재판소의 위헌결정은 당해 사건뿐 아니라 동종사건이나 유사사건에서도 그 효력이 있으므로 대세적 효력이 인정된다.

> 「헌법재판소법」 제47조 【위헌결정의 효력】 ① 법률의 위헌결정은 법원과 그 밖의 국가기관 및 지방자치단체를 기속한다.
>
> 「법원조직법」 제8조 【상급심 재판의 기속력】 상급법원 재판에서의 판단은 해당 사건에 관하여 하급심을 기속한다.

② [ X ] 심급제에 따라 특정한 사건에 대한 상급심의 판결은 그 사건에 한해 하급심을 기속한다(「법원조직법」 제8조). 「법원조직법」 제8조는 법관의 재판상 독립에 위반되지 않는다.

❸ [ O ] 「법원조직법」 제8조는 "상급법원의 재판에 있어서의 판단은 당해 사건에 관하여 하급심을 기속한다."라고 규정하지만 이는 심급제도의 합리적 유지를 위하여 당해 사건에 한하여 구속력을 인정한 것이고, 그 후의 동종의 사건에 대한 선례로서의 구속력에 관한 것은 아니다(2002.6.27, 2002헌마18 전원재판부).

④ [ X ] 상급법원 재판에서의 판단은 해당 사건에 관하여 하급심을 기속한다(「법원조직법」 제8조).

## 17 정답 ①

❶ [ O ] 위원회는 위원장 1명을 포함한 13명의 위원으로 구성하되, 위원장이 아닌 위원 중 1명은 상임위원으로 한다(「법원조직법」 제81조의3 제1항).

② [ X ]

> 「법원조직법」 제81조의3 【위원회의 구성】 ② 위원장은 15년 이상 다음 각 호의 직에 있던 사람 중에서 대법원장이 임명하거나 위촉한다.
> 1. 판사, 검사, 변호사
> 2. 국가, 지방자치단체, 국영·공영기업체, 「공공기관의 운영에 관한 법률」 제4조에 따른 공공기관, 그 밖의 법인에서 법률에 관한 사무에 종사한 사람
> 3. 공인된 대학의 법학 조교수 이상의 교수

③ [ X ] 형(刑)을 정할 때 국민의 건전한 상식을 반영하고 국민이 신뢰할 수 있는 공정하고 객관적인 양형(量刑)을 실현하기 위하여 대법원에 양형위원회(이하 '위원회'라 한다)를 둔다(「법원조직법」 제81조의2 제1항).

④ [ X ]

> 「법원조직법」 제81조의7 【양형기준의 효력 등】 ① 법관은 형의 종류를 선택하고 형량을 정할 때 양형기준을 존중하여야 한다. 다만, 양형기준은 법적 구속력을 갖지 아니한다.
> ② 법원이 양형기준을 벗어난 판결을 하는 경우에는 판결서에 양형의 이유를 적어야 한다. 다만, 약식절차 또는 즉결심판절차에 따라 심판하는 경우에는 그러하지 아니하다.

## 18 정답 ③

㉠ [ X ] 법관은 형의 종류를 선택하고 형량을 정할 때 양형기준을 존중하여야 한다. 다만, 양형기준은 법적 구속력을 갖지 아니한다(「법원조직법」 제81조의7 제1항).

㉡ [ X ] 양형기준은 법관이 형종을 선택하고 형량을 정함에 있어 참고하여야 하지만, 법적 구속력은 갖지 않는 권고적 기준에 해당된다(「법원조직법」 제81조의7 제1항 단서).

㉢ [ O ] 사법의 본질은 법 또는 권리에 관한 다툼이 없거나 법이 침해된 경우에 독립적인 법원이 원칙적으로 직접 조사한 증거를 통한 객관적 사실인정을 바탕으로 법을 해석·적용하여 유권적인 판단을 내리는 작용이다. 우리 헌법은 권력 상호간의 견제와 균형을 위하여 명시적으로 규정한 예외를 제외하고는 입법부에 사법작용을 수행할 권한을 부여하지 않고 있다. 그런데 위 법 제7조 제7항 본문은 법원으로 하여금 증거조사도 하지 말고 형을 선고하도록 하고 있어 헌법이 정한 입법권의 한계를 유월하여 사법작용을 침해하고 있다(1996.1.25, 95헌가5).

② [X] 사법보좌관제도는 이의절차 등에 의하여 법관이 사법보좌관의 소송비용액 확정결정절차를 처리할 수 있는 장치를 마련함으로써 적정한 업무처리를 도모함과 아울러 사법보좌관의 처분에 대하여 법관에 의한 사실확정과 법률의 해석적용의 기회를 보장하고 있는 바, 이는 한정된 사법 인력을 실질적 쟁송에 집중하도록 하면서 궁극적으로 국민의 재판받을 권리를 실질적으로 보장한다는 입법목적 달성에 기여하는 적절한 수단임을 인정할 수 있다. 따라서 사법보좌관에게 소송비용액 확정결정절차를 처리하도록 한 이 사건 조항이 그 입법재량권을 현저히 불합리하게 또는 자의적으로 행사하였다고 단정할 수 없으므로 헌법 제27조 제1항에 위반된다고 할 수 없다(2009.2.26, 2007헌바8).

⑩ [O] 대한변호사협회징계위원회에서 징계를 받은 변호사는 법무부변호사징계위원회에서의 이의절차를 밟은 후 곧바로 대법원에 즉시항고토록 하고 있는 변호사법 제81조 제4항 내지 제6항은 행정심판에 불과한 법무부변호사징계위원회의 결정에 대하여 법원의 사실적 측면과 법률적 측면에 대한 심사를 배제하고 대법원으로 하여금 변호사징계사건의 최종심 및 법률심으로서 단지 법률적 측면의 심사만을 할 수 있도록 하고 재판의 전심절차로서만 기능해야 할 법무부변호사징계위원회를 사실확정에 관한 한 사실상 최종심으로 기능하게 하고 있으므로, 일체의 법률적 쟁송에 대한 재판기능을 대법원을 최고법원으로 하는 법원에 속하도록 규정하고 있는 헌법 제101조 제1항 및 재판의 전심절차로서 행정심판을 두도록 하는 헌법 제107조 제3항에 위반된다(2000.6.29, 99헌가9).

## 19         정답 ③

① [O] 그런데 법무부변호사징계위원회의 징계결정이나 기각결정은 그 판단주체 및 기능으로 보아 행정심판에 불과함이 분명하고, 이러한 행정심판에 대하여는 법원에 의한 사실적 측면과 법률적 측면의 심사가 가능하여야만 비로소 변호사징계사건에 대한 사법권 내지는 재판권이 법원에 속한다고 할 수 있을 것인바 …(2000.6.29, 99헌가9).

② [O] 특허법 제186조 제1항이 행정심판임이 분명한 특허청의 항고심판심결이나 결정에 대한 법원의 사실적 측면과 법률적 측면에 대한 심사를 배제하고 대법원으로 하여금 특허사건의 최종심 및 법률심으로서 단지 법률적 측면의 심사만을 할 수 있도록 하고 재판의 전심절차로서만 기능해야 할 특허청의 항고심판을 사실확정에 관한 한 사실상 최종심으로 기능하게 하고 있는 것은, 일체의 법률적 쟁송에 대한 재판기능을 대법원을 최고법원으로 하는 법원에 속하도록 규정하고 있는 헌법 제101조 제1항 및 제107조 제3항에 위반된다(1995.9.28, 92헌가11 등).

❸ [X] 법원조직과 법관자격을 법정화하는 것은 법관의 신분을 보장하는 것으로써 궁극적으로 재판의 독립을 보장하기 위한 것일 뿐만 아니라, 법치주의 원칙상 당연한 귀결이다.

④ [O] 「형사소송법」 제331조는 무죄 등의 판결이 선고된 경우에도 검사로부터 10년 이상의 징역형 등에 해당한다는 의견진술이 있는 경우에는 구속영장의 효력을 지속하도록 하고 있다. "헌법에 명문으로 규정된 영장주의는 구속의 개시시점에 한하지 않고 구속영장의 효력을 계속 유지할 것인지 아니면 취소 또는 실효시킬 것인지의 여부도 사법권 독립의 원칙에 의하여 신분이 보장되고 있는 법관의 판단에 의하여만 결정되어야 한다는 것을 의미하고 그 밖에 검사나 다른 국가기관의 의견에 의하여 좌우되도록 하는 것은 헌법상의 적법절차의 원칙에 위배된다(1992.12.24, 92헌가8)."

## 20         정답 ③

① [O] 회사정리절차의 개시와 진행의 여부를 실질적으로 금융기관의 의사에 종속시키는 위 규정은, 회사의 갱생가능성 및 정리계획의 수행가능성의 판단을 오로지 법관에게 맡기고 있는 회사정리법의 체계에 위반하여 사법권을 형해화시키는 것으로서, 지시로부터의 독립도 역시 그 내용으로 하는 사법권의 독립에 위협의 소지가 있다(1990.6.25, 89헌가98).

> **심판대상** 구 금융기관의 연체대출금에 관한 특별조치법 제7조의3(회사정리절차에 대한 특례) 제6조 및 제7조의 규정에 의하여 성업공사에 이관되었거나 회수가 위임된 채권의 채무자인 회사의 재산에 대하여는 성업공사의 신청이 있는 때에는 회사정리법의 규정에 불구하고 이 법과 경매법의 규정에 의한 경매절차를 진행한다.

② [O] 집행유예선고의 요건에 관한 제한은 반드시 필요한 것이고, 다만 어떠한 형을 선고하는 경우에 집행유예의 선고를 할 수 있느냐의 기준은 나라마다의 범죄자에 대한 교정처우의 실태, 범죄발생의 추이 및 범죄억제를 위한 형사정책적 판단, 각종 형벌법규에 규정된 법정형의 내용 등 제반사정을 종합적으로 고려하여 결정할 입법권자의 형성의 자유에 속하는 문제이다. 형법 제62조 제1항 본문 중 '3년 이하의 징역 또는 금고의 형을 선고할 경우'라는 집행유예의 요건한정부분은 법관의 양형판단권을 근본적으로 제한하거나 사법권의 본질을 침해한 위헌법률조항이라 할 수 없다(1997.8.21, 93헌바60).

❸ [X] 법률조항이 작량감경을 하더라도 별도의 법률상 감경사유가 없는 한 집행유예의 선고를 할 수 없도록 그 법정형의 하한을 높여 놓았다 하여 곧 그것이 법관의 양형결정권을 침해하였다거나 법관독립의 원칙에 위배된다고 할 수 없고 법관에 의한 재판을 받을 권리를 침해하는 것이라고도 할 수 없다(2004.4.29, 2003헌바118).

④ [O] 조세범처벌법 제10조의 법정형으로는 '1년 이하의 징역 또는 체납액에 상당하는 벌금'이 규정되어 있으므로 기본적으로 법관에게 징역형과 벌금형 중에 어느 하나를 선택하여 처벌할 수 있는 양형재량이 부여되어 있고, 벌금형을 선택할 경우에 있어서도 지나치게 무겁다고 판단할 때에는 형법 제53조에 따라 작량감경함으로써 그 벌금액을 2분의 1로 감축할 수 있을 뿐 아니라, 형법 제59조에 따라 그 형의 선고를 유예할 수 있는 재량을 가지고 있으므로, 위 규정에서 벌금형을 체납액 상당액으로 정액화한 것은 행위자의 책임에 따른 형벌의 개별화를 구현하기에 부적절한 면이 없지 아니하나, 그렇다고 하여 이와 같은 입법적 결단이 수인할 수 없을 정도로 법관의 양형재량권을 지나치게 제한함으로써 국민의 재판청구권을 침해하였다거나 법관독립의 원칙에 위배되었다고 보기 어렵다(1999.12.23, 99헌가5·6, 99헌바1).

**20회** 진도별 모의고사
법원 ~ 법정질서유지권

## 정답

| 01 | ④ | 02 | ① | 03 | ② | 04 | ③ |
|----|----|----|----|----|----|----|----|
| 05 | ④ | 06 | ③ | 07 | ④ | 08 | ② |
| 09 | ② | 10 | ④ | 11 | ① | 12 | ③ |
| 13 | ② | 14 | ② | 15 | ③ | 16 | ③ |
| 17 | ① | 18 | ③ | 19 | ③ | 20 | ③ |

## 01 정답 ④

① [ X ] 형사재판에서 법관의 양형결정이 법률에 기속되는 것은 법률에 따라 심판한다는 헌법 제103조에 의한 것으로 법치국가원리의 당연한 귀결이다. 헌법상 어떠한 행위가 범죄에 해당하고 이를 어떻게 처벌할 것인지 여부를 정할 권한은 국회에 부여되어 있고 그에 대하여는 광범위한 입법재량 내지 형성의 자유가 인정되고 있으므로 형벌에 대한 입법자의 입법정책적 결단은 기본적으로 존중되어야 한다. 따라서 형사법상 법관에게 주어진 양형권한도 입법자가 만든 법률에 규정되어 있는 내용과 방법에 따라 그 한도 내에서 재판을 통해 형벌을 구체화하는 것으로 볼 수 있다. 또한 검사의 약식명령청구사안이 적당하지 않다고 판단될 경우 법원은 직권으로 통상의 재판절차로 사건을 넘겨 재판절차를 진행시킬 수 있고 이 재판절차에서 법관이 자유롭게 형량을 결정할 수 있으므로 이러한 점들을 종합해보면 약식절차에서 피고인이 정식재판을 청구한 경우 약식명령보다 더 중한 형을 선고할 수 없도록 한 「형사소송법」 제457조의2에 의하여 법관의 양형결정권이 침해된다고 볼 수 없다(2005.3.31, 2004헌가27).

② [ X ] 현행법상 피고인의 상소권이 자유롭게 보장되어 있으며, 피고인은 선고유예 실효 결정에 대하여도 즉시항고를 할 수 있으므로, 이 사건 법률조항은 재판받을 권리를 침해하지 아니하고, 선고유예기간 전에 범죄를 저지르고 판결이 확정된 경우와 유예기간 전에 범죄를 저지르고 유예기간 중에 판결이 확정된 경우 간에 불균형이 생기는 것을 방지하고자 범행의 시기는 불문하고 판결확정시점을 기준으로 선고유예의 실효 여부를 판단하게 한 것이므로, 이러한 입법자의 결단이 법관의 양형결정권을 침해하는 것이라고도 볼 수 없다(2009.3.26, 2007헌가19).

③ [ X ] '파산관재인의 선임 및 직무감독에 관한 사항'은 대립당사자 간의 법적 분쟁을 사법적 절차를 통하여 해결하는 전형적인 사법권의 본질에 속하는 사항이 아니며, 따라서 입법자에 의한 개입여지가 넓으므로, 그러한 입법형성권 행사가 자의적이거나 비합리적이 아닌 한 사법권을 침해한다고 할 수 없다. 이 사건 조항은 현재의 경제상황에서 금융기관의 도산이 갖는 경제적 파급효과의 심각성 및 금융기관에 투입된, 국민의 부담이거나 부담으로 귀결될 수 있는 수많은 공적 자금의 신속하고 효율적인 회수의 필요성이 인정되므로 정당한 입법목적을 지니며, 예금보험공사('예보') 측을 금융기관에 대한 파산관재인으로 선임하면, 예보가 지닌 금융경제질서의 안정을 위한 공적 기능의 과제와 그 의사결정과 업무수행에 관한 정부의 참여와 감독을 고려할 때, 보다 효율적이고 신속한 공적 자금의 회수에 기여할 것이라고 인정될 수 있다. 그러므로 이 사건 조항은 객관적으로 자의적인 것이라거나 비합리적인 것이라 볼 수 없다(2001.3.15, 2001헌가1).

④ [ O ] 대법원장은 대법관 후보자를 제청하는 경우에는 추천위원회의 추천 내용을 존중한다(「법원조직법」 제41조의2 제7항).

## 02 정답 ①

❶ [ O ] 법관은 경력직공무원 중 특정직공무원으로서, 이 사건 인사처분에 대하여는 법원 소속 공무원의 소청에 관한 사항을 심사결정하게 하기 위하여 법원행정처에 설치된 소청심사위원회에 구제를 청구하고, 다시 행정소송을 제기하여 그 구제를 청구할 수 있음이 명백한데, 위와 같은 구제절차를 거치지 아니한 채 바로 헌법소원심판을 청구하였으므로 이 사건 심판청구는 다른 법률이 정한 구제절차를 모두 거치지 아니한 채 제기된 부적법한 심판청구라 아니할 수 없다(1993.12.23, 92헌마247).

② [ X ]

> 「법원조직법」 제41조 【법관의 임명】 ② 대법관은 대법원장의 제청으로 국회의 동의를 받아 대통령이 임명한다.
> ③ 판사는 인사위원회의 심의를 거치고 대법관회의의 동의를 받아 대법원장이 임명한다.

③ [ X ]

> 「법원조직법」 제41조의2 【대법관후보추천위원회】 ③ 위원은 다음 각 호에 해당하는 사람을 대법원장이 임명하거나 위촉한다.
> 1. 선임대법관
> 2. 법원행정처장
> 3. 법무부차관
> 4. 대한변호사협회장
> 5. 사단법인 한국법학교수회 회장
> 6. 사단법인 법학전문대학원협의회 이사장
> 7. 대법관이 아닌 법관 1명
> 8. 학식과 덕망이 있고 각계 전문 분야에서 경험이 풍부한 사람으로서 변호사 자격을 가지지 아니한 사람 3명. 이 경우 1명 이상은 여성이어야 한다.

④ [ X ] 대법관후보추천위원회의 추천을 존중하나 구속력이 인정되지 않는다.

> 헌법 제104조 ② 대법관은 대법원장의 제청으로 국회의 동의를 얻어 대통령이 임명한다.
>
> 「법원조직법」 제41조의2 【대법관후보추천위원회】 ⑦ 대법원장은 대법관 후보자를 제청하는 경우에는 추천위원회의 추천 내용을 존중한다.

## 03 정답 ②

① [ O ] ❷ [ X ] 대법원장은 다른 국가기관으로부터 법관의 파견근무 요청을 받은 경우에 업무의 성질상 법관을 파견하는 것이 타당하다고 인정되고 해당 법관이 파견근무에 동의하는 경우에는 그 기간을 정하여 이를 허가할 수 있다(「법원조직법」 제50조).

③ [ O ] 법관으로서 퇴직 후 2년이 지나지 아니한 사람은 대통령비서실의 직위에 임용될 수 없다(「법원조직법」 제50조의2 제2항).

④ [ O ]

「**법원조직법**」 **제49조【금지사항】** 법관은 재직 중 다음 각 호의 행위를 할 수 없다.

1. 국회 또는 지방의회의 의원이 되는 일
2. 행정부서의 공무원이 되는 일
3. 정치운동에 관여하는 일
4. 대법원장의 허가 없이 보수를 받는 직무에 종사하는 일
5. 금전상의 이익을 목적으로 하는 업무에 종사하는 일
6. 대법원장의 허가를 받지 아니하고 보수의 유무에 상관없이 국가기관 외의 법인·단체 등의 고문, 임원, 직원 등의 직위에 취임하는 일

## 04    정답 ③

① [○] 대법원장은 법관을 사건의 심판 외의 직(재판연구관을 포함한다)에 보하거나 그 직을 겸임하게 할 수 있다(「법원조직법」 제52조 제1항).

② [○] 사법보좌관은 법관의 감독을 받아 업무를 수행하며, 사법보좌관의 처분에 대해서는 대법원규칙으로 정하는 바에 따라 법관에게 이의신청을 할 수 있다(「법원조직법」 제54조 제3항).

❸ [X] 사법보좌관은 법관의 감독을 받아 업무를 수행하며, 사법보좌관의 처분에 대해서는 대법원규칙으로 정하는 바에 따라 법관에게 이의신청을 할 수 있다(「법원조직법」 제54조 제3항).
「법원조직법」 제54조 제3항 등에서는 사법보좌관의 처분에 대한 이의신청을 허용함으로써 동일 심급 내에서 법관으로부터 다시 재판받을 수 있는 권리를 보장하고 있는데, 이 사건 조항에 의한 소송비용액 확정결정절차의 경우에도 이러한 이의절차에 의하여 법관에 의한 판단을 거치도록 함으로써 법관에 의한 사실확정과 법률해석의 기회를 보장하고 있다. 따라서 사법보좌관에게 소송비용액 확정결정절차를 처리하도록 한 이 사건 조항이 그 입법재량권을 현저히 불합리하게 또는 자의적으로 행사하였다고 단정할 수 없으므로 헌법 제27조 제1항에 위반된다고 할 수 없다(2009.2.26, 2007헌바8).

④ [○]

「**법원조직법**」 **제42조의3【직무권한의 제한】** ① 제42조 제1항 각 호의 재직기간을 합산하여 5년 미만인 판사는 변론을 열어 판결하는 사건에 관하여는 단독으로 재판할 수 없다.
② 제1항의 판사는 합의부의 재판장이 될 수 없다.

## 05    정답 ④

① [○] 탄핵으로 파면된 후 5년이 지나지 아니한 사람은 법관으로 임용할 수 없다(「법원조직법」 제43조 제1항 제3호).

② [○]

「**법원조직법**」 **제43조【결격사유】** ① 다음 각 호의 어느 하나에 해당하는 사람은 법관으로 임용할 수 없다.

1. 다른 법령에 따라 공무원으로 임용하지 못하는 사람
2. 금고 이상의 형을 선고받은 사람
3. 탄핵으로 파면된 후 5년이 지나지 아니한 사람
4. 대통령비서실 소속의 공무원으로서 퇴직 후 3년이 지나지 아니한 사람

5. 「정당법」 제22조에 따른 정당의 당원 또는 당원의 신분을 상실한 날부터 3년이 경과되지 아니한 사람
6. 「공직선거법」 제2조에 따른 선거에 후보자(예비후보자를 포함한다)로 등록한 날부터 5년이 경과되지 아니한 사람
7. 「공직선거법」 제2조에 따른 대통령선거에서 후보자의 당선을 위하여 자문이나 고문의 역할을 한 날부터 3년이 경과되지 아니한 사람

③ [○] 대법원장과 대법관은 20년 이상 다음 각 호의 직에 있던 45세 이상의 사람 중에서 임용한다(「법원조직법」 제42조 제1항).

❹ [X]

「**헌법재판소법**」 **제3조【구성】** 헌법재판소는 9명의 재판관으로 구성한다.

「**법원조직법**」 **제4조【대법관】** ② 대법관의 수는 대법원장을 포함하여 14명으로 한다.

## 06    정답 ③

① [X] 사법연수생들이 판사즉시임용제도에 관하여 가지고 있었던 신뢰는 법적으로 보호되는 신뢰이다.

② [X] 2013.1.1.부터 판사임용자격에 일정기간 법조경력을 요구하는 「법원조직법」을 2011.7.18. 개정 당시 사법연수생에게 적용하는 「법원조직법」 부칙 제1조 단서는 「법원조직법」 개정 시점인 2011. 7.18. 당시에 이미 사법연수원에 입소하여 사법연수생의 신분을 가지고 있었던 자가 사법연수원을 수료하는 해의 판사임용에 지원하는 경우에 적용되는 한 신뢰보호원칙에 반하여 청구인들의 공무담임권을 침해한다.

❸ [○] 청구인들의 종전 규정에 대한 신뢰보호를 어느 범위까지 할 것인지에 대하여 살피건대, 판사임용자격과 같이 일정한 전문분야에 관한 자격제도의 형성에 관해서는 입법부가 형성의 자유를 가지며, 이미 사법연수원을 수료한 사람 중에서 개정법에 따라 일정기간의 재직연수를 충족하여야만 판사로 임용될 수 있는 사람과의 형평에 비추어 볼 때, 이 사건 「법원조직법」 개정 전에 사법연수원에 입소했다는 사실만으로 청구인들에게 영구히 개정법을 적용할 수 없다고 볼 수는 없다. 결국 이 사건 심판대상조항은 이 사건 「법원조직법」 개정 시점인 2011.7.18. 당시에 이미 사법연수원에 입소하여 사법연수생의 신분을 가지고 있었던 자가 사법연수원을 수료하는 해의 판사임용에 지원하는 경우에 적용되는 한 신뢰보호원칙에 반하여 청구인들의 공무담임권을 침해한다(2012.11.29, 2011헌마786).

④ [X] 이 사건 심판대상조항은 병역의무의 이행 자체를 직접적 이유로 불이익을 가하려는 것이 아니라, 법조일원화에 따른 경과규정으로 판사인력의 수급, 기존 법조인의 판사임용자격에 대한 신뢰 등을 고려하여 단계적으로 판사임용에 필요한 법조경력을 기간별로 조정한 것이다. 청구인들이 「병역법」상 입영연기가 불가능한 시점에 사법시험에 합격하여 바로 사법연수원에 입소하지 못하고 현역병으로 입영할 수밖에 없었던 사정 등을 고려하면, 병역의무의 이행으로 사법연수원의 입소 및 수료가 늦어져 사법연수원 수료와 동시에 판사임용자격을 취득하지 못하였다고 하더라도, 이를 헌법 제39조 제2항에서 금지하는 병역의무의 이행을 이유로 불이익을 받은 것이라고 볼 수 없다(2014.5.29, 2013헌마127).

## 07

정답 ④

① [ X ] 대법원은 헌법상 법원이나, 고등법원은 헌법상 법원이 아니다.

> **헌법 제101조** ② 법원은 최고법원인 대법원과 각급 법원으로 조직된다.

② [ X ]

> **「법원조직법」 제3조【법원의 종류】** ① 법원은 다음의 7종류로 한다.
> 1. 대법원
> 2. 고등법원
> 3. 특허법원
> 4. 지방법원
> 5. 가정법원
> 6. 행정법원
> 7. 회생법원

③ [ X ] 고등법원·특허법원·지방법원·가정법원·행정법원·회생법원과 지방법원 및 가정법원의 지원, 가정지원, 시·군법원의 설치·폐지 및 관할구역은 따로 법률로 정하고, 등기소의 설치·폐지 및 관할구역은 대법원규칙으로 정한다(「법원조직법」 제3조 제3항).

❹ [ O ] 대법원장은 법원의 조직, 인사, 운영, 재판절차, 등기, 가족관계등록, 그 밖의 법원 업무와 관련된 법률의 제정 또는 개정이 필요하다고 인정하는 경우에는 국회에 서면으로 그 의견을 제출할 수 있다(「법원조직법」 제9조 제3항).

## 08

정답 ②

① [ X ] 대법원장은 대법관회의에서는 의장이 되나, 전원합의체에서는 재판장이 된다.

❷ [ O ]

> **「법원조직법」 제16조【대법관회의의 구성과 의결방법】** ② 대법관회의는 대법관 전원의 3분의 2 이상의 출석과 출석인원 과반수의 찬성으로 의결한다.
> ③ 의장은 의결에서 표결권을 가지며, 가부동수일 때에는 결정권을 가진다.

③ [ X ] 고등법원의 판결에 대한 상고사건은 대법관회의가 아니라, 대법원 전원합의체에서 담당한다. 대법관회의는 재판을 담당하는 법원이 아니라, 사법행정사무를 의결하는 기관이다.

> **「법원조직법」 제14조【심판권】** 대법원은 다음 각 호의 사건을 종심으로 심판한다.
> 1. 고등법원 또는 항소법원·특허법원의 판결에 대한 상고사건
> 2. 항고법원·고등법원 또는 항소법원·특허법원의 결정·명령에 대한 재항고사건
> 3. 다른 법률에 따라 대법원의 권한에 속하는 사건
>
> **제16조【대법관회의의 구성과 의결방법】** ② 대법관회의는 대법관 전원의 3분의 2 이상의 출석과 출석인원 과반수의 찬성으로 의결한다.
>
> **제17조【대법관회의의 의결사항】** 다음 각 호의 사항은 대법관회의의 의결을 거친다.
> 1. 판사의 임명 및 연임에 대한 동의
> 2. 대법원규칙의 제정과 개정 등에 관한 사항

> **「법원조직법」 제7조【심판권의 행사】** ① 대법원의 심판권은 대법관 전원의 3분의 2 이상의 합의체에서 행사하며, 대법원장이 재판장이 된다. 다만, 대법관 3명 이상으로 구성된 부에서 먼저 사건을 심리하여 의견이 일치한 경우에 한정하여 다음 각 호의 경우를 제외하고 그 부에서 재판할 수 있다.
> 1. 명령 또는 규칙이 헌법에 위반된다고 인정하는 경우
> 2. 명령 또는 규칙이 법률에 위반된다고 인정하는 경우
> 3. 종전에 대법원에서 판시한 헌법·법률·명령 또는 규칙의 해석 적용에 관한 의견을 변경할 필요가 있다고 인정하는 경우
> 4. 부에서 재판하는 것이 적당하지 아니하다고 인정하는 경우

## 09

정답 ②

① [ X ] 대법원 재판서에는 합의에 관여한 모든 대법관의 의견을 표시하여야 한다(「법원조직법」 제15조).

❷ [ O ] 전원합의체뿐 아니라 부(部)도 소송상의 법원이므로 위헌제청할 수 있다.

③ [ X ]

> **「법원조직법」 제7조【심판권의 행사】** ① 대법원의 심판권은 대법관 전원의 3분의 2 이상의 합의체에서 행사하며, 대법원장이 재판장이 된다. 다만, 대법관 3명 이상으로 구성된 부에서 먼저 사건을 심리하여 의견이 일치한 경우에 한정하여 다음 각 호의 경우를 제외하고 그 부에서 재판할 수 있다.
> 3. 종전에 대법원에서 판시한 헌법·법률·명령 또는 규칙의 해석 적용에 관한 의견을 변경할 필요가 있다고 인정하는 경우

④ [ X ]

> **「법원조직법」 제7조【심판권의 행사】** ① 대법원의 심판권은 대법관 전원의 3분의 2 이상의 합의체에서 행사하며, 대법원장이 재판장이 된다. 다만, 대법관 3명 이상으로 구성된 부(部)에서 먼저 사건을 심리하여 의견이 일치하여 경우에 한정하여 다음 각 호의 경우를 제외하고 그 부에서 재판할 수 있다.
> 1. 명령 또는 규칙이 헌법에 위반된다고 인정하는 경우
> 2. 명령 또는 규칙이 법률에 위반된다고 인정하는 경우
> 3. 종전에 대법원에서 판시한 헌법·법률·명령 또는 규칙의 해석 적용에 관한 의견을 변경할 필요가 있다고 인정하는 경우
> 4. 부에서 재판하는 것이 적당하지 아니하다고 인정하는 경우

➡ 대법원의 부는 대법관 3명 이상으로 구성되며 전원의 의견이 일치하는 때에는 그 부에서 판단할 수 있으나, 다만 명령 또는 규칙이 헌법 또는 법률에 위반되는 경우는 그러하지 않다. 따라서 4명 이상으로 부를 구성하는 것은 「법원조직법」에 위배되지 않고, 명령 또는 규칙이 헌법에 위반되지 않는다는 결정을 하는 것도 전원의 의견일치로 가능하므로, 이러한 것이 「법원조직법」에 위배된다는 표현은 틀린 지문이다.

## 10 정답 ②

① [ X ]

> 「법원조직법」 제7조 【심판권의 행사】 ① 대법원의 심판권은 대법관 전원의 3분의 2 이상의 합의체에서 행사하며, 대법원장이 재판장이 된다. 다만, 대법관 3명 이상으로 구성된 부에서 먼저 사건을 심리하여 의견이 일치한 경우에 한정하여 <u>다음 각 호의 경우를 제외하고 그 부에서 재판할 수 있다.</u>
> 1. 명령 또는 규칙이 헌법에 위반된다고 인정하는 경우
> 2. 명령 또는 규칙이 법률에 위반된다고 인정하는 경우
> 3. 종전에 대법원에서 판시한 헌법·법률·명령 또는 규칙의 해석 적용에 관한 의견을 변경할 필요가 있다고 인정하는 경우
> 4. 부에서 재판하는 것이 적당하지 아니하다고 인정하는 경우

❷ [ O ] 헌법이 위와 같이 대법원을 최고법원으로 규정하였다고 하여 대법원이 곧바로 모든 사건을 상고심으로서 관할하여야 한다는 결론이 당연히 도출되는 것은 아니다. 헌법 제102조 제3항에 따라 법률로 정할 '대법원과 각급 법원의 조직'에는 그 관할에 관한 사항도 포함되며, 따라서 대법원이 어떤 사건을 제1심으로서 또는 상고심으로서 관할할 것인지는 법률로 정할 수 있는 것으로 보아야 하기 때문이다(2007.7.26, 2006헌마1447 등).

③ [ X ] 선거소송 등의 경우와 같이 바로 대법원에서 단심으로 종결되는 경우도 있다.

④ [ X ] 중앙심판원의 재결에 대한 소송은 중앙심판원의 소재지를 관할하는 고등법원에 전속한다(「해양사고의 조사 및 심판에 관한 법률」 제74조 제1항).

## 11 정답 ①

❶ [ O ] 특허소송은 2심제(특허법원 ⇨ 대법원)이나, 행정소송은 3심제(행정법원 ⇨ 고등법원 ⇨ 대법원)이다.

② [ X ] 제34조의 즉결심판에 대하여 피고인은 고지를 받은 날부터 <u>7일</u> 이내에 정식재판을 청구할 수 있다(「법원조직법」 제35조).

③ [ X ] 고등법원·특허법원 및 행정법원의 심판권은 판사 3명으로 구성된 합의부에서 행사한다. 다만, 행정법원의 경우 단독판사가 심판할 것으로 행정법원 합의부가 결정한 사건의 심판권은 단독판사가 행사한다(「법원조직법」 제7조 제3항).

④ [ X ]

> 「법원조직법」 제34조 【시·군법원의 관할】 ① 시·군법원은 다음 각 호의 사건을 관할한다.
> 1. 「소액사건심판법」을 적용받는 민사사건
> 2. 화해·독촉 및 조정에 관한 사건
> 3. <u>20만 원 이하의 벌금</u> 또는 구류나 과료에 처할 범죄사건
> 4. 「가족관계의 등록 등에 관한 법률」 제75조에 따른 협의상 이혼의 확인

## 12 정답 ③

㉠ [ O ] 헌법 제101조 제1항·제2항은 "사법권은 법관으로 구성된 법원에 속한다. 법원은 최고법원인 대법원과 각급 법원으로 조직된다."라고 규정하고 있고, 헌법 제107조 제3항 전문은 "재판의 전심절차로서 행정심판을 할 수 있다."라고 규정하고 있다. 이는 우리 헌법

이 국가권력의 남용을 방지하고 국민의 자유와 권리를 확보하기 위한 기본원리로서 채택한 3권분립주의의 구체적 표현으로서 일체의 법률적 쟁송을 심리·재판하는 작용인 사법작용은 헌법 그 자체에 의한 유보가 없는 한 오로지 대법원을 최고법원으로 하는(헌법 제101조 제2항) 법원만이 담당할 수 있고 또 행정심판은 어디까지나 법원에 의한 재판의 전심절차로서만 기능하여야 함을 의미한다(1995.9.28, 92헌가11).

㉡ [ X ] 재판의 <u>전심절차</u>로서 행정심판을 할 수 있다. 행정심판의 절차는 법률로 정하되, 사법절차가 준용되어야 한다(헌법 제107조 제3항).

㉢ [ O ] 이의신청·심사청구라는 2중의 행정심판을 필요적으로 거치도록 하면서도 사법절차를 준용하고 있지 않으므로 지방세법 제78조 제2항은 헌법 제107조 제3항에 위반된다. 또한 지방세법 제78조 제2항은 <u>사법절차를 준용하지 않으면서 이의신청·심사청구라는 2중의 행정심판을 필요적으로 거치도록 하는 점</u>에서, 또한 행정심판제도의 취지를 살릴 수 없어 전적으로 무용하거나 그 효용이 극히 미미한 경우에까지 무조건적으로 전심절차를 강요한다는 점에서 헌법 제107조 제3항에 위반된다(2001.6.28, 2000헌바30).

㉣ [ X ] 재판의 전심절차로서 행정심판을 할 수 있다. 행정심판의 절차는 법률로 정하되, 사법절차가 준용되어야 한다(헌법 제107조 제3항).

㉤ [ O ] 산업재해보상보험법이(제88조 등) 보험급여결정에 대한 행정소송을 제기하기 위하여 심사청구·재심사청구의 행정심판을 거치도록 한 것은, 동법이 규정하고 있는 심사청구·재심사청구의 절차와 여기에 보완적으로 적용되는 「행정심판법」의 심리절차까지 고려하여 살펴보면, 심사청구·재심사청구의 절차는 전체적으로 대심주의 구조에 가깝도록 배려되어 있다고 할 수 있고, 증거조사 신청권 등 당사자의 절차적 권리가 상당히 보장되어 있으며, 재결의 절차와 방식, 재결의 효력 등의 면에서도 사법절차를 준용하고 있다. 재결기관의 독립성·공정성에 관하여 보건대, 재심사청구의 재결기관인 산업재해보상보험심사위원회는 그 구성과 운영에 있어서 심의·재결의 <u>독립성과 공정성을 객관적으로 신뢰할 수 있을 만하고</u>, 심사청구의 경우에도 근로복지공단이 그 재결기관으로 되어 있다는 점만으로 심의·재결의 독립성과 공정성이 본질적으로 배제되어 있다고 하기 어려우며 심사청구에 관한 결정에 불복이 있는 자는 재심사청구의 기회가 보장되어 있다. 그렇다면 전체적으로 볼 때 위 법에서 규정한 심사청구·재심사청구제도는 헌법 제107조 제3항에 위반된다고 할 수 없다(2000.6.1, 98헌바8).

## 13 정답 ②

① [ O ] 헌법은 '제5장 법원'에서 일반법원과 군사법원에 관하여 규정하고 있어서 제5장의 표제어가 뜻하는 법원에는 군사법원이 포함되고 군사법원의 상고심이 대법원이기는 하지만(헌법 제110조 제2항), 구체적인 법원조직에 관하여 헌법 제102조 제3항이 "대법원과 각급 법원의 조직은 법률로 정한다."라고 규정하고 그에 따라 「법원조직법」이 제정되어 있으며, 한편 군사법원에 대하여는 헌법 제110조 제3항이 "군사법원의 조직·권한 및 재판관의 자격은 법률로 정한다."라고 규정하고 그에 따라 「군사법원법」이 제정되어 있다. 이와 같이 구체적인 법원의 조직에 있어서는 일반법원과 군사법원은 그 명칭을 달리한다(1994.12.29, 92헌바22).

❷ [ X ] <u>헌법 제110조 제1항에 의하여 인정되는 특별법원에 해당한다.</u> 즉, 군사법원의 재판은 「법원조직법」이 정한 법관의 재판이 아닌 「군사법원법」이 정한 군재판관에 의하므로, '헌법과 법률이 정한 법관'에 의한 재판이라고는 할 수 없기 때문이다. 그러나 군사법원의 상고심은 대법원에서 관할하고 있으므로(헌법 제110조 제2항), 우리 헌법은 대법원을 최종심으로 하지 아니하는 특별법원은 인정하지 않고 있다고 할 것이다.

③ [○] 예외법원은 법관으로 구성되지 않은 법원이므로 일반법원과 다르게 정할 수 있다.

④ [○] 헌법 제110조 제1항에서 "특별법원으로서 군사법원을 둘 수 있다."라는 의미는 군사법원을 일반법원과 조직·권한 및 재판관의 자격을 달리하여 특별법원으로 설치할 수 있다는 뜻으로 해석되므로, 법률로 군사법원을 설치함에 있어서 군사재판의 특수성을 고려하여 그 조직·권한 및 재판관의 자격을 일반법원과 달리 정하는 것이 헌법상 허용된다. 그러나 아무리 군사법원의 조직·권한 및 재판관의 자격을 일반법원과 달리 정할 수 있다고 하여도 그것이 아무런 한계 없이 입법자의 자의에 맡겨질 수는 없는 것이고 사법권의 독립 등 헌법의 근본원리에 위반되거나 헌법 제27조 제1항의 재판청구권, 헌법 제11조 제1항의 평등권, 헌법 제12조의 신체의 자유 등 기본권의 본질적 내용을 침해하여서는 안 될 헌법적 한계가 있다고 할 것이다(2009.7.30, 2008헌바162).

⑤ [○] 헌법과 법률이 정한 법관이 아닌 자로 구성되는 법원은 제27조 제1항에 위반되고, 대법원이 최종심이 아닌 법원은 제101조 제2항에 위반된다. 따라서 헌법에 근거를 두지 않고 법률로 특별법원을 설치하는 것은 헌법에 위반된다.

## 14 정답 ②

① [X] 보통군사법원과 고등군사법원 모두 군판사가 아닌 사람이 재판관이 될 수 있다.

> 「군사법원법」 제26조 【보통군사법원의 재판관】 ① 보통군사법원에서는 군판사 3명을 재판관으로 한다. 다만, 관할관이 지정한 사건에서는 군판사 2명과 심판관 1명을 재판관으로 한다.
>
> 제27조 【고등군사법원의 재판관】 ① 고등군사법원에서는 군판사 3명을 재판관으로 한다. 다만, 관할관이 지정한 사건의 경우 군판사 3명과 심판관 2명을 재판관으로 한다.

❷ [○] 군법무관회의는 재적 구성원 3분의 2 이상의 출석과 출석 구성원 과반수의 찬성으로 의결한다(「군사법원법」 제4조 제3항).

③ [X] 대법원은 군법무관회의의 의결을 거쳐 군사법원의 내부규율과 사무처리에 관한 군사법원규칙을 정한다(「군사법원법」 제4조 제1항).

④ [X]

> 「군사법원법」 제2조 【신분적 재판권】 ① 군사법원은 다음 각 호의 어느 하나에 해당하는 사람이 범한 죄에 대하여 재판권을 가진다.
> 1. 「군형법」 제1조 제1항부터 제4항까지에 규정된 사람. 다만, 「군형법」 제1조 제4항에 규정된 사람 중 다음 각 목의 어느 하나에 해당하는 내국인·외국인은 제외한다.
>
> 「군형법」 제1조 【적용대상자】 ④ 다음 각 호의 어느 하나에 해당하는 죄를 범한 내국인·외국인에 대하여도 군인에 준하여 이 법을 적용한다.
> 3. 제54조부터 제56조까지, 제58조, 제58조의2부터 제58조의6까지 및 제59조의 죄
>
> 제54조 【초병에 대한 폭행, 협박】 초병에게 폭행 또는 협박을 한 사람은 다음 각 호의 구분에 따라 처벌한다.

## 15 정답 ③

① [○] 각급 법원에서도 명령·규칙의 위헌 여부를 심사할 수 있다. 다만, 최종적인 심사권한은 대법원이 가지고 있다.

> 헌법 제107조 ① 법률이 헌법에 위반되는 여부가 재판의 전제가 된 경우에는 법원은 헌법재판소에 제청하여 그 심판에 의하여 재판한다.
> ② 명령·규칙 또는 처분이 헌법이나 법률에 위반되는 여부가 재판의 전제가 된 경우에는 대법원은 이를 최종적으로 심사할 권한을 가진다.

② [○] 군사법원뿐 아니라 모든 법원은 명령·규칙심사권을 가진다.

❸ [X] 헌법 제107조 제2항은 재판의 전제성을 요건으로 한다. 명령·규칙이 별도의 집행행위를 기다리지 않고 직접 기본권을 침해하는 경우 헌법소원심판의 대상이 될 수 있다.

> 관련 판례 헌법재판소법 제68조 제1항의 공권력이란 입법, 행정, 사법 등 모든 공권력을 말하는 것이므로, 입법부에서 제정한 법률, 행정부에서 시행한 시행령이나 시행규칙 및 사법부에서 제정한 규칙 등은 그것들이 별도의 집행행위를 기다리지 않고 직접 기본권을 침해하는 것일 때에는 모두 헌법소원심판의 대상이 될 수 있는 것이다(1990. 10.15, 89헌마178).

④ [○] 대법원을 비롯한 각급 법원(군사법원 포함)은 명령·규칙을 심사할 수 있다. 그러나 명령·규칙의 위헌·위법 여부를 최종적으로 심사할 권한은 대법원이 가진다(헌법 제107조 제2항).

## 16 정답 ③

① [X] 명령·규칙 또는 처분이 헌법이나 법률에 위반되는 여부가 재판의 전제가 된 경우에는 대법원은 이를 최종적으로 심사할 권한을 가진다(헌법 제107조 제2항).

② [X] 긴급명령은 헌법 제107조 제2항이 아니라, 제1항의 대상이 된다.

❸ [○] 명령·규칙심사의 대상이 되는 것은 법규적 효력을 갖는 명령과 규칙이다. 따라서 법규성이 없는 행정규칙은 원칙적으로 명령·규칙심사의 대상이 되지 않으나, 대외적 효력이 있는 법령보충적 행정규칙은 심사대상이 된다.

④ [X] 명령·규칙의 심사대상이 되는 규칙은 국민에 대하여 일반적 구속력을 가지는 규칙을 의미한다. 따라서 기관내규로서의 성질을 가지는 행정규칙은 대상이 되지 않는 것이 원칙이다. 그러나 행정규칙이 법령의 규정에 의하여 행정관청에 '법령의 구체적인 내용을 보충할 권한을 부여한 경우' 또는 '재량준칙'이 그 정한 바에 따라 되풀이 시행되어 행정관행이 이룩되게 되면 평등의 원칙이나 신뢰보호의 원칙에 따라 행정기관은 그 상대방에 대한 관계에서 그 규칙에 따라야 할 자기구속을 당하게 되고, 그러한 경우에는 대외적인 구속력을 가지게 되므로, 이러한 행정규칙은 심사의 대상이 된다.

## 17 정답 ①

❶ [○] 대법원은 헌법 제108조에 규정된 사항뿐만 아니라 대법원 관할 사항에 대해서 규칙을 제정할 수 있다.

② [X] 대법원은 법률에 저촉되지 아니하는 범위 안에서 소송에 관한 절차, 법원의 내부규율과 사무처리에 관한 규칙을 제정할 수 있다(헌법 제108조).

③ [ X ] 「헌법재판소법」 제68조 제1항이 규정하고 있는 헌법소원심판의 대상으로서의 '공권력'이란 입법·사법·행정 등 모든 공권력을 말하는 것이므로 입법부에서 제정한 법률, 행정부에서 제정한 시행령이나 시행규칙 및 사법부에서 제정한 규칙 등은 그것들이 별도의 집행행위를 기다리지 않고 직접 기본권을 침해하는 것일 때에는 모두 헌법소원심판의 대상이 될 수 있는 것이다(1990.10.15, 89헌마178).

④ [ X ] 헌법 제108조는 "대법원은 법률에서 저촉되지 아니하는 범위 안에서 소송에 관한 절차, 법원의 내부규율과 사무처리에 관한 규칙을 제정할 수 있다."라고 규정하고 있는바, 이는 위 조항에서 열거하고 있는 사항에 대해서는 대법원이 법률에 저촉되지 않는 한 법률에 의한 명시적인 수권이 없이도 이를 규칙으로 정할 수 있다는 의미이다(2016.6.30, 2013헌바370·392·421, 2014헌바7·296, 2015헌바74(병합)).

## 18                                              정답 ③

① [ O ] 3심제도는 헌법상 제도가 아니라, 입법정책적으로 결정할 사항이다. 고등법원은 헌법상 법원이 아닌데, 고등법원이 없다면 기본적으로는 3심제가 채택되기 힘들다.

② [ O ] 심급제도는 사법에 의한 권리보호에 관하여, 한정된 법 발견 자원의 합리적인 분배의 문제인 동시에 재판의 적정과 신속이라는 서로 상반되는 두 가지의 요청을 어떻게 조화시키느냐의 문제로 돌아가므로 기본적으로 입법자의 형성의 자유에 속하는 사항이다(1995.1.20, 90헌바1).

❸ [ X ] 모든 사건에 대하여 대법원을 구성하는 법관에 의한 균등한 재판을 받을 권리를 의미한다거나 또는 상고심재판을 받을 권리를 의미하는 것이라고 할 수는 없다. 또한 심급제도는 사법에 의한 권리보호에 관한 한정된 법 발견 자원의 합리적인 분배의 문제인 동시에 재판의 적정과 신속이라는 서로 상반되는 두 가지의 요청을 어떻게 조화시키느냐의 문제로 돌아가므로 원칙적으로 입법자의 형성의 자유에 속하는 사항이다. 그러므로 이 사건 법률조항은 비록 국민의 재판청구권을 제약하고 있기는 하지만 위 심급제도와 대법원의 최고법원성을 존중하면서 민사, 가사, 행정, 특허 등 소송사건에 있어서 상고심재판을 받을 수 있는 객관적인 기준을 정함에 있어 개별적 사건에서의 권리구제보다 법령해석의 통일을 더 우위에 둔 규정으로서 그 합리성이 있다고 할 것이므로 헌법에 위반되지 아니한다(2002.6.27, 2002헌마18).

④ [ O ] "법원은 최고법원인 대법원과 각급 법원으로 구성한다."라고 규정한 것이 각급 법원의 심리를 거치고 난 뒤에는 어느 사건이건 막론하고 차별 없이 모두 대법원에 상고할 수 있다는 취지의 규정으로는 이해되지 않는다(1992.6.26, 90헌바25).

## 19                                              정답 ③

① [ X ] 재판의 심리와 판결은 공개한다. 다만, 심리는 국가의 안전보장 또는 안녕질서를 방해하거나 선량한 풍속을 해할 염려가 있을 때에는 법원의 결정으로 공개하지 아니할 수 있다(헌법 제109조).

② [ X ] 공공복리는 비공개사유에 해당하지 않는다.

> 헌법 제109조 재판의 심리와 판결은 공개한다. 다만, 심리는 국가의 안전보장 또는 안녕질서를 방해하거나 선량한 풍속을 해할 염려가 있을 때에는 법원의 결정으로 공개하지 아니할 수 있다.

> 제37조 ② 국민의 모든 자유와 권리는 국가안전보장·질서유지 또는 공공복리를 위하여 필요한 경우에 한하여 법률로써 제한할 수 있으며, 제한하는 경우에도 자유와 권리의 본질적인 내용을 침해할 수 없다. ➡ 이것과 구별해야 한다.

❸ [ O ] 헌법 제109조의 단서는 심리만 예외적으로 비공개할 수 있도록 규정하고 있으므로, 판결은 반드시 공개해야 한다.

④ [ X ] 재판의 심리와 판결은 공개한다. 다만, 심리는 국가의 안전보장 또는 안녕질서를 방해하거나 선량한 풍속을 해할 염려가 있을 때에는 법원의 결정으로 공개하지 아니할 수 있다(헌법 제109조).

## 20                                              정답 ③

① [ O ] 법정질서유지권은 소송사건의 내용과 직접 관련이 없다는 점에서 소송지휘권과 구별된다.

② [ O ] 법원은 직권으로 법정 내외에서 제58조 제2항의 명령 또는 제59조를 위반하는 행위를 하거나 폭언, 소란 등의 행위로 법원의 심리를 방해하거나 재판의 위신을 현저하게 훼손한 사람에 대하여 결정으로 20일 이내의 감치에 처하거나 100만 원 이하의 과태료를 부과할 수 있다. 이 경우 감치와 과태료는 병과할 수 있다(「법원조직법」 제61조 제1항).

❸ [ X ]

> 「법원조직법」 제61조 【감치 등】① 법원은 직권으로 법정 내외에서 제58조 제2항의 명령 또는 제59조를 위반하는 행위를 하거나 폭언, 소란 등의 행위로 법원의 심리를 방해하거나 재판의 위신을 현저하게 훼손한 사람에 대하여 결정으로 20일 이내의 감치에 처하거나 100만 원 이하의 과태료를 부과할 수 있다. 이 경우 감치와 과태료는 병과할 수 있다.
> ⑤ 제1항의 재판에 대해서는 항고 또는 특별항고를 할 수 있다.

④ [ O ] ㉠ 감치결정과 과태료 부과는 「형법」상의 형벌이 아니고 사법행정상의 질서벌이므로 「형법」, 「형사소송법」 등이 적용되지 아니한다. ㉡ 감치제도는 형벌이 아닌 질서벌이므로 검사의 기소 없이 이루어지고, 감치기간 중 삭발을 하거나 노역장에 유치할 수 없다.

## 정답

| 01 | ④ | 02 | ① | 03 | ① | 04 | ② |
|----|---|----|---|----|---|----|---|
| 05 | ④ | 06 | ③ | 07 | ③ | 08 | ① |
| 09 | ③ | 10 | ③ | 11 | ③ | 12 | ③ |
| 13 | ④ | 14 | ① | 15 | ③ | 16 | ① |
| 17 | ④ | 18 | ② | 19 | ③ | 20 | ② |

## 01            정답 ④

① [X] 미국헌법에는 위헌법률심판 규정이 없다. 판례로 성립했다.

② [X] 미국은 미연방대법원이 헌법재판권과 일반사법권을 모두 가지는 일원적 구조이다. 우리나라는 일반사법권은 법원이, 헌법재판권은 헌법재판소가 가지므로 이원적 구조이다.

③ [X] 영국의 법의 지배는 보통법 우위 전통으로 미국의 실정법인 법률에 대한 사법심사로 이어져 위헌법률심판을 가능케 했다는 평가를 받는다. 다만, 영국에서는 불문헌법의 전통으로 위헌법률심판은 확립되지 못했다.

❹ [O] 위헌법률심판은 의회가 위헌인 법률을 제정하기 때문에 인정된 제도이므로 의회에 대한 불신을 배경으로 한다. 그러나 위헌법률심판은 의회불신을 전제로 하므로 의회주권이 강한 국가 또는 회의제 정부형태에서는 위헌법률심판을 철저하게 채택하기 어렵다.

## 02            정답 ①

❶ [X] 1960년 제3차 개정헌법에서 헌법재판소는 위헌법률심판, 권한쟁의심판, 정당해산심판, 탄핵재판, 선거소송심판 등을 담당하였다. 당시 헌법재판소는 법원에 계속 중인 사건에 관하여 법원 또는 당사자가 헌법에 관한 해석을 제청하였을 때, 결정을 통하여 헌법을 최종적으로 해석하는 권한도 있었다. 헌법재판소는 9명의 재판관으로 이루어졌으며, 재판관의 임기는 6년으로 되어 있었다. 헌법재판소는 제1공화국의 헌법위원회와 달리 상설기관이었다. 현행 헌법재판소와는 달리 헌법소원을 인정하지 아니하였고, 지방자치단체 상호간의 권한쟁의는 인정하지 않았다.

② [O]

> **제3차 개정헌법 제83조의3** 헌법재판소는 다음 각 호의 사항을 관장한다.
> 1. 법률의 위헌 여부 심사

③ [O] 권한쟁의심판은 제3차 개정헌법에서 처음 도입되어 국가기관을 당사자로 규정하였다. 그러나 현행헌법 제111조 제1항 제4호는 국가기관뿐만 아니라 지방자치단체도 당사자로 들고 있다.

④ [O]

> **1960년 개정헌법 제83조의3** 헌법재판소는 다음 각 호의 사항을 관장한다.
> 1. 법률의 위헌 여부 심사
> 2. 헌법에 관한 최종적 해석
> 3. 국가기관 간의 권한쟁의
> 4. 정당의 해산
> 5. 탄핵재판
> 6. 대통령, 대법원장과 대법관의 선거에 관한 소송

## 03            정답 ①

❶ [O] 제3항 및 제4항에도 불구하고 국회에서 선출한 재판관이 국회의 폐회 또는 휴회 중에 그 임기가 만료되거나 정년이 도래한 경우 또는 결원된 경우에는 국회는 다음 집회가 개시된 후 30일 이내에 후임자를 선출하여야 한다(「헌법재판소법」 제6조 제5항).

② [X] 국회의 재판관을 선출할 의무는 헌법상 의무라는 것이 헌법재판소 판례이다.

③ [X]

> **「헌법재판소법」 제6조【재판관의 임명】** ③ 재판관의 임기가 만료되거나 정년이 도래하는 경우에는 임기만료일 또는 정년도래일까지 후임자를 임명하여야 한다.
> ④ 임기 중 재판관이 결원된 경우에는 결원된 날부터 30일 이내에 후임자를 임명하여야 한다.

④ [X] 법률안 제출은 헌법 제52조에 따라 정부와 국회만 할 수 있어 헌법재판소장은 「헌법재판소법」 개정안을 국회에 제출할 수 없고, 입법의견만 제출할 수 있다. 예산안 제출은 헌법 제54조에 따라 정부만 할 수 있다.

## 04            정답 ②

① [O] 각종 심판절차에서 당사자인 사인은 변호사를 대리인으로 선임하지 아니하면 심판청구를 하거나 심판수행을 하지 못한다. 다만, 그가 변호사의 자격이 있는 경우에는 그러하지 아니하다(「헌법재판소법」 제25조 제3항).

❷ [X]

> **「헌법재판소법」 제23조【심판정족수】** ① 재판부는 재판관 7명 이상의 출석으로 사건을 심리한다.
> **제24조【제척·기피 및 회피】** ④ 당사자는 동일한 사건에 대하여 2명 이상의 재판관을 기피할 수 없다.

③ [O] 재판부는 사건의 심리를 위하여 필요하다고 인정하는 경우에는 직권 또는 당사자의 신청에 의하여 다음 각 호의 증거조사를 할 수 있다(「헌법재판소법」 제31조 제1항).

④ [O] 재판부는 결정으로 다른 국가기관 또는 공공단체의 기관에 심판에 필요한 사실을 조회하거나, 기록의 송부나 자료의 제출을 요구할 수 있다. 다만, 재판·소추 또는 범죄수사가 진행 중인 사건의 기록에 대하여는 송부를 요구할 수 없다(「헌법재판소법」 제32조).

① [X] 변호사인 대리인에 의한 헌법소원심판청구가 있었다면 그 이후 심리과정에서 대리인이 사임하고 다른 대리인을 선임하지 않았더라도 청구인이 그 후 자기에게 유리한 진술을 할 기회를 스스로 포기한 것에 불과할 뿐, 헌법소원심판청구를 비롯하여 기왕의 대리인에 의하여 수행된 소송행위 자체로서 재판성숙단계에 이르렀다면 기왕의 대리인의 소송행위가 무효로 되는 것은 아니라고 할 것이다. 재판성숙단계에 있었다면 본안판단을 해야 한다(1992.4.14, 91헌마156).

② [X] ③ [X] 각종 심판절차에서 당사자인 사인은 변호사를 대리인으로 선임하지 아니하면 심판청구를 하거나 심판수행을 하지 못한다. 다만, 그가 변호사의 자격이 있는 경우에는 그러하지 아니하다(「헌법재판소법」 제25조 제3항).

❹ [○] 헌법재판소는 당사자가 사인인 심판에 헌법소원심판과 탄핵심판을 들고 있다.

① [○] 「헌법재판소법」 제72조 제3항 제3호가 변호사의 선임이 없는 헌법소원을 지정재판부가 각하하도록 규정하였다 하더라도 변호사의 선임이라는 소송요건은 그 구비 여부가 객관적으로 명백히 드러나서 누구나 그 구비 여부를 쉽게 판별할 수 있기 때문에 이를 구비하지 아니한 소원을 지정재판부에서 바로 각하하여도 그 재판이 잘못될 염려가 없고, 오히려 이렇게 하는 것이 전원재판부의 업무부담을 줄여주고 소송의 결과에 대한 관계 당사자들의 공연한 기대를 조기에 차단하여 그들로 하여금 선후책을 강구할 수 있도록 도와주는 이점이 있으므로 위 규정은 합리적인 이유가 있는 것이고 재판청구권의 본질을 침해할 정도로 입법의 재량을 현저히 일탈한 것이라고 볼 수 없다(2004.4.29, 2003헌마783).

② [○] 변호사의 자격이 없는 사인의 헌법소원심판청구나 주장 등 심판수행은 변호사인 대리인이 추인한 경우만이 적법한 헌법소원심판청구와 심판수행으로서 효력이 있고 헌법소원심판대상이 되며, 이는 대리인이 국선변호인인 경우에도 마찬가지로 적용된다(1992.6.26, 89헌마132).

❸ [X] 각종 심판절차에서 당사자인 국가기관 또는 지방자치단체는 변호사 또는 변호사의 자격이 있는 소속 직원을 대리인으로 선임하여 심판을 수행하게 할 수 있다(「헌법재판소법」 제25조 제2항).

④ [○]

「헌법재판소법」 제23조【심판정족수】② 재판부는 종국심리에 관여한 재판관 과반수의 찬성으로 사건에 관한 결정을 한다. 다만, 다음 각 호의 어느 하나에 해당하는 경우에는 재판관 6명 이상의 찬성이 있어야 한다.
1. 법률의 위헌결정, 탄핵의 결정, 정당해산의 결정 또는 헌법소원에 관한 인용결정을 하는 경우
2. 종전에 헌법재판소가 판시한 헌법 또는 법률의 해석 적용에 관한 의견을 변경하는 경우

① [○] 3명을 동시에 탄핵소추의결하면 권한행사정지로 7명 이상의 출석이 불가하므로, 국회는 재판관 3명을 동시에 탄핵소추의결할 수 없다.

「헌법재판소법」 제23조【심판정족수】① 재판부는 재판관 7명 이상의 출석으로 사건을 심리한다.

② [○]

「헌법재판소법」 제23조【심판정족수】② 재판부는 종국심리에 관여한 재판관 과반수의 찬성으로 사건에 관한 결정을 한다. 다만, 다음 각 호의 어느 하나에 해당하는 경우에는 재판관 6명 이상의 찬성이 있어야 한다.
1. 법률의 위헌결정, 탄핵의 결정, 정당해산의 결정 또는 헌법소원에 관한 인용결정을 하는 경우
2. 종전에 헌법재판소가 판시한 헌법 또는 법률의 해석 적용에 관한 의견을 변경하는 경우

❸ [X] 권한쟁의심판청구의 인용결정은 7명 이상의 출석과 종국심리에 관여한 재판관 과반수 찬성으로 한다.

④ [○]

「헌법재판소법」 제23조【심판정족수】① 재판부는 재판관 7명 이상의 출석으로 사건을 심리한다.
제30조【심리의 방식】① 탄핵의 심판, 정당해산의 심판 및 권한쟁의의 심판은 구두변론에 의한다.

❶ [○]

「헌법재판소법」 제30조【심리의 방식】① 탄핵의 심판, 정당해산의 심판 및 권한쟁의의 심판은 구두변론에 의한다.
② 위헌법률의 심판과 헌법소원에 관한 심판은 서면심리에 의한다. 다만, 재판부는 필요하다고 인정하는 경우에는 변론을 열어 당사자, 이해관계인, 그 밖의 참고인의 진술을 들을 수 있다.
③ 재판부가 변론을 열 때에는 기일을 정하여 당사자와 관계인을 소환하여야 한다.

② [X] 심판의 변론과 결정의 선고는 공개한다. 다만, 서면심리와 평의(評議)는 공개하지 아니한다(「헌법재판소법」 제34조 제1항).

③ [X] 심판의 변론과 종국결정의 선고는 심판정에서 한다. 다만, 헌법재판소장이 필요하다고 인정하는 경우에는 심판정 외의 장소에서 변론 또는 종국결정의 선고를 할 수 있다(「헌법재판소법」 제33조).

④ [X] 「헌법재판소법」 제28조 제1항이 "재판장은 심판청구가 부적법하나 보정할 수 있다고 인정하는 경우에는 상당한 기간을 정하여 보정을 요구하여야 한다."라고 규정하면서 제4항에서 그 보정기간을 같은 법 제38조의 규정에 의한 헌법재판소의 심판기간(180일)에 산입하지 아니하는 것으로 규정하고 있는데 같은 법 제72조 제5항은 지정재판부의 심리에 위 제28조를 준용하도록 하고 있으므로, 지정재판부 재판장이 심판청구의 보정을 요구하면서 정한 보정기간은 「헌법재판소법」 제72조 제4항이 정하는 지정재판부의 사전심사기간(30일)에서 제외되어야 한다(1993.10.29, 93헌마222).

## 09 정답 ③

① [○] 헌법재판소는 심판사건을 접수한 날부터 180일 이내에 종국결정의 선고를 하여야 한다. 다만, 재판관의 궐위로 7명의 출석이 불가능한 경우에는 그 궐위된 기간은 심판기간에 산입하지 아니한다(「헌법재판소법」 제38조).

② [○] 헌법소원심판청구가 부적법하여 각하된 경우 그 결정에서 판시한 요건의 흠결을 보정할 수 있는 때에 한하여 이를 보정한 후 다시 심판청구를 하는 것은 모르되, 이를 보완하지 아니한 채 동일한 내용의 심판청구를 되풀이하는 것은 허용되지 아니한다(2013.8.20, 2013헌마505).

❸ [X]

> 「헌법재판소법」 제28조【심판청구의 보정】① 재판장은 심판청구가 부적법하나 보정(補正)할 수 있다고 인정되는 경우에는 상당한 기간을 정하여 보정을 요구하여야 한다.
> ② 제1항에 따른 보정 서면에 관하여는 제27조 제1항을 준용한다.
> ③ 제1항에 따른 보정이 있는 경우에는 처음부터 적법한 심판청구가 있은 것으로 본다.

④ [○] 「헌법재판소법」 제40조 제1항에 따라 준용되는 「행정소송법」 제23조 제2항의 집행정지규정과 「민사소송법」 제714조의 가처분규정에 의하면, 법령의 위헌확인을 청구하는 헌법소원심판에서의 가처분은 위헌이라고 다투어지는 법령의 효력을 그대로 유지시킬 경우 회복하기 어려운 손해가 발생할 우려가 있어 가처분에 의하여 임시로 그 법령의 효력을 정지시키지 아니하면 안 될 필요가 있을 때 허용되고, 다만 현재 시행되고 있는 법령의 효력을 정지시키는 것일 때에는 그 효력의 정지로 인하여 파급적으로 발생되는 효과가 클 수 있으므로 비록 일반적인 보전의 필요성이 인정된다고 하더라도 공공복리에 중대한 영향을 미칠 우려가 있을 때에는 인용되어서는 안 될 것이다(2002.4.25, 2002헌사129).

## 10 정답 ③

① [○] 「헌법재판소법」 제68조 제2항에 의한 헌법소원에서 당해 소원의 심판이 있을 때까지 그 소원의 전제가 된 민사소송절차의 일시정지를 구하는 가처분신청은 이유 없다(1993.12.20, 93헌사81).

② [○] 「헌법재판소법」 제40조 제1항에 의하여 「행정소송법」 제20조 제2항 단서가 헌법소원심판에 준용됨에 따라 정당한 사유가 있는 경우에는 제소기간의 도과에도 불구하고 헌법소원심판청구는 적법하다고 할 것인바, 여기의 정당한 사유라 함은 청구기간 도과의 원인 등 여러 가지 사정을 종합하여 지연된 심판청구를 허용하는 것이 사회통념상으로 보아 상당한 경우를 뜻한다(1993.7.29, 89헌마31).

❸ [X] 헌법재판의 정의나 헌법소원심판이 수행하는 객관적인 헌법질서에 관한 수호·유지기능, 그리고 헌법소원심판의 직권주의적 성격과 심판비용의 국가부담원칙, 변호사강제주의, 국선대리인제도 등에 관한 「헌법재판소법」의 규정 내용 등을 종합하여 보면, 당사자비용을 제외한 심판비용을 국가가 모두 부담하는 헌법소원심판절차에서 청구인이 승소하였는지 아니면 패소하였는지를 구분하지 않고 승소자의 당사자비용을 그 상대방인 패소자에게 반드시 부담시켜야만 하는 「민사소송법」과 「행정소송법」의 소송비용에 관한 규정들을 준용하는 것은 헌법재판의 성질에 반한다(2015.5.28, 2012헌사496).

④ [○] 형사소송법은 그 제262조의2에 "제260조의 규정에 의한 재정신청이 있을 때에는 전조의 재정결정이 있을 때까지 공소시효의 진행을 정지한다."라고 규정하여 재정신청으로 공소시효가 정지됨을 명문으로 규정하였다. 이러한 형사소송법 제262조의2의 규정취지는 검사의 불기소처분에 대하여 고소인이 불복하여 그 시정을 구하고자 재정신청을 한 경우 수사의 지연이나 재정절차의 지연으로 인하여 재정결정 전에 공소시효가 완성됨으로써 의당 구제받을 고소인의 권익이 구제받지 못한다면 재정신청제도의 취지 자체가 몰각될 우려가 있으므로 이를 방지하려는 데 있다. … 예외로서 시효가 정지되는 경우는 특별히 법률로서 명문의 규정을 둔 경우에 한하여야 할 것이다. 법률에 명문으로 규정되어 있지 아니한 경우 다른 제도인 재정신청에 관한 위 법조의 규정을 피의자에게 불리하게 유추적용하여 공소시효의 정지를 인정하는 것은 유추적용이 허용되는 범위를 일탈하여 법률이 보장한 피의자의 법적 지위의 안정을 법률상의 근거 없이 침해하는 것이 되고, 나아가서는 헌법 제12조 제1항, 제13조 제1항이 정하는 적법절차주의, 죄형법정주의에 반하여 기소되고 처벌받는 결과도 생길 수 있을 것이다. 뿐만 아니라 이는 당 재판소가 사실상의 입법행위를 하는 결과가 된다. 그러므로 형사소송법 제262조의2의 규정의 유추적용으로 고소사건에 대한 헌법소원이 심판에 회부된 경우도 공소시효가 정지된다고 인정함은 허용되지 않는다고 보아야 할 것으로 생각된다. 다만, 입법론적으로는 헌법소원이 제기된 후 심판 전에 공소시효가 완성됨으로써 고소인의 기본권 보장이 지장을 받을 경우를 구제하기 위하여 형사소송법 제262조의2의 재정신청의 경우와 같이 불기소사건에 관한 헌법소원이 헌법재판소의 심판에 회부된 경우는 공소시효가 정지되도록 하는 입법의 필요성은 있다(1993.9.27, 92헌마284).

## 11 정답 ③

① [○]

> 「헌법재판소법」 제56조【청구서의 기재사항】정당해산심판의 청구서에는 다음 각 호의 사항을 적어야 한다.
> 1. 해산을 요구하는 정당의 표시
> 2. 청구 이유
>
> 제64조【청구서의 기재사항】권한쟁의심판의 청구서에는 다음 각 호의 사항을 적어야 한다.
> 1. 청구인 또는 청구인이 속한 기관 및 심판수행자 또는 대리인의 표시
> 2. 피청구인의 표시
> 3. 심판대상이 되는 피청구인의 처분 또는 부작위
> 4. 청구 이유
> 5. 그 밖에 필요한 사항

② [○]

> 「헌법재판소법」 제71조【청구서의 기재사항】① 제68조 제1항에 따른 헌법소원의 심판청구서에는 다음 각 호의 사항을 적어야 한다.
> 1. 청구인 및 대리인의 표시
> 2. 침해된 권리
> 3. 침해의 원인이 되는 공권력의 행사 또는 불행사
> 4. 청구 이유
> 5. 그 밖에 필요한 사항

❸ [ X ]

> **「헌법재판소법」 제43조【제청서의 기재사항】** 법원이 법률의 위헌 여부 심판을 헌법재판소에 제청할 때에는 제청서에 다음 각 호의 사항을 적어야 한다.
> 1. 제청법원의 표시
> 2. 사건 및 당사자의 표시
> 3. 위헌이라고 해석되는 법률 또는 법률의 조항
> 4. 위헌이라고 해석되는 이유
> 5. 그 밖에 필요한 사항
>
> **제71조【청구서의 기재사항】** ① 제68조 제1항에 따른 헌법소원의 심판청구서에는 다음 각 호의 사항을 적어야 한다.
> 1. 청구인 및 대리인의 표시
> 2. 침해된 권리
> 3. 침해의 원인이 되는 공권력의 행사 또는 불행사
> 4. 청구 이유
> 5. 그 밖에 필요한 사항

④ [ O ] 심판에 관여한 재판관은 결정서에 의견을 표시하여야 한다(「헌법재판소법」 제36조 제3항).

⑤ [ O ] 헌법재판소는 결정일부터 14일 이내에 결정서 정본을 제청한 법원에 송달한다. 이 경우 제청한 법원이 대법원이 아닌 경우에는 대법원을 거쳐야 한다(「헌법재판소법」 제46조).

## 12 　　　　　　　　　　　　　　　　정답 ③

㉠ [ O ] 「헌법재판소법」은 명문의 규정을 두고 있지는 않으나, 같은 법 제68조 제1항 헌법소원심판절차에서도 가처분의 필요성이 있을 수 있고 또 이를 허용하지 아니할 상당한 이유를 찾아볼 수 없으므로, 가처분이 허용된다. 위 가처분의 요건은 헌법소원심판에서 다투어지는 '공권력 행사 또는 불행사'의 현상을 그대로 유지시킴으로 인하여 생길 회복하기 어려운 손해를 예방할 필요가 있어야 한다는 것과 그 효력을 정지시켜야 할 긴급한 필요가 있어야 한다는 것 등이 된다. 따라서 본안심판이 부적법하거나 이유 없음이 명백하지 않는 한, 위와 같은 가처분의 요건을 갖춘 것으로 인정되면, 가처분을 인용한 뒤 종국결정에서 청구가 기각되었을 때 발생하게 될 불이익과 가처분을 기각한 뒤 청구가 인용되었을 때 발생하게 될 불이익을 비교형량하여 후자가 전자보다 큰 경우에, 가처분을 인용할 수 있다(2000.12.8, 2000헌사471).

㉡ [ X ] 가처분심판은 「헌법재판소법」 제23조 제1항에 따라 재판관 7명 이상의 출석으로 사건을 심리하고, 인용결정은 「헌법재판소법」 제23조 제2항 본문인 종국심리에 관여한 재판관 과반수의 찬성이 필요하다.

> **「헌법재판소법」 제23조【심판정족수】** ① 재판부는 재판관 7명 이상의 출석으로 사건을 심리한다.
> ② 재판부는 종국심리에 관여한 재판관 과반수의 찬성으로 사건에 관한 결정을 한다. 다만, 다음 각 호의 어느 하나에 해당하는 경우에는 재판관 6명 이상의 찬성이 있어야 한다.
> 1. 법률의 위헌결정, 탄핵의 결정, 정당해산의 결정 또는 헌법소원에 관한 인용결정을 하는 경우
> 2. 종전에 헌법재판소가 판시한 헌법 또는 법률의 해석 적용에 관한 의견을 변경하는 경우

➡ 가처분심판은 「헌법재판소법」 제23조 제2항 각 호에 해당되지 아니하므로, 종국심리에 관여한 재판관 과반수 찬성으로 결정한다.

㉢ [ X ] 「군사법원법」에 따라 재판을 받는 미결수용자의 면회 횟수를 주 2회로 정하고 있는 군행형법 시행령 제43조 제2항 본문 중 전단 부분에 대한 가처분신청이 인용된다면 군인의 신분이거나 군형법의 적용을 받는 미결수용자가 외부인과의 잦은 접촉을 통해 공소제기나 유지에 필요한 증거를 인멸하거나 국가방위와 관련된 중요한 국가기밀을 누설할 우려가 있을 수 있으나, 수용기관은 면회에 교도관을 참여시켜 감시를 철저히 하거나 필요한 경우에는 면회를 일시 불허함으로써 증거인멸이나 국가기밀누설을 방지할 수 있으므로, 이 사건 가처분을 인용한다 하여 공공복리에 중대한 영향을 미칠 우려는 없다(2002.4.25, 2002헌사129).

㉣ [ O ] 입국불허결정을 받은 외국인이 인천공항출입국관리사무소장(이하 '피신청인'이라 한다)을 상대로 인신보호청구의 소 및 난민인정심사불회부결정취소의 소를 제기한 후 그 소송수행을 위하여 변호인 접견신청을 하였으나 피신청인이 이를 거부한 사안에서, 헌법재판소는 피신청인으로 하여금 변호인접견을 허가하도록 임시의 지위를 정하기 위한 가처분을 인용한 바 있다. 즉, 신청인이 피신청인을 상대로 제기한 인신보호법상 수용임시해제청구의 소는 인용되었고, 인신보호청구의 소 역시 항고심에서 인용된 후 재항고심에 계속 중이며, 난민인정심사불회부결정취소의 소 역시 청구를 인용하는 제1심 판결이 선고되었으나, 두 사건 모두 상급심에서 청구가 기각될 가능성을 배제할 수 없다. 신청인이 위 소송 제기 후 5개월 이상 변호인을 접견하지 못하여 공정한 재판을 받을 권리가 심각한 제한을 받고 있는데, 이러한 상황에서 피신청인의 재항고가 인용될 경우 신청인은 변호인접견을 하지 못한 채 불복의 기회마저 상실하게 되므로 회복하기 어려운 중대한 손해를 입을 수 있다. 위 인신보호청구의 소는 재항고에 대한 결정이 머지않아 날 것으로 보이므로 손해를 방지할 긴급한 필요 역시 인정되고, 이 사건 신청을 기각한 뒤 본안청구가 인용될 경우 발생하게 될 불이익이 크므로 이 사건 신청을 인용함이 상당하다(2014.6.5, 2014헌사592).

㉤ [ O ] 위 "규정의 효력이 그대로 유지되어 신청인들에 적용되면, 신청인들은 2001년부터 4년간 제1차 시험에 응시할 수 없게 되므로 사법시험의 합격가능성이 원천적으로 봉쇄되는 회복하기 어려운 손해를 입게 될 것임이 명백할 뿐만 아니라, 사법시험 제1차 시험은 매년 초에 시행되어 그 적용의 시기도 매우 근접하였으므로 긴급성도 인정된다고 할 것이다. 이 사건 가처분신청을 기각하였다가 본안심판을 인용하는 경우 2001년도 사법시험 제1차 시험은 그대로 시행되어 버리고 신청인들은 이에 응시하여 합격할 기회를 상실하는 돌이킬 수 없는 손해를 입게 된다." 그러므로 신청인들의 이 사건 가처분신청은 허용함이 상당하다(2000.12.8, 2000헌사471).

## 13 　　　　　　　　　　　　　　　　정답 ④

① [ O ] 정당해산심판은 원칙적으로 해당 정당에게만 그 효력이 미치며, 정당해산결정은 대체정당이나 유사정당의 설립까지 금지하는 효력을 가지므로 오류가 드러난 결정을 바로잡지 못한다면 장래 세대의 정치적 의사결정에까지 부당한 제약을 초래할 수 있다. 따라서 정당해산심판절차에서는 재심을 허용하지 아니함으로써 얻을 수 있는 법적 안정성의 이익보다 재심을 허용함으로써 얻을 수 있는 구체적 타당성의 이익이 더 크므로 재심을 허용하여야 한다. 한편, 이 재심절차에서는 원칙적으로 「민사소송법」의 재심에 관한 규정이 준용된다(2016.5.26, 2015헌아20).

② [ O ] 「헌법재판소법」 제68조 제1항에 의한 헌법소원 중 법령에 대한 헌법소원의 경우 헌법재판소의 인용(위헌)결정은 이른바 일반적 기속력과 대세적·법규적 효력을 가지는 것이므로 그 효력 면에서 같은 법 제68조 제2항의 헌법소원과 유사한 성질을 지니고 있다.

그런데 「헌법재판소법」 제68조 제2항에 의한 헌법소원에 있어서 그 인용결정은 위헌법률심판의 경우와 마찬가지로 일반적 기속력과 대세적·법규적 효력을 가지며, 위헌법률심판을 구하는 헌법소원에 대한 헌법재판소의 결정에 대하여는 재심을 허용하지 아니함으로써 얻을 수 있는 법적 안정성의 이익이 재심을 허용함으로써 얻을 수 있는 구체적 타당성의 이익보다 훨씬 높을 것으로 쉽사리 예상할 수 있으므로 헌법재판소의 이러한 결정에는 재심에 의한 불복방법이 그 성질상 허용될 수 없다고 보는 것이 상당하다(2006. 9.26, 2006헌아37).

③ [ O ] 「헌법재판소법」 제70조 제4항에 의하여 헌법소원심판의 청구기간을 산정함에 있어서 청구인이 국선대리인 선임신청을 한 날로부터 위 선임신청 기각결정의 통지를 받은 날까지의 기간은 청구기간에 산입하지 아니함에도 불구하고 이를 간과한 채 청구기간을 잘못 계산하여 심판청구가 청구기간을 도과하여 부적법하다는 이유로 각하하는 결정을 한 경우, 재심대상 사건에는 「헌법재판소법」 제40조 제1항에 의하여 준용되는 「민사소송법」 제451조 제1항 제9호의 '판결에 영향을 미칠 중요한 사항에 관하여 판단을 누락한 때'에 해당하는 재심사유가 있다고 할 것이다(2007.10.4, 2006헌아53).

❹ [ X ] 「헌법재판소법」은 헌법재판소의 심판절차에 대한 재심의 허용 여부에 관하여 별도의 명문규정을 두고 있지 않으나, 일반적으로 위헌법률심판을 구하는 헌법소원에 대한 헌법재판소의 결정에 대하여는 재심을 허용하지 아니함으로써 얻을 수 있는 법적 안정성의 이익이 재심을 허용함으로써 얻을 수 있는 구체적 타당성의 이익보다 훨씬 높을 것으로 쉽사리 예상할 수 있으므로, 헌법재판소의 이러한 결정에 대하여는 재심에 의한 불복방법이 성질상 허용될 수 없다고 보는 것이 상당하다(1992.6.26, 90헌아1). ➡ 국민의 기본권 침해 등을 이유로 하는 헌법소원 등의 심판과 달리 일반적으로 규범통제형 심판에 대하여는 법적 안정성을 이유로 재심을 허용하지 아니한다.

## 14                 정답 ①

❶ [ X ] 독일은 국회 재적 3분의 1 이상의 찬성으로 헌법재판소에 법률에 대한 규범통제를 청구할 수 있도록 하는 추상적 규범통제를 채택하고 있으나, 우리나라는 헌법 제107조의 재판의 전제성을 삭제하지 않으면 추상적 규범통제를 채택할 수 없다.

② [ O ] 재판이라 함은 판결, 결정, 명령 등 형식 여하와 본안에 관한 재판이거나 소송절차에 관한 재판이거나를 불문하며, 심급을 종국적으로 종결시키는 종국재판뿐 아니라 중간재판도 포함되므로 법원이 행하는 증거채부결정도 그 자체가 법원의 의사결정으로서 헌법 제107조 제1항과 「헌법재판소법」 제41조 제1항 및 제68조 제2항에 규정된 재판에 해당된다고 할 것이다(1996.12.26, 94헌바1).

③ [ O ] 민사소송법 제368조의2에 의하여 제청법원 또는 그 재판장이 하고자 하는 인지첩부를 명하는 보정명령은 당해 소송사건의 본안에 관한 판결주문에 직접 관련된 것이 아니라고 하여도, 헌법 제107조 제1항과 「헌법재판소법」 제41조 제1항에 규정된 재판에 해당한다(1994.2.24, 91헌가3).

④ [ O ] 위헌 여부 심판의 제청에 관하여 규정하고 있는 「헌법재판소법」 제41조 제1항의 '재판'에는 종국판결뿐만 아니라 「형사소송법」 제201조에 의한 지방법원판사의 영장발부 여부에 관한 재판도 포함된다고 해석되므로 지방법원판사가 구속영장발부 단계에서 한 위헌 여부 심판제청은 적법하다(1993.3.11, 90헌가70).

## 15                 정답 ③

① [ X ] 재판이라 함은 판결, 결정, 명령 등 형식 여하와 본안에 관한 재판이거나 소송절차에 관한 재판이거나를 불문하며, 심급을 종국적으로 종결시키는 종국재판뿐 아니라 중간재판도 포함되므로 법원이 행하는 증거채부결정도 그 자체가 법원의 의사결정으로서 헌법 제107조 제1항과 「헌법재판소법」 제41조 제1항 및 제68조 제2항에 규정된 재판에 해당된다고 할 것이다(1996.12.26, 94헌바1).

② [ X ] 「헌법재판소법」 제68조 제2항에 의한 헌법소원에 있어서는 심판대상이 된 법률조항의 위헌 여부가 당해 사건의 재판의 전제가 되어야 하고, 여기서 재판의 전제성이란, ㉠ 구체적인 사건이 법원에 계속 중이어야 하고, ㉡ 위헌 여부가 문제되는 법률이 당해 소송사건의 재판과 관련하여 적용되는 것이어야 하며, ㉢ 그 법률이 헌법에 위반되는지의 여부에 따라 당해 소송사건을 담당한 법원이 다른 내용의 재판을 하게 되는 경우를 말한다. 여기서 법원이 다른 내용의 재판을 하게 되는 경우라 함은 원칙적으로 법원에 계속 중인 당해 사건의 재판의 결론이나 주문에 어떠한 영향을 주는 것이어야 하나, 문제된 법률의 위헌 여부에 따라 재판의 결론을 이끌어내는 이유를 달리하는 데 관련되어 있거나 또는 재판의 내용과 효력에 관한 법률적 의미가 달라지는 경우도 포함된다(2001.11.29, 2000헌바49).

❸ [ O ] 위의 재판의 전제성 요건 중 세 번째 요건인 법률의 위헌 여부에 따라 다른 내용의 재판을 하게 되는 경우라 함은, ㉠ 법률의 위헌 여부가 제청법원이 심리 중인 당해 사건의 재판의 결론이나 주문에 어떠한 영향을 주는 것뿐만 아니라, ㉡ 문제된 법률의 위헌 여부가 비록 주문 자체에는 아무런 영향을 주지는 않는다고 하더라도 재판의 결론을 이끌어내는 이유를 달리하는 데 관련되어 있거나, ㉢ 또는 재판의 내용과 효력에 관한 법률적 의미가 전혀 달라지는 경우를 말한다(1993.5.13, 92헌가10).

④ [ X ] 법률의 위헌 여부에 따라 다른 내용의 재판을 하게 되는 경우라 함은 법률의 위헌 여부가 제청법원이 심리 중인 당해 사건의 재판의 결론이나 주문에 어떠한 영향을 주는 것뿐만 아니라 문제된 법률의 위헌 여부가 비록 주문 자체에는 아무런 영향을 주지는 않는다고 하더라도 재판의 결론을 이끌어내는 이유를 달리하는 데 관련되어 있거나 또는 재판의 내용과 효력에 관한 법률적 의미가 전혀 달라지는 경우를 말한다(1993.5.13, 92헌가10).

## 16                 정답 ①

❶ [ X ] 법률이 재판의 전제가 되는 요건을 갖추고 있는지의 여부는 제청법원의 견해를 존중하는 것이 원칙이나, 재판의 전제와 관련된 법률적 견해가 유지될 수 없는 것으로 보이면 헌법재판소가 직권으로 조사할 수도 있다(1997.9.25, 97헌가4).

② [ O ] 법원으로부터의 위헌심판의 제청을 받은 헌법재판소는 법률이 재판의 전제가 되는 요건을 갖추고 있는지의 여부를 심판함에 있어서는 제청법원의 견해를 존중하는 것이 원칙이다. 그러나 제청법원의 법률적 견해가 유지될 수 없는 것으로 보이면 헌법재판소가 직권으로 조사할 수도 있는 것이다. 조사결과 법원의 전제성에 관한 법률적 견해가 명백히 유지될 수 없을 때에만 헌법재판소가 그 제청을 부적법하다 하여 각하할 수 있다(1999.9.16, 98헌가6).

③ [ O ] 이 사건 법률 제2조 제3호 및 제8조 제1항의 '청소년이용음란물'이 실제인물인 청소년이 등장하는 음란물을 의미하고 단지 만화로 청소년을 음란하게 묘사한 당해 사건의 공소사실을 규율할 수 없다고 본다면 위 각 규정은 당해 사건에 적용될 수 없어 일응 재판의 전제성을 부인하여야 할 것으로 보이나, 아직 법원에 의하여 그 해석이 확립된 바 없어 당해 형사사건에의 적용 여부가 불명인 상

태에서 검사가 그 적용을 주장하며 공소장에 적용법조로 적시하였고, 법원도 적용가능성을 전제로 재판의 전제성을 긍정하여 죄형법정주의 위반 등의 문제점을 지적하면서 위헌법률심판제청을 하여 온 이상, 헌법재판소로서는 그 법령을 해석하여 이에 대한 판단을 하여야 하고 법원은 그 판단을 전제로 당해 사건을 재판하게 되는 것이므로, 위 각 규정은 그 해석에 의하여 당해 형사사건에의 적용 여부가 결정된다는 측면에서 재판의 전제성을 인정하여야 한다(2002.4.25, 2001헌가27).

④ [○] 위헌법률심판 사건의 경우에는 위헌제청결정 당시는 물론 헌법재판소의 결정시까지 구체적인 사건이 법원에 계속 중이어야 한다.

## 17 정답 ④

① [X] 위헌 여부의 심판이 제청된 법률조항에 의하여 침해된다는 기본권이 중요하여 동 법률조항의 위헌 여부의 해명이 헌법적으로 중요성이 있거나, 기본권의 침해가 반복될 위험이 있는 경우에는 심리기간 중 그 후의 사태진행으로 당해 소송이 종료되었더라도 헌법재판소로서는 제청 당시 전제성이 인정되는 한 예외적으로 객관적인 헌법질서의 수호·유지를 위하여 심판의 필요성을 인정하여 적극적으로 그 위헌 여부에 대한 판단을 하는 것이 헌법재판소의 존재이유에도 부합하고 그 임무를 다하는 것이 될 것이다(1993.12.23, 93헌가2).

② [X] 재판의 전제성은 심판을 제청할 때뿐만 아니라 심판을 진행하는 도중에도 갖추어져야 함이 원칙이다(1993.12.23, 93헌가2).

③ [X] 헌법재판소에서의 판단을 구하여 제청한 법률조문의 위헌 여부가 현재 제청법원이 심리 중인 해당 사건의 재판결과에 어떠한 영향을 준다면 그것으로써 재판의 전제성이 성립되어 제청결정은 적법한 것으로 취급될 수 있는 것이고, 제청신청인의 권리에 어떠한 영향이 있는가 여부는 이와 무관한 문제라 할 것이다(1990.6.25, 89헌가98 등).

❹ [○] 재판에 간접 적용되는 법률조항이라 하더라도 그 위헌 여부에 따라 법원이 다른 내용의 재판을 하게 되는 경우에는 재판의 전제성이 인정된다(2000.1.27, 99헌바23).

## 18 정답 ②

① [X] 청구인들이 이 사건 청구취지로서 위헌확인을 구하는 것은 하천법 제2조 제1항 제2호 다목이나, 헌법재판소는 심판청구서에 기재된 청구취지에 구애됨이 없이 청구인의 주장요지를 종합적으로 판단하여야 하며, 청구인이 주장하는 침해된 기본권과 침해의 원인이 되는 공권력을 직권으로 조사하여 피청구인과 심판대상을 확정하여 판단하여야 하는데, 당해 사건에서의 청구인들의 청구취지는 이 사건 토지들이 국유가 아니라 청구인들의 사유토지임을 전제로 그 소유권 확인을 구하는 것이므로 당해 사건의 재판에 보다 직접적으로 관련을 맺고 있는 법률조항은 제외지를 하천구역에 편입시키고 있는 위 하천법 제2조 제1항 제2호 다목이라기보다 오히려 하천구역을 포함하여 하천을 국유로 한다고 규정함으로써 직접 제외지의 소유권 귀속을 정하고 있는 동법 제3조라 할 것이므로 직권으로 이 사건 심판의 대상을 위 하천법 제2조 제1항 제2호 다목에서 동법 제3조로 변경한다(1998.3.26, 93헌바12).

❷ [○] 사건 법률조항에 대하여 '주택임대차보호법이 1989.12.30. 개정·시행된 후 이에 따른 대통령령이 개정되기 전에 근저당권이 설정된 경우, 소액임차인에 해당하는지 여부를 정하는 기준이 되는 시행령을 위와 같이 개정되기 전의 구법 시행령이라고 해석하는 한 위헌'이라는 취지의 '한정위헌' 결정을 선고하는 경우에는 청구인이 구제

받을 수 있는 길이 열리므로, 당해 사건 재판의 주문이 달라지거나 재판의 내용과 효력에 관한 법률적 의미가 달라지는 경우라고 볼 수 있다. 따라서 재판의 전제성이 인정된다(2004.9.23, 2003헌바3).

③ [X] 급부를 주는 법률도 헌법재판소가 헌법불합치 결정하여 법률이 개정된 경우, 개정 법률이 적용되어 재판의 내용이 달라질 수 있으므로 재판의 전제성이 인정될 수 있다.

④ [X] 심판대상 법률조항의 적용에서 배제된 자가 부진정입법부작위를 다투는 경우, 심판대상 법률조항에 대한 위헌결정만으로는 당해 사건 재판의 결과에 영향이 없다고 하더라도, 위헌 또는 헌법불합치결정의 취지에 따라 당해 법률조항이 개정되는 때에는 당해 사건의 결과에 영향을 미칠 가능성이 있으므로 재판의 전제성이 인정될 수 있다(2012.12.27, 2012헌바60).

## 19 정답 ③

① [○] 공소장의 변경 없이 법원이 직권으로 공소장 기재와는 다른 법조를 적용할 수 있는 경우가 있으므로 공소장에 적시되지 않은 법률조항이라 하더라도 법원이 공소장 변경 없이 실제 적용한 법률조항은 재판의 전제성이 인정되는 반면, 비록 공소장에 적시된 법률조항이라 하더라도 법원이 적용하지 않은 법률조항은 재판의 전제성이 부인되는 것이다(2002.4.25, 2001헌가27).

② [○] 제청신청된 심판대상조항에 대하여 위헌제청 이후 면책사유에 관한 조항이 추가되었으나 그 부칙에서 개정법 시행 전의 행위에 대하여는 종전의 규정에 따른다는 경과규정을 둔 경우, 개정 전 법률조항들은 당해 사건에 직접 적용되며, 개정 전 법률조항들의 위헌 여부에 따라 당해 사건의 재판의 주문이 달라질 것이므로, 개정 전 법률조항은 재판의 전제성이 있다(2010.7.29, 2009헌가14).

❸ [X] 「공직선거법」 개정 후에도 사과문 게재 명령의 불이행에 대하여 형사처벌을 한다는 점에는 변함이 없다. 따라서 현행 「공직선거법」상 처벌조항은 그 위헌 여부에 관하여 구법 처벌조항과 결론을 같이할 것이므로, 법질서의 정합성과 소송경제를 위하여 현행법 처벌조항의 위헌 여부도 심판대상에 포함시키기로 한다(2015.7.30, 2013헌가8).

④ [○] 병역종류조항이 대체복무제를 포함하고 있지 않다는 이유로 위헌으로 결정된다면, 양심적 병역거부자가 현역입영 또는 소집 통지서를 받은 후 3일 내에 입영하지 아니하거나 소집에 불응하더라도 대체복무의 기회를 부여받지 않는 한 당해 형사사건을 담당하는 법원이 무죄를 선고할 가능성이 있으므로, 병역종류조항은 재판의 전제성이 인정된다(2018.6.28, 2011헌바379).

## 20 정답 ②

① [○] 당해 사건 재판에서 청구인이 승소판결을 받아 그 판결이 확정된 경우 청구인은 재심을 청구할 법률상 이익이 없고, 심판대상조항에 대하여 위헌결정이 선고되더라도 당해 사건 재판의 결론이나 주문에 영향을 미칠 수 없으므로 그 심판청구는 재판의 전제성이 인정되지 아니하나, 파기환송 전 항소심에서 승소판결을 받았다고 하더라도 그 판결이 확정되지 아니한 이상 상소절차에서 그 주문이 달라질 수 있으므로, 심판대상조항의 위헌 여부에 관한 재판의 전제성이 인정된다(2013.6.27, 2011헌바247).

❷ [X] 신상정보 등록조항은 당해 사건 형사재판의 결론 및 그 확정 여부에 의하여 비로소 적용될 뿐, 유죄판결이 확정되기 전 단계인 당해 사건 형사재판에 적용되지 아니하고, 그 위헌 여부에 따라 당해 사건 재판의 주문이나 내용, 효력에 관한 법률적 의미가 달라진다고 볼 수 없으므로, 재판의 전제성이 인정되지 아니한다(2016.12.29, 2016헌바153).

③ [○] 「형법」 제1조 제2항은 "전체적으로 보아 신법이 구법보다 피고인에게 유리하게 변경된 것이라면 신법을 적용하여야 한다."라는 취지인바, 이 사건과 같이 양벌규정에 면책조항이 추가되어 무과실책임규정이 과실책임 규정으로 유리하게 변경된 경우에는 「형법」 제1조 제2항에 의하여 신법이 적용된다고 보아야 할 것이므로, 당해 사건에 적용되지 않는 구법은 재판의 전제성을 상실하게 된다 (2010.9.2, 2009헌가9 등).

④ [○] 헌법재판소가 한 형벌에 관한 법률 또는 법률조항에 대한 위헌결정은 비록 소급하여 그 효력을 상실하지만, 그 법률 또는 법률조항에 근거한 유죄의 확정판결에 대하여는 재심을 청구할 수 있을 뿐이어서 확정판결에 적용된 법률조항에 대한 위헌결정이 있다고 하더라도 바로 유죄의 확정판결이 당연무효로 되는 것은 아니기 때문에 그 법률조항의 위헌 여부는 그 확정판결상의 몰수형이 무효라는 이유로 몰수된 재산의 반환을 구하는 민사재판의 전제가 되지 않는다(1993.7.29, 92헌바34).

## 정답

| 01 | ③ | 02 | ② | 03 | ① | 04 | ④ |
|----|---|----|---|----|---|----|---|
| 05 | ④ | 06 | ② | 07 | ② | 08 | ③ |
| 09 | ③ | 10 | ① | 11 | ③ | 12 | ④ |
| 13 | ① | 14 | ① | 15 | ② | 16 | ① |
| 17 | ② | 18 | ② | 19 | ① | 20 | ③ |

---

## 01 정답 ③

① [O] 헌법불합치결정에 따라 법이 개정된 경우 종전의 법률조항은 당해 사건에 적용되지 아니하므로 재판의 전제성이 인정되지 아니한다.

② [O] 구 공무원연금법 제64조 제1항 제1호에 대하여 헌법재판소가 헌법불합치결정을 하면서, 2008.12.31.까지 잠정적용을 명하였는데, 청구인에 대한 공무원퇴직연금 환수처분은 위 조항에 근거하여 잠정적용기간 내인 2008.9.12.에 이루어졌으므로 법률상 근거가 있는 처분이다. 그리고 청구인에 대한 압류처분은 위와 같이 유효한 환수처분을 선행처분으로 한 것이므로, 압류처분의 무효확인을 구하는 당해 소송에서는 개정된 「공무원연금법」 제64조 제1항 제1호가 적용될 여지가 없다. 따라서 개정된 「공무원연금법」 제64조 제1항 제1호는 당해 사건의 재판에 적용되지 아니하므로, 재판의 전제성이 인정되지 아니한다(2013.8.29, 2010헌바241).

❸ [X] 헌법재판소의 헌법불합치결정에 따라 개정된 「국가유공자 등 예우 및 지원에 관한 법률」 제31조 제1항·제2항 등의 적용시기인 2007.7.1. 전에 실시한 공립 중등학교 교사 임용후보자 선정 경쟁시험에서, 위 법률 등의 개정 규정을 소급적용하지 않고 개정 전 규정에 따른 가산점 제도를 적용하여 한 불합격처분은 적법하다(대판 2009.1.15, 2008두15596).

④ [O] 공소장의 '적용법조'란에 적시된 법률조항과 법원의 판결에서 적용된 법률조항이 일치하지 않는 경우에는 비록 공소장에 적시된 법률조항이라 하더라도 구체적 소송사건에서 법원이 적용하지 아니한 법률조항은 결국 재판의 전제성이 인정되지 않는다고 보아야 할 것이다(1997.1.16, 89헌마240).

---

## 02 정답 ②

① [O] 법원이 심판대상조항을 적용함이 없이 다른 법리를 통하여 재판을 한 경우 심판대상조항의 위헌 여부는 그 재판의 전제가 되지 않는다. 즉, 구 국세징수법 제47조 제2항은 부동산 등에 대한 압류는 압류의 등기 또는 등록을 한 후에 발생한 체납액에 대하여도 효력이 미친다는 내용임에 반하여, 당해 사건의 법원은 압류등기 후에 압류부동산을 양수한 소유자에게 압류처분의 취소를 구할 당사자적격이 있는지에 관한 법리 및 압류해제, 결손처분에 관한 법리를 통하여 당해 사건을 판단하였고, 그러한 당해 사건 법원의 판단은 그대로 대법원에 의하여 최종적으로 확정되었는바, 그렇다면 위 법률조항의 위헌 여부는 당해 사건 법원의 재판에 직접 적용되거나 관련되는 것이 아니어서 그 재판의 전제성이 없다(2001.11.29, 2000헌바49).

---

❷ [X] 청구인은 이 조항의 위헌성으로 인하여 청구인을 포함한 당해 소송의 원고들이 손해를 보았다는 것이 아니라 이 조항에 근거한 구체적인 환지처분의 내용이 위법하거나 부당하다는 것이므로 이 조항의 위헌 여부는 당해 사건의 재판과 관계가 없는 것이므로 재판의 전제성이 없다(2005.12.22, 2003헌바109).

③ [O] 일반적으로 법률이 헌법에 위반된다는 사정은 헌법재판소의 위헌결정이 있기 전에는 객관적으로 명백한 것이라고 할 수는 없으므로 특별한 사정이 없는 한 이러한 하자는 행정처분의 취소사유에 해당할 뿐 당연무효사유는 아니다. 따라서 행정처분에 대한 쟁송기간이 경과한 후에는 처분의 근거법규가 위헌임을 이유로 무효확인소송 등을 제기하더라도 행정처분의 효력이 영향이 없음이 원칙인바, 이 사건 토지수용재결처분은 1986.4.14.에 이루어져 1993.9.10.에 대법원의 판결로서 최종 완결되었고, 토지수용재결처분의 취소를 구할 수 있는 쟁송기간도 이미 도과되어 더 이상 다툴 수 없음이 명백하므로, 이 사건의 당해 사건은 이 사건 심판대상규정들의 위헌 여부에 따라 주문이 달라지거나 재판의 내용과 효력에 관한 법률적 의미가 달라지는 경우에 해당한다고 할 수 없을 것이어서 이 사건 심판청구는 재판의 전제성 요건을 갖추지 못하였다 할 것이다(2001.9.27, 2001헌바38).

④ [O] 청구인들은 과태료를 자진납부함으로써 해당 질서위반행위에 대한 과태료 부과 및 징수절차는 종료하였고(「질서위반행위규제법」 제18조 제2항) 행정소송 그 밖에 다른 권리구제절차를 통하여 과태료 부과처분을 다툴 수 없게 되었다. 따라서 설령 청구인들에 대한 과태료 부과처분의 근거법률인 심판대상조항이 위헌이라 하더라도, 다른 특별한 사정이 없는 한 위 과태료 부과처분의 효력에 영향이 없어 재판의 전제성이 인정되지 아니한다(2015.7.30, 2014헌바420).

---

## 03 정답 ①

㉠ [X] 「헌법재판소법」 제68조 제2항에 의한 헌법소원심판 청구인이 당해 사건인 형사사건에서 무죄의 확정판결을 받은 때에는 처벌조항의 위헌확인을 구하는 헌법소원이 인용되더라도 재심을 청구할 수 없고, 청구인에 대한 무죄판결은 종국적으로 다툴 수 없게 되므로 법률의 위헌 여부에 따라 당해 사건 재판의 주문이 달라지거나 재판의 내용과 효력에 관한 법률적 의미가 달라지는 경우에 해당한다고 볼 수 없으므로, 원칙적으로 더 이상 재판의 전제성이 인정되지 아니한다(2013.3.21, 2010헌바132).

㉡ [O] ㉢ [X] 제1심인 당해 사건에서 「헌법재판소법」 제68조 제2항의 헌법소원을 제기한 청구인들이 당해 사건의 항소심에서 항소를 취하하여 원고 패소의 원심판결이 확정된 경우, 당해 사건에 적용되는 법률이 위헌으로 결정되면 확정된 원심판결에 대하여 재심청구를 함으로써 원심판결의 주문이 달라질 수 있으므로 재판의 전제성이 인정된다(2015.10.21, 2014헌바170).

㉣ [O] 헌법소원심판을 청구한 후 당해 사건의 항소심에서 소를 취하하여 당해 사건이 종결된 이상, 이 사건 법률조항이 당해 사건에 적용될 여지가 없어 그 위헌 여부가 재판의 전제가 되지 않으므로 이 사건 법률조항에 대한 심판청구는 재판의 전제성을 갖추지 못하여 부적법하다(2011.11.24, 2010헌바412).

---

## 04 정답 ④

㉠ [O] 이 사건 법률조항은 헌법소원심판의 당해 사건인 '재심청구 자체의 적법 여부에 대한 재판'에 적용되는 법률조항이 아니라 '본안 사건에 대한 재판'에 적용될 법률조항인바, 당해 사건인 재심의 소는 그 청구가 부적법하거나 재심사유가 없다는 이유로 각하되어

본안에 대한 판단에 나아갈 수 없으므로, 이 사건 법률조항은 결국 당해 사건인 재심사건의 본안재판에 적용될 여지가 없게 되어 재판의 전제성이 인정되지 않는다(2012.7.26, 2011헌바175).

ⓛ [O] 당해 사건이 재심사건인 경우, 심판대상조항이 '재심청구 자체의 적법 여부에 대한 재판'에 적용되는 법률조항이 아니라 '본안 사건에 대한 재판'에 적용될 법률조항이라면 '재심청구가 적법하고' '재심의 사유가 인정되는 경우에' 한하여 재판의 전제성이 인정될 수 있다(2007.12.27, 2006헌바73).

ⓒ [O] 법원이 제청신청을 '각하'하였다고 하여 헌법재판소가 반드시 그에 구속되는 것은 아니며, 재판의 전제성 여부에 대해 헌법재판소가 독자적으로 판단하여 재판의 전제성을 인정할 수 있다. 원고적격을 가진 자가 주식회사인 경우에 그 회사의 '주주' 또는 '이사' 등이 가지는 이해관계를 「행정소송법」 제12조 소정의 '법률상 이익'으로 볼 수 있는지 여부에 관하여 당해 소송의 제1심과 항소심 법원은 이를 부정하고 소를 각하하는 판결을 선고하였다. 그러나 이 사건에 직접 원용할 만한 확립된 대법원의 판례는 아직까지 존재하지 않고, 해석에 따라서는 당해 소송에서 청구인들의 원고적격이 인정될 여지도 충분히 있다. 따라서, 우리 재판소는 일단 청구인들이 당해 소송에서 원고적격을 가질 수 있다는 전제하에 이 사건 법률조항에 대한 심판청구가 우선 재판의 전제성 요건을 갖춘 것으로 보고 본안에 대한 판단에 나아가기로 한다(2004.10.28, 99헌바91).

ⓔ [X] 재심의 청구를 받은 법원은 재심의 심판에 들어가기 전에 먼저 재심의 청구가 이유 있는지 여부를 가려 이를 기각하거나 재심개시의 결정을 하여야 하고, 재심개시의 결정이 확정된 뒤에 비로소 재심대상인 사건에 대하여 다시 심판을 하게 되는 등 「형사소송법」은 재심의 절차를 '재심의 청구에 대한 심판'과 '본안 사건에 대한 심판'이라는 두 단계 절차로 구별하고 있다. 그러므로 당해 재심사건에서 아직 재심개시결정이 확정된 바 없는 이 사건의 경우 심판청구가 적법하기 위해서는 이 사건 법률조항의 위헌 여부가 '본안 사건에 대한 심판'에 앞서 '재심의 청구에 대한 심판'의 전제가 되어야 하는데, '재심의 청구에 대한 심판'은 원판결에 「형사소송법」 제420조 각 호, 「헌법재판소법」 제47조 제3항 소정의 재심사유가 있는지 여부만을 우선 심리하여 재판할 뿐이어서, 원판결에 적용된 법률조항일 뿐 '재심의 청구에 대한 심판'에 적용되는 법률조항이라고 할 수 없는 이 사건 법률조항에 대해서는 재판의 전제성이 인정되지 않는다(2011.2.24, 2010헌바98).

ⓜ [X] 「형사소송법」은 재심의 절차를 '재심의 청구에 대한 심판'과 '본안 사건에 대한 심판'이라는 두 단계 절차로 구별하고 있다. 따라서 확정된 유죄판결에서 처벌의 근거가 된 법률조항은 원칙적으로 '재심의 청구에 대한 심판', 즉 재심의 개시 여부를 결정하는 재판에서는 재판의 전제성이 인정되지 않고, 재심의 개시결정 이후의 '본안 사건에 대한 심판'에 있어서만 재판의 전제성이 인정된다(1993.11.25, 92헌바39).

## 05         정답 ④

① [O] 법원에서 당해 소송사건에 적용되는 재판규범 중 위헌제청신청대상이 아닌 관련 법률에서 규정한 소송요건을 구비하지 못하였기 때문에 부적법하다는 이유로 소각하 판결을 선고하고 그 판결이 확정되거나, 소각하 판결이 확정되지 않았더라도 당해 소송사건이 부적법하여 각하될 수밖에 없는 경우에는 당해 소송사건에 관한 재판의 전제성 요건이 흠결되어 부적법하다. 그런데 이 사건 처분에 대한 취소청구 부분은 제소기간이 경과하였기 때문에 당해 사건에서 부적법하여 각하를 면할 수 없으므로, 이 사건 법률조항들에 대한 헌법소원은 재판의 전제성을 인정할 수 없다(2007.10.4, 2005헌바71).

② [O] 심판대상법률이 아닌 다른 법률에서 규정한 소송요건을 구비하지 못하여 부적법하다는 이유로 법원이 소각하 판결을 선고하고, 그 판결이 확정되거나 아직 확정되지 않았더라도 부적법하여 소각하될 것이 명백한 경우에는, 심판대상법률의 위헌 여부에 따라 재판의 주문이 달라지거나 재판의 내용과 효력에 관한 법률적 의미가 달라지지 아니하므로 재판의 전제성이 인정되지 아니한다(2014. 9.25, 2013헌바237).

③ [O] 미합중국 소속 미 군정청이 이 사건 법령을 제정한 행위는, 제2차 세계대전 직후 일본은행권을 기초로 한 구 화폐질서를 폐지하고 북위 38도선 이남의 한반도 일대에서 새로운 화폐질서를 형성한다는 목적으로 행한 고도의 공권적 행위로서, 국제 관습법상 재판권이 면제되는 주권적 행위에 해당한다. 따라서 이 사건 법령이 위험임을 근거로 한 미합중국에 대한 손해배상 또는 부당이득반환청구는 그 자체로 부적법하여 이 사건 법령의 위헌 여부를 따져볼 필요 없이 각하를 면할 수 없으므로, 청구인의 이 사건 심판청구는 재판의 전제성이 없어 부적법하다(2017.5.25, 2016헌바388).

❹ [X] 당해 소송이 제1심과 항소심에서 소송요건이 결여되었다는 이유로 각하되었지만 상고심에서 그 각하판결이 유지될지 불분명한 경우에도 「헌법재판소법」 제68조 제2항의 헌법소원에 있어서 재판의 전제성이 인정될 수 있다(2004.10.28, 99헌바91).

## 06         정답 ②

① [O] 「헌법재판소법」 제68조 제2항에 의한 헌법소원심판 청구인이 당해 사건인 형사사건에서 무죄의 확정판결을 받은 때에는 처벌조항의 위헌확인을 구하는 헌법소원이 인용되더라도 재심을 청구할 수 없고, 청구인에 대한 무죄판결은 종국적으로 다툴 수 없게 되므로 법률의 위헌 여부에 따라 당해 사건 재판의 주문이 달라지거나 재판의 내용과 효력에 관한 법률적 의미가 달라지는 경우에 해당한다고 볼 수 없으므로, 원칙적으로 더 이상 재판의 전제성이 인정되지 아니한다. 그러나 앞에서 본 바와 같이 법률과 같은 효력이 있는 유신헌법에 따른 긴급조치의 위헌 여부를 심사할 권한은 본래 헌법재판소의 전속적 관할 사항인 점, 법률과 같은 효력이 있는 규범인 긴급조치의 위헌 여부에 대한 헌법적 해명의 필요성이 있는 점, 당해 사건의 대법원 판결은 대세적 효력이 없는 데 비하여 형벌조항에 대한 헌법재판소의 위헌결정은 대세적 기속력을 가지고 유죄확정판결에 대한 재심사유가 되는 점(「헌법재판소법」 제47조 제1항·제3항) 등에 비추어 볼 때, 이 사건에서는 긴급조치 제1호, 제2호에 대하여 예외적으로 객관적인 헌법질서의 수호·유지 및 관련 당사자의 권리구제를 위하여 심판의 필요성을 인정하여 적극적으로 그 위헌 여부를 판단하는 것이 헌법재판소의 존재 이유에도 부합하고 그 임무를 다하는 것이 되므로, 당해 사건에서 재판의 전제성을 인정함이 타당하다(2013.3.21, 2010헌바70·132·170).

❷ [X] 「형사소송법」은 재심의 절차를 '재심의 청구에 대한 심판'과 '본안 사건에 대한 심판'이라는 두 단계 절차로 구별하고 있다. 따라서 확정된 유죄판결에서 처벌의 근거가 된 법률조항은 원칙적으로 '재심의 청구에 대한 심판', 즉 재심의 개시 여부를 결정하는 재판에서는 재판의 전제성이 인정되지 않고, 재심의 개시 결정 이후의 '본안 사건에 대한 심판'에 있어서만 재판의 전제성이 인정된다. 긴급조치 제9호를 심판대상으로 하는 사건들(2010헌바132·170)의 당해 사건 법원들은 재심사유가 없다는 이유로 청구인들의 재심청구를 기각하였다. 이 경우 재심의 대상이 된 유죄판결에서 처벌의 근거조항인 긴급조치 제9호가 당해 사건에서 재판의 전제성이 인정되지 않아 이 부분 심판청구가 부적법한지 문제된다.

유신헌법에도 법률이 헌법에 위반되는지 여부가 재판의 전제가 된 때에는 법원의 제청에 의하여 헌법위원회가 심판하도록 하는 위헌법률심판제도(제105조, 제109조 제1항)를 두고 있었으나, 유신헌법 제53조 제4항은 "긴급조치는 사법적 심사의 대상이 되지 아니한다."라고 규정함으로써 긴급조치의 위헌 여부에 대한 판단을 원천적으로 봉쇄하였고, 대법원도 긴급조치는 사법적 심사의 대상이 되지 않는다고 판시하면서(대법원 1977.3.22, 선고 74도3510 전원합의체 판결 ; 대법원 1977.5.13, 77모19 전원합의체 결정 등 참조) 긴급조치에 대한 위헌법률심판제청신청을 기각하여 왔다. 그리고 유신헌법에서는 규범통제형 헌법소원제도(「헌법재판소법」 제68조 제2항)를 인정하지 않았다. 이와 같이 유신헌법 당시 긴급조치 위반으로 처벌을 받게 된 사람은 재심대상사건 재판절차에서 긴급조치의 위헌성을 다툴 수조차 없는 규범적 장애가 있었으므로, 그 재심청구에 대한 재판절차에서 긴급조치의 위헌성을 비로소 다툴 수밖에 없다. 더구나 긴급조치에 의한 수사와 재판이 종료한 지 30년도 더 지난 시점이어서 긴급조치 위반을 이유로 유죄결결을 받은 사람이 「형사소송법」 제420조가 규정하고 있는 재심사유를 통해 재심을 개시하기란 현실적으로 매우 어려운 상황까지 감안하면, 일반 형사재판에 대한 재심사건과는 달리 긴급조치 위반에 대한 재심사건에서는 예외적으로 형사재판 재심절차의 이원적 구조를 완화하여 재심 개시 여부에 관한 재판과 본안에 관한 재판 전체를 당해 사건으로 보아 재판의 전제성을 인정함이 타당하다(2013.3.21, 2010헌바70·132·170).

③ [○] 주권자이자 헌법개정권력인 국민은 당연히 유신헌법의 문제점을 지적하고 그 개정을 주장하거나 청원하는 활동을 할 수 있다. 그런데 긴급조치 제1호, 제2호는 헌법개정을 주장하는 등의 일체의 행위를, 유신헌법에 반대하고 그 전복을 기도하며 사회질서의 혼란을 조장함으로써 국가의 안전보장을 위태롭게 하는 범죄행위로 판단하여 제정된 것이므로, 헌법의 근본원리인 국민주권주의와 자유민주적 기본질서에 비추어 볼 때 그 목적의 정당성을 인정할 수 없고, 기본권 제한에 있어서 준수되어야 할 방법의 적절성도 갖추지 못하였다(2013.3.21, 2010헌바70·132·170).

④ [○] 유신헌법 일부 조항과 긴급조치 등이 기본권을 지나치게 침해하고 자유민주적 기본질서를 훼손하였다는 반성에 따른 헌법 개정사, 국민의 기본권의 강화·확대라는 헌법의 역사성, 헌법재판소의 헌법해석은 헌법이 내포하고 있는 특정한 가치를 탐색·확인하고 이를 규범적으로 관철하는 작업인 점에 비추어, 헌법재판소가 행하는 구체적 규범통제의 심사기준은 원칙적으로 헌법재판을 할 당시에 규범적 효력을 가지는 현행헌법이다(2013.3.21, 2010헌바70·132·170).

## 07 정답 ②

① [○] 대법원만 가지는 것은 아니고 각급 법원이 위헌제청권을 가진다. 위헌법률심판제청권은 군사법원을 포함하여 당해 사건을 담당하는 각급 법원에 있는 것이다. 제청권이 대법원에 있기 때문은 아니다(「헌법재판소법」 제41조 제1항·제5항 참조).

❷ [X] 수소법원뿐만 아니라 집행법원도 위헌법률심판제청권이 있으며, 헌법에 근거를 둔 특별법원인 군사법원은 제청권한을 가지나, 헌법 제107조 제3항 및 「행정심판법」 등에 근거를 두고 설치되어 행정심판을 담당하는 각종 행정심판기관은 법원이 아니므로 위헌제청권이 없다.

③ [○] 행정청이 행정처분 단계에서 당해 처분의 근거가 되는 법률이 위헌이라고 판단하여 그 적용을 거부하는 것은 권력분립의 원칙상 허용될 수 없지만, 행정처분에 대한 소송절차에서는 행정처분의 적법성·정당성뿐만 아니라 그 근거법률의 헌법적합성까지도 심판대상으로 되는 것이므로, 행정처분에 불복하는 당사자뿐만 아니라 행정처분의 주체인 행정청도 헌법의 최고규범력에 따른 구체적 규

범통제를 위하여 근거법률의 위헌 여부에 대한 심판의 제청을 신청할 수 있고 「헌법재판소법」 제68조 제2항의 헌법소원을 제기할 수 있다고 봄이 상당하다(2008.4.24, 2004헌바44).

④ [○] 「헌법재판소법」 제40조에 의하여 준용되는 「민사소송법」에 의하면 보조참가인은 피참가인의 소송행위와 저촉되지 아니하는 한 소송에 관하여 공격·방어·이의·상소, 기타 일체의 소송행위를 할 수 있는 자(「민사소송법」 제76조 제1항 본문)이므로 「헌법재판소법」 소정의 위헌심판제청신청의 '당사자'에 해당한다고 할 것이고, 이와 같이 해석하는 것이 구체적 규범통제형 위헌심사제의 입법취지 및 기능에도 부합한다고 할 것이다. 민사소송의 보조참가인은 「헌법재판소법」 제68조 제2항의 헌법소원의 당사자적격이 있다(2003.5.15, 2001헌바98).

## 08 정답 ③

① [○] 헌법재판소는 "헌법 제107조 제1항과 「헌법재판소법」 제41조, 제43조 등의 취지는, 법원은 문제되는 법률조항이 담당 법관 스스로의 법적 견해에 의하여 단순한 의심을 넘어선 합리적인 위헌의 의심이 있으면 위헌 여부 심판을 제청하라는 취지이지, 법원이 법률이 헌법에 위배되었다는 점에 관하여 합리적으로 의심의 여지가 없을 만큼 명백한 경우에만 위헌심판제청을 할 수 있다는 의미는 아니다(1993.12.23, 93헌가2)."라고 판시하여, 단순한 의심과 독일연방헌법재판소의 판례가 요구하는 위헌에 대한 확신 사이의 중간적인 입장을 취하고 있다.

② [○] 위헌 여부 심판의 제청에 관한 결정에 대하여는 항고할 수 없다(「헌법재판소법」 제41조 제4항).

❸ [X] 기각결정이 아니라, 기각된 법률조항에 대해 「헌법재판소법」 제68조 제2항의 헌법소원을 청구할 수는 있다.

④ [○] 위헌법률심판제청권은 군사법원을 포함하여 당해 사건을 담당하는 각급 법원에 있는 것이고, 대법원 외의 법원이 제청을 할 때에는 대법원을 거쳐야 하는 것이지, 제청권이 대법원에만 있는 것도 아니고 심사권을 가지는 것은 아니다(「헌법재판소법」 제41조 제1항·제5항 참조).

## 09 정답 ③

① [○] ② [○] 법원이 법률의 위헌 여부 심판을 헌법재판소에 제청한 때에는 당해 소송사건의 재판은 헌법재판소의 위헌 여부의 결정이 있을 때까지 정지된다. 다만, 법원이 긴급하다고 인정하는 경우에는 종국재판 외의 소송절차를 진행할 수 있다(「헌법재판소법」 제42조 제1항).

❸ [X] 법원이 위헌제청하면 법원의 재판은 정지되나, 처분의 효력은 「행정소송법」 제23조에 따라 정지되지 않는다. 처분의 효력을 정지하려면 법원의 집행정지결정이 필요하다.

> 「헌법재판소법」 제42조 【재판의 정지 등】 ① 법원이 법률의 위헌 여부 심판을 헌법재판소에 제청한 때에는 당해 소송사건의 재판은 헌법재판소의 위헌 여부의 결정이 있을 때까지 정지된다. 다만, 법원이 긴급하다고 인정하는 경우에는 종국재판 외의 소송절차를 진행할 수 있다.
>
> 「행정소송법」 제23조 【집행정지】 ① 취소소송의 제기는 처분 등의 효력이나 그 집행 또는 절차의 속행에 영향을 주지 아니한다.

④ [○] 위헌결정이 된 법조항은 위헌결정의 기속력으로 다른 사건에서 다시 위헌제청할 수 없다.

① [X] 「헌법재판소법」제41조 제5항은 반드시 대법원을 경유하여야 한다고 규정할 뿐, 위헌 여부에 대한 판단을 헌법재판소에 제시하여야 하는 것으로 규정한 것은 아니다.

② [X] 위헌법률심판제청권은 군사법원을 포함하여 당해 사건을 담당하는 각급 법원에 있는 것이다. 제청권이 대법원에 있기 때문은 아니다(「헌법재판소법」제41조 제1항·제5항 참조).

③ [X] 대법원은 하급법원의 위헌제청에 대해서 심사할 권한은 없으므로, 위헌제청을 반드시 헌법재판소에 송부해야 한다.

❹ [O] 위헌제청한 법원은 위헌제청을 철회할 수 있고, 위헌제청을 철회하면 심판절차 종료결정을 한다.

① [X]

> **「헌법재판소법」제43조【제청서의 기재사항】** 법원이 법률의 위헌 여부 심판을 헌법재판소에 제청할 때에는 제청서에 다음 각 호의 사항을 적어야 한다.
> 1. 제청법원의 표시
> 2. 사건 및 당사자의 표시
> 3. 위헌이라고 해석되는 법률 또는 법률의 조항
> 4. 위헌이라고 해석되는 이유
> 5. 그 밖에 필요한 사항

② [X] 「헌법재판소 심판 규칙」제54조는 구속 여부와 구속기간 모두 기재하도록 하고 있다.

> **「헌법재판소법」제43조【제청서의 기재사항】** 법원이 법률의 위헌 여부 심판을 헌법재판소에 제청할 때에는 제청서에 다음 각 호의 사항을 적어야 한다.
> 1. 제청법원의 표시
> 2. 사건 및 당사자의 표시
> 3. 위헌이라고 해석되는 법률 또는 법률의 조항
> 4. 위헌이라고 해석되는 이유
>
> **「헌법재판소 심판 규칙」제54조【제청서의 기재사항】** 제청서에는 법 제43조의 기재사항 외에 다음 각 호의 사항을 기재하여야 한다.
> 1. 당해 사건이 형사사건인 경우 피고인의 구속 여부 및 그 기간
> 2. 당해 사건이 행정사건인 경우 행정처분의 집행정지 여부

❸ [O] 위헌법률심판의 제청이 있으면 법무부장관 및 당해 소송사건의 당사자에게 그 제청서의 등본을 송달한다(「헌법재판소법」제27조 제2항).

④ [X]

> **「헌법재판소 심판 규칙」제55조【제청법원의 의견서 등 제출】** 제청법원은 위헌법률심판을 제청한 후에도 심판에 필요한 의견서나 자료 등을 헌법재판소에 제출할 수 있다.
>
> **제56조【당해 사건 참가인의 의견서 제출】** 당해 사건의 참가인은 헌법재판소에 법률이나 법률조항의 위헌 여부에 관한 의견서를 제출할 수 있다.

① [X] 법원이 법률의 위헌 여부 심판을 헌법재판소에 제청한 때에는 당해 소송사건의 재판은 헌법재판소의 위헌 여부의 결정이 있을 때까지 정지된다. 다만, 법원이 긴급하다고 인정하는 경우에는 종국재판 외의 소송절차를 진행할 수 있다(「헌법재판소법」제42조 제1항).

② [X] 헌법재판소는 이미 심판을 거친 동일한 사건에 대하여는 다시 심판할 수 없다(「헌법재판소법」제39조).

❸ [O] 개정 전 사회보호법 제5조 제1항에 관하여는 당 재판소가 1989. 7.14. 선고한 88헌가5·8, 89헌가44사건의 결정에서 위 법률의 조항이 헌법에 위반된다고 이미 판시한 바 있어 위 법률의 조항의 위헌 여부는 더 이상 심판의 대상이 될 수 없고, 따라서 이 사건 위헌심판제청 중 위 법률의 조항에 관한 부분은 부적법하다(1989. 9.29, 89헌가86). 따라서 각하결정한다.

④ [X] 합헌결정된 법률에 대해 사건이 다른 경우에는 또다시 위헌법률심판제청이 있더라도 다시 심판한다.

⑤ [X] 합헌결정은 기속력이 인정되지 않는다. 따라서 사건이 다른 경우 합헌결정을 한 법률조항에 대해 다시 헌법소원심판을 청구하는 것은 허용된다.

> **「헌법재판소법」제47조【위헌결정의 효력】** ① 법률의 위헌결정은 법원과 그 밖의 국가기관 및 지방자치단체를 기속한다.

❶ [X] 「헌법재판소법」제68조 제2항에 의한 헌법소원에 있어서 당사자와 심판대상이 동일하더라도 당해 사건이 다른 경우에는 동일한 사건이 아니므로 일사부재리의 원칙이 적용되지 아니한다(2006. 5.25, 2003헌바115).

② [O] 위헌법률심판 또는 규범통제형 헌법소원심판의 대상이 되는 '법률'인지 여부는 그 제정 형식이나 명칭이 아니라 규범의 효력을 기준으로 판단하여야 하고, '법률'에는 국회의 의결을 거친 이른바 형식적 의미의 법률은 물론이고 그 밖에 조약 등 '형식적 의미의 법률과 동일한 효력'을 갖는 규범들도 모두 포함되므로, 최소한 법률과 동일한 효력을 가지는 유신헌법하의 긴급조치들에 대한 위헌 여부 심사권한도 헌법재판소에 전속한다(2013.3.21, 2010헌바132).

③ [O] 헌법 제107조 제1항·제2항은 법원의 재판에 적용되는 규범의 위헌 여부를 심사할 때, '법률'의 위헌 여부는 헌법재판소가, 법률의 하위규범인 '명령·규칙 또는 처분' 등의 위헌 또는 위법 여부는 대법원이 그 심사권한을 갖는 것으로 권한을 분배하고 있다. 이 조항에 규정된 '법률'인지 여부는 그 제정 형식이나 명칭이 아니라 규범의 효력을 기준으로 판단하여야 하고, '법률'에는 국회의 의결을 거친 이른바 형식적 의미의 법률은 물론이고 그 밖에 조약 등 '형식적 의미의 법률과 동일한 효력'을 갖는 규범들도 모두 포함된다. 이때 '형식적 의미의 법률과 동일한 효력'이 있느냐 여부는 그 규범의 명칭이나 형식에 구애받지 않고 법률적 효력의 유무에 따라 판단하여야 한다(2013.3.21, 2010헌바70).

④ [O] 폐지된 법률로 실효된 법률이라도 「헌법재판소법」제68조 제2항의 헌법소원심판청구인들의 침해된 법익을 보호하기 위하여 그 위헌 여부가 가려져야 할 필요가 있는 때에는 심판의 대상이 된다(1989. 12.18, 89헌마32).

## 14

❶ [○] 「헌법재판소법」 제68조 제2항은 심판대상을 '법률'로 규정하고 있으나, 여기서의 '법률'에는 '조약'이 포함된다고 볼 것이다. 헌법 재판소는 국내법과 같은 효력을 가지는 조약이 헌법재판소의 위헌 법률심판대상이 된다고 전제하여 그에 관한 본안판단을 한 바 있다(2001.9.27, 2000헌바20). 따라서 명칭이 '협정'으로 되어 있어 국회의 관여 없이 체결되는 행정협정처럼 보이기도 하나 우리 나라의 입장에서 볼 때에는 외국군대의 지위에 관한 것이고, 국가에 재정적 부담을 지우는 내용과 근로자의 지위, 미군에 대한 형사 재판권, 민사청구권 등 입법사항을 포함하고 있으므로 국회의 동의를 요하는 조약으로 취급되어야 하는 것이므로 위헌법률심판의 대상이 된다(1999.4.29, 97헌가14).

② [X] 국제통화기금협정은 각 국회의 동의를 얻어 체결된 것으로서, 헌법 제6조 제1항에 따라 국내법적·법률적 효력을 가지는바, 가입국의 재판권 면제에 관한 것이므로 성질상 국내에 바로 적용될 수 있는 법규범으로서 위헌법률심판의 대상이 된다(2001.9.27, 2000헌바20).

③ [X]

> **대법원 판례** 헌법 제111조 제1항 제1호 및 「헌법재판소법」 제41조 제1항에서 규정하는 위헌심사의 대상이 되는 법률은 국회의 의결을 거친 이른바 형식적 의미의 법률을 의미하고, 또한 민사에 관한 관습 법은 법원에 의하여 발견되고 성문의 법률에 반하지 아니하는 경우에 한하여 보충적인 법원이 되는 것에 불과하여(「민법」 제1조) 관습법이 헌법에 위반되는 경우 법원이 그 관습법의 효력을 부인할 수 있으므로, 결국 관습법은 헌법재판소의 위헌법률심판의 대상이 아니라 할 것 이다(대판 2009.5.28, 2007카기134).

> **헌법재판소 판례** 법률과 동일한 효력을 갖는 조약 등을 위헌법률심판 의 대상으로 삼는 것은 헌법을 최고규범으로 하는 법질서의 통일성과 법적 안정성을 확보할 수 있을 뿐만 아니라, 합헌적인 법률에 의한 재 판을 가능하게 하여 궁극적으로는 국민의 기본권 보장에 기여할 수 있 다. 그런데 이 사건 관습법은 「민법」 시행 이전에 상속을 규율하는 법 률이 없는 상황에서 재산상속에 관하여 적용된 규범으로서 비록 형식 적 의미의 법률은 아니지만 실질적으로는 법률과 같은 효력을 갖는 것 이므로 위헌법률심판의 대상이 된다(2013.2.28, 2009헌바129).

④ [X] 우리 헌법이 채택하고 있는 구체적 규범통제인 위헌법률심판은 최 고규범인 헌법의 해석을 통하여 헌법에 위반되는 법률의 효력을 상실시키는 것이므로 이와 같은 위헌법률심판제도의 기능의 속성 상 법률의 위헌 여부 심판의 제청대상 법률은 특별한 사정이 없는 한 현재 시행 중이거나 과거에 시행되었던 것이어야 하기 때문에 제청 당시에 공포는 되었으나 시행되지 않았고 이 결정 당시에는 이미 폐지되어 효력이 상실된 법률은 위헌 여부 심판의 대상 법률 에서 제외되는 것으로 해석함이 상당하다(1997.9.25, 97헌가4).

## 15

① [○] 우리 재판소는 발족 이래 오늘에 이르기까지 예외 없이 주문합의 제를 취해 왔다(1994.6.30, 92헌바23).

❷ [X] 위헌법률심판에서 기각결정은 없고 합헌결정이 있다. 기각결정은 「헌법재판소법」 제68조 제1항의 헌법소원심판에 있다.

③ [○] 5명만으로는 위헌결정이 나오지 않는다. 따라서 5명이 위헌이고 1명이 헌법불합치의견일 때 헌법불합치결정을 한다.

④ [○] 소송요건의 선순위성은 소송법의 확고한 원칙으로 헌법소원심판 에서 본안판단으로 나아가기 위해서는 적법요건이 충족되었다는 점에 대한 재판관 과반수의 찬성이 있어야 한다. 따라서 청구인 이 ○○ 등의 화해권유 부작위의 위헌확인을 구하는 심판청구가 적법 성을 충족한 것인지에 대해 어떠한 견해도 과반수에 이르지 아니 한 이상, 헌법재판소는 심판청구를 각하하여야 한다(2021.9.30, 2016헌마1034).

## 16

❶ [X] 이 사건 법률조항에 대하여는 아래와 같은 재판관 4인의 다른 의 견이 있다(재판관 이공현의 단순위헌의견, 재판관 조대현의 일부 위헌의견, 재판관 이동흡, 재판관 송두환의 적용중지 헌법불합치 의견). 그리하여 어느 의견도 독자적으로는 「헌법재판소법」 제23 조 제2항 제1호에 규정된 법률의 위헌결정을 함에 필요한 심판정 족수에 이르지 못하였으나 단순위헌의견과 적용중지 헌법불합치 의견을 계속적용 헌법불합치의견에 합산하면 법률의 위헌결정을 함에 필요한 심판정족수에 이르게 되므로(「헌법재판소법」 제40 조, 「법원조직법」 제66조 제2항 참조), 이에 계속적용을 명하는 헌법불합치결정을 하기로 한다(2007.5.31, 2005헌마1139).

② [○] 기각의견이 1인, 헌법불합치의견이 5인, 각하의견이 3인으로 재판 관의 의견이 나뉜 경우, 비록 헌법불합치의견에 찬성한 재판관이 다수이지만, 헌법 제113조 제1항, 「헌법재판소법」 제23조 제2항 단서 제1호에서 정한 헌법소원심판 인용결정을 위한 심판정족수에 는 이르지 못하였으므로, 심판청구를 기각한다(2021.8.31, 2018 헌마563).

③ [○] 이 사건 법률조항들이 헌법에 위반된다는 의견이 5인이고, 헌법에 합치되지 아니한다는 의견이 2인이므로, 단순위헌의견에 헌법불합 치의견을 합산하면 「헌법재판소법」 제23조 제2항 제1호에 규정 된 법률의 위헌결정을 함에 필요한 심판정족수에 이르게 된다. 따 라서 이 사건 법률조항들에 대하여 헌법에 합치되지 아니한다고 선언하되, 이 사건 법률조항들에는 위헌적인 부분과 합헌적인 부 분이 공존하고 있으므로 입법자가 2010.6.30. 이전에 개선입법을 할 때까지 계속 적용되어 그 효력을 유지하도록 하고, 만일 위 일 자까지 개선입법이 이루어지지 않는 경우 이 사건 법률조항들은 2010.7.1.부터 그 효력을 상실하도록 한다(2009.9.24, 2008헌 가25).

④ [○] 5명이 위헌의견으로 위헌결정이 나올 수 없으므로, 5명이 위헌이 고 4명이 헌법불합치의견일 때 헌법불합치결정을 한다.

> **관련 판례** 이 사건 법률조항이 헌법에 위반된다는 점에 있어서는 재 판관 7명의 의견이 일치되었으나, 재판관 5명은 단순위헌결정을 선고 함이 상당하다는 의견이고 재판관 2명은 헌법불합치결정을 선고함이 상당하다는 의견으로서, 재판관 5명의 의견이 다수의견이기는 하나 「헌법재판소법」 제23조 제2항 제1호에 규정된 '법률의 위헌결정'을 함에 필요한 심판정족수에 이르지 못하였으므로 헌법불합치의 결정을 선고한다(1997.7.16, 95헌가6).

## 17

① [○] 법률이 헌법에 위반되는 경우, 헌법의 규범성을 보장하기 위하여 원 칙적으로 그 법률에 대하여 위헌결정을 하여야 하는 것이지만, 위헌 결정을 통해 법률조항을 법질서에서 제거하는 것이 법적 공백이나 혼란을 초래할 우려가 있는 경우에는 위헌조항의 잠정적 적용을 명 하는 헌법불합치결정을 할 수 있다(2011.6.30, 2008헌바166).

❷ [X] ④ [O] 법률이 평등원칙에 위반된 경우가 헌법재판소의 불합치 결정을 정당화하는 대표적인 사유라고 할 수 있다. 반면에, 자유권을 침해하는 법률이 위헌이라고 생각되면 무효선언을 통하여 자유권에 대한 침해를 제거함으로써 합헌성이 회복될 수 있고, 이 경우에는 평등원칙 위반의 경우와는 달리 헌법재판소가 결정을 내리는 과정에서 고려해야 할 입법자의 형성권은 존재하지 않음이 원칙이다(2002.5.30, 2000헌마81).

③ [O] 순경 공채시험, 소방사 등 채용시험, 그리고 소방간부 선발시험의 응시연령의 상한을 '30세 이하'로 규정하고 있는 것은 합리적이라고 볼 수 없으므로 침해의 최소성 원칙에 위배되어 청구인들의 공무담임권을 침해한다. 그렇다고 하여, 순경 공채시험, 소방사 등 채용시험, 소방간부 선발시험에서 응시연령의 상한을 제한하는 것이 전면적으로 허용되지 않는다고 단정하기 어렵고, 경찰 또는 소방공무원의 채용 및 공무수행의 효율성을 도모하여 국민의 생명과 재산을 보호하기 위하여 필요한 최소한도의 제한은 허용되어야 할 것인바, 그 한계는 경찰 및 소방업무의 특성 및 인사제도 그리고 인력수급 등의 상황을 고려하여 입법기관이 결정할 사항이다. 따라서 이 사건 심판대상조항들의 잠정적용을 명하는 헌법불합치결정을 한다(2012.5.31, 2010헌마278).

되는 사례로 볼 여지가 있고, 따라서 헌법재판소로서는 위 압류처분의 근거법규에 대하여 일응 재판의 전제성을 인정하여 그 위헌 여부에 대하여 판단하여야 할 것이다(1994.6.30, 92헌바23).

② [X] 제소기간이 도과되어 불가쟁력이 발생한 처분이라도 위헌결정 후에는 체납절차를 하는 것은 무효이다. 그러나 확정판결을 집행하기 위한 체납처분은 허용된다.

③ [X] 불가쟁력이 발생하지 않은 과세처분에 대해 소가 제기되었고 헌법재판소가 그 근거법률에 대해 위헌결정을 내린 경우 당해 사건에 위헌결정은 소급효가 인정되므로 법원은 과세처분을 취소할 것이다. 따라서 당해 사건에서 권리구제가 가능하다.

④ [X] 특례법 제4조 제1항은 비록 형벌에 관한 것이기는 하지만 불처벌의 특례를 규정한 것이어서 위 법률조항에 대한 위헌결정의 소급효를 인정할 경우 오히려 형사처벌을 받지 않았던 자들에게 형사상의 불이익이 미치게 되므로 이와 같은 경우까지 「헌법재판소법」 제47조 제2항 단서의 적용범위에 포함시키는 것은 그 규정취지에 반하고, 따라서 위 법률조항이 헌법에 위반된다고 선고되더라도 형사처벌을 받지 않았던 자들을 소급하여 처벌할 수 없다(1997. 1.16, 90헌마110).

## 18 정답 ②

① [X] 형벌법규 이외의 일반법규에 관하여 위헌결정에 불소급의 원칙을 채택한 법 제47조 제2항 본문의 규정 자체에 대해 기본적으로 그 합헌성에 의문을 갖지 않지만 위에서 본바 효력이 다양할 수밖에 없는 위헌결정의 특수성 때문에 예외적으로 그 적용을 배제시켜 부분적인 소급효의 인정을 부인해서는 안 될 것이다(1993.5.13, 92헌가10).

❷ [O] 이미 취소소송의 제기기간을 경과하여 확정력이 발생한 행정처분의 경우에는 위헌결정의 소급효가 미치지 않는다고 보아야 할 것이다(2004.1.29, 2002헌바73).

③ [X] 헌법재판소의 위헌결정 전에 행정처분의 근거되는 당해 법률이 헌법에 위반된다는 사정은 특별한 사정이 없는 한 그 행정처분의 취소소송의 전제가 될 수 있을 뿐 당연무효사유는 아니다(대판 1994. 10.28, 92누9463).

④ [X] 위헌결정의 소급효는 제소기간 경과로 불가쟁력이 발생한 사건에는 미치지 않음이 원칙이다.

## 19 정답 ①

❶ [O] 행정처분의 집행이 이미 종료되었고 그것이 번복될 경우 법적 안정성을 크게 해치게 되는 경우에는 후에 행정처분의 근거가 된 법규가 헌법재판소에서 위헌으로 선고된다고 하더라도 그 행정처분이 당연무효가 되지는 않음이 원칙이라고 할 것이나, 행정처분 자체의 효력이 쟁송기간 경과 후에도 존속 중인 경우, 특히 그 처분이 위헌법률에 근거하여 내려진 것이고 그 행정처분의 목적달성을 위하여서는 후행 행정처분이 필요한데 후행 행정처분은 아직 이루어지지 않은 경우와 같이 그 행정처분을 무효로 하더라도 법적 안정성을 크게 해치지 않는 반면에 그 하자가 중대하여 그 구제가 필요한 경우에 대하여서는 그 예외를 인정하여 이를 당연무효사유로 보아서 쟁송기간 경과 후에라도 무효확인을 구할 수 있는 것이라고 봐야 할 것이다. 그렇다면 관련 소송사건에서 청구인이 무효확인을 구하는 행정처분의 진행정도는 마포세무서장의 압류만 있는 상태이고 그 처분의 만족을 위한 환가 및 청산이라는 행정처분은 아직 집행되지 않고 있는 경우이므로 이 사건은 위 예외에 해당

## 20 정답 ③

① [O] 「헌법재판소법」 제47조 제3항 규정에 의하여 위헌결정의 법규적 효력에 대하여 소급효가 인정되는 '형벌에 관한 법률 또는 법률의 조항'의 범위는 실체적인 형벌법규에 한정하여야 하고 위헌으로 결정된 법률이 형사소송절차에 관한 절차법적인 법률인 경우에는 동 조항이 적용되지 않는 것으로 가급적 좁게 해석하는 것이 제도적으로 합당하다(1992.12.24, 92헌가8).

② [O] 형벌에 관한 법령이 헌법재판소의 위헌결정으로 소급하여 효력을 상실하였거나 법원에서 위헌·무효로 선언된 경우, 법원은 당해 법령을 적용하여 공소가 제기된 피고사건에 대하여 「형사소송법」 제325조에 따라 무죄를 선고하여야 한다. 나아가 형벌에 관한 법령이 폐지되었다 하더라도 그 '폐지'가 당초부터 헌법에 위배되어 효력이 없는 법령에 대한 것이었다면 그 피고사건은 「형사소송법」 제325조 전단이 규정하는 '범죄로 되지 아니한 때'의 무죄사유에 해당하는 것이지, 「형사소송법」 제326조 제4호에서 정한 면소사유에 해당한다고 할 수 없다(대판 2013.4.18, 2011초기689).

❸ [X]

> **「헌법재판소법」 제47조 【위헌결정의 효력】** ① 법률의 위헌결정은 법원과 그 밖의 국가기관 및 지방자치단체를 기속한다.
> ② 위헌으로 결정된 법률 또는 법률의 조항은 그 결정이 있는 날부터 효력을 상실한다.
> ③ 제2항에도 불구하고 형벌에 관한 법률 또는 법률의 조항은 소급하여 그 효력을 상실한다. 다만, 해당 법률 또는 법률의 조항에 대하여 종전에 합헌으로 결정한 사건이 있는 경우에는 그 결정이 있는 날의 다음 날로 소급하여 효력을 상실한다.

④ [O] 「헌법재판소법」 제47조 제4항에 따라 재심을 청구할 수 있는 '위헌으로 결정된 법률 또는 법률의 조항에 근거한 유죄의 확정판결'이란 헌법재판소의 위헌결정으로 인하여 같은 조 제3항의 규정에 의하여 소급하여 효력을 상실하는 법률 또는 법률의 조항을 적용한 유죄의 확정판결을 의미한다. 따라서 위헌으로 결정된 법률 또는 법률의 조항이 같은 조 제3항 단서에 의하여 종전의 합헌결정이 있는 날의 다음 날로 소급하여 효력을 상실하는 경우 합헌결정이 있는 날의 다음 날 이후에 유죄판결이 선고되어 확정되었다면, 비록 범죄행위가 그 이전에 행하여졌더라도 그 판결은 위헌결정으

로 인하여 소급하여 효력을 상실한 법률 또는 법률의 조항을 적용
한 것으로서 '위헌으로 결정된 법률 또는 법률의 조항에 근거한 유
죄의 확정판결'에 해당하므로 이에 대하여 재심을 청구할 수 있다
(대판 2016.11.10, 2015모1475).

## 정답

| 01 | ③ | 02 | ① | 03 | ② | 04 | ③ |
|----|---|----|---|----|---|----|---|
| 05 | ② | 06 | ② | 07 | ④ | 08 | ③ |
| 09 | ① | 10 | ② | 11 | ② | 12 | ② |
| 13 | ② | 14 | ② | 15 | ④ | 16 | ② |
| 17 | ① | 18 | ③ | 19 | ② | 20 | ③ |

## 01 정답 ③

① [X] ④ [X] 헌법소원의 인용결정은 모든 국가기관과 지방자치단체를 기속한다(「헌법재판소법」 제75조 제1항).

② [X]

> **「헌법재판소법」 제47조【위헌결정의 효력】** ① 법률의 위헌결정은 법원과 그 밖의 국가기관 및 지방자치단체를 기속한다.
>
> **「행정소송법」 제30조【취소판결 등의 기속력】** ① 처분 등을 취소하는 확정판결은 그 사건에 관하여 당사자인 행정청과 그 밖의 관계행정청을 기속한다.

❸ [O] 헌법재판소의 법률에 대한 위헌결정에는 단순위헌결정은 물론, 한정합헌, 한정위헌결정과 헌법불합치결정도 포함되고 이들은 모두 당연히 기속력을 가진다(1997.12.24, 96헌마172).

## 02 정답 ①

❶ [O] ② [X] 법률의 위헌결정은 법원과 그 밖의 국가기관 및 지방자치단체를 기속한다(「헌법재판소법」 제47조 제1항).

③ [X] 헌법재판소는 구 군인연금법 조항이 군인의 '신분이나 직무상 의무'와 관련이 없는 범죄에 대해서도 퇴직급여의 감액사유로 삼는 것이 퇴직군인들의 기본권을 침해한다고 보아 헌법불합치결정(2009.7.30, 2008헌가1 등)을 하였고, 위 조항은 그에 따른 개선입법이다. 군인의 직무와 관련이 없는 범죄라 할지라도 고의범의 경우에는 군인의 법령준수의무, 청렴의무, 품위유지의무 등을 위반한 것으로 볼 수 있으므로 이를 퇴직급여의 감액사유에서 제외하지 아니하더라도 위 헌법불합치결정의 기속력에 저촉된다고 할 수 없다(2013.9.26, 2011헌바100).

④ [X]

> **대법원 판례** 이른바 한정위헌결정의 경우에는 헌법재판소의 결정에 불구하고 법률이나 법률조항은 그 문언이 전혀 달라지지 않은 채 그냥 존속하고 있는 것이므로 이러한 한정위헌결정은 법률 또는 법률조항의 의미, 내용과 그 적용범위를 정하는 법률해석이라고 이해하지 않을 수 없다. 그런데 구체적 사건에 있어서 당해 법률 또는 법률조항의 의미·내용과 적용범위가 어떠한 것인지를 정하는 권한 곧 법령의 해석·적용 권한은 바로 사법권의 본질적 내용을 이루는 것으로서, 전적으로

대법원을 최고법원으로 하는 법원에 전속한다. … 그러므로 한정위헌결정에 표현되어 있는 헌법재판소의 법률해석에 관한 견해는 법률의 의미·내용과 그 적용범위에 관한 헌법재판소의 견해를 일응 표명한 데 불과하여 이와 같이 법원에 전속되어 있는 법령의 해석·적용 권한에 대하여 어떠한 영향을 미치거나 기속력도 가질 수 없다(대판 1996.4.9, 95누11405).

> **헌법재판소 판례** 헌법재판소의 법률에 대한 위헌결정에는 단순위헌결정은 물론, 한정합헌, 한정위헌결정과 헌법불합치결정도 포함되고 이들은 모두 당연히 기속력을 가진다. 만일, 대법원의 견해와 같이 한정위헌결정을 법원의 고유권한인 법률해석권에 대한 침해로 파악하여 헌법재판소의 결정유형에서 배제해야 한다면, 헌법재판소는 앞으로 헌법합치적으로 해석하여 존속시킬 수 있는 많은 법률을 모두 무효로 선언해야 하고, 이로써 합헌적 법률해석방법을 통하여 실현하려는 입법자의 입법형성권에 대한 존중과 헌법재판소의 사법적 자제를 포기하는 것이 된다(1997.12.24, 96헌마172).

## 03 정답 ②

① [O] 이 사건 기부금지 조항은 그 전제가 되는 법률조항을 살피더라도, 구 정치자금법 제12조 제1항은 노동단체 이외의 단체의 정치자금 기부까지도 포괄하는 것이라는 점에서 종전에 위헌결정된 법률조항과 전적으로 동일한 경우에 해당하지 않으므로, 이 사건 기부금지 조항이 위 95헌마154 결정으로 위헌선언된 구 '정치자금에 관한 법률' 제12조 제5호의 반복입법으로서 위 위헌결정의 기속력에 저촉된다는 주장은 이유 없다 할 것이다(2010.12.28, 2008헌바89).

❷ [X] 기속력은 동일 행위반복금지를 포함하므로 법률조항에 대해 단순위헌결정이 내려지더라도, 입법자가 동일한 사정하에서 동일한 이유에 근거한 동일한 내용의 법률을 다시 제정하는 것은 위헌결정의 기속력에 반한다.

③ [O] 헌법재판소가 한정위헌 또는 한정합헌선언을 한 경우에 위헌적인 것으로 배제된 해석가능성 또는 축소된 적용범위의 판단은 단지 법률해석의 지침을 제시하는 데 그치는 것이 아니라 본질적으로 부분적 위헌선언의 효과를 가지는 것이며, 「헌법재판소법」 제47조에 정한 기속력을 명백히 하기 위하여 어떠한 부분이 위헌인지 여부가 그 결정의 주문에 포함되어야 하므로, 이러한 내용을 결정의 이유에 설시하는 것만으로는 부족하고 결정의 주문에까지 등장시켜야 한다(1994.4.28, 92헌가3).

④ [O] 「헌법재판소법」 제47조 제1항 및 제75조 제1항에 규정된 법률의 위헌결정 및 헌법소원 인용결정의 기속력과 관련하여, 입법자인 국회에게 기속력이 미치는지 여부, 나아가 결정주문뿐 아니라 결정이유에까지 기속력을 인정할지 여부는 헌법재판소의 헌법재판권 내지 사법권의 범위와 한계, 국회의 입법권의 범위와 한계 등을 고려하여 신중하게 접근할 필요가 있다. 설령 결정이유에까지 기속력을 인정한다고 하더라도, 결정주문을 뒷받침하는 결정이유에 대하여 적어도 위헌결정의 정족수인 재판관 6인 이상의 찬성이 있어야 할 것이고(헌법 제113조 제1항 및 「헌법재판소법」 제23조 제2항 참조), 이에 미달할 경우에는 결정이유에 대하여 기속력을 인정할 여지가 없는데, 헌법재판소가 2006.5.25. '안마사에 관한 규칙'(2000.6.16. 보건복지부령 제153호로 개정된 것) 제3조 제1항 제1호와 제2호 중 각 '앞을 보지 못하는' 부분에 대하여 위헌으로 결정한 2003헌마715 등 사건의 경우(2006.5.25, 2003헌마715 등, 판례집 18-1하, 112) 그 결정이유에서 비맹제외기준

이 과잉금지원칙에 위반한다는 점과 관련하여서는 재판관 5인만이 찬성하였을 뿐이므로 위 과잉금지원칙 위반의 점에 대하여 기속력이 인정될 여지가 없다(2008.10.30, 2006헌마1098).

## 04 정답 ③

① [○] 헌법재판소의 헌법불합치결정 이전에 발생한 실화는 원칙적으로 개정 실화책임법의 적용범위에 포함되지 아니하지만, 위 헌법불합치결정의 취지나 위헌심판에서의 규범통제의 실효성 보장 및 개정 실화책임법 부칙의 소급적용 취지를 고려하면, 비록 헌법재판소의 헌법불합치결정 이전에 발생한 실화라 하더라도 위 헌법불합치결정 당시에 구 실화책임법의 위헌 여부가 쟁점이 되어 법원에 계속 중인 사건에 대하여는 위 헌법불합치결정의 효력이 미쳐 구 실화책임법이 적용되지 않고 위헌성이 제거된 개정 실화책임법이 유추적용되는 것으로 보아야 한다(대판 2010.6.24, 2006다61499).

② [○] 헌법재판소의 결정형식 중의 하나인 헌법불합치결정은 그 본질이 위헌결정이므로 헌법재판소와 대법원은 변형결정의 하나인 헌법불합치결정의 경우에도 소급효를 인정하고 있다.

❸ [X] 어떠한 법률조항에 대하여 헌법재판소가 헌법불합치결정을 하여 입법자에게 그 법률조항을 합헌적으로 개정 또는 폐지하는 임무를 입법자의 형성 재량에 맡긴 이상 그 개선입법의 소급적용 여부와 소급적용의 범위는 원칙적으로 입법자의 재량에 달린 것이기는 하지만, 개정 전 민법 제1026조 제2호에 대한 헌법불합치결정의 취지나 위헌심판에서의 구체적 규범통제의 실효성 보장이라는 측면을 고려할 때 적어도 위 헌법불합치결정을 하게 된 당해 사건 및 위 헌법불합치결정 당시에 개정 전 민법 제1026조 제2호의 위헌 여부가 쟁점이 되어 법원에 계속 중인 사건에 대하여는 위 헌법불합치결정의 소급효가 미친다. 이 경우에 상속채무가 상속재산을 초과하는 사실을 중대한 과실 없이 민법 제1019조 제1항의 기간 내에 알지 못한 경우에는 개정 민법 시행일부터 3월 내에 민법 제1019조 제3항의 개정 규정에 의한 한정승인신고를 할 수 있다(대판 2002.4.2, 99다3358).

④ [○] 헌법재판소가 헌법불합치결정을 하여 입법자에게 그 법률조항을 합헌적으로 개정 또는 폐지하는 임무를 입법자의 형성 재량에 맡긴 이상, 그 개선입법의 소급적용 여부와 소급적용의 범위는 원칙적으로 입법자의 재량에 달린 것이다. 하지만 적어도 헌법불합치결정을 하게 된 당해 사건 및 헌법불합치결정 당시에 당해 법률조항의 위헌 여부가 쟁점이 되어 '법원에 계속 중인 사건'에 대하여는 위 헌법불합치결정의 소급효가 미친다고 할 것이다. 그런데 헌법불합치 당시 '헌법재판소에 계속 중인 사건'은 구체적 규범통제의 필요성이 법원에 계속 중인 사건보다 더 클 뿐 아니라 헌법불합치결정 이전에 또는 결정과 동시에 선고되었다면 당연히 헌법불합치결정이 내려졌을 것이라는 점을 고려할 때, 2008헌가1 등 사건의 헌법불합치결정의 소급효가 이 사건 청구에도 미치는 것은 당연하다고 할 것이다(2011.8.30, 2008헌마343).

## 05 정답 ②

① [○] 헌법재판소는 위헌결정을 통하여 위헌법률을 법질서에서 제거하는 것이 오히려 법적 공백이나 혼란을 초래할 우려가 있는 경우, 헌법불합치결정을 하면서 위헌법률을 일정기간 동안 계속 적용을 명하는 경우가 있는데, 모든 국가기관은 이에 기속되고, 법원은 이러한 예외적인 경우에 위헌법률을 계속 적용하여 재판할 수 있다(2013.9.26, 2012헌마806).

❷ [X] 헌법불합치결정도 위헌결정의 하나이므로 당해 법률의 적용이 부인됨이 원칙이나, 예외적으로 법률의 공백을 방지하기 위해서 잠정적용이 허용된다.

③ [○] 법률상 정해진 처분요건에 따라 부담금을 부과·징수하는 침익적 처분을 하는 경우에는, 어떠한 추가적 개선입법이 없더라도 행정청이 사법적 판단에 따라 위헌이라고 판명된 내용과 동일한 취지로 부담금 부과처분을 하여서는 안 된다. 그러나 이와 달리 법률상 정해진 처분요건에 따라 부담금을 부과·징수하는 침익적 처분을 하는 경우에는, 어떠한 추가적 개선입법이 없더라도 행정청이 사법적 판단에 따라 위헌이라고 판명된 내용과 동일한 취지로 부담금 부과처분을 하여서는 안 된다는 점은 분명하다. 나아가 이러한 결론은 법질서의 통일성과 일관성을 확보하려는 법치주의의 당연한 귀결이므로, 행정청에 위헌적 내용의 법령을 계속 적용할 의무가 있다고 볼 수 없고, 행정청이 위와 같은 부담금처분을 하지 않는 데에 어떠한 법률상 장애가 있다고 볼 수도 없다. 헌법불합치결정된 이 사건 법률조항을 적용할 때에 '기존에 비하여 가구 수가 증가하지 않는 경우'에는 부담금을 부과하여서는 아니 된다는 점이 이 사건 헌법불합치결정으로써 명백히 밝혀졌고, 그 해석에 다툼의 여지가 없으므로, 위 부담금처분의 하자가 중대하고 명백하여 당연무효이다(대판 2017.12.28, 2017두30122).

④ [○] 그러나 이와 달리 법률상 정해진 처분요건에 따라 부담금을 부과·징수하는 침익적 처분을 하는 경우에는, 어떠한 추가적 개선입법이 없더라도 행정청이 사법적 판단에 따라 위헌이라고 판명된 내용과 동일한 취지로 부담금 부과처분을 하여서는 안 된다는 점은 분명하다. 나아가 이러한 결론은 법질서의 통일성과 일관성을 확보하려는 법치주의의 당연한 귀결이므로, 행정청에 위헌적 내용의 법령을 계속 적용할 의무가 있다고 볼 수 없고, 행정청이 위와 같은 부담금처분을 하지 않는 데에 어떠한 법률상 장애가 있다고 볼 수도 없다(대판 2017.12.28, 2017두30122).

## 06 정답 ②

① [○] 위헌결정 후 처분은 무효가 된다.
위헌결정 전에 이미 형성된 법률관계에 기한 후속처분이라도 그것이 새로운 위헌적 법률관계를 생성·확대하는 경우라면 허용될 수 없다며, 과세처분 이후 조세부과의 근거가 되었던 법률규정에 대하여 위헌결정이 내려지고, 조세채권의 집행을 위한 체납처분의 근거규정 자체에 대하여는 따로 위헌결정이 내려진 바 없다고 하더라도, 그 조세채권의 집행을 위한 체납처분은 당연무효사유에 해당한다고 보았다(대판 2012.2.16, 2010두10907).

❷ [X] 택지소유 상한에 관한 법률 제30조는 "부담금의 납부의무자가 독촉장을 받고 지정된 기한까지 부담금 및 가산금 등을 완납하지 아니한 때에는 건설교통부장관은 국세체납처분의 예에 의하여 이를 징수할 수 있다."라고 규정함으로써 국세징수법 제3장의 체납처분 규정에 의하여 체납 택지초과소유부담금을 강제징수할 수 있었으나, 1999.4.29. 같은 법 전부에 대한 위헌결정으로 위 제30조 규정 역시 그날로부터 효력을 상실하게 되었고, 나아가 위헌법률에 기한 행정처분의 집행이나 집행력을 유지하기 위한 행위는 위헌결정의 기속력에 위반되어 허용되지 않는다고 보아야 할 것인데, 그 규정 이외에는 체납부담금을 강제로 징수할 수 있는 다른 법률적 근거가 없으므로, 그 위헌결정 이전에 이미 부담금 부과처분과 압류처분 및 이에 기한 압류등기가 이루어지고 위의 각 처분이 확정되었다고 하여도, 위헌결정 이후에는 별도의 행정처분인 매각처분, 분배처분 등 후속 체납처분절차를 진행할 수 없는 것은 물론이고, 특별한 사정이 없는 한 기존의 압류등기나 교부청구만으로는 다른 사람에 의하여 개시된 경매절차에서 배당을 받을 수도 없다(대판 2002.8.23, 2001두2959).

③ [○] 위헌결정이 나오더라도 불가쟁력이 발생한 처분은 무효가 되지 않으므로 법원은 기각판결을 한다. 무효확인소송은 제소기간이 없으므로 각하하지 않는다.

④ [○] ⑤ [○] 위헌결정으로 2018년 소득세 부과처분이 무효가 되는 것이 아니고 제소기간 도과로 쟁송취소도 불가하므로 과세처분은 공정력으로 인해 그 효력을 유지하는바, 부당이득이 성립되지 않는다.

## 07                 정답 ④

① [○] 「헌법재판소법」 제68조 제2항의 헌법소원청구가 있더라도 법원은 재판을 진행할 수 있다.

② [○] 「헌법재판소법」 제68조 제2항의 헌법소원청구 후 법원의 확정판결이 나왔더라도 패소판결이라면 헌법재판소의 위헌결정에 따라 甲이 재심을 청구할 수 있으므로 재판의 전제성을 인정할 수 있다.

③ [○] 「헌법재판소법」 제75조 제7항에 따라 재심을 청구할 수 있다.

❹ [✕] 제68조 제2항에 따른 헌법소원이 인용된 경우에 해당 헌법소원과 관련된 소송사건이 이미 확정된 때에는 당사자는 재심을 청구할 수 있다(「헌법재판소법」 제75조 제7항).

## 08                 정답 ③

① [✕] 「헌법재판소법」 제68조 제1항에 의하면 공권력의 행사 또는 불행사로 인하여 헌법상 보장된 기본권을 침해받은 자는 헌법소원심판을 청구할 수 있고, 이 규정에 의한 공권력에는 입법권도 포함되므로 원칙적으로 법률에 대한 헌법소원심판청구도 가능하다. 그러나 직접 법률에 대한 헌법소원심판을 청구하려면 먼저 청구인 스스로가 당해 법률에 의하여 별도의 구체적인 집행행위의 매개 없이 직접·현재 헌법상 보장된 기본권을 침해당하고 있는 경우이어야 한다(1997.6.26, 96헌마148).

② [✕] 여기서 말하는 집행행위에는 입법행위도 포함되므로 법률규정이 그 규정의 구체화를 위하여 하위규범의 시행을 예정하고 있는 경우에는 당해 법률의 직접성은 부인된다. 담배제조업의 허가기준을 대통령령에 위임한다고 규정한 「담배사업법」은 허가조항은 담배제조업 허가기준을 대통령령으로 정하도록 하는 위임규정으로서 하위규범의 시행을 예정하고 있으므로, 기본권 침해의 직접성이 인정되지 아니한다(2018.2.22, 2017헌마438).

❸ [○] 헌법재판소가 종국결정을 하기에 앞서 쟁점사항에 대하여 미리 정리·판단을 하여 종국결정을 용이하게 하고 이를 준비하는 결정인 중간결정을 할 것인지 여부는 전적으로 헌법재판소의 재량에 달려 있는 것이어서 청구인에게는 헌법재판소에 중간결정을 신청할 권리가 인정되지 아니하므로 청구인이 그 심판청구사건의 종국결정에 앞서 중간결정을 하여 줄 것을 헌법소원심판의 형식으로 구하는 것은 공권력의 행사 또는 불행사로 인하여 헌법상 보장된 기본권을 침해받은 경우에 해당하지 아니하여 부적법하다(2007.7.30, 2007헌마837).

④ [✕] 위 훈령조항은 「소방기본법」 제29조 및 같은 법 시행규칙 제12조 등의 위임을 받아 규정된 것인데, 화재조사에 관한 시험이 소방공무원을 대상으로 한다는 점은 「소방기본법 시행규칙」 제12조 제3항 등에서 이미 확정된 내용이다. 결국 위 훈령조항은 상위법령의 규정에 의하여 확정된 내용을 확인한 것에 불과하여 청구인의 법적 지위에 어떠한 영향을 미친다고 할 수 없으므로, 독자적으로 헌법소원의 대상이 되는 공권력의 행사에 해당하지 않는다(2016.9.29, 2013헌마821).

## 09                 정답 ①

❶ [○] 2001.11.29, 99헌마494

② [✕] 법률은 항고소송의 대상이 될 수 없고, 청원은 '다른 법률의 구제절차'에 포함되지 않는다. 따라서 법률에 대한 헌법소원은 다른 법률의 구제절차를 거치지 아니하고 청구된다.

③ [✕] 법령에 대한 헌법소원심판에서 그 목적이 청구인과 제3자에게 합일적으로 확정되어야 할 경우, 「헌법재판소법」 제40조 제1항에 의하여 준용되는 「민사소송법」 제83조 제1항에 따라 그 제3자는 공동청구인으로서 심판에 참가할 수 있다. 다만, 공동심판참가인은 별도의 헌법소원을 제기하는 대신에 계속 중인 심판에 공동청구인으로서 참가하는 것이므로, 그 참가신청은 헌법소원 청구기간 내에 이루어져야 한다(2013.12.26, 2011헌마499).

④ [✕] 이 사건 결정·회신은 '교육청의 계획하에 교원이 선거권이 없는 학생을 대상으로 하는 모의투표를 실시하는 것이 관련 법령상 허용되는지 여부'라는 법률적 문제에 관한 피청구인의 비권력적인 의견제시에 불과하다. 피청구인의 위원·직원이 위와 같은 모의투표 실시행위에 대하여 「선거관리위원회법」에 따라 중지·경고·시정명령 등의 조치를 하더라도, 이는 이 사건 결정·회신 위반이 아닌 「공직선거법」 등 법령 위반을 이유로 하는 것이고, 이 사건 결정·회신에서 피청구인이나 피청구인의 위원장이 모의투표 실시행위에 대하여 위와 같은 조치를 취할 것임을 표명한 바도 없다. 따라서 이 사건 결정·회신은 그 자체만으로 청구인들의 법적 지위에 영향을 준다고 보기 어려운바, 헌법소원심판의 대상이 되는 공권력의 행사에 해당한다고 할 수 없다(2021.9.30, 2020헌마494).

## 10                 정답 ①

❶ [✕] 이 사건 조치는, '특정 금융거래정보의 보고 및 이용 등에 관한 법률' 등에 따라 자금세탁 방지의무 등을 부담하고 있는 금융기관에 대하여, 종전 가상계좌가 목적 외 용도로 남용되는 과정에서 자금세탁 우려가 상당하다는 점을 주지시키면서 그 우려를 불식시킬 수 있는 감시·감독체계와 새로운 거래체계, 소위 '실명확인 가상계좌 시스템'이 정착되도록, 금융기관에 방향을 제시하고 자발적 호응을 유도하려는 일종의 '단계적 가이드라인'에 불과하다. 가상통화 거래의 위험성을 줄여 제도화하기 위한 전제로 이루어지는 단계적 가이드라인의 일환인 이 사건 조치를 금융기관들이 존중하지 아니할 이유를 달리 확인하기 어렵다. 이 사건 조치는 당국의 우월적인 지위에 따라 일방적으로 강제된 것으로 볼 수 없으므로 헌법소원의 대상이 되는 공권력의 행사에 해당된다고 볼 수 없다(2021.11.25, 2017헌마1384, 2018헌마90·145·391(병합)).

② [○] 이 사건 지원센터는 감염병 확산을 방지하고 시설을 차질 없이 운영하기 위하여 보건복지부 및 서울특별시의 협조 요청에 따라 시설 이용자들을 대상으로 코로나19 검사결과를 확인하는 것이므로, 검사결과 확인의 취지나 방법 등을 고려해 볼 때 이 사건 검사결과 확인행위가 이 사건 지원센터가 우월적인 지위에서 일방적으로 강제하는 권력적 사실행위에 해당한다고 보기 어렵고, 직접적으로 청구인의 권리·의무에 법률효과를 발생시킨다고 보기 어렵다. 따라서 이 사건 검사결과 확인행위는 헌법소원의 심판대상이 될 수 있는 공권력의 행사에 해당하지 않으므로 이 부분에 대한 심판청구는 부적법하다(2021.5.18, 2021헌마468 지정재판부).

③ [○] 이 사건 결정·공표는 '비례○○당'이 「정당법」 제41조 제3항에 따라 사용이 금지되는 유사명칭에 해당하는지 여부에 대한 피청구인의 내부적인 판단을 공표한 것으로서, 그 자체로 청구인의 법적 지위에 어떠한 영향을 미친다고 볼 수 없다. 따라서 이 사건 결

정·공표는 헌법소원의 대상이 되는 '공권력의 행사'에 해당하지 않는다(2021.3.25, 2020헌마94). ➡ 청구인이 정당등록을 신청하고 중앙선거관리위원회가 이를 거부한 경우, 비로소 법적 지위가 변동된다.

④ [O] 이 사건 정관은 서울교통공사직원의 임면, 근무관계라는 사법(私法)관계를 규정하고 있고, 개정 이전에 비하여 일반직이 증원되어 있는 정원표로서, 대외적인 구속력을 갖지 못하므로, 헌법소원의 대상이 되는 공권력 행사에 해당하지 아니한다(2021.2.25, 2018헌마174).

## 11 정답 ②

① [X] 이 사건 입법부작위에 관하여는 헌법상 명시적인 입법위임이 존재하지 않는다. 청구권협정 당시 일본이 식민지배의 불법성을 인정하고 강제동원 피해에 대한 법적 배상을 포함시켰다고 단정하기 어려우며, 일본이 대한민국에 지급한 돈이 권리문제의 해결과 법적인 대가관계에 있다고 볼 수 있을지 불분명하다. 반면, 입법자는 일본에 의한 강제동원 피해자들의 인간의 존엄과 가치를 회복시키고 이들과 그 유족을 지원하기 위하여 여러 입법을 제정·시행하여 위로금 등을 지급하였다. 그렇다면 헌법 전문, 제2조 제2항, 제10조 및 제30조 등의 해석으로부터 강제동원 피해자의 유족인 청구인들의 재산권 등 기본권을 보호하기 위하여 위와 같은 내용의 법률을 제정하여야 할 구체적인 입법의무가 도출된다고 보기도 어렵다. 따라서 청구인들의 심판청구는 헌법소원의 대상이 될 수 없는 진정입법부작위를 심판대상으로 한 것으로서 부적법하다(2021.3.25, 2019헌마900).

❷ [O] 헌법은 한약업사제도에 관하여 명문의 규정을 두고 있지 않다. 헌법은 직업의 자유를 보장하고 국민의 보건에 관한 국가의 의무를 인정하고 있으나, 피청구인들이 한약업사시험을 시행하는 것이 국민의 건강과 보건을 보호하기 위한 유일한 수단이라고 볼 수 없으므로 헌법 해석으로부터 피청구인들의 작위의무가 도출된다고 할 수 없다. 또한 시·도지사의 한약업사시험 시행 여부는 약사법령의 규정뿐만 아니라 지역별 의료실태와 시장·군수·구청장의 재량에 따라 좌우되므로, 피청구인들의 작위의무가 법령에 구체적으로 규정되어 있다고 할 수도 없다. 결국 헌법과 약사법령을 종합하건대 피청구인들이 한약업사시험을 시행하여야 할 헌법상 작위의무가 규정되어 있다고 볼 수 없으므로, 이 사건 행정부작위는 헌법소원의 대상이 될 수 없다(2021.6.24, 2019헌마540).

③ [X] 헌법조항 및 이를 구체화하는 「교육기본법」과 「초·중등교육법」은 '대한민국이 유엔에서 승인한 한국의 유일한 합법정부'라는 내용을 교육과정에 포함시키도록 명시적으로 위임하고 있지 않다. 또한 사회의 구성원으로서 기본적인 품성과 보편적인 자질을 배양하고자 하는 초·중등교육의 목적에 비추어보면, 위와 같은 내용을 교육과정에 명시할 구체적 작위의무가 대한민국의 발전과정을 이해하고 역사적 판단력과 문제해결능력, 비판적 사고력의 기초를 형성하는 데 불가결한 것으로서 관련 법률의 해석상 발생한다고 보기도 어렵다(2021.5.27, 2018헌마1108).

④ [X] 행정입법자가 어떤 사항에 관하여 입법은 하였으나 문언상 명백하지 않고 반대해석으로만 그 규정의 입법취지를 알 수 있도록 함으로써 불완전, 불충분 또는 불공정하게 규율할 경우에 불과하므로, 이를 '부진정입법부작위'라고는 할 수 있을지언정 '진정입법부작위'에 해당한다고는 볼 수 없다(2009.7.14, 2009헌마349).

## 12 정답 ②

① [O] 넓은 의미의 '입법부작위'에는, ㉠ 입법자가 헌법상 입법의무가 있는 어떤 사항에 관하여 전혀 입법을 하지 아니함으로써 '입법행위의 흠결(Löcke)이 있는 경우'(즉, 입법권의 불행사)와, ㉡ 입법자가 어떤 사항에 관하여 입법은 하였으나 그 입법의 내용·범위·절차 등이 당해 사항을 불완전, 불충분 또는 불공정하게 규율함으로써 '입법행위에 결함(Fehler)이 있는 경우'(즉, 결함이 있는 입법권의 행사)가 있는데, 일반적으로 전자를 진정입법부작위, 후자를 부진정입법부작위라고 부르고 있다(1996.10.31, 94헌마108).

❷ [X] '진정입법부작위', 즉 본래의 의미에서의 입법부작위를 대상으로 하여 헌법소원을 제기하려면 헌법에서 기본권 보장을 위하여 법령에 명시적인 입법위임을 하였음에도 불구하고 입법자가 상당한 기간 내에 이를 이행하지 아니하거나 또는 헌법의 해석상 특정인에게 구체적인 기본권이 생겨 이를 보장하기 위한 국가의 행위의무 내지 보호의무가 발생하였음이 명백함에도 불구하고 입법자가 아무런 입법조치를 취하지 않고 있는 경우이어야 한다(2008.8.19, 2008헌마505).

③ [O] 「초·중등교육법」 제23조 제3항의 위임에 따라 동 교육법 시행령 제43조가 의무교육인 초·중등학교의 교육과목을 규정함에 있어 헌법과목을 필수과목으로 규정하고 있지 않다 하더라도, 이는 입법행위에 결함이 있는 '부진정입법부작위'에 해당하여 구체적인 입법을 대상으로 헌법소원심판청구를 해야 할 것이므로, 이 부분 입법부작위 위헌확인 심판청구는 허용되지 않는 것을 대상으로 한 것으로서 부적법하다(2011.9.29, 2010헌바66).

④ [O] 행정입법인 명령·규칙 등이 공권력의 행사로서 헌법소원의 대상이 되는 것처럼 행정입법부작위도 공권력의 불행사로서 헌법소원의 대상이 될 수 있다. 삼권분립의 원칙, 법치행정의 원칙을 당연한 전제로 하고 있는 우리 헌법하에서 행정권의 행정입법 등 법집행의무는 헌법적 의무라고 보아야 할 것이다(1998.7.16, 96헌마246).

## 13 정답 ②

① [O] '부진정입법부작위'를 대상으로, 즉 입법의 내용·범위·절차 등의 결함을 이유로 헌법소원을 제기하려면 이 경우에는 결함이 있는 당해 입법규정 그 자체를 대상으로 하여 그것이 평등의 원칙에 위배된다는 등 헌법 위반을 내세워 적극적인 헌법소원을 제기하여야 한다(2000.4.27, 99헌마76).

❷ [X] 부진정입법부작위의 경우에는 진정입법부작위의 경우와는 달리, 불완전한 법규 자체를 대상으로 그것이 헌법 위반이라는 적극적인 헌법소원을 하여야 하고, 「헌법재판소법」에서 정한 청구기간도 준수하여야 한다(1996.6.13, 95헌마115).

③ [O] 부진정입법부작위를 다투는 형태의 헌법소원심판청구의 경우에도 해당 법률 또는 법령 조항 자체를 심판의 대상으로 삼는 것이므로 원칙적으로 법령소원에 있어서 요구되는 기본권 침해의 직접성 요건을 갖추어야 한다(2010.7.29, 2009헌마51).

④ [O] 행정권력의 부작위에 대한 헌법소원은 공권력의 주체에게 헌법에서 유래하는 작위의무가 특별히 구체적으로 규정되어 이에 의거하여 기본권의 주체가 행정행위 내지 공권력의 행사를 청구할 수 있음에도 공권력의 주체가 그 의무를 해태하는 경우에 한하여 허용된다고 하는 것이 헌법재판소의 판례이다(1991.9.16, 89헌마163).

## 14  정답 ②

① [O] 헌법재판소는 구 선거구구역표에 대하여 헌법불합치결정을 하면서 대한민국 국회에게 1년 2개월 동안 개선입법을 할 수 있는 기간을 부여하였는데, 이는 선거구 확정을 진지하게 논의하고 그에 따른 입법을 하기에 불충분한 시간이었다고 볼 수 없는 점, 그럼에도 불구하고 대한민국 국회는 입법개선시한을 도과하여 선거구 공백 상태를 초래하여 국회의원선거에 출마하고자 하는 사람 등의 선거운동의 자유가 온전히 보장되지 못하고 선거권자의 선거정보 취득이 어렵게 되었던 점, 이러한 선거구 공백 상태가 2달여의 기간 동안 계속되어 제20대 국회의원선거가 불과 40여 일 앞으로 다가왔음에도 불구하고 대한민국 국회는 여전히 선거구에 관한 법률을 제정하지 아니하였던 점 등을 종합하여 보면, 위 입법부작위는 합리적인 기간 내의 입법지체라고 볼 수 없고, 이러한 지체를 정당화할 다른 특별한 사유를 발견할 수 없다. 그렇다면 대한민국 국회는 선거구에 관한 법률을 제정하여야 할 헌법상 입법의무의 이행을 지체하였다(2016.4.28, 2015헌마1177).

❷ [X] 헌법소원심판청구가 적법하려면 심판청구 당시는 물론 결정 당시에도 권리보호이익이 존재해야 하는데, 2016.3.2. 피청구인이 선거구를 확정함으로써 선거구에 관한 법률을 제정하지 아니하고 있던 피청구인의 입법부작위 상태는 해소되었고, 확정된 선거구에서 국회의원후보자로 출마하거나 선거권자로서 투표하고자 하였던 청구인들의 주관적 목적이 달성되었으므로, 청구인들의 이 사건 입법부작위에 대한 심판청구는 권리보호이익이 없어 부적법하다(2016.4.28, 2015헌마1177 등).

③ [O] 삼권분립의 원칙, 법치행정의 원칙을 당연한 전제로 하고 있는 우리 헌법하에서 행정권의 행정입법 등 법집행의무는 헌법적 의무라고 보아야 할 것이다. 그런데 이는 행정입법의 제정이 법률의 집행에 필수불가결한 경우로서 행정입법을 제정하지 아니하는 것이 곧 행정권에 의한 입법권 침해의 결과를 초래하는 경우를 말하는 것이므로, 만일 하위 행정입법의 제정 없이 상위법령의 규정만으로도 집행이 이루어질 수 있는 경우라면 하위 행정입법을 하여야 할 헌법적 작위의무는 인정되지 아니한다(2005.12.22, 2004헌마66).

④ [O] 지방자치단체장을 위한 별도의 퇴직급여제도를 마련하지 않은 것은 진정입법부작위에 해당하는데, 헌법상 지방자치단체장을 위한 퇴직급여제도에 관한 사항을 법률로 정하도록 위임하고 있는 조항은 존재하지 않는다. 나아가 지방자치단체장은 특정 정당을 정치적 기반으로 하여 선거에 입후보할 수 있고 선거에 의하여 선출되는 공무원이라는 점에서 헌법 제7조 제2항에 따라 신분보장이 필요하고 정치적 중립성이 요구되는 공무원에 해당한다고 보기 어려우므로 헌법 제7조의 해석상 지방자치단체장을 위한 퇴직급여제도를 마련하여야 할 입법적 의무가 도출된다고 볼 수 없고, 그 외에 헌법 제34조나 공무담임권 보장에 관한 헌법 제25조로부터 위와 같은 입법의무가 도출되지 않는다. 따라서 이 사건 입법부작위는 헌법소원의 대상이 될 수 없는 입법부작위를 그 심판대상으로 한 것으로 부적법하다(2014.6.26, 2012헌마459).

## 15  정답 ④

① [O] 법원의 재판을 거쳐 확정된 행정처분(원행정처분)에 대한 헌법소원심판은 당해 행정처분을 심판의 대상으로 삼았던 법원의 재판이 예외적으로 헌법소원의 심판대상이 되어 그 재판 자체가 취소되는 경우에 한하여 청구할 수 있는 것이고, 법원의 재판이 취소될 수 없는 경우에는 당해 행정처분에 대한 헌법소원심판은 허용되지 아니한다(1999.5.27, 98헌마357).

② [O] 재무부장관이 제일은행장에 대하여 한 국제그룹의 해체준비착수지시와 언론발표지시는 상급관청의 하급관청에 대한 지시가 아님은 물론 동 은행에 대한 임의적 협력을 기대하여 행하는 비권력적 권고·조언 등의 단순한 행정지도로서의 한계를 넘어선 것이고, 이와 같은 공권력의 개입은 주거래은행으로 하여금 공권력에 순응하여 제3자 인수식의 국제그룹 해체라는 결과를 사실상 실현시키는 행위라고 할 것으로, 공권력 행사에 해당한다(1993.7.29, 89헌마31).

③ [O] 교육인적자원부장관의 대학총장들에 대한 이 사건 학칙시정요구는 「고등교육법」 제6조 제2항, 동법 시행령 제4조 제3항에 따른 것으로서 그 법적 성격은 대학총장의 임의적인 협력을 통하여 사실상의 효과를 발생시키는 행정지도의 일종이지만, 그에 따르지 않을 경우 일정한 불이익조치를 예정하고 있어 사실상 상대방에게 그에 따를 의무를 부과하는 것과 다를 바 없으므로 단순한 행정지도로서의 한계를 넘어 규제적·구속적 성격을 상당히 강하게 갖는 것으로서 헌법소원의 대상이 되는 공권력의 행사라고 볼 수 있다(2003.6.26, 2002헌마337).

❹ [X] 총장직선제를 개선하지 않을 경우 지원금을 받지 못하게 될 가능성이 있어 대학들이 이 계획에 구속될 여지가 있다 하더라도, 이는 사실상의 구속에 불과하고 이에 따를지 여부는 전적으로 대학의 자율에 맡겨져 있다. 더구나 총장직선제를 개선하려면 학칙이 변경되어야 하므로, 계획 자체만으로는 대학의 구성원인 청구인들의 법적 지위나 권리·의무에 어떠한 영향도 미친다고 보기 어렵다. 따라서 2012년도와 2013년도 계획 부분은 헌법소원의 대상이 되는 공권력 행사에 해당하지 아니한다(2016.10.27, 2013헌마576).

## 16  정답 ②

㉠ [X] 변호사 등록제도는 그 연혁이나 법적 성질에 비추어 보건대, 원래 국가의 공행정의 일부라 할 수 있으나, 국가가 행정상 필요로 인해 대한변호사협회(이하 '변협'이라 한다)에 관련 권한을 이관한 것이다. 따라서 변협은 변호사 등록에 관한 한 공법인으로서 공권력 행사의 주체이다. 또한 「변호사법」의 관련 규정, 변호사 등록의 법적 성질, 변호사 등록을 하려는 자와 변협 사이의 법적 관계 등을 고려했을 때 변호사 등록에 관한 한 공법인 성격을 가지는 변협이 등록사무의 수행과 관련하여 정립한 규범을 단순히 내부 기준이라거나 사법적인 성질을 지니는 것이라 볼 수는 없고, 변호사 등록을 하려는 자와의 관계에서 대외적 구속력을 가지는 공권력 행사에 해당한다고 할 것이다(2019.11.28, 2017헌마759).

㉡ [O] 이 사건 공고의 근거법령의 내용만으로는 변리사 제2차 시험에서 '실무형 문제'가 출제되는지 여부가 정해져 있다고 볼 수 없고, 이 사건 공고에 의하여 비로소 2019년 제56회 변리사 제2차 시험에 실무형 문제가 출제되는 것이 확정된다. 이 사건 공고는 법령의 내용을 구체적으로 보충하고 세부적인 사항을 확정함으로써 대외적 구속력을 가지므로, 헌법소원의 대상이 되는 공권력의 행사에 해당한다(2019.5.30, 2018헌마1208).

㉢ [O] '고입검정고시'에 합격했던 자는 해당 검정고시에 다시 응시할 수 없도록 응시자격을 제한한 전라남도 교육청 공고에 대해서도, 2010년도 고졸검정고시의 구체적인 시행은 이 공고에 따라 비로소 확정되므로 헌법소원의 대상이 된다(2012.5.31, 2010헌마139).

㉣ [X] 경호안전구역으로 지정되었다는 사정 그 자체에 의하여 바로 기본권이 침해될 가능성이 생긴다고 볼 수 없으므로 이 사건 공고의 기본권 침해가능성을 인정할 수 없다(2012.2.23, 2010헌마660).

ⓔ [ X ] 국회의원선거일은 이 사건 선거일 조항에 의하여 이미 정해진 것이므로, 중앙선관위의 홈페이지 사이트에서 '투표일 2016.4.13. (수)'로 공고한 것은 이 사건 선거일 조항이 정한 선거일을 구체적으로 계산하여 그 날짜를 확인한 것에 불과하다. 따라서 이 사건 공고가 새로이 위 청구인들의 권리·의무에 영향을 미치거나 청구인들의 법적 지위에 변동을 가하는 것이라고 볼 수 없으므로, 이 사건 공고는 「헌법재판소법」 제68조 제1항 소정의 공권력의 행사에 해당하지 아니한다(2016.4.28, 2015헌마1177 등).

## 17 정답 ①

❶ [ X ] 공법인의 행위는 일반적으로 헌법소원의 대상이 될 수 있으나, 그 중 대외적 구속력을 갖지 않는 단순한 내부적 행위나 사법적(私法的)인 성질을 지니는 것은 헌법소원의 대상이 되는 공권력의 행사에 해당하지 않는다. 「방송법」은 "한국방송공사 직원은 정관이 정하는 바에 따라 사장이 임면한다."라고 규정하는 외에는(제52조) 직원의 채용관계에 관하여 달리 특별한 규정을 두고 있지 않으므로, 한국방송공사의 이 사건 공고 내지 직원 채용은 피청구인의 정관과 내부 인사규정 및 그 시행세칙에 근거하여 이루어질 수밖에 없다. 그렇다면 한국방송공사의 직원 채용관계는 특별한 공법적 규제 없이 한국방송공사의 자율에 맡겨진 셈이 되므로 이는 사법적인 관계에 해당한다고 봄이 상당하다. 또한 직원 채용관계가 사법적인 것이라면, 그러한 채용에 필수적으로 따르는 사전절차로서 채용시험의 응시자격을 정한 이 사건 공고 또한 사법적인 성격을 지닌다고 할 것이다. 이 사건 공고는 헌법소원으로 다툴 수 있는 공권력의 행사에 해당하지 않는다(2006.11.30, 2005헌마855 전원재판부).

② [ O ] 개발제한구역의 해제 또는 조정의 내용을 담고 있는 건설교통부장관의 '개발제한구역 제도개선방안'에 대해, 이는 개발제한구역의 운용에 대한 국가의 기본방침을 천명하는 정책계획안이며, 장차 이루어질 개발제한구역의 해제 내지 조정에 대한 정보를 국민들에게 사전에 제공하는 행정계획안으로서 사실상의 준비행위 내지 대외적 효력이 없는 비구속적 행정계획안에 불과하므로 헌법소원의 대상이 되는 공권력의 행사에 해당되지 않는다(2000.6.1, 99헌마538 등).

③ [ O ] 교육부장관이 발표한 '1996학년도 대학입시기본계획' 중 '전국의 대학에 대하여 대학별고사에서 국·영·수 위주의 필답고사실시에 신중을 기하여 줄 것을 권고하고, 그 세부사항으로 계열별·학과별 특성에 따라 대학수학능력시험이나 고등학교 내신성적을 보완하는 선에서 교과목을 최소화하도록 권고'하는 내용은 법령의 위임을 받아 그 내용을 구체화하거나 법령의 구체적인 내용을 보충하는 것으로 볼 수 없어 헌법소원의 대상이 될 수 없다(1997.7.16, 97헌마70).

④ [ O ] 서울대학교의 '94학년도 대학입학고사 주요요강'은 교육부가 마련한 대학입시제도 개선안에 따른 것으로서 대학입학방법을 규정한 교육법시행령 규정이 교육부의 개선안을 뒷받침할 수 있는 내용으로 개정될 것을 전제로 하여 제정된 것이고 위 시행령이 아직 개정되지 아니한 현 시점에서는 법적 효력이 없는 행정계획안이어서 이를 제정한 것은 사실상의 준비행위에 불과하고 이를 발표한 행위는 앞으로 그와 같이 시행될 것이니 미리 그에 대비하라는 일종의 사전안내에 불과하지만, 이러한 사실상의 준비행위나 사전안내라도 그 내용이 국민의 기본권에 직접 영향을 끼치는 내용이고 앞으로 법령의 뒷받침에 의하여 그대로 실시될 것이 틀림없을 것으로 예상될 수 있는 것일 때에는 그로 인하여 직접적으로 기본권 침해를 받게 되는 사람에게는 사실상의 규범작용으로 인한 위험성이 이미 발생하였다고 보아야 할 것이므로 이러한 것도 헌법소원의 대상은 될 수 있다(1992.10.1, 92헌마68).

## 18 정답 ③

① [ O ] 내사의 대상으로 되는 진정이라 하더라도 진정(陳情) 그 자체가 법률의 규정에 의하여 법률상의 권리행사로서 인정되는 것은 아니고, 진정을 기초로 하여 수사소추기관의 적의 처리를 요망하는 의사표시에 지나지 아니한 것인만큼 진정에 기하여 이루어진 내사사건의 종결처리라는 것은 구속력이 없는 진정사건에 대한 수사기관의 내부적 사건처리방식에 지나지 아니한 것이고, 따라서 그 처리결과에 대하여 불만이 있으면 진정인은 따로 고소나 고발을 할 수 있는 것으로서 진정인의 권리행사에 아무런 영향을 미치는 것이 아니므로 이는 헌법소원심판의 대상이 되는 공권력의 행사라고는 할 수 없는 것이다(1990.12.26, 89헌마277).

② [ O ] 진정은 그 자체가 법률의 규정에 따른 법률상의 권리행사로 인정되는 것이 아니고, 진정을 기초로 하여 수사소추기관의 적의 처리를 요망하는 의사표시에 지나지 아니한 것이어서 진정에 따라 이루어진 내사사건의 종결처리라는 것은 구속력이 없는 진정사건에 대한 수사기관의 내부적 사건처리방식에 지나지 않는다. 따라서 그 처리결과에 대하여 불만이 있으면 진정인은 따로 고소나 고발을 할 수 있고, 진정사건의 종결은 진정인의 권리행사에 아무런 영향을 미치는 것이 아니므로 이는 헌법소원심판의 대상이 되는 공권력의 행사라고 할 수 없으므로(1998.2.27, 94헌마77, 판례집 10-1, 163 ; 1990.12.26, 89헌마277, 판례집 2, 474 등 참조), 이에 대한 헌법소원심판청구는 부적법한 것으로서 각하하여야 할 것이다. 그러나 이 사건 헌법소원심판청구와 같이 청구인이 이미 피진정인 등을 상대로 수회에 걸쳐 동일한 내용의 진정을 하였으나 모두 무혐의 결정을 받자, 이에 대하여 「헌법재판소법」 제68조 제1항에 따라 진정종결처분의 취소를 구하는 헌법소원심판을 청구하고, 이 심판청구에 대하여 헌법재판소가 각하결정을 내리면서 '진정처리결과에 대하여 불만이 있으면 진정인은 따로 고소나 고발을 할 수 있고, 진정사건의 종결은 진정인의 권리행사에 아무런 영향을 미치는 것이 아님'을 설시하자, 이에 기하여 다시 고소를 제기하였으나 피청구인이 이를 다시 진정사건으로 접수하여 종결처분을 한 경우에는, 진정사건 그 자체를 종결처분한 것이 헌법적으로 정당한지 여부를 다투는 것과는 달리 고소사건을 진정사건으로 접수함으로써 정당한 고소사건에 대해서 그 수사를 회피할 목적으로 진정종결처분을 남용한 것은 아닌지 여부가 문제될 수 있기 때문에, 이와 같은 행위는 단순한 각하사항이 아니라 본안판단의 사항이 된다고 할 것이다(2001.7.19, 2001헌마37).

❸ [ X ] '수사과정에서의 비공개 지명수배' 조치는 수사기관 내부의 단순한 공조 내지 의사연락에 불과할 뿐이고 그 자체만으로는 아직 국민에 대하여 직접 효력을 가지는 것이라 할 수 없다. 지명수배 조치로 인한 필연적·직접적인 효과로 보기 어려우므로, 이는 헌법소원심판의 대상이 되는 '공권력의 행사'에 해당한다고 볼 수 없다(2002.9.19, 99헌마181).

④ [ O ] 이 사건 예산편성 행위는 헌법 제54조 제2항, 제89조 제4호, 「국가재정법」 제32조 및 제33조에 따른 것으로, 국무회의의 심의, 대통령의 승인 및 국회의 예산안 심의·확정을 위한 전 단계의 행위로서 국가기관 간의 내부적 행위에 불과하므로, 헌법소원의 대상이 되는 '공권력의 행사'에 해당하지 않는다(2017.5.25, 2016헌마383).

## 19 정답 ②

① [ O ] 대통령의 법률안 제출행위는 국가기관 간의 내부적 행위에 불과하고 국민에 대하여 직접적인 법률효과를 발생시키는 행위가 아니므로 「헌법재판소법」 제68조에서 말하는 공권력의 행사에 해당하지 않는다(2005.2.15, 2005헌마109).

❷ [ X ] 국회의원 총선거를 앞두고 국회의장이 선거구획정위원회 위원을 선임·위촉하지 않은 부작위나 선거구획정위원회가 선거구획정안을 제출하지 않은 부작위도 국가기관의 내부적 의사결정행위에 불과하여 헌법소원의 대상이 되지 않는다(2004.2.26, 2003헌마285).

③ [ O ] 유가증권의 상장은 한국증권거래소와 상장신청 법인 사이의 '상장계약'이라는 사법상의 계약에 의하여 이루어지고, 상장폐지결정 또한 그러한 사법상의 계약관계를 해소하려는 한국증권거래소의 일방적인 의사표시라고 봄이 상당하므로 한국증권거래소의 상장폐지결정이 헌법소원의 대상이 되는 공권력의 행사에 해당한다고 볼 수 없다(2005.2.24, 2004헌마442).

④ [ O ] 법학전문대학원은 교육기관으로서의 성격과 함께 법조인 양성이라는 국가의 책무를 일부 위임받은 직업교육기관으로서의 성격을 가지고 있기는 하나, 이화여자대학교는 사립대학으로서 국가기관이나 공법인, 국립대학교와 같은 공법상의 영조물에 해당하지 아니하고, 일반적으로 사립대학과 그 학생의 관계는 사법상의 계약관계이므로 학교법인 이화학당을 공권력의 주체라거나 그 모집요강을 공권력의 행사라고 볼 수 없다. 따라서 이 사건 모집요강은 헌법소원심판의 대상이 되는 공권력의 행사라고 볼 수 없다(2013.5.30, 2009헌마514).

## 20 정답 ③

① [ O ] 「법학전문대학원 설치·운영에 관한 법률」 제38조에 "교육부장관은 …… 시정명령을 할 수 있다."라는 규정을 보면, 교육부장관의 시정명령은 그 문언상 재량행위임이 분명하고, 헌법규정이나 헌법해석상 교육부장관에게 학교법인 이화학당의 법학전문대학원 모집요강과 관련하여 같은 법 제38조에 의한 시정명령을 할 의무가 있다고 보이지 아니한다. 따라서 이 사건 부작위에 대한 심판청구는 헌법에서 유래하는 구체적 작위의무가 인정되는 공권력의 불행사를 대상으로 한 것이 아니므로 부적법하다(2013.5.30, 2009헌마514).

② [ O ] 피청구인(서울특별시 선거관리위원회 위원장)의 '중지촉구' 공문은 국민에 대하여 직접적인 법률효과를 발생시키지 않는 단순한 권고적·비권력적 행위로서, 헌법소원의 심판대상이 될 수 있는 '공권력의 행사'에 해당하지 않으므로, '선거법위반행위에 대한 중지촉구'에 대한 이 사건 심판청구는 부적법하다(2003.2.27, 2002헌마106).

❸ [ X ] 일종의 비권력적 사실행위로서 「헌법재판소법」 제68조 제1항에서 헌법소원심판의 청구대상으로서의 '공권력'에는 해당된다고 볼 수 없다(2001.10.25, 2001헌마113).

④ [ O ] 피청구인의 이 사건 고지행위는, 청구인이 외부인으로부터 연예인 사진을 교부받을 수 있는지를 문의한 것에 대하여 피청구인의 담당 직원이 형집행법 관련 법령과 행정규칙을 해석·적용한 결과를 청구인에게 알려준 것에 불과할 뿐, 이를 넘어 청구인에게 어떠한 새로운 법적 권리·의무를 부과하거나 일정한 작위 또는 부작위를 구체적으로 지시하는 내용이라고 볼 수 없으므로, 헌법소원의 대상이 되는 '공권력의 행사'로 볼 수 없다(2016.10.27, 2014헌마626).

## 정답

| 01 | ③ | 02 | ④ | 03 | ③ | 04 | ④ |
|----|---|----|---|----|---|----|---|
| 05 | ② | 06 | ④ | 07 | ③ | 08 | ① |
| 09 | ② | 10 | ② | 11 | ② | 12 | ③ |
| 13 | ③ | 14 | ② | 15 | ① | 16 | ④ |
| 17 | ④ | 18 | ③ | 19 | ③ | 20 | ① |

## 01
정답 ③

① [○] 외부로부터 연예인 사진을 교부받을 수 있는지에 관한 청구인의 문의에 대해 청구인이 '마약류수용자'로 분류되어 있고 연예인 사진은 처우상 필요한 것으로 인정하기 어려워 불허될 수 있다는 취지로 ○○교도소장이 청구인에게 고지한 행위는 헌법소원의 대상이 되는 공권력의 행사에 해당하지 않는다(2016.10.27, 2014헌마626).

② [○] 피청구인이 청구인에 대한 형사재판이 확정된 후 그중 제1심 공판정심리의 녹음물을 폐기한 행위는 법원행정상의 구체적인 사실행위에 불과할 뿐 이를 헌법소원심판의 대상이 되는 공권력의 행사로 볼 수 없다(2012.3.29, 2010헌마599).

❸ [X] 이 사건 이발 지도행위는 피청구인이 두발 등을 단정하게 유지할 것을 지도·교육한 것에 불과하고 피청구인의 우월적 지위에서 일방적으로 청구인에게 이발을 강제한 것이 아니므로, 헌법소원심판의 대상인 공권력의 행사라고 보기 어렵다(2012.4.24, 2010헌마751).

④ [○] 이 사건 개선요구는 이를 따르지 않을 경우의 불이익을 명시적으로 예정하고 있다고 보기 어렵고, 행정지도로서의 한계를 넘어 규제적·구속적 성격을 강하게 갖는다고 할 수 없어 헌법소원의 대상이 되는 공권력의 행사에 해당한다고 볼 수 없다(2011.12.29, 2009헌마330).

## 02
정답 ④

① [○] "스스로는 자생능력을 상실한 부실기업의 정상화 여부와 그 방안 및 실현방법에 관하여 적법한 권한 내에서 결정할 지위에 있는 주거래은행의 의사가 기본이 되고 정부의 의사가 이에 부합되어 기업의 정리가 관철된 경우라면, 특별한 사정이 없는 한 주거래은행의 정상화 방안을 실현시키기 위하여 정부가 한 지시 등이 권력적 사실행위에 해당한다고 보기는 어렵"고, "오히려 정부가 경제정책적 관점에서 국민경제에 미치는 영향이 큰 부실기업의 정리에 관하여 주거래은행의 자율적 판단을 존중하면서 적극적이지만 비권력적으로 지원·독려한 사실행위라고 보아야" 하고, 이와 같은 비권력적 사실행위는 공권력의 행사에 해당하지 아니하므로 이를 대상으로 한 헌법소원심판청구는 부적법하다(1994.5.6, 89헌마35).

② [○] 이 사건 금지결정으로 인하여 청구인이 서울교육대학교 운동장에서 체육행사를 위한 축구연습을 하지 못했다는 것만 가지고는 청구인의 권리·의무관계에 영향을 미치거나 법적 지위에 변동을 소

래한 공권력 행사라고 볼 수 없고, 뿐만 아니라 청구인에게 서울교육대학교 운동장의 사용을 요구할 수 있는 법규상 또는 조리상의 신청권이 있다고 할 수 없으므로, 이 사건 심판청구는 「헌법재판소법」 제68조 제1항 소정의 헌법소원의 대상이 되는 공권력의 행사에 해당하지 아니하는 행위를 대상으로 한 것이어서 부적법하다(2001.9.27, 2000헌마260).

③ [○] 강북구청장이 한 '4·19혁명 국민문화제 2015 전국대학생 토론대회' 공모는 「민법」상 우수현상광고 또는 이와 유사한 성격의 법률행위라고 봄이 상당하고, 이 사건 공고가 법률상 근거에 따른 법집행작용의 일환이라 보기도 어려우며, 국민에게 어떠한 권리나 의무를 부여하는 것으로 볼 수 없는 점 등을 종합하면, 이 사건 공고는 사법상 법률행위에 불과하고 공권력 행사의 주체라는 우월적 지위에서 한 것으로서 「헌법재판소법」 제68조 제1항에 따른 헌법소원심판의 대상인 '공권력의 행사'라고 볼 수 없다(2015.10.21, 2015헌마214).

❹ [X] 새만금간척사업에 대한 공사재개행위는 당초 새만금간척사업시행계획에 따라 진행되다 중단된 공사를 재개하는 것에 불과하여, 위각 행위 자체로 독립하여 새로이 직접 청구인들의 기본권을 침해하고 있는 것이 아니므로, 피청구인들의 위 각 행위는 헌법소원심판의 대상이 되는 공권력 행사에 해당되지 아니한다고 할 것이다(2003.1.30, 2001헌마579 전원재판부).

## 03
정답 ③

① [○] 「헌법재판소법」 제25조 제3항이 정하는 변호사강제주의 아래에서는 심판수행을 담당하는 변호사인 대리인에게 심판수행의 일환으로 결정서 정본을 송달하여 수령하도록 하는 것이 그 취지에 부합하고, 국선대리인이라고 하여 결정문 정본의 송달에 있어서 사선대리인과 달리 취급할 이유가 없으며, 헌법소원사건에서도 민사소송과 마찬가지로 변호사인 대리인이 선임되어 있는 경우에는 대리인에게 결정서 정본을 송달함으로써 그 송달의 효과가 당사자에게 미치게 되므로 당사자에게 따로 송달을 하여야 할 작위의무가 있다고 할 수 없으므로, 이 사건 심판청구는 공권력 불행사가 존재하지 않는 경우에 해당하여 부적법하다(2012.11.29, 2011헌마693).

② [○] 법원이 「국민의 형사재판 참여에 관한 규칙」 제3조 제1항에 따른 피고인 의사의 확인을 위한 안내서를 송달하지 않은 부작위에 대한 심판청구가 법원의 재판을 대상으로 한 심판청구에 해당하여 부적법하다(2012.11.29, 2012헌마53).

❸ [X] 우리 헌법에서 '입건'에 대하여 명시적으로 규정하고 있지 아니하므로 헌법상 형사입건 사실을 통지하여야 할 수사기관의 작위의무는 인정되지 아니한다. 그리고 형사입건은 수사기관이 사건을 범죄사건부에 등재하는 내부적 행위로서, 피의자의 지위는 입건 여부와 상관없이 수사기관이 범죄혐의를 인정하여 수사에 해당하는 행위를 개시한 때에 인정되는 것이며, 입건 그 자체로 직접적으로 국민의 권리·의무에 영향을 미치거나 법률상 지위에 변동을 일으키지 아니하므로, 헌법의 해석상으로도 수사기관에 특별히 입건사실을 통지하여야 할 작위의무가 부여되어 있다고 보기 어렵다. 따라서 이 사건 헌법소원심판청구는 작위의무가 인정되지 않는 공권력의 불행사에 대한 심판청구로서 부적법하다(2014.10.14, 2014헌마701).

④ [○] 헌법 제35조 제1항은 환경정책에 관한 국가적 규제와 조정을 뒷받침하는 헌법적 근거로서 대기오염으로 인한 국민건강 및 환경에 대한 위해를 방지하여야 할 국가의 추상적인 의무는 도출될 수 있으나, 이로부터 청구인들이 주장하는 바와 같이 피청구인이 위 주식회사 등에게 자동차 교체명령을 하여야 할 구체적이고 특정한

작위의무가 도출된다고는 볼 수 없다. 청구인들이 주장하는 바와 같은 공권력 주체의 작위의무가 법령에 구체적으로 규정되어 있다고 볼 수 없다. 결국 피청구인에게 청구인들이 주장하는 바와 같은 내용의 헌법상 작위의무가 있다고 볼 수 없다(2018.3.29, 2016헌마795).

## 04　　　　　　　　　　　　　　　　　　　　　정답 ④

① [○] 공권력의 불행사에 대한 헌법소원은 공권력의 주체에게 헌법에서 유래하는 작위의무가 특별히 구체적으로 규정되어 있어서 이에 의거하여 기본권의 주체가 행정행위를 청구할 수 있음에도 공권력의 주체가 그 의무를 해태하는 경우에 허용되고 그렇지 아니한 경우에 기본권의 침해가 없는 단순한 공권력의 불행사에 대하여는 헌법소원심판청구를 할 수 없는바, 헌법이나 「형사소송법」 또는 「공직선거법」상 피청구인에게 무죄판결에 대해 상소를 제기하여야 할 작위의무가 구체적으로 규정되어 있지 아니하고 청구인이 직접 그 상소의 제기를 청구할 수 있는 권리가 있다고 볼 근거도 없으므로, 이 사건 헌법소원심판청구는 피청구인의 단순한 공권력의 불행사를 대상으로 한 것으로서 부적법하다(2004.2.26, 2003헌마608).

② [○] 행정권력 내지 사법행정권의 부작위에 대한 헌법소원은 공권력의 주체에게 헌법에서 유래하는 작위의무가 특별히 구체적으로 규정되어 있어 이에 의거하여 기본권의 주체가 행정행위 등 공권력의 행사를 청구할 수 있음에도 공권력의 주체가 그 의무를 해태하는 경우에 허용되는 것인데, 헌법 제2조 제2항은 "국가는 법률이 정하는 바에 의하여 재외국민을 보호할 의무를 진다."라고 규정하고 있으나, 위 규정이나 다른 헌법규정으로부터도 청구인이 외교통상부장관이나 법원행정처장에게 청구인 주장과 같은 공권력의 행사를 청구할 수 있다고는 인정되지 아니하므로 이 사건 헌법소원심판청구는 부적법하다(1998.5.28, 97헌마282).

③ [○] 독립유공자의 구체적 인정절차는 입법자가 헌법의 취지에 반하지 않는 한 입법재량으로 정할 수 있다. 독립유공자 인정의 전 단계로서 「상훈법」에 따른 서훈추천은 해당 후보자에 대한 공적심사를 거쳐서 인정될 만한 사정이 있는지에 달려 있다. 이에 관한 판단에 있어서 국가는 나름대로의 재량을 지닌다. 따라서 국가보훈처장이 서훈추천 신청자에 대한 서훈추천을 하여 주어야 할 헌법적 작위의무가 있다고 할 수는 없으므로, 서훈추천을 거부한 것에 대하여 행정권력의 부작위에 대한 헌법소원으로서 다툴 수 없다(2005.6.30, 2004헌마859).

❹ [X] 현행 학원법령상 기숙형태 학원을 규율하는 별도의 규정이 없고, 달리 기숙학원의 설립·운영을 규제하는 법령이 존재하지 아니하는 이상 교육인적자원부장관에게 청구인들이 주장하는 행정입법의 제정에 관하여 헌법에서 유래하는 작위의무가 있다고 보기 어려우므로 이 부분 심판청구는 부적법하다(2004.1.29, 2003헌마261).

## 05　　　　　　　　　　　　　　　　　　　　　정답 ②

① [○] 헌법재판소는, 헌법 제111조 제1항 제5호가 '법률이 정하는 헌법소원에 관한 심판'이라고 규정한 뜻은 공권력 작용으로 인하여 헌법상의 권리를 침해받은 자가 그 권리를 구제받을 수 있도록 주관적 권리구제절차를 헌법의 이념과 현실에 맞게 구체적인 입법을 통하여 구현하게끔 헌법이 입법자에게 위임한 것이므로, 법 제68조 제1항이 법원의 재판을 헌법소원의 대상에서 제외한 것은 원칙적으로 헌법에 위반되지 아니하나, 법원이 헌법재판소가 위헌으로 결정하여 그 효력을 전부 또는 일부 상실하거나 위헌으로 확인된 법률을 적용함으로써 국민의 기본권을 침해한 경우에도 법원의 재

판에 대한 헌법소원이 허용되지 않는 것으로 해석한다면, 위 법률조항은 그러한 한도 내에서 헌법에 위반된다고 하였다(1997.12.24, 96헌마172).

❷ [X] 대법원 판결들에서 긴급조치 발령행위에 대한 국가배상책임이 인정되지 않은 것은 긴급조치가 합헌이기 때문이 아니라 긴급조치가 위헌임에도 국가배상책임이 성립하지 않는다는 대법원의 해석론에 따른 것이다. 따라서 이 사건 대법원 판결들은 예외적으로 헌법소원심판의 대상이 되는 경우에 해당하지 않으므로 그에 대한 심판청구는 부적법하다(2018.8.30, 2015헌마861).

③ [○] 재판장의 변론지휘권의 부당한 행사를 그 대상으로 하는 헌법소원심판청구는, 결국 헌법소원청구의 대상에서 제외된 법원의 재판을 직접 그 대상으로 하여 헌법소원심판을 청구한 경우에 해당하므로 부적법하다 할 것이다(1992.6.26, 89헌마271).

④ [○] 소액사건의 판결을 선고하면서 재판장이 이유를 설명하지 아니함으로써 당사자가 입는 불이익은 그 불이익의 내용에 비추어 볼 때 상소만으로 완벽히 구제된다고 보기 어려운 측면이 있는 것도 사실이나, 그러한 사정이 곧 재판과정에서 행해지는 개개의 법원의 행위를 분리하여 독자적인 헌법소원의 대상으로 삼을 수 있다고 보는 논거가 될 수는 없다 할 것이고, 무엇보다 이는 법원의 재판을 헌법소원의 대상에서 제외하기로 한 입법적 결단에 따른 한계라고 볼 수도 있는 것이다. 만일 문제되는 개개의 중간적 행위(부작위)를 당해 재판과 분리하여 헌법소원으로 다툴 수 있다고 보면 그것은 분쟁해결의 종국성을 의미하는 재판의 성질에 반하는 것일 뿐 아니라 실질적으로 「헌법재판소법」 제68조 제1항이 규정한 재판소원의 금지를 폐기하는 결과가 되어 허용할 수 없다 할 것이다(2004.9.23, 2003헌마41).

## 06　　　　　　　　　　　　　　　　　　　　　정답 ④

① [X] 「헌법재판소법」 제68조 제1항 본문에 의하면 공권력의 행사 또는 불행사로 인하여 헌법상 보장된 기본권을 침해받은 자는 법원의 재판을 제외하고는 헌법재판소에 헌법소원심판을 청구할 수 있다고 규정하고 있으므로, 원칙적으로 법원의 재판을 대상으로 하는 헌법소원심판청구는 허용되지 아니하고, 위 규정의 '법원의 재판'에는 재판 자체뿐만 아니라 재판절차에 관한 법원의 판단도 포함되는 것으로 보아야 할 것이다. 그런데 청구인이 기본권 침해사유로 주장하는 재판의 지연은 결국 법원의 재판절차에 관한 것이므로 헌법소원의 대상이 될 수 없는 것이다(1998.5.28, 96헌마46).

② [X] 이 사건 심판의 대상이 된 피청구인의 발언만으로는 국민투표의 실시에 관하여 법적인 구속력 있는 결정이나 조치가 취해진 것이라 할 수 없으며, 그로 인하여 국민들의 법적 지위에 어떠한 영향을 미친다고 볼 수 없다. 그렇다면 비록 피청구인이 대통령으로서 국회 본회의의 시정연설에서 자신에 대한 신임국민투표를 실시하고자 한다고 밝혔다 하더라도, 그것이 공고와 같이 법적인 효력이 있는 행위가 아니라 단순한 정치적 제안의 피력에 불과하다고 인정되는 이상 이를 두고 헌법소원의 대상이 되는 '공권력의 행사'라고 할 수는 없으므로, 이에 대한 취소 또는 위헌확인을 구하는 청구인들의 심판청구는 모두 부적법하다(2003.11.27, 2003헌마694·700·742).

③ [X] 학생 수가 많아져 예전보다 상대적으로 교육환경이 열악해지거나 자교에서 전공의 수련을 받을 확률이 낮아질 가능성이 있을 뿐이며, 교육환경이 열악해지는 정도 또한 청구인들의 동등한 교육시설 참여 기회 자체를 실질적으로 봉쇄하거나 형해화하는 정도에 이르렀다고는 보기 어렵다. 결국 청구인들이 주장하는 불이익은 사실상의 불이익에 불과하므로, 기본권 침해가능성이 인정되지 않는다(2019.2.28, 2018헌마37).

❹ [○] 이러한 작위의무는 헌법상 명문으로 규정되어 있거나 헌법 해석상 도출되지 않으며, 법령에도 구체적으로 규정되어 있지 않다. 결국 이 사건 부작위에 대한 심판청구는 작위의무가 없는 행정부작위를 대상으로 한 것이다(2019.2.28, 2018헌마37).

## 07 정답 ③

① [○] 구체적으로 진해시의 관할구역에 세워진 이 사건 항만의 명칭을 '신항(영문명칭: Busan New Port)'으로 결정하였다고 하여 진해시에 거주하는 청구인들에 대하여 어떠한 기본권이나 법률상 지위를 변동시키거나 기타 불이익한 영향을 준다고 볼 수 없다. 나아가 지방자치권은 지방자치단체 자체에 부여된 것으로서 헌법에 의하여 보장된 개인의 주관적 공권으로 볼 수 없고 이로써 그 구성원인 주민에게 달리 어떠한 기본권적인 권리가 보장되는 것으로 볼 수도 없다(2006.8.31, 2006헌마266).

② [○] 강원도지사가 혁신도시 입지로 원주시를 선정한 것은 「국가균형발전 특별법」 제18조 등에 따른 것으로서 지방의 균형발전을 위한 공공정책으로서 계획되었다. 이로 인해 해당 지역 주민들이 받는 이익 내지 혜택은 공공정책의 실행으로 인하여 주어지는 사실적·경제적인 것이며, 청구인들이 그러한 이익 내지 혜택에서 배제되었다 해서 기본권이 침해되었다 할 수 없다. 따라서 청구인들의 심판청구는 기본권 침해의 가능성이 없어 부적법하다(2006.12.28, 2006헌마312).

❸ [×] 선출직 공무원인 지방자치단체장이 공무담임권의 침해를 주장하는 경우, 이것은 공직의 상실이라는 개인적인 불이익과 연관되므로 기본권 주체성이 인정된다(1995.3.23, 95헌마53).

④ [○] 국회의원의 질의권, 토론권 및 표결권 등은 국가기관인 국회의 구성원의 지위에 있는 국회의원에게 부여된 권한으로, 국회의원 개인에게 헌법이 보장하는 기본권이라 할 수 없는바, 국회의원인 청구인들에게 헌법소원심판청구가 허용된다고 할 수 없다. 또한 상임위원회 선임에 대해서도 헌법소원을 청구할 수 없다(1995.2.23, 90헌마125).

## 08 정답 ①

❶ [○] 헌법재판소는 일반법원과는 달리 일반법률의 해석이나 사실인정의 문제를 다루는 기관이 아니라 헌법재판소가 사실문제 판단에 깊이 관여할 수 없는 헌법해석기관이며 헌법소원의 기능이 주관적 기본권 보장과 객관적 헌법보장기능을 함께 가지고 있으므로 권리귀속에 대한 소명만으로써 자기관련성을 구비한 여부를 판단할 수 있다고 할 것이다(1994.12.29, 89헌마2).

② [×] 「헌법재판소법」 제68조 제1항의 규정에 의하면 헌법소원심판은 공권력의 행사 또는 불행사로 인하여 헌법상 보장된 기본권을 침해받은 자가 청구하여야 하는바, 여기서 기본권을 침해받은 자라 함은 공권력의 행사 또는 불행사로 인하여 자기의 기본권이 현재 그리고 직접적으로 침해받은 자를 의미하며 단순히 간접적·사실적 또는 경제적인 이해관계가 있을 뿐인 제3자는 이에 해당하지 않는다(1992.9.4, 92헌마175).

③ [×] 이 사건 제외조치의 상대방은 이 사건 대학들이며, 이 사건 대학들에 근무하는 교수나 교수회는 제3자에 불과하므로 이 사건 제외조치로 인하여 직접 영향을 받는다고 볼 수 없다. 따라서 청구인들에게 이 사건 제외조치를 다툴 기본권 침해의 자기관련성이 있다고 볼 수 없다(2016.10.27, 2013헌마576).

④ [×] 청구인들이 이 사건 청구취지로서 위헌확인을 구하는 것은 하천법 제2조 제1항 제2호 다목이나, 헌법재판소는 심판청구서에 기재된 청구취지에 구애됨이 없이 청구인의 주장요지를 종합적으로 판단하여야 하며, 청구인이 주장하는 침해된 기본권과 침해의 원인이 되는 공권력을 직권으로 조사하여 피청구인과 심판대상을 확정하여 판단하여야 하는데, 당해 사건에서의 청구인들의 청구취지는 이 사건 토지들이 국유가 아니라 청구인들의 사유토지임을 전제로 그 소유권 확인을 구하는 것이므로 당해 사건의 재판에 보다 직접적으로 관련을 맺고 있는 법률조항은 제외지를 하천구역에 편입시키고 있는 위 하천법 제2조 제1항 제2호 다목이라기보다 오히려 하천구역을 포함하여 하천을 국유로 한다고 규정함으로써 직접 제외지의 소유권 귀속을 정하고 있는 동법 제3조라 할 것이므로 직권으로 이 사건 심판의 대상을 위 하천법 제2조 제1항 제2호 다목에서 동법 제3조로 변경한다(1998.3.26, 93헌바12).

## 09 정답 ②

① [○] 우리 법제 아래에서는 헌법상 보장된 기본권을 직접 침해당한 사람만이 권리구제를 청구할 수 있는 것이고 단체의 구성원이 기본권을 침해당한 경우 단체가 구성원의 권리구제를 위하여 그를 대신하여 헌법소원심판을 청구하는 것은 허용될 수 없다(1991.6.3, 90헌마56).

❷ [×] 청구인 사단법인 한국기자협회는 전국의 신문·방송·통신사 소속 현직 기자들을 회원으로 두고 있는 「민법」상 비영리 사단법인으로서, 「언론중재 및 피해구제 등에 관한 법률」 제2조 제12호에 따른 언론사에는 해당한다. 그런데 심판대상조항은 언론인 등 자연인을 수범자로 하고 있을 뿐이어서 청구인 사단법인 한국기자협회는 심판대상조항으로 인하여 자신의 기본권을 직접 침해당할 가능성이 없다. 또 사단법인 한국기자협회가 그 구성원인 기자들을 대신하여 헌법소원을 청구할 수도 없으므로, 위 청구인의 심판청구는 기본권 침해의 자기관련성을 인정할 수 없어 부적법하다(2016.7.28, 2015헌마236 등).

③ [○] 법무법인은 심판대상조항에 의해 세무조정업무를 수행할 수 없는 것이 아니라, 법무법인의 구성원 등이 심판대상조항에 의해 세무조정업무를 수행할 수 없는 경우 결과적으로 세무조정업무를 수행할 수 없게 되는 것에 불과하므로, 청구인 법무법인 ○○은 기본권 침해의 자기관련성이 인정되지 않는다(2018.4.26, 2016헌마116).

④ [○] 일반적으로 침해적 법령에 있어서는 법령의 수규자가 당사자로서 자신의 기본권 침해를 주장하게 되지만, 예술·체육 분야 특기자들에게 병역 혜택을 주는 이 사건 법령조항과 같은 수혜적 법령의 경우에는, 수혜범위에서 제외된 자가 자신이 평등원칙에 반하여 수혜대상에서 제외되었다는 주장을 하거나, 비교집단에게 혜택을 부여하는 법령이 위헌이라고 선고되어 그러한 혜택이 제거된다면 비교집단과의 관계에서 청구인의 법적 지위가 상대적으로 향상된다고 볼 여지가 있는 때에 비로소 청구인이 그 법령의 직접적인 적용을 받는 자가 아니라고 할지라도 자기관련성을 인정할 수 있다(2010.4.29, 2009헌마340).

## 10 정답 ②

① [○] 일반적으로 수혜적 법령의 경우에는 수혜범위에서 제외된 자가 자신이 평등원칙에 반하여 수혜대상에서 제외되었다는 주장을 하거나, 비교집단에게 혜택을 부여하는 법령이 위헌이라고 선고되어 그러한 혜택이 제거된다면 비교집단과의 관계에서 자신의 법적 지위가 상대적으로 향상된다고 볼 여지가 있는 때에는 그 법령의 직

접적인 적용을 받는 자가 아니라고 할지라도 자기관련성을 인정할 수 있다(2013.12.26, 2010헌마789).

❷ [X] 평등권의 침해를 주장하는 헌법소원사건에서는 비교집단에게 혜택을 부여하는 법규정이 위헌이라고 선고되어 그러한 혜택이 제거된다면 비교집단과의 관계에서 청구인들의 법적 지위가 상대적으로 향상된다고 볼 여지가 있는 때에는 청구인들이 그 법규정의 직접적인 적용을 받는 자가 아니라고 할지라도 그들의 자기관련성을 인정할 수 있다(2001.11.29, 2000헌마84).

③ [○] 시험면제혜택을 받는 경력공무원은 제2차 시험 과목 중 절반에서만 일반 응시자와 경쟁하여 고득점을 받으면 합격하게 되는 반면 일반 응시자는 전 과목에서 고득점을 받아야 합격할 수 있으므로 그만큼 불이익을 받게 되는데, 시험면제혜택이 제거되면 일반 응시자가 받는 위와 같은 불이익이 제거됨으로써 상대적으로 경쟁관계에 있는 일반 응시자의 합격가능성이 높아질 수 있으므로 일반 응시자인 청구인들의 법적 지위가 상대적으로 향상된다고 볼 여지가 있다. 그렇다면 청구인들은 위 법률조항에 대하여 기본권 침해의 자기관련성을 갖는다(2008.12.26, 2007헌마1149).

④ [○] 「뉴스통신 진흥에 관한 법률」은 청구인 회사(뉴스통신사)와 서로 경업관계에 있는 연합뉴스사를 국가기간 뉴스통신사로 지정하고 재정지원 등 혜택을 부여함을 그 내용으로 하므로 그 혜택의 범위에서 제외된 청구인 회사의 경우 자기관련성이 인정된다(2005.6.30, 2003헌마841).

## 11 정답 ②

① [○] 「방송법」 제32조 제2항 등 관련 조항은 방송광고의 사전심의 주체로 방송위원회만을, 이러한 절차를 거친 방송광고물에 대한 방송의 주체로 방송사업자만을 정하여 이 사건 청구인과 같은 광고주를 그 법규의 수범자 범위에서 제외하고 있다. 이러한 규정 형식과 관련하여 위 조항들에 대한 청구인의 자기관련성에 의문이 제기될 수 있으나, 청구인과 같이 방송을 통해 광고를 하고자 하는 자는 위 규정들 때문에 반드시 사전에 심의를 거쳐야 하고, 그렇지 않을 경우 자신이 원하는 방송광고를 할 수 없게 되므로 청구인과 같은 광고주의 경우도 위 조항들에 의해 자신의 기본권을 제한받고 있다고 할 것이다(2008.6.26, 2005헌마506).

❷ [X] 학교급식의 운영방식을 원칙적으로 학교장의 직영방식으로 한 「학교급식법」에 대하여 사단법인 한국급식협회가 문제 삼고 있는 직업의 자유와 평등권의 내용은 협회의 구성원인 위탁급식업자의 직업의 자유나 평등권에 관련된 것이지, 협회 자체의 기본권에 관련된 것은 아니므로 청구인 협회의 이 사건 심판청구는 자기관련성이 결여되어 부적법하다(2008.2.28, 2006헌마1028).

③ [○] 헌법재판소의 판례에 의하면 헌법소원이 적법하려면 청구인에 있어서 공권력에 의한 기본권 침해의 자기성·현재성·직접성이 있어야 한다. 이 사건의 경우 피청구인들은 교통사고의 직접 피해자들인 청구인들이 제기한 고소사건에 대하여 사고차량이 종합보험 등에 가입되어 있음을 이유로 이 사건 법률조항을 재량의 여지없이 기계적으로 적용하여 위 각 불기소처분을 한 것이므로, 결국 청구인들은 이 사건 법률조항으로 말미암아 직접 헌법 제27조 제5항 소정의 형사피해자의 재판절차에서의 진술권을 현재 침해받았다고 할 것이다. 따라서 위 법률조항에 대한 이 사건 헌법소원은 자기성·현재성·직접성의 요건을 갖추었다고 할 것이다(1997.1.16, 90헌마110).

④ [○] 이 사건 임용시험에서 청구인 부산교육대학교 학생들이 지역가산점의 불이익을 받아 임용시험 합격률이 낮아지더라도, 그로 인하여 청구인 부산교육대학교가 받는 불이익은 간접적이고 사실적이며 경제적인 이해관계에 불과하므로, 청구인 부산교육대학교는 이

사건 지역가산점 규정과 관련하여 자기관련성이 인정되지 않는다(2014.4.24, 2010헌마747).

⑤ [○] 심판대상조항은 무면허 의료행위를 금지하고 처벌하는 것이므로 그 직접적인 수범자는 무면허 의료행위자이다. 의료소비자는 무면허 의료행위의 금지·처벌과 직접적인 법률관계를 갖지 않아 심판대상조항의 직접적인 수범자가 아닌 제3자에 불과하므로, 심판대상조항에 대하여 자기관련성이 인정되지 아니한다(2014.8.28, 2013헌마359).

## 12 정답 ③

① [○] 청구인들은 시민단체나 정당의 간부 및 일반국민들로서 이 사건 파견결정으로 인해 파견될 당사자가 아님은 청구인들 스스로 인정하는 바와 같다. 그렇다면, 청구인들은 이 사건 파견결정에 관하여 일반국민의 지위에서 사실상의 또는 간접적인 이해관계를 가진다고 할 수는 있으나, 이 사건 파견결정으로 인하여 청구인들이 주장하는 바와 같은 인간의 존엄과 가치, 행복추구권 등 헌법상 보장된 청구인들 자신의 기본권을 현재 그리고 직접적으로 침해받는다고는 할 수 없다(2003.12.18, 2003헌마255).

② [○] 이 사건 심판대상규칙의 직접적인 수범자는 간행물 판매업자이고, 출판사를 경영하는 출판업자는 이 사건 심판대상의 직접적인 수범자라고 볼 수 없다. 설사 간행물 판매업자들의 과도한 할인에 따른 이윤폭의 감소로 발생한 손해가 출판사에 전가되어 출판업자가 출판업을 영위할 수 없게 되는 중대한 손실을 입게 된다고 하더라도 이는 간접적·사실적·경제적인 이해관계에 불과하므로 출판업자들의 청구부분은 기본권 침해의 자기관련성이 결여되었다(2011.4.28, 2010헌마602).

❸ [X] 신입생자격제한은 재학생들의 기본권에는 영향을 미치지 않으므로 재학생들은 자격제한을 시정하지 아니한 교육부장관의 부작위에 대해 기본권 침해의 자기관련성이 인정되지 않는다(1997.3.27, 94헌마277).

④ [○] 심판대상조항은 가맹본부를 수범자로 하여, 가맹본부가 가맹점사업자로부터 얻는 차액가맹금에 관한 정보를 가맹희망자에게 제공하여 차액가맹금을 투명하게 하고, 가맹본부와 가맹점사업자가 상생할 수 있도록 가맹사업의 수익구조에 영향을 주고자 함을 목적으로 한다. 납품업체의 경우 심판대상조항의 수범자가 아니어서 직접적으로 그 권리·의무에 영향이 없고, 다른 업체와의 거래에서 사실상 불리한 경제적 영향을 받을 수 있을 뿐이다. 따라서 심판대상조항에 의하여 발생하는 납품업체 청구인의 불이익은 간접적·경제적·사실적 불이익에 불과하여, 자기관련성이 인정되지 않는다(2021.10.28, 2019헌마288).

## 13 정답 ③

① [○] 전체 법학전문대학원의 총 입학정원이 한정되어 있는 상태에서 이 사건 인가처분이 여성만이 진학할 수 있는 여자대학에 법학전문대학원 설치를 인가한 것은, 결국 청구인들과 같은 남성들이 진학할 수 있는 법학전문대학원의 정원이 여성에 비하여 적어지는 결과를 초래하여 청구인들의 직업선택의 자유, 평등권을 침해할 가능성이 있으므로, 이 사건 인가처분의 직접적인 상대방이 아닌 제3자인 청구인들에게도 기본권 침해의 자기관련성이 인정된다(2013.5.30, 2009헌마514).

② [○] 청구인 김○정, 전○영은 이 사건 심판청구 당시 임신 중이었던 임산부로서, 구 담배사업법으로 인하여 일반국민들이 담배를 구입하여 피우게 되었고, 이로 인하여 임산부인 자신들이 '간접흡연'을

24회

2022 해커스공무원 황남기 헌법 진도별 모의고사

하게 되어 기본권이 침해되었다고 주장한다. 그런데 간접흡연으로 인한 폐해는 담배의 제조 및 판매행위로 인한 것이 아니라 흡연자의 흡연행위로 인한 것이고, (중략) 담배사업법에 따른 담배의 제조 및 판매는 비흡연자들이 간접흡연을 하게 되는 데 있어 간접적이고 2차적인 원인이 된 것에 불과하다. 따라서 청구인 김○정, 전○영의 심판청구는 담배의 제조 및 판매에 관하여 규율하는 담배사업법에 대해 기본권 침해의 자기관련성을 인정할 수 없다(2015. 4.30, 2012헌마38 전원재판부).

❸ [X] 제주4·3특별법은 제주4·3사건의 진상규명과 희생자 명예회복을 통해 인권신장과 민주발전 및 국민화합에 이바지함을 목적으로 제정되었고, 위령사업의 시행과 의료지원금 및 생활지원금의 지급 등 희생자들에 대한 최소한의 시혜적 조치를 부여하는 내용을 가지고 있는바, 그에 근거한 이 사건 희생자 결정이 청구인들의 사회적 평가에 부정적 영향을 미쳐 헌법이 보호하고자 하는 명예가 훼손되는 결과가 발생한다고 할 수는 없다. 따라서 이 사건 심판청구는 명예권 등 기본권 침해의 자기관련성을 인정할 수 없어 부적법하다(2010.11.25, 2009헌마147).

④ [O] '2018학년도 대학수학능력시험 시행기본계획' 중 대학수학능력시험의 문항 수 기준 70%를 한국교육방송공사 교재와 연계하여 출제한다는 부분은 부모는 아직 성숙하지 못하고 인격을 닦고 있는 미성년 자녀를 교육시킬 교육권을 가지지만, 자녀가 성년에 이르면 자녀 스스로 자신의 기본권 침해를 다툴 수 있으므로 이와 별도로 부모에게 자녀교육권 침해를 다툴 수 있도록 허용할 필요가 없다. 이처럼 심판대상계획이 성년의 자녀를 둔 부모의 자녀교육권을 제한한다고 볼 수 없으므로, 성년의 자녀를 둔 청구인에 대해서는 기본권 침해가능성이 인정되지 않는다(2018.2.22, 2017헌마691).

## 14 　　　　　　　　　　　　　　　정답 ②

① [O] 청구인들이 2000.4.13. 실시예정인 국회의원선거에서 선거권을 행사할 목적으로 공직선거법 제15조 제1항이 위헌이라고 주장하면서 청구한 본건 심판에 있어서, 위 선거는 이미 종료되었을 뿐 아니라 심판 계속 중 청구인들은 모두 20세가 됨으로써 위 법조항에 의한 주관적인 기본권의 침해상태도 종료되었다고 볼 수 있으나, 헌법소원제도는 청구인 자신의 주관적인 기본권 구제를 위한 것일 뿐만 아니라 객관적인 헌법질서의 수호·유지를 위한 제도이므로, 가사 본건 심판청구에 의한 결정이 청구인들의 주관적 권리구제에는 도움이 되지 아니한다 하더라도, 본건 심판청구는 선거권 연령을 20세 이상의 국민으로 정한 것이 18~19세의 국민들에 대한 평등권과 선거권을 침해하는지 여부를 가리는 헌법적으로 해명할 필요가 있는 중요한 사안이고, 앞으로도 그러한 침해행위가 계속 반복될 위험이 있는 것이므로, 예외적으로 권리보호의 이익을 인정함이 상당하다(2001.6.28, 2000헌마111).

❷ [X] 이 사건 제1법률은 군법무관들을 해당 위원의 자격에서 원천적으로 배제하고 있는데, 군법무관들도 각종 위원회의 위원직을 수행할 수 있는 법률적 소양과 나름대로의 경험을 지니고 있는 점, 군법무관도 판사·검사·변호사와 동일한 시험을 통해 선발되었고 그 업무도 유사한 점, 대부분의 위원직이 해당 기관의 선정에 의하여 결정되고 여하한 신청권도 인정되지 않는 점, 청구인들에게 입법청원 외에 이 사건 제1법률을 다툴 수 있는 다른 법적 구제수단도 없는 점, 군법무관으로 근무한 기간과 판사·검사·변호사로 근무한 기간의 합산 문제가 개입될 수 있는 점 등을 고려할 때, 이 사건에서는 장래 청구인들의 권리 침해가능성이 현재로서 확실히 예상된다고 보아 청구인들에게 '현재성'을 인정함이 상당하다(2007.5.31, 2003헌마422).

③ [O] 증권거래법위반죄의 유죄판결이 미확정의 상태에 있어 기본권의 제한이 아직 현실화된 것은 아니지만 형사재판 절차가 현재 계속

중에 있어 기본권 제한의 가능성이 구체적으로 현출된 단계에 있는 이 사건과 같은 경우에는 신속한 기본권 구제를 위하여 현재 기본권이 침해되고 있는 경우와 마찬가지로 헌법소원이 허용된다(2001.3.21, 99헌마15).

④ [O] 아직 개인택시면허를 취득하지 아니한 청구인들도 장래 면허의 취득이 예정되어 있다는 이유로 헌법소원심판을 청구하였다. 그러나 개인택시면허를 받으려는 사람은 운전 경력, 무사고 운전, 거주지 등의 요건을 갖추어야 하고(법 제5조 제1항 제3호, 법 시행규칙 제19조), 관할 관청이 지역실정을 고려하여 따로 정하는 면허기준이 있는 경우에는 그 요건도 충족시켜야 하는바, 이러한 점에 비추어 보면 개인택시면허를 취득하지 아니한 청구인들은 기본권 침해의 현재성을 구비하였다고 할 수 없다(2012.3.29, 2010헌마443).

## 15 　　　　　　　　　　　　　　　정답 ①

❶ [X] 법무사 사무원 수를 5인으로 제한하고 있는 법무사법시행규칙: 법규범이 구체적인 집행행위를 기다리지 아니하고 직접 기본권을 침해한다고 할 때의 집행행위란 공권력 행사로서의 집행행위를 의미하는 것이므로 법규범이 정하고 있는 법률효과가 구체적으로 발생함에 있어 법무사의 해고행위와 같이 공권력이 아닌 사인의 행위를 요건으로 하고 있다고 할지라도 법규범의 직접성을 부인할 수 없는 것이다(1996.4.25, 95헌마331).

② [O] 입법권자의 공권력의 행사의 한 형태인 법률에 대하여 곧바로 헌법소원심판을 청구하려면 우선 청구인 스스로가 당해 규정에 관련되어야 하고 당해 규정에 의해 현재 기본권의 침해를 받아야 하며 그 침해도 법률에 따른 집행행위를 통하여서가 아니라 직접 당해 법률에 의하여 기본권 침해를 받아야 할 것을 요건으로 한다(1989.7. 21, 89헌마12).

③ [O] 헌법소원심판의 직접성 요건은 다른 권리구제수단에 의해서는 구제되지 않는 기본권 보장을 위한 특별하고도 보충적인 수단이라는 헌법소원의 본질로부터 비롯된 것이므로, 이 사건 조항이 헌법소원심판청구의 적법요건 중 하나로 기본권 침해의 직접성을 요구하는 것이 재판청구권을 침해하는 것은 아니다(2005.5.26, 2004헌마671).

④ [O] 「헌법재판소법」 제68조 제1항에 의한 헌법소원심판청구에 있어서 직접성 요건의 불비는 사후에 치유될 수 있는 성질의 것이라 볼 수 없다(2009.9.24, 2006헌마1298).

## 16 　　　　　　　　　　　　　　　정답 ④

① [O] 법령에 근거한 구체적인 집행행위가 재량행위인 경우에는 법령은 집행관청에게 기본권 침해의 가능성만을 부여할 뿐 법령 스스로가 기본권의 침해행위를 규정하고 행정청이 이에 따르도록 구속하는 것이 아니고, 이때의 기본권의 침해는 집행기관의 의사에 따른 집행행위, 즉 재량권의 행사에 의하여 비로소 이루어지고 현실화되므로 이러한 경우에는 법령에 의한 기본권 침해의 직접성이 인정될 여지가 없다(1998.4.30, 97헌마141).

② [O] 법률 또는 법률조항 자체가 헌법소원의 대상이 될 수 있으려면 구체적인 집행행위를 기다리지 아니하고 그 법률 또는 법률조항에 의하여 직접, 현재, 자기의 기본권을 침해받아야 하는바, 위에서 말하는 집행행위에는 입법행위도 포함되므로 법률규정이 그 규정의 구체화를 위하여 하위규범의 시행을 예정하고 있는 경우에는 당해 법률규정의 직접성은 부인된다(1996.2.29, 94헌마213).

③ [O] 국민에게 일정한 행위의무 또는 행위금지의무를 부과하는 법규정을 정한 후 이를 위반할 경우 제재수단으로서 형벌 또는 행정벌

등을 부과할 것을 정한 경우에, 그 형벌이나 행정벌의 부과를 위 직접성에서 말하는 집행행위라고는 할 수 없다. 국민은 별도의 집행행위를 기다릴 필요 없이 제재의 근거가 되는 법률의 시행 자체로 행위의무 또는 행위금지의무를 직접 부담하는 것이기 때문이다 (1996.2.29, 94헌마213).

❹ [ X ] 형벌조항의 경우 국민이 그 형벌조항을 위반하기 전이라면 그 형벌조항을 실제로 위반하여 재판을 통한 형벌의 부과를 받게 되는 위험을 감수할 것을 국민에게 요구할 수 없다는 점에서, 그 형벌조항을 위반하였으나 기소되기 전이라면 재판과정에서 그 형벌조항의 위헌 여부에 관한 판단을 구할 수 없다는 점에서 각 구제절차가 없거나 있다고 하더라도 권리구제의 기대가능성이 없는 경우에 해당한다고 볼 여지가 있지만, 그 형벌조항을 위반하여 기소된 후에는 재판과정에서 그 형벌조항이 법률인 경우에는 위헌법률심판제청신청을 통하여 헌법재판소에 그 위헌 여부에 관한 판단을 구할 수 있고, 명령·규칙인 경우에는 곧바로 법원에 그 위헌 여부에 관한 판단을 구할 수 있다는 점에서 구제절차가 없거나 있다고 하더라도 권리구제의 기대가능성이 없는 경우에 해당한다고 볼 수가 없다고 할 것이다(2016.11.24, 2013헌마403).

## 17 정답 ④

① [ O ] 이 사건 법률조항은 의료인에게 '하나의' 의료기관만을 개설할 수 있도록 함으로써 의사 및 한의사의 복수면허 의료인이라고 하더라도, 양방 또는 한방 중 그 선택에 따라 어느 '하나의' 의료기관 이외에 다른 의료기관의 개설을 금지한다. 이는 의료기관 개설에 있어서 집행행위 이전에 미리 의료인의 법적 지위를 결정적으로 정하고 있을 뿐만 아니라, '하나를 초과하는' 의료기관을 개설하고자 할 경우 행정청에게 그 개설신고나 허가신청을 반려하거나 거부하도록 하여 행정청의 집행행위를 형식적인 것에 그치게 한다. 따라서 이 사건 법률조항은 집행행위가 예정되어 있음에도 예외적으로 기본권 침해의 직접성을 인정할 수 있다(2007.12.27, 2004헌마1021).

② [ O ] 권리보호이익은 소송제도에 필연적으로 내재하는 요청으로 헌법소원제도의 목적상 필수적인 요건이라고 할 것이어서 이로 인하여 본안판단을 받지 못한다고 하여도 재판을 받을 권리의 본질적인 부분에 대한 침해가 있다고 보기 어렵다. 다만, 권리보호이익을 지나치게 좁게 인정하면 헌법재판소의 본안판단의 부담을 절감할 수는 있지만 반면에 재판을 받을 권리를 부당하게 박탈하는 결과에 이르게 될 것이므로 권리보호이익을 판단함에 있어 다른 분쟁의 해결수단, 행정적 구제·입법적 구제의 유무 등을 기준으로 신중히 판단하여야 할 것인바, 헌법재판소는 비록 권리보호이익이 없을 때에도 반복위험이나 헌법적 해명이 필요한 경우에는 본안판단을 할 수 있는 예외를 인정하고 있다. 따라서 헌법소원심판청구의 적법요건 중의 하나로 권리보호이익을 요구하는 것이 청구인의 재판을 받을 권리를 침해한다고 볼 수는 없다(2001.9.27, 2001헌마152).

③ [ O ] 헌법재판소는 2015.7.30. 2014헌마340 등 결정에서 성폭력특례법 제45조 제1항은 2016.12.31.을 시한으로 입법자가 개정할 때까지 계속 적용된다는 내용의 헌법불합치결정을 선고하였다. 헌법불합치결정도 위헌결정의 일종이므로, 위 조항은 이미 위헌으로 결정된 것이고, 따라서 위 조항에 대한 심판청구는 이미 위헌으로 결정된 법률조항에 대한 헌법소원심판청구로서 권리보호이익이 없어 부적법하다(2016.3.31, 2014헌마785).

❹ [ X ] 단순위헌결정뿐만 아니라 헌법불합치결정의 경우에도 개정입법 시까지 심판의 대상인 법률조항은 법률문언의 변화 없이 계속 존속하나 법률의 위헌성을 확인한 불합치결정은 당연히 기속력을 가지므로(1997.12.24, 96헌마172 등), 이미 헌법불합치결정이 선고된 이 사건 신상정보 관리 기간 조항에 대한 심판청구는 권리보호이익이 없다(2016.10.18, 2016헌마865).

## 18 정답 ③

① [ O ] 이 사건 물포발사행위는 이미 종료되어 청구인들의 기본권 침해상황이 종료되었으므로, 이 사건 심판청구가 인용된다고 하더라도 청구인들의 권리구제에 도움이 되지 않아, 권리보호이익이 없다. 청구인들이 주장하는 것과 같은 유형의 근거리에서의 물포 직사살수라는 기본권 침해가 반복될 가능성이 있다고 보기 어렵고, 설령 물포발사행위가 그러한 법령상의 한계를 위반하면 위법함이 분명하므로, 헌법재판소가 헌법적으로 해명할 필요가 있는 사안이라고 보기도 어렵다(2014.6.26, 2011헌마815).

② [ O ] 피청구인 밀양경찰서장이 2014.6.11. 철거대집행이 실시되는 동안 청구인들을 철거대상시설인 움막들 밖으로 강제 이동시킨 행위 및 그 움막들로 접근을 막은 행위는 특정한 상황에서의 개별적 특성이 강한 공권력 행사로서 앞으로도 구체적으로 반복될 위험성이 있다고 보기 어렵고, 헌법재판소가 헌법적으로 해명할 필요가 있다고 볼 수 없어 이 사건 심판청구는 예외적으로 심판의 이익도 인정되지 않는다(2018.8.30, 2014헌마681).

❸ [ X ] 이 사건 방청불허행위에서 문제된 운영행정위원회 제209회 제1차, 제3차 임시회는 모두 종료되었으므로 권리보호이익이 소멸하였다. 지방의회 위원회 위원장은 특정 방청신청에 대하여 구체적 사정을 고려하여 허가 여부를 결정하고, 위원회 회의는 논의가 속행되지 않는 이상 개별 회의마다 성격이 다르므로 이 사건 방청불허행위와 동일한 행위가 반복될 위험성은 없다. 설령 반복 위험성이 있더라도 이 사건에서는 이 사건 방청불허행위가 「지방자치법」 제60조 제1항의 적법한 요건을 갖추고 있는가에 관한 위법성이 문제될 뿐이므로, 헌법적으로 해명이 중대한 의미를 지니는 경우로 보기 어렵다. 따라서 이 사건 방청불허행위에 대한 심판청구는 권리보호이익이 없고, 심판청구의 이익도 인정되지 않는다(2017.7.27, 2016헌마53).

④ [ O ] 이 사건 헌법소원은 영등포교도소의 변호인접견실에 변호인석과 재소자석을 차단하는 칸막이를 설치한 권력적 사실행위에 대한 위헌 결정을 통하여 이를 제거하고자 하는 것인데, 이 칸막이가 그 후 법무부의 지시에 따라 철거된 이상 청구인이 이 사건 헌법소원을 통하여 달성하고자 하는 주관적 목적은 이미 달성되었으므로 심판대상 행위의 위헌 여부를 가릴 실익이 없어졌다 할 것이다(1997.3.27, 92헌마273).

## 19 정답 ③

① [ X ] 공권력의 행사 또는 불행사로 인하여 헌법상 보장된 기본권을 침해받은 자는 법원의 재판을 제외하고는 헌법재판소에 헌법소원심판을 청구할 수 있다. 다만, 다른 법률에 구제절차가 있는 경우에는 그 절차를 모두 거친 후에 청구할 수 있다(「헌법재판소법」 제68조 제1항).

② [ X ] 제41조 제1항에 따른 법률의 위헌 여부 심판의 제청신청이 기각된 때에는 그 신청을 한 당사자는 헌법재판소에 헌법소원심판을 청구할 수 있다. 이 경우 그 당사자는 당해 사건의 소송절차에서 동일한 사유를 이유로 다시 위헌 여부 심판의 제청을 신청할 수 없다(「헌법재판소법」 제68조 제2항).

❸ [ O ] 「헌법재판소법」 제68조 제1항 단서 소정의 '다른 권리구제절차'라 함은 공권력의 행사 또는 불행사를 직접 대상으로 하여 그 효력을 다툴 수 있는 권리구제절차를 의미하고, 사후적·보충적 구제수단을 뜻하는 것은 아니다(1993.5.13, 92헌마297).

④ [X] 전심절차를 완전히 밟지 아니한 채 이 사건 헌법소원심판청구를 한 것은 제소 당시로 보면 전치요건불비의 위법이 있다고 할 것이지만 이 사건 계속 중에 대검찰청에서 재항고기각결정을 받았다면 위와 같은 전치요건흠결의 하자는 치유되었다고 볼 것이며, 따라서 이 사건 소원심판청구는 이 점에 있어서는 적법하다 할 것이다 (1991.4.1, 90헌마194).

## 20 정답 ①

❶ [O] 청구인은 법원행정처장의 정보비공개결정에 대하여 행정법원에 소를 제기하지 않고 바로 헌법소원심판을 청구하였으므로, 법원행정처장의 정보비공개결정에 대한 헌법소원심판청구는 보충성 원칙을 흠결하여 부적법하다(2021.10.28, 2020헌마433).

② [X] 교도소장의 이송처분에 대하여는 그 구제절차로서 행정심판 내지 행정소송으로 다툴 수 있으므로 위 구제절차를 거치지 아니한 헌법소원심판청구는 부적법하다(1992.6.19, 92헌마110).

③ [X] 대한변호사협회 징계위원회의 징계결정에 대한 심판청구가 보충성을 갖추었는지 여부(소극)
법무부징계위원회의 결정에 불복하는 경우에는 「행정소송법」으로 정하는 바에 따라 행정법원에 소를 제기할 수 있으므로, 징계결정에 대한 심판청구는 보충성을 갖추지 못하여 부적법하다(2018.7.26, 2016헌마1029).

④ [X] 헌법소원심판청구인이 그의 불이익으로 돌릴 수 없는 정당한 이유 있는 착오로 전심절차를 밟지 않은 경우 또는 전심절차로 권리가 구제될 가능성이 거의 없거나 권리구제절차가 허용되는지의 여부가 객관적으로 불확실하여 전심절차이행의 기대가능성이 없을 때에는 예외적으로 「헌법재판소법」 제68조 제1항 단서 소정의 전심절차이행요건은 배제된다(1989.9.4, 88헌마22).

## 🔷 정답

| 01 | ① | 02 | ① | 03 | ② | 04 | ② |
|---|---|---|---|---|---|---|---|
| 05 | ③ | 06 | ③ | 07 | ③ | 08 | ② |
| 09 | ② | 10 | ③ | 11 | ② | 12 | ④ |
| 13 | ① | 14 | ④ | 15 | ③ | 16 | ③ |
| 17 | ① | 18 | ③ | 19 | ② | 20 | ② |

## 01 　　　　　　　　　　　　　　　　정답 ①

❶ [ X ] 기소유예처분을 받은 피의자는 항고나 재항고를 제기할 수 있는 법률의 규정이 없고, 검사에 재기신청(再起申請)을 낸다든지 또는 진정서를 제출하여 검사의 직권발동을 촉구하는 등의 절차는 기소유예처분에 대한 법률이 정한 직접적인 구제절차가 아닐뿐더러 그 밖에도 달리 다른 법률에 정한 구제절차가 없으므로 기소유예처분에 대하여 직접 헌법소원심판을 청구한 심판청구는 적법하다(1992.10.1, 91헌마169).

② [ O ] 법률에 규정된 구제절차를 모두 거친 후가 아니면 보충성의 원칙 때문에, 재정신청을 거친 경우에는 법원의 재판에 대한 헌법소원심판청구가 되어 헌법소원심판청구가 허용되지 않는다.

③ [ O ] 피해자의 고소가 아닌 수사기관의 인지 등에 의해 수사가 개시된 피의사건에서 검사의 불기소처분이 이루어진 경우, 고소하지 아니한 피해자로 하여금 별도의 고소 및 이에 수반되는 권리구제절차를 거치게 하는 방법으로는 종래의 불기소처분 자체의 취소를 구할 수 없고 당해 수사처분 자체의 위법성도 치유될 수 없다는 점에서 이를 본래 의미의 사전 권리구제절차라 볼 수 없고, 고소하지 아니한 피해자는 검사의 불기소처분을 다툴 수 있는 통상의 권리구제수단도 경유할 수 없으므로, 그 불기소처분의 취소를 구하는 헌법소원의 사전 권리구제절차라는 것은 형식적·실질적 측면에서 모두 존재하지 않을 뿐만 아니라, 별도의 고소 등은 그에 수반되는 비용과 권리구제가능성 등 현실적인 측면에서 볼 때에도 불필요한 우회절차를 강요함으로써 피해자에게 지나치게 가혹할 수 있으므로, 고소하지 아니한 피해자는 예외적으로 불기소처분의 취소를 구하는 헌법소원심판을 곧바로 청구할 수 있다(2010.6.24, 2008헌마716).

④ [ O ] 형사피해자: 검사의 불기소처분 이후 공소시효가 완성된 경우, 이에 대한 형사피해자의 헌법소원심판청구는 권리보호이익이 없어 부적법하다(2001.4.26, 99헌마671 전원재판부).
　　형사피의자: 형사피의자가 기소유예처분에 대해 헌법소원을 청구한 경우 피의사실의 공소시효가 완성된 경우라도 권리보호이익은 인정된다(1997.5.29, 99헌마188). 또한 사면법 제5조 제1항 제1호에 의하면 사면의 효과로서 일반사면은 형의 언도의 효력이 상실되며 형의 언도를 받지 않은 자에 대하여는 공소권이 상실된다고 규정되어 있다. 비록 청구인의 이 사건 음주운전의 소위에 대하여 일반사면이 있었다고 하더라도 이 사건 심판청구는 권리보호의 이익이 인정된다(1996.10.4, 95헌마318).

## 02 　　　　　　　　　　　　　　　　정답 ①

❶ [ X ] 청구기간의 기산점인 '사유가 있음을 안 날'이라 함은 법령의 제정 등 공권력의 행사에 의한 기본권 침해의 사실관계를 안 날을 뜻하는 것이고, 법률적으로 평가하여 그 위헌성 때문에 헌법소원의 대상이 됨을 안 날을 뜻하는 것은 아니다(1993.11.25, 89헌마36).

② [ O ] 일반국민을 수범자로 하는 추상적이고 일반적인 성격을 지닌 법률인 「국가보안법」 중 개정 법률에 대하여 모든 국민 개개인에게 어느 시점에서나 헌법소원심판을 청구할 수 있게 하는 것은 민중소송을 인정하는 것에 다름 아니어서 우리의 헌법재판제도상 허용될 수 없으므로, 그러한 법률에 대한 헌법소원심판청구가 적법하기 위하여는 청구인에게 당해 법률에 해당하는 사유가 발생함으로써 그 법률이 청구인의 기본권을 명백히 구체적으로 현실 침해하였거나 침해가 확실히 예상되는 경우에 한정된다(1994.6.30, 91헌마162).

③ [ O ] 심판청구 당시 청구인들은 국가공무원 채용시험에 응시하기 위하여 준비하고 있는 단계에 있었으므로 이 사건 심판대상조항으로 인한 기본권 침해를 현실적으로 받았던 것은 아니다. 그러나 청구인들은 심판청구 당시 국가공무원 채용시험에 응시하기 위한 준비를 하고 있었고, 이들이 응시할 경우 장차 그 합격 여부를 가리는 데 있어 가산점제도가 적용될 것임은 심판청구 당시에 이미 확실히 예측되는 것이었다. 따라서 기본권 침해의 현재관련성이 인정된다. 이와 같이 장래 확실히 기본권 침해가 예측되어 현재관련성을 인정하는 이상 청구기간이 경과하였다고 할 수 없다. 청구기간을 준수하였는지 여부는 이미 기본권 침해가 발생한 경우에 비로소 문제될 수 있는 것인데, 이 사건의 경우 아직 기본권 침해는 없으나 장래 확실히 기본권 침해가 예측되므로 미리 앞당겨 현재의 법적 관련성을 인정하는 것이기 때문이다. 따라서 청구기간이 지났다는 국가보훈처장의 주장은 이유 없다(1999.12.23, 98헌마363).

④ [ O ] 심판대상조항이 자구만 수정되었을 뿐 이전 조항과 비교하여 실질적 내용에 변화가 없어 청구인이 기본권을 침해당하고 있다고 주장하는 내용에 전혀 영향을 주지 않는다면, 법령조항이 일부 개정되었다고 하더라도 청구기간의 기산은 이전 법령을 기준으로 한다(2014.1.28, 2012헌마654).

## 03 　　　　　　　　　　　　　　　　정답 ②

① [ O ] 헌법소원심판을 청구하려는 자가 변호사를 대리인으로 선임할 자력(資力)이 없는 경우에는 헌법재판소에 국선대리인을 선임하여 줄 것을 신청할 수 있다. 이 경우 제69조에 따른 청구기간은 국선대리인의 선임신청이 있는 날을 기준으로 정한다(「헌법재판소법」 제70조 제1항).

❷ [ X ] 「헌법재판소법」 제70조 제1항에 따르면 국선대리인 선임신청이 인용되어 헌법소원심판청구가 제기된 경우에는 <u>국선대리인 선임신청일</u>을 헌법소원심판청구로 보고 있으므로, 국선대리인의 헌법소원심판청구서가 그 선임통지를 받은 날로부터 60일이 경과한 후에 제출되었다고 하더라도 헌법소원청구는 적법하다(1998.8.27, 96헌마398).

③ [ O ] 「헌법재판소법」 제68조 제1항 소정의 헌법소원심판청구를 추가적으로 변경하였다면 변경에 의한 신청구는 그 청구변경서를 제출한 때에 제기한 것이라 볼 것이므로, 이 시점을 기준으로 하여 청구기간의 준수 여부를 가려야 한다(1998.9.30, 96헌바88).

④ [ O ] 법령조항이 그 자구만 수정되었을 뿐 이전 조항과 비교하여 실질적인 내용에 변화가 없어 청구인이 기본권을 침해당하고 있다고 주장하는 내용에 전혀 영향을 주지 않는다면, 법령조항이 일부 개정되었다고 하더라도 청구기간의 기산은 이전의 법령을 기준으로 한다(2021.5.27, 2018헌마1168).

⑤ [○] 이 사건 심판청구는 심판대상조항으로 인하여 기본권 침해의 사유가 발생하였음을 알게 된 날부터 90일이 지났음이 명백한 시점에 제기되었으므로 적법한 청구기간이 지난 후 제기된 것이다. 심판대상조항의 위헌확인을 구하는 헌법소원심판이 제기되었다는 이 유만으로 그 조항의 효력이 자동적으로 정지된다거나 헌법재판소가 심판대상조항을 적용할 수 없게 되는 것은 아니므로, 청구기간을 제한하고 있는 심판대상조항의 위헌확인을 구하고 있다는 이유만으로, 명백하게 청구기간이 지난 후에 제기된 헌법소원심판청구를 각하하지 않고 본안판단으로 나아가는 것은 허용될 수 없다 (2013.2.28, 2011헌마666).

## 04 정답 ②

① [○] ❷ [X]

> 「헌법재판소법」 제70조 【국선대리인】 ① 헌법소원심판을 청구하려는 자가 변호사를 대리인으로 선임할 자력(資力)이 없는 경우에는 헌법재판소에 국선대리인을 선임하여 줄 것을 신청할 수 있다. 이 경우 제69조에 따른 청구기간은 국선대리인의 선임신청이 있는 날을 기준으로 정한다.
> ② 제1항에도 불구하고 헌법재판소가 공익상 필요하다고 인정할 때에는 국선대리인을 선임할 수 있다.

③ [○] 제3항에 따라 선정된 국선대리인은 선정된 날부터 60일 이내에 제71조에 규정된 사항을 적은 심판청구서를 헌법재판소에 제출하여야 한다(「헌법재판소법」 제70조 제5항).

④ [○] 헌법재판소의 심판비용은 국가부담으로 한다. 다만, 당사자의 신청에 의한 증거조사의 비용은 헌법재판소규칙으로 정하는 바에 따라 그 신청인에게 부담시킬 수 있다(「헌법재판소법」 제37조 제1항). ➡ 헌법재판에는 인지첩부제도는 없다.

## 05 정답 ③

① [X] 헌법재판소장은 헌법재판소에 재판관 3명으로 구성되는 지정재판부를 두어 헌법소원심판의 사전심사를 담당하게 할 수 있다(「헌법재판소법」 제72조 제1항).

② [X] 사전심사는 「헌법재판소법」 제68조 제1항과 제2항 모두에 적용된다.

❸ [○] 헌법재판소장은 헌법재판소에 재판관 3명으로 구성되는 지정재판부를 두어 헌법소원심판의 사전심사를 담당하게 할 수 있다(「헌법재판소법」 제72조 제1항).

④ [X] 지정재판부는 다음 각 호의 어느 하나에 해당되는 경우에는 지정재판부 재판관 전원의 일치된 의견에 의한 결정으로 헌법소원의 심판청구를 각하한다(「헌법재판소법」 제72조 제3항).

## 06 정답 ③

① [X] 제2항의 경우에 헌법재판소는 공권력의 행사 또는 불행사가 위헌인 법률 또는 법률의 조항에 기인한 것이라고 인정될 때에는 인용결정에서 해당 법률 또는 법률의 조항이 위헌임을 선고할 수 있다 (「헌법재판소법」 제75조 제5항).

② [X] 「헌법재판소법」이나 「행정소송법」이나 헌법소원심판청구의 취하와 이에 대한 피청구인의 동의나 그 효력에 관하여 특별한 규정이

없으므로, 소의 취하에 관한 「민사소송법」 제239조는 검사가 한 불기소처분의 취소를 구하는 헌법소원심판절차에 준용된다고 보아야 한다. 따라서 청구인들이 헌법소원심판청구를 취하하면 헌법소원심판절차는 종료되며, 헌법재판소로서는 헌법소원심판청구가 적법한 것인지 여부와 이유가 있는 것인지 여부에 대하여 판단할 수 없게 된다(1995.12.15, 95헌마221).

❸ [○] 「헌법재판소법」 제68조 제2항 소정의 헌법소원은 그 본질이 헌법소원이라기보다는 위헌법률심판이므로 「헌법재판소법」 제68조 제1항 소정의 헌법소원에서 요구되는 보충성의 원칙은 적용되지 아니한다(1997.7.16, 96헌바36 전원재판부).

④ [X] 위헌소원의 청구요건으로는 ㉠ 위헌제청신청과 제청신청에 대한, ㉡ 법원의 기각결정 또는 각하결정, ㉢ 재판의 전제성이다. 권리보호이익을 요건으로 보아 권리보호이익을 인정한다고 하면서 본안판단을 한 사례도 있다(1999.3.25, 98헌바2). 다만, 법 제68조 제2항 헌법소원에서는 재판의 전제성, 심판의 이익을 갖추고 있는 이상 기본권 침해의 직접성·현재성 및 자기관련성의 유무는 심판청구와 직접 관계가 없다(1998.7.16, 95헌바19).

## 07 정답 ③

① [X] 「헌법재판소법」 제68조 제2항의 헌법소원은 법률의 위헌 여부 심판의 제청신청을 하여 그 신청이 기각 또는 각하된 때에만 청구할 수 있다(2013.7.9, 2013헌바174).

② [X] 법률의 의미는 결국 개별·구체화된 법률해석에 의해 확인되는 것이므로 법률과 법률의 해석을 구분할 수는 없고, 재판의 전제가 된 법률에 대한 규범통제는 해석에 의해 구체화된 법률의 의미와 내용에 대한 헌법적 통제로서 헌법재판소의 고유권한이며, 헌법합치적 법률해석의 원칙상 법률조항 중 위헌성이 있는 부분에 한정하여 위헌결정을 하는 것은 입법권에 대한 자제와 존중으로서 당연하고 불가피한 결론이므로, 이러한 한정위헌결정을 구하는 한정위헌청구는 원칙적으로 적법하다고 보아야 한다. 다만, 재판소원을 금지하는 「헌법재판소법」 제68조 제1항의 취지에 비추어, 개별·구체적 사건에서 단순히 법률조항의 포섭이나 적용의 문제를 다투거나, 의미 있는 헌법문제에 대한 주장 없이 단지 재판결과를 다투는 헌법소원심판청구는 여전히 허용되지 않는다(2012.12.27, 2011헌바117).

❸ [○] 재판소원을 금지하고 있는 법 제68조 제1항의 취지에 비추어 한정위헌청구의 형식을 취하고 있으면서도 실제로는 당해 사건 재판의 기초가 되는 사실관계의 인정이나 평가 또는 개별적·구체적 사건에서의 법률조항의 단순한 포섭·적용에 관한 문제를 다투거나 의미 있는 헌법문제를 주장하지 않으면서 법원의 법률해석이나 재판결과를 다투는 경우 등은 모두 현행의 규범통제제도에 어긋나는 것으로서 허용될 수 없는 것이다(2012.12.27, 2011헌바117).

④ [X] 「헌법재판소법」 제68조 제2항의 헌법소원은 기본권 침해를 전제로 하지 않아 기본권 주체가 아닌 자도 청구할 수 있다.

## 08 정답 ②

① [○] 행정청이 행정처분 단계에서 당해 처분의 근거가 되는 법률이 위헌이라고 판단하여 그 적용을 거부하는 것은 권력분립의 원칙상 허용될 수 없지만, 행정처분에 대한 소송절차에서는 행정처분의 적법성·정당성뿐만 아니라 그 근거법률의 헌법적합성까지도 심판대상으로 되는 것이므로, 행정처분에 불복하는 당사자뿐만 아니라 행정처분의 주체인 행정청도 헌법의 최고규범력에 따른 구체적 규범통제를 위하여 근거법률의 위헌 여부에 대한 심판의 제청을 신

청할 수 있고 「헌법재판소법」 제68조 제2항의 헌법소원을 제기할 수 있다고 봄이 상당하다(2008.4.24, 2004헌바44).

❷ [X] ㉠ 「헌법재판소법」 제68조 제1항에 의한 헌법소원과 「헌법재판소법」 제68조 제2항에 의한 헌법소원은 비록 그 요건과 대상은 다르다고 하더라도 헌법재판소라는 동일한 기관에서 재판을 받고, 개인에 의한 심판청구라는 헌법소원의 측면에서는 그 성질이 동일한 점, ㉡ 헌법재판소 판례 중에는 「헌법재판소법」 제68조 제2항의 헌법소원 절차에서 청구변경의 방법으로 예비적 청구를 「헌법재판소법」 제68조 제2항에 의한 청구에서 위 법 제68조 제1항에 의한 청구로 변경하는 것을 허용한 예, 법원에 위헌법률심판제청신청을 한 적이 없는 청구인의 헌법소원심판청구를 「헌법재판소법」 제68조 제1항에 의한 헌법소원심판청구로 본 예, 「헌법재판소법」 제68조 제1항에 의한 헌법소원심판청구와 위 법 제68조 제2항에 의한 헌법소원심판청구를 병합하여 심판한 예가 있는 점, ㉢ 헌법재판소가 헌법재판소 사건의 접수에 관한 규칙에 의하여 「헌법재판소법」 제68조 제1항의 헌법소원사건의 사건부호를 '헌마'로, 「헌법재판소법」 제68조 제2항의 헌법소원사건의 사건부호를 '헌바'로 달리 부여하고 있지만 이는 편의적인 것에 불과한 점, ㉣ 만약 이를 허용하지 않을 경우 당사자는 관련청구소송을 하나는 「헌법재판소법」 제68조 제1항에 의한 헌법소원으로, 다른 하나는 「헌법재판소법」 제68조 제2항에 의한 헌법소원으로 제기하여야 하는데 이는 소송경제에 반하는 점 등을 살펴볼 때, 하나의 헌법소원으로 「헌법재판소법」 제68조 제1항에 의한 청구와 「헌법재판소법」 제68조 제2항에 의한 청구를 함께 병합하여 제기함이 가능하다고 할 것이다(2010.3.25, 2007헌마933).

③ [O] 법률은 「헌법재판소법」 제68조 제2항의 헌법소원의 대상이 될 수는 있다.

④ [O] 청구인은 「지방공무원법」 제73조 제2항·제3항, 제73조의2 제1항·제2항 전부에 대하여 심판청구를 하면서, 수사기관에서 수사 중인 사건에 대하여 징계절차를 진행하지 아니함을 징계 혐의자에게 통보하지 않아도 징계시효가 연장되는 것이 위헌이라는 취지로 다투고 있다. 이는 제73조의2 제2항에서 징계시효 연장을 규정하면서, 징계절차를 진행하지 아니함을 통보하지 아니한 경우에는 징계시효가 연장되지 않는다는 예외규정을 두지 아니한 입법의 불완전성·불충분성, 즉 부진정입법부작위의 위헌성을 다투는 것이다(2017.6.29, 2015헌바29 전원재판부).

<hr>

## 09       정답 ②

① [X] 일부위헌결정은 위와 같이 '민주화운동과 관련하여 입은 피해' 중 일부인 '불법행위로 인한 정신적 손해' 부분을 위헌으로 선언함으로써 그 효력을 상실시켜 구 민주화보상법 제18조 제2항의 일부가 폐지되는 것과 같은 결과를 가져오는 결정으로서 법원에 대한 기속력이 있다. 일부위헌결정 선고 전에 헌법소원의 전제가 된 해당 소송사건에서 이미 확정된 판결에 대해서 일부위헌결정이 선고된 사정은 「헌법재판소법」 제75조 제7항에서 정한 재심사유가 된다(대판 2020.12.10, 2020다205455).

❷ [O] 당시 군정장관이 제정한 법령 기타 법규의 공포방식에 관하여는 이를 규율하는 법규가 없었고, 그로 인하여 오늘날 법률로 제정되어야 할 사항 중 많은 부분이 '법령 기타 법규'의 형식으로 제정되었으며, 그 공표절차에 있어서는 관보게재의 방식에 의하거나 관보게재 외의 방식에 의하기도 하였다. '법령 기타의 법규'의 형식을 가졌다고 하여 반드시 '법률'보다 하위의 규범인 것은 아니었고, 그 내용이 입법사항에 관한 것이라면 법률과 같은 효력을 가지는 것으로 이해되었다. 이 사건 법령들은 1945.9.25., 1945.12.6. 각 군정장관의 명의로 공포된 것으로 법령(Ordinance)의 형식을 가졌지만, 각 '패전국 정부 등의 재산권 행사 등의 금지에 관한 사항',

'재산권 이전 조치에 관한 사항'과 같이 오늘날 법률로 제정되어야 할 입법사항을 규율하고 있으므로 법률로서의 효력을 가진다고 볼 수 있다. 심판대상조항은 법률로서의 효력을 가지고 시행되었고 이후 폐지된 조항이지만 계쟁 토지가 귀속재산인지 여부와 관련하여 현재까지도 여전히 유효한 재판규범으로서 적용되고 있고, 당해 사건 재판에서도 이 사건 토지가 심판대상조항에 따라 귀속재산에 해당하는지 여부가 당해 사건 재판의 결론에 결정적인 영향을 미치므로, 심판대상조항은 헌법소원대상성 및 재판의 전제성이 모두 인정된다(2021.1.28, 2018헌바88).

③ [X] 「헌법재판소법」 제68조 제2항에 의한 헌법소원은 '법률'의 위헌성을 적극적으로 다투는 제도이므로 '법률의 부존재', 즉 입법부작위를 다투는 것은 그 자체로 허용되지 아니한다. 다만, 법률이 불완전·불충분하게 규정되었음을 근거로 법률 자체의 위헌성을 다투는 취지로 이해될 경우에는 그 법률이 당해 사건의 재판의 전제가 된다는 것을 요건으로 허용될 수 있다(2004.1.29, 2002헌바36 등).

④ [X] 「헌법재판소법」 제68조 제2항은 법률의 위헌 여부 심판의 제청신청이 기각된 때에는 그 신청을 한 당사자는 헌법재판소에 헌법소원심판을 청구할 수 있으나, 다만 이 경우 그 당사자는 당해 사건의 소송절차에서 동일한 사유를 이유로 다시 위헌 여부 심판의 제청을 신청할 수 없다고 규정하고 있는바, 이때 당해 사건의 소송절차란 당해 사건의 상소심 소송절차를 포함한다 할 것이다(2007.7.26, 2006헌바40).

<hr>

## 10       정답 ③

㉠ [O] 「헌법재판소법」 제68조 제2항의 헌법소원심판에도 「헌법재판소법」 제72조의 지정재판부 사전심사가 적용된다.

㉡ [O] 「헌법재판소법」 제68조 제2항의 헌법소원심판에도 「헌법재판소법」 제70조의 국선대리인 조항이 적용된다.

㉢ [X] 「헌법재판소법」 제68조, 제69조의 해석상 동법 제68조 제2항의 규정에 의한 헌법소원의 경우에는 동법 제69조 제2항의 청구기간 외에 같은 조 제1항의 청구기간도 함께 준수해야 한다고 볼 수 없다는 것이 우리 재판소의 확립된 판례이다(1992.1.28, 90헌바59).

㉣ [X] 보충성은 「헌법재판소법」 제68조 제2항에 따른 헌법소원에는 적용되지 않는다.

㉤ [O] 「헌법재판소법」 제68조 제2항의 헌법소원심판는 사인이 당사자인 심판이므로 「헌법재판소법」 제25조 제3항의 변호사강제주의가 적용된다.

<hr>

## 11       정답 ②

① [X] 구 판례(1995.2.23, 90헌라1)에서 헌법재판소는 국회의 구성원, 국회의원 등은 권한쟁의의 청구권자가 될 수 없다고 하였으나, 신 판례(1997.7.16, 96헌라2)에서는 종전의 견해를 바꾸어 국회의원과 국회의장은 청구인이 될 수 있다고 하였다.

❷ [O] 헌법재판소는 대통령(2001헌라1), 행정자치부장관(또는 행정안전부장관 2002헌라2), 건설교통부장관(2003헌라2), 해양수산부장관(2006헌라1), 교육부장관(2012헌라1) 등을 정부의 부분기관으로서 당사자로 인정하고 있다.

③ [X] 권한쟁의가 「지방교육자치에 관한 법률」 제2조에 따른 교육·학예에 관한 지방자치단체의 사무에 관한 것인 경우에는 교육감이 제1항 제2호 및 제3호의 당사자가 된다(「헌법재판소법」 제62조 제2항).

④ [X] 「헌법재판소법」 제62조 제1항 제1호가 국가기관 상호간의 권한쟁의심판을 '국회, 정부, 법원 및 중앙선거관리위원회 상호간의 권한쟁의심판'이라고 규정하고 있더라도 이는 한정적·열거적인 조항이 아니라 예시적인 조항이라고 해석하는 것이 헌법에 합치되므로 이들 기관 외에는 권한쟁의심판의 당사자가 될 수 없다고 단정할 수 없다. 이러한 의미에서 국회의원과 국회의장은 위 헌법조항 소정의 '국가기관'에 해당하므로 권한쟁의심판의 당사자가 될 수 있다(1997.7.16, 96헌라2).

## 12 정답 ④

① [O] 「헌법재판소법」 제62조 제1항 제1호가 규정하는 '국회, 정부, 법원 및 중앙선거관리위원회'를 국가기관의 예시에 불과한 것이라고 해석할 필요가 있었던 것과는 달리, '지방자치단체'의 경우에는 지방자치단체 상호간의 권한쟁의심판을 규정하고 있는 「헌법재판소법」 제62조 제1항 제3호를 예시적으로 해석할 필요성 및 법적 근거가 없다(2010.4.29, 2009헌라11 참조).

② [O] 중앙선거관리위원회 외에 각급 구·시·군선거관리위원회도 헌법에 의하여 설치된 기관으로서 헌법과 법률에 의하여 독자적인 권한을 부여받은 기관에 해당하고, 따라서 피청구인 강남구선거관리위원회도 당사자능력이 인정된다(2008.6.26, 2005헌라7).

③ [O] 국회 상임위원회가 그 소관에 속하는 의안, 청원 등을 심사하는 권한은 법률상 부여된 위원회의 고유한 권한이므로, 국회 상임위원회 위원장이 위원회를 대표해서 의안을 심사하는 권한이 국회의장으로부터 위임된 것임을 전제로 한 국회의장에 대한 이 사건 심판청구는 피청구인적격이 없는 자를 상대로 한 청구로서 부적법하다(2010.12.28, 2008헌라7). ➡ 위원장의 위법한 의사진행으로 인하여 국회의원이 심의·표결권이 침해되었을 경우 위원회 위원장을 상대로 권한쟁의를 청구한다.

❹ [X] 헌법재판소가 권한쟁의심판을 청구할 수 있는 국가기관의 종류와 범위에 관해 확립한 기준에 비추어 볼 때, '국민'인 청구인은 그 자체로는 헌법에 의하여 설치되고 헌법과 법률에 의하여 독자적인 권한을 부여받은 기관이라고 할 수 없으므로, '국민'인 청구인은 권한쟁의심판의 당사자가 되는 '국가기관'이 아니다(2017.5.25, 2016헌라2).

## 13 정답 ①

❶ [X] 피청구인의 부작위에 의하여 청구인의 권한이 침해당하였다고 주장하는 권한쟁의심판은 피청구인에게 헌법상 또는 법률상 유래하는 작위의무가 있음에도 불구하고 피청구인이 그러한 의무를 다하지 아니한 경우에 허용된다. 이 사건 당일 국회의장에게 국회 외교통상통일위원회 전체회의가 원만히 이루어지도록 질서유지조치를 취할 구체적 작위의무가 있었다고 보기 어려우므로, 이를 전제로 한 국회의장에 대한 이 사건 심판청구는 피청구인적격이 인정되지 아니하여 부적법하다(2010.12.28, 2008헌라7).

② [O] 헌법 제111조 제1항 제4호는 지방자치단체 상호간의 권한쟁의에 관한 심판을 헌법재판소가 관장하도록 규정하고 있고, 지방자치단체 '상호간'의 권한쟁의심판에서 말하는 '상호간'이란 '서로 상이한 권리주체 간'을 의미한다. 그런데 「지방교육자치에 관한 법률」은 교육감을 시·도의 교육·학예에 관한 사무의 '집행기관'으로 규정하고 있으므로, 교육감과 해당 지방자치단체 상호간의 권한쟁의심판은 '서로 상이한 권리주체 간'의 권한쟁의심판청구로 볼 수 없다(2016.6.30, 2014헌라1).

③ [O] 헌법 제111조 제1항 제4호는 지방자치단체 '상호간'의 권한쟁의에 대하여 규정하고, 법 제62조 제1항 제3호도 명시적으로 지방자치단체 '상호간'의 권한쟁의에 관한 심판을 규정하고 있으므로 위 규정의 '상호간'은 '서로 상이한 권리주체 간'을 의미한다. 따라서 지방자치단체의 의결기관을 구성하는 지방의회의원과 그 기관의 대표자인 지방의회의장 사이의 권한쟁의심판청구는 지방자치단체 상호간의 권한쟁의심판에 해당하지 아니한다(2010.4.29, 2009헌라11).

④ [O] 법률에 대한 권한쟁의심판도 허용된다고 봄이 일반적이다. 다만, 법률에 대한 권한쟁의심판은 '법률 그 자체'가 아니라 '법률제정행위'를 그 심판대상으로 하여야 할 것이다(2006.5.25, 2005헌라4).

## 14 정답 ④

① [O] 헌법재판에서 청구기간은 「헌법재판소법」 제63조와 제69조에만 있다.

> **「헌법재판소법」 제63조【청구기간】** ① 권한쟁의의 심판은 그 사유가 있음을 안 날부터 60일 이내에, 그 사유가 있는 날부터 180일 이내에 청구하여야 한다.
>
> **제69조【청구기간】** ① 제68조 제1항에 따른 헌법소원의 심판은 그 사유가 있음을 안 날부터 90일 이내에, 그 사유가 있는 날부터 1년 이내에 청구하여야 한다. 다만, 다른 법률에 따른 구제절차를 거친 헌법소원의 심판은 그 최종결정을 통지받은 날부터 30일 이내에 청구하여야 한다.
> ② 제68조 제2항에 따른 헌법소원심판은 위헌 여부 심판의 제청신청을 기각하는 결정을 통지받은 날부터 30일 이내에 청구하여야 한다.

② [O] 장래처분에 의한 권한침해가 발생하지 않았으므로, 장래처분에는 청구기간이 적용되지 않는다.

> **참고** 장래처분에 의한 권한침해 위험성이 발생하는 경우에는 장래처분이 내려지지 않은 상태이므로 청구기간의 제한이 없다(2019.4.11, 2015헌라2 기각결정).

③ [O] 헌법과 「헌법재판소법」상 국가기관 상호간의 권한쟁의는 헌법재판소가 관할하고 헌법재판소의 관장사항으로 되는 것은 법원의 기관소송의 대상에서 제외되기 때문에(「행정소송법」 제3조 제4호 단서), 「행정소송법」 제3조 제4호에 의거한 기관소송에는 공공단체의 기관 상호간의 권한분쟁의 경우만 포함된다. 따라서 국가기관 상호간의 권한쟁의심판과 「행정소송법」상의 기관소송과는 관할 충돌의 문제가 발생하지 않는다. 현행법에 의하면 공공단체인 지방자치단체 내에서 지방자치단체의 장(교육감 포함)과 지방의회 사이의 기관소송(「지방자치법」 제120조 제3항, 제192조 제4항, 「지방교육자치에 관한 법률」 제28조 제3항)이 인정되고 있다.

❹ [X] 권한쟁의심판에 있어서 헌법재판소는 원칙적이고 포괄적인 관할권을 갖는다(헌법 제111조 제1항 제4호, 「헌법재판소법」 제2조 제4호). 법원을 통한 일차적 권리구제를 거치도록 요구하는 보충성 요건을 설정한 헌법소원제도와는 달리, 권한쟁의심판과 중첩된 여지가 큰 「행정소송법」상의 기관소송과 관련하여 헌법재판소의 관장사항이 되는 심판대상을 기관소송의 대상에서 제외함으로써 권한쟁의에 관한 한 헌법재판소에 원칙적이고 포괄적인 관할권을 인정하고 있다(「행정소송법」 제3조 제4호 참조).

## 15      정답 ③

① [X] ② [X] 제1항의 심판청구는 피청구인의 처분 또는 부작위가 헌법 또는 법률에 의하여 부여받은 청구인의 권한을 침해하였거나 침해할 현저한 위험이 있는 경우에만 할 수 있다(「헌법재판소법」제61조 제2항).

❸ [O] 권한쟁의심판에서 다툼의 대상이 되는 권한이란 헌법 또는 법률이 특정한 국가기관(이하 지방자치단체를 포함한다)에 대하여 부여한 독자적인 권능을 의미하는바, 각자의 국가기관이 권한쟁의심판을 통해 주장할 수 있는 권한은 일정한 한계 내에 제한된 범위를 가지는 것일 수밖에 없으므로, 국가기관의 모든 행위가 권한쟁의심판에서 의미하는 권한의 행사가 될 수는 없으며, 국가기관의 행위라 할지라도 헌법과 법률에 의해 그 국가기관에게 부여된 독자적인 권능을 행사하는 경우가 아닌 때에는 비록 국가기관의 행위가 제한을 받더라도 권한쟁의심판에서 말하는 권한이 침해될 가능성은 없는 것이다(2010.7.29, 2010헌라1).

④ [X] 지방자치단체의 사무 중 국가가 지방자치단체의 장 등에게 위임한 기관위임사무는 그 처리의 효과가 국가에 귀속되는 국가의 사무로서 지방자치단체의 사무라 할 수 없고, 지방자치단체의 장은 기관위임사무의 집행권한과 관련된 범위에서는 그 사무를 위임한 국가기관의 지위에 서게 될 뿐 지방자치단체의 기관이 아니므로, 지방자치단체는 기관위임사무의 집행에 관한 권한의 존부 및 범위에 관한 권한분쟁을 이유로 기관위임사무를 집행하는 국가기관 또는 다른 지방자치단체의 장을 상대로 권한쟁의심판을 청구할 수 없다 할 것이다(2011.9.29, 2009헌라3).

## 16      정답 ③

① [X] 지방자치단체의 장은 원칙적으로 권한쟁의심판청구의 당사자가 될 수 없다. 다만, ○○ 주식회사에 대한 피청구인 순천시장의 과세처분이 국가위임사무에 해당하고 피청구인 순천시장이 국가기관의 지위에서 이 사건 세금에 대한 부과처분을 한 것이라면, 이것은 지방자치단체와 국가기관 사이에 발생한 권한의 다툼으로 볼 수도 있을 것이다(2006.8.31, 2003헌라1).

② [X] 권한쟁의심판에서 청구인은 심판청구를 취하할 수 있고, 심판을 취하한 경우 심판절차를 종료해야 한다는 것이 헌법재판소의 다수 재판관 입장이다. 그러나 반대의견은 헌법적으로 해명할 필요가 있는 경우는 본안심리에 들어갈 수 있다고 한다(2001.6.28, 2000헌라1).

❸ [O]

④ [X]

## 17      정답 ①

❶ [O] 국가기관 또는 지방자치단체의 처분을 취소하는 결정은 그 처분의 상대방에 대하여 이미 생긴 효력에 영향을 미치지 아니한다(「헌법재판소법」제67조 제2항).

② [X] 청구인은 권한쟁의심판절차가 계속 중이던 2015.12.24. 국회의원직을 상실하였는바, 국회의원의 법률안 심의·표결권 등은 성질상 일신전속적인 것으로서 승계되거나 상속될 수 있는 것이 아니므로 이 사건 심판청구는 위 청구인의 국회의원직 상실과 동시에 당연히 그 심판절차가 종료되었다(2016.4.28, 2015헌라5).

③ [X] 헌법재판소가 국회의장의 법률안 가결선포행위가 법률안 심의·표결권을 침해하였다고 확인하였으나 국회의장이 표결을 하지 아니한 부작위에 대하여 청구된 권한쟁의심판청구 사건에서 각하의견 4인, 기각의견 1인, 인용의견 4인으로 기각한 바가 있다. 따라서 국회의장의 재표결의무를 인정하지 아니하였다.

④ [X] 국회의 동의권이 침해되었다고 하여 동시에 국회의원의 심의·표결권이 침해된다고 할 수 없고, 또 국회의원의 심의·표결권은 국회의 대내적인 관계에서 행사되고 침해될 수 있을 뿐 다른 국가기관과의 대외적인 관계에서는 침해될 수 없는 것이므로, 국회의원들 상호간 또는 국회의원과 국회의장 사이와 같이 국회 내부적으로만 직접적인 법적 연관성을 발생시킬 수 있을 뿐이고 대통령 등 국회 이외의 국가기관과 사이에서는 권한침해의 직접적인 법적 효과를 발생시키지 아니한다. 그렇다면 정부가 국회의 동의 없이 예산 외에 국가의 부담이 될 계약을 체결하였다 하더라도 국회의 동의권이 침해될 수는 있어도 국회의원인 청구인들 자신의 심의·표결권이 침해될 가능성은 없다(2008.1.17, 2005헌라10).

## 18      정답 ③

① [O] 공유수면매립지에 대한 지방자치단체의 관할구역 경계 역시 위와 같은 기준에 따라 1948.8.15. 당시 존재하던 경계가 먼저 확인되어야 할 것인데, 이에 관한 명시적인 법령상의 규정이 있으면 이에 따르고, 법령상의 규정이 존재하지 않는다면 불문법에 따라야 한다. 그런데 공유수면매립지의 경계에 관한 불문법마저 존재하지 않는 경우에는, 주민, 구역과 자치권을 구성요소로 하는 지방자치단체의 본질에 비추어 지방자치단체의 관할구역에 경계가 없는 부분이 있다는 것은 상정할 수 없으므로, 권한쟁의심판권을 가지고 있는 헌법재판소로서는 공유수면의 매립목적, 그 사업목적의 효과적 달성, 매립지와 인근 지방자치단체의 교통관계나 외부로부터의 접근성 등 지리상의 조건, 행정권한의 행사 내용, 사무처리의 실상, 매립 전 공유수면에 대한 행정권한의 행사 연혁이나, 주민들의 사회적·경제적 편익 등을 모두 종합하여 형평의 원칙에 따라 합리적이고 공평하게 그 경계를 획정할 수밖에 없다(2015.7.30, 2010헌라2 참조).

② [○] 새로이 확보된 매립지는 본래 사업목적에 적합하도록 최선의 활용 계획을 세워 잘 이용될 수 있도록 하여야 할 것이어서, 매립지의 귀속 주체 내지 행정 관할 등을 확정함에 있어서도 사업목적의 효과적 달성이 우선적으로 고려되어야 한다. 인접 지방자치단체가 매립 전 해상에서 누렸던 관할 권한과 관련하여서는 매립절차를 진행하는 과정에서 충분히 보상될 필요가 있지만, 매립 전 공유수면을 청구인이 관할하였다 하여 매립지에 대한 관할 권한을 인정하여야 한다고 볼 수는 없다(2019.4.11, 2015헌라2 기각결정).

❸ [X] 헌법재판소가 이 결정과 견해를 달리하여, 이미 소멸되어 사라진 종전 공유수면의 해상경계선을 매립지의 관할 경계선으로 인정해 온 헌재 2011.9.29, 2009헌라3 결정 등은 이 결정의 견해와 저촉되는 범위 내에서 이를 변경하기로 한다(2019.4.11, 2015헌라2 기각결정).

④ [○] 국가기본도상의 해상경계선은 국토지리정보원이 국가기본도 도서 등의 소속을 명시할 필요가 있는 경우 해당 행정구역과 관련하여 표시한 선으로서, 여러 도서 사이의 적당한 위치에 각 소속이 인지될 수 있도록 실지측량 없이 표시한 것에 불과하므로, 이 해상경계선을 공유수면에 대한 불문법상 행정구역에 경계로 인정해 온 종전의 결정은 이 결정의 견해와 저촉되는 범위 내에서 이를 변경하기로 한다(2015.7.30, 2010헌라2).

## 19 정답 ②

① [X] 쟁송해역에서 제반 사정을 종합적으로 고려하여 형평의 원칙에 따라 해상경계선을 획정한 사례: 각 현행법상 해안선을 기점으로 한 등거리 중간선으로 획정하되, 곰소만 갯골 남쪽 갯벌에 해당하는 죽도 서쪽 공유수면은 간조시 갯벌을 형성하여 청구인의 육지에만 연결되어 있을 뿐 피청구인의 육지와는 갯골로 분리되어 있어 청구인 소속 주민들에게 필요불가결한 생활터전이 되고 있으므로 등거리 중간선의 예외로서 청구인의 관할 권한에 포함시키도록 획정함이 상당하다. 따라서 [별지 1] 도면 표시 1부터 477 사이의 각 점을 차례로 연결한 해상경계선의 아래쪽(남쪽)은 청구인의 관할 권한에 속하고, 위 선의 위쪽(북쪽)은 피청구인의 관할 권한에 속한다.

❷ [○] '2011학년도 대학 및 산업대학 학생정원 조정계획'이 청구인의 자치권한을 침해하거나 침해할 현저한 위험이 없다는 이유로 이 사건 권한쟁의심판청구를 부적법 각하하는 내용의 결정을 선고하였다(2012.7.26, 2010헌라3).

③ [X] 학교법인 남성학원과 광동학원이 제기한 각 '자율형 사립고 지정·고시 취소처분'의 취소 등을 구하는 소에서 전라북도 교육감이 한 위 각 취소처분을 취소하는 판결이 확정되었으므로, 이로써 위 각 취소처분의 효력이 소멸되었고, 따라서 이를 시정대상으로 하던 위 각 시정명령 또한 그 효력을 상실하였다고 보아야 한다. 그렇다면, 청구인은 더 이상 위 각 시정명령에 따를 법적 의무, 즉 위 각 취소처분을 시정할 의무나 위 각 시정명령에 불응할 경우 위 각 취소처분이 취소·정지될 위험을 부담하지 않게 되었으므로, 이 사건 심판청구는 청구인에 대한 권한침해상태가 이미 종료한 경우에 해당하여 권리보호이익을 인정할 수 없다(2011.8.30, 2010헌라4).

④ [X] 이 사건 공항의 예비이전후보지 선정사업은 국방에 관한 사무이므로 그 성격상 국가사무임이 분명하다. 군공항이전법도 이 사건 공항의 예비이전후보지 선정사업이 국가사무임을 전제로 하고 있다. 따라서 국가사무인 군 공항 이전사업이 청구인의 의사를 고려하지 않고 진행된다고 하더라도 이로써 지방자치단체인 청구인의 자치권한을 침해하였다거나 침해할 현저한 위험이 있다고 보기 어렵다(2017.12.28, 2017헌라2).

## 20 정답 ②

㉠ [X] 이 사건 쟁송해역이 지리적으로나 생활적으로 긴밀히 연계되어 있는 상황 등을 고려하여 형평의 원칙에 따라서 해상경계선을 획정하면, 이 사건 쟁송해역의 해상경계선은 청구인과 피청구인의 육상지역과 죽도, 안면도, 황도의 각 현행법상 해안선(약최고고조면 기준)만을 고려하여 등거리 중간선 원칙에 따라 획정한 선으로 함이 타당하다(2015.7.30, 2010헌라2).

㉡ [○] 지금까지 우리 법체계에서는 공유수면의 행정구역 경계에 관한 명시적인 법령상의 규정이 존재한 바 없으므로, 공유수면에 대한 행정구역 경계가 불문법상으로 존재한다면 그에 따라야 한다. 그리고 만약 해상경계에 관한 불문법도 존재하지 않으면, 주민, 구역과 자치권을 구성요소로 하는 지방자치단체의 본질에 비추어 지방자치단체의 관할구역에 경계가 없는 부분이 있다는 것을 상정할 수 없으므로, 헌법재판소가 지리상의 자연적 조건, 관련 법령의 현황, 연혁적인 상황, 행정권한 행사 내용, 사무처리의 실상, 주민의 사회·경제적 편익 등을 종합하여 형평의 원칙에 따라 합리적이고 공평하게 해상경계선을 획정할 수밖에 없다(2015.7.30, 2010헌라2).

㉢ [○] 태안군수가 행한 태안마을 제136호, 제137호의 어업면허처분 중 청구인의 관할 권한에 속하는 구역에 대해서 이루어진 부분은 홍성군의 지방자치권을 침해하여 권한이 없는 자에 의하여 이루어진 것이므로 그 효력이 없다(2015.7.30, 2010헌라2).

㉣ [X] 기관소송이란 국가 또는 공공단체의 기관 상호간에 있어서의 권한의 존부 또는 그 행사에 관한 다툼이 있을 때에 이에 대하여 제기하는 소송을 말하되, 다만 「헌법재판소법」 제2조의 규정에 의하여 헌법재판소의 관장사항으로 되는 소송은 제외한다(「행정소송법」 제3조 제4호). 그런데 국가기관 상호간, 국가기관과 지방자치단체 간 및 지방자치단체 상호간의 권한쟁의에 관한 심판은 헌법재판소의 관장사항이다(「헌법재판소법」 제2조 제4호). 따라서 홍성군의 권한쟁의심판청구는 기관소송을 거칠 필요가 없다. ➡ 「헌법재판소법」 제68조 제1항의 헌법소원심판과 달리 권한쟁의심판에는 보충성의 원칙이 적용되지 않는다.

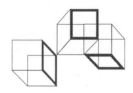

gosi.Hackers.com

해커스공무원 학원·인강

해커스공무원
gosi.Hackers.com

# 중간
# 테스트

정답 및 해설

## 🧩 정답

| 01 | ② | 02 | ① | 03 | ③ | 04 | ④ |
|----|----|----|----|----|----|----|----|
| 05 | ① | 06 | ① | 07 | ① | 08 | ② |
| 09 | ③ | 10 | ③ | 11 | ① | 12 | ② |
| 13 | ③ | 14 | ④ | 15 | ④ | 16 | ④ |
| 17 | ③ | 18 | ① | 19 | ① | 20 | ④ |

---

### 01 　　　　　　　　　　　　　　정답 ②

① [X] 본회의 중심주의는 의안의 효율적 처리를 어렵게 해 위원회 중심의 국정운영에 장애를 초래하였다. 이에 대해 위원회제도는 의회주의 위기를 극복하기 위해 도입되었다.

❷ [O] 위원회제도는 본회의의 신속성을 확보할 수 있고, 국회의원들의 전문성을 활용할 수 있다.

③ [X]

> 「국회법」 제39조【상임위원회의 위원】② 각 교섭단체의 대표의원은 국회운영위원회의 위원이 된다.
>
> 제48조【위원의 선임 및 개선】③ 정보위원회의 위원은 의장이 각 교섭단체 대표의원으로부터 해당 교섭단체 소속 의원 중에서 후보를 추천받아 부의장 및 각 교섭단체 대표의원과 협의하여 선임하거나 개선한다. 다만, 각 교섭단체 대표의원은 정보위원회의 위원이 된다.

④ [X] 국무총리 또는 국무위원의 직을 겸한 의원은 상임위원을 사임할 수 있다(「국회법」 제39조 제4항).

---

### 02 　　　　　　　　　　　　　　정답 ①

❶ [O] 상임위원장은 제48조 제1항부터 제3항까지에 따라 선임된 해당 상임위원 중에서 임시의장 선거의 예에 준하여 본회의에서 선거한다(「국회법」 제41조 제2항).

② [X] 제1항부터 제4항까지에 따라 위원을 개선할 때 임시회의 경우에는 회기 중에 개선될 수 없고, 정기회의 경우에는 선임 또는 개선 후 30일 이내에는 개선될 수 없다. 다만, 위원이 질병 등 부득이한 사유로 의장의 허가를 받은 경우에는 그러하지 아니하다(「국회법」 제48조 제2항).

③ [X] 상임위원회의 위원 정수는 국회규칙으로 정한다. 다만, 정보위원회의 위원 정수는 12명으로 한다(「국회법」 제38조).

④ [X] 의장은 안건이 어느 상임위원회의 소관에 속하는지 명백하지 아니할 때에는 국회운영위원회와 협의하여 상임위원회에 회부하되, 협의가 이루어지지 아니할 때에는 의장이 소관 상임위원회를 결정한다(「국회법」 제81조 제2항).

---

### 03 　　　　　　　　　　　　　　정답 ③

① [X]

> 「국회법」 제37조【상임위원회와 그 소관】① 상임위원회의 종류와 소관 사항은 다음과 같다.
>   1. 국회운영위원회
>      나. 「국회법」과 국회규칙에 관한 사항
>   2. 법제사법위원회
>      아. 법률안·국회규칙안의 체계·형식과 자구의 심사에 관한 사항

② [X] 정보위원회의 위원은 의장이 각 교섭단체 대표의원으로부터 해당 교섭단체 소속 의원 중에서 후보를 추천받아 부의장 및 각 교섭단체 대표의원과 협의하여 선임하거나 개선한다. 다만, 각 교섭단체 대표의원은 정보위원회의 위원이 된다(「국회법」 제48조 제3항).

❸ [O]

> 「국회법」 제37조【상임위원회와 그 소관】① 상임위원회의 종류와 소관 사항은 다음과 같다.
>   1. 국회운영위원회
>      나. 「국회법」과 국회규칙에 관한 사항
>      아. 국가인권위원회 소관에 속하는 사항
>   3. 정무위원회
>      다. 공정거래위원회 소관에 속하는 사항
>      라. 금융위원회 소관에 속하는 사항
>      마. 국민권익위원회 소관에 속하는 사항

④ [X]

> 「국회법」 제37조【상임위원회와 그 소관】① 상임위원회의 종류와 소관 사항은 다음과 같다.
>   1. 국회운영위원회
>      사. 대통령비서실, 국가안보실, 대통령경호처 소관에 속하는 사항
>   3. 정무위원회
>      가. 국무조정실, 국무총리비서실 소관에 속하는 사항

---

### 04 　　　　　　　　　　　　　　정답 ④

① [X] 국회운영위원회 소관이다.

> 「국회법」 제37조【상임위원회와 그 소관】① 상임위원회의 종류와 소관 사항은 다음과 같다.
>   1. 국회운영위원회
>      나. 「국회법」과 국회규칙에 관한 사항
>      아. 국가인권위원회 소관에 속하는 사항

② [X]

> 「인사청문회법」 제3조【인사청문특별위원회】① 「국회법」 제46조의3의 규정에 의한 인사청문특별위원회는 임명동의안 등(「국회법」 제65조의2 제2항의 규정에 의하여 다른 법률에서 국회의 인사청문을 거치도록 한 공직후보자에 대한 인사청문요청안을 제외한다)이 국회에 제출된 때에 구성된 것으로 본다.
> ⑥ 인사청문특별위원회는 임명동의안 등이 본회의에서 의결될 때 또는 인사청문경과가 본회의에 보고될 때까지 존속한다.

---

③ [ X ] 의원의 자격심사·징계에 관한 사항을 심사하기 위하여 제44조제1항에 따라 <u>윤리특별위원회</u>를 구성한다(「국회법」 제46조 제1항).

❹ [ ○ ]

<특별위원장>

| | |
|---|---|
| 일반적인 특별위원회 위원 | 위원회에서 호선, 본회의 보고(「국회법」 제47조) |
| 윤리 및 인사청문 특별위원회 위원장 | 위원회에서 호선, 본회의 보고(「인사청문회법」 제3조) |
| 예산결산특별위원장 | 국회 본회의에서 선출(「국회법」 제45조, 제46조) |

## 05         정답 ①

❶ [ ○ ] 「국회법」 제48조 제6항 본문 중 '임시회의 경우에는 회기 중에 개선될 수 없고'라는 문언에서 개선될 수 없는 '회기'는 '개선의 대상이 되는 해당 위원이 선임 또는 개선된 임시회의 회기'를 의미하는 것으로 해석된다(2020.5.27, 2019헌라1).

② [ X ] 국회는 위원회의 심사를 거치거나 위원회가 제안한 의안 중 정부조직에 관한 법률안, 조세 또는 국민에게 부담을 주는 법률안 등 주요 의안의 본회의 상정 전이나 본회의 상정 후에 재적의원 4분의 1 이상이 요구할 때에는 그 심사를 위하여 의원 전원으로 구성되는 <u>전원위원회</u>를 개회할 수 있다. 다만, 의장은 주요 의안의 심의 등 필요하다고 인정하는 경우 각 <u>교섭단체 대표의원의 동의를 받아</u> 전원위원회를 개회하지 아니할 수 있다(「국회법」 제63조의2 제1항).

③ [ X ] 의장은 안건이 어느 상임위원회의 소관에 속하는지 명백하지 아니할 때에는 <u>국회운영위원회와 협의하여</u> 상임위원회에 회부하되, 협의가 이루어지지 아니할 때에는 의장이 소관 상임위원회를 결정한다(「국회법」 제81조 제2항).

④ [ X ] 국회에 20명 이상의 소속 의원을 가진 정당은 하나의 교섭단체가 된다. 다만, 다른 교섭단체에 속하지 아니하는 20명 이상의 의원으로 따로 교섭단체를 구성할 수 있다(「국회법」 제33조 제1항).

## 06         정답 ①

❶ [ ○ ]

「국회법」 제33조 【교섭단체】 ② 교섭단체 대표의원은 그 단체의 소속 의원이 연서·날인한 명부를 의장에게 제출하여야 하며, 그 소속 의원에 이동(異動)이 있거나 소속 정당의 변경이 있을 때에는 그 사실을 지체 없이 의장에게 보고하여야 한다. 다만, 특별한 사유가 있을 때에는 해당 의원이 관계 서류를 첨부하여 이를 보고할 수 있다.
③ 어느 교섭단체에도 속하지 아니하는 의원이 당적을 취득하거나 소속 정당을 변경한 때에는 그 사실을 즉시 의장에게 보고하여야 한다.

② [ X ] 위원회는 본회의 의결이 있거나 의장이 필요하다고 인정하여 각 교섭단체 대표의원과 협의한 경우를 제외하고는 본회의 중에는 개회할 수 없다. 다만, <u>국회운영위원회</u>는 그러하지 아니하다(「국회법」 제56조).

③ [ X ] 위원회는 재적위원 5분의 1 이상의 출석으로 개회하고, 재적위원 과반수의 출석과 출석위원 과반수의 찬성으로 의결한다(「국회법」 제54조).

④ [ X ] 청구인이 「국회법」 제48조 제3항 본문에 의하여 침해당하였다고 주장하는 기본권은 청구인이 국회 상임위원회에 소속하여 활동할 권리, 청구인이 무소속 국회의원으로서 교섭단체 소속 국회의원과 동등하게 대우받을 권리라는 것으로서 이는 입법권을 행사하는 국가기관인 국회를 구성하는 국회의원의 지위에서 향유할 수 있는 권한일 수는 있을지언정 헌법이 일반국민에게 보장하고 있는 기본권이라고 할 수는 없다. 그렇다면 이 사건 법률조항으로 인하여 헌법상 보장된 청구인의 기본권이 침해되었다고 할 수 없으므로, 이를 전제로 이 사건 법률조항의 위헌확인을 구하는 이 사건 심판청구는 부적합하다(2000.8.31, 2000헌마156).

## 07         정답 ①

❶ [ X ] 위원회 중심주의이나, 본회의에서 심의가 인정이 안 되는 것은 아니다. 우리나라 국회의 법률안 심의는 본회의 중심주의가 아닌 소관 상임위원회 중심으로 이루어진다. 소관 상임위원회에서 심사·의결된 내용을 본회의에서는 거의 그대로 통과시키는 이른바 '위원회 중심주의'를 채택하고 있는 것이다(2000.2.24, 99헌라1).

② [ ○ ] ③ [ ○ ] 국회의 정기회는 법률이 정하는 바에 의하여 매년 1회 집회되며, 국회의 임시회는 대통령 또는 국회재적의원 4분의 1 이상의 요구에 의하여 집회된다(헌법 제47조 제1항).

④ [ ○ ] 의장은 임시회의 집회 요구가 있을 때에는 집회기일 3일 전에 공고한다. 이 경우 둘 이상의 집회 요구가 있을 때에는 집회일이 빠른 것을 공고하되, 집회일이 같은 때에는 그 요구서가 먼저 제출된 것을 공고한다(「국회법」 제5조 제1항).

## 08         정답 ②

① [ X ] 국회의 회의는 공개한다. 다만, <u>출석의원 과반수의 찬성이 있거나 의장이 국가의 안전보장을 위하여 필요하다고 인정할 때</u>에는 공개하지 아니할 수 있다(헌법 제50조 제1항).

❷ [ ○ ] 국회는 휴회 중이라도 대통령의 요구가 있을 때, 의장이 긴급한 필요가 있다고 인정할 때 또는 재적의원 4분의 1 이상의 요구가 있을 때에는 국회의 회의(이하 '본회의'라 한다)를 재개한다(「국회법」 제8조 제2항).

③ [ X ] 헌법에는 위원회 회의의 공개가 규정되어 있지는 않다. 다만, 해석론적으로는 공개해야 한다. 「국회법」에는 규정이 있다.

「국회법」 제57조 【소위원회】 ⑤ 소위원회의 회의는 공개한다. 다만, 소위원회의 의결로 공개하지 아니할 수 있다.

제71조 【준용규정】 위원회에 관하여는 이 장에서 규정한 사항 외에 제6장과 제7장의 규정을 준용한다. 그러나 위원회에서의 동의는 특별히 다수의 찬성자가 있어야 한다는 규정에도 불구하고 동의자 외 1명 이상의 찬성으로 의제가 될 수 있으며, 표결은 거수로 할 수 있다.

④ [ X ] 국회에 제출된 법률안 기타의 의안은 회기 중에 의결되지 못한 이유로 폐기되지 아니한다. 다만, 국회의원의 임기가 만료된 때에는 그러하지 아니하다(헌법 제51조).

① [ X ] ② [ X ] 국회에 제출된 법률안 기타의 의안은 회기 중에 의결되지 못한 이유로 폐기되지 아니한다. 다만, 국회의원의 임기가 만료된 때에는 그러하지 아니하다(헌법 제51조).

❸ [ O ] 재적 3분의 1 이상으로 동일하다.

④ [ X ] 의원은 무제한토론을 실시하는 안건에 대하여 재적의원 3분의 1 이상의 서명으로 무제한 토론의 종결동의를 의장에게 제출할 수 있다(「국회법」 제106조의2 제5항).

① [ X ]

> 「국회법」 제75조 【회의의 공개】 ① 본회의는 공개한다. 다만, 의장의 제의 또는 의원 10명 이상의 연서에 의한 동의(動議)로 본회의 의결이 있거나 의장이 각 교섭단체 대표의원과 협의하여 국가의 안전보장을 위하여 필요하다고 인정할 때에는 공개하지 아니할 수 있다.
> ② 제1항 단서에 따른 제의나 동의에 대해서는 토론을 하지 아니하고 표결한다.

② [ X ] 「국회법」 제55조 제1항은 위원회의 공개원칙을 전제로 한 것이지, 비공개를 원칙으로 하여 위원장의 자의에 따라 공개 여부를 결정케 한 것이 아닌바, 위원장이라고 하여 아무런 제한 없이 임의로 방청불허결정을 할 수 있는 것이 아니라, 회의장의 장소적 제약으로 불가피한 경우, 회의의 원활한 진행을 위하여 필요한 경우 등 결국 회의의 질서유지를 위하여 필요한 경우에 한하여 방청을 불허할 수 있는 것으로 제한적으로 풀이되며, 이와 같이 이해하는 한, 위조항은 헌법에 규정된 의사공개의 원칙에 저촉되지 않으면서도 국민의 방청의 자유와 위원회의 원활한 운영 간에 적절한 조화를 꾀하고 있다고 할 것이므로 국민의 기본권을 침해하는 위헌조항이라 할 수 없다(2006.6.29, 98헌마443 등).

> 유사지문 "위원회에서는 의원이 아닌 자는 위원장의 허가를 받아 방청할 수 있다."라고 규정하고 있는 「국회법」 제55조 제1항은 위원회의 비공개원칙을 전제로 하는 것이므로, 위원장은 아무런 제한 없이 임의로 방청불허결정을 할 수 있는 것으로 이해된다.

❸ [ O ] 공개하지 아니한 회의의 내용은 공표되어서는 아니 된다. 다만, 본회의 의결 또는 의장의 결정으로 제1항 단서의 사유가 소멸되었다고 판단되는 경우에는 공표할 수 있다(「국회법」 제118조 제4항).

④ [ X ] 공개하지 아니한 회의내용의 공표에 관하여는 법률이 정하는 바에 따르도록 규정하고 있다. 「국회법」 제118조가 공개사유를 규정하고 있다.

> 헌법 제50조 ① 국회의 회의는 공개한다. 다만, 출석의원 과반수의 찬성이 있거나 의장이 국가의 안전보장을 위하여 필요하다고 인정할 때에는 공개하지 아니할 수 있다.
> ② 공개하지 아니한 회의내용의 공표에 관하여는 법률이 정하는 바에 의한다.
> 「국회법」 제118조 【회의록의 배부·배포】 ④ 공개하지 아니한 회의의 내용은 공표되어서는 아니 된다. 다만, 본회의 의결 또는 의장의 결정으로 제1항 단서의 사유가 소멸되었다고 판단되는 경우에는 공표할 수 있다.

❶ [ X ] 「국회법」 제57조 제5항 단서는 헌법 제50조 제1항 단서가 국회 의사공개원칙에 대한 예외로서의 비공개요건을 규정한 내용을 소위원회 회의에 관하여 그대로 이어받아 규정한 것에 불과하므로, 헌법 제50조 제1항에 위반하여 국회 회의에 대한 국민의 알 권리를 침해하는 것이라거나 과잉금지의 원칙을 위배하는 위헌적인 규정이라 할 수 없다(2009.9.24, 2007헌바17).

② [ O ] 재적과반수로 동일하다.

③ [ O ] 조정위원회는 제1항에 따라 회부된 안건에 대한 조정안을 재적 조정위원 3분의 2 이상의 찬성으로 의결한다. 이 경우 조정위원장은 의결된 조정안을 지체 없이 위원회에 보고한다(「국회법」 제57조의2 제6항).

④ [ O ] 의원은 10명 이상의 찬성으로 의안을 발의할 수 있는 반면(「국회법」 제79조 제1항), 「국회법」 제51조에서는 상임위원회 내지 특별위원회에서 의원 10명 이상의 찬성요건을 요하지 않는다.

① [ X ] 위원회는 그 소관에 속하는 사항에 관하여 법률안과 그 밖의 의안을 제출할 수 있고, 제출자는 위원장이 된다(「국회법」 제51조).

❷ [ O ] 본회의 의결로 설치되는 특별위원회는 따로 소관이 있는 것이 아니므로 원칙적으로 법률안을 제출할 수 없다. 다만, 본회의 의결로 특정사항에 대한 법률안의 입안을 위해 특별위원회를 구성한 경우에 한해 그 범위 안에서 특별위원회는 법률안을 제출할 수 있다.

③ [ X ] 의결한 날이 아니라, 이송된 날을 기준으로 한다.

④ [ X ] 정부에 이송된 후 15일이 지나면 법률안은 법률로서 확정된다.

> 헌법 제53조 ⑤ 대통령이 제1항의 기간 내에 공포나 재의의 요구를 하지 아니한 때에도 그 법률안은 법률로서 확정된다.

① [ X ] 정부에 이송된 후 15일이 지나면 법률안은 법률로서 확정된다.

> 헌법 제53조 ⑤ 대통령이 제1항의 기간 내에 공포나 재의의 요구를 하지 아니한 때에도 그 법률안은 법률로서 확정된다.

② [ X ]

> 헌법 제53조 ② 법률안에 이의가 있을 때에는 대통령은 제1항의 기간 내에 이의서를 붙여 국회로 환부하고, 그 재의를 요구할 수 있다. 국회의 폐회 중에도 또한 같다.
> ③ 대통령은 법률안의 일부에 대하여 또는 법률안을 수정하여 재의를 요구할 수 없다.

❸ [ O ] 법률안에 이의가 있을 때에는 대통령은 제1항의 기간 내에 이의서를 붙여 국회로 환부하고, 그 재의를 요구할 수 있다. 국회의 폐회 중에도 또한 같다(헌법 제53조 제2항).

④ [ X ]

## 14           정답 ④

① [ X ] ② [ X ] 중앙행정기관의 장은 법률에서 위임한 사항이나 법률을 집행하기 위하여 필요한 사항을 규정한 대통령령·총리령·부령·훈령·예규·고시 등이 제정·개정 또는 폐지되었을 때에는 10일 이내에 이를 국회 소관 상임위원회에 제출하여야 한다. 다만, 대통령령의 경우에는 입법예고를 할 때(입법예고를 생략하는 경우에는 법제처장에게 심사를 요청할 때를 말한다)에도 그 입법예고안을 10일 이내에 제출하여야 한다(「국회법」 제98조의2 제1항).

③ [ X ]

❹ [ O ]

## 15           정답 ④

① [ X ] 과세요건법정주의는 납세의무자, 과세물건, 과세표준, 과세기간, 세율 등의 과세요건과 조세의 부과·징수절차를 국민의 대표기관인 국회가 제정한 법률로 규정해야 한다는 원칙이다(1989.7.21, 89헌마38).

② [ X ] TV수신료는 조세가 아니다. 따라서 헌법재판소는 조세법률주의가 아니라, 법률유보원칙을 적용하여 판시하였다.

③ [ X ] 조세법령에 있어 소급입법금지원칙인 소급입법 과세금지원칙은 그 조세법령의 효력발생 전에 완성된 과세요건사실에 대하여 당해 법령을 적용할 수 없다는 의미이다(2008.5.29, 2006헌바99).

❹ [ O ] 구 조세감면규제법 제67조의14(사회복지법인 및 종교법인의 업무용 토지에 대한 특별부가세 면제) 제4항이 업무용 토지 등에 대한 특별부가세를 면제받으려면 면제신청을 하여야 한다고 규정한 바, 특별부가세는 부동산의 보유자가 보유기간 전체에 걸친 지가상승으로 얻은 양도차익을 과세대상으로 하므로 통상 과세소득의 규모가 크고, 토지소유자의 노력과 직접 관련 없는 불로 자본이득을 공공목적을 위해 흡수하려는 성격을 가지고 있기 때문에, 부동산 투기 등에 악용됨을 방지하고 원래 부과되어야 할 세액의 면제라는 예외적인 조치가 남용됨이 없도록 이를 사전·사후적으로 관리할 필요성이 크다 할 것이며, 이러한 정책적 목적에 따라 입법자가 부동산양도차익이 특별부가세 면제대상인 사실과 면제를 희망하는 의사를 사전에 확인하기 위하여 종교법인 등으로 하여금 면제신청을 통하여 이를 밝히도록 한 것이므로, 위 조항이 실질적 조세법률주의에 위배된다거나, 그로 인하여 종교의 자유를 침해하였다고 볼 수 없다(2000.1.27, 98헌바6).

## 16           정답 ④

① [ O ] 구 조세특례제한법 제37조 제7항 후단은 원래 당연히 납부하였어야 할 특별부가세를 기업의 재무구조개선이라는 경제정책적 목적으로부터 면제받은 기업이 그러한 제도적 취지에 부합하지 아니할 때에는 면제된 특별부가세를 일정 비율로 추징하는 것과 관련된 규정이고, 따라서 이러한 우대조치를 어떻게 설정할 것인지에 대해서는 새로운 조세제도를 설정하는 조세법규와는 달리 조세법률주의가 다소 완화되어 적용된다고 할 수 있다(2001.11.29, 2000헌바95).

② [ O ] 종합부동산세는 재산세와 사이에서는 동일한 과세대상 부동산이라고 할지라도 지방자치단체에서 재산세로 과세되는 부분과 국가에서 종합부동산세로 과세되는 부분이 서로 나뉘어 재산세를 납부한 부분에 대하여 다시 종합부동산세를 납부하는 것이 아니고, 양도소득세와 사이에서는 각각 그 과세의 목적 또는 과세물건을 달리하는 것이므로, 이중과세의 문제는 발생하지 아니한다(2008.11.13, 2006헌바112).

③ [ O ] 우리나라의 경제규모가 확대되고 자본시장이 발전하는 것에 발맞추어 대량의 주식을 보유한 대주주 일가의 주식 명의 분산 및 그 분산된 주식의 양도를 통한 변칙증여가 빈번하게 이루어지고 있는 우리 자본시장의 현실, 이 사건 법률조항의 입법배경, '대주주'와 관련된 구 소득세법의 다른 개별규정 등을 아울러 유기적·체계적으로 종합해 보면, 누구라도 이 사건 법률조항으로부터 대통령령에 규정될 '대주주' 범위의 대강을 충분히 예측할 수 있다 할 것이므로 이 사건 법률조항은 조세법률주의 및 포괄위임입법금지원칙에 위배되지 아니한다(2015.7.30, 2013헌바460).

❹ [ X ] 법인은 그 소유의 토지, 건물 등을 양도할 경우 그 양도차액에 대하여 특별부가세를 납부할 의무가 있다. 그런데 특별부가세는 법인에게 이미 법인세 과세대상에 포함된 양도소득에 대하여 부담의 본질이 같은 조세를 다시 부과한다는 점에서, 동일한 경제적 담세력의 원천에 대하여 중복된 조세부담을 지우는 이중과세에 해당한다고 할 수 있다. 그러나 이중과세가 그 자체로 위헌이라고 할 수는 없고, 이중과세 상황이 헌법적으로 용인될 수 있는지 여부를 살펴보아야 할 것인바, 이는 곧 특별부가세가 납세의무자의 실제 담세력을 초과하여 우리 헌법상의 원리인 조세법률주의에 반하는지의 문제라고 할 것이다(2009.3.26, 2006헌바102).

① [X] 법률의 경우 대통령의 공포는 효력발생요건이나, 예산은 대통령이 공고해야 하나, 공포나 공고가 효력발생요건인 것은 아니다.

② [X] 국회는 정부의 동의 없이 정부가 제출한 지출예산 각항의 금액을 증가하거나 새 비목을 설치할 수 없다(헌법 제57조).

❸ [O] 위원회는 세목 또는 세율과 관계있는 법률의 제정 또는 개정을 전제로 하여 미리 제출된 세입예산안은 이를 심사할 수 없다(「국회법」 제84조 제7항).

④ [X] 기획재정부 소관인 재정 관련 법률안과 상당한 규모의 예산상 또는 기금상의 조치를 수반하는 법률안을 심사하는 소관 위원회는 미리 예산결산특별위원회와의 협의를 거쳐야 한다(「국회법」 제83조의2 제1항).

❶ [O] 국무총리, 국무위원의 인사청문은 「국회법」 제46조의3과 제65조의2에 규정되어 있다.

② [X] 9명의 헌법재판소 재판관 중, 국회에서 선출되는 헌법재판관 3명과 임명에 국회의 동의를 요하는 헌법재판소장은 인사청문특별위원회의 인사청문을 거쳐야 하지만, 대법원장이 지명하는 3명의 헌법재판관과 대통령이 단독으로 임명하는 재판관 3명은 소관 상임위원회(법제사법위원회)의 인사청문회를 거치도록 규정하고 있다(「국회법」 제46조의3 제1항, 제65조의2 제1항 참조).

③ [X] 법무부장관 후보자에 대한 인사청문은 소관 상임위원회인 법제사법위원회가 하며, 인사청문회의 기간은 3일 이내로 한다.

④ [X]

> **「인사청문회법」 제3조【인사청문특별위원회】** ② 인사청문특별위원회의 위원정수는 13인으로 한다.
> ③ 인사청문특별위원회의 위원은 교섭단체 등의 의원수의 비율에 의하여 각 교섭단체 대표의원의 요청으로 국회의장이 선임 및 개선(改選)한다. 이 경우 각 교섭단체 대표의원은 인사청문특별위원회가 구성된 날부터 2일 이내에 의장에게 위원의 선임을 요청하여야 하며, 이 기한 내에 요청이 없는 때에는 의장이 위원을 선임할 수 있다.
> ④ 어느 교섭단체에도 속하지 아니하는 의원의 위원선임은 의장이 이를 행한다.

❶ [O] 탄핵심판은 위법행위에 대한 징계제도이다.

② [X]

> **「국회법」 제130조【탄핵소추의 발의】** ① 탄핵소추가 발의되었을 때에는 의장은 발의된 후 처음 개의하는 본회의에 보고하고, 본회의는 의결로 법제사법위원회에 회부하여 조사하게 할 수 있다.
> ② 본회의가 제1항에 따라 탄핵소추안을 법제사법위원회에 회부하기로 의결하지 아니한 경우에는 본회의에 보고된 때부터 24시간 이후 72시간 이내에 탄핵소추 여부를 무기명투표로 표결한다. 이 기간 내에 표결하지 아니한 탄핵소추안은 폐기된 것으로 본다.

③ [X] 탄핵소추의 의결을 받은 자는 탄핵심판이 있을 때까지 그 권한행사가 정지된다(헌법 제65조 제3항).

④ [X] 피청구인이 결정 선고 전에 해당 공직에서 파면되었을 때에는 헌법재판소는 심판청구를 기각하여야 한다(「헌법재판소법」 제53조 제2항).

① [X] 탄핵소추가 의결되었을 때에는 의장은 지체 없이 소추의결서 정본을 법제사법위원장인 소추위원에게 송달하고, 그 등본을 헌법재판소, 소추된 사람과 그 소속 기관의 장에게 송달한다(「국회법」 제134조 제1항).

② [X] 국회의 의사절차에 헌법이나 법률을 명백히 위반한 흠이 있는 경우가 아니면 국회 의사절차의 자율권은 권력분립의 원칙상 존중되어야 하고, 「국회법」 제130조 제1항은 탄핵소추의 발의가 있을 때 그 사유 등에 대한 조사 여부를 국회의 재량으로 규정하고 있으므로, 국회가 탄핵소추사유에 대하여 별도의 조사를 하지 않았다거나 국정조사 결과나 특별검사의 수사결과를 기다리지 않고 탄핵소추안을 의결하였다고 하여 그 의결이 헌법이나 법률을 위반한 것이라고 볼 수 없다(2004.5.14, 2004헌나1 ; 2017.3.10, 2016헌나1).

③ [X] 탄핵소추안을 각 소추사유별로 나누어 발의할 것인지 아니면 여러 소추사유를 포함하여 하나의 안으로 발의할 것인지는 소추안을 발의하는 의원들의 자유로운 의사에 달린 것이다. 대통령이 헌법이나 법률을 위배한 사실이 여러 가지일 때 그중 한 가지 사실만으로도 충분히 파면결정을 받을 수 있다고 판단되면 그 한 가지 사유만으로 탄핵소추안을 발의할 수도 있고, 여러 가지 소추사유를 종합할 때 파면할 만하다고 판단되면 여러 가지 소추사유를 함께 묶어 하나의 탄핵소추안으로 발의할 수도 있다(2017.3.10, 2016헌나1).

❹ [O] 헌법 제65조 제4항 전문과 「헌법재판소법」 제53조 제1항은 헌법재판소가 탄핵결정을 선고할 때 피청구인이 '해당 공직'에 있음을 전제로 하고 있다. 헌법 제65조 제1항과 「헌법재판소법」 제48조는 해당 공직의 범위를 한정적으로 나열하고 있는데, 이는 전직이 아닌 '현직'을 의미한다. 「국회법」 제134조 제2항은 '탄핵소추의결서 송달 이후 사직이나 해임을 통한 탄핵심판 면탈을 방지'하고 있는데, 이 역시 해당 공직 보유가 탄핵심판에 따른 파면결정의 선결조건임을 방증한다. "탄핵결정은 공직으로부터 파면함에 그친다."라고 규정한 헌법 제65조 제4항 전문은 1948년 제정헌법 제47조로부터 현재까지 같은 내용으로 유지되어 왔다. 1948년 제헌 당시의 국회속기록에 따르면, 헌법제정권자는 '대통령 등 일정한 고위공직자는 그 직을 유지한 채 민·형사재판을 받기 어렵고, 그 직을 유지한 채 징계하는 것도 부적절하기 때문'에 해당 공직에서 물러나게 하느냐 또는 마느냐를 결정하는 것이 탄핵제도의 본질이라고 인식하고 있었다(2021.10.28, 2021헌나1).

③ [O]

| 구분 | 1 공화국 | 2 공화국 | 3 공화국 | 4 공화국 | 5 공화국 | 현행 헌법 |
|------|------|------|------|------|------|------|
| 국정 감사 | ○ | ○ | ○ | X | X | ○ |
| 국정 조사 | X | X | X | X (「국회법」 에 신설) | ○ | ○ |

❹ [X] 국정조사제도는 4공화국 때 「국회법」에 신설되고, 5공화국 때부터 헌법차원에서 규정되었다.

## 01

정답 ②

① [X] 국회는 국정전반에 관하여 소관 상임위원회별로 매년 정기회 집회일 이전에 감사 시작일부터 30일 이내의 기간을 정하여 국정감사를 실시한다. 다만, 본회의 의결로 정기회 기간 중에 감사를 실시할 수 있다(「국정감사 및 조사에 관한 법률」 제2조 제1항).

❷ [O] ③ [X] 감사 및 조사는 공개한다. 다만, 위원회의 의결로 달리 정할 수 있다(「국정감사 및 조사에 관한 법률」 제12조).

④ [X]

> 「국정감사 및 조사에 관한 법률」 제12조 【공개원칙】 감사 및 조사는 공개한다. 다만, 위원회의 의결로 달리 정할 수 있다.

## 02

정답 ④

① [O] 국정조사는 국회의 당연한 권한으로 헌법에 규정되어 있지 않은 경우에도 행해져 왔다.

② [O]

### <국정감사와 국정조사의 구별>

| 구분 | 국정감사(제2조) | 국정조사(제3조) |
|------|------|------|
| 사안 | 국정전반 | 특정사안 |
| 시기 | 정기적, 매년 정기회 집회일 이전에 시작. 다만, 본회의 의결로 정기회 기간 중에 감사를 실시할 수 있음. | 재적의원 4분의 1의 요구가 있을 때 |
| 기간 | • 30일 이내 국회결정<br>• 30일 이상 변경불가 | 의결로 정함. |
| 주체 | 소관 상임위원회 | 특별위원회, 상임위원회(「국정감사 및 조사에 관한 법률」 제3조) |
| 공개 | 공개, 의결로 비공개 가능 | |

## 03

정답 ③

① [O] 대정부질문은 일문일답의 방식으로 하되, 의원의 질문시간은 20분을 초과할 수 없다. 이 경우 질문시간에 답변시간은 포함되지 아니한다(「국회법」 제122조의2 제2항).

② [O] 의원이 정부에 서면으로 질문하려고 할 때에는 질문서를 의장에게 제출하여야 한다(「국회법」 제122조 제1항).

❸ [X] 의원은 20명 이상의 찬성으로 회기 중 현안이 되고 있는 중요한 사항을 대상으로 정부에 대하여 질문(이하 이 조에서 '긴급현안질문'이라 한다)을 할 것을 의장에게 요구할 수 있다(「국회법」 제122조의3 제1항).

④ [O] 질의는 주문 구두로 한다.

## 04

정답 ②

㉠ [O] 탄핵심판은 고위공직자가 권한을 남용하여 헌법이나 법률을 위반하는 경우 그 권한을 박탈함으로써 헌법질서를 지키는 헌법재판이고(2004.5.14, 2004헌나1), 탄핵결정은 대상자를 공직으로부터 파면함에 그치고 형사상 책임을 면제하지 아니한다(헌법 제65조 제4항)는 점에서 탄핵심판절차는 형사절차나 일반징계절차와는 성격을 달리한다(2017.3.10, 2016헌나1).

㉡ [X] 「국회법」에 탄핵소추안에 대하여 표결 전에 반드시 토론을 거쳐야 한다는 명문규정은 없다. 또 이 사건 소추의결 당시 토론을 희망한 의원이 없었기 때문에 탄핵소추안에 대한 제안 설명만 듣고 토론 없이 표결이 이루어졌을 뿐, 의장이 토론을 희망하는 의원이 있었는데도 토론을 못하게 하거나 방해한 사실은 없다(2017.3.10, 2016헌나1).

㉢ [O] 헌법 제65조 제1항은 탄핵사유를 '헌법이나 법률에 위배한 때'로 제한하고 있고, 헌법재판소의 탄핵심판절차는 법적인 관점에서 단지 탄핵사유의 존부만을 판단하는 것이므로, 이 사건에서 청구인이 주장하는 바와 같은 정치적 무능력이나 정책결정상의 잘못 등 직책수행의 성실성 여부는 그 자체로서 소추사유가 될 수 없어, 탄핵심판절차의 판단대상이 되지 아니한다(2004.5.14, 2004헌나1).

㉣ [O] ㉤ [X] 헌법재판소는 사법기관으로서 원칙적으로 탄핵소추기관인 국회의 탄핵소추의결서에 기재된 소추사유에 의하여 구속을 받는다. 따라서 헌법재판소는 탄핵소추의결서에 기재되지 아니한 소추사유를 판단의 대상으로 삼을 수 없다. 그러나 탄핵소추의결서에서 그 위반을 주장하는 '법규정의 판단'에 관하여 헌법재판소는 원칙적으로 구속을 받지 않으므로, 청구인이 그 위반을 주장한 법규정 외에 다른 관련 법규정에 근거하여 탄핵의 원인이 된 사실관계를 판단할 수 있다. 또한 헌법재판소는 소추사유의 판단에 있어서 국회의 탄핵소추의결서에서 분류된 소추사유의 체계에 의하여

구속을 받지 않으므로, 소추사유를 어떠한 연관관계에서 법적으로 고려할 것인가의 문제는 전적으로 헌법재판소의 판단에 달려 있다 (2004.5.14, 2004헌나1).

## 05               정답 ②

① [○]

> 「국회법」 제156조 【징계의 요구와 회부】 ① 의장은 제155조 각 호의 어느 하나에 해당하는 행위를 한 의원이 있을 때에는 윤리특별위원회에 회부하고 본회의에 보고한다.
> ③ 의원이 징계대상자에 대한 징계를 요구하려는 경우에는 의원 20명 이상의 찬성으로 그 사유를 적은 요구서를 의장에게 제출하여야 한다.

❷ [X] 국회의원에 대한 국회의 제명을 포함한 징계와 자격심사 결정에 대해 법원에 제소할 수 없다고 규정하고 있다. 헌법재판소에 제소할 수 없다고 규정하고 있지는 않아 학설이 대립하고 있다.

③ [○]

> 헌법 제64조 ② 국회는 의원의 자격을 심사하며, 의원을 징계할 수 있다.
> ③ 의원을 제명하려면 국회재적의원 3분의 2 이상의 찬성이 있어야 한다.
> ④ 제2항과 제3항의 처분에 대하여는 법원에 제소할 수 없다.

④ [○]

> 헌법 제64조 ① 국회는 법률에 저촉되지 아니하는 범위 안에서 의사와 내부규율에 관한 규칙을 제정할 수 있다.
> ② 국회는 의원의 자격을 심사하며, 의원을 징계할 수 있다.
> ③ 의원을 제명하려면 국회재적의원 3분의 2 이상의 찬성이 있어야 한다.
> ④ 제2항과 제3항의 처분에 대하여는 법원에 제소할 수 없다.

## 06               정답 ②

① [○] 불체포특권은 1603년에, 면책특권은 1689년에 성립되었다.

❷ [X] 경위나 경찰공무원은 국회 안에 현행범인이 있을 때에는 체포한 후 의장의 지시를 받아야 한다. 다만, 회의장 안에서는 의장의 명령 없이 의원을 체포할 수 없다(「국회법」 제150조).

③ [○] 회기 전에 체포·구금된 의원에 대하여 국회의 석방요구가 없으면 회기가 시작되었다 하여 자동적으로 석방되는 것은 아니다.

④ [○] 국회의원이 회기 전에 체포 또는 구금된 때에는 현행범인이 아닌 한 국회의 요구가 있으면 회기 중 석방된다(헌법 제44조 제2항).

## 07               정답 ①

❶ [X] 국회의원이 회기 전에 체포 또는 구금된 때에는 현행범인이 아닌 한 국회의 요구가 있으면 회기 중 석방된다(헌법 제44조 제2항).

② [○] 국회의원은 회기 중 체포·구금되지 않으며 체포·구금에는 「형사소송법」상의 강제처분뿐 아니라 「경찰관 직무집행법」에 의한 감

호조치, 격리처분과 같은 행정상의 강제처분까지 포함되므로 감호조치 등도 당하지 않는다.

③ [○] 따라서, 국회의원의 면책특권에 속하는 행위에 대하여는 공소를 제기할 수 없으며 이에 반하여 공소가 제기된 것은 결국 공소권이 없음에도 공소가 제기된 것이 되어 「형사소송법」 제327조 제2호의 '공소제기의 절차가 법률의 규정에 위반하여 무효인 때'에 해당되므로 공소를 기각하여야 한다(대판 1992.9.22, 91도3317).

④ [○] 면책특권의 대상이 되는 행위는 국회의 직무수행에 필수적인 국회의원의 국회 내에서의 직무상 발언과 표결이라는 의사표현행위 자체에만 국한되지 않고 이에 통상적으로 부수하여 행하여지는 행위까지 포함되므로, 국회의원이 국회의 위원회나 국정감사장에서 국무위원·정부위원 등에 대하여 하는 질문이나 질의는 국회의 입법활동에 필요한 정보를 수집하고 국정통제기능을 수행하기 위한 것이므로 면책특권의 대상이 되는 발언에 해당함은 당연하고, 또한 국회의원이 국회 내에서 하는 정부·행정기관에 대한 자료제출의 요구는 국회의원이 입법 및 국정통제 활동을 수행하기 위하여 필요로 하는 것이므로 그것이 직무상 질문이나 질의를 준비하기 위한 것인 경우에는 직무상 발언에 부수하여 행하여진 것으로서 면책특권이 인정되어야 한다(대판 1996.11.8, 96도1742).

## 08               정답 ④

① [X] 지역구는 국회라고 할 수 없어 국회에서 직무상 발언에 해당하지 않으므로 면책되지 않는다.

② [X] 국회의원의 면책특권의 대상이 되는 행위는 직무상의 발언과 표결이라는 의사표현행위 자체에 국한되지 아니하고 이에 통상적으로 부수하여 행하여지는 행위까지 포함하고, 그와 같은 부수행위인지 여부는 결국 구체적인 행위의 목적, 장소, 태양 등을 종합하여 개별적으로 판단할 수밖에 없다. 원고의 내용이 공개회의에서 행할 발언내용이고(회의의 공개성), 원고의 배포시기가 당초 발언하기로 예정된 회의 시작 30분 전으로 근접되어 있으며(시간적 근접성), 원고 배포의 장소 및 대상이 국회의사당 내에 위치한 기자실에서 국회출입기자들만을 상대로 한정적으로 이루어지고(장소 및 대상의 한정성), 원고 배포의 목적이 보도의 편의를 위한 것(목적의 정당성)이라면, 국회의원이 국회 본회의에서 질문할 원고를 사전에 배포한 행위는 면책특권의 대상이 되는 직무부수행위에 해당한다(대판 1992.9.22, 91도3317). ➡ 상당한 기간 책임을 지지 않는 것이 아니라, 영구적으로 책임을 지지 않는다.

③ [X] 면책특권은 법적 책임을 면제해주는 기능을 하나, 불소추특권은 재직 중 소추만 유예될 뿐 재직 후에 소추될 수 있으므로 법적 책임 면제에 해당하지 아니한다. 불체포특권은 범법행위에 대한 형사책임의 면제를 의미하는 것은 아니다.

❹ [○] 불체포특권은 체포만 유예될 뿐 소추는 가능하다. 면책특권은 법적 책임의 면제이므로 소추가 불가능하고, 불소추특권은 재직 중 소추가 불가능하다.

## 09               정답 ④

① [○] 본회의에서 발언할 내용의 원고를 원내기자실에서 기자에게 배포한 행위는 직무상 부수행위로서 직무상 행위에 해당하므로 면책특권이 적용된다(대판 1992.9.22, 91도3317).

② [○] 면책특권이 적용되는 사건에 대해서는 공소제기가 법률의 규정에 위반된다 하여 공소기각을 하는 것이 판례이다.

국회의원의 면책특권에 속하는 행위에 대하여는 공소를 제기할 수 없으며 이에 반하여 공소가 제기된 것은 결국 공소권이 없음에도 공소가 제기된 것이 되어 「형사소송법」 제327조 제2호의 '공소제기의 절차가 법률의 규정에 위반하여 무효인 때'에 해당되므로 공소를 기각하여야 한다(대판 1992.9.22, 91도3317).

③ [○] 출간은 국회에서 한 발언이 아니므로 면책특권이 적용되지 않는다. 당사는 국회가 아니므로 면책되지 않는다.

❹ [×] 면책특권은 민사상·형사상 책임을 면제해주는 특권이다. 만약 기획재정부장관이 압력을 행사한 사실이 허위의 사실이고 甲이 허위임을 인식하고 본회의에서 발언을 하였다면, 甲에게는 면책특권이 인정되지 않아 민사·형사상 책임을 져야 한다. 이와는 달리 甲이 허위임을 인식하지 못하였다면 발언에 근거가 부족하거나 진위 여부 확인을 미흡하게 했다고 하더라도 면책특권을 인정받을 수 있다.

## 10 정답 ③

① [×] 대통령의 궐위로 인한 선거 또는 재선거는 그 선거의 실시 사유가 확정된 때부터 60일 이내에 실시하되, 선거일은 늦어도 선거일 전 50일까지 대통령 또는 대통령권한대행자가 공고하여야 한다(「공직선거법」 제35조 제1항).

② [×] 건국헌법부터 1954년 제2차 개정헌법까지는 부통령제를 채택하고 있었던 결과 제1순위 대통령권한대행자는 당연히 부통령이었다. 1960년 제3차 개정헌법은 부통령제를 폐지하였고 더불어 의원내각제를 채택한 결과 참의원의장이 제1순위 권한대행자가 되었다. 1962년 제5차 개정헌법부터 현행헌법에 이르기까지는 다시 대통령제로 회귀하였으나 부통령을 두지 않아 국무총리가 제1순위 권한대행자가 되었다.

❸ [○]

**1954년 개정헌법 제55조** 대통령이 궐위된 때에는 부통령이 대통령이 되고 잔임기간 중 재임한다.
대통령, 부통령이 모두 궐위된 때에는 제52조에 의한 법률이 규정한 순위에 따라 국무위원이 대통령의 권한을 대행하되 궐위된 날로부터 3개월 이내에 대통령과 부통령을 선거하여야 한다.

④ [×] 제3차 개정헌법 제52조에서는 대통령이 궐위되거나 사고로 인해 직무를 수행할 수 없을 때에는 참의원의장, 민의원의장, 국무총리의 순위로 그 권한을 대행한다고 규정하고 있다.

## 11 정답 ③

㉠ [○] 헌법 제68조에 후임자선거, 헌법 제71조에 대통령의 유고시 권한대행, 헌법 제85조에 퇴임 후의 예우에 대해 규정하고 있다.

㉡ [×]

**헌법 제69조** 대통령은 취임에 즈음하여 다음의 선서를 한다.
"나는 헌법을 준수하고 국가를 보위하며 조국의 평화적 통일과 국민의 자유와 복리의 증진 및 민족문화의 창달에 노력하여 대통령으로서의 직책을 성실히 수행할 것을 국민 앞에 엄숙히 선서합니다."

㉢ [○] 대통령 선서문은 헌법 제69조에 규정되어 있으나, 국회의원 선서문은 「국회법」 제24조에 규정되어 있다.

㉣ [○] 대통령의 임기는 전임대통령의 임기만료일의 다음날 0시부터 개시된다. 다만, 전임자의 임기가 만료된 후에 실시하는 선거와 궐위로 인한 선거에 의한 대통령의 임기는 당선이 결정된 때부터 개시된다(「공직선거법」 제14조 제1항).

㉤ [×] 현행헌법은 대통령의 권한대행에 관하여 제71조에서 "대통령이 궐위되거나 사고로 인하여 직무를 수행할 수 없을 때에는 국무총리, 법률이 정한 국무위원의 순서로 그 권한을 대행한다."라고 하는 하나의 규정만 두고 있을 뿐, 대통령 권한대행 개시 및 기간에 관한 결정권에 대하여 규정하고 있지 않다.

㉥ [×] 헌법 제84조에 불소추특권만 규정되어 있다.

## 12 정답 ④

㉠ [×] 헌법 제69조는 대통령의 취임선서의무를 규정하면서, 대통령으로서 '직책을 성실히 수행할 의무'를 언급하고 있다. 비록 대통령의 '성실한 직책수행의무'는 헌법적 의무에 해당하나, '헌법을 수호해야 할 의무'와는 달리, 규범적으로 그 이행이 관철될 수 있는 성격의 의무가 아니므로, 원칙적으로 사법적 판단의 대상이 될 수 없다고 할 것이다(2004.5.14, 2004헌나1).

㉡ [○] 대통령은 소속 정당원으로서 정치적 의견을 표시할 수 있지만, 국가의 원수 및 행정부 수반으로서의 지위에서 직무를 수행하는 때에는 원칙적으로 정당정치적 의견표명을 삼가야 하며, 나아가 대통령이 국가기관의 신분에서 선거관련 발언을 하는 경우에는 선거에서의 정치적 중립의무의 구속을 받는다(2008.1.17, 2007헌마700).

㉢ [×] 대통령이 위헌적인 재신임 국민투표를 단지 제안만 하였을 뿐 강행하지는 않았으나, 헌법상 허용되지 않는 재신임 국민투표를 국민들에게 제안한 것은 그 자체로서 헌법 제72조에 반하는 것으로 헌법을 실현하고 수호해야 할 대통령의 의무를 위반한 것이다(2004.5.14, 2004헌나1).

㉣ [×] 헌법 제66조 제2항 및 제69조에 규정된 대통령의 '헌법을 준수하고 수호해야 할 의무'는 헌법상 법치국가원리가 대통령의 직무집행과 관련하여 구체화된 헌법적 표현이다(2004.5.14, 2004헌나1).

㉤ [○] 결론적으로, 대통령이 국민 앞에서 현행법의 정당성과 규범력을 문제 삼는 행위는 법치국가의 정신에 반하는 것이자, 헌법을 수호해야 할 의무를 위반한 것이다(2004.5.14, 2004헌나1).

㉥ [×] 사퇴한 경우는 포함되지 않는다.

**「전직대통령 예우에 관한 법률」 제7조 【권리의 정지 및 제외 등】**
① 이 법의 적용 대상자가 공무원에 취임한 경우에는 그 기간 동안 제4조 및 제5조에 따른 연금의 지급을 정지한다.
② 전직대통령이 다음 각 호의 어느 하나에 해당하는 경우에는 제6조 제4항 제1호에 따른 예우를 제외하고는 이 법에 따른 전직대통령으로서의 예우를 하지 아니한다.
1. 재직 중 탄핵결정을 받아 퇴임한 경우
2. 금고 이상의 형이 확정된 경우
3. 형사처분을 회피할 목적으로 외국정부에 도피처 또는 보호를 요청한 경우
4. 대한민국의 국적을 상실한 경우

## 13 정답 ②

① [×] 긴급재정경제명령은 재정·경제상의 위기가 현실적으로 발생한 후 이를 사후적으로 수습하여 헌법질서를 유지하기 위하여 헌법이 정한 절차에 따라 행사되어야 한다(1996.2.29, 93헌마186).

❷ [○] 긴급명령의 '국회집회가 불가능한 때'란 시간적 여유의 문제가 아니므로 국회개회·폐회·휴회 중을 가리지 않고, 비상사태로 인해 그 집회가 사실상 불가능한 때이다. 한편, 긴급재정명령의 '긴급한 조치가 필요하고 집회를 기다릴 여유가 없을 때 한하여'란 국회가 폐회 중이어서 임시회의 집회에 필요한 1일간을 기다릴 여유가 없는 경우가 이러한 경우에 해당한다. 폐회 중일 때만을 포함하고 휴회 중일 때는 포함하지 아니한다. 종래에는 폐회 중 3일 전에 임시회를 공고하여야 했으나, 「국회법」 제5조 제2항의 신설로 비상사태 발생시에는 1일 전에 공고할 수 있다.

③ [X] 긴급재정경제처분은 헌법의 효력 또는 법률의 효력을 가지지 않는다. 다만, 국회의 승인을 요한다.

④ [X] 긴급재정경제처분은 어디까지나 처분에 불과하므로 헌법적 효력이나 법률적 효력을 갖지 못하고 처분적 효력만을 갖는다.

## 14 　　　　　　　　　　　　　　　정답 ①

❶ [X] 계엄사령관은 현역 장관급 장교 중에서 국방부장관이 추천한 사람을 대통령이 임명한다.

② [○] 비상계엄지역에서 계엄사령관은 법률에서 정하는 바에 따라 동원(動員) 또는 징발을 할 수 있으며, 필요한 경우에는 군수(軍需)로 제공할 물품의 조사·등록과 반출금지를 명할 수 있다(「계엄법」 제9조 제2항).

③ [○]

④ [○] 국회가 재적의원 과반수의 찬성으로 계엄의 해제를 요구한 때에는 대통령은 이를 해제하여야 한다(헌법 제77조 제5항).

## 15 　　　　　　　　　　　　　　　정답 ③

① [X] 이 사건 「청소년 보호법」 조항은 그 구체적 결정을 여성가족부고시에 위임하고 있다. 그러나 헌법이 인정하고 있는 위임입법의 형식은 예시적인 것으로 보아야 하고, 법률이 일정한 사항을 고시 등 행정규칙에 위임하더라도 국회입법의 원칙과 상치되지 않는다. 또한 이 사건 「청소년 보호법」 조항이 여성가족부고시에 위임하고 있는 사항은 어느 정도 전문적·기술적인 사항이자 새로운 변종 성매매 업소의 등장에 따라 빠르게 대처하여야 하는 규율영역의 특성상 청소년보호위원회가 결정하고 소관 부처인 여성가족부장관이 고시하도록 위임함이 불가피한 경우에 해당하므로, 이 사건 「청소년 보호법」 조항이 금지되는 행위 및 시설의 구체적 결정을 고시에 위임한 것이 헌법에서 정한 위임입법의 형식을 갖추지 못하여 헌법에 위배된다고 할 수 없다(2016.10.27, 2015헌바360).

> **반대의견** 헌법은 제40조에서 국회입법의 원칙을 천명하면서, 법률의 위임을 받아 발할 수 있는 법규명령을 한정적으로 열거하고 있다. 우리 헌법은 그것에 저촉되는 법률을 포함한 일체의 국가의사가 유효하게 존립될 수 없는 경성헌법이므로, 법률 또는 그 이하의 입법형식으로써 헌법상 원칙에 대한 예외를 인정하여 고시와 같은 행정규칙에 입법사항을 위임할 수는 없다. 이 사건 법률조항은 형벌조항의 일부를 헌법상 열거된 법규명령에 위임하지 아니하고, 여성가족부장관이 고시하는 행정규칙으로 정할 수 있도록 위임하고 있으므로, 헌법에서 정한 위임입법의 형식을 갖추지 못하여 헌법에 위반된다(2016.10.27, 2015헌바360).

② [X] '선정기준액'은 기초연금 수급자가 65세 이상인 사람 중 100분의 70 수준이 되도록 정해야 하는 것으로, 이는 전체 노인가구의 소득·재산 수준과 생활실태를 다양한 자료에 의해 파악한 다음 이를 통계화하여 분석하고 그 밖에 물가상승률, 국가재정상황 등도 종합적으로 고려하여 전문적·기술적으로 판단할 수밖에 없는데 그러한 판단을 하려면 고도의 전문성이 필요하므로, 이러한 내용을 법규명령이 아닌 보건복지부고시에 위임하는 것은 허용된다(2016.2.25, 2015헌바191).

❸ [○] 법률에서 "보건복지부장관이 정한다."라고 위임한 경우 보건복지부장관은 부령으로 정할 수 있고, 행정규칙으로 정할 수도 있다. 다만, 법률에서 "보건복지부령으로 정한다."라고 위임한 경우 반드시 부령으로 정해야 하지 행정규칙으로 정해서는 안 된다.

④ [X] 그 행정규칙이나 규정이 상위법령의 위임범위를 벗어난 경우에는 법규명령으로서 대외적 구속력을 인정할 여지는 없다. 이는 행정규칙이나 규정 '내용'이 위임범위를 벗어난 경우뿐 아니라 상위법령의 위임규정에서 특정하여 정한 권한행사의 '절차'나 '방식'에 위배되는 경우도 마찬가지이므로, 상위법령에서 세부사항 등을 시행규칙으로 정하도록 위임하였음에도 이를 고시 등 행정규칙으로 정하였다면 그 역시 대외적 구속력을 가지는 법규명령으로서 효력이 인정될 수 없다(대판 2012.7.5, 2010다72076).

## 16 　　　　　　　　　　　　　　　정답 ①

❶ [X] 송달의 방법은 제도 및 기술의 발전에 따라 변화할 수 있는 것이므로, 구체적인 발송의 방법을 대법원규칙에 위임할 필요성이 인정된다. 등기부상 권리자에 대한 매각기일 및 매각결정기일의 통지는 등기부상 권리자의 경매참여기회를 보장하는 중요한 의미가 있으므로, 위 통지의 방법은 기존에 활용하던 발송방법인 등기우편과 같이 권리자의 수취가 상당한 정도로 담보되는 방법으로 정해질 것임을 충분히 예측할 수 있다. 따라서 심판대상조항은 포괄위임금지원칙에 위반되지 아니한다(2021.4.29, 2017헌바390).

② [○] 관련 조항과 「청소년 보호법」의 입법목적을 아울러 고려할 때, 이 사건 정의조항에서 하위법령에 위임한 내용은 청소년이 이용할 경우 신체적 또는 정신적으로 건전한 성장에 심각한 악영향을 줄 수 있는 성 관련 물건이 될 것임을 어렵지 않게 예측할 수 있다. 따라

서 이 사건 정의조항은 포괄위임금지원칙에 위반되지 아니한다 (2021.6.24, 2017헌마408).

③ [O] 교육법 제8조의2는 교육법 제8조에 정한 의무교육으로서 3년의 중등교육의 순차적인 실시에 관하여만 대통령령이 정하도록 하였으므로 우선 제한된 범위에서라도 의무교육을 실시하되 순차로 그 대상을 확대하도록 되어 있음은 교육법의 각 규정상 명백하고, 다만 그 확대실시의 시기 및 방법만을 대통령령에 위임하여 합리적으로 정할 수 있도록 한 것이므로 포괄위임금지를 규정한 헌법 제75조에 위반되지 아니한다(1991.2.11, 90헌가27).

④ [O] 이 사건 법률조항이 고등학교의 입학방법 등을 대통령령에 위임한 것은 학생들의 수요에 능동적으로 대처하고, 학생과 학부모의 의사와 각 지역의 실정을 적절하게 반영하기 위한 것으로서 위임의 필요성이 인정되고, 규율대상이 급부행정의 영역으로서 사실관계가 다양할 뿐만 아니라 수시로 변화할 것이 예상되어 위임의 구체성·명확성의 요구가 약한 경우인 점과, 교육의 공공성과 지방교육의 자치를 규정한 관련 법률의 취지 및 완전한 자유경쟁제도를 채택하지 않는 이상 추첨배정이 불가피한 점 등에 비추어 보면, <u>중학교 졸업생 수와 고등학교 입학 정원이 균형을 이루는 등 객관적 조건이 갖춰지고, 학생·학부모 등 지역 주민의 의사가 이를 뒷받침하는 지역에서 교육감이 학교군별로 고등학교를 추첨배정할 것이라는 점을 충분히 예측할 수 있으므로, 이 사건 법률조항은 포괄위임입법금지의 원칙에 위반되지 아니하며 청구인들의 학교선택권을 침해한다고 할 수 없다</u>(2012.11.29, 2011헌마827).

## 17 정답 ④

① [O] 「초·중등교육법」 제47조 제2항은 학생의 수요와 고등학교의 공급을 조절할 필요성의 정도, 해당 지역 주민들과 교육청의 의사 등을 고려하여 고교평준화지역의 고등학교의 입학방법 및 절차를 교육과학기술부령으로 정하도록 한 것으로 보아야 하므로, 이 사건 조항의 법적 근거가 되며, 이 사건 조항은 교육감이 학생의 수요와 고등학교의 공급을 조절할 필요성의 정도, 해당 지역 주민들과 교육청의 의사 등을 고려하여 학생의 수요와 고등학교의 공급을 조절하여 교육시설을 효율적으로 활용할 수 있도록 하기 위한 것이라는 점에서 수권법률의 위임취지에 부합한다(2009.4.30, 2005헌마514).

② [O] …… 같은 조 단서는 등록면제 또는 수신료가 감면되는 수상기의 범위에 관하여 아무런 조건 없이 단순히 대통령령에서 정하도록 하고 있으나, <u>등록면제 또는 수신료 감면에 관한 규정은 국민에게 이익을 부여하는 수익적 규정에 해당하는 것이어서 이에 대하여 요구되는 위임입법의 구체성·명확성의 정도는 상대적으로 완화될 수 있는 것이고</u>, 또한 수신료 납부의무자의 범위가 '텔레비전방송을 수신하기 위하여' 수상기를 소지한 자로 되어 있으며, 수신료의 징수목적이 공사의 경비충당에 있다는 점을 감안하면 대통령령에서 정할 수신료 감면대상자의 범위는 텔레비전방송의 수신이 상당한 기간 동안 불가능하거나 곤란하다고 볼 만한 객관적 사유가 있는 수상기의 소지자, 공사의 경비충당에 지장이 없는 범위 안에서 사회정책적으로 수신료를 감면하여 줄 필요가 있는 수상기소지자 등으로 그 범위가 정하여질 것임을 예측할 수 있다. 따라서 이 법 제35조는 헌법 제75조에 규정된 포괄위임금지의 원칙에 위반되지 아니한다고 할 것이다(1999.5.27, 98헌바70).

③ [O] 구체적인 입학정원의 수를 입법자가 반드시 법률로써 규율하여야 하는 사항으로 볼 수는 없으며, 법학전문대학원 제도의 신속·적절한 운영을 위해 총 입학정원의 수를 결정할 권한을 교육과학기술부장관에게 위임할 필요성이 인정되고 이를 결정함에 있어 고려할 사항이 법문에 구체적으로 명시되어 있는 이상 이 사건 법률 제7조 제1항이 법률유보의 원칙 및 포괄위임금지원칙에 위배되는 것은 아니다(2009.2.26, 2008헌마370).

④ [X] 위 법률조항은 '병역의무의 이행과 관련하여 …'라고 규정함으로써 위임의 내용을 구체적으로 한정하고 있으며, 병역기피의 목적으로 대한민국 국적을 상실하였거나 이탈하였던 자에 대하여는 국적회복을 허가하지 못하도록 하고 있는 「국적법」 제9조 제2항 제3호의 규정은 위 조항에 의한 위임의 방향과 내용을 한 번 더 확인하여 주고 있으므로, <u>위 법률조항의 위임에 의하여 대통령령으로 규정될 사항은 병역의무를 이행하지 않은 이중국적자의 국적선택 제한과 그 해소에 관한 보다 구체적인 사항, 또는 이중국적자에 특유한 문제인 병역의무 이중부담의 조정에 관한 사항 등이 될 것임을 충분히 예측할 수 있다 할 것이어서, 위 법률조항은 포괄위임금지원칙에 위배된다고 보기 어렵다</u>(2004.8.26, 2002헌바13).

## 18 정답 ①

❶ [O] 사면은 일반사면과 특별사면이 있는데, 양자 모두 국무회의의 심의를 거쳐야 하는 것은 같지만, 국회의 동의를 요하는 것은 일반사면뿐이다.

> **헌법 제79조** ② 일반사면을 명하려면 국회의 동의를 얻어야 한다.
>
> **제89조** 다음 사항은 국무회의의 심의를 거쳐야 한다.
>   9. 사면·감형과 복권

② [X] 국회의 동의가 필요한 것은 일반사면뿐이다.

③ [X] 대통령의 일반사면은 죄를 범한 자에 대하여 국회의 동의를 얻어 <u>대통령령</u>으로 한다.

④ [X]

> **「사면법」 제8조 【일반사면 등의 실시】** 일반사면, 죄 또는 형의 종류를 정하여 하는 감형 및 일반에 대한 복권은 <u>대통령령으로 한다</u>. 이 경우 일반사면은 죄의 종류를 정하여 한다.
>
> **제9조 【특별사면 등의 실시】** 특별사면, 특정한 자에 대한 감형 및 복권은 <u>대통령이 한다</u>.

## 19 정답 ③

① [X] 사면의 효과는 장래효이다.

② [X]

> **「사면법」 제5조 【사면 등의 효과】** ① 사면, 감형 및 복권의 효과는 다음 각 호와 같다.
>   1. 일반사면: 형 선고의 효력이 상실되며, 형을 선고받지 아니한 자에 대하여는 공소권이 상실된다. 다만, 특별한 규정이 있을 때에는 예외로 한다.
>   2. 특별사면: 형의 집행이 면제된다. 다만, 특별한 사정이 있을 때에는 이후 형 선고의 효력을 상실하게 할 수 있다.
>   ② 형의 선고에 따른 기성의 효과는 사면, 감형 및 복권으로 인하여 변경되지 아니한다.

❸ [O] <u>선고된 형 전부를 사면할 것인지 또는 일부만을 사면할 것인지를 결정하는 것은 사면권자의 전권사항에 속하는 것이고, 징역형의 집행유예에 대한 사면이 병과된 벌금형에도 미치는 것으로 볼 것인지 여부는 사면권자의 의사인 사면의 내용에 대한 해석문제에 불과하다 할 것이다</u>(2000.6.1, 97헌바74).

④ [X] 특별사면은 사면대상자에 대한 죄명, 정상 등을 고려하여 형의 전부 또는 일부에 대하여 사면하는 것이므로 중한 형에 대하여 사면한다고 해서 그보다 가벼운 형에 대하여 반드시 사면하여야 하는 것은 아니며, 가벼운 형을 사면하지 아니한 것이 형평의 원칙에 반한다고도 할 수 없다(2000.6.1, 97헌바74).

## 20                                     정답 ③

① [X] ② [X] 입법권자는 헌법 제96조에 의하여 법률로써 행정을 담당하는 행정기관을 설치함에 있어 그 기관이 관장하는 사무의 성질에 따라 국무총리가 대통령의 명을 받아 통할할 수 있는 기관으로 설치할 수도 있고 또는 대통령이 직접 통할하는 기관으로 설치할 수도 있다 할 것이므로 헌법 제86조 제2항 및 제94조에서 말하는 국무총리의 통할을 받는 행정각부는 입법권자가 헌법 제96조의 위임을 받은 「정부조직법」 제29조에 의하여 설치하는 행정각부만을 의미한다고 할 것이다(1994.4.28, 89헌마221).

❸ [O] ④ [X] 청구인들은 국무총리제도가 채택된 이래 줄곧 대통령과 국무총리가 서울이라는 하나의 도시에 소재하고 있었다는 사실을 들어 이에 대한 관습헌법이 존재한다고 주장한다. 그러나 국무총리의 소재지는 헌법적으로 중요한 기본적 사항이라 보기 어렵고 나아가 이러한 규범이 존재한다는 국민적 의식이 형성되었는지조차 명확하지 않으므로 이러한 관습헌법의 존재를 인정할 수 없다(2005.11.24, 2005헌마579등).

# 3회 중간 테스트

정부 ~ 헌법재판

## 정답

| 01 | ② | 02 | ① | 03 | ① | 04 | ② |
|----|---|----|---|----|---|----|---|
| 05 | ② | 06 | ④ | 07 | ④ | 08 | ④ |
| 09 | ① | 10 | ③ | 11 | ④ | 12 | ① |
| 13 | ① | 14 | ④ | 15 | ② | 16 | ① |
| 17 | ③ | 18 | ③ | 19 | ① | 20 | ④ |

## 01 정답 ②

① [ X ]

> 「국무회의 규정」 제6조 【의사정족수 및 의결정족수 등】 ① 국무회의는 구성원 과반수의 출석으로 개의하고, 출석구성원 3분의 2 이상의 찬성으로 의결한다.
> ② 국무회의는 구성원이 동영상 및 음성이 동시에 송수신되는 장치가 갖추어진 서로 다른 장소에 출석하여 진행하는 원격영상회의 방식으로 할 수 있다. 이 경우 국무회의의 구성원은 동일한 회의장에 출석한 것으로 본다.

❷ [ O ] 영전수여는 국무회의의 심의를 거쳐야 한다(헌법 제89조 제8호).

③ [ X ] 대법관은 대법원장의 제청으로 국회의 동의를 얻어 대통령이 임명하며, 국무회의 심의사항이 아니다.

④ [ X ] 위헌정당해산심판과 달리 탄핵심판은 국무회의 심의를 거치지 않는다.

⑤ [ X ] 총리령과 부령은 국무회의의 심의와 부서를 요하지 않는다.

> 「법령 등 공포에 관한 법률」 제9조 【총리령 등】 ① 총리령을 공포할 때에는 그 일자를 명기하고, 국무총리가 서명한 후 총리인(總理印)을 찍는다.

## 02 정답 ①

❶ [ O ] 국가안전보장회의는 국무회의와 같은 심의기관이 아닌 자문기관이므로, 그 자문을 거치지 아니하고 국무회의 심의에 부의한 경우에도 그 효력과 적법성에는 영향이 없다.

> 헌법 제91조 ① 국가안전보장에 관련되는 대외정책·군사정책과 국내정책의 수립에 관하여 국무회의의 심의에 앞서 대통령의 자문에 응하기 위하여 국가안전보장회의를 둔다.
> ② 국가안전보장회의는 대통령이 주재한다.

② [ X ]

> 헌법 제88조 ① 국무회의는 정부의 권한에 속하는 중요한 정책을 심의한다. ➡ 필수기관

> 제93조 ① 국민경제의 발전을 위한 중요정책의 수립에 관하여 대통령의 자문에 응하기 위하여 국민경제자문회의를 둘 수 있다. ➡ 임의기관

③ [ X ] 국가과학기술자문회의는 헌법상 자문기구가 아니다.

> 헌법 제127조 ① 국가는 과학기술의 혁신과 정보 및 인력의 개발을 통하여 국민경제의 발전에 노력하여야 한다.
> ③ 대통령은 제1항의 목적을 달성하기 위하여 필요한 자문기구를 둘 수 있다.

④ [ X ] 국가과학기술자문회의는 헌법기관이 아닌 법률상의 임의적 자문기구이다.

## 03 정답 ①

❶ [ O ] 감사원의 헌법상 지위에 관하여 보면, 감사원은 국가의 세입·세출의 결산, 국가 및 법률이 정한 단체의 회계검사와 행정기관 및 공무원의 직무에 관한 감찰을 하기 위하여 대통령 소속하에 설치되는 헌법기관이다(2008.5.29, 2005헌라3).

② [ X ] ③ [ X ] 감사원은 세입·세출의 결산을 매년 검사하여 대통령과 차년도 국회에 그 결과를 보고하여야 한다(헌법 제99조).

> **비교** 헌법 제55조 ② 예비비는 총액으로 국회의 의결을 얻어야 한다. 예비비의 지출은 차기국회의 승인을 얻어야 한다.

④ [ X ]

> 「감사원법」 제24조 【감찰 사항】 ① 감사원은 다음 각 호의 사항을 감찰한다.
> 1. 「정부조직법」 및 그 밖의 법률에 따라 설치된 행정기관의 사무와 그에 소속한 공무원의 직무
> 2. 지방자치단체의 사무와 그에 소속한 지방공무원의 직무
> 3. 제22조 제1항 제3호 및 제23조 제7호에 규정된 자의 사무와 그에 소속한 임원 및 감사원의 검사대상이 되는 회계사무와 직접 또는 간접으로 관련이 있는 직원의 직무
> 4. 법령에 따라 국가 또는 지방자치단체가 위탁하거나 대행하게 한 사무와 그 밖의 법령에 따라 공무원의 신분을 가지거나 공무원에 준하는 자의 직무
> ③ 제1항의 공무원에는 국회·법원 및 헌법재판소에 소속한 공무원은 제외한다.

## 04 정답 ②

① [ O ]

> 「감사원법」 제33조 【시정 등의 요구】 ① 감사원은 감사 결과 위법 또는 부당하다고 인정되는 사실이 있을 때에는 소속 장관, 감독기관의 장 또는 해당 기관의 장에게 시정·주의 등을 요구할 수 있다.
> ② 제1항의 요구가 있으면 소속 장관, 감독기관의 장 또는 해당 기관의 장은 감사원이 정한 날까지 이를 이행하여야 한다.

❷ [ X ] 감사원 감사를 받는 사람이 불합리한 규제의 개선 등 공공의 이익을 위하여 업무를 적극적으로 처리한 결과에 대하여 그의 행위에

고의나 중대한 과실이 없는 경우에는 이 법에 따른 징계 요구 또는 문책 요구 등 책임을 묻지 아니한다(「감사원법」제34조의3 제1항).

③ [O]

> 「감사원법」제22조 【필요적 검사사항】① 감사원은 다음 각 호의 사항을 검사한다.
>   1. 국가의 회계

④ [O]

> 「감사원법」제22조 【필요적 검사사항】① 감사원은 다음 각 호의 사항을 검사한다.
>   3. 한국은행의 회계와 국가 또는 지방자치단체가 자본금의 2분의 1 이상을 출자한 법인의 회계
> 제23조 【선택적 검사사항】 감사원은 필요하다고 인정하거나 국무총리의 요구가 있는 경우에는 다음 각 호의 사항을 검사할 수 있다.
>   6. 국가 또는 지방자치단체가 채무를 보증한 자의 회계

---

**05** 　　　　　　　　　　　　　　　　　　　정답 ②

① [X] 대법관의 수는 「법원조직법」에 규정되어 있어 개헌 절차를 거치지 않고 법률의 개정만으로 대법관의 수를 달리할 수 있다. 대법원장의 중임제한, 법관의 임기는 모두 헌법에 규정되어 있다.

❷ [O] 구 법관징계법 제27조는 법관에 대한 대법원장의 징계처분 취소청구소송을 대법원에 의한 단심재판에 의하도록 규정하고 있는바, 이는 독립적으로 사법권을 행사하는 법관이라는 지위의 특수성과 법관에 대한 징계절차의 특수성을 감안하여 재판의 신속을 도모하기 위한 것으로 그 합리성을 인정할 수 있고, 대법원이 법관에 대한 징계처분 취소청구소송을 단심으로 재판하는 경우에는 사실확정도 대법원의 권한에 속하여 법관에 의한 사실확정의 기회가 박탈되었다고 볼 수 없으므로, 헌법 제27조 제1항의 재판청구권을 침해하지 아니한다(2012.2.23, 2009헌바34).

> 참고 「특허법」과 「변호사법」의 단심제는 위헌이다.

③ [X] 우리 헌법은 제헌헌법부터 임기 10년의 법관임기제를 규정하고 있었고, 제5차 개정헌법(1962년 헌법)에서는 대법원장인 법관의 임기는 6년, 일반법관의 임기는 10년으로 하는 임기제 규정을 두고 아울러 법관 정년을 일률적으로 65세로 한다고 헌법에 명시적으로 정년연령을 직접 규정하였다가, 제7차 개정헌법(1972년 헌법)에 이르러서는 정년연령을 헌법에 직접 명시하여 규정하지 않고, 다만, "법률이 정하는 연령에 달한 때에는 퇴직한다."라고 규정하여, 정년제를 채택하되, 그 구체적인 정년연령은 법률로 정하도록 하였으며, 제8차 개정헌법(1980년 헌법)에서 현행헌법과 같이 "법관의 정년은 법률로 정한다."라고 헌법에서 법관정년제를 규정하면서 그 구체적인 정년연령은 법률로 정하도록 하고 아울러 대법원장, 대법관, 그 이외의 일반법관 사이에 차등을 두는 임기제를 규정하여 현행헌법에 이르게 되었다.

④ [X] 법관은 국가의 통치권인 입법·행정·사법의 주요 3권 중 사법권을 담당하고 그 권한을 행사하는 국가기관이고, 다른 국가기관이나 그 종사자와는 달리 헌법과 법률에 의하여 그 양심에 따라 독립하여 심판하는 기관으로서(헌법 제103조), 법관 하나하나가 법을 선언·판단하는 독립된 기관이며, 그에 따라 사법권의 독립을 위하여 헌법에 의하여 그 신분을 고도로 보장받고 있다(헌법 제106조). 따라서, 법관의 정년을 설정함에 있어서, 입법자는 위와 같은 헌법상 설정된 법관의 성격과 그 업무의 특수성에 합치되어야 하고, 관료제도를 근간으로 하는 계층구조적인 일반 행정공무원과

달리 보아야 함은 당연하므로, 고위법관과 일반법관을 차등하여 정년을 설정함은 일응 문제가 있어 보이나, 사법도 심급제도를 염두에 두고 있다는 점과 위에서 살펴본 몇 가지 이유를 감안하여 볼 때, 일반법관의 정년을 대법원장이나 대법관보다 낮은 63세로, 대법관의 정년을 대법원장보다 낮은 65세로 설정한 것이 위헌이라고 단정할 만큼 불합리하다고 보기는 어렵다고 할 것이다(2002.10.31, 2001헌마557).

---

**06** 　　　　　　　　　　　　　　　　　　　정답 ④

① [X] ② [X] 법관이 중대한 신체상 또는 정신상의 장해로 직무를 수행할 수 없을 때에는, 대법관인 경우에는 대법원장의 제청으로 대통령이 퇴직을 명할 수 있고, 판사인 경우에는 인사위원회의 심의를 거쳐 대법원장이 퇴직을 명할 수 있다(「법원조직법」제47조).

③ [X]

> 「법관징계법」제27조 【불복절차】① 피청구인이 징계 등 처분에 대하여 불복하려는 경우에는 징계 등 처분이 있음을 안 날부터 14일 이내에 전심절차를 거치지 아니하고 대법원에 징계 등 처분의 취소를 청구하여야 한다.
> ② 대법원은 제1항의 취소청구사건을 단심으로 재판한다.

❹ [O] 위 법 제2조 제2항 제1호의 '차관급 상당 이상의 보수를 받은 자'에 법관을 포함시키는 것은, 법관의 신분을 직접 가중적으로 보장하고 있는 헌법 제106조 제1항의 법관의 신분보장규정에 위반되고, 직업공무원으로서 그 신분이 보장되고 있는 일반직공무원과 비교하더라도 그 처우가 차별되고 있는 것이어서 헌법 제11조의 평등권의 보장규정에 위반된다(1992.11.12, 91헌가2).

---

**07** 　　　　　　　　　　　　　　　　　　　정답 ④

① [X]

> 헌법 제106조 ② 법관이 중대한 심신상의 장해로 직무를 수행할 수 없을 때에는 법률이 정하는 바에 의하여 퇴직하게 할 수 있다.
> 「법원조직법」제47조 【심신상의 장해로 인한 퇴직】 법관이 중대한 신체상 또는 정신상의 장해로 직무를 수행할 수 없을 때에는, 대법관인 경우에는 대법원장의 제청으로 대통령이 퇴직을 명할 수 있고, 판사인 경우에는 인사위원회의 심의를 거쳐 대법원장이 퇴직을 명할 수 있다.

② [X] 「법원조직법」제8조는 "상급법원의 재판에 있어서의 판단은 당해 사건에 관하여 하급심을 기속한다."라고 규정하고, 「민사소송법」제436조 제2항 후문도 상고법원이 파기의 이유로 삼은 사실상 및 법률상의 판단은 하급심을 기속한다는 취지를 규정하고 있으며, 「형사소송법」에서는 이에 상응하는 명문의 규정은 없지만 법률심을 원칙으로 하는 상고심은 「형사소송법」제383조 또는 제384조에 의하여 사실인정에 관한 원심판결의 당부에 관하여 제한적으로 개입할 수 있는 것이므로 조리상 상고심 판결의 파기이유가 된 사실상의 판단도 기속력을 가진다. 따라서 상고심으로부터 사건을 환송받은 법원은 그 사건을 재판함에 있어서 상고법원이 파기이유로 한 사실상 및 법률상의 판단에 대하여 환송 후의 심리과정에서 새로운 증거가 제시되어 기속적 판단의 기초가 된 증거관계에 변동이 생기지 않는 한 이에 기속된다(대판 2009.4.9, 2008도10572).

③ [ X ] 「법원조직법」 제8조는 "상급법원의 재판에 있어서의 판단은 당해 사건에 관하여 하급심을 기속한다."라고 규정하지만 이는 심급제도의 합리적 유지를 위하여 당해 사건에 한하여 구속력을 인정한 것이고 그 후의 동종의 사건에 대한 선례로서의 구속력에 관한 것은 아니다(2002.6.27, 2002헌마18).

❹ [ O ] 대법원 양형위원회 설치의 목적, 구성, 업무내용, 양형기준을 설정·변경하면서 준수하여야 하는 여러 원칙 및 고려사항, 양형기준의 효력 등에 관한 각 규정의 내용 및 그 입법 경위 등을 종합하면, 법관은 양형을 할 때에 위와 같은 양형기준을 존중하여야 하고, 법원은 약식절차 또는 즉결심판절차에 의하여 심판하는 경우가 아닌 한, 양형기준을 벗어난 판결을 함에 따라 판결서에 양형의 이유를 기재하여야 하는 경우에는 위와 같은 양형기준의 의의, 효력 등을 감안하여 당해 양형을 하게 된 사유를 합리적이고 설득력 있게 표현하는 방식으로 그 이유를 기재하여야 한다(대판 2010.12.9, 2010도7410).

## 08 정답 ④

① [ X ] 「형법」은 경합범 관계에 있는 수죄를 한꺼번에 처벌하는 경우 그 형을 가중하도록 하고 있고, 범죄의 정상에 참작할 사유가 있는 경우에는 작량하여 그 형을 감경할 수 있도록 하고 있으므로 경합범 관계에 있는 수죄가 분리기소되더라도 실형기간이 일괄기소되는 경우에 비하여 항상 길다고만은 할 수 없을 뿐만 아니라 법관은 일괄기소되는 경우와의 형평을 고려하여 양형을 통해 그 형량을 조절할 수 있을 것이므로 집행유예의 결격사유를 정하고 있는 「형법」 제62조 제1항 단서 규정이 한꺼번에 기소되는 경우와 분리기소되는 경우를 차별한다거나 정당한 재판을 받을 권리를 침해한다거나 나아가 법관의 양심에 따른 재판권을 침해한다고는 볼 수 없다(2005.6.30, 2003헌바49).

② [ X ] 경합범 관계의 수죄가 분리기소 되면 일정한 경우 집행유예를 선고할 수 없다고 하더라도 이것이 평등권이나 법관의 양심에 따른 재판권을 침해한다고 볼 수 없다(2005.6.30, 2003헌바49).

③ [ X ] 시각장애인들에 대한 실질적인 보호를 위하여 비안마사들의 안마시술소 개설행위를 실효적으로 규제하는 것이 필요하고, 이 사건 처벌조항은 벌금형과 징역형을 모두 규정하고 있으나, 그 하한에는 제한을 두지 않고 그 상한만 5년 이하의 징역형 또는 2천만 원 이하의 벌금형으로 제한하여 법관의 양형재량권을 폭넓게 인정하고 있으며, 죄질에 따라 벌금형이나 선고유예까지 선고할 수 있으므로, 이러한 법정형이 위와 같은 입법목적에 비추어 지나치게 가혹한 형벌이라고 보기 어렵다. 따라서 이 사건 처벌조항이 책임과 형벌 사이의 비례원칙에 위반되어 헌법에 위반된다고 볼 수 없다(2017.12.28, 2017헌가15).

❹ [ O ] 행정심판청구를 인용하는 재결이 행정청을 기속하도록 규정함으로써 지방자치단체의 장이 이에 불복하여 행정소송을 제기할 수 없도록 한 「행정심판법」 제49조 제1항은 입법권 및 행정권으로부터 독립된 사법권의 권한과 심사범위를 규정한 것일 뿐이므로, 위 조항은 헌법 제101조 제1항에 위배되지 아니한다(2014.6.26, 2013헌바122).

## 09 정답 ①

❶ [ O ] 법관이 형사재판의 양형에 있어 법률에 기속되는 것은 헌법 제103조의 규정에 따른 것으로서 헌법이 요구하는 법치국가원리의 당연한 귀결이며, 법관의 양형판단재량권 특히 집행유예 여부에 관한 재량권은 어떠한 경우에도 제한될 수 없다고 볼 성질의 것이

아니므로, 강도상해죄를 범한 자에 대하여는 법률상의 감경사유가 없는 한 집행유예의 선고가 불가능하도록 한 것이 사법권의 독립 및 법관의 양형판단재량권을 침해 내지 박탈하는 것으로서 헌법에 위반된다고는 볼 수 없다(2001.4.26, 99헌바43).

② [ X ]

> 「법원조직법」 제81조의3 【위원회의 구성】 ① 위원회는 위원장 1명을 포함한 13명의 위원으로 구성하되, 위원장이 아닌 위원 중 1명은 상임위원으로 한다.
> ④ 위원장과 위원의 임기는 2년으로 하고, 연임할 수 있다.

③ [ X ] 형사재판에서 법관의 양형결정이 법률에 기속되는 것은 법률에 따라 심판한다는 헌법 제103조에 의한 것으로 법치국가원리의 당연한 귀결이다. 헌법상 어떠한 행위가 범죄에 해당하고 이를 어떻게 처벌할 것인지 여부를 정할 권한은 국회에 부여되어 있고 그에 대하여는 광범위한 입법재량 내지 형성의 자유가 인정되고 있으므로 형벌에 대한 입법자의 입법정책적 결단은 기본적으로 존중되어야 한다. 따라서 형사법상 법관에게 주어진 양형권한도 입법자가 만든 법률에 규정되어 있는 내용과 방법에 따라 그 한도 내에서 재판을 통해 형벌을 구체화하는 것으로 볼 수 있다. 또한 검사의 약식명령청구사안이 적당하지 않다고 판단될 경우 법원은 직권으로 통상의 재판절차로 사건을 넘겨 재판절차를 진행시킬 수 있고 이 재판절차에서 법관이 자유롭게 형량을 결정할 수 있으므로 이러한 점들을 종합해보면 이 사건 법률조항에 의하여 법관의 양형결정권이 침해된다고 볼 수 없다(2005.3.31, 2004헌가27).

④ [ X ] 청구인은 위 각 법률조항이 정한 절차에 따라 이 사건 인사처분에 대하여 그 구제를 청구할 수 있고, 그 절차에서 구제를 받지 못한 때에는 「국가공무원법」 제16조, 「법원조직법」 제70조, 「행정소송법」 제1조의 규정에 미루어 다시 행정소송을 제기하여 그 구제를 청구할 수 있음이 명백하다. 그럼에도 불구하고, 청구인이 위와 같은 구제절차를 거치지 아니한 채 바로 이 사건 헌법소원심판을 청구한 점은 스스로 이를 인정하고 있으므로, 특별한 사정이 없는 한, 이 사건 심판청구는 다른 법률이 정한 구제절차를 모두 거치지 아니한 채 제기된 부적법한 심판청구라 아니할 수 없다(1993.12.23, 92헌마247).

## 10 정답 ③

① [ O ] 헌법상 어떠한 행위가 범죄에 해당하고 이를 어떻게 처벌할 것인지 여부를 정할 권한은 국회에 부여되어 있고 그에 대하여는 광범위한 입법재량 내지 형성의 자유가 인정되고 있으므로 형벌에 대한 입법자의 입법정책적 결단은 기본적으로 존중되어야 한다. 따라서 형사법상 법관에게 주어진 양형권한도 입법자가 만든 법률에 규정되어 있는 내용과 방법에 따라 그 한도 내에서 재판을 통해 형벌을 구체화하는 것으로 볼 수 있다. 또한 검사의 약식명령청구사안이 적당하지 않다고 판단될 경우 법원은 직권으로 통상의 재판절차로 사건을 넘겨 재판절차를 진행시킬 수 있고 이 재판절차에서 법관이 자유롭게 형량을 결정할 수 있으므로 이러한 점들을 종합해보면 이 사건 법률조항에 의하여 법관의 양형결정권이 침해된다고 볼 수 없다(2005.3.31, 2004헌가27·2005헌바8).

② [ O ] 대법원장은 다른 국가기관으로부터 법관의 파견근무 요청을 받은 경우에 업무의 성질상 법관을 파견하는 것이 타당하다고 인정되고 해당 법관이 파견근무에 동의하는 경우에는 그 기간을 정하여 이를 허가할 수 있다(「법원조직법」 제50조).

❸ [ X ] 법관으로서 퇴직 후 2년이 지나지 아니한 사람은 대통령비서실의 직위에 임용될 수 없다(「법원조직법」 제50조의2 제2항).

④ [○] 법원이 명령·규칙의 위헌·위법을 심사하기 위해서는 명령 또는 규칙이 헌법이나 법률에 위반되는지가 재판의 전제가 되어야 한다. 따라서 구체적인 규범통제만이 가능하고, 추상적 규범통제는 불가능하다.

## 11 정답 ④

① [X] 대법원장은 법관을 사건의 심판 외의 직(재판연구관을 포함한다)에 보하거나 그 직을 겸임하게 할 수 있다(「법원조직법」 제52조 제1항).

② [X] 군사법원에 대하여는 헌법 제110조 제3항이 "군사법원의 조직·권한 및 재판관의 자격은 법률로 정한다."라고 규정하고 그에 따라 「군사법원법」이 제정되어 있다. 이와 같이 구체적인 법원의 조직에 있어서는 일반법원과 군사법원은 그 명칭을 달리한다(1994.12.29, 92헌바22).

③ [X] 대법원을 비롯한 각급 법원(군사법원 포함)은 명령·규칙을 심사할 수 있다. 그러나 명령·규칙의 위헌·위법 여부를 최종적으로 심사할 권한은 대법원이 가진다(헌법 제107조 제2항).

❹ [○] 헌법 제107조 제2항이 규정한 명령·규칙에 대한 대법원의 최종심사권은 구체적인 소송사건에서 명령·규칙의 위헌 여부가 재판의 전제가 되었을 경우 법률의 경우와는 달리 헌법재판소에 제청할 것 없이 대법원이 최종적으로 이를 심사할 수 있다는 의미일 뿐이므로 명령·규칙 그 자체에 의하여 직접 기본권이 침해되는 경우에는 헌법소원으로 그 위헌 여부의 확인을 구할 수 있는 것이다. 그리고 「헌법재판소법」 제68조 제1항이 규정하고 있는 헌법소원심판의 대상으로서의 공권력의 행사는 대법원의 규칙제정행위를 포함하므로 대법원규칙도 그것이 별도의 집행행위를 기다리지 않고 직접 기본권을 침해하는 것일 때에는 헌법소원심판의 대상이 될 수 있다(1990.10.15, 89헌마178).

## 12 정답 ①

❶ [○] 명령 또는 규칙이 법률에 위반한 경우에는 대법관 전원의 3분의 2 이상의 합의체에서 심판하도록 규정한 「법원조직법」 제7조 제1항 제2호에서 말하는 명령 또는 규칙이라 함은 국가와 국민에 대하여 일반적 구속력을 가지는 이른바 법규로서의 성질을 가지는 명령 또는 규칙을 의미한다(대판 1990.2.27, 88누55).

② [X] 헌법 제107조 제2항이 규정한 명령·규칙에 대한 대법원의 최종심사권이란 구체적인 소송사건에서 명령·규칙의 위헌 여부가 재판의 전제가 되었을 경우 법률의 경우와는 달리 헌법재판소에 제청할 것 없이 대법원이 최종적으로 심사할 수 있다는 의미이며, 헌법 제111조 제1항 제1호에서 법률의 위헌 여부 심사권을 헌법재판소에 부여한 이상 통일적인 헌법해석과 규범통제를 위하여 공권력에 의한 기본권 침해를 이유로 하는 헌법소원심판청구사건에 있어서 법률의 하위법규인 명령·규칙의 위헌 여부 심사권이 헌법재판소의 관할에 속함은 당연한 것으로서 헌법 제107조 제2항의 규정이 이를 배제한 것이라고는 볼 수 없다. 그러므로 법률의 경우와 마찬가지로 명령·규칙 그 자체에 의하여 직접 기본권이 침해되었음을 이유로 하여 헌법소원심판을 청구하는 것은 위 헌법규정과는 아무런 상관이 없는 문제이다(1990.10.15, 89헌마178).

③ [X] 헌법 제107조 제2항은 "명령·규칙 또는 처분이 헌법이나 법률에 위반되는 여부가 재판의 전제가 된 경우에는 대법원은 이를 최종적으로 심사할 권한을 가진다."라고 규정하고 있고, 법원행정처장이나 법무부장관은 이 규정을 들어 명령·규칙의 위헌 여부는 대법원에 최종적으로 심사권이 있으므로 법무사법시행규칙의 위헌

성 여부를 묻는 헌법소원은 위 헌법규정에 반하여 부적법하다고 주장한다. 그러나 헌법 제107조 제2항이 규정한 명령·규칙에 대한 대법원의 최종심사권이란 구체적인 소송사건에서 명령·규칙의 위헌 여부가 재판의 전제가 되었을 경우 법률의 경우와는 달리 헌법재판소에 제청할 것 없이 대법원이 최종적으로 심사할 수 있다는 의미이며, 헌법 제111조 제1항 제1호에서 법률의 위헌 여부 심사권을 헌법재판소에 부여한 이상 통일적인 헌법해석과 규범통제를 위하여 공권력에 의한 기본권 침해를 이유로 하는 헌법소원심판청구사건에 있어서 법률의 하위법규인 명령·규칙의 위헌 여부 심사권이 헌법재판소의 관할에 속함은 당연한 것으로서 헌법 제107조 제2항의 규정이 이를 배제한 것이라고는 볼 수 없다. 그러므로 법률의 경우와 마찬가지로 명령·규칙 그 자체에 의하여 직접 기본권이 침해되었음을 이유로 하여 헌법소원심판을 청구하는 것은 위 헌법 규정과는 아무런 상관이 없는 문제이다. 그리고 「헌법재판소법」 제68조 제1항이 규정하고 있는 헌법소원심판의 대상으로서의 '공권력'이란 입법·사법·행정 등 모든 공권력을 말하는 것이므로 입법부에서 제정한 법률, 행정부에서 제정한 시행령이나 시행규칙 및 사법부에서 제정한 규칙 등은 그것들이 별도의 집행행위를 기다리지 않고 직접 기본권을 침해하는 것일 때에는 모두 헌법소원심판의 대상이 될 수 있는 것이다(1990.10.15, 89헌마178).

④ [X] 법규명령이나 법규명령의 효력을 가진 규칙이 직접, 법적으로 기본권을 침해한 경우, 헌법소원을 청구할 수 있다. 대법원이 최종적으로 심사하는 경우는 재판의 전제성을 요건으로 한다.

| 구분 | 대법원 | 헌법재판소 |
| --- | --- | --- |
| 명령의 위헌 여부가 재판의 전제가 된 경우 | ○ | X |
| 직접성 요건 | X | ○ |

## 13 정답 ①

❶ [○] 「법원조직법」 제8조에 따르면 대법원 판결은 당해 사건에 한해서만 기속력이 있으므로 대법원의 명령·규칙에 대한 위법 판단은 당해사건에 한해서만 효력이 있을 뿐이다. 따라서 명령·규칙은 당해 사건에 한해서만 효력을 상실하게 된다.

② [X]

> **헌법 제108조** 대법원은 법률에 저촉되지 아니하는 범위 안에서 소송에 관한 절차, 법원의 내부규율과 사무처리에 관한 규칙을 제정할 수 있다.
>
> **제105조** ① 대법원장의 임기는 6년으로 하며, 중임할 수 없다.
> ② 대법관의 임기는 6년으로 하며, 법률이 정하는 바에 의하여 연임할 수 있다.
> ③ 대법원장과 대법관이 아닌 법관의 임기는 10년으로 하며, 법률이 정하는 바에 의하여 연임할 수 있다.
> ④ 법관의 정년은 법률로 정한다.

③ [X] 임기는 헌법 제105조가 직접 정하고 있고, 정년은 헌법 제105조 제4항이 법률로 정하도록 하고 있다.

④ [X] 헌법은 대법원장의 중임제한과 법관의 임기 규정만 있을 뿐, 대법관의 수, 대법관의 정년은 「법원조직법」에서 규정하고 있다.

헌법 제105조 ① 대법원장의 임기는 6년으로 하며, 중임할 수 없다.

② 대법관의 임기는 6년으로 하며, 법률이 정하는 바에 의하여 연임할 수 있다.

③ 대법원장과 대법관이 아닌 법관의 임기는 10년으로 하며, 법률이 정하는 바에 의하여 연임할 수 있다.

④ 법관의 정년은 법률로 정한다.

「법원조직법」 제4조 【대법관】 ② 대법관의 수는 대법원장을 포함하여 14명으로 한다.

제45조 【임기·연임·정년】 ④ 대법원장과 대법관의 정년은 각각 70세, 판사의 정년은 65세로 한다.

## 14 　　　　　　　　　　　　　　　　　　정답 ④

① [O] 제7차 개정헌법과 제8차 개정헌법하에서 군사정부의 눈치를 보아 헌법재판권 행사가 이루어지지 못했다.

② [O] 사법적극주의는 국회가 진보적일 때는 보수적이고, 국회가 보수적일 때는 진보적으로 평가된다. 따라서 사법적극주의라고 진보적이라고 할 수도 없고, 사법소극주의라고 보수적이라고 할 수 없다.

③ [O] 이라크 파병결정에서 헌법재판소는 통치행위라고 하면서 사법심사를 자제하였다. 이는 사법소극주의 철학을 취했다고 할 수 있다.

❹ [X]

### <사법적극주의>

| 개념 | 사법적극주의란 사법부도 역사발전을 위해 입법부나 집행부의 행위를 적극적으로 판단하는 것이 바람직하다는 사법 철학을 말한다. |
| --- | --- |
| 근거 | 사법적극주의의 근거로는 사법부의 헌법수호기능, 기본권보호기능, 의회와 집행부에 대한 통제의 필요성이 거론된다. |

## 15 　　　　　　　　　　　　　　　　　　정답 ②

① [X] • 긴급재정경제명령, 신행정수도법: 사법심사 했음, 사법적극주의
　　　 • 이라크 파병 결정: 사법심사 자제, 사법소극주의

❷ [O]

「헌법재판소법」 제17조 【사무처】 ④ 사무처장은 국회 또는 국무회의에 출석하여 헌법재판소의 행정에 관하여 발언할 수 있다.

⑤ 헌법재판소장이 한 처분에 대한 행정소송의 피고는 헌법재판소 사무처장으로 한다.

③ [X] 탄핵의 심판, 정당해산의 심판 및 권한쟁의의 심판은 구두변론에 의한다(「헌법재판소법」 제30조 제1항).

④ [X] 심판에 관여한 재판관은 결정서에 의견을 표시하여야 한다(「헌법재판소법」 제36조 제3항). ➡ 구 헌법재판소법은 결정서에 의견을 표시해야 할 심판을 열거하고 있었으나 개정 헌법재판소법은 모든 개별심판에 의견을 표시하도록 하였다.

❶ [X]

「헌법재판소법」 제40조 【준용규정】 ① 헌법재판소의 심판절차에 관하여는 이 법에 특별한 규정이 있는 경우를 제외하고는 헌법재판의 성질에 반하지 아니하는 한도에서 민사소송에 관한 법령을 준용한다. 이 경우 탄핵심판의 경우에는 형사소송에 관한 법령을 준용하고, 권한쟁의심판 및 헌법소원심판의 경우에는 「행정소송법」을 함께 준용한다.

② 제1항 후란의 경우에 형사소송에 관한 법령 또는 「행정소송법」이 민사소송에 관한 법령에 저촉될 때에는 민사소송에 관한 법령은 준용하지 아니한다.

② [O] ③ [O] 가처분의 요건은 헌법소원심판에서 다투어지는 '공권력 행사 또는 불행사'의 현상을 그대로 유지시킴으로 인하여 생길 회복하기 어려운 손해를 예방할 필요가 있어야 한다는 것과 그 효력을 정지시켜야 할 긴급한 필요가 있어야 한다는 것 등이 된다. 따라서 본안심판이 부적법하거나 이유 없음이 명백하지 않는 한, 위와 같은 가처분의 요건을 갖춘 것으로 인정되면, 가처분을 인용한 뒤 종국결정에서 청구가 기각되었을 때 발생하게 될 불이익과 가처분을 기각한 뒤 청구가 인용되었을 때 발생하게 될 불이익을 비교형량하여 후자가 전자보다 큰 경우에, 가처분을 인용할 수 있다(2000.12.8, 2000헌사471).

④ [O] 「헌법재판소법」 제40조 제1항에 따라 준용되는 「행정소송법」 제23조 제2항의 집행정지규정과 「민사소송법」 제714조의 가처분규정에 의하면, 법령의 위헌확인을 청구하는 헌법소원심판에서의 가처분은 위헌이라고 다투어지는 법령의 효력을 그대로 유지시킬 경우 회복하기 어려운 손해가 발생할 우려가 있어 가처분에 의하여 임시로 그 법령의 효력을 정지시키지 아니하면 안 될 필요가 있을 때 허용되고, 다만 현재 시행되고 있는 법령의 효력을 정지시키는 것일 때에는 그 효력의 정지로 인하여 파급적으로 발생되는 효과가 클 수 있으므로 비록 일반적인 보전의 필요성이 인정된다고 하더라도 공공복리에 중대한 영향을 미칠 우려가 있을 때에는 인용되어서는 안 될 것이다(2002.4.25, 2002헌사129).

① [O] 「헌법재판소법」 제40조 제1항에 따라 준용되는 「행정소송법」 제23조 제2항의 집행정지규정과 「민사소송법」 제714조의 가처분규정에 의하면, 법령의 위헌확인을 청구하는 헌법소원심판에서의 가처분은 위헌이라고 다투어지는 법령의 효력을 그대로 유지시킬 경우 회복하기 어려운 손해가 발생할 우려가 있어 가처분에 의하여 임시로 그 법령의 효력을 정지시키지 아니하면 안 될 필요가 있을 때 허용되고, 다만 현재 시행되고 있는 법령의 효력을 정지시키는 것일 때에는 그 효력의 정지로 인하여 파급적으로 발생되는 효과가 클 수 있으므로 비록 일반적인 보전의 필요성이 인정된다고 하더라도 공공복리에 중대한 영향을 미칠 우려가 있을 때에는 인용되어서는 안 될 것이다(2002.4.25, 2002헌사129).

② [O] 「헌법재판소법」은 정당해산심판과 권한쟁의심판에만 가처분에 관한 규정을 두고 있으나(제57조, 제65조), 헌법재판소 판례는 위헌법률심사형 헌법소원심판에 있어서도 가처분을 허용하고 있다(2000.12.8, 2000헌사471). 그러나 헌법 제65조 제3항에서는 "탄핵소추의 의결을 받은 자는 탄핵심판이 있을 때까지 그 권한행사가 정지된다."라고 규정하고 있으므로, 탄핵소추의결을 받은 자의 직무집행을 정지하기 위한 가처분은 인정될 여지가 없다.

❸ [X] 탄핵소추의 의결을 받은 자는 탄핵심판이 있을 때까지 그 권한행사가 정지된다(헌법 제65조 제3항).

④ [O] 「헌법재판소법」 제68조 제2항에 의한 헌법소원에서 당해 소원의 심판이 있을 때까지 그 소원의 전제가 된 민사소송절차의 일시정지를 구하는 가처분신청을 이유 없다고 하여 기각한 사례(1993. 12.20, 93헌사81)

## 18          정답 ③

① [X] 이 사건 법률 제2조 제3호 및 제8조 제1항의 '청소년이용음란물'이 실제인물인 청소년이 등장하는 음란물을 의미하고 단지 만화로 청소년을 음란하게 묘사한 당해 사건의 공소사실을 규율할 수 없다고 본다면 위 각 규정은 당해 사건에 적용될 수 없어 일응 재판의 전제성을 부인하여야 할 것으로 보이나, 아직 법원에 의하여 그 해석이 확립된 바 없어 당해 형사사건에의 적용 여부가 불명인 상태에서 검사가 그 적용을 주장하며 공소장에 적용법조로 적시하였고, 법원도 적용가능성을 전제로 재판의 전제성을 긍정하여 죄형법정주의 위반 등의 문제점을 지적하면서 위헌법률심판제청을 하여 온 이상, 헌법재판소로서는 그 법령을 해석하여 이에 대한 판단을 하여야 하고 법원은 그 판단을 전제로 당해 사건을 재판하게 되는 것이므로, 위 각 규정은 그 해석에 의하여 당해 형사사건에의 적용 여부가 결정된다는 측면에서 재판의 전제성을 인정하여야 한다(2002.4.25, 2001헌가27).

② [X] 재판의 전제성은 심판을 제청할 때뿐만 아니라 심판을 진행하는 도중에도 갖추어져야 함이 원칙이다(1993.12.23, 93헌가2).

❸ [O] 「형법」 제1조 제2항은 "전체적으로 보아 신법이 구법보다 피고인에게 유리하게 변경된 것이라면 신법을 적용하여야 한다."라는 취지이므로, 이 사건과 같이 양벌규정에 면책조항이 추가되어 무과실책임규정이 과실책임규정으로 피고인에게 유리하게 변경되었다면 당해 사건에는 「형법」 제1조 제2항에 의하여 신법이 적용된다 할 것이고, 결국 각 당해 사건에 적용되지 않는 구법인 이 사건 심판대상 법률조항들은 재판의 전제성을 상실하게 되었다 할 것이다(2010.11.25, 2010헌가71 등).

④ [X] 구 공무원연금법 제64조 제1항 제1호에 대하여 헌법재판소가 헌법불합치결정을 하면서, 2008.12.31.까지 잠정적용을 명하였는데, 청구인에 대한 공무원 퇴직연금 환수처분은 위 조항에 근거하여 잠정적용기간 내인 2008.9.12.에 이루어졌으므로 법률상 근거가 있는 처분이다. 그리고 청구인에 대한 압류처분은 위와 같이 유효한 환수처분을 선행처분으로 한 것이므로, 압류처분의 무효확인을 구하는 당해 소송에서는 개정된 공무원연금법 제64조 제1항 제1호가 적용될 여지가 없다. 따라서 개정된 공무원연금법 제64조 제1항 제1호는 당해 사건의 재판에 적용되지 아니하므로, 재판의 전제성이 인정되지 아니한다(2013.8.29, 2010헌바241).

## 19          정답 ①

❶ [O] 신상정보 등록의 근거규정에 의하면, 일정한 성폭력범죄로 유죄판결이 확정된 자는 신상정보 등록대상자가 되는바, 유죄판결이 확정되기 전 단계인 당해 형사사건 재판에서 신상정보 등록 근거규정이 적용된다고 볼 수 없으므로 이에 관한 청구는 재판의 전제성이 인정되지 아니한다(2013.9.26, 2012헌바109).

② [X] 공소가 제기되지 아니한 법률조항의 위헌 여부는 당해 형사사건의 재판의 전제가 될 수 없으므로 헌법소원심판청구는 청구의 이익이 없어 부적법하다(1989.9.29, 89헌마53).

③ [X] 「헌법재판소법」 제68조 제2항에 따른 헌법소원의 경우에는 당해 사건이 헌법소원의 제기로 정지되지 않기 때문에 헌법소원심판의 종국결정 이전에 당해 사건이 확정되어 종료되는 경우가 있을 수 있으나, 「헌법재판소법」 제68조 제2항에 의한 헌법소원이 인용된 경우에는 당해 헌법소원과 관련된 소송사건이 이미 확정된 때라도 당사자는 재심을 청구할 수 있으므로(「헌법재판소법」 제75조 제7항), 판결이 확정되었더라도 재판의 전제성이 소멸된다고 볼 수는 없다(2010.5.27, 2008헌바61).

④ [X] 과태료 부과 사전통지 및 이에 따른 납부가 중대하고 명백한 하자로 인하여 당연무효로 되는 경우에 한하여 행정청이 이미 수령한 과태료가 부당이득이 된다. 그런데 행정처분의 근거법률이 헌법에 위반된다는 사정이 헌법재판소의 위헌결정이 있기 전에는 객관적으로 명백한 것이라고 할 수는 없어 특별한 사정이 없는 한 행정처분의 취소사유에 해당할 뿐 당연무효사유가 아닌 것과 마찬가지로, 과태료 부과 근거법률이 헌법에 위반된다는 사정은 헌법재판소의 위헌결정이 있기 전에는 객관적으로 명백한 것이라고 할 수 없어 특별한 사정이 없는 이상 그러한 하자는 중대하고 명백한 하자라고 볼 수 없다. 따라서 과태료 부과 근거법률의 위헌 여부에 따라, 과태료 부과 사전통지 및 이에 따른 납부의 효력을 선결문제로 하는 당해 사건 재판의 주문이 달라지거나 재판의 내용과 효력에 관한 법률적 의미가 달라진다고 볼 수 없다(2021.9.30, 2019헌바149).

## 20          정답 ④

① [O] 「헌법재판소법」 제68조 제2항에 의한 헌법소원심판 청구인이 당해 사건인 형사사건에서 무죄의 확정판결을 받은 때에는 처벌조항의 위헌확인을 구하는 헌법소원이 인용되더라도 재심을 청구할 수 없고, 청구인에 대한 무죄판결은 종국적으로 다툴 수 없게 되므로 법률의 위헌 여부에 따라 당해 사건 재판의 주문이 달라지거나 재판의 내용과 효력에 관한 법률적 의미가 달라지는 경우에 해당한다고 볼 수 없으므로, 원칙적으로 더 이상 재판의 전제성이 인정되지 아니한다(2013.3.21, 2010헌바132).

② [O] 당해 사건인 과태료 재판에 대한 준재심에는 「민사소송법」의 재심에 관한 규정들이 준용되고(「질서위반행위규제법」 제40조, 「민사소송법」 제461조), 민사사건에 대하여 재심을 청구할 수 있는 자는 확정판결의 효력을 받고 그 취소를 구할 이익이 있는 자뿐이어서 전부 승소한 당사자는 재심을 구할 이익이 없다고 할 것인데, 청구인은 당해 사건에서 최종적으로 불처벌 결정을 받고 위 결정이 확정되어 최초로 과태료 부과처분을 받기 이전의 상태로 회복되었다 할 것이므로, 더 이상 준재심으로 제거하여야 할 아무런 불이익이 남지 않게 되어, 이 사건 불처벌 결정에 대하여서는 준재심의 이익이 없게 되었다고 할 것이다. 따라서 과태료 부과의 근거조항인 구 여객자동차 운수사업법 제85조 제3항에 대하여 헌법재판소가 위헌결정을 한다 하더라도, 청구인으로서는 당해 사건에 대하여 준재심을 청구할 수 없어, 종국적으로 이 사건 불처벌 결정을 다툴 수 없게 되었으므로, 위 조항이 헌법에 위반되는지 여부는 당해 사건과의 관계에서 재판의 전제가 되지 아니한다(2010.2.25, 2008헌바159).

③ [O] 당해 사건에서 무죄판결이 선고되거나 재심청구가 기각되어 원칙적으로는 재판의 전제성이 인정되지 아니할 것이나, 긴급조치의 위헌 여부를 심사할 권한은 본래 헌법재판소의 전속적 관할 사항인 점, 법률과 같은 효력이 있는 규범인 긴급조치의 위헌 여부에 대한 헌법적 해명의 필요성이 있는 점, 당해 사건의 대법원 판결은 대세적 효력이 없는 데 비하여 형벌조항에 대한 헌법재판소의 위헌결정은 대세적 기속력을 가지고 유죄 확정판결에 대한 재심사유가 되는 점, 유신헌법 당시 긴급조치 위반으로 처벌을 받게 된 시

람은 재판절차에서 긴급조치의 위헌성을 다툴 수조차 없는 규범적 장애가 있었던 점 등에 비추어 볼 때, <u>예외적으로 헌법질서의 수호·유지 및 관련 당사자의 권리구제를 위하여 재판의 전제성을 인정함이 상당하다</u>(2013.3.21, 2010헌바132 등).

❹ [ X ] 당해 사건 재판에서 청구인이 승소판결을 받아 그 판결이 확정된 경우 청구인은 재심을 청구할 법률상 이익이 없고, 심판대상조항에 대하여 위헌결정이 선고되더라도 당해 사건 재판의 결론이나 주문에 영향을 미칠 수 없으므로 그 심판청구는 재판의 전제성이 인정되지 아니하나, <u>당해 사건에 관한 재판에서 승소판결을 받았다고 하더라도 그 판결이 확정되지 아니한 이상 상소절차에서 그 주문이 달라질 수 있으므로</u>, 파기환송 전 항소심에서 승소판결을 받았다는 사정만으로는 법률조항의 위헌 여부에 관한 재판의 전제성이 부정된다고 할 수 없다(2013.6.27, 2011헌바247).

에 관한 전반적인 해결 및 보상 등을 일본 측에 지속적으로 요구하여 온 이상, 피청구인은 이 사건 협정 제3조에 따른 자신의 작위의무를 불이행하였다고 보기 어렵다(2021.8.31, 2014헌마888).

## 🗂 정답

| | | | | | | | |
|---|---|---|---|---|---|---|---|
| **01** | ③ | **02** | ② | **03** | ④ | **04** | ④ |
| **05** | ④ | **06** | ① | **07** | ③ | **08** | ② |
| **09** | ① | **10** | ③ | **11** | ④ | **12** | ④ |
| **13** | ④ | **14** | ① | **15** | ① | **16** | ③ |
| **17** | ② | **18** | ④ | **19** | ② | **20** | ② |

## 01 　　　　　　　　　　　　　　　 정답 ③

① [ X ] 만약 당해 사건이 부적법한 것이어서 법률의 위헌 여부를 따져 볼 필요조차 없이 각하를 면할 수 없는 것일 때에는 위헌 여부 심판의 제청신청은 적법요건인 '재판의 전제성'을 흠결한 것으로서 각하될 수밖에 없고, 이러한 경우에는 「헌법재판소법」 제68조 제2항에 의한 헌법소원심판을 청구할 수 없는 것이다(2009.6.30, 2009헌바113).

② [ X ] 법원은 위헌제청신청 기각결정이유에서 고용촉진법 제34조 제2항이 위헌이 된다 하여 그 고용비율을 높여야 하는 것은 아니므로 재판의 전제성이 없다고 하였다. 그러나 만일 위 법률조항이 평등의 원칙 등에 위배된다면 그에 관하여 헌법불합치결정이 선고될 가능성이 있고, 이에 따라 청구인에게 유리한 내용으로 법률이 개정되어 적용됨으로써 이 사건 당해 사건의 결론이 달라질 수 있다. 따라서 위 법률조항의 위헌 여부에 따라 이 사건 당해 사건의 결과에 영향을 미칠 수 있으므로 위 법률조항은 이 사건 당해 사건 재판의 전제가 된다고 할 것이다(1999.12.23, 98헌바33).

❸ [ O ] 헌법재판소는 위헌법률심판절차에 있어서 규범의 위헌성을 제청법원이나 제청신청인이 주장하는 법적 관점에서만이 아니라 심판대상규범의 법적 효과를 고려하여 모든 헌법적인 관점에서 심사한다. 법원의 위헌제청을 통하여 제한되는 것은 오로지 심판의 대상인 법률조항이지 위헌심사의 기준이 아니다(자도소주구입명령제도사건. 1996.12.26, 96헌가18).

④ [ X ] 한국인 BC급 전범들의 대일청구권이 '대한민국과 일본국 간의 재산 및 청구권에 관한 문제의 해결과 경제협력에 관한 협정' 제2조 제1항에 의하여 소멸하였는지 여부에 관한 한·일 양국 간 해석상 분쟁을 이 사건 협정 제3조가 정한 절차에 의하여 해결할 피청구인의 작위의무가 인정되는지 여부(소극)
국제전범재판에 관한 국제법적 원칙, 우리 헌법 전문, 제5조 제1항, 제6조의 문언 등을 종합하면, 국내의 모든 국가기관은 헌법과 법률에 근거하여 국제전범재판소의 국제법적 지위와 판결의 효력을 존중하여야 한다. 따라서 한국인 BC급 전범들이 국제전범재판에 따른 처벌로 입은 피해와 관련하여 피청구인에게 이 사건 협정 제3조에 따른 분쟁해결절차에 나아가야 할 구체적 작위의무가 인정된다고 보기 어렵다. 한국인 BC급 전범들이 일제의 강제동원으로 인하여 입은 피해의 경우에는 일본의 책임과 관련하여 이 사건 협정의 해석에 관한 한·일 양국 간의 분쟁이 현실적으로 존재하는지 여부가 분명하지 않으므로, 피청구인에게 이 사건 협정 제3조에 따른 분쟁해결절차로 나아갈 작위의무가 인정된다고 보기 어렵다. 설령 한국과 일본 사이에 이 사건 협정의 해석상의 분쟁이 존재한다고 보더라도, 피청구인이 그동안 외교적 경로를 통하여 한국인 BC급 전범 문제

## 02 　　　　　　　　　　　　　　　 정답 ②

① [ O ] 위헌으로 선언된 형벌에 관한 법률 또는 법률의 조항에 근거한 유죄의 확정판결에 대하여는 재심을 청구할 수 있다(「헌법재판소법」 제47조 제4항). 이 경우 재심에 대하여는 「형사소송법」의 규정을 준용한다(「헌법재판소법」 제47조 제5항). 유의할 것은 「헌법재판소법」 제47조 제3항이 법원에 의하여 이미 선언된 유죄판결을 그 자체로 무효로 만든다거나 유죄확정판결의 집행을 정지 또는 진행 중인 형의 집행을 금지시키는 것은 아니고, 다만 유죄판결을 받은 자가 재심청구를 통하여 유죄의 확정판결을 다툴 수 있을 뿐이라는 것이다. 그리고 이미 형의 집행이 종료된 이후에도 재심을 청구할 수 있다.

❷ [ X ] 「헌법재판소법」 제47조 제4항에 따라 재심을 청구할 수 있는 '위헌으로 결정된 법률 또는 법률의 조항에 근거한 유죄의 확정판결'이란 헌법재판소의 위헌결정으로 인하여 같은 조 제3항의 규정에 의하여 소급하여 효력을 상실하는 법률 또는 법률의 조항을 적용한 유죄의 확정판결을 의미한다. 따라서 위헌으로 결정된 법률 또는 법률의 조항이 같은 조 제3항 단서에 의하여 종전의 합헌결정이 있는 날의 다음 날로 소급하여 효력을 상실하는 경우 합헌결정이 있는 날의 다음 날 이후에 유죄판결이 선고되어 확정되었다면, 비록 범죄행위가 그 이전에 행하여졌더라도 그 판결은 위헌결정으로 인하여 소급하여 효력을 상실한 법률 또는 법률의 조항을 적용한 것으로서 '위헌으로 결정된 법률 또는 법률의 조항에 근거한 유죄의 확정판결'에 해당하므로 이에 대하여 재심을 청구할 수 있다(대판 2016.11.10, 2015모1475).

③ [ O ] 대법원은, 헌법불합치결정은 법률조항에 대한 위헌결정이라는 전제하에, "형벌에 관한 법률조항이 위헌으로 결정된 이상 그 조항은 「헌법재판소법」 제47조 제2항 단서에 정해진 대로 효력이 상실된다. 그러므로 헌법재판소가 이 사건 헌법불합치결정의 주문에서 이 사건 법률조항이 개정될 때까지 계속 적용되고, 이유 중 결론에서 개정시한까지 개선입법이 이루어지지 않는 경우 그 다음 날부터 효력을 상실하도록 하였더라도, 이 사건 헌법불합치결정을 위헌결정으로 보는 이상 이와 달리 해석할 여지가 없다."라고 하였다(대판 2011.6.23, 2008도7562). 즉, 헌법재판소가 「형법」 조항에 대하여 개정시한까지 잠정적용을 명하는 헌법불합치 결정을 하였다고 하더라도 헌법불합치결정이 위헌결정인 이상, 구 헌법재판소법 제47조 제2항 단서(현행 「헌법재판소법」 제47조 제3항 본문)에 따라 소급하여 효력을 상실하게 된다고 보았다.

④ [ O ] 보호감호조항도 형벌에 관한 조항에 해당해 위헌결정의 소급효가 인정된다.

## 03 　　　　　　　　　　　　　　　 정답 ④

① [ O ] 「헌법재판소법」 제47조 제3항은 형벌에 관한 법률조항에 대하여 위헌결정이 선고된 경우 그 조항이 소급하여 효력을 상실한다고 규정하고 있으므로, 형벌에 관한 법률조항이 소급하여 효력을 상실한 경우에 당해 조항을 적용하여 공소가 제기된 피고사건은 범죄로 되지 아니한 때에 해당하고, 법원은 이에 대하여 「형사소송법」 제325조 전단에 따라 무죄를 선고하여야 한다(대판 2011.6.23, 2008도7562).

② [○] 그러나 이와 달리 법률상 정해진 처분요건에 따라 부담금을 부과·징수하는 침익적 처분을 하는 경우에는, 어떠한 추가적 개선입법이 없더라도 행정청이 사법적 판단에 따라 위헌이라고 판명된 내용과 동일한 취지로 부담금 부과처분을 하여서는 안 된다는 점은 분명하다. 나아가 이러한 결론은 법질서의 통일성과 일관성을 확보하려는 법치주의의 당연한 귀결이므로, 행정청에 위헌적 내용의 법령을 계속 적용할 의무가 있다고 볼 수 없고, 행정청이 위와 같은 부담금처분을 하지 않는 데에 어떠한 법률상 장애가 있다고 볼 수도 없다(대판 2017.12.28, 2017두30122).

③ [○] 수익적 처분의 근거법령이 특정한 유형의 사람에 대한 지급 등 수익처분의 근거를 마련하고 있지 않다는 점이 위헌이라는 이유로 <u>헌법불합치결정이 있더라도, 행정청은 그와 관련한 개선입법이 있기 전에는 해당 유형의 사람에게 구체적인 수익적 처분을 할 수는 없을 것이다</u>(대판 2017.12.28, 2017두30122).

❹ [✕] 이 사건 헌법불합치결정 이후인 2014.9.29. 원고에 대하여 이 사건 법률조항에 근거하여 현금청산분까지 포함하여 부담금을 부과하는 이 사건 제4처분을 한 사실을 인정한 다음, 이 사건 법률조항을 적용할 때에, 기존에 비하여 가구 수가 증가하지 않는 경우에는 부담금을 부과하여서는 아니 된다는 점이 이 사건 헌법불합치결정으로써 명백히 밝혀졌고, 그 해석에 다툼의 여지가 없으므로, 위 부담금 처분의 하자가 중대하고 명백하여 당연무효이다(대판 2017.12.28, 2017두30122).

## 04 정답 ④

㉠ [○]

> 「헌법재판소법」 제47조【위헌결정의 효력】① 법률의 위헌결정은 법원과 그 밖의 국가기관 및 지방자치단체를 기속한다.
> ② 위헌으로 결정된 법률 또는 법률의 조항은 그 결정이 있는 날부터 효력을 상실한다.
> ③ 제2항에도 불구하고 형벌에 관한 법률 또는 법률의 조항은 소급하여 그 효력을 상실한다. 다만, 해당 법률 또는 법률의 조항에 대하여 종전에 합헌으로 결정한 사건이 있는 경우에는 그 결정이 있는 날의 다음 날로 소급하여 효력을 상실한다.
> ④ 제3항의 경우에 위헌으로 결정된 법률 또는 법률의 조항에 근거한 유죄의 확정판결에 대하여는 재심을 청구할 수 있다.

㉡ [○] 헌법불합치결정은 본질적으로 위헌결정이고, 다만 일정한 기간 내에 위헌상태를 제거하리라는 것을 전제로 위헌성이 확인된 법률의 효력상실시기만을 잠정적으로 유보한 것이라는 점에 비추어 보면, 구 선거구구역표는 이 사건 헌법불합치결정에서 정한 입법개선시한인 2015.12.31.까지는 효력이 지속되다가, 피청구인이 위 입법개선시한까지 입법개선의무를 이행하지 아니함으로 인하여 2016.1.1.부터 그 효력을 상실하였다.
헌법은 입법자인 피청구인에게 국회의원선거의 선거구를 입법하도록 명시적으로 위임하고 있다. 즉, 헌법 제41조는 제1항에서 국회는 국민의 보통·평등·직접·비밀선거에 의하여 선출된다고 하여 국회의원선거에서의 선거원칙을 규정하고, 제2항에서는 국회의원 수의 하한을 규정한 다음, 제3항에서 "국회의원의 선거구와 비례대표제 기타 선거에 관한 사항은 법률로 정한다."라고 규정하여, 국회의원선거에 관한 사항에 대한 법률유보를 규정하고 있다. 그 중에서도 특히, 국회의원선거에 있어 필수적인 요소라고 할 수 있는 선거구에 관하여는 헌법에서 직접적으로 법률로 정하도록 위임하고 있다.
따라서 입법자가 국회의원선거에 관한 사항을 법률로 규정함에 있어서 폭넓은 입법형성의 자유를 가진다고 하여도, 선거구에 관한

입법을 할 것인지 여부에 대해서는 입법자에게 어떤 형성의 자유가 존재한다고 할 수 없으므로, 피청구인에게는 국회의원의 선거구를 입법할 명시적인 헌법상 입법의무가 존재한다 할 것이다(2016.4.28, 2015헌마1177).

㉢ [○] 「헌법재판소법」 제47조 제1항 및 제75조 제1항에 규정된 법률의 위헌결정 및 헌법소원 인용결정의 기속력과 관련하여, 입법자인 국회에게 기속력이 미치는지 여부, 나아가 결정주문뿐 아니라 결정이유에까지 기속력을 인정할지 여부는 헌법재판소의 헌법재판권 내지 사법권의 범위와 한계, 국회의 입법권의 범위와 한계 등을 고려하여 신중하게 접근할 필요가 있다. 설령 결정이유에까지 기속력을 인정한다고 하더라도, 결정주문을 뒷받침하는 결정이유에 대하여 적어도 위헌결정의 정족수인 재판관 6인 이상의 찬성이 있어야 할 것이고(헌법 제113조 제1항 및 「헌법재판소법」 제23조 제2항 참조), 이에 미달할 경우에는 결정이유에 대하여 기속력을 인정할 여지가 없다(2008.10.30, 2006헌마1098).

㉣ [○]

> 「헌법재판소법」 제47조【위헌결정의 효력】① 법률의 위헌결정은 법원과 그 밖의 국가기관 및 지방자치단체를 기속한다.
> 제67조【결정의 효력】① 헌법재판소의 권한쟁의심판의 결정은 모든 국가기관과 지방자치단체를 기속한다.
> 제75조【인용결정】① 헌법소원의 인용결정은 모든 국가기관과 지방자치단체를 기속한다.

## 05 정답 ④

① [○] 법률의 개폐를 청구하거나 법률해석에 대한 구문은 헌법소원의 대상이 되지 않는다(1992.6.26, 89헌마132).

② [○] 2012.7.26, 2011헌바352

③ [○] 「새마을금고법」상 '선거범죄를 범하여' 징역형 또는 100만 원 이상의 벌금형을 선고받은 사람에 대하여 임원의 자격을 제한하도록 규정하면서도, 이 사건 법률조항이 선거범죄와 다른 죄의 경합범인 경우에 분리 선고하도록 하는 규정을 두지 않음으로써 불완전, 불충분 또는 불공정한 입법을 한 것임을 다투고 있으므로 부진정입법부작위를 다투는 헌법소원에 해당한다(2014.9.25, 2013헌바208).

❹ [✕] 청구인들이 주장하는 것은 위 조항들의 내용이 위헌이라는 것이 아니라, 주민등록번호의 잘못된 이용에 대비한 '주민등록번호변경'에 대하여 아무런 규정을 두고 있지 않은 것이 헌법에 위반된다는 것이므로, 이는 주민등록번호 부여제도에 대하여 입법을 하였으나 주민등록번호의 변경에 대하여는 아무런 규정을 두지 아니한 부진정입법부작위가 위헌이라는 것이다(2015.12.23, 2013헌바68 등).

## 06 정답 ①

❶ [✕] 비군사적 성격을 갖는 복무도 입법자의 형성에 따라 병역의무의 내용에 포함될 수 있고, 대체복무제는 그 개념상 병역종류조항과 밀접한 관련을 갖는다. 따라서 병역종류조항에 대한 이 사건 심판청구는 입법자가 아무런 입법을 하지 않은 진정입법부작위를 다투는 것이 아니라, 입법자가 병역의 종류에 관하여 입법은 하였으나 그 내용이 양심적 병역거부자를 위한 대체복무제를 포함하지 아니하여 불완전·불충분하다는 부진정입법부작위를 다투는 것이라고 봄이 상당하다(2018.6.28, 2011헌바379).

② [○] 청구인들이 독서실의 실내소음 규제기준을 따로 규정하지 않았다며 위 조항들의 위헌성을 부진정입법부작위의 형태로 다투고 있지만, 이는 입법자가 사업장의 실내소음에 관하여 어떠한 입법적 규율을 하였는데 그 내용이 불완전·불충분한 경우라기보다는, 애당초 모든 사업장의 실내소음을 규제하는 기준에 관한 입법적 규율 자체를 전혀 하지 않은 경우이므로 그 실질이 진정입법부작위를 다투는 것이라 할 것이다(2017.12.28, 2016헌마45).

③ [○] ④ [○] 「초·중등교육법」 제23조 제3항의 위임에 따라 동 교육법 시행령 제43조가 의무교육인 초·중학교의 교육과목을 규정함에 있어 헌법과목을 필수과목으로 규정하고 있지 않다 하더라도, 이는 입법행위에 결함이 있는 '부진정입법부작위'에 해당하여 구체적인 입법을 대상으로 헌법소원심판청구를 해야 할 것이므로, 이 부분 입법부작위 위헌확인심판청구는 허용되지 않는 것을 대상으로 한 것으로서 부적법하다(2011.9.29, 2010헌바66).

① [X] 이 사건 심판청구에서 청구인이 구하는 것은 특수형태근로종사자인 캐디에 대하여 「근로기준법」이 전면적으로 적용되어야 한다는 것이다. 특수형태근로종사자의 지위, 노무제공의 방법, 성격, 경제적 종속의 정도의 다양성 등을 고려하였을 때 특수형태근로종사자에게 「근로기준법」은 그대로 적용될 수 없고, 특수형태근로종사자의 특성이 고려된 별도의 특별법에 의한 보호가 필요하다. 이 사건 심판청구는 성질상 「근로기준법」이 전면적으로 적용되지 못하는 특수형태근로종사자의 노무조건·환경 등에 대하여 「근로기준법」과 동일한 정도의 보호를 내용으로 하는 새로운 입법을 하여 달라는 것으로, 실질적으로 진정입법부작위를 다투는 것과 다름없다. 따라서 이 사건 심판청구는 「헌법재판소법」 제68조 제2항에 따른 헌법소원에서 진정입법부작위를 다투는 것으로써 모두 부적법하다(2016.11.24, 2015헌바413).

② [X] 방송통신위원회의 시정요구는 서비스제공자 등에게 조치결과 통지의무를 부과하고 있고, 서비스제공자 등이 이에 따르지 않는 경우 방송통신위원회의 해당 정보의 취급거부·정지 또는 제한명령이라는 법적 조치가 내려질 수 있으며, 행정기관인 방송통신심의위원회가 표현의 자유를 제한하게 되는 결과의 발생을 의도하거나 또는 적어도 예상하였다 할 것이므로, 이 사건 시정요구는 단순한 행정지도로서의 한계를 넘어 규제적·구속적 성격을 상당히 강하게 갖는 것으로서 항고소송의 대상이 되는 공권력의 행사라고 봄이 상당하다(2012.2.23, 2008헌마500).

❸ [○] 이 사건 수용행위는 피청구인이 우월적 지위에서 청구인의 의사와 상관없이 일방적으로 행한 권력적 사실행위로서 헌법소원심판의 대상이 되는 공권력 행사에 해당한다(2016.12.29, 2013헌마142).

④ [X] 이 사건 의견제시는 행정기관인 피청구인에 의한 비권력적 사실행위로서, 방송사업자인 청구인의 권리와 의무에 대하여 직접적인 법률효과를 발생시켜 청구인의 법률관계 내지 법적 지위를 불리하게 변화시킨다고 보기는 어렵고, 이 사건 의견제시의 법적 성질 등에 비추어 이 사건 의견제시가 청구인의 표현의 자유를 제한하는 정도의 위축효과를 초래하였다고도 볼 수 없다. 따라서 이 사건 의견제시는 헌법소원의 대상이 되는 '공권력 행사'에 해당하지 않는다. 이 사건 법률조항은 해당 방송프로그램이 심의규정에 위반되는 경우에 그 위반 정도 등을 고려하여 구 방송법 제100조 제1항 각 호에 따른 제재조치가 아니라 의견제시를 할 수 있도록 피청구인에게 '재량'을 부여하고 있다. 따라서 이 사건 법률조항은 그 자체에 의하여 청구인과 같은 방송사업자에게 의무를 부과하거나 권리 또는 법적 지위를 박탈하는 것이 아니라, 피청구인의 심의·의결을 거친 '의견제시'라는 구체적인 집행행위를 통해 비로소 영향을 미치게 되므로, 기본권 침해의 직접성이 인정되지 아니한다(2018.4.26, 2016헌마46).

① [○] 이 사건 법령조항이 위헌이라고 선고되어 예술·체육 분야 특기자들에 대한 병역혜택이 제거되더라도, 현재 공익근무요원으로 소집되어 병역의무를 수행 중인 청구인의 직업선택이나 그 수행 또는 병역의무의 기간이나 정도 등에 영향을 미침으로써 청구인의 법적 지위가 상대적으로 향상된다고 보기도 어려우므로 기본권 침해의 자기관련성이 인정되지 아니한다(2010.4.29, 2009헌마340).

❷ [X] 유치장 수용자에 대한 신체수색은 유치장의 관리주체인 경찰이 피의자 등을 유치함에 있어 피의자 등의 생명·신체에 대한 위해를 방지하고, 유치장 내의 안전과 질서유지를 위하여 실시하는 것으로서 그 우월적 지위에서 피의자 등에게 일방적으로 강제하는 성격을 가진 것이므로 권력적 사실행위라 할 것이며, 이는 헌법소원심판청구의 대상의 되는 「헌법재판소법」 제68조 제1항의 공권력의 행사에 포함된다(2002.7.18, 2000헌마327).

③ [○] 이 사건 재학생 방침보류는 예비군 교육훈련에 있어 각급 학교 학생에 대한 수혜적 성격의 규정이라 할 수 있는데, 청구인은 학생에게 예비군 교육훈련 일부의 보류혜택을 부여하는 것이 부당하다고 주장할 뿐 자신도 학생과 동일한 보류혜택을 받아야 함에도 평등원칙에 반하여 그 수혜대상에서 제외되었다는 주장은 하지 않고, 나아가 예비군 교육훈련의 대상과 내용 등은 가변적 군사상황, 훈련시설의 수용능력 등을 종합적으로 고려하여 정책적이고 군사과학적인 차원에서 결정되어야 할 문제이므로 청구인에게는 이 사건 재학생 방침보류의 위헌 여부에 관한 헌법소원심판을 구할 자기관련성이 없다(2013.12.26, 2010헌마789).

④ [○] 이 사건 법률은 본안에 관한 판단에서 수도가 서울인 점에 대한 관습헌법성이 확인된다면 헌법개정에 의하여 규율되어야 할 사항을 단순 법률의 형태로 규율하여 헌법개정에 필수적으로 요구되는 국민투표를 배제한 것이 되므로 국민들의 위 투표권이 침해될 수 있다. 여기서 침해되는 기본권은 국민으로서 가지는 참정권의 하나인 헌법개정의 국민투표권인바, 이 권리는 대한민국 국민인 청구인들 각 개인이 갖는 기본권이므로 청구인들이 이 사건 법률에 대하여 권리침해의 자기관련성이 있음은 명백하다(2004.10.21, 2004헌마554).

❶ [X] 청구인들은 2015년도 졸업예정자로서 2014학년도 입학전형요강과 직접적인 관련은 없다고 할 것이나, 2015학년도 입학전형에서도 동일한 비율로 선발인원이 배정될 것이 충분히 예측가능하고, 2015학년도 입학전형요강이 공고되기를 기다려 그 승인처분을 다투게 한다면 권리구제의 실효성을 기대할 수 없으므로, 이 사건 입학전형요강과 그 승인처분이 위 청구인들에게 미치는 효과나 진지성의 정도 등을 고려할 때, 입시 준비 중인 위 청구인들에게 기본권 침해의 자기관련성이 인정된다고 봄이 상당하다(2015.11.26, 2014헌마145).

② [○] 이동통신사업자, 대리점 및 판매점뿐만 아니라 이용자들 역시 지원금 상한 조항의 실질적인 규율대상에 포함되고, 지원금 상한 조항은 지원금 상한액의 기준과 한도를 제한함으로써 이용자들이 이동통신단말장치를 구입하는 가격에 직접 영향을 미치므로, 이동통신사업자 등으로부터 이동통신단말장치를 구입하여 이동통신서비스를 이용하고자 하는 청구인들은 지원금 상한 조항에 대해 헌법소원심판을 청구할 자기관련성이 인정된다(2016.11.24, 2015헌바413).

③ [○] 요양급여비용의 액수를 인하하는 조치를 내용상 포함한 이 사건 개정고시에 의하여 그 직접적인 수규자가 이에 상응한 수입감소의 불이익을 받게 될 뿐만 아니라 요양기관 피고용자인 청구인들도,

동인들이 의사로 근무하고 있는 이상, 유사한 정도의 직업적 불이익을 받게 된다. 이 사건 개정고시는 의사로서 전문적 의료행위를 제공한 데 대한 대가인 진료비의 수가를 일괄적으로 감소시키는 것을 내용으로 하기 때문에 청구인들에게는 단순한 경제적 이해를 넘어서는 진지한 직업적 손실효과가 초래된다. 그렇다면 이 사건 개정고시는 요양기관의 개설자가 아닌 일반의사인 위 청구인들에게도 단순히 간접적·사실적 또는 경제적 이해관계만으로 관련된 것이 아니며 그 수규자에 대한 것과 거의 동일한 정도의 심각성을 지니는 법적 효과를 미치고 있으므로 청구인들의 자기관련성은 인정된다(2003.12.18, 2001헌마543).

④ [O] 위 조항의 문언상 직접적인 수범자는 '정보통신서비스 제공자'이고, 정보게재자인 청구인은 제3자에 해당하나, 사생활이나 명예 등 자기의 권리가 침해되었다고 주장하는 자로부터 침해사실의 소명과 더불어 그 정보의 삭제 등을 요청받으면 정보통신서비스 제공자는 지체 없이 임시조치를 하도록 규정하고 있는 이상, 임시조치로 청구인이 게재한 정보는 접근이 차단되는 불이익을 받게 되었으므로, 위 조항으로 인한 기본권 침해와 관련하여 청구인의 자기관련성을 인정할 수 있다(2012.5.31, 2010헌마88).

## 10         정답 ③

① [X] 이 사건 심판대상규정은 식품접객업소에서의 2003.7.1.부터 합성수지 도시락 용기의 사용을 금지하는 것으로서 그 직접적인 수범자는 식품접객업주이므로 청구인들 중 합성수지 도시락 용기의 생산업자들은 원칙적으로 제3자에 불과하며, 또한 합성수지 도시락 용기의 사용제한으로 인하여 입게 되는 영업매출의 감소 위험은 직접적·법률적인 이해관계로 보기는 어렵고 간접적·사실적 혹은 경제적인 이해관계라고 볼 것이므로 자기관련성을 인정하기 어렵다(2007.2.22, 2003헌마428).

② [X] 법률이 직접 국민에게 행위의무 또는 금지의무를 부과한 후 그 위반행위에 대한 제재로서 형벌, 행정벌 등을 부과할 것을 정한 경우에 국민은 별도의 집행행위를 기다릴 필요 없이 제재의 근거가 되는 법률의 시행 자체로 행위의무 또는 금지의무를 직접 부담하게 되므로, 청구인이 제재를 받은 일이 없다고 할지라도 직접성을 결여하였다고 할 수는 없다(1996.2.29, 94헌마213).

❸ [O] 형벌조항의 경우 국민이 그 형벌조항을 위반하기 전이라면 그 형벌조항을 실제로 위반하여 재판을 통한 형벌의 부과를 받게 되는 위험을 감수할 것을 국민에게 요구할 수 없다는 점에서, 그 형벌조항을 위반하였으나 기소되기 전이라면 재판과정에서 그 형벌조항의 위헌 여부에 관한 판단을 구할 수 없다는 점에서 각 구제절차가 없거나 있다고 하더라도 권리구제의 기대가능성이 없는 경우에 해당한다고 볼 여지가 있지만, 그 형벌조항을 위반하여 기소된 후에는 재판과정에서 그 형벌조항이 법률인 경우에는 위헌법률심판제청신청을 통하여 헌법재판소에 그 위헌 여부에 관한 판단을 구할 수 있고, 명령·규칙인 경우에는 곧바로 법원에 그 위헌 여부에 관한 판단을 구할 수 있다는 점에서 구제절차가 없거나 있다고 하더라도 권리구제의 기대가능성이 없는 경우에 해당한다고 볼 수가 없다고 할 것이다(2016.11.24, 2013헌마403).

④ [X] 이 사건 시정요구는 청구인 전교조의 권리·의무에 변동을 일으키는 행정행위에 해당한다. 그런데 청구인 전교조는 이 사건 시정요구에 대하여 다른 불복절차를 거치지 아니하고 곧바로 헌법소원심판을 청구하였으므로, 이 사건 시정요구에 대한 헌법소원은 보충성 요건을 결하였다. 따라서 이 사건 시정요구에 대한 심판청구 부분도 부적법하다(2015.5.28, 2013헌마671 등).

## 11         정답 ④

① [O] 벌칙·과태료 조항의 전제가 되는 구성요건조항이 별도로 규정되어 있는 경우에, 벌칙·과태료 조항에 대하여는 청구인들이 그 법정형이 체계정당성에 어긋난다거나 과다하다는 등 그 자체가 위헌임을 주장하지 않는 한 직접성을 인정할 수 없다(2008.9.25, 2007헌마233).

② [O] 피청구인의 2010.6.15.자 정보비공개결정에 대하여는 「공공기관의 정보공개에 관한 법률」에 별도의 불복절차가 마련되어 있음에도 청구인이 이를 거치지 아니하고 곧바로 이 사건 헌법소원심판을 청구하였으므로, 이 부분 심판청구는 보충성 요건을 결여하였다(2012.3.29, 2010헌마599).

③ [O] 대법원이 지목변경신청반려행위는 항고소송의 대상이 되지 않는다는 종전의 판례를 변경하여 지목변경신청반려행위가 처분행위에 해당한다고 보게 되었으므로, 지목변경신청반려행위에 대하여 행정소송을 거치지 않고 제기된 헌법소원심판청구는 보충성의 요건을 흠결하여 각하되어야 한다. 그러나 이 사건 심판청구는, 지목변경신청반려행위의 처분성을 부인하던 종래의 확고한 대법원 판례가 변경되기 전에 제기된 것으로서 심판청구 제기 당시에는 본안판단의 대상이었는바, 종전의 대법원 판례를 신뢰하여 헌법소원의 방법으로 권리구제를 구하던 중 대법원 판례가 변경되어 변경된 대법원 판례에 따를 경우 헌법소원심판청구는 각하되고, 법원에 의한 권리구제는 제소기간 도과로 각하되어 권리구제를 받을 수 없게 되는 예외적인 경우라면, 권리구제의 요청을 위해 헌법소원심판청구는 허용되어야 할 것이고 이러한 해석이 보충성의 원칙에 어긋나는 것이 아니므로 이 사건 심판청구에 보충성 요건의 흠결이 있다고 할 수 없다(2004.6.24, 2003헌마723).

❹ [X] 유예기간을 두고 있는 법령의 경우, 헌법소원심판의 청구기간 기산점을 그 법령의 시행일이 아니라 유예기간 경과일이라고 본 사례(2020.4.23, 2017헌마479).

## 12         정답 ④

① [O] 수사기관의 보도자료 배포행위가 피의사실공표죄에 해당하는 범죄라면, 수사기관을 상대로 고소하여 행위자를 처벌받게 하거나 처리결과에 따라 「검찰청법」에 따른 항고를 거쳐 재정신청을 할 수 있으므로 이러한 권리구제절차를 거치지 아니한 채 제기한 헌법소원심판청구는 부적법하다(2014.3.27, 2012헌마652).

② [O] 시행유예기간 경과일을 청구기간의 기산점으로 해석함으로써 헌법소원심판청구권 보장과 법적 안정성 확보 사이의 균형을 달성할 수 있다. 종래 이와 견해를 달리하여, 법령의 시행일 이후 법령에 규정된 일정한 기간이 경과한 후에 비로소 법령의 적용을 받는 청구인들에 대한 「헌법재판소법」 제68조 제1항의 규정에 의한 법령에 대한 헌법소원심판 청구기간의 기산점을 법령의 시행일이라고 판시한 우리 재판소 결정들은 이 결정의 취지와 저촉되는 범위 안에서 변경한다(2020.4.23, 2017헌마479).

③ [O] 이 사건의 경우 법률인 산업재해보상보험법 및 대통령령인 근로기준법시행령이 정하는 경우에 관하여 노동부장관이 평균임금을 결정·고시하는 내용의 규정이 있음에도 불구하고 노동부장관이 이에 따른 행정입법권을 행사하지 아니하고 있는 것이므로 이는 진정입법부작위에 속한다. 따라서 위 진정입법부작위의 위헌 여부를 다투는 이 사건 헌법소원심판은 청구기간의 제한을 받지 않는다고 할 것이므로 청구기간 경과의 위법은 없다(2002.7.18, 2000헌마707).

❹ [ X ] 지정재판부는 헌법소원을 각하하거나 심판회부결정을 한 때에는 그 결정일부터 14일 이내에 청구인 또는 그 대리인 및 피청구인에게 그 사실을 통지하여야 한다(「헌법재판소법」 제73조 제1항).

## 13                      정답 ④

① [ O ] 지방자치단체의 관할구역에 대해서는 「지방자치법」 제4조 제1항이 "지방자치단체의 명칭과 구역은 종전과 같이하고, 명칭과 구역을 바꾸거나 지방자치단체를 폐지하거나 설치하거나 나누거나 합칠 때에는 법률로 정한다. 다만, 지방자치단체의 관할구역 경계변경과 한자 명칭의 변경은 대통령령으로 정한다."라고 규정하고 있는바, 지방자치단체의 구역은 주민·자치권과 함께 자치단체의 구성요소이며, 자치권이 미치는 관할구역의 범위에는 육지는 물론 바다도 포함되므로, 공유수면에 대해서도 지방자치단체의 자치권한이 존재한다고 보아야 한다(2021.2.25, 2015헌라7).

② [ O ] 지방자치단체 사이의 불문법상 해상경계가 성립하기 위해서는 관계 지방자치단체·주민들 사이에 해상경계에 관한 일정한 관행이 존재하고, 그 해상경계에 관한 관행이 장기간 반복되어야 하며, 그 해상경계에 관한 관행을 법규범이라고 인식하는 관계 지방자치단체·주민들의 법적 확신이 있어야 한다(2021.2.25, 2015헌라7).

③ [ O ] 헌법 제117조 제1항에서 보장하고 있는 지방자치단체의 지방자치권에는 자신의 관할구역 내에서 자신의 자치권을 행사할 수 있는 권한이 포함된다. 지방자치단체의 관할구역은 주민·자치권과 함께 지방자치단체의 구성요소이고, 자치권을 행사할 수 있는 장소적 범위를 말하며, 다른 지방자치단체와의 관할 범위를 명확하게 구분해 준다. 지방자치단체는 「지방자치법」 제9조 제1항에 따라 자기 관할구역의 자치사무와 법령에 의하여 지방자치단체에 속하는 사무를 처리할 권한을 가지며, 그 제2항에서 예시하는 지방자치단체의 구역, 조직 및 행정관리 등에 관한 사무를 처리할 권한을 가진다. 따라서 지방자치단체는 자신의 관할구역 내에서 헌법 제117조 제1항과 「지방자치법」 제9조 및 기타 개별 법률들이 부여한 자치권한 내지 관할 권한을 가진다(2021.2.25, 2015헌라7).

❹ [ X ] 지방자치단체 사이의 불문법상 해상경계가 성립하기 위해서는 관계 지방자치단체·주민들 사이에 해상경계에 관한 일정한 관행이 존재하고, 그 해상경계에 관한 관행이 장기간 반복되어야 하며, 그 해상경계에 관한 관행을 법규범이라고 인식하는 관계 지방자치단체·주민들의 법적 확신이 있어야 한다. 국가기본도에 표시된 해상경계선은 그 자체로 불문법상 해상경계선으로 인정되는 것은 아니나, 관할 행정청이 국가기본도에 표시된 해상경계선을 기준으로 하여 과거부터 현재에 이르기까지 반복적으로 처분을 내리고, 지방자치단체가 허가, 면허 및 단속 등의 업무를 지속적으로 수행하여 왔다면 국가기본도상의 해상경계선은 여전히 지방자치단체 관할 경계에 관하여 불문법으로서 그 기준이 될 수 있다(2021.2.25, 2015헌라7).

## 14                      정답 ①

❶ [ O ] 지정재판부는 전원의 일치된 의견으로 제3항의 각하결정을 하지 아니하는 경우에는 결정으로 헌법소원을 재판부의 심판에 회부하여야 한다. 헌법소원심판의 청구 후 30일이 지날 때까지 각하결정이 없는 때에는 심판에 회부하는 결정(이하 '심판회부결정'이라 한다)이 있는 것으로 본다(「헌법재판소법」 제72조 제4항).

② [ X ] 「헌법재판소법」 제68조 제2항 헌법소원에서 지정재판부는 재판정지를 구하는 신청을 기각한 바 있다. 이런 취지로 옳지 않은 지

문으로 출제되었다. 문제로서는 적절치 않은 문제이다. 지정재판부는 가처분을 인용하는 결정을 할 수는 없으므로 질문 자체가 잘못되었다.

③ [ X ] 지정재판부는 각하결정이나 심판회부하는 결정만 하므로, 본안에 대한 판단은 할 수 없다.

④ [ X ] 지정재판부는 전원의 일치된 의견으로 제3항의 각하결정을 하지 아니하는 경우에는 결정으로 헌법소원을 재판부의 심판에 회부하여야 한다. 헌법소원심판의 청구 후 30일이 지날 때까지 각하결정이 없는 때에는 심판에 회부하는 결정(이하 '심판회부결정'이라 한다)이 있는 것으로 본다(「헌법재판소법」 제72조 제4항).

## 15                      정답 ①

❶ [ O ] 대법원은 한정위헌결정한 경우 인용결정에 해당하지 않는다 하여 재심을 허용하지 않는다고 보았으나 일부 위헌결정한 경우 인용결정에 해당한다고 보아 법원의 확정판결에 대해 「헌법재판소법」 제75조 제7항의 재심을 청구할 수 있다고 한다. 헌법재판소는 구 민주화보상법 제18조 제2항에 관한 위헌법률심판제청 사건과 헌법소원 사건을 병합·심리하여, 2018.8.30. 구 민주화보상법 제18조 제2항의 '민주화운동과 관련하여 입은 피해' 중 불법행위로 인한 정신적 손해에 관한 부분은 헌법에 위반된다는 결정(이하 '일부 위헌결정'이라 한다)을 선고하였다.
일부 위헌결정은 위와 같이 '민주화운동과 관련하여 입은 피해' 중 일부인 '불법행위로 인한 정신적 손해' 부분을 위헌으로 선언함으로써 그 효력을 상실시켜 구 민주화보상법 제18조 제2항의 일부가 폐지되는 것과 같은 결과를 가져오는 결정으로서 법원에 대한 기속력이 있다. 일부 위헌결정 선고 전에 헌법소원의 전제가 된 해당 소송사건에서 이미 확정된 판결에 대해서 일부 위헌결정이 선고된 사정은 「헌법재판소법」 제75조 제7항에서 정한 재심사유가 된다(대판 2020.10.29, 2019다249589).

② [ X ] 법원이 위헌제청하면 「헌법재판소법」 제42조에 따라 법원의 재판은 정지되나, 「헌법재판소법」 제68조 제2항에 의한 헌법소원심판이 청구된 경우 당해 소송사건의 재판은 진행된다.

③ [ X ] 재심은 확정판결에 대한 특별한 불복방법이고, 확정판결에 대한 법적 안정성의 요청은 미확정판결에 대한 그것보다 훨씬 크다고 할 것이므로 재심을 청구할 권리가 헌법 제27조에서 규정한 재판을 받을 권리에 당연히 포함된다고 할 수 없고, 「헌법재판소법」 제75조 제7항에 의한 재심청구의 혜택은 일정한 적법요건하에 「헌법재판소법」 제68조 제2항에 의한 헌법소원을 청구하여 인용된 자에게는 누구에게나 일반적으로 인정되는 것이고, 헌법소원청구의 기회가 규범적으로 균등하게 보장되어 있기 때문에, 「헌법재판소법」 제75조 제7항이 「헌법재판소법」 제68조 제2항에 의한 헌법소원을 청구하여 인용결정을 받지 않은 사람에게는 재심의 기회를 부여하지 않는다고 하여 청구인의 재판청구권이나 평등권, 재산권과 행복추구권을 침해하였다고는 볼 수 없다(2000.6.29, 99헌바66).

④ [ X ] 제68조 제2항에 따른 헌법소원심판은 위헌 여부 심판의 제청신청을 기각하는 결정을 통지받은 날부터 30일 이내에 청구하여야 한다(「헌법재판소법」 제69조 제2항).

## 16                      정답 ③

① [ O ] 「헌법재판소법」 제61조 제2항에 따라 권한쟁의심판을 청구하려면 피청구인의 처분 또는 부작위가 존재하여야 한다. 여기서의 처분은 입법행위와 같은 법률의 제정과 관련된 권한의 존부 및 행사상의 다툼, 행정처분은 물론 행정입법과 같은 모든 행정작용 그리

고 법원의 재판 및 사법행정작용 등을 포함하는 넓은 의미의 공권력처분을 의미하는 것으로 보아야 할 것이므로, 법률에 대한 권한쟁의심판도 허용된다고 봄이 일반적이다. 다만, 법률에 대한 권한쟁의심판은 '법률 그 자체'가 아니라 '법률제정행위'를 그 심판대상으로 하여야 할 것이다(2006.5.25, 2005헌라4).

② [○] 피청구인의 장래처분에 의해서 청구인의 권한침해가 예상되는 경우에 청구인은 원칙적으로 이러한 장래처분이 행사되기를 기다린 이후에 이에 대한 권한쟁의심판청구를 통해서 침해된 권한의 구제를 받을 수 있으므로, 피청구인의 장래처분을 대상으로 하는 심판청구는 원칙적으로 허용되지 아니한다. 그러나 피청구인의 장래처분이 확실하게 예정되어 있고, 피청구인의 장래처분에 의해서 청구인의 권한이 침해될 위험성이 있어서 청구인의 권한을 사전에 보호해 주어야 할 필요성이 매우 큰 예외적인 경우에는 피청구인의 장래처분에 대해서도 「헌법재판소법」 제61조 제2항에 의거하여 권한쟁의심판을 청구할 수 있다(2004.9.23, 2000헌라2).

❸ [X] 정부가 법률안을 제출하였다 하더라도 그것이 법률로 성립되기 위해서는 국회의 많은 절차를 거쳐야 하고, 법률안을 받아들일지 여부는 전적으로 헌법상 입법권을 독점하고 있는 의회의 권한이다. 따라서 정부가 법률안을 제출하는 행위는 입법을 위한 하나의 사전 준비행위에 불과하고, 권한쟁의심판의 독자적 대상이 되기 위한 법적 중요성을 지닌 행위로 볼 수 없다(2005.12.22, 2004헌라3).

④ [○] 피청구인 강남구선거관리위원회는 「공직선거법」 제277조 제2항에 따라 2006년 지방선거를 앞두고 지방선거를 원활하게 치르도록 하기 위해 강남구의회가 다음 해 예산을 편성할 때 지방선거에 소요되는 비용을 산입할 수 있도록 예상되는 비용을 미리 통보하였는바, 이러한 통보행위가 권한쟁의심판청구의 대상이 되는 처분에 해당하기 위해서는 이것이 청구인 서울특별시 강남구에 새로운 의무를 부과한다거나 법적 지위에 어떤 변화를 초래하여야 한다. 그런데 청구인 서울특별시 강남구의 선거비용 부담은 「공직선거법」에서 그렇게 정하고 있기 때문에 발생하는 것이지 피청구인 강남구선거관리위원회가 이 사건 통보행위를 하였기 때문에 새롭게 발생한 것은 아니다. 또한 피청구인 강남구선거관리위원회의 선거비용 통보행위는 미래에 발생할 선거비용을 다음 연도 예산에 반영하도록 하기 위해 미리 안내한 것에 불과하며, 이 통보행위 자체만으로 청구인 서울특별시 강남구가 2006년 예산편성 권한을 행사하는 데 법적 구속을 받게 된 것은 아니다. 따라서 청구인 서울특별시 강남구의 법적 지위에 어떤 변화도 가져오지 않는 피청구인 강남구선거관리위원회의 이 사건 통보행위는 권한쟁의심판의 대상이 되는 처분에 해당한다고 볼 수 없고, 청구인 서울특별시 강남구의 지방재정권을 침해하거나 침해할 가능성도 없다고 할 것이다(2008.6.26, 2005헌라7).

## 17 정답 ②

① [X] 헌법재판소는 2015.11.26, 2013헌라3 결정에서, "국회의원의 심의 · 표결권은 국회의 대내적인 관계에서 행사되고 침해될 수 있을 뿐 다른 국가기관과의 대외적인 관계에서는 침해될 수 없다."라는 취지로 판단한 바 있다. 따라서 나머지 청구인들이 국민안전처 등을 이전대상 제외 기관으로 명시할 것인지에 관한 법률안에 대하여 심의를 하던 중에 피청구인이 국민안전처 등을 세종시로 이전하는 내용의 이 사건 처분을 하였다고 하더라도 국회의원인 나머지 청구인들의 위 법률안에 대한 심의 · 표결권이 침해될 가능성은 없으므로, 나머지 청구인들의 이 부분 심판청구 역시 모두 부적법하다(2016.4.28, 2015헌라5).

❷ [○] 국회의원의 직무는 국정전반에 걸치고 그 직무수행의 형태도 비전형적이고 매우 포괄적이므로 이 사건 가입현황을 인터넷에 공개하

---

는 행위를 제한하는 것은 곧 국회의원의 직무를 침해하는 것이라고 주장하나, 국가기관의 행위라 할지라도 헌법과 법률이 그 국가기관에 독자적으로 부여한 권능을 행사하는 경우가 아니라면, 비록 그 행위가 제한된다 하더라도 권한쟁의심판에서 의미하는 권한이 침해된다고 할 수는 없는바, 자신이 취득하고 보유한 특정 정보를 인터넷 홈페이지에 게시하거나 언론에 알리는 것과 같은 행위는 헌법과 법률이 특별히 국회의원에게 부여한 국회의원의 독자적인 권능이라고 할 수 없고 국회의원 이외의 다른 국가기관은 물론 일반 개인들도 누구든지 할 수 있는 행위로서, 그러한 행위가 제한된다고 해서 국회의원의 권한이 침해될 가능성은 없다(2010.7.29, 2010헌라1).

③ [X] 권한쟁의심판에서 다툼의 대상이 되는 권한이란 헌법 또는 법률이 특정한 국가기관에 대하여 부여한 독자적인 권능을 의미하므로, 국가기관의 모든 행위가 권한쟁의심판에서 의미하는 권한의 행사가 될 수는 없으며, 국가기관의 행위라 할지라도 헌법과 법률에 의해 그 국가기관에게 부여된 독자적인 권능을 행사하는 경우가 아닌 때에는 비록 그 행위가 제한을 받더라도 권한쟁의심판에서 말하는 권한이 침해될 가능성은 없는바, 특정 정보를 인터넷 홈페이지에 게시하거나 언론에 알리는 것과 같은 행위는 헌법과 법률이 특별히 국회의원에게 부여한 국회의원의 독자적인 권능이라고 할 수 없고 국회의원 이외의 다른 국가기관은 물론 일반 개인들도 누구든지 할 수 있는 행위로서, 그러한 행위가 제한된다고 해서 국회의원의 권한이 침해될 가능성은 없다(2010.7.29, 2010헌라1).

④ [X] 특정 정보를 인터넷 홈페이지에 게시하거나 언론에 알리는 것과 같은 행위는 헌법과 법률이 특별히 국회의원에게 부여한 국회의원의 독자적인 권능이라고 할 수 없고 국회의원 이외의 다른 국가기관은 물론 일반 개인들도 누구든지 할 수 있는 행위로서, 그러한 행위가 제한된다고 해서 <u>국회의원의 권한이 침해될 가능성은 없다</u>(2010.7.29, 2010헌라1).

## 18 정답 ④

① [○] 권한쟁의심판이 청구되면 헌법재판소장은 법무부장관, 지방자치단체를 당사자로 하는 경우에는 행정안전부장관(다만, 「헌법재판소법」 제62조 제2항에 의한 교육 · 학예에 관한 지방자치단체의 사무에 관한 것일 때에는 행정안전부장관 및 교육부장관), 시 · 군 또는 지방자치단체인 구를 당사자로 하는 경우에는 그 지방자치단체가 소속된 특별시 · 광역시 또는 도(특별자치도 포함), 그 밖에 권한쟁의심판에 이해관계가 있다고 인정되는 국가기관 또는 지방자치단체에게 그 사실을 바로 통지하여야 한다(「헌법재판소 심판 규칙」 제67조).

② [○] 부산지방해양수산청장은 해양수산부장관의 명을 받아 소관 사무를 통할하고 소속 공무원을 지휘 · 감독하는 자로서 지방에서의 해양수산부장관의 일부 사무를 관장할 뿐, 항만에 관한 독자적인 권한을 가지고 있지 못하므로 항만구역의 명칭결정에 관한 이 사건 권한쟁의심판의 당사자가 될 수 없다. 또한 부산지방해양수산청장 명의의 '부산항만시설운영세칙 제2조 제5호(부산지방해양수산청 고시 제2005호-146호)'(이하 '이 사건 고시'라 한다)는 해양수산부장관이 중앙항만정책심의회의 심의를 거쳐 결정한 사항을 구 항만법 제71조의 위임에 따라 외부에 알린 것에 불과하므로 피청구인 부산지방해양수산청장이 이 사건 명칭결정에 관하여 아무런 권한이 없을 뿐 아니라 그 과정에서 어떠한 권한을 행사한 바도 없으므로 이 사건 권한쟁의심판사건에서 피청구인으로서의 적격도 갖추지 못하였다고 할 것이다(2008.3.27, 2006헌라1).

③ [○] 시와 구의 관할구역 내에 있는 명소나 공공시설물, 도로의 명칭은 지방자치단체의 명칭과는 구분되는 것으로서, 그 명칭이 지방자치단체의 정체성과 불가분의 관계를 이루는 것이라고 보기 어렵고,

행정동의 명칭이 당해 지방자치단체의 동일성·정체성과 직접 연관되어 있다고 보기 어려울 뿐만 아니라, 행정동의 명칭 변경이 공익에 미치는 영향도 상대적으로 미약하다. 또한 행정동 명칭의 변경은 지방자치단체의 자치사무에 속하는 것이므로 그 지방자치단체의 조례로 정할 수 있고, 관계 법령에 한계 또는 제한규정을 두고 있지도 아니한 점을 종합하면, 다른 지방자치단체의 관계에서 어느 지방자치단체가 특정한 행정동 명칭을 독점적·배타적으로 사용할 권한이 있다고 볼 수는 없으므로 위와 같은 조례의 개정으로 동작구 및 강남구의 행정동 명칭에 관한 권한이 침해될 가능성이 있다고 볼 수 없다(2009.11.26, 2008헌라3).

❹ [X] 지방자치법 제11조에 의하면 지정항만에 관한 사무는 국가사무이므로 국가가 신항만을 지정항만의 하위항만으로 하기로 결정한 이상, 그 항만구역의 명칭을 무엇이라 할 것인지 역시 국가에게 결정할 권한이 있다고 할 것이다. 이에 위 신항만이 21세기를 대비한 동북아 물류 중심 항만을 만들기 위해 설치된 국가목적의 거대 항만인 점과 함께, 국가경쟁력, 국제적 인지도, 항만 이용자들의 선호도 등을 고려하여 피청구인 해양수산부장관이 그 소속 중앙항만정책심의회의 심의를 거친 후, 2005.12.19. 위 신항만을 지정항만인 부산항의 하위항만으로 두되, 무역항인 '부산항'의 명칭은 그대로 유지하면서, 신항만의 공식명칭을 '신항'(영문명칭: Busan New Port)으로 하기로 결정한 것은 경상남도와 진해시의 권한을 침해하였다거나 침해할 현저한 위험이 있다고 볼 수 없다(2008.3.27, 2006헌라1).

## 19 　　　　　　　　　　　　　　　　　정답 ②

① [O] 이 사건 의결행위는 보건복지부장관이 광역지방자치단체의 장에게 통보한 '지방자치단체 유사·중복 사회보장사업 정비지침'의 근거가 되는 '지방자치단체 유사·중복 사회보장사업 정비 추진방안'을 사회보장위원회가 내부적으로 의결한 행위에 불과하므로, 이 사건 의결행위가 청구인들의 법적 지위에 직접 영향을 미친다고 보기 어렵다. 따라서 이 사건 의결행위는 권한쟁의심판의 대상이 되는 '처분'이라고 볼 수 없으므로, 이 부분 심판청구는 부적법하다(2018.7.26, 2015헌라4).

❷ [X] 「주민투표법」 제8조는 중앙행정기관의 장은 지방자치단체의 폐치·분합 또는 구역변경, 주요시설의 설치 등 국가정책의 수립에 관하여 주민의 의견을 듣기 위하여 필요하다고 인정하는 때에는 주민투표의 실시구역을 정하여 관계 지방자치단체의 장에게 주민투표의 실시를 요구할 수 있도록 규정하고 있는바, 법 문언으로 볼 때 중앙행정기관의 장은 주민투표의 실시 여부 및 구체적 실시구역에 관해 상당한 범위의 재량을 가진다고 볼 수 있으므로, 중앙행정기관의 장으로부터 실시요구를 받은 지방자치단체 내지 지방자치단체장으로서는 주민투표 발의에 관한 결정권한, 의회의 의견표명을 비롯하여 투표시행에 관련되는 권한을 가지게 된다고 하더라도, 나아가 지방자치단체가 중앙행정기관장으로부터 제8조의 주민투표 실시요구를 받지 않은 상태에서 일정한 경우 중앙행정기관에게 실시요구를 해 줄 것을 요구할 수 있는 권한까지 가지고 있다고 보기는 어렵다. 그렇다면 행정자치부장관이 청구인인 제주시 등에게 주민투표 실시요구를 하지 않은 상태에서 청구인들에게 실시권한이 발생하였다고 볼 수는 없으므로 그 권한의 발생을 전제로 하는 침해 여지도 없어서 이를 다투는 청구는 부적법하다(2005.12.22, 2005헌라5).

③ [O] 피청구인의 과세권 귀속 결정의 근거가 되는 구 지방세기본법 제12조는 피청구인이 관계 지방자치단체의 장으로부터 과세권 귀속 여부에 대한 결정의 청구를 받았을 때 60일 이내에 결정하여 지체 없이 그 뜻을 관계 지방자치단체의 장에게 통지하여야 한다고 규정하고 있을 뿐, 그 결정을 통지받은 관계 지방자치단체의 장이 반드시 그 결정사항을 이행하여야 할 법적 의무를 부담하는지, 그 결

정을 이행하지 아니하면 피청구인이 그 이행을 강제할 수 있는지, 그 결정에 대하여 관계 지방자치단체의 장이 불복할 수 있는지 등에 대해서는 아무런 규정을 두고 있지 않다. 또한 그 결정과정에서 「지방자치법」상의 분쟁조정제도에서와 같이 지방자치단체중앙분쟁조정위원회나 지방자치단체지방분쟁조정위원회의 의결에 따르도록 하는 등의 절차적 보장에 대한 규정 역시 두고 있지 않다. 그렇다면 위 과세권 귀속 결정은 지방세 과세권의 귀속 여부 등에 대하여 관계 지방자치단체의 장의 의견이 서로 다른 경우 피청구인의 행정적 관여 내지 공적인 견해 표명에 불과할 뿐 그 결정에 법적 구속력이 있다고 보기 어려우므로, 청구인은 피청구인의 위 과세권 귀속 결정에도 불구하고 과세처분을 할 수 있으며, 이미 한 과세처분의 효력에도 아무런 영향이 없다. 따라서 피청구인의 과세권 귀속 결정으로 말미암아 청구인의 자치재정권 등 자치권한이 침해될 가능성이 없다(2014.3.27, 2012헌라4).

④ [O] 이 사건 법률조항들은 종래 구세였던 재산세를 구와 특별시의 공동세로 변경하였는데, 재산세를 반드시 기초자치단체에 귀속시켜야 할 헌법적 근거나 논리적 당위성이 있다고 할 수 없다. 그리고 이 사건 법률조항들로 인해 구의 재산세 수입이 종전보다 50% 감소하게 되지만 이 사건 법률조항들 및 서울특별시세조례에 의하여 특별시분 재산세가 각 자치구에 배분되므로 이를 감안하면 종전에 비하여 실질적으로 감소되는 청구인들의 재산세 수입 비율은 50% 미만이 될 것이다. 이 사건 법률조항들로 인하여 청구인들의 자치재정권이 유명무실하게 될 정도로 지나치게 침해되었다고는 할 수 없다. 따라서 피청구인 국회가 이 사건 법률조항들을 제정한 행위는 헌법상 보장된 청구인들의 지방자치권의 본질적 내용을 침해하였다고 할 수 없다(2010.10.28, 2007헌라4).

## 20 　　　　　　　　　　　　　　　　　정답 ②

① [O] 「상호신용금고법」 제37조의3 중 '임원'에 관한 부분에 대하여는 재판관 5인이 한정위헌의견, 재판관 1인이 헌법불합치의견이고, 재판관 3인이 단순위헌의견인바, 어느 쪽도 독자적으로는 위헌결정의 정족수에 이르지 못하였으나, 단순위헌의견과 헌법불합치의견도 일부위헌의견의 범위 내에서는 한정위헌의견과 견해를 같이 한 것이라 할 것이므로, 이를 합산하면 「헌법재판소법」 제23조 제2항 제1호에 규정된 위헌결정의 정족수에 도달하여 한정위헌결정을 선고하기로 한다(「헌법재판소법」 제40조, 「법원조직법」 제66조 제2항 참조. 2002.8.29, 2000헌가5 등).

❷ [X] 청구인에게 유리한 결정 순서대로 합산하여 6명에 도달하는 한정위헌결정이 된다.

③ [O] 위헌결정은 6인이 되어야 한다. 위헌결정이 1인이고, 한정합헌이 5인이니, 이를 합하면 6인이 된다. 따라서 한정합헌이 주문이 된다.

④ [O] 재판관 5인은 청구인들의 심판청구는 적법하므로 본안에 들어가 심판해야 하고, 그중 재판관 4인은 구 자연공원법 제4조가 헌법에 합치하지 아니한다는 것이고, 재판관 1인은 이 사건의 심판대상은 신법 제4조가 되어야 하고 동 조항은 위헌이라는 것이며, 재판관 4인은 이 사건 심판청구는 재판의 전제성이 없어 부적법하므로 각하하여야 한다는 것이어서, 「헌법재판소법」 제23조 제2항 제1호에 규정된 법률의 위헌결정에 필요한 정족수 6인에 미달하여 합헌결정을 선고하는 것이다(2003.4.24, 99헌바110).

MEMO

MEMO

MEMO

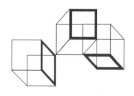

**gosi.Hackers.com**

해커스공무원 학원·인강

2022 최신판

# 해커스공무원
# 황남기
# 헌법
## 진도별 모의고사 통치구조론편

**초판 1쇄 발행 2022년 4월 27일**

| | |
|---|---|
| **지은이** | 황남기 |
| **펴낸곳** | 해커스패스 |
| **펴낸이** | 해커스공무원 출판팀 |

| | |
|---|---|
| **주소** | 서울특별시 강남구 강남대로 428 해커스공무원 |
| **고객센터** | 1588-4055 |
| **교재 관련 문의** | gosi@hackerspass.com |
| | 해커스공무원 사이트(gosi.Hackers.com) 교재 Q&A 게시판 |
| | 카카오톡 플러스 친구 [해커스공무원강남역], [해커스공무원노량진] |
| **학원 강의 및 동영상강의** | gosi.Hackers.com |

| | |
|---|---|
| **ISBN** | 979-11-6880-256-8 (13360) |
| **Serial Number** | 01-01-01 |

**최단기 합격 공무원학원 1위,**
해커스공무원 gosi.Hackers.com

**해커스공무원**

· **해커스공무원 학원 및 인강**(교재 내 인강 할인쿠폰 수록)
· 해커스 스타강사의 **공무원 헌법 무료 동영상강의**
· 정확한 성적 분석으로 약점 보완이 가능한 **합격예측 모의고사**(교재 내 응시권 및 해설강의 수강권 수록)

헤럴드미디어 2018 대학생 선호 브랜드 대상 '대학생이 선정한 최단기 합격 공무원학원' 부문 1위